U0620730

青铜世界与礼法文明

刘雨 著

李伯谦

上海古籍出版社

圖書在版編目(CIP)數據

青銅世界與禮法文明 / 劉雨著. -- 上海 ： 上海古
籍出版社，2025.5. -- ISBN 978-7-5732-1392-1
　　Ⅰ. K877.34-53; D929-53
　　中國國家版本館 CIP 數據核字第 2024RS0953 號

青銅世界與禮法文明

劉　雨　著

上海古籍出版社出版發行

（上海市閔行區號景路 159 弄 1-5 號 A 座 5F　郵政編碼 201101）

（1）網址：www.guji.com.cn

（2）E-mail：guji1@guji.com.cn

（3）易文網網址：www.ewen.co

徐州緒權印刷有限公司印刷

開本 787×1092　1/16　印張 39.25　插頁 11　字數 809,000
2025 年 5 月第 1 版　2025 年 5 月第 1 次印刷
ISBN 978-7-5732-1392-1

K · 3730　定價：198.00 元

如有質量問題,請與承印公司聯繫

本書出版得到"古文字與中華文明傳承發展工程"經費支持

劉雨先生
1938 年 10 月 26 日—2020 年 2 月 26 日

北京 101 中學讀高中時

北京大學畢業論文《〈說文解字段注〉的詞義辨析》

1964 年在廣州中山大學古文字教研室讀書時

讀研時在廣州珠江邊

1995 年在牛津大學莫頓學院與羅森院士交談

1995 年在牛津大學演講"西周封建禮"

劉雨先生研究"特殊銘刻"的筆記資料

1997 年在香港参加"第三屆國際中國古文字學研討會"

2000 年在香港中文大學
（从右往左爲陳方正、劉雨、何炳棣、饒宗頤、沈建華）

西周金文中的"周礼"

刘 雨

以礼治国是中国古代政治的一大特色,"礼治"作为一种制度体系形成于西周时代,又称"周礼"。后世有《仪礼》、《礼记》、《周礼》等几部礼书记录了古代礼制的一些内容,书大约编成于战国至西汉这段时期,多已残缺不全,因此,据这些后世文献资料保存下来的"周礼",远非西周原貌。我国地下出土的西周青铜器铭文数量已相当可观,其中不乏西周礼制的记录,虽然比较零碎,但却是第一手资料,把它们细心地联缀起来,当可看到真实的周礼的原貌。本文拟以西周金文为主要资料,作一次复原"周礼"的尝试。

15 × 20 = 300　　　中国社会科学院考古研究所

《西周金文中的"周禮"》手稿

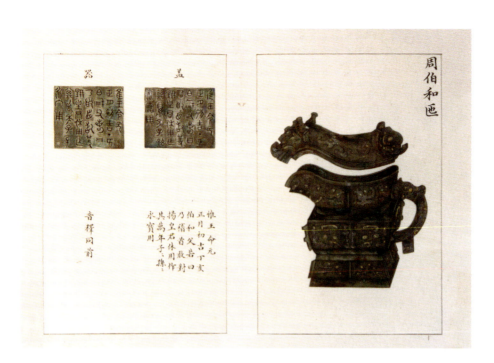

器　　蓋

音釋同前

惟王命元
正月初吉丁亥
乃伯和父若曰
揚空名休用作
其萬年子孫擇
永寶用

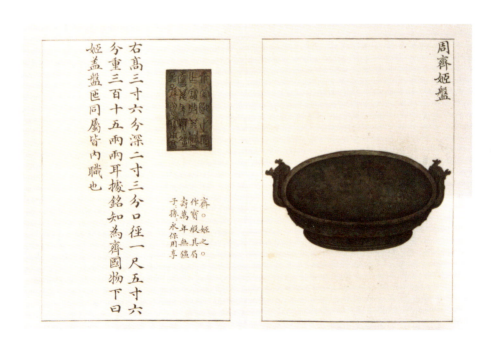

右高三寸六分深二寸三分口徑一尺五寸六
分重三百十五兩兩耳據銘知為齊國物下曰
姬蓋盤匜同屬皆內職也

齊
姬之
作寶
般其
眉
壽萬
年無
疆
子孫
永保用
享

劉雨先生用光學照相機拍攝的彩繪版《西清古鑑》內頁照片

2001 年重返母校北京大學

2014 年 6 月參加故宮學術委員會會議

2015 年 5 月與楊安在杭州西湖邊

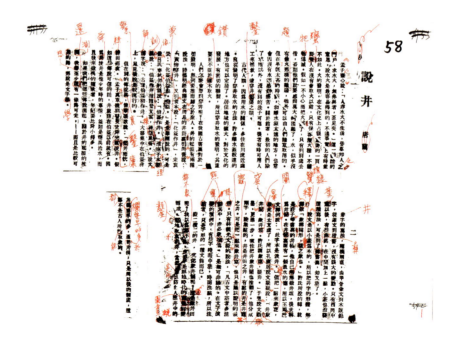

劉雨先生整理《唐蘭全集》原稿

目 録

西周禮法與制度研究

曆法與年代學研究

青銅器與銘文研究

學術史、書評、序跋及其他

序　一

　　我的朋友劉雨教授，數年以來，精研古代禮制。最近，他藉赴英國訪問、講學、研究的機會，擬將他近幾年所寫的關於研究古代禮制的論文，裒結成册，請倫敦大學汪濤博士協助譯成英文出版。他於近日，海上移書，説希望我能爲該書的出版，寫幾句話。

　　我聽到這個消息很高興。一是近年來學術界研究西周禮制的論文不多，此書英譯本的出版，將對國外的同行起到嚶鳴求友、他山攻玉的作用；另外，汪濤先生對於金文的研究，造詣甚深，由他來將此書譯成英文，定會珠聯璧合，交相輝映。

　　我和劉雨，同是參加編纂《殷周金文集成》的人。同在一個辦公室裏，接席聯袂，一坐就是十多年了。因爲每天接觸的都是金文資料與有關的研究書刊，於是我們常常談論：一、關於金文，如何進一步進行綜合研究工作，即在研究方面的方法論問題；二、具體的研究工作，該從哪裏着手。

　　大約在七八年前，他着意蒐集西周金文中有關禮制的資料。結合他對考古學、古文字學、古文獻方面的素養，先後寫出有關西周的軍禮、祭禮、射禮等論文多篇。他的論文，一是研究的資料，主要用的是金文，必要時才引用文獻材料；二是，盡可能占有大量金文資料；而引用時是在青銅器斷代的基礎上深入論述的。已經發表的 6 篇論文，學者中間，對之深有好評。

　　由於對周代禮制的深入研究，就自然會引起人們對於古代的禮與法的起源、發展、關聯等等一系列問題的思考。

　　中國古代的經學家，從儒家的觀點談禮與法的著作，可以説是汗牛充棟，不遑枚舉。後漢的班固，在其《漢書·刑法志》中曾説：“愛待敬而不敗，德須威而久立。故制禮以崇敬，作刑以明威也。”説明制禮作教、立法設刑的相互作用。當時的皇帝在白虎觀中召集衆多學者討論儒家經典，班固是受詔作討論總結的人（後來成書，書名《白虎通》）。他的文章，可以充份地代表了儒家的觀點。

　　至於以法爲治國之本的法家，例如商鞅，在其《商君書·畫策》篇中云：“神農既没，以彊勝弱，以衆暴寡。故黄帝作爲君臣上下之義，父子兄弟之禮，夫婦妃匹之合。内行刀鋸，外用甲兵，故時變也。”注引《經傳釋詞》云“故，猶則也”，意指因時勢不同而有變化。雖或以爲此篇乃"法家者流掇鞅餘論以成",但法家之論述禮與法的關係由此可見一斑。

從上面儒家、法家的論述來看,可以認爲,人類爲了維持社會平穩政權鞏固,於是有了法與禮的誕生。禮與法應該是相伴同而逐漸發展起來的。某些禮(當然,一些儀注除外),其實具有法的作用,或可以稱之爲法。如軍禮中的某些規定,就是軍法。其他如:別尊卑、叙長幼、揖讓升降的某些禮,在當時,都具有法的作用。這裏,並没有故意混淆法制與法度的意思。因爲,只有在超出了規範之外,觸犯了刑律,但那就屬於另外的範疇了。

這裏不能詳細討論所謂禮與法等等問題。之所以提出這些看法,意在表達我的一種推斷,即:本書作者除了在書中討論當時的禮制以外,還在對更深層次進行探索與追求。

關於金文中的法制文書,我個人近年來寫了幾篇文章,目的在於與劉雨先生研究古代禮制的同時,探索一下古代銘刻中有關法制方面的問題。希望我的淺嘗之作,能够和他的研究起到互爲表裏、互相促進的作用。

我預祝劉雨先生的這本書,能够順利出版,並博得好評。

陳公柔
一九九五年寫於北京

(陳公柔先生《序》,原在劉雨先生遺留的文件中找到。20世紀90年代,劉先生在倫敦訪學時,曾有意將其研究古代禮制的文章翻譯成英文並結集出版,這篇《序》應是當時請陳先生爲此書所寫。但該書並未出版,又經諮詢,擬請翻譯者汪濤先生也不知曉此事,可見劉先生只是有過想法,並未具體實施。劉雨先生對陳公柔先生非常尊敬,兩人亦師亦友,如今事過多年,陳、劉二位先生均已作古,我們在整理劉雨先生遺物時機緣巧合,又見到了這篇文字,雖序文中所述與本書稍有出入,但以此文作爲劉雨先生文集《青銅世界與禮法文明》的第一序文還是最合適的,相信劉雨先生泉下有知也一定會同意的)

序

我的朋友劉雨教授，數年以來，精研古代禮制。最近，他藉赴英國訪問、講學、研究的機會，拟將他近幾年所寫的关于研究古代禮制的論文，裒結成冊，請倫敦大學汪濤博士協助譯成英文出版。他于近日，海上移書，說希望我能為該書的出版，寫幾句話。

我聽到這個消息很高興。一是近年来學術界研究西周礼制的論文不多，此書英譯本的出版，將對國外的同行起到嚶鳴求友，他山攻玉的作用；另外，汪濤先生對於金文的研究，造詣甚深，由他来將此書譯成英文，定會珠聯璧合，交相輝映。

我和刘雨，同是參加編纂《殷周金文集成》的人。同在一个辦公室里，接席聯袂，一坐就是十多年了。因為每天接觸的都是金文资料与有关的研究書刊，於是我們常常談論：一、关于金文，如何進一步

陳公柔《序》手稿

序　二

　　劉雨先生只比我小三歲,他在北大中文系念本科的時候,我在系裏任助教,是尚未開過課的年輕助教(大約從 1960 年前後一直到 1978 年之前,大學裏的教師——至少是文科的教師——似乎基本上沒有提過職稱,當時講課的很多老師,其職稱都是助教),而且我進北大任職還比劉先生考入北大晚了兩年。劉先生畢業那個學年即五年級,系裏分派我輔導他寫畢業論文,在那個學年裏,我們屢次在一起討論畢業論文裏的問題,相處得很和洽,兩個人後來都很珍視這段往事。

　　劉先生在北大畢業後,當年(1963 年)就考入了中山大學中文系,當容庚、商承祚兩位老先生的古文字學副博士研究生(大致相當於後來的碩士研究生)。據中山大學的朋友説,他在考研究生的試卷上主動默寫了《説文解字》540 個部首的篆文,二老很賞識,錄取了他。在這屆副博士研究生將畢業時,"文化大革命"開始,他因此"先後在工廠、機關、中學流浪了十餘年"(劉雨《金文論集·自序》),到 1978 年才進入社科院考古所任職,參加了《殷周金文集成》的編輯出版工作。1997 年調入故宮博物院,任古器物部主任,負責故宮青銅器的陳列研究工作。2001 年退休後仍爲故宮博物院返聘,擔任研究館員、院學術委員、院刊編委。他與盧岩合作在 2002 年出版了《近出殷周金文集錄》,又與社科院考古所的嚴志斌合作在 2010年出版了《近出殷周金文集錄二編》,以接續《殷周金文集成》,其書廣泛爲人所引用。大約從 2005 年開始,劉先生擔任了《唐蘭全集》編輯小組組長,主持《全集》的編輯出版工作。《全集》的編輯整理水平很高,其中凝聚了他的不少心血。此書於 2015 年由上海古籍出版社出版,劉先生堅持不署主編一類名稱。劉先生患有較重的心臟病,2020 年初,由於新冠病毒疫情嚴重,不能按時到醫院接受定期的輸血治療,不幸於 2 月 26 日逝世。劉先生工作認真負責,待人忠厚真誠,對他的逝世大家深感惋惜。

　　劉先生在考古所工作時,曾與張亞初先生合著《西周金文官制研究》一書(中華書局,1986 年)。劉先生還先後寫過不少很有參考價值的文章,2008 年曾出版過《金文論集》(紫禁城出版社)。現在,上海古籍出版社副總編吳長青先生和劉先生在故宮博物院的同事楊安先生（楊先生謙稱自己其實應該算劉先生的學生）爲了紀念他，在《金文論集》的基礎上增加《論集》沒有收入的文章，新編了《青銅世界與禮法文明》，即將出版。我爲文集寫了這篇短序，以寄托對劉雨先生的思念。

裘錫圭

2021 年 2 月 26 日

（此文的寫成得到楊安先生和復旦大學出土文獻與古文字研究中心劉嬌先生的幫助，謹致謝意）

序　三

　　劉雨先生是我的故宮前輩同事，著名殷周金文整理專家，同時也是利用金文研究西周禮法的著名專家。他參加或主持整理出版的殷周金文著作，有《殷周金文集成》《殷周金文集成釋文》《近出殷周金文集録》《近出殷周金文集録二編》《流散歐美殷周有銘青銅器集録》等多種。中國號稱“禮儀之邦”，而“禮儀”就是“禮法”。中國禮法的源頭，是“三禮”（《周禮》《儀禮》《禮記》）。劉雨先生以金文爲原材料，結合“三禮”等典籍，對西周禮法進行過多方面的研究，取得了卓越成就。這些業績令我十分景仰。

　　我與劉雨先生有過兩次近距離接觸，對其爲人亦十分欽佩。

　　第一次是 2008 年 10 月 30 日上午，故宮博物院舉辦“陶鑄古今——饒宗頤學術・藝術展”，配套舉行“陶鑄古今——饒宗頤學術・藝術研討會”，我是組織者之一。劉雨先生參加了研討會，並以《我所認識的“饒公”》爲題，做了聲情並茂的發言。通過他的發言，我才知道劉雨先生 2000 年曾應邀訪問香港中文大學中國文化研究所三個月，與饒公有過密切交往，之後還長時間保持學術互動。會後，我將劉雨先生的發言，收入我主編的《陶鑄古今——饒宗頤學術藝術展暨研討會紀實》，故宮出版社 2012 年 6 月出版。

　　第二次是 2014 年 2 月 26 日上午，故宮博物院舉行新聞發布會，公告將開展十一個大型科研項目，其中有劉雨先生的兩個項目、我的三個項目，加起來幾乎占了全部科研項目的一半。劉雨先生的兩個項目：一個是《唐蘭全集》整理出版項目，一個是《兩岸故宮藏先秦有銘青銅器》整理出版項目。我的三個項目：一個是《新中國出土墓誌》第二期工程整理出版項目，一個是《長沙走馬樓三國吳簡》的《竹簡》柒至玖卷和《竹木牘》卷整理出版項目，一個是《故宮博物院藏殷墟甲骨文》全六十卷整理出版項目。發布會主辦者推舉劉雨先生和我接受中央電視臺采訪，他先介紹《兩岸故宮藏先秦有銘青銅器》的價值，我後介紹《故宮博物院藏殷墟甲骨文》的意義。其間，我們兩人對彼此的工作與事業進行了深入交流，至今印象深刻。

　　後來，由於種種原因，劉雨先生並沒有啓動《兩岸故宮藏先秦有銘青銅器》整理出版項目。六年後的同一天，2020 年 2 月 26 日，劉雨先生因病不幸逝世，成爲他永遠的遺憾。現在，我領導故宮古文字團隊，加入中宣部、教育部等八部委主持的“古文字與中華文明傳承發展工程",將"故宮藏有銘青銅器整理與研究"列爲工程規劃項目,可以算是繼承劉雨先生的遺志。也正是因爲有如上種種因緣際會,我十分高興地將劉雨先生的文集,也就是本書,列爲故宮博物院古文字工程項目資助出版。我希望能够以此告慰劉雨先生在天之靈!

王　素

2022 年 9 月上浣於京郊天通苑寓所

代自序一:《金文論集》自序

　　1958 年我帶着文學的夢想考入北京大學中文系,想不到在四年級時却被分配到"語言專業"。在以後的大學課業裏,唐蘭先生的"文字學"和周祖謨先生的"《説文》講讀"等課程引起了我對古文字學的很大興趣,因而五年級時我寫了《段注説文研究》的畢業論文,當時輔導我畢業論文寫作的是時任助教的裘錫圭老師。1963 年考上中山大學容庚、商承祚兩位先生招收的古文字學研究生,攻讀我國初創的"副博士學位"。在我求學階段,能得到這麼多位著名學者的指導,是十分幸運的,它爲我以後的學業打下了堅實的基礎。

　　研究生畢業前夕(1966 年)爆發"文化大革命",我先後在工廠、機關、中學流浪了十餘年,直至 1978 年才歸隊,到中國社會科學院考古所重新開始專業研究工作,這一幹就是整整二十年。

　　1997 年底,故宮博物院醞釀機構改革,我奉調故宮籌建"古器物部",主持重新布展"青銅器館",2001 年在故宮退休,這就是我簡單的個人經歷。

　　我剛到考古所時,很快就接到給河南信陽長臺關楚墓竹簡做釋文的任務,我想這是夏鼐所長對我業務能力的一次考核。當時戰國簡可參照比附的資料很少,釋文做的並不好,不過還是被附在河南省文物研究所的《信陽楚墓》書後,以《信陽楚簡釋文與考釋》爲題出版。

　　在考古所的二十年裏,其實我主要只做了一件事——編寫《殷周金文集成》,個人的研究工作,都是圍繞《集成》展開的。比如,在上個世紀 80 年代,我和張亞初受北京圖書館善本部主任徐自强先生的委托,整理北圖收藏的金文拓本,編輯了《北京圖書館藏青銅器銘文拓本選編》,我還與張亞初合寫了《西周金文官制研究》。爲整理《集成》所需的清代金文資料,我編寫了《乾隆四鑑綜理表》。與此同時,《殷周金文集成》共計十八册,於 1984 年至 1994 年由中華書局陸續出版,其中我承擔了鐘(第一册)、簋(第六、七、八册)、匜簠敦豆(第九册)、爵角(第十三、十四册)共七册主纂人的工作。在考古所的歲月裏,正值人生中年,精力旺盛,像《西周金文官制研究》這樣的書,是我和亞初僅用十五天的假期,把行李搬到辦公室,吃住都在一起,日夜兼程趕寫出來的。我寫《乾隆四鑑綜理表》時,父親病重,書是在父親住院的病榻前寫成的。

　　《殷周金文集成》一書原定分拓本、釋文、圖像三部分,在編輯完《殷周金文集成》的拓本部分之後,我與陳公柔、張亞初三人分工撰寫釋文,三人分頭撰寫的稿子最後由我統一,寫成定稿,交由香港中文大學中國文化研究所,以《殷周金文集成釋文》的書名於 2001 年出版。

　　編輯《殷周金文集成》拓本部分的同時,我就開始收集《集成》各冊編成之後陸續出現的新資料,準備編輯《集成》的續編。恰在這時,北大的古文字碩士盧岩即將畢業,她到故宮博物院古器物部來聯繫畢業後的工作,我向她介紹了我的計劃,她很快就參加到工作中來,我們一起完成了《近出殷周金文集錄》的編寫工作。作爲一個副産品,我們還同時編輯了《商周金文著錄總表》,也將由中華書局出版發行。

　　我到故宮博物院以後,在重新布展青銅器館之前,配合新館建設,和丁孟等一道,把故宮藏殷周青銅器中較重要的三百多件,編成《故宮青銅器》一書。

　　收在本論文集中我的幾十篇文章,或以金文爲基本資料闡述若干學術問題,或考釋單篇銘文,大都與金文有關,故名其爲《金文論集》。其中有兩類論文,我做了專題集結:其一是禮制。先秦古禮又統稱爲"周禮",是於西周時代形成的系統禮儀制度,對後世影響很大,是中華文化的精髓,也是理解中華民族性格的關鍵所在。過去的研究主要依賴傳世的《儀禮》《禮記》《周禮》等幾部禮書,而它們的成書大都晚在戰國至漢代之間。我想結合上述文獻資料,用西周金文所記錄的內容來考察"周禮",可能來得更直接些,這幾篇論文就是我在這方面的嘗試,其中發表在《燕京學報》新 3 期上的《西周金文中的"周禮"》是這部分論文的總結之作。其二是曆法及年代學,年代是歷史的脊梁,而古代曆法的研究又是年代學的重要方面。可以說,可靠的文獻記載(如古本《竹書紀年》)和金文中所記錄的古曆內容,將是我們復原先秦年代原狀的最重要的資料。這幾篇論文記錄了我有關年代學問題的思考,其中在香港第三屆古文字會上發表的《金文饗祭的斷代意義》是我對這一問題認識的總結。我在參加"夏商周斷代工程""金文曆法小組"工作的幾年時間裏,毫無保留地爲同事們貢獻了自己積累的全部金文資料,但我對"斷代工程"所作出的結論是有不同看法的。2001 年我應香港中文大學中國文化研究所邀請訪港,無意中會見了正在中文大學演講的美國加州大學著名學者何炳棣教授,兩人一見如故,相談甚歡。出於對祖國歷史的責任感,他也在關注國內正在進行的"夏商周斷代工程",想不到我們的觀點竟完全一致,當下就決定要合寫一篇討論文章,這就是後來發表在《燕京學報》新 16 期上的《"夏商周斷代工程"基本思路質疑》。

　　文集中其他論文也大體是按內容類別排列的,具體銘文的考釋有:江蘇無錫前洲出土的楚郪陵君三器(與李零合寫)、吳王光劍、敔戟、多友鼎、呂鸞編鐘、伯唐父鼎、仲再父簋、燕侯克罍盉、虘公盨、師𡘋鐘與姬寏母豆等。另外尚有討論金文八卦數字符號的兩篇論文,考證金文莾京地望、金文所記西周的監察制度、金文中與玉有關的記載、金文中的族徽問題、金文中的王稱等論文,以及一些有關金文綜論性和介紹性的文章。

在盤點學術歷程時,我常常想起兩位國外的朋友。一位是倫敦大學亞非學院的汪濤先生,1995 年他出面邀請我訪問倫敦半年,使我第一次有機會看到外面的世界,能結識像艾蘭、羅森夫人、韋馱、湯普森等一批著名的西方漢學家。後來他們遍布全球各地的學生像韓國的詩經學者吳萬鍾先生、澳洲新南威爾士博物館的柳楊先生等也相繼成爲我的朋友。我和汪先生還在短短的訪問時間裏,合作完成了《流散歐美殷周有銘青銅器集録》一書的編輯。在倫敦期間,我曾數十次參觀大英博物館,而且承蒙館方盛情,提供了館藏全部青銅器檔案資料,並容許我逐件作了拍照和記録。另一位是美國里海大學的柯鶴立教授,2002 年底,她邀請我訪問美國五個月,在這段時間裏,我們合作研究金文的"族徽問題"。在美國期間,我先是接到了紐約哥倫比亞大學主持"早期中國講座"的李峰博士的邀請,作了《西周金文中的射禮》演講,我把原發表在《考古》上的文章作了補充,加進了河南平頂山應國墓地新出土的柞伯簋等銅器,對這一禮制作了進一步的論述。三月初,接到美國北部達穆思大學專爲我國新出盠公盨所組織的一次學術討論會,主持會議的艾蘭教授要我作了《盠公盨考》的主題發言。接着還接到哈佛大學人類學系李潤權教授的邀請,作了《金文禘祭的斷代意義》的演講,用這個題目向哈佛的學者們介紹了中國先秦青銅器金文斷代的原則、方法以及我個人在這一領域的探索。最後,在離開美國前夕,遠在中國訪問的夏含夷教授委托夏德安教授邀請我在芝加哥大學作了《近年中國大陸新出重要青銅器》的演講。在幾個大學演講的同時,還有機會順訪了紐約、波士頓和芝加哥地區的各博物館。西方博物館對學者的開放程度是令人十分感動的,各博物館都毫無保留地將庫藏的全部青銅器實物允許我作了詳盡的拍照和記録。歐美之行,與西方學術界的交流,增進了學者間的理解和友誼。

在這個集子即將付梓的時候,我還特別懷念我的師長、老朋友陳公柔先生,他是中國社會科學院考古所廣受大家尊敬的一位學者,陳先生長我二十歲,博聞強記,學識淵博。坎坷的一生,使他積累了許多處世爲人的經驗,記得我初到考古所,感歎自己十餘年大好光陰的耗費,無所適從時,他對我説:"從現在起,你給自己的年齡減去十歲思考問題。"簡單的一句話,給我平添了許多信心。二十餘年裏,我們朝夕相處,他給了我許多貼心的指導和幫助。正當我們准備一起去杭州參加古文字會,也正當他的文集即將出版時,他却黯然逝去。我在校勘他的遺稿時,睹物思人,心中無限惆悵傷感。

人的生命是短暫的,回顧自己六十餘年走過的人生道路和學術歷程,還算充實和有益,聊可自慰。

(原文末有"劉雨 2004 年 12 月 12 日於北京甘露園"字樣,原載《金文論集》第 1—4 頁,紫禁城出版社,2008 年 5 月)

代自序二：我的金文研究

　　傳世有《儀禮》《禮記》《周禮》等幾部禮書,記錄了古代禮制的内容,這些書大約編成於戰國至西漢這段時期,多已殘缺不全,所記内容除保存了一部分西周禮制外,也混入了大量春秋戰國乃至以後時代的内容,再經過漢以來經學家們的詮釋,就變得相當混雜了。因此,據這些文獻資料保存下來的"周禮",遠非西周原貌。我國地下出土的西周青銅器銘文中,不乏西周禮制的記録,雖然比較簡單且零碎,却是第一手資料,把它們細心地連綴起來,當可以看到較真實的周禮的本來面貌。1986—1998 年間,我先後發表了《西周金文中的射禮》《西周金文中的相見禮》《西周金文中的饗與燕》《西周金文中的祭祖禮》《西周金文中的大封小封和賜田里》《西周金文中的軍事》《西周金文中的"周禮"》等七篇一組有關西周禮制研究的論文,結合文獻,考證了射禮、相見禮、饗燕禮、祭祖禮、封建禮、軍禮等,以西周金文爲主要資料,進行了一次復原"周禮"的嘗試。

　　講求禮儀是古今中外世界各國都相同的,但與政治緊密結合,以至於用"禮"來治理國家,却是中國古代政治所獨有的。"禮制"作爲一種制度體系,完善於西周時代,所以後世就把中國古代的禮制稱爲"周禮"。中國古代政治的主體是貴族,統治大大小小貴族階層的辦法是否有效,決定着王朝的盛衰成敗。"禮治"是一種巧妙而實用的統治藝術,它藉助於煩瑣的儀注,把貴族們的舉止言行規定在不同等級的範圍内,把最高統治的意志,某些强制的甚至是暴力的企圖,掩蓋在一片温文爾雅的禮儀之中。在威嚴的氣勢下,一切不滿和反抗的情緒,都化解在觥籌交錯、樂舞翩躚之中。這種統治術既不像僅靠習俗和倫理的説教來約束人那樣軟弱無力,也不像動用法律和刑罰那樣粗暴無情,它要求貴族們頻繁地參加到無休止的禮儀活動中去,按等級身份把每個人都禁錮在某種格式上,"非禮勿視,非禮勿聽,非禮勿言,非禮勿動"! 以至於"刑不上大夫",照樣可以維持社會應有的穩定。這種統治術十分有效,因而得到中國歷代最高統治者的維護和强化,只要看一下後世史書中的《禮書》《禮儀志》等,就可以知道,西周時代形成的各種禮儀制度被不同程度地保存下來,而"周禮"是這個保守傳統的源頭,它對幾千年的中華文明産生過巨大影響,直至對今天中國人的一些潛在心理活動仍有着不可忽視的作用。因此,要想瞭解中華民族的傳統性格,對周禮的研究是一個重要的切入點,這種研究對理解中國古代文化的核心價值觀,是十分有益的。用金文資料研究周代禮制,前輩學者也有涉及,我的幾篇論文則較全面地整理了有關金文資料,並結合文獻,對該課題系統地進行了探討,這是一次有益的嘗試。

1986 年,我與張亞初合寫了《西周金文官制研究》一書,該書匯總金文資料作"西周銘文職官資料集録",在此基礎上再作"西周銘文職官分類彙考",分傅保、師官、司徒、司馬、司空、史官、祝卜、司士、公族、宮廷、監、百姓、里君、其他、職官泛稱等十五類,逐類進行考釋,最後進行斷代研究和與《周禮》的比較研究。

職官制度代表着一部國家機器的組織結構,居於國家政治的核心部位,是古史研究的重要課題。西周金文記録的職官制度明確體現出"世官世禄"的特徵,大小貴族壟斷了從中央到地方的政權,父子相承,世世代代連綿不斷。西周金文中常見的"更乃祖考事""用司乃父官友""賜汝乃祖旗"等文句,表明不但職官是世襲的,連同僚友命服旌旗都是世襲的,這些都比文獻記載得更具體詳細,表明西周時期實行的是王室與大小貴族聯合專政的政治體制。

西周中晚期金文反映職官體系在急劇膨脹,西周早期記録職官五十種,中期七十九種,晚期達八十四種。中晚期銘文中大量出現了"册命銘文",封官賞賜成爲維繫奴隸主貴族政權的基礎。

隨着官僚體制的龐大臃腫化,奢靡之風雲起,階級矛盾日益激化,周王朝也一步步走向衰亡,西周金文官制的研究見證了這個興衰的過程。

金文中有一些記録西周"月相"和其他記時詞語的銘文,這是編制"金文曆譜"進而探討西周曆法的重要資料,而在一定程度上對"西周曆法"的瞭解,是研究西周年代學的必要條件。我先後發表了《金文"初吉"辨析》《再論金文"初吉"》和《三論"初吉"》三篇討論金文"初吉"的論文。王國維《生霸死霸考》一文提出"初吉"是月相,是"一月的前七八日"的觀點,得到郭沫若、容庚、唐蘭等前輩著名古文字學家的一致認同,幾成定論,後又有學者提出"初吉"是"初干吉日"的説法。我的"三論"對這一權威觀點提出質疑。通過論證,得出"初吉"既不是"月相",也不是"初干吉日",它只是每月占選出的第一個"吉利日子"而已,估計該日多數可能在月初,但不排除月中或月末存在的可能。

1997 年,我發表的《殷周金文中的閏月》是一篇討論金文中記録殷周曆法閏法的論文,殷末和整個周代各個時期曆法中是如何用閏的?這是殷曆和周曆的核心部分,過去的古曆研究者多依據文獻資料來探討這個問題,我的文章則全用金文資料來考察,得出的結論是:

1. 殷代晚期實行年終置閏,閏月稱"十月又三",年終再閏稱"十月又四"。

2. 西周早期也實行"年終置閏",閏月稱"十又三月"。

3. 西周中晚期閏法呈過渡狀態,推測金文中的"正某月"可能就是"閏某月"。因此,此期一方面有稱"十又三月"的年終置閏,也有"閏二月"的"年中固定置閏"。

4. 春秋時期各國仍通行周曆，但廢止年終置閏，閏月一律安排在年中，稱"正某月"。

2000 年末，山西天馬—曲村遺址北趙晉侯墓地出土叔矢方鼎，爲西周早期器，銘文有"惟十又四月"。2002 年，我又發表了《叔虞方鼎銘的閏月與祭禮》一文，指出傳世文獻記載的鄧公簋銘(西周早中期)、下都雍公緘鼎銘(西周晚期)也有"惟十又四月"的記載，上文結論 2 中，應增加"年終再閏稱十又四月"。説明殷周曆法的閏法一樣，都有"年終再閏"，即當增加一個閏月仍不能協調陰陽曆之間誤差時，就再增加一個閏月，彼時的閏法以至整個曆法可能還處於"觀象授時"的階段，需根據天象經常調整，並不十分嚴密。

1997 年，我還發表了《金文饗祭的斷代意義》一文，根據沈子它簋銘，考證"饗祭"乃是新死之父袝入宗廟的祭禮，金文用爲"大事紀年"，如王室舉行饗祭，則意味着是老王去世、新王即位之時，即某王元年。結合其他因素，考定戍嗣子鼎作於帝辛元年、高卣蓋作於康王元年、麥方尊作於昭王元年、吕方鼎和伯唐父鼎作於穆王元年等。該文據郭沫若先生"標準器斷代法"、唐蘭先生"康宮原則"和我新擬定的"饗祭元年例"等斷代方法，排出：

表 1　《西周紀年銅器表》，收器 92 件，得出西周最低金文王年數。

表 2　《四要素俱全銅器表》，收器 63 件，其中記既生霸、既死霸、既望等月相詞語的銅器 36 件。

表 3　《試擬西周王年表》，此表符合表 1、表 2，符合《古本竹書紀年》，應是一個我們探尋真正《西周王年表》的基礎。2003 年，我在美國哈佛大學人類學系發表《金文斷代法研究》演講，補充考證饗祭，依《左傳》魯國傳國之例，諸魯公爲死去老公立神主並袝入宗廟的祭典，必在新公即位之年舉行，因"周禮盡在魯"，故推測西周各王饗祭，也應在新王即位之年舉行，金文所記各王饗祭應即某王元年之祭。

2004 年，我與美國學者何炳棣先生合著《"夏商周斷代工程"基本思路質疑》一文，發表於《燕京學報》新 16 期，在充分肯定"夏商周斷代工程"取得重要研究成果的同時，指出：

1. 工程對《古本竹書紀年》研究、重視、利用不够。

2. 相信《國語》"伶州鳩語"和所謂"金文曆譜"，並以之作爲評判"武王伐紂"年諸方案的標準，是錯誤的。

"伶州鳩語"是戰國星占術士的語言，所述天象不可能是西周天象的實録，依此推算出的"武王伐紂"年在公元前 1046 年，是靠不住的。《古本竹書紀年》明確記載的公元前 1027 年，是地下出土文獻的實録，"斷代工程"碳十四測年結果和甲骨文賓組卜辭五次月食的推算結果，與此非常接近，足證其客觀性。而"斷代工程"因其與所謂"金文曆譜"不合而被舍棄。其實，"金文曆譜"的許多基本要素尚未研究清楚，目前它還很不成熟，没有資格作爲評判的標準。"斷代工程"與正確的選擇失之交臂，十分可惜，這是研究思路的重大失誤。

　　1999 年，我發表了《殷周青銅器上的特殊銘刻》一文，討論金文中的族徽銘文，判定其中有一部分是古代方國（地區）、家族以及個人的名號，並引郭沫若、李學勤、裘錫圭考證須句、無終、孤竹三個古國名構成族徽之例。文章歸納族徽銘文構成的三個特點：

1. 只羅列名詞。
2. 省簡。
3. 合文。

　　1983 年，我發表了《多友鼎銘的時代與地名考訂》，考其時代爲西周宣王，對“京師”“筍”等主要地名的地望也作了考證分析。認爲銘文所記是一場對玁狁的戰事，當時鎬京陷落，周王被逐，情勢十分危急，與《詩經·六月》所述相合。

　　1985 年，我發表了《邵鸞編鐘的重新研究》，推測作器者“邵鸞”就是晉國名臣魏絳。其人始見於《左傳》魯成公十八年，卒於晉悼公末年，《左傳》魯襄公十一年，晉悼公賜魏絳鄭賂歌鐘女樂之半，絳三辭而受，云：“魏絳於是乎始有金石之樂，禮也。”說明，按禮制規定，魏絳被列入可以擁有金石之樂的大夫，是晉悼公十一年（前 562 年）之後的事，因而斷定該組編鐘應作於公元前 562—前 558 年這幾年間。

　　1990 年，我發表了《伯唐父鼎的銘文與時代》一文，釋出“用射綯、鼇虎、貉、白鹿、白狼于辟池”句，說明古射禮確有“澤射”之儀，此銘記水中射野牲。又《周本紀》記穆王征犬戎“得四白狼四白鹿以歸”，與此也可相應合。發掘簡報分析此洞室墓年代爲“西周穆王前期”，鼎銘有“王京”句，據上述“饗祭元年”原則，則此器應作於穆王元年，與考古分析亦不謀而合。

　　《中原文物》1984 年第 4 期公布了南陽古墓出土的兩器四銘的申國銅簠，李學勤先生在《中原文物》同期著文，據銘中“作其皇祖考夷王監伯尊簠”句，認爲監伯是夷王之子，屬王的兄弟行，定此器爲“宣王標準器”。1992 年，我發表了《南陽仲再父簠不是宣王標準器》一文，通過考察銘文語詞次序，釋出作器者身份實際爲“南申伯太宰有司”，傳世金文有鄧孟壺蓋和叔碩父鼎記有監國，一銘“鄧孟作監曼尊壺”，一銘“新宮叔碩父、監姬作寶鼎”，說明古有監國，監國即文獻中的鄺國，魯昭公三十一年，黑肱以鄺奔魯，始著春秋。鼎銘爲夫妻作器，女名“監姬”，是姬姓女子嫁於監國，監爲夫之國名，周人奉行“同姓不婚”原則，因此監國的新宮叔碩父不可能是姬姓，同理，仲再父簠中的監伯也不應該是姬姓，監伯不是姬姓，其父夷王就絕不可能是西周王朝的夷王，只是一個與之同名號的野王而已。銘中的監伯之子仲再父不過是南申伯太宰的一個下屬，也不像是夷王的後裔王孫。文章還考證歷史上曾存在過三個姜姓的申國：北申、南申、西申。據監國史料，參考器形紋飾，兩件簠可能是春秋早期的銅器。

　　1998 年，我發表了《燕侯克罍盉銘考》，認爲甲骨金文中的“對”與“封”每混用不別，銘中的“大對”應讀爲“大封”，該銘記封建克爲燕侯的典禮，大封禮之後，殺羌祖道赴任，克來燕，受民受疆土，證實了文獻中周初“裂土封建”的故事。

2001 年底，保利博物館入藏一件銘文奇特的銅器豳公盨，次年 3 月 1 日，美國達慕思大學召開"豳公盨國際討論會"，邀我在會上作主題發言。我除了談到釋文、意譯和哲理之外，專用一節談到"豳公其人"，通過考證，推測銘文中的豳公可能就是後來篡權奪位的孝王辟方，這種推測可以較好解釋銘文中作器者的口氣和氣度的不凡。

2006 年，我發表了《師㝬鐘和姬寏母豆》一文，宋代《博古圖》著錄一件姬寏母豆，出於扶風，銘中記載了她的七代先祖名號。時隔近千年，湊巧也在扶風，出土了一件師㝬鐘，兩器作器者名雖不同，但所述七代先祖名號幾乎相同。我查《史記·管蔡世家》附記的曹國世系，恰與兩篇銘文所記先祖名號相近，確定兩銘的主人是兄妹或姐弟關係，所祭爲曹國世系，順利解讀了千年不通的姬寏母豆銘，並用銘文記錄的曹國世系修正了《史記》的記載。另外，在姬寏母豆銘中反映出西周女性有祭祀先祖考的權力，這是以前學者們所忽視的，爲探討西周女性地位提供了珍貴的史料。

1982 年，我發表了《金文蒡京考》，用排除法研究該問題，一考"蒡京不是豐京"，二考"蒡京不是鎬京"，三考"蒡京也不是其他西周都城"，最後考定"蒡京是鎬京附近的'方'京"，重申了方濬益、唐蘭先生的觀點。

2004 年，發表了《西周的監察制度》一文，考察了西周各諸侯國、各地區設監的情況。

2005 年，發表了《商和西周金文中的玉》一文，列舉三十六條商周金文材料，對金文中記載的有關玉的種類、量詞、用玉制度、玉產地、玉的價值、玉的功能等作了介紹。

2006 年，發表了《金文中的王稱》一文，全面考察了商周各個時期金文中記錄王稱的情況，發現晚商金文除四祀其卣稱"文武帝乙"外，其餘商王一律只稱"王"。西周王稱則比較複雜，"時王生稱"有文、武、成、康、昭、穆、共、懿、孝、夷，屬十一王；"時王美稱"有昭王、穆王、休王三種；"在野王稱"西周時有買王、矢王、氂王、師眉贏王、幾王、呂王、昆疟王、遲王等；東周時有吳、越、楚、徐、呂、郙、申、塞、索魚、燕、周、秦、雍、中山、中賻、合㥄、巨萱等。該文重點考察了"時王別稱"，在西周早期，"周王"是文王的別稱，"成周王"是成王的別稱，"豐王"是西周早期某王的別稱；西周中期，"畢王"可能是懿王的別稱，"豳王"是孝王的別稱等。

唐蘭先生寫的《理想中之商周古器物著錄表》一文說"此類工具書，非專家不能爲，即爲之亦不適於用。然專家不暇爲此，或且不屑。我人治學，每感工具書之缺乏，職是故也"（此文刊登於《考古社刊》第 1 卷第 1 期，1934 年 1 月）。我從參加工作起，就在中國社會科學院考古研究所編寫《殷周金文集成》這一大型金文工具書，深知這一工作對學術研究的重要意義，從此一生都沒有間斷對金文基礎資料的搜集整理工作。我用了 10 年時間參與編寫《殷周金文集成》，是其主撰人之一。後來我與陳公柔、張亞初三人共同編寫《殷周金文集成釋文》，其間陳、張兩位先後故去，由我統一定稿，由香港中文大學協助出版了這部著作。再後，我與盧岩、嚴志斌兩位青年學者一同編寫了《近出殷周金文集錄》和《近出殷周金文集錄二編》,保持了與《殷周金文集成》同樣的編輯理念,繼承了《集成》開闢的嚴謹的編輯體例,使古今中外見於記錄的金文資料近 15 000 件,經過器物辨僞、拓本及器形圖片篩選、銘文考釋解讀、銅器時代斷定等科學整理,得以完整記載下來。這期間我還與幾位青年同仁合編了《商周金文總著録表》一書,把以上金文資料的目録濃縮在一個龐大的表格裏,編在一册書裏,方便學者使用。在編輯《集成》之初,我還參與整理北京圖書館收藏的大批金文資料,編成《北京圖書館所藏青銅器銘文拓本選編》。爲整理清代皇家收藏的真假雜糅的金文資料,以便《集成》使用,我寫了《乾隆四鑑綜理表》,對清宮乾隆年間收藏的 4 000 餘件青銅器中的千餘件有銘文者,作了詳細考證,辨出僞器及疑僞器 398 件,斷代錯誤器 698 件。

我到了故宮後,與丁孟等古器物部同仁一道,在 1999 年舉辦了"故宮博物院藏殷周青銅器展"。展覽以時代爲序,對有銘文的銅器寫出"白話翻譯",通俗地向觀衆介紹,隨後將展覽成果寫成《故宮青銅器》一書出版。在我兩次訪問倫敦大學亞非學院過程中,和該校汪濤教授一起,利用學院圖書館收藏的蘇富比、佳士得兩大拍賣行自創建以來到 20 世紀末的全部檔案資料,去僞存真,從大量資料裏篩選出 350 件有銘文的先秦青銅器資料,編成《流散歐美殷周有銘青銅器集録》一書,收進銘文及圖像均未見過著録的銅器 209 件,器形未見於著録的 61 件,是一次重大海外收穫。我多年來對金文基礎資料搜集整理的不斷努力,爲這一學科的發展和進步做出了有益的貢獻。

(原載《故宮治學之道》,第 496—506 頁,紫禁城出版社,2010 年 10 月;又載《故宮治學之道新編,第 552—563 頁,故宮出版社,2020 年 12 月)

西周禮法與制度研究

西周金文中的周禮

以禮治國是中國古代政治所特有的現象，"禮治"作爲一種制度體系形成於西周時代，又稱"周禮"。後世有《儀禮》《禮記》《周禮》等幾部禮書記録了古代禮制的一些内容，這些書大約編成於戰國至西漢這段時期，多已殘缺不全。因此，據這些後世文獻資料保存下來的"周禮"，遠非西周原貌。我國地下出土的西周青銅器銘文數量已相當可觀，其中不乏西周禮制的記録，雖然比較零碎，却是第一手資料，把它們細心地聯綴起來，當可以看到真實的周禮的原貌。本文擬以西周金文爲主要資料，作一次復原"周禮"的嘗試。在叙述時，本文將不按傳統禮書上吉、嘉、賓、軍、凶的分類，而根據金文内容分爲祭祖禮、軍禮、封建禮、相見禮、饗燕禮、射禮等六個題目。禮書中述及的喪禮及喪服制度、冠、婚之禮等是古禮的重要内容，但在西周金文中幾乎没有留下什麽記録，只好從略。金文中常見的"册命禮"，已有幾部專著和許多論文發表，本文也不再贅述。

一、祭 祖 禮

從西周金文反映的周人意識看，他們認爲天上與地上有兩個完全對應的王朝，天上的王朝由上帝主宰，地上的王朝由下帝主宰。邢侯簋（《集成》4241）："克奔走上下帝，無終命于有周。"庚姬尊（《集成》5997）："帝后賞庚姬貝三十朋。"銘中的下帝即指現實中的周王，帝后指周王的后妃。周人以死去的父親爲"帝考"，死去的父祖稱"皇祖帝考"。仲師父鼎（《集成》2743）："其用享用孝于皇祖帝考。"買簋（《集成》4129）："其用追孝于朕皇祖帝考。"到西周晚期"皇祖帝考"又簡稱"皇帝"，如師詢簋（《集成》4342）："肆皇帝亡斁，臨保我有周。"厲王時又稱其先祖爲"皇上帝"，㝬簋（《集成》4317）："申固皇上帝大魯令。"（圖一）㝬鐘（《集成》260）："惟皇上帝百神保余小子。"地上的王（下帝）死了，如果他的"德"很高，就有可能去天上做上帝。上帝和下帝一樣，也是不斷更換的，被換下來的上帝們，去掉帝號，稱"皇祖"和"前文人"。㝬簋："㝬作齍彝寶簋，用康惠朕皇文烈祖考，其格前文人，其瀕在帝廷陟降。"戲狄鐘（《集成》49）："先王其嚴在帝左右。"《詩經·大雅·文王》："文王陟降，在帝左右。""陟降"和邢侯簋中"克奔走上下帝"的"奔走"意思一樣。奔走是在上下帝間奔走，陟降是在上下帝間昇降，歷代去世的先王都在帝廷上帝左右，執行上帝陟降奔走之命，當人間祭奠祖先時，樂舞之聲,燎牲之煙氣,上達天廷,祖神們就紛紛由天而降,到人間歆享供祭的犧牲醴酒。接受了人間的祭享後,就降賜給子孫福祐平安。戜簋(《集成》4322):"戜率有嗣師氏奔追,御戎于棫林,搏戎胡。朕文母競敏啓行,休宕厥心,永襲厥身,卑克厥敵,獲馘百……衣搏,無尤于戜身。"這是說戜受到去世母親在天之靈的保祐,大敗敵軍,而自身卻沒有任何損傷。

圖一　戜簋銘文

　　成王時的何尊(《集成》6014)有這樣的話:"王誥宗小子于京室曰:昔在爾考公氏,克逨文王,肆文王受茲大命。惟武王既克大邑商,則廷告于天曰:余其宅茲中國,自之辥民。嗚乎!爾有惟小子亡識,視于公氏,有爵于天,徹命,敬享哉。"這裏提出的天和天命是兩個全新的觀念。康王時的大盂鼎(《集成》2837)進一步明確這個觀念:"丕顯文王受天有大命,在武王嗣文王作邦。"在西周金文中,天是周人心目中的至上神,它高踞太空,超自然,超上帝。天命是這個天神向天廷和上帝發布的命令。所謂"文王受天命",就是文王受了天神要他在天廷改朝換代的命令。按周人的邏輯,雖然上帝本來是殷人歷代去世先王輪流來做的,但"天命靡常"(《詩經·大雅·文王》),惟有德者居之。此時殷人的上帝不合天意了,天命令在天廷改換朝代,然後再把這場革命移植到人間,演出了武王滅商的事變。這就是爲什麼武王滅商,而周初彝銘不講"武王受天有大命"的緣故。文獻中所記周人的先祖后稷、公劉、古公、太王、王季等在西周金文中一概没有出現,西周金文中出現最早的周人先祖是文王,這是因爲各代先王都没有在天廷取得上帝的地位,只有文王受天大命,做了上帝。

先祖和上帝給予子孫的都是福祐,從不加禍於人間。㹜鐘:"先王其嚴在上,翼翼數數,降余多福。"牆盤(《集成》10175):"上帝司□□,保授天子縮命、厚福、豐年、方蠻亡不規見。"而天却不然,大盂鼎提出要"畏天威",班簋(《集成》4341)説"東國戎人"因爲"彝昧天命",所以要遭到滅亡的命運。到西周晚期,政局動蕩,周人則驚呼"嗚乎,哀哉!用天降大喪于四國"(禹鼎,《集成》2833),"哀哉!今日,天疾威降喪"(師訇簋,《集成》4342)。可見天與祖先神、上帝是不同的,它是一種既可以降福人間也可以加禍人間的神秘力量。

大凡一個新政權建立,爲求鞏固其統治地位,必須提出一個新的理論,用以説明自己存在的合理性。周人提出的"文王受天命",是對付强大殷遺民勢力的有效精神武器。商革夏命,商人祖先在天上取得上帝的地位,從而在地上建立商王朝,如果這是合理的,那麼周革商命,文王在天上受命作上帝,從而在地上武王滅商,建立周王朝也應該是合理的。上述天、天命、上帝爲祖神的觀念,是周人獨創的,是在周初特定歷史條件下,爲政治鬥爭的需要而構擬出來的,這是在研究西周時代祭祖禮時應該首先提出來的。

根據西周金文資料,我整理出西周祭祖禮的祭名二十種,現對部分祭名舉例考釋如下。

(一) 禘祭

古禘禮其詳已不可知,後世儒者的叙述已矛盾百出,《禮記·喪服小記》云"不王不禘","王者禘其祖之所自出,以其祖配之"。《禮記·祭法》云"有虞氏禘黄帝","夏后氏亦禘黄帝","殷人禘嚳","周人禘嚳"。到了鄭玄的時代,又作了進一步發揮,他説"三年一祫,五年一禘"是"百王通義"。他又有"三禘"之説,即"禘天於圜丘""禘地於方丘""禘人鬼於宗廟"。再將宗廟之禘分爲"吉禘"與"時禘",吉禘是"終王大禘",即"三年喪畢之禘";時禘是四時之禘,即如《禮記·王制》所説的:春礿、夏禘、秋嘗、冬烝。綜合上述可歸納爲(1)不王不禘。(2)禘祭始祖。(3)禘分祫祫。(4)禘分吉時。這些對禘祭的叙述,多不合西周的實際。從西周金文看,王有禘祭,如小盂鼎(《集成》2839)、鮮簋[1](《集成》10166)、刺鼎(《集成》2776)記康王禘祭文、武、成王,穆王禘祭昭王。但諸侯和貴族也有各自對祖考的禘祭禮。大簋(《集成》4165)云:"賜芻羊犅,曰:用禘于乃考。"這是説周王賞賜經過芻養的紅色公牛,使其用來禘祭去世的父親皇考大仲。繁卣(《集成》5430):"公禘彫辛公祀。"這是説公對去

---

[1] 此簋《集成》因故誤收入盤類。

世的父親辛公行禘祭。顯然辛公與大仲都不是王，"不王不禘"是後世制度，在西周時代貴族也可以對祖考行禘祭禮。在西周金文中，禘祭的對象都是近祖，一般不出三代。小盂鼎記康王禘文、武、成三代先王，鮮簋、刺鼎爲穆王禘昭王，大簋、繁卣是作器者禘其父考，文獻所言禘祭始祖的情況没有出現。其次，禘祭在金文中有殖袷，如小盂鼎合禘三王，其餘各器專禘其父考等，但並不特別加以區別的稱呼。在西周金文中不見對天地的禘祭，鄭玄所謂的"三年喪畢之禘"也與金文不合。鮮簋禘於穆王三十四年，小盂鼎禘於康王二十五年，它們都大大超出三年喪的時限。至於禘非四時之祭，在金文中也是明確的。鮮簋、刺鼎禘於五月，大簋禘於六月，小盂鼎禘於八月，繁卣禘於九月，由五月至九月，難以某個季節來涵括。

文獻所記也有與金文相合者，如《禮記·明堂位》説用牲"夏后氏牲尚黑，殷白牝，周騂剛"。大簋説用"芻羊犅"，羊即騂，赤色牲也。芻者以芻莖養牛也。《周禮·地官·充人》："掌繫祭祀之牲牷。祀五帝，則繫於牢。芻之三月。享先王亦如之。"《禮記·祭統》："古者於禘也，發爵賜服，順陽義也。"鮮簋記王在禘後賜鮮："祼王軓、祼玉三品、貝二十朋。"繁卣記在禘後公賜繁宗彝和車馬。

周人禘祭金文寫作"啻"，無一例外。殷墟卜辭禘祭之禘寫作"帝"。如"貞，帝于王亥"（《殷虚書契後編》上19.1），"戊戌卜，帝于黄□"（《龜甲獸骨文字》1.11.6）。殷代的禘祭禮在諸祭禮中地位並不十分顯要。周人沿用這一祭名，加以改造，使之成爲周人最重要的祭祖禮之一。

（二）饗祭

臣辰盉（《集成》9454）："惟王大龠于宗周誕饗莽京年，在五月既望辛酉。"麥方尊（《集成》6015）："迮王饗莽京，彫祀，雩若翌日。"伯唐父鼎（《考古》1989年第6期）："乙卯，王饗莽京。"吕方鼎（《集成》2754）："唯五月既死霸辰在壬戌，王饗□大室，吕誕于大室。"高卣蓋（《集成》5431）："惟十又二月，王初饗旁。"以上五器皆作於西周前期。殷末銅器戍嗣子鼎（《集成》2708）："丙午，王賞戍嗣子貝二十朋，在闌宗，用作父癸寶鼒。惟王饗闌大室，在九月。"由上述諸器看，饗祭多行於莽京的宗廟大室，吕方鼎、戍嗣子鼎饗於大室，臣辰盉、麥方尊、伯唐父鼎饗於莽京，高卣蓋記饗於旁，旁即金文習見之莽京，是周王室宗廟所在之地。臣辰盉、伯唐父鼎中的饗祭作爲紀年的大事，更應加以注意。

沈子它簋（《集成》4330）："它曰：拜，稽首。敢韶昭告朕吾考，命乃鵑沈子作綻于周公宗，陟二公。不敢不綻，休同公克成綏吾考，以于顯顯受命。"（圖二）銘中的"作綻"就是饗祭，綻、饗音同通假，作器者"它"是周公的後人，於周公廟中作綻祭，其目的是"陟二公"。陟者昇也，即將二公的神主位置依昭穆次序昇上一級。二公應是作器者"它"的兩位未毁廟的先祖，很可能是其祖父和曾祖父，即下文的同公與己公。《公羊傳·文公二年》："毁廟之主陳於大祖，未毁廟之主皆升，合食於大祖。"因爲是合食之祭，故其祭名又可以寫作從食之饗。"二公"之一"休同公",曾使"它"去世的父親(吾考)當年在世時"于顯顯受命",所以"它"不敢不饗祭二公。這實際是調整宗廟次序的祭禮,沈子它的父親新死,其神主須進入宗廟,其祖父、曾祖的神主亦須遞升一級,這樣驚擾祖先神靈的大事,當然需要舉行一次隆重的祭奠儀式。

圖二　沈子它簋蓋及銘文

　　正因爲饗禮是新死之父祔入宗廟的大典,所以王室饗禮可用爲紀年的標誌。又王室饗禮必行於父王去世、新王繼位之時,故凡金文記王室饗禮者等於記某王元年,驗之記饗禮諸器皆不見紀年者,正説明記饗禮即記元年。如這一推理能够成立,就又爲殷周銅器斷代找到一個新的標準。依饗禮行於元年的標準,戌嗣子鼎應作於帝辛元年九月丙午日,高卣蓋作於康王元年十二月庚申日,臣辰盉作於昭王元年五月既望辛酉日,麥方尊作於昭王元年,伯唐父鼎、吕方鼎作於穆王元年等。

(三) 肜祭

　　麥方尊:"迨王饗莽京,肜祀,雩若翌日。"繁卣:"惟九月初吉癸丑,公肜祀。雩旬又一日辛亥,公禘肜辛公祀,衣事,亡尤。"文獻稱"肜"爲"繹",《春秋·宣公八年》:"六月辛巳,有事於大廟,仲遂卒於垂。壬午,猶繹。"《公羊傳》曰:"繹者何? 祭之明日也。"《爾雅·釋天》:"繹,又祭也。周曰繹,商曰肜,夏曰復胙。"《尚書》有《高宗肜日》篇,肜即肜。殷墟卜辭:"癸丑卜,賓貞,肜大甲,告於祖乙一牛。"(《殷契佚存》115)"貞,來辛酉,肜王亥。"(《殷契粹編》

76）卜辭中的肜祀是對先公先王的祀典之一，未表現出"明日又祭"的意思。在麥方尊中提到"霎若翌日"，所以，西周金文中的肜祀，是指次日之又祭；在繁卣中禘、肜聯言，也應該是禘祭次日之又祭。

肜祀，陳夢家、于省吾先生認爲是酒祭。陳先生云："肜，從彡從酉，疑彡日用酒祭，故合爲一字。"[1]于先生云："言肜茲，肜爲酒祭，茲爲繫屬物。"[2]唐蘭先生云："金文和卜辭都有肜祭，阮元説是酌，羅振玉釋爲酒字都是錯的。在卜辭裏，肜祭分爲彡日和翌日兩種。"[3]

殷代金文有戊寅鼎（《集成》2594）言及肜祀："戊寅，王曰：戲，𡖂馬肜。賜貝，用作父丁尊彝。""馬"前一字是地名，大意爲以該地之馬行肜祭。陳、于兩先生的意見，多從字形方面考慮，恐不一定合於這一祭名的原意，唐蘭先生所説的是卜辭中的情況，到了西周金文中，此祀典只見"翌日"不見"彡日"，這就與文獻所説的"祭之明日又祭"的情況十分接近了，所以文獻對這一祭名的解釋是合於西周實際的。金文的"肜"是文獻的"繹"，依《爾雅》所云周人的"繹"與夏人的"復胙"是同一祭典的不同祭名，內容是一樣的，可能這一祭典的實質是在祭之明日，分食胙肉的儀式。[4]

（四）褅祭

獻侯鼎（《集成》2626）："唯成王大褅在宗周，賞獻侯䚶貝，用作丁侯尊彝，奄。"叔簋（《集成》4132）："惟王褅于宗周，王姜史叔使于大保，賞叔鬱鬯、白金、芻牛。"盂爵（《集成》9104）："惟王初褅于成周，王令盂寧鄧伯，賓貝，用作父寶尊彝。"圂卣（《集成》5374）："王褅于成周，王賜圂貝，用作寶尊彝。"矢令方彝（《集成》9901）："明公歸自王，明公賜亢師鬯、金、小牛，曰：用褅；賜令鬯、金、小牛，曰：用褅。"歸妃進方鼎（《集成》2725）："惟八月辰在乙亥，王在莽京，王賜歸妃進金，肆褅。對揚王休……"

上述六器皆作於西周前期，祭名寫作"褅"或"褅"。比這幾件器更早的銘刻資料有周原甲骨H11的兩片，編號爲84和112："貞，王其褅又大甲，冊周方伯□？ 由正，不左，于受有祐。""彝文武□，貞，王翌日，乙酉，其褅，冉中□武豐……"這兩片甲骨刻於文王受命至武王滅商前這段時間。

20世紀80年代，中國社會科學院考古所灃西隊在陝西長安縣張家坡西周墓地發掘的183號墓，出土了伯唐父鼎，銘文如下："乙卯，王饗莽京。王褅，辟舟臨舟龍。咸褅，伯唐父告

［1］《古文字中之商周祭祀》，載《燕京學報》第19期。

［2］《甲骨文字釋林》第38頁《釋茲》，中華書局，1979年。

［3］《西周青銅器銘文分代史徵》第252頁，中華書局，1986年。

［4］將"肜"與"復胙"聯繫這段話是在《金文論集》出版時添加的。

備。王格,乘辟舟,臨萊白旗。用射絲、鰲虎、貉、白鹿、白狼於辟池。咸萊,王蔑歷,賜秬鬯一卣,貝廿朋。對揚王休,用作安公寶尊彝。"[1](《考古》1989 年第 6 期)此器按饗禮行於某王元年的規律,應作於穆王元年。

獻侯鼎、叔簋、盂爵、圉卣、歸妣進方鼎等五篇銘文都以祩祭爲紀年的大事,説明此一祭禮在西周時代被看作十分重大的事件。諸器所記祭禮地點一在宗周,一在成周,一在莽京,是西周三個王都所在地,不見在其他地點舉行者。而且,除矢令方彝没有明確指出是哪一級祩禮以外,其餘各器皆指明是周王所舉行的祭禮。伯唐父鼎更記載了一次祩祭的過程,其儀注有"辟舟臨舟龍""告備""乘辟舟臨祩白旗",以及射牲等。這一祭禮是在莽京的辟雍大池中舉行的。

祩字意爲"祈求",瘋鐘(《集成》246)"用祩壽,介永命","祩壽"就是祈求長壽。在殷墟卜辭中有"祩年""祩雨""祩生"等,意爲祈求豐收、雨水和生育,被祈求的對象是先公、先王和先妣,周原甲骨祩祭的對象大甲亦爲先王。西周金文没有講明祩祭的祈求内容,也没有講明被祩祭的對象。但從殷墟卜辭和周原甲骨内容推測,也應爲周的先王。

下面我將西周金文中出現的二十種祭祖禮的祭名列成表格,與殷墟卜辭、殷代金文、周原甲骨文以及春秋戰國金文作一對照,以看出這些祭典發展的脈絡。

祭名	殷墟卜辭	殷金文	周原甲骨	西周前期金文		西周後期金文	春秋戰國金文
禘	△			小盂鼎　鮮簋　剌鼎　繁卣　大簋			
衣	△			天亡簋　庚嬴鼎　繁卣		陵叔鼎	
肜	△	戊寅鼎		麥方尊　繁卣			
祩	△		△	獻侯鼎　叔簋　盂爵　圉卣　矢令方彝　歸妣進方鼎　伯唐父鼎			
饗		戍嗣子鼎		臣辰盉　呂方鼎　高卣蓋　沈子它簋　麥方尊　伯唐父鼎			
告	△			矢令方彝　麥方尊　沈子它簋			
禦	△	我方鼎	△	作册**𡥚**卣　䢅尊　耳□觶		㝬簋　五祀㝬鐘	

[1]　作者的考釋《伯唐父鼎的銘文與時代》收入《考古》1990 年第 8 期。

續　表

祭名	殷墟卜辭	殷金文	周原甲骨	西周前期金文	西周後期金文	春秋戰國金文
叙	△	我方鼎			師虎鼎	
報	△			矢令簋	師虎鼎	
翟					史喜鼎	
禋					牆盤	哀成叔鼎 蔡侯盤
燎	△		△	小盂鼎　庸伯取簋		
屮	△			子尊		
牢	△			貉子卣　吕伯簋		
饎	△			天亡簋		
饙		（玉戈銘）		嗷士卿尊		
禴	△			臣辰盉、卣		
嘗					六年召伯虎簋姬鼎	陳侯午敦 酓朏鼎　盤 鄴陵君鑑　豆
烝	△			大盂鼎　高卣蓋	段簋　姬鼎 大師虘豆	陳侯午敦
閟	△			頂卣　子卣		

表中的西周前期指武王至穆王,西周後期指恭王至幽王這段時期。這二十種祭名有的反映出祭祀目的不同,如襓、饗、禦、叙、報等;有的反映出祭祀的方法不同,如告、禋、燎、翟、饎、饙、嘗、烝、閟等。有的一件銅器銘文中記有兩到三種祭名,但其內容大致可以分開。有的也不專用於祭祖,如告祭,班簋有"公告厥事于上"句,何尊有"惟武王既克大邑商,則廷告于天"句,周原甲骨文也有"□告于天,迺亡咎"句(H11：96),這幾處告祭的對象都不是祖神,而是天神。又如大盂鼎有"烝四方"的記載,説明烝祭也不專用於祭祖,也可以用來祭"四方神"。

從表中可以看出,除翟、禋、嘗三種次要祭禮外,其餘十七種祭祖禮都是殷周同名,這正如孔子所説："周因於殷禮,所損益可知也。"(《論語·爲政》)其中襓、禦、燎三種較重要的祀典在周原甲骨上已有記載,説明早在文武創業時期,已有意利用殷人禮儀。《尚書·洛誥》：

"周公曰：王肇稱殷禮，祀于新邑。"周初雖然幾乎全盤繼承了殷人祭祖禮儀的名稱，但是他們在運用時是有所改造的，並非全部照搬硬套。比如禘與禴在殷代是較次要的祭祖禮，而在西周則被改造成最重要的祭祖典禮，出現在西周金文中次數較多，有的甚至可以用來作紀年的大事。燎祭在卜辭中出現次數很多，祭祀的範圍也很廣，在西周金文中則主要用於軍祭。西周金文中所記祭祖禮還有一個顯著特點是所祭祖先沒有超出三代者，這與殷人遍祀先公先王的作法明顯有別，這可能與周人"親盡毁廟"的制度有關。[1]

王室的祭祖禮每種都應有各自獨特的祭儀，但諸祭祖禮又應有許多共同的祭儀，有大同也有小異，現就其大同者作些考證：

爲表示對祖神、上帝的尊敬，供享的犧牲、玉帛、粢盛、酒醴等都要由王及后妃親自動手生產。《禮記·祭統》："是故天子親耕於南郊，以供齊盛；王后蠶於北郊，以供純服。"令鼎（《集成》2803）云："王大藉農于諆田。"令鼎作於西周早期，說明王親耕藉田的制度確實始於周初，當然這種所謂親耕是儀式性的，對內表示敬祖重宗，對外則表示重農務本，號召臣民不誤農時，及時耕作。《國語·周語》記周宣王不藉千畝，引起虢文公大發議論，藉以對古代天子親耕的制度作了詳細的描述。

舉行祭典的宗廟需有各種祭器陳列，西周青銅器每自名"尊彝""祭器""醴壺"等，說明大部分銅器都曾作爲禮器置於宗廟，用於祭祀。伯公父勺（《集成》9935—9936）云："伯公父作金爵……用享用孝于朕皇祖考。"更講明自己作器的用意即在於享孝祖考。

金文賞賜之隆重者每以圭瓚璋等禮玉及醴酒爲賜，如呂方鼎："王賜呂䰧（秬鬯）三卣。"鮮簋："鮮蔑歷，裸王觌，裸玉三品，貝百朋。"子尊（《集成》6000）："王賞子黃瓚一、貝百朋。"王賜予貴族此類物品皆列於諸賜品之首，以示尊貴。實際上，賜予禮玉、醴酒，就表示賜予該貴族祭祀的權力，是十分榮寵的事情。《周禮·春官·鬱人》："掌裸器，凡祭祀賓客之裸事，和鬱鬯以實彝而陳之。"《周禮·春官·典瑞》："裸圭有瓚，以肆先王。……大祭祀……供其玉器而奉之。"祭祖禮儀中祭器、禮玉、醴酒是三種必不可少的品物，這在金文和文獻中都有明確的記載。

周人祭祖禮的特點是設尸和祝，尸是神像，選用孫輩中人充當，祭禮進行時，穿上被祭祖先的遺服，端坐於上，代替祖神接受祭享。西周金文中記祭祖禮諸器皆未見尸者出現，在記饗禮的穆公簋蓋（《集成》4191）中有"王夕饗醴於大室，穆公侑尸"的記載，蓋古代饗近於祭，祭饗皆有尸。祝是祭祖禮中的主持人，王對先祖的祝辭由他來禱告，祖神對後嗣的嘏辭也由他來宣讀。《禮記·禮運》："故宗祝在廟，三公在朝，三老在學。""修其祝嘏，以降

---

[1] 此處之前，以表格爲界，表前所述四種祭祖禮與《西周金文中的祭祖禮》一文中前四種文字描述幾乎相同。《祭祖禮》文中又詳細考證了其他十六種，表格與其後兩段與《祭祖禮》中亦幾相同，其中不同處，請參考《祭祖禮》文。

上神與其先祖。"祝頗似一位能交通神人的巫者。西周初年的大祝禽鼎(《集成》1937)記周公子伯禽曾任大祝之職,鄦簋(《集成》4296)銘中有"祝"和"五邑祝",申簋蓋(《集成》4267)中有"大祝"和"九黁祝"。西周的宗祝不僅活動在宗廟,而且參與行政,班列在朝。在西周的職官體制中,神職人員與行政官員是並列的。由祝頌禱的祝嘏之辭在西周金文中隨處可見,如梁其鼎(《集成》2768):"用祈多福,眉壽無疆,畯臣天[子]。"啓卣(《集成》5410):"用介魯福。"瘤鐘(《集成》426):"用祓壽,介永命。"蚊簋(《集成》4204):"用賜眉壽、黃耇、霝終。"鮮鐘(《集成》143):"用降多福。"等等。

祭祖禮的祭日要通過占卜來選定,繁卣記九月初吉癸丑日占卜,得辛亥日爲祭日。《周禮·天官·太宰》:"前期十日,帥執事而卜日。"所記與金文相合。

伯公父勺:"用獻用酌,用享用孝于朕皇祖考。"這裏的獻、酌即文獻中的獻、祼,指以清酒飲尸者。《禮記·祭統》:"君執圭瓚祼尸。"《尚書·洛誥》:"王入太室,祼。"這是祭祖禮最重要的儀注之一。戲鐘(《集成》88):"戲作寶鐘,用追孝于己伯,用享大宗。"出土的青銅編鐘編鎛多數用於廊廟之上,作爲祭祖時節歌節舞而用。樂歌貫穿整個祭禮過程,《周禮·春官·大司樂》:"王出入則令奏王夏,尸出入則令奏肆夏。"《周禮·春官·大師》:"大祭祀,率瞽登歌,令奏擊拊。"《周禮·春官·大司樂》:"若樂九變,則人鬼可得而禮矣。""乃奏無射,歌夾鐘,舞大武,以享先祖。"《禮記·祭統》:"及入舞,君執干戚就舞位。君爲東上,冕而總干,率其群臣,以樂皇尸。"大武舞相傳是描述武王伐紂時戰鬥景象的舞蹈,用在宗廟祭祖禮中,表示不忘先祖創業時的勇武精神。《禮記·祭統》:"夫祭有三重焉,獻之屬莫重於祼,聲莫重於升歌,舞莫重於武宿夜,此周道也。"《祭統》對周人祭祖禮主要儀注的概括與西周金文是相合的。

頌簋(《集成》4332):"王在周康昭宮,旦,王格大室,即位。宰引佑頌入門,立中廷。尹氏受王命書。王呼史虢生册命頌。王曰:頌,命汝官辭成周賈,監辭新造賈用宮御。賜汝玄衣,黹純、赤市、朱黃、鑾旂、攸勒,用事。頌拜,稽首。受命册,佩以出,反入覲璋。"《禮記·祭統》:"古者明君爵有德而祿有功,必賜爵祿於大廟,示不敢專也。故祭之日,一獻,君降立於阼階之南,南鄉,所命北面。史由君右執策命之。再拜,稽首,受書以歸,而舍奠於其廟。"賞賜册命之禮往往是祭祖禮之後的重要儀注。祭祖禮後另一重要儀注是"脤膰之禮",德方鼎(《集成》2661):"惟三月,王在成周,誕斌禱,自蒿。"何尊:"惟王初遷宅于成周,復面武王豐禱,自天。"史獸鼎(《集成》2778):"尹賞史獸莽,賜豕鼎一、爵一。"庚嬴鼎(《集成》2748):"王蔑庚嬴曆,賜莽、璋、貝十朋。"上述諸器中的禱、莽兩字,郭沫若先生釋爲"福"字,認爲即祭後之胙肉。[1] 將這兩字釋爲"福"字尚難以肯定,但指爲胙肉則是對的。這種脤膰之禮,

---

[1] 郭沫若:《由周初四德器的考釋談到殷代已在進行文字簡化》,《文物》1959 年第 7 期。

至春秋戰國間仍盛行不衰,如《孟子·告子下》:"孔子爲魯司寇,不用。從而祭,燔肉不至,不税冕而行。"説明在此時祭後分贈膰肉仍爲常禮。

王國維先生説:"周之祭法,詩書禮經皆無明文。"(《觀堂集林·殷周制度論》)先秦文獻沒有給我們留下周人祭祖禮的系統記載。《禮記·郊特牲》:"祭有祈焉,有報焉,有由辟焉。"這是就祭祀目的來講有祈求、報賽和禳祓的區別。祭祀目的不同,所用祭名各異,其儀注自然也應有不同,但銘刻資料對每種祭禮的記述十分簡略,要想把每個祭祖禮的儀注都弄清楚,幾乎是不可能的,上述只能算是對西周王室祭祖禮一般儀注的初步重構。

二、軍　　禮

西周金文中記述戰事的銘文有七十餘篇,它們分別記録了西周早中晚各次戰役的實況,同時也記録了一些當時軍禮的儀注。

周人在用兵之前有"定兵謀"的儀注,禽簋(《集成》4041):"王伐蓋侯,周公謀禽,祝。"這是説,王在出征去討伐蓋侯之前,主帥周公與其子大祝伯禽有"兵謀"的儀注,謀成之後,伯禽進行禱告祝號。銘中的"祝"字不識,其意應爲禱告祝號。《禮記·王制》:"天子將出征……受成於學。"注曰:"定兵謀也。"在出征前還有各種祭祀活動。師同鼎(《集成》2779):"羊百,契,用造。"這是説,屠宰百隻羊來行造祭。小臣夌鼎(《集成》2775):"王造于楚麓……王至于造应。"這是説王在楚麓和新設之駐蹕地(应)行造祭。[1] 西周武王時的天亡簋(《集成》4261)有"王饗,大宜"的記載(圖三),作册夨令簋(《集成》4300)有"作册夨令尊宜於王姜"的記載(圖四)。兩器都記録了一次宜祭。造與宜是周人出征前的兩種主要軍祭。《禮記·王制》:"天子將出征,類乎上帝,宜乎社,造乎禰,禡於所征之地,受命於祖,受成於學。"西周金文中不見類禡之祭,宜造之祭則有之。天亡簋之宜祭行於宗廟大室之中,夨令簋之宜祭行於南國炎地,都不在"社"中,小臣夌鼎記造祭行於南國楚麓和王臨時駐蹕之地。《禮記·曾子問》説周人有載父考神主出行的制度,《史記·周本紀》也記武王伐紂,載文王木主而行,小臣夌鼎所記可能就是在出行的禰廟中行造祭。這些征戰前的祭祀,主要用意在向祖先神靈和上帝告知戰事,以便求得他們的保祐,並不拘泥於時間和地點。保員鼎(《考古》1991年第7期):"惟王既燎,厥伐東夷。"從行文次序看,似乎表明在出征前也需要行燎祭,蓋以燎牲之煙氣上達天廷,以求祖先和上帝給以保祐。宜、造、燎各種祭典必用犧牲,祭後當然也應分發胙肉,禽鼎:"禽有脤,祝。"説明在祭後伯禽分得一塊胙肉,並爲此又進行了禱告和祝號。

---

[1] 整理者注:此處原發表時有一段話,《金文論集》收録時刪去。現補於此:"兵器中有《曹公子沱之造戈》《□公之造戈》《嗣馬望之造戈》《大良造鞅之造戟》等,其義皆應爲造祭用戈戟。過去多把兵器中的'造'字理解成'製造'義。是不好講通的。因造祭爲軍祭與征伐相關,故'造戈戟'者即征伐用戈戟也。"

圖三　天亡簋及銘文

圖四　作册夨令簋及銘文

　　出征前除舉行各種祭禮之外,還有誓師的儀注。禹鼎(《集成》2833):"禹曰:丕顯趄趄皇祖穆公,克夾召先王,奠四方。肆武公亦弗暇忘朕聖祖考幽大叔、懿叔命。禹肖朕祖考政于邢邦,肆禹亦弗敢惷惕,恭朕辟之命。烏乎哀哉!用天降大喪于下國,亦惟鄂侯御方率南淮夷、東夷廣伐南國東國,至于歷内。王迺命西六師、殷八師曰:撲伐鄂侯御方,勿遺壽幼。"師寰簋(《集成》4312):"王若曰:師寰,戲淮夷舊我員晦臣,今敢搏厥衆叚,反厥工吏,弗迹我東國。今余肇令汝率齊師、曩螯、僰尿、左右虎臣征淮夷。"這些銘文從語氣上看,都可能節選自出師的誓師辭中。《尚書》有《甘誓》《湯誓》《牧誓》《費誓》《秦誓》等多篇誓師辭,都是在各個時代大戰役前誓師所用,所言也都是講被征伐的對象如何荒亂昏惡,應行天之罰,出征將士應爭先奮勇殺敵等等。

　　《孫子·謀攻》:"是故百戰百勝,非善之善者也;不戰而屈人之兵,善之善者也。"孫子這種"不戰而屈人之兵"的戰略思想是對前人戰爭經驗的很好總結,早在西周戰史中,這一思想就已露端倪。西周金文中有一些"出狩"的記載,如啓卣(《集成》5410):"王出狩南山,搜遖山谷,至于上侯滰川上。啓從征,謹不擾。"交鼎(《集成》2459):"交從狩。"大保玉戈(《西周銅器斷代》五):"令大保省南國,帥漢,誕狩南,令屬侯辟用蛛走百人。"員鼎(《集成》2695):"王狩于視敽,王令員執犬休善。"大盂鼎:"賜乃祖南公旗,用狩。"金文"狩"均寫作"獸",《易·明夷》九三:"明夷於南狩。"注曰:"狩者,征伐之類。"啓卣:"出狩南山。"啓尊(《集成》5983):"啓從王南征。"兩器爲一人所作,所記亦同一事件,一個説"出狩",一個説"南征",可見此時的出征往往以出狩爲掩護。大隊兵馬,浩浩蕩蕩地於山川之上狩獵,這本身就是一種炫耀武力的戰爭演習。文獻中所記的"大蒐禮"講的也是借狩獵之機演練軍陣,作爲一種戰爭準備的手段。

　　西周金文中還有"觀兵"的記載,效卣(《集成》5433):"惟四月初吉甲午,王觀于嘗。"日人高田忠周先生引《左傳·襄公十一年》"觀兵於南門"加以説明(見《古籀篇》),這是很對的。《史記·周本紀》記武王伐紂:"上祭於畢,東觀兵,至於盟津。"《國語·周語》記:"穆王將征犬戎,祭公謀父諫曰:不可!先王耀德不觀兵……天子曰:予必以不享征之,且觀之兵……王不聽,遂征之,得四白狼四白鹿以歸,自是荒服者不至。"《左傳·僖公四年》:"陳轅濤塗謂鄭申侯曰:師出於陳鄭之間,國必甚病。若出於東方,觀兵於東夷,循海而歸,其可也。"《左傳·宣公三年》:"楚子伐陸渾之戎,遂至於洛,觀兵於周疆。定王使王孫滿勞楚子,楚子問鼎之大小輕重焉。"史密簋(《考古與文物》1989年第3期):"惟十又一月,王令師俗、史密曰:'東征。'敆南夷:盧、虎、檜、杞夷、舟夷。觀,不陟,廣伐東國。"這裏説王命令師俗和史密東征,他們會合南夷的盧、虎、檜及杞夷、舟夷共同觀兵,然後大踏步前進,去征伐東國。金文中記觀兵,只用一"觀"字。上述金文和文獻中有關觀兵的記載説明,觀兵是周人一種很重要的戰爭手段,其作法是使用强大武力相威脅,而不直接使用武力,用軍事壓力使敵人屈服。

　　西周金文中還有幾件器記有"呼漁"。井鼎(《集成》2720):"惟七月,王在荐京。辛卯,王漁于口池,呼井從漁。"通簋(《集成》4207):"惟六月既生霸,穆王在荐京,呼漁于大池。"害簋(《集成》4259):"官嗣夷僕、小射、底漁。"據陳夢家先生考證,"底漁"即專司射魚的官員。[1]《淮南子‧時則訓》:"季春之月,命漁師始漁,天子親往射魚。"《春秋‧隱公五年》:"春,公矢魚於棠。"《左傳》:"公將如棠觀魚。"爲此,臧僖伯還發表了一番十分迂腐的議論,魯僖公並未理會他的勸告,直接講出其射魚的真正用意,他說:"吾將略地焉。"是知周人的"射魚"並非一般的遊藝活動,它同"出狩"一樣,也是一種掩護軍事行動的手段。周人這種構兵於禮的作法把殘酷的軍事鬥爭掩蓋在諸如出狩、呼漁、軍事演習等活動中,以求達到其"不戰而屈人之兵"的目的。

　　鈇鐘:"反孳迺遣間來逆昭王,南夷、東夷俱見二十又六邦。""反孳"曾侵犯周的領土,被周王派遣部隊打敗,並"敦伐其至,撲伐厥都",導致他降服於周。這時,反孳爲表示歸順,特派間諜迎接周王,裏應外合,使東夷、南夷二十六邦都來朝見周王。這是西周軍事鬥爭中"用間"的珍貴史料。

　　中觶(《集成》6514):"王大省公族于庚,振旅。""公族"應是某族武裝的核心部隊,王在庚地親自檢閱這支打了勝仗的部隊。《春秋‧莊公八年》:"春王正月甲午,祠兵。"《公羊傳》曰:"出曰祠兵,入曰振旅,其禮一也。"蓋與出征前的儀注類似,得勝返回的部隊也需舉行校閱、祭祀等。其中"獻俘禮"十分隆重,小盂鼎有詳細記載:"惟八月既望,辰在甲申,昧爽,三左三右多君入服酒。明,王格周廟,口口口口賓,誕邦賓尊其旅服,東嚮,盂以多旗佩鬼方口口口口入南門。告曰:王曰盂以口口伐鬼方。口口口口口執酋二人,獲馘四千八百口二馘,俘人萬三千八十一人,俘馬口口匹,俘車三十輛,俘牛三百五十五牛,羊三十八羊。盂或口曰:口口口口口乎口我征。執酋一人,獲馘三百三十七馘,俘人口口口口人,俘馬百四匹,俘車百口輛。王若曰:嘉!盂拜,稽首,以酋進即大廷。王令榮訊酋,口口即酋,訊厥故,口越伯口口鬼閣,鬼閣虜以新口從商。折酋于口,王乎口口令盂以厥馘入門,獻西旅,以口入燎周廟。盂以口口口口口入三門,立中廷,北嚮。盂告對伯即位,對伯告口口口於明伯、鹽伯、口伯。告成。盂以口大侯田口口口口盂征口,咸。賓即位,獻賓。王呼獻盂。王以口口口進賓。口口大采,三周入服酒。王格廟,祝誕口口口口邦賓不裸,口口用牲禘周王、武王、成王,口口卜祭牷。王裸,裸從,獻邦賓,王乎口口令盂以區入,凡區以品。雩若翌日,乙酉,口三事大夫入服酒,王格廟,獻王邦賓,誕王令賞盂口口口口口弓一矢百,畫虢一,貝胄一,金干一,戟戈二,口口口用作口伯寶尊彝,惟王二十又五祀。"

　　該鼎已佚,銘拓漫漶不清,但經過郭沫若、陳夢家、唐蘭等前輩學者細心考索,已大體可

---

[1]《釋底漁》,見《考古社刊》第4期,1936年,第40頁。

讀。銘文記録了兩次對鬼方的戰役後舉行的獻俘大典。有一段銘文大意是：盂將捉到的鬼方酋首（兩戰共三人）帶進大廷，康王命榮伯主持審訊，當訊問其謀反緣故時，他們承認了"從商"的罪行。這就告訴我們，這次戰爭的起因與殷遺王子禄父"北奔"有關，蓋其北奔之後與鬼方結合起來，對周王朝形成威脅，康王爲徹底摧毀殷遺的武裝抵抗，才組織了這兩次戰役。從俘獲情況看，第一次戰役俘車三十輛，第二次戰役俘車達百餘輛，説明曾進行了激烈的車戰，鬼方能建起強大的車戰部隊並熟練地進行車戰攻防，可能與殷遺的加入有關。這也是西周金文中第一次車戰的實録。文獻稱武王克商，不過"率戎車三百乘"，此次戰役僅俘獲就達百餘乘，可以想見，戰爭的規模是相當大的。

此銘詳細地記録了一次獻俘獻獲大禮的全過程，典禮在周廟中舉行，由康王親自主持，有許多重要官員和諸侯邦君參加，由甲申始至乙酉止，共進行兩日，禮儀十分繁複隆重，大的儀注有以下十項：

第一，告獻：在正式獻俘獲前，先報告俘獲情況，包括執酋、獲馘、俘人、俘車馬牛羊的具體數字。

第二，訊酋：將所執酋首"進即大廷"，由重要官員（榮伯）主持審訊，如《詩經·泮水》所説的"淑問如皋陶"。經過審訊，弄清其反叛的原因，鬼方酋首承認了"從商"的罪行。

第三，折酋：將鬼方酋首斬首。

第四，獻馘：將所斬鬼方酋首之馘入門獻於西旅。

第五，燎祭：將酋首之馘入燎周廟，告慰於先王。

第六，告成：賸伯、明伯、鬸伯等接受盂告成。

第七，飲至：王親自爲盂祝賀，"王呼獻盂"，以示榮寵，以慶勝利，這實際是舉行"大饗"。

第八，禘祖：所祭者爲文、武、成三代先王。

第九，獻俘獲：入獻分區、分品類。

第十，賞賜：第二天，在宗廟中又專門舉行賞賜典禮，所賜多爲兵器，有弓矢干戈甲胄等。

除小盂鼎外，還有幾件器銘記有獻俘禮，塱方鼎（《集成》2739）有"飲秦飲"的記載，譚介甫先生考證它就是文獻中的"飲至禮"，[1]屬小盂鼎獻俘禮第七項儀注。在西周晚期還有一件敔簋（《集成》4323），記載了一次對南淮夷的戰爭，戰勝之後也舉行了獻俘禮："惟王十月，王在成周。南淮夷遷殳内伐溟昂、參泉、裕敏、陰陽洛。王令敔追御于上洛炋谷，至於伊，班。長榜截首百，執訊四十，奪俘人四百。獻于榮伯之所。于炋衣津，復返厥君。惟王十又一月，王格于成周大廟。武公入佑敔，告擒：馘百、訊四十。王蔑敔曆，使尹氏授釐敔圭瓚，口貝五十朋，賜田于含五十田、于早五十田。……"敔簋所記有兩點值得注意：第一，此次戰役共截

[1]《西周塱鼎銘研究》，《考古》1963 年第 12 期。

首百,執訊四十,俘人四百,但在成周大廟告擒時,只講了馘百訊四十,而不及俘人之數,這説明在西周晚期獻俘禮中"告擒"只限報告和獻出戰鬥人員的斬獲,而平民和奴隸的奪俘則不必上繳,這與西周早期小盂鼎中所記是不同的。第二,這次俘獲的南淮夷邦君沒有殺掉,而是"復返厥君",將其遣返了。這可能是要利用他進一步招降其他部族,這種攻心戰術的運用,説明周人在戰爭藝術的講求上已有了很大進步。

另外,塱方鼎在記周公征伐東夷取得勝利後説:"公歸,禀于周廟。"禀字不識,象兩手倒持鳥於示前,可能表示敬獻祭物於神前之意。此祭名卜辭習見:"癸酉卜,貞,王賓祖甲,禀"(《殷虛書契》1.20.1),"卜、貞,□□大示,禀"(《殷虛書契》4.34.5),"彡日,戔甲曰:劙祖乙,禀"(《殷虛書契》1.42.1)等等。在卜辭中是一祭祖的祭名,西周借爲凱旋後的軍祭之名了。

三、封 建 禮

1986 年冬,北京郊區琉璃河 1193 號大墓出土匽(燕)侯克罍、盉,兩器銘文相同,釋文如下:"王曰:大保,惟乃明(盟),乃鬯享于乃辟,余大對(封)。乃享。命克侯于燕。事(劃)羌豸,叡(祖)于御微。克來燕,入土眔有嗣,用作寶尊彝。"(《考古》1990 年第 1 期)銘中的"對"字可讀作"封","大對"就是"大封"。在金文中,"奉""對""封"三字皆象以手植樹於地上之形,可能都是由樹藝之藝字分化而成。甲骨文中的"東對""西對"應讀作東封、西封,散氏盤(《集成》10176)的"一奉""二奉"也應讀作一封、二封。1984 年河南平頂山市出土封虎鼎中的封字象雙手植木於地之"奉"字(《考古》1985 年第 3 期)。六年召伯虎簋(《集成》4393)"對揚朕宗君其休"(圖五),中觶(《集成》2810)"中對王休",兩器中的"對"字都寫作人植樹木於地之"封",與同一簋銘之"余典勿敢封"之"封"字類似。因字形相近,這三個字在金文中每相混用。《荀子·正論》:"治古無肉刑,而有象刑……菲,對屨……"郝懿行曰:"對屨,《慎子》作履絉,對當作絉。"王先謙《集解》亦云:"對當爲絉。"説明在荀子的時代,對、封仍有時混用。這是金文中首次出現"大封禮"的記載。該銘中有"惟乃盟,乃鬯享于乃辟"的句子,句中三"乃"字是代詞,相當於現代漢語"你的"。後面又有"乃享"句,這個"乃"字是副詞,相當現代漢語"於是"。鄂侯御方鼎(《集成》2810)"鄂侯御方納壺于王,乃祼之""王休宴,乃射",兩"乃"字用法與後句相同。金文通例燕饗生人用鄉(饗),祭祀鬼神用"享"。武王是大保瑴的辟君,故銘中的"享于乃辟""乃享"都是講享祀先辟武王。"命克侯于燕"是封建諸侯的述辭。"劃羌豸,叡(祖)于御微",是燕侯克赴封前殺牲祖祭道神。《詩經·大雅·韓奕》記周宣王錫命韓侯,有"韓侯出祖,出宿於屠"句,疏云:"《烝民》有仲山甫出祖,仲山甫爲二伯,韓侯爲侯伯,故兩詩皆有出祖祭道神事。"韓侯、仲山甫受封爲侯伯,赴任時有祖祭道神的儀注,本銘爲克受封爲燕侯,殺牲祖道的儀注是一樣的。"入土眔有嗣",指燕侯克受納裂土及燕地官吏民衆。《尚書·禹貢》:"徐州厥貢惟五色土。"《逸周書·作洛》:"乃建大社於周中,其壝東青土、南赤土、西白土、北驪土,中央疊以黃土。將建諸侯,鑿取其方一面之土,苞以黃土,苴以白茅,以爲土封,故曰受則土於周室。"這種裂土封建的制度確曾行於周初,後世沿用,作社稷壇,成爲國家的象徵。

圖五　六年召伯虎簋及銘文

　　1193 號大墓有四條墓道,其規模已具備諸侯墓葬條件,按一般分析,墓中所出長銘重器的器主燕侯克有可能就是墓主。據《史記·周本紀》和《史記·燕召公世家》記載,"封召公奭於燕","封召公於北燕",武王所封第一代燕侯應是召公奭。召公年高多壽,歷仕三王,康王時仍出任太保。因此在他在世時就將封地嗣繼給其子克了,燕侯克最早只能是第二代燕侯。本銘記録的是克在成王時嗣封爲燕侯的典禮,有召公到場,故銘中記有成王對太保説話的口氣。克能在此時得繼爲燕侯,當然必定是由召公做出決定的。

　　西周早期記封建諸侯的還有宜侯夨簋(《集成》4320):"惟四月辰在丁未,王省武王成王伐商圖,遂省四國圖。王立于宜,入土,大鄉(饗)。王令虞侯夨曰:遷侯于宜。賜□鬯一卣,賞瓚一□,彤弓一,彤矢百,旅弓十,族矢千。賜土:厥川三百□,厥□百又二十,厥宅邑三十又五,□□百又四十。賜在宜王人□□又七里,賜奠□伯,厥□□又五十夫,賜宜庶人六百又□□六夫。宜侯夨揚王休,作虞公父丁尊彝。"該銘記封建宜侯典禮有"王省圖"儀注。無惠鼎(《集成》2814):"王格於周廟,□于圖室。"説明周廟中有圖室。圖即地圖,長沙馬王堆曾出土西漢地圖,文獻記載古人早有繪製地圖事。《周禮·天官·司書》:"掌邦中之版,土地之圖。"《周禮·地官·大司徒》:"掌建邦之圖與人民之數。"《周禮·地官·土訓》:"掌道地圖。"這些都説明在周代就有各種地圖和掌管地圖的官員和機構。王封建諸侯之前例需察視擬封之國的地理,故需入圖室省圖,本銘之"武王成王伐商圖""四國圖"都是圖室中的專用地圖。而將"入土"與"賜土"分開記載,説明"入土"是納受"裂土",與銘後部所説的山川田土之賜不同。綜觀全銘是記録虞侯夨受王命遷侯於宜,宜的土地田宅及率土之貴族庶民一併賜予新封的宜侯。

記録封建諸侯的還有麥方尊(《集成》6015):"王令辟邢侯出坯,侯于邢。雩若二月,侯見于宗周,亡尤。迨王螽荼京,彰祀,雩若翌日。在璧雍,王乘于舟,爲大禮。王射大龏禽,侯乘于赤旂舟從。死戚之日,王祀,侯内于寢。侯賜玄珊戈。于王在敀,祀月,侯賜者趴臣二百家。儕用王乘車馬、金勒、冂、衣、巿、舃……用龏義寧侯,覘考于邢侯……"該銘記録王命麥的辟君離開坯地,封於邢地,作邢侯。然後記録邢侯覲見周王,此時正值周王螽祭彰祀於荼京,行"大禮",有祭祀日月的儀注("王祀"即祀日,與後銘之"祀月"相對應),新邢侯參與其事並受到賞賜。唐蘭先生指出:"本銘説'覘考於邢侯',明'邢侯出坯'並非第一代邢侯。此説王命'侯於邢',是嗣位須受王命。……第一代邢侯封於康王時,見邢侯簋,此疑第二代當昭王時。"[1]

大盂鼎(《集成》2837)銘記的也是嗣封之事,銘文前段叙誥辭,後段叙嗣封的文句:"王曰:惟命汝盂型乃嗣祖南公。王曰:盂,迺召夾死嗣戎,敏諫罰訟。夙夕召我一人烝四方。于我其適省先王,授民授疆土。賜汝邕一卣、冂、衣、巿、舃、車、馬,賜乃祖南公旂,用狩。賜汝邦嗣四伯,人鬲自御至于庶人六百又五十又九夫,賜夷嗣王臣十又三伯,人鬲千又五十夫,□□□自厥土。"這裏盂嗣繼的是其祖南公的封地,而不是其父的封地,且銘中有"……自厥土"的文句,似乎賜予的只是南公領地的一部分。銘中的"邦嗣""夷嗣"即燕侯克盂中的"有嗣",這些管事者率其民衆土地統歸新君盂領有。

金文記嗣封的還有伯晨鼎(《集成》2816):"惟王八月辰在丙午,王命䢔侯伯晨曰:'嗣乃祖考侯于䢔,賜汝秬鬯一卣、玄袞衣、幽夫、赤舃、駒車、畫靳、𩏄㸬、虎幃、冟襄、里幽、攸勒、旅五旅、彤𢨋、彤旂、旅弓、旅矢、□戈、虢胄。用夙夜事,勿廢朕命。"伯晨的父祖歷代爲䢔侯,其父現已去世(故稱祖考),由其子伯晨嗣繼其封地。此器作於西周中期,説明此時諸侯的嗣封仍須得到周王的承認,並舉行過大封典禮。這種嗣封在受到王的禮器、兵器及車馬命服的頒賞之後才算正式確認。

金文中還有兩件器記有大封禮,但内容更爲簡略。沬嗣土疑簋(《集成》4059):"王來伐商邑,誕令康侯圖于衛,沬嗣土疑眔圖,作厥考尊彝。"文獻記載,原封於康的康侯,二次伐商後被封於衛,稱衛康侯。銘中的圖即鄙,《廣雅·釋詁》:"鄙,國也。"《周禮·天官·大宰》注云:"都之所居曰鄙。"建國都於衛地,自然是封建爲衛侯的意思,文獻與金文相合。這是金文記封侯命辭的又一種叙述方式。作器者"疑"是沬地嗣徒,沬是衛之都邑,西周封建慣例是賜土需連同當地有嗣及民衆一起賜予新君,故沬嗣土疑在康侯圖於衛時,也一併"眔圖。"

---

[1]　唐蘭:《西周青銅器銘文分代史徵》,中華書局,1986年,第250頁。

與上述簋銘類似的還有雍伯鼎（《集成》2531）："王令雍伯圖于生，爲宮，雍伯作寶尊彝。"銘中的"圖于生"與沫嗣土疑簋的"圖於衛"相同，即封建於生地之意。《左傳·莊公九年》"殺子糾於生竇"，杜注"魯地"，指今山東菏澤北部，這可能即銘中"生"地所在。此銘所記之雍國可能有二：一爲文王子所封國，姬姓，在今河南沁陽一帶；一爲黃帝之後，姞姓，在河南杞縣一帶。估計此雍伯前者可能性大些，不管是哪個，都在今河南境內，由河南遷封到山東，應該是某種政治鬥爭所需要。

上述諸器除伯晨鼎外，燕侯克罍盉、宜侯夨簋、大盂鼎、麥方尊、沫嗣土疑簋、雍伯鼎皆作於西周早期，大約都在康昭以前，與文獻所記封建諸侯集中在西周早期的情況是一致的。燕侯克罍盉、大盂鼎、麥方尊、伯晨鼎所記是嗣封，即新侯襲承父祖之封。宋程公説云："古者諸侯繼世襲封，則內必有所承。爵位土田受之天子，則上必有所稟。"（《春秋分記》）從銘文看，西周諸侯的襲承確需經周王批準方可。宜侯夨簋、沫嗣土疑簋、雍伯鼎所記是遷封，虞侯夨遷封於宜，康侯遷封於衛，雍伯遷封於生。這反映在西周早期政治是動盪的，這些封建、嗣封、遷封是周王爲把親族和親信安置到要害地方所作的安排，也是西周王室控制其版圖內大小諸侯國，實現其統治的重要政治手段。進行這樣大的政治活動，其禮儀是十分隆重的。根據上述金文內容，可以擬測"大封禮"的儀注如下：

第一，王入圖室省圖。

第二，於廟堂享祀先祖。

第三，內史册命。命侯之叙辭有"命某侯于某""命某嗣侯于某""命某遷侯于某""命某圖于某"等。

第四，入（納）土。即頒賜某色裂土。

第五，授民授疆土。即頒賜土地宅里及有嗣民衆等。

第六，頒賜秬鬯、玉瓚、弓矢、戈冑、命服、車馬、旌旗等。

第七，行大饗禮。

以上七項是西周金文中記錄的"大封禮"的重要儀注。典禮過後，受封諸侯要殺牲祖道就國，左祖右社，啓宮宇，立社壇，置裂土，由王室官員測土地、封疆界等。在周代，這些儀注都有專門文字作出規定，一些重大典禮也都有專人加以記載。《周禮·春官·大史》："大祭祀，與執事卜日，戒及宿之日，與群執事讀禮書而協事。祭之日，執書以次位常……大會同朝覲，以書協禮事。及將幣之日，執書以詔王。"這是説在行祭禮和會同朝覲禮之先，大史要與衆執事按禮書演習，以便在正式行禮時能按禮書規定的儀注進行。可以想見，"大封禮"也會有專門的記載，只是秦火之後沒有保存下來而已。

賈公彦在注釋《周禮·春官·大宗伯》時曾説："對封公卿大夫爲采邑者爲小封。"先秦文獻中沒有"小封"的記載，但考慮到古代禮制往往有大小相配的設置（如《儀禮》中有"大射"和"鄉射"、"大饗"和"鄉飲酒"等禮，其基本儀注相似，只是級別規模不同），金文和文獻都有大封禮的記載,賈氏所説的“小封禮”也可能是有所本的。西周金文中有記封賜采邑的銘文,如中方鼎(《集成》2785):“惟十又三月庚寅,王在寒次,王令大史兄(貺)鬲土。王曰:中,兹鬲人入使賜于武王作臣,今兄(貺)畀汝,鬲土作乃采。中對王休令,鱞父乙尊。”遣尊(《集成》5992):“惟十又三月辛卯,王在庰,賜遣采曰趞,賜貝五朋。遣對王休,用作姞寶彝。”上兩器都明確提到賜采,《左傳·莊公八年》疏云:“人君賜臣以邑,令采取賦税,謂之采地。”《詩經·鄭風·緇衣》疏云:“采謂田邑,采取賦税。”《禮記·王制》:“天子之縣,内諸侯,禄也;外諸侯,嗣也。”正義曰:“此謂畿内公卿大夫之子,公死之後,得食父之故國采邑之地,不得繼父爲公卿大夫也。”《左傳》《詩經》《禮記》諸注家對采邑的説法應該是秦漢以後的制度,據中方鼎所記,鬲土與鬲人是一併賜予中的,土作采,人作臣,並非僅賜田邑取其賦税而已。這與大封禮中封建諸侯的情況是相同的,只是賜采地較之封建諸侯規模要小。至於西周世官世禄,文獻和金文都有許多材料可以證明,比如周公的子孫世爲周公,食其采,嗣其位,並無不得嗣爲公卿大夫的規定。

從上兩器銘看,采邑之賜,也可以是王對臣下的恩賜,中及遣都是王的近臣,並不是如《禮記·禮運》所云“大夫有采以處其子孫,是爲制度”,只有大夫所賜者可以稱采。遣尊之采僅一個邑,中方鼎之采稱“鬲土”,可能是指包括若干邑的一塊領地。金文中明確提到賜采者僅上述兩器,而言及賜土者尚有若干器,賜土當指賞賜包括若干邑的一塊領土,與中方鼎之賜鬲土類似,也應屬小封禮的範疇。

召圜器(《集成》10360):“惟十又二月初吉丁卯,召啓進事,旋走事。皇辟君休王自穀使賞畢土方五十里。”《禮記·王制》:“天子之田方千里,公侯田方百里,伯七十里,子男五十里,不能五十里者,不合於天子,附於諸侯曰附庸。”《禮記》所説的這麼整齊劃一的地塊當出自後世儒者的安排,但從召圜器銘看,“方五十里”確爲西周時代計算土地的一個特定單位。

作册折尊(《集成》6002):“惟五月,王在庰,戊子,令作册折兄(貺)望土于相侯,賜金賜臣……”大保簋(《集成》4140):“王伐彔子聖,䵼厥反,王降征令于大保,大保克敬亡遣。王永大保,賜休余土……”上述五件記有賜采土的銅器,所記賜采土之地點兩在庰地,一在寒地,一在穀地,一在伐彔子返途中某地,皆不在京師。説明小封之禮不像大封之禮那樣隆重,必要在京師廟堂中舉行,而是可以隨處舉行。又五件器中有四件記有時間,兩件在十三月,一件在十二月。十三月應是年終置閏,即閏十二月。這好像並非偶然巧合,可能這種頒賜采土的禮儀多於年終舉行。上述諸器中被賜采土者如大保、中、遣、召、作册折等人都是王朝命官,可見采土之賜主要是王對大臣的封賞。公卿大臣本人對其下屬有采土之封賞者,在西周金文中僅發現一例。亳鼎(《集成》2654):“公侯賜亳杞土、麇土,□禾、□禾。”這條材料很重要,它説明西周確實存在不同等級的頒賜土地的制度,起碼這種等級有王及公侯兩級。上述六器皆作於西周早期,説明在西周早期周王朝對土地的管理制度,除有封建諸侯外,還有頒賜采土作爲補充。

　　記録賜采土諸銘文都十分簡略,極少言及儀注的具體内容。可能其儀注不像封建諸侯那樣隆重,没有宏大的規模和場面,因而也就没有必要在銘文中詳加鋪叙了。《周禮·春官·大宗伯》:"大封之禮,合衆也。"鄭注:"正封疆溝塗之固,所以合聚其民。"《周禮·春官·大卜》:"凡國大貞,卜立君,卜大封,則視高作龜。"鄭注:"境界侵削,卜以兵征之。"鄭玄的這些解釋説明漢儒對"大封禮"的内容已完全不清楚了,將一個封建諸侯的大禮竟然記成了軍禮。又《周禮·春官》的《大宗伯》《大祝》職文都有"王大封則先告后土"一句,鄭玄更有"后土"爲"黎"、爲"句龍之神"等附會之詞,其實從金文内容看,記封建諸禮除需祭祀祖先外並不見對其他神祇的祭祀。[1]

四、相 見 禮

　　在西周,王及貴族都十分重視交際的禮儀,其中尊卑上下的等級制度體現了那個時代政治的一個方面。西周金文中,諸侯邦君朝見周王稱"覲"(寫作"堇")或"見",如甗鼎(《集成》2579):"甗覲于王。癸日,賞甗貝二朋。"子尊(《集成》6000)"乙卯,子見在大室,伯□□琅九,坐百牢。王賞子黄瓚一,貝百朋……嚢。"賢簋(《集成》4104):"公叔初見于衛。"從銘末族名看,子尊中子的身份是殷遺民,他向周王的貢獻應爲"祀貢",所獻用於坐祭的牛羊達百牢之多。史牆盤(《集成》10175):"微史烈祖迺來見武王。"記述的也是殷遺民覲見周王。麥方尊記一次嗣封典禮,按禮制規定須覲見周王,討得封賞,方能取得繼承權,新邢侯於二月,"侯見于宗周",即在二月去宗周覲見周王。然後銘内兩次提到"告亡尤",第一次是向載出神主祝告,第二次是在返國後設奠告祖。《禮記·曾子問》:"孔子曰:天子、諸侯將出,必以幣帛皮圭告於祖禰,遂奉以出,載於齊車以行,每舍,奠焉而後就舍。反必告。"《儀禮·覲禮》記諸侯在覲見君王之前有"侯氏裨冕,釋幣於禰"的儀注。注解云:"禰謂行主遷主矣。"銘中還兩次提到祭祀,一次云"王祀",一次云"祀月",可能即禮書上所説的祭祀日月儀注。《儀禮·覲禮》:"禮日於南門外,禮月與四瀆於北門外。"兩次告亡尤,兩次祭祀都應是覲禮的儀注,《儀禮》與《禮記》所記與西周金文相合。西周早期金文記諸侯朝見周王又可稱"見事",如燕侯旨鼎(《集成》2628):"燕侯初見事于宗周,王賞旨貝二十朋。"某貴族朝見高一級貴族也可稱"見事"。如揚鼎(《集成》2612):"己亥,揚見事于彭,車叔賞揚馬。"朝見周王又有時稱"見服"。如作册𩵋卣(《集成》5342):"惟公大史見服于宗周……公大史咸見服于辟王,辨于多正。"這裏公大史除覲見周王外,還會見了諸執政官多正。《孟子·梁惠王》:"諸侯朝於天子曰述職。"上述銘文中的覲見不稱覲或見,而稱"見事""見服",可能與其述職性質有關。

---

[1] 整理者注:本節内容與《西周金文中的大封小封和賜田里》的一二節内容基本相同,可參看。

　　以上諸器皆作於西周早期,可以考見周初諸侯貴族覲見周王時的部份禮儀規定。西周中晚期金文則多記錄夷族邦君朝見周王的禮儀。如裘衛盉(《集成》9456)記矩伯以價值百朋的十三田與裘衛交換"赤琥兩、麀韋兩,韋鞈一"和"覲璋",以備覲見周王之用。頌鼎(《集成》2829)與膳夫山鼎(《集成》2825)有"受命册,佩以出,反入覲璋"的記載(圖六)。從西周金文内容看,文獻中覲禮中有關瑞玉和皮幣的授受是有根據的。《周禮·春官·大宗伯》:"公執桓圭、侯執信圭、伯執躬圭、子執穀璧,男執蒲璧。"《儀禮·覲禮》的儀注有郊勞、致館、覲見、將幣、賞賜等,每個儀注在進行時都需要授受贄幣。《周禮·秋官·小行人》記贄幣的配合是圭馬、璋皮、璧帛、琮錦、琥繡、璜黼等。裘衛盉中的璋、琥、韋、鞈就是玉幣和皮幣,這些在覲禮中是不可或缺的。《左傳·僖公二十八年》"受策以出,出入三覲",這與頌鼎"受命册,佩以出,反入覲璋"的記載完全相合,説明這些儀注直至東周仍在實行。

圖六　頌鼎及銘文

　　九年衛鼎(《集成》2831)記九年正月"眉敖諸膚爲使見于王",結合裘衛盉銘可知矩伯是邦君眉敖的"諸膚"之一,被遣爲使覲見周王,此時眉敖並未徹底臣服於周王,因此同年九月又有益公征伐眉敖的記載。呂伯簋(《集成》4331):"惟王九年九月甲寅,王命益公征眉敖,益公至告:二月,眉敖至見,獻賁。"《孟子·告子》:"一不朝則貶其爵,再不朝則削其地,三不朝則六師移之。"這是孟子理想中王應有的權威,也是西周王室强有力時的實際情況。這次眉敖的覲見,是武力征服的結果。眉敖臣服之後,成爲戎狄邦君的帶頭人,致使大量青銅流入周王室。眉敖簋蓋(《集成》4213):"戎獻金于子牙父百車。"像這種以武力征伐爲背景的覲見,史牆盤(《集成》10175)稱"覜見","方蠻亡不覜見"。西周晚期類似記載如馭鐘(《集成》260):"王敦伐其至,撲伐厥都,戈孳迺遣間來逆邵王,南夷東夷俱見二十有六邦。"駒父盨蓋

（《集成》4464）：“南仲邦父命駒父殷南諸侯，率高父見南淮夷，厥取厥服。覲，夷欲墜，不敢不恭畏王命，逆見我，厥獻厥服。我乃至于淮，小大邦亡敢不□，俱逆王命。”

綜上所述，在西周早期，隆重的王室大覲禮有祭奠日月的儀注，各種覲見禮後都有優厚的賞賜。西周中期以後，覲見禮儀注趨於複雜，覲見時必須呈獻贄幣，贄幣主要是瑞玉及獸皮。王之賞賜則男賜車馬命服，女賜絲帛。西周中晚期周王室與四周邦國連年征戰不息，金文中所記多爲被征服邦國的“覘見”，這種温文爾雅的覲見禮實際上成了“臣服禮”，儀注背後掩藏着血腥的暴力。

在西周金文中，王或其使者巡視各地稱“省”。如中觶（《集成》6514）：“王大省公族于庚，振旅，王賜中馬。”中方鼎（《集成》2751）：“王令中先省南國，貫行𤔲王应。”中甗（《集成》949）：“王令中先省南國，貫行𤔲应，在曾。史兒至，以王令曰：余令汝使小大邦，厥又舍汝芻糧，至于汝廒小多□。中省自方，復造□邦，在鄂自次。”三件中器所記皆爲昭王南巡之事，記這一内容的銘刻資料尚有太保玉戈銘（《西周銅器斷代》五）：“六月丙寅，王在豐，令大保省南國。”小臣夌鼎（《集成》2775）：“令小臣夌先省楚应……小臣夌賜鼎、馬兩。”昭王在南巡之前作了許多準備，派遣重臣反復視察了南方邦國，上述幾件器銘記録的就是這種過程。記録視察東方的有臣卿鼎（《集成》2595）：“公違省自東，在新邑，臣卿賜金。”唐蘭先生認爲銘中的“公違”即《逸周書》中的“百韋”。

以上諸器皆作於西周早期，西周中期後，“省”或寫作“𦲷”“徣”“徣”等。如妊小簋（《集成》4123）：“伯荓父使𤔲徣尹人於齊𠂤，妊小從。𤔲有頵貝，用作妊小寶簋。”寱鼎（《集成》2721）：“師雍父省導至於𫗴，寱從，其父蔑寱歷，賜金。”史頌鼎（《集成》2787）：“王在宗周，令史頌徣蘇，𤼈友里君百姓帥堣盠于成周，休有成事，蘇賓璋、馬四匹、吉金。”省字從目生聲，《説文》：“省，視也。”宜侯夨簋：“王省武王成王伐商圖，遂省四國圖。”用的也是“視”義。《周禮·秋官·大行人》：“王之所以撫邦國諸侯者，歲徧存，三歲徧覜，五歲徧省。七歲屬象胥，諭言語，協辭命。九歲屬瞽史，諭書名，聽聲音。十有一歲達瑞節，同度量，成牢禮，同數器，脩法則。”鄭注：“存、覜、省者，王使臣於諸侯之禮，所謂間問也……自五歲之後，遂問歲徧省也。七歲省而召其象胥，九歲省而召其瞽史，皆聚於天子之宮，教習之也。”像這種一、三、五、七、九、十一年巡視之事，是《周禮》作者理想中君王視察邦國諸侯的制度，並非古代實際實行的制度。至於鄭玄注解中所發揮的召其象胥瞽史聚於天子之宮教習之者，則更是無根之談。但是他們所説的王或其使臣巡視邦國諸侯稱“省”則合於西周金文。從金文内容看，西周王室經常派使者去視察諸侯邦國，這是周王推行其統治的手段之一。其使命則一爲例行巡視，一爲征伐前的偵察。前者較注重禮儀，被巡視者對使者往往有所賄贈。

周王或其后妃派出使者與邦國諸侯聯絡（或貴族間派出使者聯絡），金文稱“使”，被使者例需對使者有所賄贈，賄贈稱“賓”。小臣守簋（《集成》4179）：“王史小臣守使于夷，夷賓馬兩，金十鈞。”裚簋（《集成》4195）：“王命裚罘叔緐父歸吳姬饙器，師黄賓裚璋一、馬兩。吳姬賓帛束。"繁簋(《集成》4146):"公令繁伐于異伯,異伯蔑繁曆,賓繁秾廿、貝十朋。"史幾簋(《集成》3954):"仲幾父史幾使于諸侯諸監,用厥賓作丁寶簋。"上述諸器中被使者皆爲邦國諸侯及其監國,派出使臣者在繁簋爲地位很高的"公",其餘皆爲周王,很顯然派出使臣者地位高於被使者。在這種情況下,被使者需用較隆重的賓禮接待使者,對使者給予豐厚的賄贈,賄贈稱"賓"。若反之,被使者地位高於派出使臣者,賄贈稱"賞"或"賜",而不能稱"賓"。如堇鼎(《集成》2703):"燕侯令堇饋大保于宗周,庚申,大保賞堇貝。"叔簋(《集成》4132):"惟王秾于宗周,王姜史叔使于大保,賞叔鬱鬯、白金、芻牛。"小臣宅簋(《集成》4201):"同公在豐,令宅使伯懋父,伯賜小臣宅畫干戈九錫,金車、馬兩。"遇甗(《集成》948):"師雍父戍在古自,遇從,師雍父肩史遇使于鼓侯,鼓侯蔑遇曆,賜遇金。"這裏大保、伯懋父、鼓侯地位高於燕侯、王姜、師雍父,故賄贈稱賞或賜,而不稱賓。

"賓"有時用爲名詞,指所賓之幣。上面提到的史幾簋"用厥賓作丁寶簋"的賓,就是用爲名詞。這種賓物又可以轉賜於人,如保卣(《集成》5415):"王令保及殷東國五侯,誕兄六品,蔑曆於保,賜賓,用作文父癸宗寶尊彝。"

有時賄贈女性或由女性施賄贈,不稱賞賜也不稱賓,而稱"頮",即"沫"。如遹盂(《集成》10321):"君在雍即宮,命遹使于述土𢼸諆,格后寮女寮奚逆華,天君史遹使頮。"此字用法與妊小簋"飄有頮貝"之頮字用法相似。

王命使者去撫慰邦國諸侯,金文稱"安"或"寧",被撫慰者亦例需對使者有所賓贈。如盂爵(《集成》9104):"王令盂寧鄧伯,賓貝。"作册睘卣(《集成》5401):"王姜令作册睘安夷伯,夷伯賓睘貝布。"公貿鼎(《集成》2719):"叔氏使貿安異伯,賓貿馬彎乘。"

《周禮·地官·鄉大夫》"以禮禮賓之",鄭衆注:"賓,敬也。"賓又寫作儐,《儀禮·覲禮》"侯氏用束帛乘馬儐使者""儐大史亦如之"。《禮記·禮運》:"所以儐鬼神也。"《釋文》曰:"敬也,儐與賓通。"用於賓之物品,西周早期以貝爲主,中期以金爲主,兼及車馬、玉器、皮帛。皮馬玉帛是文獻中贄幣的主要物品。《儀禮·聘禮》記"命使"之後有"夕幣",入境之後有"展幣""授幣"。使者將返國,被使者例有"覿幣""面幣"等儀注,而這些儀注中的贄幣都是皮馬玉帛之類。這說明文獻所記贄幣與西周中期金文所記部分賓物內容相合,但西周早期用貝、中期多用金的情況在文獻中却没有反映。

西周早期,周王凡有重大政令頒布或有重要任命宣布,往往由宗周派遣特使去成周發布,金文稱"殷於成周"。作册䰩卣(《集成》5400):"惟明保殷成周年,公賜作册䰩鬯貝。"本銘"明保殷成周"與矢令方彝(《集成》9901)"明公朝至於成周"是一件事。方彝銘記周公子明保受王命任卿事寮長官,管理三事(嗣土、嗣馬、嗣工)和四方(侯、田、男等四方諸侯),他於八月在宗周受命,十月至成周"舍命",並會見寮屬及四方諸侯。其後分別在京宮、康宮及王城殺牲舉行祭禮。小臣傳簋(《集成》4206):"王在莽京,令師田父殷成周年,師田父令小臣傳非余。"臣辰盂(《集成》9454):"惟王大龠於宗周誕䬋莽京年……令士上眔史寅殷於成周,替百姓豚眔賞卣鬯、貝。"豐尊(《集成》5996):"王在成周,令豐殷大矩,大矩賜豐金、貝。"《周禮·春官·大宗伯》"殷見曰同",《周禮·秋官·大行人》"殷同以施天下之政""十有二歲王巡守殷國",《周禮·夏官·職方氏》"王殷國亦如之"。郭沫若先生認爲金文中的"殷"禮與《周禮》中的"殷同""殷覜"等相同,各家多從其説。但《周禮》所説的"殷同""殷國"等是指周王對諸侯的巡視,這在西周金文中稱"省",不稱"殷"。而且從金文看,殷禮乃王之使臣所爲,他們"殷於成周"是代宣王命。豐尊記王在成周,却不去親見大矩,而命豐去殷見,可見此禮並不如《周禮》所述,必爲王所施之禮。另外,鄭玄注多次説:"殷猶衆也。"即指會見衆多諸侯貴族。從豐尊所記情形看,王使者會見一名大矩亦可稱殷,可見《周禮》及鄭玄所知皆非古禮、古訓,只是借用古禮之名而已。從西周金文所記内容觀察,殷禮都是較隆重的會見禮,殷者,大也,蓋取其盛大之意。在西周時,王室的主要政治活動仍以豐京、鎬京和莽京等周原老家一帶地點爲核心來進行,只是遇有重大政令、任命和重要會見需向全國頒布時,才派特使去"天下之中"的成周發布。金文所記殷禮皆行於成周,無一例外,正説明了這一點。這一制度可能一直沿用到西周末年,如宣王時的克鐘(《集成》204):"王在周康剌宫,王呼士曶召克,王親令克通涇東至於京師……尃奠王命。"只是這時金文已不使用"殷於成周"一類詞語了。平王東遷以後,政治中心移至成周,當然也就不存在"殷於成周"的禮儀了。

在西周,貴族間辦理各種交涉,亦需以禮相見,並互相有所賄贈。大簋蓋(《集成》4298):"王呼吳師召大,賜趞𡩬里,王令膳夫豕曰趞𡩬曰:余既賜大乃里。𡩬賓豕璋,帛束。𡩬令豕曰天子:余弗敢吝。豕以𡩬導大賜里,大賓豕𦈢璋、馬兩,賓𡩬𦈢璋帛束。"此銘記王將本屬趞𡩬的邑里轉賜給大,膳夫豕傳達王命,他分別得到𡩬和大兩人的賓贈,大對𡩬也有賓贈。傳世的兩件召伯虎簋也有類似記載。五年召伯虎簋(《集成》4292):"琱生有事,召來合事,余獻婦氏以壺,告曰:以君氏令曰:余老止公僕庸土田多諫,弋(亦)伯氏縱許,公宕其參,汝則宕其貳;公宕其貳,汝則宕其一。余惠于君氏大璋,報婦氏帛束、璜。召伯虎曰:余既訊㑆我考我母令,余弗敢亂,余或至我考我母令。琱生則覲圭。"(圖七)六年召伯虎簋(《集成》4293):"王在莽,召伯虎口:余告慶。曰:公厥稟貝,用獄諫,爲伯有祇有成,亦我考幽伯幽姜令,余告慶。余以邑訊有嗣,余典勿敢封,今余既一名典獻伯氏,伯氏則報璧琱生。"兩器銘中人物關係較複雜,其内容大意是王后調解琱生與召伯虎之間的僕庸土田糾紛。在宣王五年琱生有訟事,召伯虎來對質其事。琱生獻婦氏(王后的女官)以壺,婦氏宣告王后判辭:我的家宰止公(即琱生)僕庸土田多有爭訟,這也是伯氏(召伯虎)縱容准許的結果。現判決如下:公(止公琱生)拓取其參,則你拓取其貳;公拓取其貳,則你拓取其一。琱生賄於君氏(王后)大璋,報答婦氏帛、璜。召伯虎説:我死去的父母對此有成命,我不敢變亂,我要求達到父母的願望。琱生向召伯虎獻覲圭。六年召伯虎簋記琱生又將有爭議的邑里全部典獻召伯虎,使他認爲實現了父母的遺願,獄訟取得勝利,多次告慶,並以禮向琱生報以玉璧,表示事件已圓滿解決。"凡大約劑書於宗彝"(《周禮·秋官·司約》),琱生即將該訴訟的經過鑄於這對簋上。兩銘中的關鍵人物是"余老止公"。《禮記・曲禮》:"五官之長曰伯……自稱於諸侯曰天子之老。"《儀禮・聘禮》"授老幣",注曰:"賓之臣。"疏曰:"大夫家臣稱老。"蓋古代凡家臣皆可稱"老"。琱生在師㝨簋(《集成》4325)中又稱"宰琱生",其身份應是王室家臣,被尊爲"止公"也是有可能的,銘中以王后的口吻稱琱生爲"余老止公"是可能的。至於有的先生以爲金文中的"余"字只能作爲人稱代詞,而不能作爲物主代詞則是一種誤解,越王鐘(《集成》144)"順余子孫"、邵鸞鐘(《集成》225)"作爲余鐘"、徐王義楚耑(《集成》6513)"擇余吉金"等諸器中"余"字皆作爲物主代詞使用。

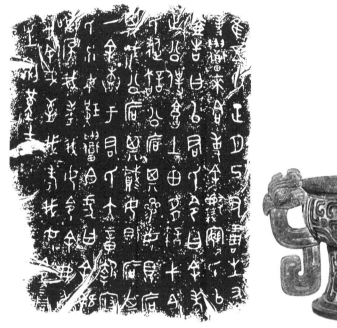

圖七　五年召伯虎簋及銘文

九年衛鼎(《集成》2831)記矩伯與裘衛交換林里車馬的事:裘衛給矩伯一套省車及精美的車具,給其妻矩姜帛二兩,矩伯則給裘衛林舀里。該里中的顏林是顏陳的,故裘衛又給顏陳一對大馬,給其妻顏妼虘㲋,給顏的下屬壽商貉裘、盉冒。矩乃與濲踌命令壽商和帝講定,交付裘衛林舀里。於是確定四周界封,由衛小子樹封,壽商闞。裘衛又給盉冒,給叔氏羊皮二、從皮二、譽烏埇皮二,給胐白金一鈑,吳喜皮二。給濲一些車具,給東臣羔裘,給顏下皮二。由衛小子寬和衛臣䟭、胐辦理授受。

上述幾件器皆作於西周中晚期,其時在貴族間辦理各種交涉,贄幣已成爲不可或離的交際手段。通觀西周金文,在西周早期,王及貴族間交際的禮儀尚比較簡樸。入中期後,禮儀逐漸繁複起來,交際中講究賄贈贄幣,其種類又視身份和性別有所不同。

《周禮・春官・大宗伯》:"春見曰朝,夏見曰宗,秋見曰覲,冬見曰遇,時見曰會,殷見曰同。"《周禮·秋官·大行人》:"凡諸侯邦交,歲相問也,殷相聘也,世相朝也。"把這些交際詞語作機械分配的作法顯然是後世禮書編者主觀安排的,但有些詞語如覲、殷等在交際中的運用是有根據的,在西周金文中這些詞語已在使用。另外一些詞語如朝、問、聘等在西周金文中雖没有出現,但在戰國金文中却有記載。陳侯因資敦(《集成》4649):"其惟因資揚皇考,昭申高祖黄帝,弭嗣桓文,朝問諸侯。"商鞅量(《集成》10372):"齊遣卿大夫衆來聘。"兩器中朝、問、聘諸詞的用意與文獻完全一致,這也從一個側面説明這些禮書應成書於戰國時代,是用戰國時的語言加以整理的。[1]

五、饗 燕 禮

西周金文記大饗禮者已見到的有十一件器,現分列於下:

天亡簋(《集成》4261):"乙亥,王有大禮,王凡三方,王祀于天室。降,天亡佑王,衣祀于王丕顯考文王,事喜上帝……丁丑,王鄉,大宜。王降,亡得爵復囊,惟朕有慶,敏揚王休于尊簋。"征人鼎(《集成》2674):"丙午,天君鄉褉酒,在斤。天君賞厥征人斤貝,用作父丁尊彝。黿。"宜侯夨簋(《集成》4320):"惟四月辰在丁未,王省武王成王伐商圖,遂省四國圖。王立于宜,入土,大鄉。王令虞侯夨曰:遷侯于宜。賜□鬯一卣,賞瓚一□,彤弓一、彤矢百,旅弓十、旅矢千。賜土……,賜在宜王人……宜侯夨揚王休,作虞公父丁尊彝。"效卣(《集成》5433):"惟四月初吉甲午,王觀于嘗,公東宫納鄉于王。王賜公貝五十朋,公賜厥涉子效王休貝二十朋。效對公休,用作寶尊彝……"穆公簋蓋(《集成》4191):"惟王初如□,迺自商自復還至于周,王夕鄉醴于大室,穆公侑尸,王呼宰利賜穆公貝二十朋,穆公對王休,用作寶皇簋。"遹簋(《集成》4207):"惟六月既生霸,穆王在葊京,呼漁于大池。王鄉酒,遹御,亡遣。穆王親賜遹觕。遹拜首,稽首,敢對揚穆王休,用作文考父乙尊彝。"長由盉(《集成》9455):"惟三月初吉丁亥,穆王在下減応,穆王鄉豐。即邢伯大祝射。穆王蔑長由,以來即邢伯氏,邢伯氏彌不姦。長由蔑歷,敢對揚天子不杯休,用肇作尊彝。"大鼎(《集成》2807):"惟十又五年三月既霸丁亥,王在瞿侲宫,大以厥友守。王鄉醴。王呼膳夫騋召大,以厥友入捍。王召走馬雁,令取騅騳三十二匹賜大。大拜,稽首,對揚天子丕顯休,用作朕烈考己伯盂鼎。"師遽方彝(《集成》9897):"惟正月既生霸丁酉,王在周康寢,鄉醴。師遽蔑曆,侑。王呼宰利賜師遽珈圭一、環璋四。師遽拜,稽首,敢對揚天子丕顯休,用作文祖它公寶尊彝。"三年瘭壺(《集成》9726):"惟三年九月丁巳,王在鄭,鄉醴。呼虢叔召瘭,賜羔俎,己丑,王在句陵,鄉逆酒,呼師壽召瘭,賜龏俎。拜,稽首,敢對揚天子休,用作皇祖文考尊壺。"虢季子白盤(《集成》

---

[1] 整理者注:本節與《西周金文中的相見禮》一文基本相同,可對照參看。

10173）："惟十又二年正月初吉丁亥，虢季子白作寶盤。丕顯子白，壯武于戎功，經維四方。博伐玁狁，于洛之陽。折首五百，執訊五十，是以先行。桓桓子白，獻馘于王，王孔加子白義，王格周廟宣廍，爰饗，王曰：白父孔覜有光。用賜乘馬，是用佐王。賜用弓彤矢，其央。賜用鉞，用征蠻方。子子孫孫，萬年無疆。"

　　上述十一器中，天亡簋、征人鼎、宜侯矢簋屬西周早期，效卣、穆公簋蓋、遹簋、長由盉、大鼎、師遽方彝、三年癲壺屬西周中期，虢季子白盤屬西周晚期。諸器中"饗"字皆寫作"鄉"，記饗禮分別用"饗""饗酒""饗醴""大饗"等詞語。西周早期三器稱"饗""大饗""饗襥酒"，不見稱"饗醴"者，説明在西周早期的饗禮中尚未有醴酒之設。周初禮制多沿用殷禮，殷人尚酒，饗必飲酒。如尹光鼎（《集成》2709）："乙亥，王惟在宴次，王饗酒。尹光遷，惟格，賞貝，用作父丁彝，惟王征邢方。"宰甫卣（《集成》5395）："王來狩自豆麓，在雞次，王饗酒。王光宰甫貝五朋，用作寶鬵。"上兩器作於殷代末年，銘文反映出殷代饗禮必用酒的情況。西周早期金文中也有饗禮用酒的記載（如征人鼎），説明周初饗禮還沿襲殷人的儀注。入西周中期後，周人形成有別於殷人的饗禮，其主要特徵是"用醴"。穆公簋蓋、師遽方彝、長由盉、大鼎、三年癲壺都用"饗醴"來記饗禮，説明這時饗用醴已是通常情況，而遹簋的饗仍用酒則是少數情況下的特殊作法。《説文》："醴，酒一宿孰也。"這是説醴酒是用較原始的簡單的辦法釀造的，一夜之間可就，因此所含酒精極少，故又名清酒。饗用醴，據云是"以示追懷遠古之義"。實際上也可能是周人汲取殷人酗酒喪國的教訓，特意規定的。在饗禮進行時，對如此清淡的酒也是淺嘗輒止，並不大量飲用。《禮記·聘義》："酒清人渴而不敢飲也，肉乾人飢而不敢食也，日莫人倦，齊莊正齊，而不敢解惰，以成禮節。"《左傳·成公十二年》杜注："饗有體薦，設几而不倚，爵盈而不飲，殽乾而不食。"這些講的都是這個意思。周人這種重威儀、輕飲食，以"用醴"爲特徵的大饗之禮，大約形成於穆王時，此前則尚沿用殷禮。《左傳·莊公十八年》："虢公晉侯朝王，王饗醴。"杜注云："始則先行饗禮，先置醴酒。"杜預去古未遠，知道以饗醴之醴爲醴酒，這本來是很通順的注解，而凌廷堪《禮經釋例》却説"饗爲饗禮，醴爲醴賓馬者"。許維遹先生的《饗禮考》對凌氏之説又加以引申，就把問題弄得更複雜了。其實杜注是對的，《左傳》有多次用"饗醴"來記饗禮，這正與西周金文相合，因爲此時饗禮的特點就是"用醴"，故又可以稱爲"饗醴"。凌氏、許氏的所謂"醴賓馬者"是混同"醴""禮"，且將"醴"字用爲動詞了。王國維先生的《釋禮》也誤將"醴""禮"混同，他説："盛玉以奉神人之器謂之曲，若豐，推之而奉神人之酒醴亦謂之醴，又推之而奉神人之事通謂之禮。"（《觀堂集林·卷六》）王氏這三個推論，前兩個是對的，第三個推論則不能成立。而楊寬先生却將王氏的第三個推論又加以引申，作出禮起源於醴的結論。[1] 兩位先生實際是倒本爲末了，查金文西周早期之

---

［１］　見楊寬先生《由"饗飲酒"禮和"饗醴"禮推論"禮"的起源和"禮"這個名稱的來歷》，《古史新探》，第306—309頁。

"豊"即後世的"禮"字,蓋取"以玉盛器中而奉於神人"之意。天亡簋、麥方尊中的"大豊"就是"大禮",過去釋爲"大豊"是不對的,它與醴酒無干。在西周金文中是先有禮儀之禮,寫作"豊",後有醴酒之醴。那種用原始簡單方法釀出的"清酒"被稱爲醴,並用於祭饗是穆王及穆王以後的事。穆王晚期的長由盉中"饗豊"之"豊",應是"醴"之省,其字形雖與西周早期天亡簋、麥方尊中的"大豊"之"豊"相同,但時代不同,其含義是有區别的。

《周禮・春官・大司樂》:"大饗如祭祀。"《周禮・春官》中的《大師》《小師》《瞽師》職文皆有"大饗亦如之"句,《禮記・郊特牲》有"大饗腥""大饗尚腶脩而已矣"。這些文獻中明確提到"大饗",宜侯夨簋也提到"大饗",是知古代確有"大饗禮"存在過,而《儀禮》中却僅有"鄉飲酒禮"的記載,没有"大饗禮"的記載,顯然是"大饗禮"亡佚而没有保存下來。"大饗"是王室大禮,在西周金文中没有見到王室以外貴族使用此禮的,該禮一般由王或后主持,上述十一篇金文中,征人鼎由王后主持,其餘十件器銘皆記由周王主持此禮。《儀禮》中的《鄉飲酒禮》與亡佚的《大饗禮》應看作兩種等級不同的饗禮(與《儀禮》中的《大射》《鄉射》類似),可能它們有許多儀注是相似的,但規模和行禮人的等級是不同的。楊寬先生已注意到這一點,但他却誤把西周金文中的"鄉酒"歸入"鄉飲酒禮"。[1] 征人鼎、遹簋、三年瘐壺上都有"鄉酒",但這些都是王及后主持的大饗禮,與《儀禮》中的士大夫所行的《鄉飲酒禮》雖只有一字之差,却絶不能相提並論。

許維遹先生在其所作《饗禮考》中舉六事證成饗近於祭:齋戒、尊彝、腥俎、裸事、立而成禮、用樂。許氏所舉皆據之文獻,但多與西周金文相合。上述十一篇金文所記大饗禮有七件明確提到行於宗廟,祭禮(特别是祭祖禮)亦多數行於宗廟,既然二者都行於宗廟,像齋戒、設尊彝、立而成禮、用樂相同就是很自然的了。穆公簋蓋:"王夕饗醴於大室,穆公侑尸。"這是金文記饗禮有"設尸"的儀注。"設尸"是周人祭祖禮的特殊安排,一般由孫輩後人穿上被祭先祖的遺服,充當神像,一切祭奠儀式都圍繞他來進行,祝者所作祝辭與嘏辭都以他爲中介,穆公簋蓋記穆公因"侑尸"有功而受到王的賞賜,説明饗與祭確有非常相似的地方,文獻中的記載當是有根據的。三年瘐壺記王在鄭地饗後賜瘐"羔俎",在句陵饗後賜瘐"麑俎"羔、麑兩俎皆爲半解的體薦,行禮中並不食用,故可在饗後賜予瘐。這與祭禮用"房俎",祭後賜胙的儀注是相同的,故知文獻所云"饗用腥俎""大饗腥"的記載是可信的。

據西周金文所記,大饗禮行於以下場合:大祭之後(天亡簋);出征凱旋(征人鼎、虢季子白盤);封建諸侯(宜侯夨簋);巡視地方(效卣);大射禮前後(遹簋、長由盉);賞賜臣工(師遽方彝、三年瘐壺);答謝宿衛(大鼎)。祭祀征伐,封建巡狩,大射大賞等皆爲國家的大事大典,是知大饗禮是爲講大事、昭大德而設。《禮記・王制》孔穎達疏引皇侃説饗有四種:諸侯來朝,王親戚

---

[1] 見《古史新探》,第 286—287 頁。

諸侯來聘,戎狄之君使來,饗宿衛及耆老孤子。秦蕙田《五禮通考》之《饗燕禮》云饗禮有三:天子饗元侯,兩君相見,凡饗賓客。總之,經學家們都認爲饗禮是待賓之禮。這與西周金文不合,在西周金文中多有記載諸侯及戎狄君使來朝宗覲聘者,却從不見王以饗禮待之。如夒鼎(《集成》2579)記夒覲見於周王、蟎鼎(《集成》2765)記"蟎來遘于妊氏"、臣辰盉記"王令士上眔史寅殷于成周",覲、遘、殷等都是王及諸侯間交接相見之事,但這些篇金文中並未見用饗的記載,蓋西周時一般待客賓不用大饗禮。皇侃説:"饗宿衛及耆老孤子,則以醉爲度。"許維遹先生批評"此非饗禮",認爲是"鄉飲酒禮"。記饗禮的大鼎云"大以厥友守""以厥友人捍",知王所饗之大,乃宿衛之長,故皇侃所説的"饗宿衛"是合於金文的。至於對"耆老孤子"之饗,且"以醉爲度",則可能是"鄉飲酒禮"的儀注。許氏的批評,因未以金文資料爲基準,亦失之籠統。

以上所作是對大饗禮的分析,西周金文對古"燕禮"也有部分記載,因該禮的主要特徵是"用酒",故金文主要用"飲"和"酒"兩字來記此禮。塱方鼎(《集成》2739)"飲秦飲"、小盂鼎(《集成》2839)"三左三右多君入服酒……三周入服酒……三事大夫入服酒……"、高卣蓋"王飲西宮"等,這幾件器皆作於西周早期,在這一時期不見用"宴"或"匽"來記燕禮,有些器用"言"字來記燕禮。伯矩鼎(《集成》2456):"伯矩作寶彝,用言王出內事人。"𩰫卣(《集成》5354):"𩰫作旅彝,孫子用言出入。"蓋西周早期燕禮乃因外交活動欲有所言而設,故以"言"記此禮。在金文中是先有"言"記燕禮,後有"宴""匽(燕)"記燕禮。"宴"用爲記燕禮在西周晚期才出現。"匽"在西周專用於記地名、國名,至春秋時代才開始用來記燕禮。言,古音元部疑母;宴、匽,元部影母。以音近假借來記"言禮","燕禮"本應作"言禮"。

在西周金文中,對"王出入事人"有時也用饗禮(並非"大饗禮"),作册夨令簋(《集成》4300):"用饗王逆復,用𣪘寮人。"伯戔父鼎(《集成》2487):"用饗王逆復事人。"悆卣蓋(《集成》5428):"汝其用饗乃辟軝侯逆復出內人。"很顯然這是諸侯用較"大饗"低一級的"饗禮"來招待王的使者,這與王室舉行的大饗禮是不同的,而與"言(燕)禮"接近。

西周晚期出現用"宴"字記燕禮者,鄂侯御方鼎(《集成》2810):"王南征,伐角僪。惟還自征,在坏。鄂侯御方納壺于王,乃祼之,御方侑王。王休宴,乃射。御方卿王射,御方休闌,王揚,咸飲。王親賜御方玉五瑴,馬四匹,矢五束……"(圖八)銘中"納壺于王,乃祼之,御方侑王"是燕禮的三個重要儀注。春秋以後,諸侯間的外交活動頻繁,燕禮轉多,一些樂器銘文或用"宴",或用"匽",而不再用"言"字來記燕禮了。邾公華鐘(《集成》245):"以宴士庶子。"邾公牼鐘(《集成》149):"以宴大夫,以喜諸士。"徐王子旃鐘(《集成》182):"以宴以喜。"王子嬰次鐘(《集成》52):"王子嬰次自作游鐘,永用宴喜。"王孫遺者鐘(《集成》261):"闌闌和鐘,用匽以喜,用樂嘉賓父兄及我朋友。"沇兒鎛(《集成》203):"吾以匽以喜。"配兒句鑃(《集成》427):"以匽賓客。"子璋鐘(《集成》113):"用匽以喜,用樂父兄諸士。"許子鎛(《集成》153):"用匽以喜。"杕氏壺(《集成》9715):"吾以匽飲。"等等。以上各器作於春秋至戰國早期,可以看出記燕禮詞語由"言"至"宴""匽"演變的軌迹。

圖八　鄂侯御方鼎及銘文

綜上所述,大饗、大燕之禮的儀注相同之點有三: 1. 設侑。穆公簋蓋:“王夕饗醴于大室,穆公侑尸。”師遽方彝:“王在周康寢饗醴,師遽蔑歷,侑。”遹簋:“王饗酒,遹御。”這裏“御”就是“侑”。王行饗禮必設侑者,王爲穆公、師遽、遹行饗禮,就命他們本人作侑者,這是件極榮寵的事,故銘之於彝器,子孫永誌不忘。這與記燕禮的鄂侯御方鼎有“御方侑王”是相同的。《左傳·僖公二十八年》:“晉侯獻楚俘於王……王饗醴,命晉侯宥。”“宥”即“侑”。説明大饗、大燕設侑之制一直延續至後代。

2. 獻、祼。伯公父勺(《集成》9935):“伯公父作金爵,用獻用酌。”膳夫山鼎(《集成》2825):“王曰:山,命汝官𤔲飲獻人。”膳夫克盨(《集成》4465):“惟用獻於師尹、朋友、婚媾。”《周禮·天官·膳夫》:“王燕飲則爲獻主。”《周禮》所記膳夫之職與膳夫山鼎、膳夫克盨所記相合。《尚書·洛誥》“王入太室祼”,疏云:“《周禮》小宰之職:凡祭祀,贊王幣爵之事,祼將之事。”注曰:“祼爲贊王酌鬱鬯以獻尸謂之祼,祼之言灌也。”《國語·周語中》:“及期,鬱人薦鬯,王祼鬯,饗禮乃行。”祼就是以酒灌地的儀式,祭饗皆有祼的儀注,禮有明文。《論語·八佾》:“子曰:禘自既灌(祼)而往者,吾不欲觀之矣。”但燕禮用祼,則不見文獻記載。鄂侯御方鼎:“鄂侯御方納壺於王,乃祼之。”御方所獻納之壺當爲盛鬱鬯之壺。孟戲父壺(《集成》9571):“孟戲父作鬱壺。”説明古有專盛鬱鬯之壺,王受此壺後,以壺中鬱鬯灌地,行祼儀。在西周,王參加的大燕禮中有儀式化的“祼”,既祼之後才有盡歡樂的飲宴。《儀禮·燕禮》不記祼儀,説明它所記燕禮屬春秋間士大夫級的禮儀,與西周王室大燕之禮是不同的。鄂侯御方鼎却保存了古大燕禮這一重要儀注。

3. 酬幣。祭饗之後有酬幣之儀注,金文多有記載。師遽方彝記師遽在饗後得到“瑂圭

一、環璋四”,征人鼎、效卣、穆公簋蓋記在饗後得到貝數十朋,大鼎記饗後得到三十二匹馬。記祭禮諸器銘也多記祭後的賞賜,此不贅述。大燕之後的酬幣儀注在鄂侯御方鼎中也有記載,周王在燕後賜御方“玉五瑴、馬四匹”。《左傳·莊公十八年》:“虢公晉侯朝王,王饗醴,命之侑,皆賜玉五瑴,馬三匹。”王引之《經義述聞》指出“當作三(四)匹”。師遽方彝之“珇圭四、環璋一”也應屬“玉五瑴”之數,古饗燕之酬幣本有定數,在此可見一斑。

上述是就饗燕相同之處而言,就其不同而言也有多處。秦蕙田《五禮通考》一五六卷云:“饗禮烹太牢以飲賓,獻依命數,在廟行之;燕禮其牲狗,行一獻,四舉旅。降,脱履升堂,無算爵,以醉爲度,行之在寢。”許維遹先生《饗禮考》舉九事以别饗燕:饗廟燕寢、先饗後燕、饗晝燕夜、饗立燕坐、饗履燕不履、婦饗不燕、饗不食燕食、饗不射燕射、饗不必賦詩、燕必賦詩。許氏所言九事,皆據之文獻,其中饗立、不脱履、不飲食、不必賦詩;燕坐、脱履、飲食、必賦詩等皆與西周金文相合。如三年癲壺記王在饗後賜羔俎、豕俎,此饗不飲食也。金文稱燕爲言,詩以言志,此燕必賦詩也。但秦、許之説亦有與西周金文不合者。如小盂鼎、塱方鼎之燕皆行於周廟,高卣蓋之“西宫”,既用於燕飲,又用於祟祀,也可能是宗廟建築,故知大燕之禮也往往在宗廟中舉行,所謂“燕必在寢”並不合古禮。再有長由盉記饗後有大射之儀,遹簋也記饗前有“矢魚”之儀注,所謂“燕射饗不射”也不合古禮。還有穆公簋蓋有“王夕饗醴於大室”之句,説明饗不必在晝,亦可行於夜間。

總而言之,王室大饗大燕之禮有許多相同的儀注,但饗重威儀,用醴,酒食殽饌備而不用是其特徵;燕重言,賦詩言志,飲酒食饌,盡歡而散爲其特徵。二者目的不同,其儀注也是有區别的。[1]

六、射　　禮

已知的西周金文記射禮的有以下幾件:

麥方尊:“在辟雍,王乘于舟,爲大禮,王射大龏禽,侯乘于赤旂舟從。”“大龏禽”有的學者以爲就是大雁。《禮記·射義》:“天子將祭,必先習射於澤。”這裏記周天子在辟雍大池中射“大龏禽”,與《禮記》所記内容相近。井鼎、遹簋有“呼漁”的記載,實際就是文獻中所説的“矢魚”,[2]也應是射禮的内容。

令鼎(《集成》2803):“王大藉農于諆田,餳。王射,有嗣眔師氏小子卿射。王歸自諆田。王御溓仲僕,令眔奮先馬走。王曰:令眔奮乃克至,余其舍汝臣三十家,王至于溓宫。”(圖九)這件器記録了一次由王親自參加的射禮,參加者還有“有嗣”和“師氏小子”。“有

---

[1] 整理者注:本節與《西周金文中的饗與燕》一文頗多相似,但本文内容有所簡省,而另文更詳。

[2] 整理者注:見《春秋·隱公五年》《淮南子·時則訓》等。因前面軍禮部分已有叙述,此從略。

嗣”泛指一般有所嗣管的官員,“師氏小子”指一種專職武官。師望鼎(《集成》2812)有“太師小子師望”、伯公父簠(《集成》4628)有“伯太師小子伯公父”、仲太師盨(《集成》4397)有“仲太師小子休”,銘中的“師氏小子”可能即指這類太師屬官,令及奮二人的身份也應是“師氏小子”。在射禮中,二人因“先馬走”和“乃克至”而受到賞賜。《禮記・投壺》:“請爲勝者立馬,一馬從二馬,三馬既立,請慶多馬。”注:“馬,勝算也。謂之馬者,若云技藝如此,任爲將帥乘馬也。射、投壺皆所以習武也。”鼎銘之“馬走”即“立馬”,亦即一馬二馬三馬相從而立的過程。“先馬走”就是“先立馬”。“乃克至”是周王對二人射技的讚揚。“至”有“極”“盡”義,如㝬鐘:“王敦伐其至,撲伐其都。”銘中的“至”與“都”相對,“都”爲中心,“至”爲邊陲,所用也是“盡頭”“邊極”之義。所以這句話是周王誇讚二人射技能達到盡善盡美的程度的意思。金文敘事前後次序每不固定,這段講射禮的話,夾在“王歸自諆田”和“王至於溓宫”之間。

圖九　令鼎銘文

圖十　静簋銘文

静簋(《集成》4273):“惟六月初吉,王在葊京,丁卯,王令静嗣射學宫,小子眔服、眔小臣、眔夷僕學射。雩八月初吉庚寅,王以吴來、吕剛卿豳蓋師、邦周射于大池。静學無斁,王賜静鞞刹。”(圖十)此銘説了兩件事:第一,在六月初吉丁卯日,王命静作學宫嗣射,負責教導小子、服、小臣、夷僕學射。第二,在八月初吉庚寅日,王、吴來、吕剛與豳師、蓋師、周邦合射於莽京大池。第一事説明在小臣静的時代（穆王）射禮的儀注已相當複雜，因此要在學宫中設專門教官來教射。第二事記述了一次射禮，周王、吳來、吕剛與𥅆師、菻師、周邦合射，三人對三人。金文中的"卿射"就是文獻中的"耦射"。有的文獻云"天子射比六耦"。從静簋銘看，天子也可以比三耦而射。《禮記·射義》稱水射爲"習射於澤"。静簋在莽京大池之射，十分正規，似乎不像演練技藝而設的"習射"。銘中的吳來、吕剛可能即同時代（穆王）的班簋（《集成》4341）中的吳伯、吕伯，二人是王命中的邦冢君，王命他們率族人隨毛公去征東夷。趞簋（《集成》4266）"命汝作𥅆師冢嗣馬"，師旂鼎（《集成》2809）"在莽"，"邦周"即"周邦"，𥅆師、菻師、周邦是三個地名，在簋銘中代指三地君長。金文中每以地名代人名，如同師簋（《集成》3703）有"同師作旅簋"句，許子鎛（《集成》153）有"許子將師擇厥吉金"句。金文有小臣静卣（《積古》5.31），可證静的身份是"小臣"，在平時任學宫教官，舉行射禮時任司射。《儀禮》的《鄉射禮》和《大射儀》都記"司射"是整個射禮的主持人，在進行射禮時，他腰中插一根教鞭，對其下屬不按規定儀注行事者行"撲刑"。在射禮中還要擔當誘射，即作射的示範動作。

　　長由盉（《集成》9455）："惟三月初吉丁亥，穆王在下減応，穆王饗豊，即邢伯、大祝射。穆王蔑長由，以逑即邢伯氏。邢伯氏彌不姦，長由蔑歷。"周穆王舉行這次饗射大禮，目的是爲考察諸侯邦君的忠順程度，邢伯是此次考察的重點人物（此邢伯爲居於今陝西之邢，與麥方尊中提到居於今河北的邢侯之邢在字形上是有分別的）。射禮在"下減応"舉行，"応"是周王臨時駐蹕之地，"下減"大約在今鳳翔雍城一帶。[1] 通過這次射禮，邢伯給周王留下"彌不姦"的好印象。《逸周書·寶典》："不誠之行曰姦。"《詩經·大雅·生民》"誕彌厥月"，傳："彌，終也。"金文嘏辭每言"彌生""彌厥生"，即"得善終"的意思。所以"彌不姦"就是"始終很誠懇"的意思。長由因能把邢侯召到穆王下減応來參加射禮而受到"蔑歷"。參加射禮共提到三人，周穆王、邢伯和大祝，若三耦較射，則另外三人在銘文中被省略了。大祝是衆祝之長，周初大祝禽鼎記魯侯伯禽曾任此職，申簋蓋（《集成》4267）也記有此一職官活動的情況，他是周王朝中一位十分重要的官員，由他來協同周王一起用射禮考察邢伯。

　　義盉蓋（《集成》9453）："惟十又一月既生霸甲申，王在魯，卿即邦君、諸侯、正、有嗣大射。義蔑歷罟於王逑，義賜貝十朋。"這次射禮的規模很大，有邦君、諸侯、正和有嗣四種身份的人參加，邦君與諸侯的區別可能以是否接受周王室的封建爲準，接受裂土封建者得爲諸侯，諸夷族未受封建者被視爲"邦君"。此次射禮與長由盉所記一樣，也是爲考察邦君諸侯而設。作器者義因能召集邦君諸侯到魯地與周王行大射儀，故受到十朋貝的賞賜。這件器銘中第一次出現"大射"一詞，《儀禮》將射禮分爲"鄉射"和"大射"兩種，看來這種區分是有根據的。

　　十五年趞曹鼎（《集成》2784）："惟十又五年五月既生霸壬午，龏王在周新宫。王射于射

[1]　參見盧連成《周都減鄭考》，《考古與文物叢刊》第二號，1983年。

廬,史趞曹賜弓、矢、虎盧、胄、盾、甲、殳。"銘文記此次射禮在射廬中舉行,師湯父鼎(《集成》2780)也有"王在周新宮,在射廬"的記載,匡卣(《集成》5423)記有"懿王在射廬"。"射廬"是專門用於較射的場所。這幾件器都作於西周中期恭王和懿王的時代,因此遣辭用語及所記名物都是很接近的。

　　鄂侯御方鼎(《集成》2810):"王南征,伐角僪。惟還自征,在坯,鄂侯御方納壺于王,乃祼之。御方侑王,王休宴,乃射。御方卿王射,御方休闌,王揚,咸飲。王親賜御方玉五瑴、馬四匹、矢五束。"這次射禮在坯地舉行(與麥方尊中邢侯所出之地相同),是周王南征返途必經之地。鄂侯御方是南方一强大部族的邦君,周王此次南征雖目標不是討伐他,但周王的這一軍事行動對他震動還是很大的。他不但獻壺於王,而且在射禮中曲意奉承周王,爲取得周王歡心,故意將矢射偏,射在侯框上,銘中的"休闌"就是這個意思。《説文》:"休,止息也。""闌,門遮也。""休闌"就是"止矢於框"之意。御方欲故意輸掉比賽,使周王得勝算。然而不巧,周王也未射中,銘稱"王揚"。《儀禮·大射儀》:"大射正立於公後,以矢行告於公:下曰留,上曰揚,左右曰方。"注:"留,不至也;揚,過去也;方,出旁也。"周王射得偏高了,也沒有射中。於是"咸飲",按儀注規定都喝罰酒。鄂侯御方到了後來的不嬰簋(《集成》4328)中,就是聯合玁狁在周人西部反叛的首領了,"御方、玁狁廣伐西俞",到再後的禹鼎(《集成》2833)中,他更"率南淮夷、東夷廣伐南國東國,至于歷内",成了東南反叛的總頭領,從東南兩面夾擊周人,直進攻到周王室的腹心地帶,迫使周王室動用了"西六師""殷八師"和大批地方武裝才撲滅這場叛亂。

　　通過對上述金文資料的簡單分析,我們瞭解到西周射禮舉行的時間、地點、參加人員和有關儀注,使我們對這一禮儀制度有了進一步的理解。

　　西周實行的是分封政治,周王將大部分土地人民分封給各級諸侯去管理,又對各異族邦國通過要求貢賦等使其臣服。因此,王畿之外星羅棋布地有着許多相對獨立的諸侯國與異族邦國,周王除保持有强大武裝力量不時以武力相威脅外,經常舉行射、饗、聘、問等禮儀,也是其維繫版圖統一的政治手段。上述七件銘文除令鼎、十五年趞曹鼎是周王與自家臣工舉行射禮外,其餘五件記的都是周王與諸侯邦君舉行的射禮。在射禮進行中,互相施展計謀,鄂侯御方在大舉反叛前夕的射禮中曲意奉承周王,有意麻痹他。邢伯則裝出一副"彌不姦"的樣子,取悦周王。這對雙方來説,都是政治鬥爭的需要。金文中還有一些"呼漁""射雁"的記載,這使我們很自然地聯想到《遼史》上的一些記載。《營衛志》云:"春捺鉢曰鴨子河濼,皇帝正月上旬起牙帳,約六十日方至。天鵝未至,卓帳冰上,鑿冰取魚。冰泮,乃縱鷹鶻捕鵝雁……皇帝得頭鵝,薦廟。"洪皓的《松漠紀聞》云:"寧江州去冷山百七十里……每春冰始泮,遼主必至其地,鑿冰釣魚,放弋爲樂,女真率來獻方物。"《遼史·天祚帝紀》:"二年春正月己未朔,如鴨子河。丁丑,五國部長來貢。二月丁酉,如春州,幸混同江釣魚。界外生女直酋長在千里内者以故事皆來朝。適遇'頭魚宴',酒半酣,上臨軒,命諸酋次第起舞,獨阿骨打辭以不能。"阿骨打的態度很快引起遼主的警覺："他日,上密謂樞密使蕭奉先曰:'前日之燕,阿骨打意氣雄豪,顧視不常,可託以邊事誅之,否則必貽後患。'"這些後世民族史資料對我們理解西周射禮的政治意義很有啓發。可以想見,周王與邦君諸侯頻繁地舉行射禮並打魚射雁,絕非僅爲遊藝娛樂,主要想通過這些活動觀察動靜,考察其忠順程度,進而決定或安撫或鎮壓的政策。《禮記·射儀》:"此天子之所以養諸侯而兵不用,諸侯自爲正之具也。"一語道破設置這一禮儀的政治目的。

甲骨文中有"射"與"多射",那是武官之名。西周金文有以"⼷射"爲族名的甗、尊、爵等出土於洛陽東郊(《考古》1959 年第 4 期),但無法肯定他們與射禮的直接關係。射禮在西周金文中的存在,主要是通過對上述七件器銘的分析後得以肯定的。麥方尊和令鼎略早於穆王,長由盉是穆王標準器,静簋、義盉蓋也是穆王時器,趞曹鼎是共王標準器,鄂侯御方鼎是晚期宣王時器。除鄂侯御方鼎外,其餘六件都作於穆王前後。所以我推想,作爲一種複雜的禮儀制度,射禮可能是在穆王時完善起來的。静簋記參加射禮的人員都要經過專門訓練才能勝任,也從一個側面反映出這種情況。

文獻稱"春射秋饗",因此有人主張古代射禮只在春天舉行,這却與金文不合。上述七件器銘有五件記有時間,分別是二月、三月、五月、八月、十一月,幾乎貫穿全年,説明這些按政治需要安排的射禮是不受季節限制的,而且有時饗射在同一時間舉行。如長由盉就記先饗後射。又雍伯原鼎(《集成》2559):"雍伯原作寶鼎,子子孫孫其萬年永用享(饗)射。"饗、射連言。可能文獻所説的是每年王室舉行的例行射禮,這種射禮帶有"選士"的作用。《禮記·射儀》:"古者天子之制,諸侯歲貢士於天子,天子試之於射宮。"這種類似於考試的制度應該是後世的事情,在西周金文中没見到反映。

上述七件器銘中的射禮都有周王參加,儀注中的"賓"則多是諸侯邦君,如邢侯、吳來、吕剛、鄂侯御方等。參與對耦陪射的多爲周王的重要官員和近臣,如大祝、師氏小子、史、作册、小臣等。有時也由"夷僕"參與作些輔助工作和配射。而"司射"一般由小臣來擔當。

《儀禮》的《鄉射禮》和《大射儀》各有五十條左右儀注,現分述如下:

《鄉射禮》:1. 主誡賓　2. 陳設張侯　3. 主速賓　4. 迎賓　5. 主獻賓　6. 賓酢主　7. 主酬賓　8. 主獻衆賓　9. 一人舉觶　10. 尊者獻酢　11. 合奏樂　12. 主獻工與笙　13. 立司正　14. 司射請射　15. 納射器　16. 司射比三耦　17. 司馬命張侯倚旌　18. 樂正遷樂　19. 三耦取弓矢俟射　20. 司射誘射　21. 三耦射　22. 取矢委福　23. 司射請射比耦　24. 三耦拾取矢　25. 衆賓受弓矢　26. 司射作射請射獲　27. 三耦釋獲而射　28. 賓主射　29. 大夫與耦射　30. 衆賓繼射,釋獲告卒射　31. 司馬命取矢　32. 數獲　33. 飲不勝者　34. 司馬獻獲者　35. 司射獻釋獲者　36. 司射又請射　37. 主、賓、衆賓、三耦皆拾取矢　38. 司射請以樂節射　39. 全體節樂而射　40. 取矢數矢　41. 視算告獲　42. 飲不勝者　43. 拾矢授有司　44. 退諸射器　45. 旅酬　46. 司正使二人舉觶　47. 請坐燕,因撤俎　48. 坐燕,無算爵,無算樂　49. 送賓　50. 明日拜賜　51. 息司正。

《大射儀》：1. 誡百官　2. 誡宰、司馬、張侯　3. 設鼓樂　4. 陳設燕具席位　5. 命賓、納賓　6. 主獻賓　7. 賓酢主　8. 主獻公　9. 公酢主　10. 主酬賓　11. 爲衆賓旅酬　12. 公酬賓　13. 主獻卿　14. 再媵觶　15. 公爲卿舉旅　16. 主獻大夫　17. 作樂娛賓　18. 立司正、安賓、查儀　19. 請射、納射器、誓射、比耦　20. 司射誘射　21. 三耦射　22. 取矢　23. 命耦　24. 三耦拾取矢　25. 三耦再射釋獲　26. 君與賓耦射　27. 公卿大夫及衆耦皆射　28. 取矢　29. 數獲　30. 飲不勝者　31. 獻獲者　32. 獻釋獲者　33. 拾取矢　34. 鼓樂節射　35. 取矢數獲　36. 飲不勝者　37. 拾取矢　38. 退諸射器　39. 爲大夫舉旅酬　40. 撤俎安坐　41. 主獻士旅食　42. 賓舉爵爲士旅酬　43. 燕或復射　44. 主獻庶子　45. 燕末盡歡　46. 賓出公入。

《鄉射禮》儀注 1—13 爲射前準備及飲燕，14—24 爲第一番射，25—27 爲第二番射，38—44 爲第三番射，45—48 爲射後之飲燕，45—51 爲送、拜、結束。《大射儀》儀注 1—17 爲射前飲燕，18—24 爲第一番射，25—33 爲第二番射，34—38 爲第三番射，39—45 爲射後飲燕，46 結束。《鄉射禮》與《大射儀》雖有不同的儀注，但其主要内容皆由三部分組成：射前飲燕，三番射，射後飲燕。射前後之飲燕是射禮的附加部分，射禮的核心是“三番射”。凌廷堪《禮經釋例》：“凡射皆三次：初射，三耦射，不釋獲；再射，三耦及衆耦皆射；三射，以樂節射，皆釋獲，飲不勝者。”第一番射是試射，雖射中也不計算成績，二、三番射都要計算成績（釋獲），特别是第三番射要節樂歌舞而射。對三番射來説，《鄉射禮》與《大射儀》是相同的，只是參射者身份高低和規模大小有別而已。文獻稱“比耦而射”，金文則稱“卿射”；文獻有“射比三耦”，靜簋所記即三人對三人；文獻記司射主持射儀，金文也有由小臣擔任的司射；文獻記射禮的儀注有“釋獲”“立馬”“揚觶”“唱獲”“矢行上曰揚、下曰留、左右曰方”，金文有“先馬走”“休闌”“揚”等，幾乎文獻中射禮的主要儀注在金文中都有反映，卻不見“三番射”的記載，也可能像《儀禮》所描述的那種繁複的“三番射”在西周尚未全面實行。文獻中所記射禮是戰國至秦漢人所熟悉的，估計當時人所知一般不會超出春秋時代。射禮在孔子的時代已發展成一門專業的學問和技藝，被列爲“六藝”之一，相當複雜。《儀禮》所説的射禮就是以春秋時代的儀注爲基礎推演而成的。

麥方尊和靜簋所記的射禮是在葊京的辟雍大池中舉行的，遹簋和井鼎中的“呼漁”也是在葊京的辟雍大池中舉行的。靜簋所記是“卿射”，與陸上的射禮相同，麥方尊記射“大龏禽”，遹簋、井鼎記“射魚”，與陸射的射侯應有區別。《禮記·射儀》“天子將祭，必先習射於澤”“已射於澤，而後射於射宮”。此所射之地明言是水澤之地，但由於文獻中射禮水射的儀注失載，故後世注家無法解釋這一現象，就杜撰出“澤宮”之説，認爲“習射於澤”就是在“澤宮”中演練射技。從西周金文内容分析，西周射禮確實分水陸兩種，而且不是“習射”。靜簋云“王在葊京……射于大池”，麥方尊云“在辟雍，王乘于舟，爲大禮，王射大龏禽，侯乘于赤旗舟從”。説明水中的射禮是在船上進行的，而且是在辟雍大池中的船上，也是十分正規和隆重的。伯唐父鼎:"用射綴、鼇虎、貉、白鹿、白狼于辟池。"這是講褅祭禮的射牲儀注,王乘於辟雍大池之舟,射於辟雍大池之中的牛牲和諸野牲,也是水射之一種。日本林巳奈夫先生編著的《春秋戰國時代青銅器的研究》一書第 340 頁收録一件戰國時代銅壺,上面有水射的畫面,可資參考(圖十一)。陸射的圖像有成都百花潭中學 10 號墓出土銅壺上的圖畫(《文物》1976 年第 3 期)(圖十二),故宮博物院藏燕樂畫像壺(圖十三),上海博物館藏銅橢杯圖畫(《上海博物館藏青銅器》90),陝西鳳翔高王寺出土銅壺圖畫(圖十四)等,這些圖畫都是戰國時期的,但它們對射禮的描繪很形象直觀,可以增進我們對射禮的感性認識。[1]

圖十一　引自[日]林巳奈夫《春秋戰國時代青銅器的研究》第 340 頁(京大人文研究考古資料)

圖十二　成都百花潭中學 M10 銅壺圖(戰國)

---

[1]　劉雨先生對"射禮"有過較多論述,《西周金文中的射禮》《射禮考》與本節文字相似,較此略詳,可參看。

圖十三　故宮博物院收藏銅壺圖（戰國）

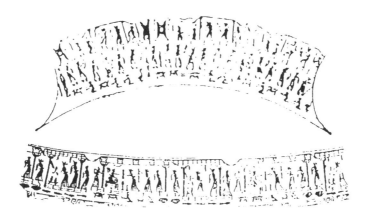

圖十四　陝西鳳翔高王寺出土銅壺圖（戰國）

　　古代的中國向以禮義之邦著稱於世,有着悠久的禮治傳統。商代的甲骨文中就記錄了大量的禮制內容。黃然偉先生用甲骨文資料寫了《殷禮考實》一書,可惜簡約了些。“周禮”就是在“殷禮”的基礎上發展起來的。古禮範圍很大,它貫穿於政治、經濟、軍事、文化、藝術等各個領域,它既是一種深刻的政治思想——禮治思想,又是一種巧妙而實用的統治藝術,它藉助於繁瑣的儀注,把貴族們的言行規定在不同等級的範圍內,把統治階級的意志,某些強制的甚至是暴力的企圖,掩蓋在溫文爾雅、觥籌交錯和優美的樂舞之中。這種統治術介於倫理道德規範與刑法之間,它既不像僅僅依靠習俗和輿論說教來約束人那樣軟弱無力,也不像用法律和刑罰待人那樣粗暴無情,它要求人們頻繁地參與到無休止的禮儀活動中去,按等級身份把每個人都禁錮在某種格式上,“非禮勿視、非禮勿聽、非禮勿言、非禮勿動”(《論語·顏淵》),以達到統治的目的。這種統治術十分有效,因而得到歷代統治階級的保護和強化,後世幾乎變成一種宗教,對中國幾千年文明史產生過巨大影響。因此,要理解中國古代文化,應該從這裏入手。反過來說,研究“周禮”也必需從政治的角度去觀察,才可能看透這些繁瑣儀注背後隱藏着的真正內容。“國之大事,在祀與戎”,祭祀祖先,軍事戰爭固然是國家政治大事,封建諸侯當然也是國家重大政治舉措,就連聘問相見、饗燕飲食,甚至較射投壺等遊藝活動也無不帶有濃厚的政治色彩。可以説,禮制表達了古代政治很重要的一部分内容,這是禮的本質所在。

《儀禮》《禮記》《周禮》三部禮書是系統記録古代禮制的重要文獻,《禮記》爲闡釋《儀禮》而作,其重要性不能與《儀禮》相提並論。將《儀禮》所記與金文資料對比研究,就會發現它真實地反映了春秋時代以來古禮的基本面貌,過去稱它爲"士禮",似乎它只是士階層禮儀的記録,其實它記有許多國君一級的大禮,諸如《大射》《覲禮》《公食大夫禮》等篇名已説明了這一點,這在春秋時代已經是當時最高一級的禮儀了,所以其記載許多與西周金文所記王禮有相合之處。但它畢竟不是西周古禮的實録,又有許多與西周金文不合,如果我們能把它們看作記録春秋以來古禮的文獻,是我們理解西周古禮的階梯,把它放到恰當的位置上,那就真正找到了它的價值所在,就可以更好地利用它了。秦始皇焚書坑儒,對禮書的禁除是不遺餘力的。秦火之後,先秦古禮的文獻蕩然無存,因此給漢以後的經學家注釋殘存禮書造成很大困難,現存的注釋雖然輯逸補缺,做了許多有益的工作,但也雜有許多猜測附會之辭,揉進許多後世禮制内容。我們用西周金文來重新審視這些禮書,一方面看出禮書本身與西周時代的距離,同時也可以看清這些注釋的附會之處。反過來,禮書中許多對各種儀注細節的描寫,也可以幫助我們更確切地理解西周金文的含義。當然這裏有個主次問題,我們是以西周金文爲主體去利用禮書,去復原周代禮制的,而不是相反。

《周禮》一書是記録古代官制的,以天地四時配稱六官體系,作者將古代官制納入他主觀構擬的整齊體系之中,人爲劃一的痕迹隨處可見。但《周禮》中許多職官名及其職文却與西周金文相合,這説明該書作者在編輯此書時,是一定參考了許多今人見不到的先秦典籍的,絕非嚮壁虛造(我在《西周金文官制研究》一書中將《周禮》中的官制體系與西周金文官制體系作過全面對比,讀者可以參看)。《周禮》在記叙古代官制的同時,也記録了一些古代禮制的内容,這些資料十分珍貴,當我們用金文鑑別後則可以加以利用了。

後世儒者稱周公制禮作樂,開創有周一代制度。觀察西周金文,周初述及的禮制多沿襲殷禮,而周禮多數是在穆王前後方始完備。蓋西周初年,四方不静,强大的殷遺勢力和周圍衆多異族邦國始終没有停止和周人的武裝對抗,爲維護新生政權,周公即使有精力制禮作樂,也無暇將其付諸實施。只是到了穆王時代,四海承平,國力强盛,才可能將禮制建設提到日程上來。從後世史書中的《禮書》《禮儀志》等内容看,西周時代形成的各種禮制被不同程度地保存了下來,這個傳統是一貫的,"周禮"是這個保守的傳統的源頭。追本溯源,弄清"周禮"的本來面貌,是我們理解這個在中華大地上盛行數千年,並對中華民族的性格産生過巨大影響的傳統的關鍵所在。

(原載《燕京學報》新 3 期,第 55—112 頁,北京大學出版社,1997 年 8 月;又載《金文論集》,第 113—161 頁。在本文發表之前,劉雨先生曾發表《西周金文中的射禮》《西周金文中的祭祖禮》《西周金文中的饗與燕》《西周金文中的大封小封和賜田里》等文章,提交會議論文《西周金文中的相見禮》,後將這些文章提要改寫又加入"軍禮"的内容合併爲本文。本文發表後,又將"軍禮"部分單獨發表。本次整理將本文置於最前,其餘幾篇置於後,雖文字多有重複,但爲了全面收集劉雨先生著述,又因數篇文章前後表述、文辭詳略也不盡相同,故未作删減。本文現存兩份手稿,一份標明的寫作日期爲"1996.3.10",一份有"一九九六年六月十日交陳公"字樣。説明本文在發表前,稿件曾交陳公柔先生指導)

西周金文中的射禮

　　過去，對古禮的研究多以文獻資料爲基礎，近代學者郭沫若、陳夢家、楊寬等開始注意運用古文字學的材料。本文擬在前人研究的基礎上，以西周金文爲主體，結合文獻和出土器物上的圖像，試對古禮中的射禮作一探討。

　　西周金文記述了周王室及貴族們許多政治、經濟、軍事和社會生活的活動内容，其中有部分銅器銘文對射禮作了簡要的描述，下面我們對這些銅器銘文的内容作一些簡單的考證，以歸納出西周時射禮的大概情況。

一、麥方尊（《西清古鑑》8.33）

　　　　王令辟邢侯出坏，侯于邢。雩若二月，侯見于宗周，亡述。迨王饗荠京，酓祀。雩若翌日，
　　　　在璧雍，王乘于舟，爲大豐，王射大龏禽，侯乘于赤旂舟從……作册麥易金于辟侯……唯天子
　　　　休于麥辟侯之年鑄。

　　本銘記述了邢侯參與周王"酓祀"和"大豐"的過程，銘文大意是：邢侯新封於邢地，在二月入宗周朝見周王，朝見過程很順利。此時正值周王去荠京，舉行酓祀，第二天，周王在辟雍大池裏乘船舉行"大豐"，周王射大龏禽，邢侯乘一艘張有紅旗的船跟隨周王，邢侯受到周天子的獎賞，作册麥又受到邢侯的獎賞，因此麥在這年鑄了這件銅器以紀念上述事件。這裏可能是作册麥輔佐邢侯參加了朝見和祭祀活動，使邢侯在各種場合都舉措合禮得體，因而受到邢侯獎賞。

　　"王射大龏禽"一句是講射禮的内容，大龏禽有的學者認爲就是大雁，《禮記·射義》"天子將祭，必先習射於澤"。銘中的"酓祀"是周人祭祀祖先的大典，估計與甲骨文中殷人的"乡祀"相近。銘文中的"大豐"即"大禮"，金文中"豐"和"禮"是一個字（在漢隸中還是一個字，豐和禮分爲兩個字是很晚的事情）。《周禮·秋官·大行人》"禮，九牢"，注："禮，大禮，饔餼也，三牲備爲一牢"。《周禮·秋官·司儀》"致飧如致積之禮"，鄭注："小禮曰飧，大禮曰饔餼。"這裏的"大禮"應是"酓祀"的一部分，指向祖先貢獻犧牲的大典。金文有大豐簋（《三代吉金文存》9.13，以下簡稱《三代》）從另一角度記述了"大豐"的過程，銘文云：

乙亥,王又大豐,王凡三方,王祀于天室。降,天亡又王,衣祀于王丕顯考文王,事喜上帝。
文王監在上,丕顯王作省,丕緐王作庶,丕克乞衣王祀。

這裏記述的"大禮"是祭祀周文王,配享上帝的典禮。銘中的"王凡(汎)三方"是指周王乘船汎遊辟雍大池的三方。麥方尊銘有"在辟雍,王乘于舟爲大豐""侯乘于赤旂舟從",二者所記大禮的環境和方式是一致的。根據《禮記》的記載,周王在舉行大的祭典之前必須先在澤中習射,所以麥方尊銘記周王在舉行"大禮"前要射大鼜禽。

金文中還有"射魚"的記載,也在菶京的辟雍大池中舉行,稱之爲"乎漁"。如:

井鼎(《三代》4.13)

惟十月,王在菶京,辛卯,王漁于□池,乎井從魚。攸易魚,對揚王休,用作寶尊鼎。

又比如遹簋(《三代》8.52.2)

惟六月既生霸,穆王在菶京,乎漁于大池。

《春秋・隱公五年》:"春,公矢魚於棠。"
《淮南子・時則訓》:"季春之月,命漁師始漁,天子親往射魚。"
"矢魚""射魚""乎漁"大概是一回事,也是射禮的内容之一。宋代人編輯的《博古圖録》16・41—46收録了三件害簋,其銘文云:"用饎乃且考事,官司夷僕、小射、底魚。"銘中的"底魚"據陳夢家先生考證就是專司射魚的官史。[1]

麥方尊中的邢侯是今河北邢臺一帶的邦君,麥是其史官作册。

二、令鼎(《三代》4.27)

王大藉農于諆田,餳。王射,有司眔師氏小子卿射。王歸自諆田。王御溓仲僕,令眔奮先馬走。王曰:"令眔奮乃克至,余其舍女臣十家。"王至于溓宮,□。令拜,頴首,曰:"小□迺學,令對揚王休。"

此鼎銘講的是周王在舉行藉禮之後舉行的一次射禮。射禮舉行的地點可能是在諆田,也可能在溓仲之宮溓宮。金文叙事前後次序每不固定,"王歸自諆田""王至于溓宮"是講周

---

[1] 陳夢家:《釋底魚》,《考古社刊》第四期,1936年,第40頁。

王舉行藉禮之後,由淇田到達濂宮這一件事,銘文却分作兩處寫,而且中間夾雜了一段射禮的内容。鼎銘中的"令眔奮先馬走""令眔奮乃克至"兩句,講的都是有關射禮的内容,在射禮或投壺時,勝算曰馬。《禮記·投壺》:"請爲勝者立馬,一馬從二馬,三馬既立,請慶多馬。"注:"馬,勝算也。謂之馬者,若云技藝如此,任爲將帥乘馬也,射、投壺皆所以習武。"鼎銘的"馬走"疑即"立馬",即一馬、二馬、三馬相從而立的過程。"先馬走"即"先立馬"的意思。"乃克至"是周王對令及奮射技的讚語,誇讚二人的射技能達到"盡善盡美"的程度,"至"有"盡""極"的含義。如訣鐘(《三代》1.65—66)云"王羣伐其至,戣伐其都","至"與"都"相對,"都"爲中心,"至"爲邊陲,所用也是"極""盡"的意思。因爲二人射技表現突出,因此受到"臣十家"的賞賜。射禮本身帶有獎拔人才的目的,《禮記·射義》:"古者天子之制,諸侯歲獻貢士於天子,天子試之於射宫,其容體比於禮,其節比於樂,而中多者,得與於祭……數與於祭而君有慶……數有慶而益地,數有讓而削地。"

令和奮兩人的身份可能是"小臣""小子"之類,因銘中有"小□迺學"一句,"小"字看得十分清晰。静簋中的"静"也是教射的,稱"静學無斁"。静是"小臣",與令及奮身份相當。

參加這次射禮的除周王、令、奮以外,尚有"有司""師氏""小子"三種人。"有司"是職官的泛稱,指一般有所司掌的官員。"師氏"是"師"的尊稱,西周金文中"師"出現百餘次,多數指帶兵打仗的武官。金文中的"小子"作職官講多爲武官,如"伯大師小子伯公父"(伯公父簋,《陝西青銅器》3.94)、"仲大師小子休"(仲大師匜,《文物》1978 年第 11 期)、"大師小子師望"(師望鼎,《三代》4.35),這裏"小子"是"大師"的部下,自然應是武官,金文中還有一些小子是指一些貴族子弟,如遣小子(遣小子簋,《三代》7.28)、顏小子、衛小子(裘衛鼎,《文物》1976 年第 5 期)、散人小子(散盤,《三代》17.20)等,略相當於文獻中的"庶子""國子""余子"之類。《周禮·夏官·大司馬》"王弔勞士庶子",注:"庶子,卿大夫之子。"《周禮·地官·師氏》"以三德教國子",注:"國子,公卿大夫之子弟。"《周禮·地官·小司徒》"大故,致余子",注:"余子,卿大夫之子當守於王宫者也。"這些貴族子弟也多擔當武職,故常常與師氏、虎臣等並列。

三、静簋(《三代》6.55)

惟六月初吉,王在莽京,丁卯,王令静司射學宫,小子眔服,眔小臣、眔夷僕學射。雩八月初吉庚寅,王以吳來、吕剢卿幽自、蓝自、邦周射于大池。静學無斁,王賜静鞞剢。

静簋講了兩件事,一件是在六月初吉丁卯這天,王下令静作學宫的司射,負責教導小子、服、小臣和夷僕學射。另一件是在八月初吉庚寅這天,王、吳來、吕剢與幽自、蓝自、邦周卿射於莽京大池。静因司射有功受賞,因而作器紀念。

簋銘的第一件事説明,在小臣静的時代射禮作爲一種禮儀已經比較複雜,參加射禮的一般人員都需要經過專門的訓練才行。據文獻記載射禮中有時需要一些身份較低的人員作一些服務性工作,如擺放射具、整理酒器等。有時也要求這些人員比耦參加較射,充當射禮中的配角。射禮進行中,參射者要揖讓上下、獻酬交酢,甚至在較射時還要節樂歌舞,不單純是會射箭的人就能勝任的,因此需要在學宮中設立專門的教官來教射。

篹銘的第二件事叙述的是周王與邦君在莽京辟雍大池中舉行的一次射禮,銘中的吳來、呂剴有可能就是班篹中的吳伯、呂伯。學者多認爲静篹與班篹同爲穆王時器。

班篹(《文物》1972 年第 9 期,現藏首都博物館):

　　　　王令毛公以邦冢君、土御、戜人伐東國瘖戎。咸,王令吳伯曰:以乃師左比毛父。王令呂

伯曰:以乃師右比毛父。遣令曰:以乃族從父征。

吳伯、呂伯就是王令中的邦冢君,王命他們率領族人跟隨毛公去征伐東夷。

"䁈莽自邦周"是"䁈自""莽自""周邦"三人的代稱。趞篹(《三代》4.33)有"命女作䁈自冢司馬"。師旂鼎(《三代》4.31)有"在莽"。"邦周"就是"周邦"。這裏用三個地名代表三個地方諸侯君長的人名。金文中以地名代人名者尚有同自篹(《三代》7.20)"同自作旅篹"、許子鎛(《考古圖》7.7)"許子盥自擇其吉金"等,"同自""盥自"都是地名。

静篹所記的這次射禮也是在辟雍大池中舉行的,王、吳來、呂剴與䁈自、莽自、邦周卿射,三人對三人,金文中的"卿射"可能就是文獻中的"耦射"。文獻中强調"天子射,比六耦",從静篹看,周天子也比三耦,文獻中説"習射於澤",從静篹看,在大池中的射,似爲正式的射禮,不像是演練射技而設的"習射"。

静的身份是小臣,有小臣静卣(《積古齋鐘鼎彝器款識》5.31)可以證明。職務是司射,在平時他充當學宮的教官,在舉行射禮時充當"司射",據《儀禮》的《鄉射禮》《大射儀》記載,司射是整個射禮的主持人,在射禮進行中他腰裏要插一根教鞭,對下屬人員不按禮儀行事、有嚴重違反規則者執行"撲刑"。還要"誘射",即作射的示範動作,在射禮中司射也是教官,因此"静學無罪"就是"静教無罪"。小臣是王左右近幸之臣,常常被王派出執行特殊使命,如小臣夌鼎(《博古圖録》2.14)記王欲往楚麓,令小臣夌"先省楚应",即爲王安排臨時駐地。小臣守篹(《三代》8.47)記王令小臣守出使於夷。

在本銘中則任命爲司射。服是"職事"的意思,金文每言"更其祖考服"。在這裏指一般有職事的官吏。

夷僕指從少數民族徵集來的近衛部隊,又稱"虎臣",如師西篹(《三代》9.21—24)

册命師西司乃祖啻官邑人、虎臣:西門夷、欒夷、秦夷、京夷、岸身夷。

這些夷人虎臣就是"夷僕",平時保衛王宮並參與一些祭祀饗射活動,戰時要出征作戰,供周王驅使。

小子、服、小臣、夷僕都有參加射禮的任務,所以平時要進行有關射的訓練。

四、長由盉(《商周金文録遺》293)

> 惟三月初吉丁亥,穆王在下淢应,穆王鄉豊,即邢伯、大祝射。穆王蔑長由,以迮即邢伯氏。邢伯氏彌不姦,長由蔑曆。

長由盉所記的這次射禮是在三月的一天舉行的,地點在"下淢应","应"是臨時駐地,"下淢"大約在今鳳翔秦雍城遺址一帶。[1] 參加射禮的有穆王和邢伯,這個邢伯是居於陝西的邢,與麥方尊所記的邢臺之邢在字形上明顯不同。這次射禮專爲邢伯而舉行,用意是考察其忠順程度。在射禮過程中,邢伯給周王留下"彌不姦"的好印象。《詩經·大雅》"誕彌厥月",傳:"彌,終也。"金文嘏辭每言"彌生""彌厥生",即"終其生""得善終"的意思。《逸周書·寶典》"不誠之行曰姦"。所以"彌不姦"就是"始終很誠懇"的意思。長由因爲能把邢伯召來參加射禮,而且邢伯表現良好,所以受到周王的"蔑曆"。

"大祝"是隨從周王的重要官員,一方面參加陪射,一方面與周王共同考察邢伯。周初有大祝禽鼎(《三代》2.41),"禽"就是周公之子伯禽,其官爲大祝,地位很顯要。現存鎮江市博物館的申簋蓋(《考古與文物》1983 年第 2 期)上也有"大祝"一官出現,是眾祝之長。

五、義盉蓋(《考古》1986 年第 11 期)

前不久,中國社會科學院考古研究所澧西工作隊在陝西澧西地區一墓葬中發現了這件盉蓋,其銘文:

> 惟十又一月既生霸甲申,王在魯,卿即邦君、諸侯、正、有司大射。義蔑曆罘于王迮,義賜貝十朋。

這次射禮規模較大,有邦君、諸侯、正、有司四種身份的人參加,而且在金文中第一次提出"大射"的名稱。《儀禮》將古代射禮分爲"鄉射"和"大射"兩種,義盉蓋的出土證明這種區分是有根據的。義在這次大射儀中所起的作用可能與長由盉中長由的作用一樣,負責把邦君、諸侯

---

[１] "下淢"地望采用盧連成同志意見。見氏著《周都淢鄭考》,《考古與文物叢刊》第二號。

等召集到魯地與周王舉行射禮,因此受到周王十朋貝的賞賜。銘中"迷"即"召來"的意思。

這次射禮在十一月舉行,地點在魯。蔡尊(《金文曆朔疏證》1.25)"王在魯,蔡易貝十朋",也記有"魯"地。

銘中邦君與諸侯分叙,其區別可能以是否接受了周王封建爲準。正即正長,是官員的泛稱,有司在這裏是比"正"低一級的官吏。正和有司都是周王的下屬官員。

六、十五年趞曹鼎(《三代》4.25)

惟十又五年五月既生霸壬午,龏王在周新宮。王射于射廬,史趞曹賜弓矢、虎盧、胄、盾、甲、殳。

銘中所記的射禮在射廬中舉行,是專門較射的場所,師湯父鼎銘(《三代》4.24)也有射廬:

王在周新宮,在射廬,王乎宰雁易□弓、象弭、矢盠、彤欮。

又匡卣銘(《三代》10.25)也記有射廬:

懿王在射廬。作兔𢀖,匡甫兔□二。

兩器銘所記當亦與射禮有關。

趞曹鼎銘的趞曹是周共王的史官,因對射禮有功而受賞。射禮在五月舉行,地點在"周","周"爲周都之一。

七、鄂侯御方鼎(《三代》4.32)

王南征,伐角僑。惟還自征,在坏,鄂侯御方内壺于王,乃祼之。御方𩫏王,王休宴,乃射。御方卿王射,御方休闌,王寫,咸飮。王親易御方玉五瑴、馬四匹、矢五束。

鄂侯是周南方一强大部族首領,周王此次南征雖主要目標不是針對他,但對他的震動自然是會有的,而且據金文記載,不久後他就發動了對周的反叛。在這次射禮中,鄂侯御方曲意奉承周王,故意將矢射在"侯"的框架上。《説文》"休,止息也","闌,門遮也"。"休闌"就是射矢於侯框的意思(附錄圖三所示的是戰國時射禮的圖象,射侯有前後兩層框架)。御方的用意是想使周王獲勝,取得周王的歡心。然而不巧,周王也沒能射中,射得偏高了。銘稱

"王寫"就是矢行高於侯的意思,《儀禮·大射儀》:"大射正立於公後,以矢行告於公:下曰留,上曰揚,左右曰方。"注:"留,不至也。揚,過去也。方,出旁也。"[1]既然兩人都沒射中,按禮都得罰飲酒,所以銘文接下去有"咸飲"一句。

鄂侯御方到了不嬰簋(《三代》9.48)中就是反叛的首領了,"御方、獵狁廣伐西俞"。到了禹鼎中(《商周金文録遺》99),他更"率南淮夷、東夷廣伐南國、東國,至于歷内"。成了東南反叛的總頭領,從東、南兩方夾攻周,直打到中心地帶,對周王室構成極大威脅。禹警呼:"烏乎哀哉! 天降大喪于下國。"迫使周王動用了西六師、殷八師等主力部隊才撲滅了這場叛亂。

這次射禮舉行的地點在坏,與麥方尊中邢侯所出之地相同,是周王南征返回途中經過之地。

通過對上述金文資料的簡單考證,我們瞭解到西周射禮舉行的時間、地點、參加人員及有關儀節,文獻的有些記載與金文相合,但金文資料也記録了一些不同於文獻資料的情況,給我們以新的認識,下面分幾個方面談談我們的認識:

(一) 舉行射禮的政治目的

西周實行的是分封政治,周王將土地人民封給諸侯去管理,並以武力鎮服着周圍大大小小的邦國。因此在國王領地以外的廣大土地上,星羅棋佈着許多相對獨立的邦君、諸侯國,周王要維持對這些小國的統治,除以武力相威脅外,經常舉行射、饗、聘、問等禮儀也在一定程度上起着維繫統一的作用。上述七件器中除令鼎和趞曹鼎是周王與自家臣工舉行射禮之外,其餘都是講周王與邦君諸侯舉行射禮。在射禮過程中,互相施展計謀,鄂侯御方在反叛前有意麻痹周王,邢伯則裝出一付"彌不奻"的忠順樣子取得周王的信任,這都是政治鬥爭的需要。而周王也經常在京城之外的臨時住地召來邦君諸侯舉行射禮,目的也是爲了考察這些小國的動向。在射禮舉行時,金文中還記録了一些"呼魚""射雁"的情景,這自然使我們想到《遼史》上一些記載。

《遼史·營衛志》:"春捺鉢曰鴨子河濼。皇帝正月上旬起牙帳,約六十日方至。天鵝未至,卓帳冰上,鑿冰取魚。冰泮,乃縱鷹鶻捕鵝雁。……皇帝得頭鵝,薦廟。"

洪皓的《松漠紀聞》云:"寧江州去冷山百七十里……每春冰始泮,遼主必至其地,鑿冰鉤魚,放弋爲樂,女真率來獻方物。"

《遼史·天祚帝紀》天慶二年:"春正月己未朔,如鴨子河。丁丑,五國部長來貢。二月丁酉,如春州,幸混同江釣魚。界外生女直酋長在千里内者以故事皆來朝。適遇'頭魚宴',酒半酣,上臨軒,命諸酋次第起舞,獨阿骨打辭以不能。"阿骨打的態度很快引起遼主的警覺。《遼史》載:"他日,上密謂樞密使蕭奉先曰:'前日之燕,阿骨打意氣雄豪,顧視不常,可託以邊事誅之,否則必貽後患。'"

---

[1] 此處關於"王寫"的看法是采用陳夢家先生的意見。

這些後世少數民族活動的資料,對我們理解西周時盛行的射禮的政治目的很有啓發意義。可以想見,周王頻繁地與諸侯、邦君舉行射禮,打魚射雁,其用意是很明確的,就是不斷考察各屬國的忠順程度,進而決定或安撫或鎮壓的政策。《禮記·射義》對射禮的政治目的作了概括,它説"此天子之所以養諸侯而兵不用,諸侯自爲正之具也"。

(二)射禮盛行於穆王前後

甲骨文中有"射"與"多射",是主射之官。西周初期金文有以"⼸射"爲族名的甗、尊、爵等出土於洛陽東郊(《考古》1959年第4期),可能是以官爲氏,但這些射與射禮是否有關,無法確知。射禮的客觀存在只是在麥方尊等若干銅器的被認識後才得以證實。

金文學者一般認爲麥方尊和令鼎是略早於穆王的器,而長由盉是穆王標準器,静簋、義盉蓋也應是穆王時器,趞曹鼎是共王標準器,鄂侯馭方鼎則可能是宣王時器。這些銅器除鄂侯馭方鼎外都是穆王前後的器。我們據此推論,作爲一種繁複的禮儀,射禮是在西周穆王時代成熟盛行起來的。静簋上記載參加射禮的一般人員都要經過專門的訓練才能登場較射,也反映了這種傾向。大概周王朝初年征戰不已,四方不静,尚無暇使射禮達到十分繁複完善的地步,而只有到了穆王前後,四海承平,才有條件大興禮樂,因此也就給金文留下了這麼多有關射禮的寶貴記録。這一禮儀到了孔夫子的春秋時代演化成爲"六藝"之一,發展成一門專科學問和技藝,就變得更加瑣碎和複雜了。《儀禮》中所記的射禮,有可能就是以這個時代的實際情況爲基礎,加以推演而成。

(三)水陸兩種射禮

令鼎、長由盉、義盉蓋、趞曹鼎、鄂侯馭方鼎五件器上的射禮是在陸上舉行的。令鼎是在諆田行藉禮的地方或其御者的灤宮中舉行,長由盉是在下減王的臨時駐地舉行。義盉蓋在魯地,鄂侯馭方鼎在坯地,這兩件器銘所記也可能是在王的臨時駐地。趞曹鼎中所記的射禮是在周都新宮的射廬中舉行。記"射廬"的銅器尚有兩件:

師湯父鼎(《三代》4.24.1):

> 王在周新宮、在射廬。王乎宰雁易盛弓象弭、矢臺、彤欮。

匡卣(《三代》10.25.1):

> 懿王在射廬,作兔卐。匡甫兔□二,王曰:休。

師湯父鼎中記周王在射廬頒賞臣下,匡卣記懿王在射廬與臣下作捕兔戲。看起來射廬是陸上一個比較寬大的建築物。其特點可能是周圍没有圍墙，如附録圖二、圖三所示。據這幾件器銘所記射禮多數是在陸上舉行，而且一般規模比較大。另外，陸射除趞曹鼎在周都舉行外，其餘各器所記的射禮多在王巡行的臨時駐地舉行。

麥方尊、静簋所記的射禮是在莽京辟雍的大池中舉行。遹簋和攸鼎中的"乎漁"如上所述是"射魚"，是射禮的一種，也是在莽京辟雍大池中舉行的。静簋所記是"卿射"，與陸射没有什麽不同，只是規模略小而已。麥方尊記射"大龏禽"，遹簋與攸鼎是"射魚"。而陸射多爲射"侯"（如鄂侯御方鼎所記"休闌"，就是注矢於侯框）。

一般文獻認爲"水射"不是正式的射禮，而是"習射"。《禮記·射義》"天子將祭，必先習射於澤""已射於澤，而後射於射宫"。從金文的情况看，周天子與邦君諸侯隆重地在莽京辟雍大池中射魚射雁，其射並不像是習射，而是射禮的一種，行禮的人在麥方尊中記載是乘舟船進行的。陝西武功出土的楚簋（《考古》1981 年第 2 期）記有"内史尹氏册命楚……司莽畾官内師舟"一句。可見當時莽京辟雍大池中舟船是不少的，要設專官來加以管理。總之，水中的射禮應該與陸上的射禮有區别，這一點文獻很少具體地記載，金文給了我們許多新的認識。西周的射禮，分水陸兩種，作爲射禮，它們有相同之處，但也有許多不同的地方。

（四）關於"三番射"

《儀禮》的《鄉射禮》和《大射儀》兩篇集中描述了射禮的過程，因其描述的儀節十分瑣碎繁複，我們將有關儀節各簡化成若干條。《鄉射禮》我們歸納爲 51 條，其中 1—13 爲射前準備[1]及享

---

[1] 鄉射禮

　　1. 主誡賓　2. 陳設張侯　3. 主速賓　4. 迎賓　5. 主獻賓　6. 賓酢主　7. 主酬賓　8. 主獻衆賓　9. 一人舉觶　10. 與尊者獻酢　11. 合奏樂　12. 主獻工與笙　13. 立司正　14. 司射請射　15. 納射器　16. 司射比三耦　17. 司馬命張侯倚旌　18. 樂正遷樂　19. 三耦取弓矢俟射　20. 司射誘射　21. 三耦射　22. 取矢委福　23. 司射請射比耦　24. 三耦拾取矢　25. 衆賓受弓矢　26. 司射作射請射獲　27. 三耦釋獲而射　28. 賓主射　29. 大夫與耦射　30. 衆賓繼射，釋獲告卒射　31. 司馬命取矢　32. 數獲　33. 飲不勝者　34. 司馬獻獲者　35. 司射獻釋獲者　36. 司射又請射　37. 主、賓、衆賓、三耦皆拾取矢　38. 司射請以樂節射　39. 全體節樂而射　40. 取矢數矢　41. 視算告獲　42. 飲不勝者　43. 拾矢授有司　44. 退諸射器　45. 旅酬　46. 司正使二人舉觶　47. 請坐燕，因徹俎　48. 坐燕，無算爵，無算樂　49. 送賓　50. 明日拜賜　51. 息司正

大射儀

　　1. 誡百官　2. 誡宰、司馬、張侯　3. 設鼓樂　4. 陳設燕具席位　5. 命賓、納賓　6. 主獻賓　7. 賓酢主　8. 主獻公　9. 公酢主　10. 主酬賓　11. 爲衆賓旅酬　12. 公酬賓　13. 主獻卿　14. 再縢觶　15. 公爲卿舉旅　16. 主獻大夫　17. 作樂娱賓　18. 立司正、安賓、查儀　19. 請射、納射器、誓射、比耦　20. 司射誘射　21. 三耦射　22. 取矢　23. 命耦　24. 三耦拾取矢　25. 三耦再釋獲　26. 君與賓耦射　27. 公卿大夫及衆耦皆射　28. 取矢　29. 數獲　30. 飲不勝者　31. 獻獲者　32. 獻釋獲者　33. 拾取矢　34. 鼓樂節射　35. 取矢數獲　36. 飲不勝者　37. 拾取矢　38. 退諸射器　39. 爲大夫舉旅酬　40. 徹俎安坐　41. 主獻士旅食　42. 賓舉爵爲士旅酬　43. 燕或復射　44. 主獻庶子　45. 燕末盡歡　46. 賓出公入

燕,14—24 爲第一番射,25—37 爲第二番射,38—44 爲第三番射。45—48 爲射後之享燕,49—51 爲送、拜、結束。《大射儀》我們歸納爲 46 條。其中 1—17 爲射前飲燕,18—24 爲第一番射,25—33 爲第二番射,34—38 爲第三番射,39—45 爲射後飲燕,46 結束。

上述鄉射和大射各有五十個左右儀節,但是主要由三部分構成,即射前飲宴、三番射、射後飲宴。射前後之飲宴是射禮的附加部分。而射禮的中心是"三番射",即三次競射。凌廷堪《禮經釋例》説:"凡射皆三次:初射,三耦射,不釋獲;再射,三耦與衆耦皆射;三射,以樂節射,皆釋獲,飲不勝者。"第一番射帶試射性質,雖射中也不計算成績。二、三兩番射都要計算成績(釋獲)。特別是第三番射,要節樂歌舞而射。[1] 對三番射來説,鄉射與大射沒有本質的區別。二者主要是規格大小、參射者身份高低有別而已。

在記録射禮的諸器銘中無一提到"三番射",文獻所説的"比耦而射",金文稱"卿射"。文獻説"射比三耦",静簋所記即三人對三人,應爲三耦。文獻稱司射主持射儀,金文也有"司射",多由小臣承當。文獻記射禮有"釋獲""立馬""揚旌""唱獲""矢行上曰揚、下曰留、左右曰方",金文有"先馬走""休闌""揚"等。文獻所記射禮的各項內容,金文多有反映,唯"三番射"沒有記録。這可能説明像《儀禮》所記的那種繁複的三番射在西周時尚未實行。文獻中的射禮是戰國至漢代的人所瞭解的射禮,估計當時的人所能知道的情況一般不早於春秋。而我們現在所舉的金文資料都是西周第一手史料。所以我們認爲像"三番射"那樣複雜的射禮可能是春秋以後才有的事。但是《儀禮》中所述的許多射禮的具體儀節則可能是西周時已經存在的了。

(五)射禮舉行的季節

文獻中稱"春射秋饗",因此有人主張射禮在春天舉行。金文所反映的情況與此不同,上述明確提到射禮的七件銅器銘文,有五件記有時間,分別是二月、三月、五月、八月、十一月,這些月份幾乎貫穿一年,是無論哪個季度也不可能全包括進去的。這説明那些按政治形勢需要與邦君諸侯舉行的射禮是不受時間限制的,主要視政治需要而定。而文獻中所説的"春射",可能是指王室每年例行的宫中射禮,這種射禮有可能固定在一年的某個季節進行。

(六)射禮的參加者

在上述器銘中的射禮都有周王參加,是爲"主"。與其相對的"賓"多是邦君、諸侯。如邢

---

[1]《詩經·齊風·猗嗟》:"猗嗟昌兮,頎而長兮。抑若揚兮,美目揚兮。巧趨蹌兮,射則臧兮。猗嗟名兮,美目清兮。儀既成兮,終日射侯,不出正兮,展我甥兮。猗嗟孌兮,清揚婉兮。舞則選兮,射則貫兮。四矢反兮,以禦亂兮。"詩中所記爲射禮實録,詩三節與三番射相對應。"舞則選兮,射則貫兮"一句似在説明射禮的一部分要配合舞蹈來完成。

侯、吳來、呂劓、鄂侯等。參與陪射的多爲周王的正長和有司,如大祝、師氏、史、作册、小子、小臣等。有時也由夷僕等比耦配射。射禮一般由小臣作司射。

《儀禮》等書中所述及的射禮多爲春秋以後的情況,其時周天子已名存實亡。所以在那裏射禮的最高形式——大射儀,也只是諸侯君長爲"主"的射禮,這在規格上就不如西周金文反映的高。義盉蓋銘記由周王召集了大批的邦君、諸侯來,又由周王室抽調許多正長和有司,其規模氣象遠非《儀禮》等書中的情景所能比擬的。

附録：射禮圖像

圖一　上海博物館藏銅橢杯(局部,《上海博物館藏青銅器》90)

圖案爲細劃的刻紋,有一組閣樓的圖案,閣下右方有二人,一人執弓向前作審視狀。另一人似在整理弓弦。各有二矢繫於腰間。其上有射侯一,一矢中的,一矢稍偏,射侯長方形,有曲綫紋,侯左有人作相揖狀,爲銹所掩。此器上海博物館定爲戰國中期物。

圖二　成都百花潭中學十號墓銅壺(《文物》1976 年第 3 期)

1965 年出土,上面有"鉛類礦物錯成的圖像",圖分兩層:

第一層左面爲射禮圖像,上有射廬一,共五人:立檐外者手執長旌,應爲"獲者",正在揚旌唱獲。跽於檐下者手執籌,應爲"釋獲者"。廬中二人正在耦射。後檐下者,左手持弓,似爲司射。下有五人即將入廬競射。

第二層右面一組爲射禮圖像。上七人,右前方置"侯"(與橢杯侯同),侯側一人,跽於地,其餘與第一層同。

圖像中長裳站立者爲貴族參射者,短服跽地者爲服務人員。此器據發掘者分析大體也在戰國中期。

圖三　故宮博物院藏燕射畫像壺(《文物》1976 年第 3 期)

此壺有兩組對稱圖案,與上兩器雷同,畫面中心爲一射廬,左面置"侯",侯面雙層,由框架聯結,上中三矢,兩矢穿透前層,一矢正中"侯的",廬內二人耦射,檐前一人跽地,乃釋獲者。檐後一人持弓,乃司射。

下有四人作接射狀。該壺也是戰國時物。

圖一

圖二

圖三

（原載《考古》1986 年第 12 期，第 1112—1120 頁；又載《金文論集》，第 3—14 頁，紫禁城
出版社，2008 年 5 月）

射　禮　考

　　講求禮儀是古今中外世界各國都相同的，但與政治緊密結合，以至於用"禮"來治理國家，却是中國古代政治所獨有的。

　　"禮制"作爲一種制度體系，形成於西周時代，所以後世就把中國古代的禮制稱爲"周禮"。我在《燕京學報》第 3 期上發表了《西周金文中的周禮》一文，依據金文資料考察了祭祖禮、軍禮、封建禮、相見禮、饗宴禮、射禮等六個方面，這是一次企圖復原真實的西周"周禮"的嘗試。今天，我對舊稿加以整理、修改和補充，向大家報告最後一個題目——射禮。

　　西周金文中有八篇銘文明確記録了古代的射禮，下面我逐一介紹。

一、麥方尊(《集成》6015)（圖一、二）

　　　　王令辟邢侯出坏，侯于邢。雩若二月，侯見于宗周，亡遥。迨王饔荐京，彭祀，雩若翌日。在璧雍，王乘于舟，爲大禮，王射大龏禽，侯乘于赤斿舟從……作册麥賜金于辟侯……唯天子休于麥辟侯之年鑄。

　　該銘記述了邢侯參與周王"饔祭與彭祀"和"大禮"的過程。大意是：邢侯新封於邢地，在二月，入宗周朝見周王，朝見過程很順利。此時正值周王去荐京，舉行饔祭，第二天又行彭祀。在辟雍大池裏，王乘舟行大禮，周王射大龏禽，邢侯乘一艘張有紅旗的船跟隨周王，邢侯受到周王的賞賜。可能是因爲麥輔佐邢侯參與朝見和祭祀活動，使邢侯在各種場合都舉措得體，作册麥又受到邢侯的獎賞，因此麥在這年鑄了這件銅器以紀念。銘中"王射大龏禽"一句，講的是射禮中的"水射"，也就是文獻中所説的"澤射"。同類內容的銅器還有兩件：

　　井鼎

　　　　惟十月，王在荐京，辛卯，王漁于□池，呼□從魚。攸賜魚，對揚王休，用作寶尊鼎。

　　逾簋

　　　　惟六月既生霸，穆王在荐京，呼魚于大池……

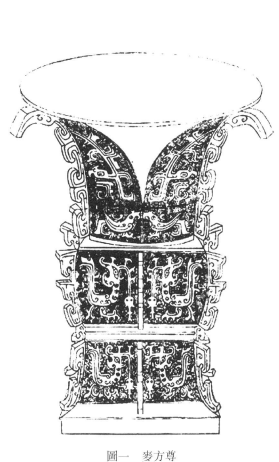

圖一　麥方尊　　　　　　　　　　　圖二　麥方尊銘文

　　這裏所説的"呼魚",與文獻中的"射魚""矢魚"亦相類似。《春秋·隱公五年》:"春,公矢魚于棠。"《淮南子·時則訓》:"季春之月,命漁師始漁,天子親往射魚。"害簋云:"用餴乃祖考事,官司夷僕、小射、底魚。"據陳夢家先生考證,"底魚"就是專司射魚的官吏。這些金文與文獻的内容都與射禮中的"水射"有關。

二、令鼎(《集成》2803)(圖三)

　　王大藉農于諆田,餳。王射,有司眔師氏小子卿射。王歸自諆田。王御謙仲僕,令眔奮先馬走。王曰:"令眔奮乃克至,余其舍汝臣三十家。"王至于謙宫,田。令拜,稽首,曰:"小子廼學,令對揚王休。"

圖三　令鼎銘文

銘文講的是周王在舉行藉田禮後進行的一次射禮。行禮的地點就在諆田,參加射禮的有王和有司官員、師氏小子等。其中説令眔奮"先馬走""乃克至"兩句話,是講射禮的專門術語。在射禮或投壺禮中,勝算曰馬。《禮記·投壺》"請爲勝者立馬,一馬從二馬,三馬既立,請慶多馬。"注:"馬,勝算也。謂之馬者,若云技藝如此,任爲將帥乘馬也,射、投壺皆所以習武。"銘文中的"先馬走",就是"先立馬",指一馬、二馬、三馬相從而立的過程。"乃克至"是對兩師氏小子令及奮射技的讚揚。"至"有"極""盡"的含義,馱鐘"王敦伐其至,戮伐其都。""至"與"都"相對,"都"爲中心地區,"至"爲邊陲,所用也是"極""盡"的意思。這裏誇讚二人的射技已達到盡善盡美的程度,因此受到"臣三十家"的賞賜。

三、静簋(《集成》4273)(圖四、五)

惟六月初吉,王在莽京,丁卯,王令静司射學宫,小子眔服、眔小臣、眔夷僕學射。雩八月
初吉庚寅,王以吳來、呂犅卿豳、莽師、邦周射于大池。静學無斁,王賜静鞞䩜……

銘文大意是説:在六月初吉丁卯這一天,王在莽京,静被周王任命爲學宫司射,負責教導小子、服、小臣、夷僕學射。兩個月後,在八月初吉庚寅這一天,周王、吳來、呂犅與豳師、莽師、邦周組成三耦,在辟雍大池舉行射禮。因爲静教學有功,王賜静鞞䩜……

據文獻記載,射禮進行中,參射者要揖讓上下,獻酬交酢,節樂歌舞。在體容皆合於禮儀的情況下,又能射中靶的者,方可稱能。静簋是穆王時器,銘文透露出此時的射禮已比較複雜,可能已經接近文獻所説的情況,因爲參加射禮的人,需要經過專門的訓練才能勝任。

銘文中的吳來、呂犅可能就是班簋中左右比毛父的吳伯、呂伯,身份是邦冢君。豳師、莽師、邦周是地方諸侯,金文中每以地名代人名,如"同師作旅簋""許子將師擇其吉金"等,同師、將師都是地名。趞簋"命汝作豳師總司馬"、師旂鼎"在莽"。這裏豳師、莽師、邦周也是用三個地名代表三個人名。小臣静卣可以説明静的身份是小臣,其職務是司射,平時則充任學宫射藝教官。《儀禮》的《鄉射禮》和《大射儀》記載,司射是射禮的主持人,在射禮進行中,他腰裏別着一根教鞭,對下屬不按禮儀行事者,行"撲刑"。開始正式較射之前,他還要擔當"誘

圖四　靜簋

圖五　靜簋銘文

射"，即作規則的示範動作等。"服"指"職事"，金文每言"更其祖考服"，即"繼承其祖考的職事"，這裏指一般有職事的官吏。"小臣"一般是王的近臣，"小子"則多指一般貴族子弟。"夷僕"指從善於征戰的邊疆民族徵集來的人員，是王的近衛部隊"虎臣"的組成部分。平時保衛王室，戰時要出征供王驅使。上述人員都有參與射禮的義務，所以要進行有關射禮的訓練。

文獻中强調"天子射，比六耦""習射於澤"。

靜簋銘文表明，天子也可比三耦而射，"澤射"即"水中之射"，並非僅爲練習而設，也可以是正規的射禮。

四、長由盉(《集成》9455)(圖六、七)

> 惟三月初吉丁亥，穆王在下淢应，穆王饗豐，即邢伯、大祝射。穆王蔑長由，以速即邢伯氏。邢伯氏彌不姦，長由蔑曆……

銘文大意是：在三月第一個吉日丁亥這一天，穆王在下淢的一個臨時住地，舉行大饗禮，

圖六　長由盉　　　　　　　　　　　　　　圖七　長由盉銘文

之後又舉行大射禮,有邢伯和大祝參加。長由爲周王招逨了邢伯氏,而且邢伯氏在射禮過程中始終表現得很誠懇,因此長由受到穆王的讚許。看得出來,舉行這次射禮的目的是爲了考察邢伯的忠順程度。大祝是衆祝之長,朝廷神職人員的總頭領,由他協助周王對邢伯進行考察。

五、義盉蓋(《集成》9453) (圖八、九)

> 惟十又一月既生霸甲申,王在魯,卿即邦君、諸侯、正、有司大射。義薎曆罙于王逨,義賜
> 貝十朋……

銘文大意是:在十一月上半月甲申這一天,周王在魯地舉行大射禮。參加射禮的有邦君、諸侯、正長和有司官員。義代王招逨了這些人員,因而受到周王的勉勵和賞賜。《儀禮》將古代射禮分爲鄉射與大射,本銘在金文中第一次提到"大射",證明《儀禮》的記載合於西周古禮,是有根據的。邦君指周邊異族方國的國君;諸侯指受到周王室列土封建的貴族,正長、有司則指在朝廷任職的大小官吏。因係大射,其規模之大、級別之高是可想而知的。

圖八　義盉蓋　　　　　　　　　　圖九　義盉蓋銘文

六、十五年趞曹鼎（《集成》2784）（圖十、十一）

惟十又五年五月既生霸壬午，龏王在周新宮。王射于射廬，史趞曹賜弓矢、虎盧、胄、盾、甲、殳……

銘文大意是：在周共王十五年五月上半月壬午這一天，共王在周都的新宮，在射廬裏舉行射禮，史官趞曹因參與射禮有功，受到一套兵器賞賜。與此銘類似的有師湯父鼎“王在周新宮，在射廬，王呼宰應賜□弓、象弭、矢壺、彤欮……”，所記也與射禮有關。

懿王時期的標準器匡卣記有“懿王在射廬，作兔夨，匡捕兔欒二”，該銘始終未見通解，近期晉侯墓地出土多個兔尊，其中8號墓出土的一組敞口的兔尊引起我的聯想，文獻在記錄射

圖十　十五年趞曹鼎　　　　　　　　　圖十一　十五年趞曹鼎銘文

禮時,其後也記投壺禮,戰國畫像銅壺及漢代的畫像石中還有投壺禮的畫面,都是以矢投於敞口尊裏,是否匡卣銘中的"兔叕,匡捕兔鑠二"與投壺禮有關,而晉侯墓出土的敞口兔尊是否可能是投壺禮中的受矢之壺。當然這純屬猜想,不足爲訓。

七、鄂侯御方鼎(《集成》2810)(圖十二、十三)

圖十二　鄂侯御方鼎　　　　　　　　圖十三　鄂侯御方鼎銘文

王南征,伐角僑。惟還自征,在坯,鄂侯御方納壺于王,乃祼之。御方侑王,王休宴,乃射。御方卿王射,御方休闌,王揚,咸飲。王親賜御方玉五瑴、馬四匹、矢五束……

銘文大意是:周王征伐南方的角和僑,在返師路過坯地時,鄂侯御方迎接周王,舉行饗禮,他向周王獻了一壺醴酒,於是周王以酒灌地,行祼祭,御方一直在旁輔佐周王。周王休宴,於是舉行射禮,御方與王比耦而射,御方注矢於侯框,周王的矢則從侯的上方飛過,因爲兩人都没有射中,於是就都飲罰酒。典禮過後,周王親賜御方五種玉,四匹馬,五束矢等。

銘文透露出,周王此次南征,對東南巨酋鄂侯御方震動很大,因此在舉行的射禮中,他曲意奉承周王,《説文》:"休,止息也。""闌,門遮也。"所以,"休闌"就是"止矢於框"之意。他故意將矢射在侯的框架上(見附圖,戰國時的侯有兩層框架),目的當然是取悦周王。周王可能有些醉意,竟將矢射飛出了靶子。《儀禮·大射儀》:"大射正立於公後,以矢行告於公:下曰留,上曰揚,左右曰方。"注:"留,不至也。揚,過去也。方,出旁也。"比鄂侯御方鼎稍晚些的不其簋云:"御方、玁狁廣伐西俞。"禹鼎云:"(鄂侯御方)率南淮夷、東夷廣伐南國、東國,至于歷内。"他成了東南反叛的總頭領,從東南兩方夾攻周,直打到周的中心地帶,對周王室構成極大威脅。以至於禹驚呼:"嗚呼哀哉!天降大喪于下國。"迫使周王動用了西六師、殷八師等全部主力部隊與諸侯地方部隊配合,才平息了這場叛亂。

八、柞伯簋(圖十四、十五)

圖十四　柞伯簋　　　　　　　　　　圖十五　柞伯簋銘文

　　惟八月辰在庚申，王大射，在周。王令南宮率王多士，師嚳父率小臣。王夷赤金十版，王曰：小子小臣，敬有佑，獲則取。柞伯十稱弓，無廢矢。王則畀柞伯赤金十版，誕賜稅見。柞伯用作周公寶尊彝。

　　這是1993年河南平頂山應國墓地242號墓出土的簋，發表在《文物》1998年第9期，大意是説：在八月庚申這一天，周王在西京周都舉行大射禮，王命南宮率領王的多士小子爲一方，命師嚳父率小臣爲另一方，比耦競射。王預先放置赤金十版作爲懸賞，王説：“小子小臣們，恭敬其事而又有上天保佑的話，誰唱獲最多，誰就可以拿這十版赤金。”柞伯十次舉弓，無一廢矢，全部命中。王就把赤金十版給予柞伯，並且賞賜他稅見。柞伯因而作了這件紀念周公的寶尊彝。此器的時代大體在康昭之際，與麥方尊、令鼎接近。

　　通過對上述八篇銘文的分析，我們瞭解到西周射禮舉行的時間、地點、人物以及有關儀節。爲了便於比照，我們將文獻中的有關記載作了摘録，《儀禮》的《鄉射禮》和《大射儀》兩篇集中記録了射禮的内容，現歸納其儀注如下：

　　鄉射的儀注1—13爲射前準備與飲燕，14—24爲第一番射，25—37爲第二番射，38—44爲第三番射，45—48爲射後之飲燕，49—51爲送、拜、結束。大射的儀注1—17爲射前飲燕，18—24爲第一番射，25—33爲第二番射，34—38爲第三番射，39—45爲射後飲燕，46爲結束。鄉射與大射的主要儀注都由三部分組成：射前飲燕、三番射、射後飲燕。射前後的飲燕是附加部分，射禮的核心部分是三番射。凌廷堪《禮經釋例》云：“凡射皆三次：初射，三耦射，不釋獲；再射，三耦及衆耦皆射；三射，以樂節射，皆釋獲，飲不勝者。”第一番射是試射，雖射中也不計算成績（不釋獲），二、三番射都要計算成績（釋獲），特別是第三番射，要求節樂歌舞而射。對三番射來説，鄉射與大射是相同的，只是參射者身份高低和射禮規模氣派大小有别而已。文獻稱“比耦而射”，金文稱“卿射”；文獻稱“射比三耦”，靜簋所記即三人對三人；文獻記司射主持射儀，金文也有小臣擔任的司射；文獻的儀注有“釋獲”“立馬”“揚觶”“唱獲”“矢行上曰揚，下曰留，左右曰方”，金文有“先馬走”“休闌”“揚”等，幾乎文獻中的主要儀注西周金文中大部分都有一定反映，這説明《儀禮》確實真實地保存了一部分古禮，今天的學者若想瞭解古禮較全面的情況，必須重視對古代禮書的研究。

　　但是《儀禮》等禮書的内容畢竟是後世人對古禮的追述，不可能是西周時周禮的原貌，後世禮書的注釋者，因爲距離古代更加遥遠，只好根據想象，牽強比附，把問題越講越複雜。比如麥方尊和靜簋所記的“水射”，文獻逸失。《禮記・射義》：“天子將祭，必先習射於澤。”記録了水澤之射，所記還有一些水射的影子。後世的注家不知何以會在水澤之中行射禮，就杜撰出“澤宮之説”，以爲“射於澤”者，即射於“澤宮”。靜簋、麥方尊所記明明是在葊京的辟雍大池，是在船上進行的射禮，而且從其叙述情況看，也決非《禮記》所説的“習射”，而是十分隆重而正規的射禮。同樣的記載還有《伯唐父鼎》：“用射絲、麗虎、貉、白鹿、白狼于辟池。”這是講柔祭禮中射牲的儀注，王乘舟於辟雍大池中，射池中預置的牛牲與諸野牲。説明在西周時代射禮本來分爲水射與陸射兩種，文獻只記録了其中的陸射一種。又比如，文獻中常説“春射秋饗”，因此有人便主張古代射禮只在春天舉行，從上述金文記時情況看，二月、三月、五月、八月、十一月都有，幾乎貫穿全年，難以某個季度來限定。

西周實行封建制度，周王把土地人民分封給各諸侯去管理，因此在周王直接控制的王畿領地之外，星羅棋佈着許多相對獨立的邦君、諸侯國，經常舉行的射、饗、聘、問等禮儀，實際上在一定程度上起着維繫統一的作用。上述金文資料中，多數記録着周王與諸侯邦君舉行的射禮。禮儀進行中，互相施展計謀。鄂侯御方在即將反叛之前，爲麻痹周王，百般奉承周王，邢伯則裝出一副誠懇恭順的樣子，在遊藝之中進行着尖鋭的政治較量。周王頻頻招迷邦君諸侯舉行射禮，目的就是要考察這些方國的政治動向。金文中呼魚射雁的情景，自然使我們聯想到一些民族史上的資料。《遼史·營衛志》“春奈缽曰鴨子河濼。皇帝正月上旬起牙帳，約六十日方至。天鵝未至，卓帳冰上，鑿冰取魚。冰泮，乃縱鷹鶻捕鵝雁。……皇帝得頭鵝，薦廟。”洪皓的《松漠紀聞》云：“寧江州去冷山百七十里……每春冰始泮，遼主必至其地，鑿冰釣魚，放弋爲樂，女真率來獻方物。”《遼史·天祚帝紀》天慶二年：“春正月己未朔，如鴨子河。丁丑，五國部長來貢。二月丁酉如春州，幸混同江釣魚。界外生女直酋長在千里内者以故事皆來朝。適遇‘頭魚宴’，酒半酣，上臨軒，命諸酋次第起舞，獨阿骨打辭以不能。”阿骨打的態度很快引起遼主的警覺：“他日，上密謂樞密史蕭奉先曰：‘前日之燕，阿骨打意氣雄豪，顧視不常，可託以邊事誅之，否則必貽後患。’”這些後世民族史資料，對我們理解西周射禮的政治目的是有啓發作用的。《禮記·射義》“此天子之所以養諸侯而兵不用，諸侯自爲正之具也。”即一語道破天機。

《禮記·射義》“古者天子之制，諸侯歲貢士於天子，天子試之於射宫，其容體比於禮，其節比於樂，而中多者，得與於祭……數與於祭，而君有慶……數有慶而益地，數有讓而削地。”説明射禮還帶有選拔人才的目的，後來從此發展成考試制度之一。金文中多次記述的小子、小臣以及有司官吏等參與射禮活動，實際上也帶有選士作用。

中國古代的政治主體是貴族，統治大大小小貴族階層的辦法是否有效，決定着王朝的盛衰成敗。“禮治”是一種巧妙而實用的統治藝術，它藉助於煩瑣的儀注，把貴族們的舉止言行規定在不同等級的範圍内，把最高統治的意志，某些强制的甚至是暴力的企圖，掩蓋在一片温文爾雅的禮儀之中。在威嚴的氣勢下，一切不滿和反抗的情緒，都化解在觥籌交錯、樂舞翩躚之中。這種統治術介於倫理道德規範與刑罰之間，它既不像僅依靠習俗和倫理説教來約束人那樣軟弱無力，也不像動用法律和刑罰那樣粗暴無情，它要求貴族們頻繁地參加到無休止的禮儀活動中去，按等級身份把每個人都禁錮在某種格式上，“非禮勿視，非禮勿聽，非禮勿言，非禮勿動！”以至於“刑不上大夫”，照樣可以維持社會應有的穩定局面。這種統治術，十分有效，因而得到歷代統治者的維護和强化，只要看一下後世史書中的《禮書》《禮儀志》等，就可以知道，西周時代形成的各種禮儀制度被不同程度地保存下來，而“周禮”是這個保守傳統的源頭,它對幾千年的中華文明產生過巨大影響,直至對今天中國人的一些心理活動仍有着不可忽視的影響。因此,要想瞭解中華民族的傳統性格,對周禮的研究是一個重要的切入點。

附圖:

上海博物館藏銅橢杯圖

成都百花壇中學 M10 出土戰國銅壺圖

林巳奈夫戰國銅器水射圖(《春秋戰國時代青銅器的研究》)

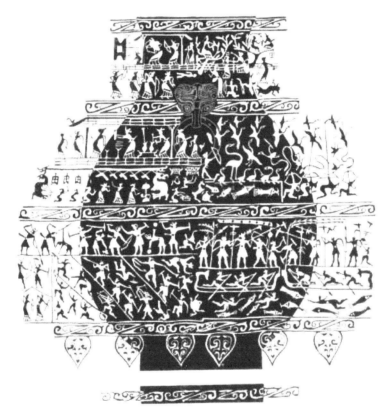

故宮博物院藏戰國銅壺圖

（在美國哥倫比亞大學的演講稿,2002 年 12 月 9 日；又載《金文論集》,第 15—26 頁,紫禁城出版社,2008 年 5 月。本文與前文《西周金文中的射禮》雖內容多有重複,但兩文成稿時間相差十六年,相關表述也不盡相同,故兩篇皆存,供讀者比較閱讀）

西周金文中的祭祖禮

我國古禮傳統上分爲吉、嘉、賓、軍、凶五種,然而"禮有五經,莫重於祭",[1]諸祭禮中又以祭祖禮更爲重要。西周是古禮盛行的時代,因此對西周祭祖禮的研究,是認識古禮的關鍵。本文擬以西周金文爲基本資料,兼及其他先秦銘刻資料和部分文獻,試對這一問題作些初步探討,進而對西周王室祭祖禮儀和周人的祖神觀念作些粗淺的分析。

一、祭祖禮二十種

通過對西周金文資料的分析,我整理出二十種祭祖禮的材料,現簡要叙述如下:

(一) 禘

小盂鼎(《三代》4.44—45)

> 惟八月既望,辰在甲申……明,王各周廟……用牲,禘周王、武王、成王……惟王二十又五祀。

此器作於康王二十五年,銘中的"周王"指文王。

鮮簋(《彙編》4.238)[2]

> 惟王三十又四祀,惟五月既望戊午。王在荶京,禘于卲王。鮮蔑曆,祼王瓚,祼玉三品,貝二十朋。對王休,用作子孫其永寶。

此器作於穆王三十四年。

剌鼎(《三代》4.23.3)

---

[1] 見於《禮記·祭統》。
[2] 《彙編》收録時誤作盤,現據英國倫敦不列顛博物館提供資料改爲簋。

惟五月,王在初,辰在丁卯,王啻,用牡于大室,啻卲王。剌御,王易剌貝三十朋。天子萬年,剌對揚王休,用作黃公尊鼒彝,其孫子子永寶用。

此器作於穆王。
繁卣(《上海博物館集刊》1982)

惟九月初吉癸丑,公彭祀。雩旬又一日辛亥,公啻彭辛公祀。衣事,亡尤。公蔑繁曆,易宗彝一肆,車馬兩。繁拜手,頡首,對揚公休,用作文考辛公寶尊彝,其萬年寶。或。

此器作於穆王。
大簋(《三代》8.44.3)

惟六月初吉丁巳,王在鄭,蔑大曆,易芻羍牽牾。曰:用啻于乃考。大拜,稽首,對揚王休,用作朕皇考大仲尊簋。

金文禘祭之禘皆寫作啻,無一例外。[1]

關於古禘禮,其詳已不可得知,今能見到的後世儒者的描述,已矛盾叢出,帶有很多猜測成份,且往往以後世的制度摻雜其間。《禮記》説"不王不禘,王者禘其祖之所自出,以其祖配之","有虞氏禘黃帝","夏后氏亦禘黃帝","殷人禘嚳","周人禘嚳"。[2] 到了鄭玄的時代,對禘禮又作了進一步的發揮,他説"三年一祫,五年一禘"是"百王通義"。[3] 他又有"三禘"之説,即"禘天於圜丘""禘地於方丘""禘人鬼於宗廟"。再將宗廟之禘細分爲"吉禘"和"時禘"。吉禘是"終王大禘",即"三年喪畢之禘"。時禘是"四時之禘"。[4]《禮記·王制》"春曰礿、夏曰禘、秋曰嘗、冬曰烝",也認爲禘爲四時祭祖禮之一。歸納起來,上述內容可以概括爲:不王不禘;禘祭始祖;禘分殖祫(專祭、合祭);禘分吉時(終王祭與四時祭)。因爲禘祭是後世歷代統治者都十分重視的祭祖大禮,所以從漢儒直至清儒,都不厭其煩地反復討論,衆説紛紜,莫衷一是,主要是在上面幾個問題上互相辯難。

今天我們有幸見到出土的銘刻資料,能以當時的文字記載來認識古禮,應該比古人客觀

---

[1] 買簋"其用追孝于朕皇祖啻考"、陳侯因資敦"高祖皇啻",啻乃帝字的繁寫,啻祭之啻亦爲帝字的繁寫。
[2] 見於《禮記》的《大傳》《喪服小記》《祭法》。
[3] 見於《禮緯》鄭玄注。
[4] 《周禮·春官·大司樂》鄭注:"此三者皆禘,大祭也,天神則主北辰,地祇則主崑崙,人鬼則主后稷。"《商頌·玄鳥》鄭箋:"古者君喪三年既畢,禘於其廟……明年春禘於群廟。"

一些。首先,從西周金文看,不但王有禘祭(如小盂鼎、鮮簋、剌鼎所記康王、穆王禘祭文王、武王、成王和昭王),諸侯和貴族也有各自對祖考的禘祭。大簋云"賜芻羍牭,用啻于乃考",是説王賞賜經過芻養的紅色公牛,用來禘祭"大"去世的父親。繁卣云"公啻酌辛公祀",是説"公"對去世的父親辛公行禘祭。顯然兩器銘所記的禘祭都不是王室之祭,説明諸侯貴族也可以在自家的祖廟裏舉行禘祭,"不王不禘"是後世制度。

其次,禘祭始祖在西周金文中没有發現。相反,在西周金文中禘祭的對象都是近祖。記録禘禮的銅器除小盂鼎是康王禘祭其三代先王之外,鮮簋、剌鼎爲穆王禘祭其考昭王,大簋繁卣也是作器者禘祭其考大仲和辛公。

再有,禘禮在金文中不分祫禘,小盂鼎合禘文、武、成三代先王,並不稱"祫"。鮮簋、剌鼎、大簋、繁卣皆專禘其考,應屬特祭,也並不稱"祫"。所以鄭玄的"三年一祫,五年一禘"並非"百王通義",而可能是漢以後的制度。

鄭玄的"三禘"之説,也是靠不住的。金文禘祭全是以祖考爲對象,不見禘天,也不見禘地。他所謂"終王之禘""三年喪畢之禘",也與金文不合。鮮簋之禘行於穆王三十四年,小盂鼎之禘行於康王二十五年,早已超出三年喪的時限。至於禘不是四時之祭,在西周金文中更是十分明確的。鮮簋、剌鼎禘於五月,大簋禘在六月,小盂鼎禘於八月,繁卣禘在九月。由五月至九月,難以某個季度來概括。因此,禘不會是四時祭名之一,也不是某個特定時間才舉行的祭禮。《周禮》的《大宗伯》《司尊彝》,《公羊傳・桓公八年》《小雅・天寶》也都不以禘入時祭,説明《禮記・王制》等所云的禘爲時祭也是一種很晚的制度。

禘是對祖先的祭典,因此要在祖廟中舉行,小盂鼎云"王在周廟",指在周原的祖廟。剌鼎云"用牡於大室",大室在天亡簋中又稱"天室",是祖廟中的主要建築之一,用來舉行各種典禮。鮮簋没有講明禘祭的具體地點,只講在菁京,其地爲鎬京附近的另一周都,金文中習見,内有辟雍大池等建築,也是周人宗廟所在之地。

文獻稱殷人尚白,周人尚赤。小盂鼎云"用牲",剌鼎云"用牡",大簋云用"芻羍牭",羍即騂、駓,赤色牲也。[1] 牭,公牛也。[2] 芻者,以芻莖養牛也。《周禮・充人》"掌繫祭祀之牲牷,祀五帝則繫於牢,芻之三月,享先生亦如之",講的是祭祀先王要選用經過專門芻養的紅色公牛作犧牲。

《禮記・祭統》:"古者於禘也,發爵、賜服,順陽義也。"鮮簋記王在禘後賜鮮"祼王訊、祼玉三品、貝二十朋"。剌鼎在禘後,王賜剌貝三十朋。繁卣在禘後,公賜繁宗彝和車馬,凡此祭祀地點、用牲、禘後之賞賜,文獻記載與金文相合。

---

[1]《禮記・檀弓》:"周人尚赤……牲用騂。"注:"騂,赤類。"
[2]《説文》:"牭,特牛也。"又:"特,牛父也。"《公羊傳》文公十三年:"魯公用牷牭。"

　　晚期殷墟卜辭人王去世亦可稱"帝",如"帝甲"(《後上》4.16)、"文武帝"(《前》4.27.3)等。"帝"字有時又作祭名,禘祀先公及舊臣。如"貞,帝于王亥"(《後上》19.1)、"戊戌卜,帝于黃□"(《林》1.11.6)。周人襲用了殷人的帝祭禮,並對其進行改造,使之成爲周人最重要的祭祖禮。

　　周人行禘祭是爲了强化宗的觀念。《禮記・中庸》:"宗廟之禮所以序昭穆也。"禘祭祖考,審序昭穆,是維繫宗統的重要手段。金文詳記宗統的銅器已發現兩件,一件是 1976 年陝西扶風出土的牆盤(《文物》1978 年第 3 期),其銘首述西周王室的譜系,文武成康昭穆逐一述及,這是大宗之統。然後詳述微史家族的譜系:高祖、剌祖、乙祖、亞祖辛、文考乙公等。另一件是宋代熙寧年間陝西扶風出土的姬寏母豆(《考古圖》5.15):

　　　姬寏母作太公、庸公、□公魯、仲匋、省伯、孝公、靜公豆,用蘆眉壽永命多福,永寶用。

　　作器者姬寏母當爲魯女嫁爲齊婦,所記七代先祖與齊世家大宗有別,可能是齊國某小宗的宗譜。這種宗譜在周人看來至關緊要,每次祭祀祖先時都要重新審視肯定一番,以免昭穆秩序發生混亂。

　　金文所記禘禮多行於西周前期(包括穆王),尤以穆王時代爲盛,西周之後,此禮爲歷代王者所尊崇,春秋戰國直至明代,史不絕書,盛祀不衰。[1]

---

[1] 據秦蕙田《五禮通考》輯錄歷代禘禮選摘如下:
　　"閔公二年夏五月乙酉,吉禘于莊公"(《春秋》)、"僖公八年秋七月,禘于太廟,用致夫人"(《春秋》)。
　　"昭公十五年春,將禘於武公"(《左傳》)、"昭公二十五年,將禘於襄公"(《左傳》)。
　　"元始五年春正月,禘祭明堂,諸侯王二十八人,列侯百二十人,宗室子九百餘人徵助祭。禮畢,益户賜爵及金帛增秩補吏各有差"(《漢書・平帝本紀》)。
　　"後漢建武十八年(光武帝劉秀)幸長安,詔太常行禘禮於高廟。序昭穆,父爲昭南向,子爲穆北向"(《文獻通考》)。
　　"建初七年八月,飲酎高廟,禘祭光武皇帝、孝明皇帝"(《後漢書・章帝本紀》)。
　　"太和十五年八月乙巳,親定禘祫之禮"(《北魏書・高祖本紀》)。
　　"後齊禘祫如梁之制,每祭室一太牢,皇后預"(《隋書・禮儀志》)。
　　"三年一祫以孟冬,五年一禘以孟夏"(《舊唐書・禮儀志》)。
　　"宗廟三年一祫以孟冬,五年一禘以孟夏……嘉祐四年十月,仁宗親詣太廟行祫享禮……南渡之後,有祫而無禘"(《宋史・禮志》)。
　　"大定二十二年十月庚戌,祫享於太廟"(《金史・世宗本紀》)。
　　"明昌四年四月戊申,親禘於太廟"(《金史・章宗本紀》)。
　　元代禮文散佚,僅《元史・禮樂志》存親祀禘祫樂章。
　　"國初,以歲除日祭太廟,與四時之祭合爲五享,其陳設樂章並與時享同,累朝因之"(《大明集禮》)。
　　"洪武元年,祫饗太廟"(《明史・禮志》)。
　　"嘉靖十年夏四月甲子,禘於太廟"(《明史・世宗本紀》)。

（二）衣

大豐簋(《三代》9.13)

> 乙亥,王有大豐,王凡三方,王祀于天室。降,天亡右王。衣祀于王丕顯考文王。事喜上帝。文王監在上,丕顯王作省,丕緣王作廄,丕克乞衣王祀。丁丑。王鄉,大宜⋯⋯

此器又名"天亡簋",現藏故宮博物院。過去把這件器叫作大豐簋,其實"大"後一字是"豐"字,"大豐"就是"大禮"。《周禮·春官·大宗伯》:"凡祀大神、享大鬼、祭大示,帥執事而卜日。⋯⋯詔大號,治其大禮,詔相王之大禮。"銘中的"天亡右王"即大宗伯職之"詔相王",天亡是作器者。"王凡(汎)三方"句說明此禮行於辟雍大池中。銘文大意是:武王衣祀其考文王,由於文王的保祐,武王繼承遺志,才推翻了殷王朝。此器作於武王滅殷前後,銘中的"衣祀"是武王祭祀文王的"大禮"。

西周早期還有一件麥方尊(《西清》8.33)也記述了一次"大禮":

> 王令辟邢侯出坏,侯于邢。雩若二月,侯見于宗周,亡述。迨王饗莽京,彤祀,雩若翌日。在璧雍,王乘于舟,爲大豐(禮),王射大龏禽⋯⋯

與天亡簋一樣,此"大禮"也在辟雍大池中舉行,祭禮儀式是很隆重的。"衣祀"在金文中又稱"衣事":

庚嬴鼎(《西清》3.39)

> 惟二十又二年四月既望己酉,王客琱宮,衣事。丁巳,王蔑庚嬴曆,賜祼黹、貝十朋。對王休,用作寶彝。

繁卣(《上海博物館集刊》1982 年)

> 公裼彤辛公祀,衣事,亡尤。

兩銘中的"衣事"都講的是對祖考祭祀的"大禮",與天亡簋的"衣祀"相同。

陵叔鼎(《三代》3.4.2)

> 陵叔作衣寶彝。

陵叔作衣祀其祖考的寶彝,此鼎作於西周中期,説明在此時仍將祭祖大禮稱“衣祀”。《春秋·文公二年》:“八月丁卯,大事於大廟。”《公羊傳》曰:“大事者何?大祫也。大祫者何?合祭也。”國之大事在祀與戎,因此《春秋》中的“大事”每與金文中的“衣事”“衣祀”之大禮相合。《禮記·樂記》:“是故先王有大事,必有禮以哀之。”衣,殷也,大也。《禮記·曾子問》“君之喪服除而後殷祭”,孔疏:“殷祭謂大小二祥祭也,以其禮大故曰殷也。”《禮記·喪服大記》“主人具殷奠之禮”,鄭玄注:“殷猶大也,朝夕小奠,至月朔則大奠。君將來,則具大奠之禮以待之。”又劉熙《釋名·釋喪制》:“朔望祭曰殷奠。”上舉庚嬴鼎的“衣祀”就行於“四月既望”日。

殷墟卜辭有衣祀的記載,多用於祭祀先王:

丁酉卜貞,王賓□自上甲至于武乙衣,亡尤。(《後上》20.3)
癸卯,王卜貞,酌翌日,自上甲至多毓衣,亡徏。自□,在九月。惟王五祀。(《後上》20.7)

在西周金文中,“衣”已不是某祀典的專用祭名,而泛指重大的祭祖禮,所以又可以稱爲“殷祭”“大事”“大禮”“衣事”等。

(三)酌

麥方尊(《西清》8.33)

迨王餈葊京,酌祀,雩若翌日。在璧雍,王乘于舟,爲大豊。

金文叙事次序每致顛倒,這段話是説:王到葊京,在辟雍大池裹乘舟,舉行大禮。於第二天,又舉行酌祀。

繁卣(《上海博物館集刊》1982年)

惟九月初吉癸丑,公酌祀。雩旬又一日辛亥,公禘酌辛公祀,衣事,亡尤。

卣銘之“辛亥”可能是“癸亥”之誤,[1]癸丑至癸亥是十一天,方可稱“旬又一日”。這種記日法與王來奠新邑鼎(《文物》1963年第3期)相同:

癸卯,王來奠新邑,□二旬又四日丁卯,□自新邑于柬……

---

[1] 或以爲此乃作器者有意將癸亥日改寫爲辛亥日,因爲祭祀辛公最好是在辛日。

癸卯至丁卯是二十四天,稱"二旬又四日"。繁卣銘的大意是:公準備禘祭其文考辛公。於九月初吉癸丑卜日,得旬又一日後的癸亥爲祭日,於是在該日先禘後肜,祭奠了文考辛公。《周禮·天官·大宰》:"祀五帝……前期十日,帥執事而卜日……享先王亦如之。"《周禮》所記王室享祀先王之禮與繁卣所記諸侯禘祭文考之禮,在前期十日以卜取祭日這一點上相合。卣銘之禘肜連言,説明肜爲禘後之"又祭"。

"肜"文獻作"繹",《春秋·宣公八年》:"六月辛巳,有事於大廟,仲遂卒於垂。壬午,猶繹。"《公羊傳》曰:"祭之明日也。"《爾雅·釋天》:"繹,又祭也。周曰繹,商曰肜,夏曰復胙。"《尚書》有《高宗肜日》,肜即肜。殷墟卜辭之肜祀爲祭祀先公先王祀典之一:

> 癸丑卜,賓貞,肜大甲,告于祖乙一牛。(《佚》115)
>
> 貞,來辛酉,肜王亥。(《釋》76)

對卜辭肜祀之內容,各家認識出入很大,陳夢家、于省吾認爲是酒祭,唐蘭認爲是彡、翌。[1] 殷代金文有戊寅鼎(《三代》3.37.3)言及肜祀:

> 戊寅,王口:戲,𦥑馬肜。易貝,用作父丁尊彝。亞受。

此鼎作器者應爲戲,[2] "王"后一字爲"口",與"曰"同義,[3] "馬"前一字爲地名。銘文大意是:戊寅日,王説:戲,用𦥑馬作肜祀。王賞賜貝,用作父丁的尊彝。族名亞受。戲因參與肜祭受到王的賞賜。

總之,肜祭在殷墟卜辭和殷代金文中都已出現。是對祖先的祭禮。在西周金文中是祭祖禮的"又祭",即在某祭祖禮的次日重祭一次。

(四)禘

獻侯鼎(《三代》3.50.2—3)

---

[1] 陳夢家:"肜,從彡從酉,疑彡日用酒祭,故合爲一字。"(《古文字中之商周祭祀》,載《燕京學報》第19期)于省吾:"言肜茲,肜爲酒祭,茲爲係屬物。"(《甲骨文字釋林》第28頁《釋茲》,中華書局,1979年)唐蘭:"金文和卜辭都有肜祭,阮元説是酐,羅振玉釋爲酒字都是錯的。在卜辭裏,肜祭分爲彡日和翌日兩種。"(《史徵》第252頁)

[2] 罷角(《三代》16.47.2—3):"丙申,王易葡亞罷奚貝。"此器亦爲殷器,罷即戲之省,其職官爲"葡亞",是一武官。

[3] 殷金文中"口"用爲"曰"者尚有四祀䣢其卣(《録遺》275.2):"乙巳,王口:䧘文武帝乙宜。"

惟成王大萊在宗周，賞獻侯騽貝，用作丁侯尊彝。奄。

叔卣(《録遺》161)

惟王萊于宗周，王姜史叔使于大保。賞叔鬱囦，白金，羪牛。叔對大保休。用作寶尊彝。

盂爵(《三代》16.41.3)

惟王初萊于成周，王令盂寧鄧伯，賓貝，用作父寶尊彝。

圉卣(北京琉璃河 M253)

王萊于成周，王易圉貝，用作寶尊彝。

矢令方彝(《三代》6.56.2)

甲申，明公用牲于京宮。乙酉，用牲于康宮，咸既，用牲于王，明公歸自王。
明公易尤帥囦、金、小牛，曰：用裸。易令囦、金、小牛，曰：用裸……

歸覴進方鼎(《文物》1986 年第 1 期)

惟八月辰在乙亥，王在莘京，王易歸覴進金。肆萊。對揚王休……

上述六器皆作於西周早期，説明裸禮盛行於西周早期。其實周人舉行裸祭的時間，還可
以推得更早些。1977 年春陝西周原地區出土一批卜骨，[1] 在鳳雛村遺址 H11 的 84、112 兩
片卜骨上就記有裸祭的内容：

貞，王其萊又大甲，曶周方伯□？ ⊕ 正，不左，于受有祐。(H11：84)
彝文武□。貞，王翌日乙酉，其萊，再 □武豐……(H11：112)

從其内容看，卜骨刻辭應作於文王受命至武王滅殷前這段時間，説明早在此時周人已有

[1]　見《岐山鳳雛村兩次發現周初甲骨文》，《考古與文物》1982 年第 2 期。

禱禮。柰、禱其意爲祈求。癲鐘(《文物》1978 年第 3 期)"用禱壽,介永命"。禱壽就是祈求長壽。殷墟卜辭中記禱祀多條,如禱年、禱雨、禱生等,[1]意爲祈求豐收、雨水、生育等,被祈求的對象則多是先王、先公和先妣。

西周金文中的禱禮多行於宗周或成周等都城內,並不指明禱祭的對象和禱求的具體內容,往往以此禮作爲紀年的標誌,説明禱禮在入西周以後,較殷與先周已有了較大發展,成爲周人祭祖的重要禮儀了。

（五）饗

臣辰盉、卣(《三代》14.12.2;13.44.1—2)

惟王大龠于宗周徙饗荼京年,在五月既望辛酉,王令士上及史寅寢于成周,替百生豚眔賞卣鬯、貝。用作父癸寶尊彝。臣辰册𠦪册。

此銘以在荼京的饗禮爲紀年標誌,器作於西周早期。

呂方鼎(《三代》4.22.1)

唯五月既死霸辰在壬戌,王饗口大室,呂徙于大室,王易呂獸三卣,貝三十朋。對揚王休,用作寶鼎,子子孫孫永用。

此銘記饗禮在大室中舉行,器作於西周穆王時。

高卣蓋(《嘯堂》41.4)

惟十又二月,王初饗旁,惟還在周,辰在庚申,王飲西宮……

此器亦以饗禮爲紀年標誌,器作於西周早期。

對"饗"字諸大家均有考證,然尚未得出令人滿意的結論。郭沫若考其爲"館",云:"由二

---

[1] 柰年于河,燎,三牢,沉。(《簠》222)
貞,柰年于土,九牛。(《鐵》216.1)
癸卯卜,柰雨于示壬。(《鄴》1.33.6)
甲子卜,其柰雨于東方。(《鄴》3.38.4)
乙未卜,于妣壬柰生。(《乙》4678)
庚辰貞,其柰生于妣庚、妣丙,在祖乙宗。(《拾》1.10)
甲辰卜,王賓柰祖乙、祖丁、祖甲、康祖丁。武乙衣,亡尤。(《後上》20.5)

器(指吕鼎、臣辰盉)之辭旨與文字之結構以推之,當是古之館字,從食宛,宛亦聲也。"[1]陳夢家云:"疑爲居字,字從門從食,從及得聲。後者《説文》以爲即《詩》我姑酌後金罍之姑。"[2]于省吾以爲是甲骨文"智"字,云:"甲骨文智祭同於周人饗祭,但不知其詳。"[3]唐蘭以爲是"祼",云:"當讀爲祼,《説文》'祼,灌祭也'。《詩·文王》'祼將於京',即饗荐京之事。《書·洛誥》'王入太室祼',即饗於大室。"[4]

按:吕鼎云王饗大室,大室即天室,乃宗廟中的建築,應用於行祭禮爲宜。因此釋館釋居的可能性不大。金文已有祼字作𥛱,所以此字釋祼也不確切。于先生以甲骨文智爲饗祭,蓋以兩字聲符相同,可以通假,可備一説。

戍嗣子鼎(《考古學報》1960 年第 1 期)

> 丙午,王賞戍嗣子貝二十朋,在闌宇,用作父癸寶𣪘。惟王饗闌大室,在九月。

此鼎出土於安陽後崗圓坑葬中,是殷末銅器。與殷墟卜骨屬同時之物,而其饗字寫法與西周金文全同。

上述各器於饗禮叙述十分簡略,若要弄清其含義,尚需借鑑沈子它簋(《三代》9.38.1):

> 它曰:拜,稽首。敢䢍昭告朕吾考,命乃鵙沈子作𥜀于周公宗,陟二公。不敢不𥜀,休同
> 公克成綏吾考,以于顯顯受命。

銘中作𥜀之𥜀就是饗祭之饗的同音假借字,沈子它是周公的後人,於周公廟中作𥜀祭,其目的是"陟二公"。陟者升也,即將二公在宗廟中的位置依昭穆升上去。二公應是沈子它的兩位未毀廟的先祖,很可能是其祖父、曾祖二公。《公羊傳·文公二年》:"毀廟之主陳於大祖,未毀廟之主皆升,合食於大祖。"因爲是合食之祭,故其祭名又可以寫作從食之饗。二公又稱休同公,曾使沈子它死去的父親(吾考)於顯顯受命,所以沈子它不敢不饗祭二公。這實際是一種調整宗廟次序的祭禮。沈子它之父新死,其神主要按昭穆祔入宗廟,其祖父、曾祖的神主也要按昭穆遞升一級,這樣驚擾祖先神靈的舉動,當然應該舉行一次祭奠儀式。

因爲饗禮是新死之父祔入宗廟的大典,所以王室饗禮可用爲紀年的標誌。又王室饗禮必行於父王去世、新王繼位之時,所以凡金文記王室饗禮者等於記某王元年。驗之記饗禮諸

---

[1]《金文叢考》第 234 頁,臣辰盉考釋。
[2]《西周銅器斷代》(二),土上盉考釋。
[3]《甲骨文字釋林》第 40 頁,釋智。
[4]《西周青銅器銘文分代史徵》第 133 頁,高卣蓋考釋。

器,皆不見記年,正説明記饗禮即記元年。這樣就又找到了一個銅器斷代的標準。依饗禮行於元年這個標準,戍嗣子鼎作於帝辛元年九月丙午日,高卣蓋作於康王元年十二月庚申日,臣辰盉卣作於昭王元年五月既望辛酉日,吕方鼎作於穆王元年等等。這一標準若能成立,可以使銅器斷代多出一個客觀標準,並將加深我們對西周前期曆法的認識。

(六)告

矢令方彝(《三代》6.56.2)

> 惟八月辰在甲申,王令周公子明保尹三事四方受卿事寮。丁亥,令矢告于周公宫,公令徧同卿事寮……

銘文大意是:八月甲申日,王命周公的兒子明保掌管三事(指司土、司馬、司空)和四方諸侯,並任卿事寮的長官,三天後丁亥日,明保命史官矢在周公廟裏行告祭,將被周王任命一事告於周公神靈,周公之"尸"代周公宣布接受這一任命……周人祭禮特點之一是設"尸"。《禮記·曾子問》:"孔子曰:祭成喪者必有尸。"尸在祭禮中是祖先的化身,《禮記·郊特牲》:"尸,神像也。"在祭禮中他穿上祖先的遺服,接受祭品和祝辭,祖先的嘏辭也由他轉達。《周禮·春官·守祧》"其遺衣服藏焉,若將祭祀,各以其服授尸",《禮記·祭義》"君獻尸",《禮記·祭統》"君執圭瓚祼尸""尸亦餕鬼神之餘也"。只有明瞭周人祭禮設尸的制度,才能明白此方彝銘中已去世的周公何以能應答王對子孫的任命。

麥方尊(《西清》8.33)

> 王令辟邢侯出坯侯于邢,雩若二月,侯見于宗周……惟歸,诬天子休,告亡尤。

方尊銘記麥的君侯去宗周朝見周王,被封爲邢侯,返國後舉行告祭。《禮記·曾子問》:"天子諸侯將出,必以幣、帛、皮、圭告於祖禰,遂奉以出,載於齊車以行。每舍奠焉,而後就舍。反必告,設奠。"文獻所記與麥方尊銘所記合,邢侯返國設奠告廟,乃禮制要求必行的。

沈子它簋(《三代》9.38.1)

> 它曰:拜,稽首。敢班昭告朕吾考,命乃鵬沈子作絥于周公宗,陟二公。

簋銘記述了沈子它對其去世的父親(吾考)所作的告辭。

《書·金縢》記叙了一次周公的告祭:"既克商二年,王(武王)有疾,弗豫。二公曰:'我其爲王穆卜。'周公曰:'未可以戚我先王。'公乃自以爲功,爲三壇,同墠。爲壇于南方,北面,周公立焉。植璧秉圭,乃告太王、王季、文王。史乃册祝曰:'惟爾元孫某,遘厲虐疾,若爾三王,是有丕子之責于天,以旦代某之身。予仁若考,能多材多藝,能事鬼神。乃元孫不若旦多材多藝,不能事鬼神。乃命于帝庭,敷佑四方,用能定爾子孫于下地,四方之民罔不祗畏。嗚呼! 無墜天之降寶命,我先王亦永有依歸。今我即命于元龜,爾之許我,我其以璧與珪歸,俟爾命。爾不許我,我乃屏璧與珪。'乃卜三龜,一習吉。啓籥見書,乃並是吉。公曰:'體,王其罔害。予小子新命于三王,惟永終是圖。兹攸俟,能念予一人。'公歸,乃納册于金縢之匱中。"這裏記録了周公告祭三代先王,欲以身代武王應天之責的故事,文中的"設壇立墠""植璧秉珪""祝辭於册""三卜於龜""啓籥見書""納册於匱"等,細緻地記述了告祭禮的過程,可補充僅録出告辭的金文的内容。

告祭在殷墟卜辭中有許多記載,有告麥、告疾、告戰事等,所告對象多爲先王。西周金文記録了周人沿襲此禮的情景,而諸侯返國告廟之祭在文獻中多有記載,是知此禮在西周以後還延續了很長時間。[1]

（七）禦

作册䰠卣(《三代》13.46.1)

　　作册䰠作父辛寶尊,厥名曰義。子孫不禄,䰠子征先盡死亡,子弘有孫不敢娣鰥兒。鑄彝,用作大禦于厥祖妣父母多神。母念哉? 弜勿殺䰠鰥寡遺衩,石宗不刜。

此卣原銘爲"作册䰠作父辛尊,厥名義曰子孫寶不禄……",其中"曰""寶"兩字位置顯然錯亂,"寶尊"乃金文常語,故"寶"字應調至"尊"字前面。"義"字是作器者爲卣所起名號。此種做法銘刻資料中習見,如秦公鐘"作盄龢鐘,厥名曰旹邦"(《考古圖》卷七)、懷石磬"厥名曰懷石"(《考古圖》卷七)等等,都與此銘相同,故"曰""義"兩字應互調。《禮記·曲禮下》:"壽考曰卒,短折曰不禄。"作册䰠子孫連遭短折不幸,因而鑄彝作大禦,祭於祖父母、父母多神在天之靈。不惬念嗎? 請攘除對䰠殘餘後代的欺侮。只有這樣,祖妣父母的石宗才能不被刜除。《左傳·莊公十四年》鄭原繁曰:"先君桓公命我先人典司宗祏。""宗祏"是宗廟中藏神主之石室,銘中的石宗即此宗祏。此器銘所記禦祭是作器者爲攘除災難對祖先舉行的祭典。

疐尊(現藏瑞典遠東古物館)

　　疐啓諆爲禦,作父甲旅尊彝。

[1] 如《左傳·桓公二年》:"冬,公至自唐,告于廟也。"

　　耳□觶(《三代》14.53.9)

　　　　耳□作禦父辛。

　　上兩器皆作於西周早期,西周金文此祭名一律寫作"禦",稱"爲禦""作禦""作大禦"。《説文》"禦,祀也",《禮記·祭法》"能禦大災則祀之",《易·蒙》"利禦寇"。"禦"有"抵拒""止息"等意。周原甲骨(H11:1):

　　　　癸巳,彝文武帝乙□,貞王其爲祭成唐鼎。禦及二母,其彝血,卂三豚三? ⊕有正。

　　此辭貞問王作祭祀成湯的鼎,禦及二母,鼎彝釁以三公羊、三小豬的血是否合宜? 得到肯定答復。鼎彝釁血文獻稱爲"釁邦器"。《周禮·夏官·小子》:"掌祭祀羞羊肆羊殽肉豆,而掌珥于社稷……凡沈辜侯禳飾其牲,釁邦器。"此卜辭約作於文武之際,所記禦祭與西周金文相同。殷末金文我方鼎(《三代》4.21.1)也記有禦祭,與上述周原卜骨内容相似:

　　　　我作禦𢆶祖乙、妣乙,祖己、妣癸。征衿叔二母……

　　銘中"二母"應指妣乙、妣癸,是作器者的二位先妣。同例周原甲骨中的"二母"也應是兩位先妣。[1]　殷墟卜辭禦祭寫作御:

　　　　貞,于羌甲御,克生疒。(乙 1394)
　　　　乙亥卜,賓貞,作大御,自上甲。(後下 6.12)
　　　　己亥卜,賓貞,御于南庚。(前 1.13.2)
　　　　御婦鼠子于妣己,允有龍。(續 1.39.4)

　　第一例是説禦祭於羌甲,可以攘除疾病。第四例是説禦祭於妣己,以攘除婦鼠不育之症,就可以得到王的寵愛。因此,"禦"在甲骨文中,也是一種爲祓除不祥而向祖妣所作的祭祀。這種祭祀直至周厲王時在金文中仍有記錄:
　　　　馭簋(《文物》1979 年 4 期)

　　　　馭其萬年鼒寶朕多禦。

─────────────────

[1]　陳夢家認爲"二母"爲東母、西母,指日、月二神,亦可備一説(《古文字中之商周祭祀》,《燕京學報》第 19 期)。

五祀猷鐘(《人文雜誌》1983 年第 2 期)

　　猷其萬年,永畯尹四方,保大命,作憲在下,迺,大福其各。

兩器中的"猷"就是周厲王胡,"多禦"指多次的禦祭。"迺,大福其各",是説舉行禦祭,禳除了不祥,大福就會降臨。

(八) 叔

師龢鼎(《文物》1975 年第 8 期)

　　龢蔑曆伯大師,不自作小子,夙夕敷古先祖剌德,用臣皇辟。伯亦克叔古先祖,嚳孫子一
　　嗣皇辟懿德,用保王身。

此器作於孝王前後,銘文大意是: 作器者龢雖因伯大師而受到王的獎賞,但不自以爲了不起,仍然日夜發揚故先祖的美德,臣事偉大的上司。伯大師也能叔祀故先祖,衆孫輩後代都能繼承偉大上司美德,以保王身。

叔即敊字,《説文》:"敊,塞也,从宀敊聲。"《漢書·郊祀志》"冬塞禱祠",顔注:"塞謂報其所祈也。"徐灝《説文解字注箋》:"蓋有所祈禱,許以牲醴相報,自實其言。故謂之塞也。"[1] 殷墟卜辭及殷金文中都有叔祭,如:

　　庚辰卜,即貞,王賓兄庚日叔亡尤。(後上 7.8)

我方鼎(《三代》4.21.1)

　　我作禦🔯祖乙、妣乙,祖己、妣癸,征礿叔二母⋯⋯

叔在我方鼎中寫作敊,其含義相同。這種以報塞先祖妣爲内容的叔祭,在殷代已出現。而在西周中期的師龢鼎中仍有記載,是一種延續時間很長的祭典。

(九) 報

西周金文中報祭僅兩見:

---

[1] 見于省吾《甲骨文字釋林》第 36 頁《釋叔》。

矢令簋（《三代》9.26.2）

令敢揚皇王休，丁公文報，用稽後人享，惟丁公報……用作丁公寶簋。

丁公是作器者令的父親，銘中兩次提到報祭丁公。“文報”指有文采的報祭。《書·洛誥》：“祀於新邑，咸秩無文。”《風俗通·山澤》：“王者報功，以次秩之，無有文也。”[1]可見報祭分有文之報和無文之報兩種。作器者令受到王姜重賞，他認爲這是因爲去世父親丁公保祐的結果，因此作器設祭以報答丁公。

師艅鼎（《文物》1975 年第 8 期）

艅敢對王休，用妥，作公上父尊于朕考庸季易父報宗。

報宗即報祭宗廟。《國語·魯語》：“幕，能帥顓頊者也，有虞氏報焉；杼，能帥禹者也，夏后氏報焉；上甲微，能帥契者也，商人報焉；高圉、大王，能帥稷者也，周人報焉。”從西周金文内容看，没有發現報祭高圉、大王等先祖的記載。矢令簋乃矢令報祭其考丁公，師艅鼎是師艅報祭其考庸季易父，都是報祭近祖。《詩·周頌·維清》是一篇記敘周人因豐收而報祭祖妣的樂歌。其辭曰：“豐年多黍多稌，亦有高廩，萬億及秭。爲酒爲醴，烝畀祖妣，以洽百禮，降福孔皆。”詩中報祭的對象，也僅止祖妣而已，並不見報祭遠祖者。殷墟卜辭報祭之報寫作匚、匸等。如“其屮匚於祖乙”（丙 60），與西周金文近似，都是爲了答謝祖先保祐之恩而設的祭典。

（十）翟

史喜鼎（《録遺》78）

史喜作朕文考翟祭，厥日惟乙。

西周金文翟祭僅此一見。楊樹達、唐蘭皆以聲訓定其爲禬祭，其説頗爲曲折。[2] 按《説文》“翟，山雉長尾者”，《周禮·春官·樂師》“教國子小舞，凡舞有帗舞、有羽舞、有皇舞、有干舞、有人舞”。祭祖例有樂舞，《周禮·春官·大司樂》“舞大武以享先祖”，這是説王室祭祖用武王伐紂的“大武”樂舞。史喜是位史官，在祭其祖考時當然不能用“大武”之類盛大的樂

---

[1] 此段考證請參見《西周青銅器銘文分代史徵》第 278 頁，唐蘭先生的考釋。
[2] 楊樹達《積微居金文説》第 191 頁，《史喜鼎跋》；唐蘭《古文字研究（二）》第 92 頁。

舞,而只能用"小舞"。翟祭有可能是翟舞之祭,翟舞應屬小舞中的羽舞。此祭典强調樂舞,並以樂舞之名爲祭名,這與甲骨、金文中的燎、禋、血等祭名一樣,都是以祭祀方法來命名的。

(十一) 禋

牆盤(《文物》1978 年第 3 期)

> 亞祖祖辛,毓毓子孫,綵髮多孷,楠角冀光,義其禋祀。

牆在稱頌其祖先時提到禋祀,西周金文中僅此一見。《尚書·洛誥》:"予以秬鬯二卣,曰明禋。拜手、稽首,休享。予不敢宿,則禋于文王、武王。……戊辰,王在新邑,烝祭歲,文王騂牛一,武王騂牛一。王命作册,逸祝册,惟告周公其後。王賓殺禋,咸格,王入太室祼。"《韓詩外傳》:"天子奉玉,升柴,加於牲上而燔之。"禋祀就是牲上加玉,以柴焚之令生煙,上達天廷,至於祖先之所的祭祖禮。

春秋末年有兩件銅器也記有禋祀:

哀成叔鼎(《文物》1981 年第 7 期)

> 哀成叔之鼎,永用禋祀。死于下土,以事康公,勿或能怠。

蔡侯盤(《壽縣、蔡侯墓出土遺物》1956 年)

> 禋享是以。

《説文》:"煙,火氣也……禋,籀文从宀。"《説文》籀文之禋與哀成叔鼎禋祀之禋寫法全同。這種祭祀的特點就是焚燒牲玉令其生煙,以祭於先祖。

(十二) 燎

小盂鼎(《三代》4.44—45)

> 盂以人馘入門,獻西旅,□□入燎周廟……

庸伯𩰬簋(《三代》8.50.4)

> 惟王伐逨魚:征伐淖黑。至,燎于宗周。易庸伯𩰬貝十朋。

　　兩器皆作於西周早期,講的是盂和庸伯打了勝仗,凱旋後獻馘告廟,燎祭祖先。因爲二人都是受王命出征的,所以要在周廟或宗周舉行燎祭。這種在宗廟中舉行的燎祭,當然是祭祀王的祖先。因此燎在西周金文中是祭祖禮之一。

　　周原甲骨也記有燎祭:

　　　　其伐,楚人其燎,師氏受燎。(H11:4)
　　　　燎于河。(H11:30)

　　第一辭有"師氏受燎"句,與小盂鼎、庸伯㲃簋一樣,説明此辭講的也是有關軍旅之事。殷墟卜辭燎祭内容比較廣泛,有燎於夒、王亥、鳳、土、旬、河、蚰、東母等,其中有祖神,也有自然神。[1]

(十三) 屮

子尊(《文物》1986 年 1 期)

　　　　乙卯,子見在大室,伯□□琅九、屮百牢。王賞子黄瓚一、貝百朋……異。

　　西周金文記屮祭者僅此一見。作器者子在宗廟大室中覲見周王,獻納玉石九品並獻納屮祭用的犧牲百牢。王則賞賜他瓚一件,貨貝百朋。從銘末族名看,作器者子是殷遺民,其爵稱爲伯。玉及百牢是向周王繳納的貢品。《周禮·天官·大宰》:"以九貢致邦國之用:一曰祀貢……"鄭玄注:"祀貢,犧牲苞茅之屬。"《周禮·秋官·大行人》:"其外方五百里謂之侯服,歲壹見,其貢祀物。"此尊作於西周早期,其時殷遺民已負有向周王納貢的義務了。周王回賜瓚及百朋貝,在周初也是價值很高的禮品。説明殷遺納貢的主要意義在於表示臣服,經濟上的剥削還在其次。

　　殷墟卜辭中的屮祭次數很多。主要用於祭祀先公先王:

　　　　貞,屮于王亥,四十牛。辛亥……(前 4.8.3)
　　　　甲寅卜,殼貞,屮于唐,一牛。其屮……(前 1.47.1)
　　　　屮于南庚,叀小宰。(前 1.14.1)
　　　　辛巳卜,犬貞,屮自上甲元示,三牛;二示,二牛。十三月。(前 3.22.6)

―――――――――――――

[1]　見前 6.18.2、1.49.7;後上 23.7、22.15;戩 1.2;佚 4;通别録之二等。

殷墟卜辭虫、又皆爲祭名，其義與文獻之右、侑相近。《詩·周頌·我將》：“我將我享，維牛維羊，維天其右之。”箋：“神享其德而助之。”以牛羊將享祖先，以祈祖先享其德而祐助之，這大概就是虫祭名的含義。

（十四）牢

貉子卣（《三代》13.41.1—2）

惟正月丁丑，王各于吕戫，王牢于廐，咸宜。王令士道歸貉子鹿三。

銘文大意是：在正月丁丑日，王到吕戫，牢祭於廐，一切順利。王命士道送給貉子三隻鹿。

吕伯簋（《西清》27.11—12）

吕伯作厥宫室寶尊彝簋，大牢，其萬年祀厥祖考。

此簋形制紋飾近於班簋，作器者吕伯亦見於班簋。應與班簋同爲穆王時器。又貉子卣云“王各吕戫”，貉子也應與吕地之君有關，幾件器可以聯繫起來考慮，時代大約都在穆王前後。吕伯簋講“大牢”是“萬年祀厥祖考”。《儀禮》有《少牢饋食禮》，講的是諸侯之卿大夫祭祀祖考於廟，是知牢祭尚有“大牢”與“少牢”之分。蓋牢作爲名詞指牢養的牛羊豕等牲物，用爲祭祀則指以牲物祭祖。殷墟卜辭也有牢祭：

貞，牢，王受又，吉。（佚 310）
貞，牢新✝小乙。（林 1.26.4）

殷墟卜辭之牢祭與西周金文之牢祭類似，皆爲祭祖禮之一。

（十五）饎

大豐簋（《三代》9.13）

衣祀于王丕顯考文王，事喜上帝。文王監在上，丕顯王作省，丕緐王作赓，丕克乞衣王祀。

劉心源、陳夢家都認爲銘中之喜應讀作“饎”或“糦”，乃祭名之一。[1] 陳夢家云：“喜應

---

[1]　劉心源《奇觚室吉金文述》4.12；陳夢家《西周銅器斷代》（一）天亡簋。

讀作《商頌・玄鳥》‘大糦是烝’之糦。釋文引韓詩云：大糦，大祭也。”《説文》：“饎，酒食也。”又云：“糦，饎或從米。”“事喜上帝”，就是以酒食祭奠上帝。此銘的上帝從上下文義看，就是“丕顯考文王”。《禮記・曲禮》：“措之廟，立之主曰帝。”在上之帝則可稱上帝。因爲文王監在上，故稱文王爲上帝，這是周人特有的祖神觀念。因此我們把饎祭也列入祭祖禮之中。

殷墟卜辭有熹祭，或以爲與周之饎祭相同。如“叀祖乙熹用”（後上21.13），亦可備一説。

（十六）饎

嗷士卿尊（《三代》11.32.7）

> 丁巳，王在新邑，初饎。王易嗷士卿貝朋。用作父戊尊彝。子𤔲。

此祭名西周金文中僅一見。尊出土於洛陽，作於成周新建成仍稱新邑之時，是西周早期器。過去將此字讀爲“饎工”兩字。《金文編》將下面部分歸入“工”字。現在根據美國哈佛大學福格藝術館收藏的玉戈銘，可以糾正這個長期沿襲的錯誤。早在四十年代陳夢家先生就發現了這件玉戈。他説：“昔年在哈佛佛格博物館見一玉戈，亦刻銘一行，花文行款地位相同，而是殷末之物。”[1]李學勤同志近年赴美尋蹤查訪了這件玉戈，並作了摹本[2]。其文如下：

> 曰饎王大乙，在替，俞妣。

王太乙即商王成湯，説明饎是商王室祭祖祀典之一。殷墟卜辭有饎祭，祭名與此相近，僅下部缺“㞢”，如“丙辰貞，酌彡王亥。其饎，自祖乙至多□”（南明572）。也可能是同一祀典的祭名。嗷士卿尊所記周王在新邑的“初饎”，是周人襲用殷人的祀典來祭祀祖考的有力證明。從銘末族名看，嗷士卿是殷遺民，他很可能是因爲幫助周王完成這次祭祀活動而受到獎賞的。

（十七）禬

臣辰盉、卣（《三代》14.12.2；13.44.1—2）。

> 惟王大禬于宗周徲䉉䈿京年，在五月既望辛酉，王令士上眔史寅䆫于成周……

---

[1]《西周銅器斷代》（五）《附記玉戈銘》。
[2] 李學勤文見《文物》1979年第12期。

金文之龠就是文獻中的禴祭,《易·既濟》"東鄰殺牛,不如西鄰之禴祭",這是説禴祭不用殺牲。《通鑑前編》卷五引《竹書紀年》:"(帝辛)六年,周文王初禴於畢。"殷墟卜辭禴祭也寫作龠:

　　　□□卜,旅貞,王賓小乙彡龠叙,亡尤。(後上 4.3)
　　　戊辰卜,旅貞,王賓大丁彡龠農,亡尤。在十一月。(戩 2.9)

從殷墟卜辭看,龠爲殷人祭祖禮之一。周人沿用殷禮,也應用以祭祖。臣辰盉銘第一句以"龠於宗周"和"徣饔荼京"爲並列的紀年標誌,如上述饔是父考祔入宗廟的大典,盉銘龠稱"大龠",也應是祭祖禮中較重要者。

(十八) 嘗

六年召伯虎簋(《三代》9.21.1)

　　　惟六年四月甲子,王在荼⋯⋯用作朕剌祖召公嘗簋⋯⋯用享于宗。

姬鼎(《三代》4.9.2)

　　　用糦用嘗,用孝用享,用介眉壽無疆。

兩器都是西周晚期器,此祭名不見於殷代銘刻資料,也不見於西周早期和中期金文,可能是周人在西周晚期新設的祭祖禮儀。《詩·魯頌·閟宮》:"秋而載嘗,夏而楅衡。"《左傳·桓公十四年》:"秋八月壬申,御廩災。乙亥,嘗。"《周禮·春官·大宗伯》:"以嘗秋享先王。"文獻皆以嘗爲時享之一,蓋取秋季農作物收穫,以新穀薦於宗廟,使先祖嘗新之意。嘗爲享祀先王之祭,文獻與金文相合。然是否時祭,在金文中却得不到肯定的證明。召伯虎簋作於四月,却用以嘗祭剌祖,似乎可以成爲反證。上述稱"秋嘗"的文獻多作於春秋戰國間,可能此禮在春秋戰國後才成爲時祭之一。

此祭典在金文中延至春秋戰國銅器上仍有記載:

陳侯午敦(《三代》8.42.1—2)

　　　惟十又四年,陳侯午以群諸侯獻金作皇妣孝大妃祭器鑄鐸,以登以嘗,保又齊邦,永世
不忘。

戰國晚期此祭名楚系文字又寫作"祟"：

酓朏鼎(《三代》3.25.1—4)

> 楚王酓朏作鑄鉈鼎,以共歲祟。

酓朏盤(《三代》17.5.2—6.1)

> 楚王酓朏作爲盥盤,以共歲祟。

無錫前洲出土的郉陵君鑑、豆(《文物》1980 年第 8 期)也有"以共歲祟""攻立歲祟"等,祟即嘗祭之嘗。

（十九）烝

大盂鼎(《三代》4.42—43)

> 敏酒不敢酣,有紫烝祀無敢醿……夙夕紹我一人,登四方,雩我其遹省先王,受民受疆土。

銘中的"烝祀""登四方"皆指烝祀,這是一篇康王對盂的酒誥,要其汲取殷人酗酒亡國的教訓,在烝祭先祖時也不能借故大肆飲酒。

高卣蓋(《嘯堂》41.4)

> 惟十又二月,王初饗旁。惟還在周,辰在庚申,王飲西宮,登,咸。

段簋(《三代》8.54.1)

> 惟王十又四祀十又一月丁卯,王在畢登。戊辰,曾。

姬鼎(《三代》4.9.2)

> 用糩用嘗,用孝用享。

大師虘豆(《三代》10.47.5)

大師盧作韓尊豆,以卲洛朕文祖考。

大盂鼎、高卣蓋是西周早期器,段簋是西周中期器,姬鼎、大師盧豆是西周晚期器。此種祭典一直延續到春秋戰國,像墜侯午敦"以登以嘗","登"即"糕",亦即烝祭。殷墟卜辭烝祭作異或祼,也是殷代祭祖禮之一,如:

貞;王賓殷庚異。(前 1.15.6)
其祼兄辛。(後上 7.10)
□亥,異于祖乙。(林 1.26.17)

這説明烝祀自殷至兩周相沿盛祀不衰。《書·洛誥》:"戊辰,王在新邑,烝祭歲,文王騂牛一,武王騂牛一。"《左傳·桓公五年》:"閉蟄而烝。"《周禮·大司馬》:"仲冬教大閲……遂以狩田……入獻禽,以享烝。"文獻以冬祭爲烝,有烝祭不以時者,春秋筆法削伐之如《春秋·桓公八年》"春正月己卯,烝",《穀梁傳》曰"烝,冬事也,春興之,志不時也"。又《春秋·桓公八年》"夏五月丁丑,烝",《穀梁傳》曰"黷祀也,志不敬也"。《爾雅·釋天》"冬祭曰烝",郭璞注:"進品物也。"據《周禮·大司馬》烝祭用田狩之野牲,而《洛誥》云烝祭用騂牛,乃豢養之芻牛。殷墟卜辭及金文之烝祭字多作異或韓,乃雙手持豆,豆中盛米狀,與文獻所云或有出入。然皆爲祭祖先、進品物則是一致的。

文獻所謂"時享"。四時祭名歧説衆多。《禮記》的《祭統》《王制》等以爲是春礿、夏禘、秋嘗、冬烝。《周禮》的《大宗伯》《司尊彝》、《詩·小雅·天保》、《公羊傳·桓公八年》、《春秋繁露》等認爲是春祠、夏礿(禴)、秋嘗、冬烝。西周金文中不見礿祭。殷墟卜辭有禴祭。殷金文(我方鼎)有礿祭,似乎看不出其祭典集中安排在哪個季度的傾向。西周金文中也不見祠祭,但周原甲骨中有兩片言及祠祭:

祠自蒿于豐(H11:20)
祠自蒿于周(H11:117)

東周金文中有祠祭的記載。如趙孟壺(《河南吉金圖志賸稿》20)"以爲祠器",壺銘記魯哀公十三年吳晉黄池之會,是春秋末年器。中山王墓出土的盗壺(《文物》1979 年第 1 期)有"敬命新地,雨祠先王"句,器作於戰國初年。從上述資料看,文獻所言"時享"的幾種祭名,在銘刻資料中都有記載,且都是祭祀先祖的祭典,但尚看不出它們與四季有什麽聯繫。這種以四季劃分的祭祖禮,可能是春秋戰國間形成的,殷與西周還不存在四季定時享祀先祖的制度。

（二十）閟

《禮記·月令·中春之月》曰：“是月也，玄鳥至。至之日，以太牢祠于高禖。天子親往，后妃帥九嬪御。乃禮天子所御，帶以弓韣，授以弓矢于高禖前。”這裏説的是王室祈子之祭，《魯頌·閟宮》“閟宮有侐，實實枚枚”，毛傳：“先妣姜嫄之廟。”又引孟仲子曰：“是禖宮也。”周人祭祀高禖神要在閟宮中進行。高禖神胆憫周人，使其子子孫孫實實枚枚繁衍不斷。西周金文没有高禖的記載，但有閟祀和閟宮的記載：

頂卣(《録遺》272)

頂作母辛尊彝，頂易婦嫈曰：用鬺于乃姑宓。

子卣(《三代》13.35)

子作婦婨彝，母子母庚宓祀尊彝。𦣻。

兩器中的“宓”即文獻中的“閟”。第一器頂爲子，婦嫈乃其妻，母辛乃頂之母，婦嫈之姑，作卣宓祀母辛。第二器婦婨爲子之妻，作卣用以宓祀母庚。兩器皆作於西周早期，銘文記載了西周的高禖祭。《閟宮》所記與金文合，高禖祭行於閟宮，在周人是由來已久的。從西周金文看，祭祀高禖由妃婦單獨進行，閟祀的對象也不必是先妣姜嫄，而往往是“先姑”。[1] 這與周人祭祖重近祖的習俗一樣，祈求繁衍子孫也只是向近世的先姑神求告。殷人先妣之廟稱“必”，如“于妣辛必，王此”(京津4092)。殷人之“必”，周人之“宓”，大概就是《魯頌》之“閟宮”。而《月令》《毛傳》所講的情況可能是春秋戰國以後的制度。彼時列國皆有各自的高禖祭所。《墨子·明鬼》：“燕之有祖，當齊之社稷，宋之有桑林，楚之有雲夢也，此男女之所屬而觀也”。

閟祀高禖神係對先妣(對婦來説是先姑)的祭典，因與祭祖禮類似，姑附於此。

綜上所述，列表如下：

祭名	殷墟卜辭	殷金文	周原甲骨	西周前期金文	西周後期金文	春秋戰國金文
禘	△			小盂鼎　鮮簋　剌鼎　繁卣　大簋		
衣	△			大豐簋　庚嬴鼎　繁卣	陵叔鼎	

---

[1] 《爾雅·釋親》：“婦稱夫之父曰舅，稱夫之母曰姑。姑舅在，則曰君舅、君姑；没，則曰先舅、先姑。”

續　表

祭名	殷墟卜辭	殷金文	周原甲骨	西周前期金文	西周後期金文	春秋戰國金文
彭	△	戊寅鼎		麥方尊　繁卣		
禘	△		△	獻侯鼎　叔卣　盂爵　圉卣 矢令方彝　歸俎進方鼎		
賓		戊嗣子鼎		臣辰盉卣　呂方鼎　高卣蓋 沈子它簋		
告	△			矢令方彝　麥方尊　沈子它簋		
禦	△	我方鼎	△	作册卣　叀尊　耳□觶	㝬簋　五祀㝬鐘	
𠬪	△	我方鼎			師𩛥鼎	
報	△			矢令簋	師𩛥鼎	
翟					史喜鼎	
禋					墻盤	哀成叔鼎蔡侯盤
燎	△		△	小盂鼎　庸伯馭簋		
屮	△			子尊		
牢	△			貉子卣　呂伯簋		
饎	△			大豐簋		
饡		（玉戈銘）		噭士卿尊		
禴	△			臣辰盉、卣		
嘗					六年召伯虎簋姬鼎	陳侯午敦　畬肚鼎盤　郙陵君鑑、豆
烝	△			大盂鼎　高卣蓋	段簋　姬鼎 大師虘豆	陳侯午敦
閟	△			項卣　子卣		

説明：成王至穆王爲西周前期，恭王至幽王爲西周後期。

上述二十種不同的祭名，有的反映祭祀目的不同，如禘、賓、禦、𠬪、報等；有的反映祭祀方法的不同，如告、禋、燎、翟、饎、饡、嘗、烝、閟等。有的一件銘文中記有兩三種祭典，但其大致内容是可以區分開的。上述祭禮有的不專用於祭祖，如班簋（《西清》13.12；《文物》1972 年第 9 期）：

王令毛公以邦冢君土御□人伐東國瘖戎……三年静東國,亡不咸盟天畏,否卑屯陟。公
告厥事于上:惟民亡徒才(哉)！彝志天命,故亡。允才顯,惟敬德亡迺違。

這是一篇毛公告祭上天的告辭:由於東國瘖戎違背天命,故遭到滅亡。只有敬德才能不
背離天命。

何尊(《文物》1976 年第 1 期):

惟武王既克大邑商,則廷告于天曰:余其宅兹中國,自之辟民。

這裏記録的是武王克商以後告祭於天的告辭,成王用以動員周貴族遷都洛邑。周原甲
骨也有告祭於天的記載:"□告於天, ✿ 亡咎。"（H11：96）上述告祭的對象不是先祖,而是
"天",説明告禮在西周不只用於祭祖,是一種使用比較廣泛的祭禮。又比如大盂鼎有"酓四
方"的記載,説明酓禮也不是專用於祭祖的,也可以用來酓祀"四方"。由於金文内容的局限,
對西周各種祭祖禮的祭法、祭義缺乏詳盡的説明,目前尚無法如甲骨文那樣排出周人的祀
譜。我們對各種祭祖禮中的複雜關係,所知也是極膚淺的,這裏所作的只是弄清這二十種祭
祖禮的大概含義而已。

從上表可以看出,除翟、禋、嘗三種次要祭禮外,其餘十七種祭祖禮都是殷周同名。這正
如孔子所説的"周因於殷禮,所損益可知也"（《論語·爲政》）。其中祼、禦、燎三種重要祀典
在周原甲骨中已有記載,説明早在文武創業時,已有意利用殷人禮儀。《書·洛誥》:"周公
曰:王肇稱殷禮,祀于新邑。"周初幾乎全盤繼承了殷人祭祖禮儀的名稱,但周人並非照搬硬
套,他們在運用時是有所改造的。周人的嫡庶、尊卑、親盡毁廟等制度在祭祖禮中是有反映
的,綜觀二十種祭祖禮,所祭對象没有超出三代者,這與殷人遍祀先公先王的制度明顯不同。
再有,禘與禴在殷代是較次要的祭禮,而在西周却被改造成祭祖大典,出現次數較多,有的竟
可以作大事紀年的事件。燎祭在殷代使用極爲頻繁,是一種十分重要的祭典。而在西周金
文中出現次數較少,且多關乎軍旅之事,好像除在戰爭凱旋後祭祖時使用外,其他場合很少
使用。再者,祼禮不言祈求的對象及具體内容,祭祀用牲尚赤,祭典用尸、祝等都是周人祭祖
禮獨自創設的。

從上表還可以看出,十七種殷周同名的祭祖禮,大多盛行於穆王以前,這反映出僻居西
隅的周人入主中原後,面對在文化上大大高出於自己的殷遺民,在很長一段時間内采取大量
襲用殷禮的政策,並利用殷遺民中的知識階層爲其服務。穆王以後,周政權穩定下來,才逐
步形成自己的禮儀系統。這正如《白虎通》所云:"王者始起,何用正民？以爲且用先王之禮
樂。天下太平,乃更製作焉。"

二、周王室的祭祖禮儀

先秦文獻没給我們留下祭祖禮儀的系統記載,王國維説:"周之祭法,詩書禮經,皆無明文。"[1]《禮記·郊特牲》云:"祭有祈焉,有報焉,有由辟焉。"這是就祭祀目的而言,有祈求、報塞和禳祓。祭祀目的和名稱不同,其儀節自然也應不同。但是銘刻資料對每種祭禮的記述十分簡略,要想逐個弄清諸祭典的儀節幾乎是不可能的。在這裏所作的是嘗試對周王室祭祖禮的一般儀節作些描述。周人的祭祖禮大體分三個部分:

(一) 祭前準備

爲了表示對祖神的敬意,供享的祭品如犧牲、玉帛、粢盛、酒醴、瓜果都要由王及后妃親自生産。《禮記·祭統》:"天子親耕於南郊,以共齊盛。王后親蠶於北郊,以共純服。"令鼎(《三代》4.27):"王大藉農于諆田。"《國語·周語》記周宣王不藉千畝,虢文公大發議論,對古代天子親耕藉田制度作了詳細的描述。

祭祀典禮要有各種祭器陳列,西周青銅器每自銘"尊彝""祭器""醴壺"等,多數曾作爲禮器置於宗廟,用於祭祀。陝西扶風出土的一對伯公父勺(《文物》1978 年第 11 期)云:"伯公父作金爵,用獻用酌,用享用孝于朕皇祖考。"自銘其用途爲祭祖。

《周禮·鬱人》:"掌祼器,凡祭祀之祼事,和鬱鬯以實彝而陳之。"《周禮·典瑞》:"祼圭有瓚,以肆先王,大祭祀供其玉器而奉之。"金文賞賜之隆重者,每以圭瓚璋等禮玉及醴酒爲賜,如吕方鼎"王易吕𤔲三卣",鮮簋"鮮蔑曆,祼玉璋,祼玉三品。貝百朋",子尊"王賞子黄瓚一,貝百朋"。王賜貴族祭禮用的玉器及酒醴等於降賜其祭祀權,故此類賜品需列於諸賜品之首,以示尊貴。

周人祭禮要設"尸"和"祝",祝爲典禮中的主持人,王對先祖的祝辭由他禱告,祖神對人間的嘏辭也由他宣讀。《禮記·禮運》"宗祝在廟,三公在朝,三老在學","修其祝嘏;以降上神與其先祖",他是一位能交通神人的巫者。西周金文職官有大祝和祝,西周初年的大祝禽鼎(《三代》2.41.5)就記載周公子伯禽作過大祝。西周金文中還有"五邑祝""九嶽祝"等。[2] 由祝頌禱的祝嘏之辭,在西周金文中隨處可見:

沙其鼎(《陝西青銅器圖釋》69)

用鬻多福,眉壽無疆,畯臣天子。

---

[1]　見《觀堂集林》的《殷周制度論》。

[2]　鄘簋(《考古圖》3.10)有五邑祝,申簋蓋(《考古與文物》1983 年第 2 期)有九嶽祝。

啓卣(《文物》1972 年第 5 期)

用介魯福。

瘋鐘(《文物》1978 年第 3 期)

用祓壽,介永命。

蚊簋(《文物》1973 年第 5 期)

用易眉壽、黃耇、霝冬。

鮮鐘(《陝西青銅器圖釋》126)

用降多福。

周人祭祖禮必先設"尸",穿上被祭先祖的遺服,充當神象,一切祭奠禮儀均圍繞他來進行。祝所作祝辭和嘏辭都以他爲中介。金文中没發現直接記録尸活動者,但從矢令方彝銘中可以感到尸的存在。

祭日要通過占卜來選定,《周禮·太宰》:"前期十日帥執事而卜日。"繁卣記九月初吉癸丑卜日,得旬又一日後的癸亥爲祭日。《周禮·師氏》:"凡祭祀⋯⋯使其屬帥四夷之隸,各以其兵服守王之門外,且蹕。"師酉簋(《三代》9.21.2):"嗣乃祖啻官邑人虎臣、西門夷、鱟夷、秦夷、京夷、畁身夷。"靜簋(《三代》6.55.2):"小子眔服、眔小臣、眔夷僕學射。"銘中的夷僕和諸夷人即師氏所轄的"四夷之隸"。在祭禮中負責駐蹕、守衛、戒嚴等事。《周禮·小宗伯》:"祭之日⋯⋯告時于王,告備于王。""告備"之後祭禮即可正式開始了。

（二）主要儀節

《禮記·祭統》"夫祭有三重焉:獻之屬莫重於祼,聲莫重於升歌,舞莫重於《武宿夜》。此周道也。"這是對周代祭禮的簡要概括。獻祼是指以清酒飲尸者,《書·洛誥》:"王入太室祼。"《禮記·祭統》:"君執圭瓚祼尸。"伯公父勺也説:"用獻用酌,用享用孝于朕皇祖考。"樂歌則貫穿整個祭禮過程,《周禮·大司樂》:"王出入則令奏王夏,尸出入則令奏肆夏。"《周禮·太師》:"大祭祀率瞽登歌,令奏擊拊。"作樂歌可以降神,《周禮·大司樂》:"若樂九變,則人鬼可得而禮矣。"青銅樂器編鐘編鎛多爲祭祖時節歌節舞而作,如虢鐘(《三代》1.17—18):"虢作寶鐘,用追孝于己伯,用享大宗。"武宿夜即大武舞,《周禮·大司樂》:"乃奏無射,歌夾鐘,舞《大武》,以享先祖。"《禮記·祭統》:"及入舞,君執干戚入舞位。君爲東上,冕而總干,率其群臣,以樂皇尸。”“大武”相傳是描述武王伐紂戰鬥景像的舞蹈,用在宗廟祭祖禮中,表示不忘先祖創業時的勇武精神。

(三) 祭後之册賜、脤膰、繹祭

《禮記·祭統》:“古者明君爵有德而禄有功,必賜爵禄於大廟,示不敢專也。故祭之日,一獻,君降立於阼階之南,南鄉,所命北面。史由君右執策命之。再拜稽首,受書以歸,而舍奠於其廟。”西周金文所記衆多册賜禮的儀節與此相似,如頌簋(《三代》9.38.2—39.1):

> 王在康卲宫,旦,王各大室,即位。宰引右頌入門,立中廷。尹氏受王令書。王乎史虢生册令頌。王曰:頌,令女官嗣成周貯,監嗣新造貯用宫御。易女玄衣,黹純、赤市、朱黄、絲旂、攸勒,用事,頌拜,稽首,受令册,佩以出。反入瑾璋。

可見《祭統》所記是有所本的。

《周禮·大宗伯》:“以脤膰之禮親兄弟之國。”《左傳·僖公九年》:“夏,會于葵丘,王使宰孔賜齊侯胙。曰:天子有事于文武,使孔賜伯舅胙。”是知古有脤膰之禮。金文胙、脤、膰統作“襘”或“彝”:

德方鼎(《上海博物館藏青銅器》28)

> 惟三月,王在成周,征珷襘,自蒿。

何尊(《文物》1976年第1期)

> 惟王初遷宅于成周,復禀武王豐襘,自天。

史獸鼎(《三代》4.23.2)

> 尹賞史獸彝。易方鼎一、爵一。

庚嬴鼎(《西清》3.39)

> 王蔑庚嬴曆,易彝、靮、貝十朋。

郭沫若釋襘爲福字,並舉殷末銅器我方鼎和毓祖丁卣爲例説之,認爲即指祭後的胙肉。[1]

---

[1]《文物》1959年第7期。毓祖丁卣(《三代》13.38.6):“歸襘于我多高。”我方鼎(《三代》4.21.1):“遺襘于𡙇。”

將此字釋爲福字難以肯定,但指其爲祭後之胙是正確的。這種脤膰之禮至春秋戰國間仍盛行。如《孟子·告子下》云:"孔子爲魯嗣寇,不用。從而祭,膰肉不至,不税冕而行。"

祭後之繹祭金文稱"肜",已詳前,此不贅述。

三、周人的祖神觀念

(一)祖神與上帝

大豐簋(《三代》9.13.2)

> 衣祀于王丕顯考文王,事喜上帝,文王監在上,丕顯王作省,丕緜王作庶,丕克乞衣王祀。

銘中的上帝,考釋各家都認爲是"至上神"。其實銘中文王地位與上帝是平行的,將上帝視爲至上神則文義很難貫通。我認爲"上帝"與"丕顯考文王"在文中指的是同一人。對武王來説文王是"丕顯考",其時文王之神靈在天已被尊爲上帝,故在喜祭文王時又稱"事喜上帝"。上帝是對下帝而言。如邢侯簋(《三代》6.54.2):"克奔走上下帝,無終命于有周。""下帝"當指人間的周王。庚姬尊(《文物》1978年3期):"帝后賞庚姬貝三十朋。"銘中的"帝后"顯然是指下帝之后,即西周初年某王之后。大盂鼎(《三代》4.42—43):"至敏朝夕入諫,享奔走,畏天畏。"麥方尊(《西清》8.33):"妥多友,享奔走命。""奔走"是"奔走上下帝"的省稱。即在祭享上帝時交通神人,在上帝天廷和下帝王室宗廟間上下走動。這種區分上帝與下帝,且將文考神尊爲上帝的意識,是周人所獨有的。這與殷墟卜辭中殷人上帝的概念不同,與後世人的至上神上帝概念也是不同的。到西周晚期,金文中還出現了"皇帝"一詞:師訇簋(《歷代鐘鼎彝器款識法帖》14.14)"肆皇帝亡昊,臨保我有周"。周人以死去的父親爲"帝考",稱死去的父祖爲"皇祖帝考","皇帝"就是"皇祖帝考"的省稱。仲師父鼎(《三代》4.19):"其用享用孝于皇祖帝考。"買簋(《三代》8.39):"其用追孝于朕皇祖帝考。"到厲王時,又有"皇上帝"一詞。钅屖簋(《文物》1979年4期):"申固皇上帝大魯令。"钅屖鐘(《三代》1.65):"惟皇上帝百神保余小子。"在西周人的宗教觀念中,太空有一個與地上相對應的王朝,地上的王(下帝)死了,如果德行很好,就去天上作上帝。上帝與下帝一樣,也是不斷更換的。被換下的上帝,去掉帝號稱"皇祖"和"前文人"。钅屖簋:"钅屖作蠶彝寶簋,用康惠朕皇文剌祖考,其格前文人,其瀕在帝廷陟降。"戰狄鐘(《三代》1.11.2):"先王其嚴在帝左右。""陟降"即上下走動,歷代去世的先王都在帝廷上帝左右,經常天上地下走動。當人間祭祀祖先,樂舞之聲上動天廷,祖神們就紛紛下來歆享供祭的犧牲醴酒。接受了人間的祭享,就降賜給子孫福祐平安。

彧簋(《文物》1976 年第 6 期)

　　　彧率有嗣師氏奔追,御戎于棫林,搏戎獣。朕文母競敏啟行,休宕厥心,永襲厥身,卑克厥

敵,獲馘百……衣搏,無眂於彧身。

　　簋銘云彧受到文母在天之神靈的保佑,大敗敵軍,而自身却没有任何損傷。

　　周人崇拜近祖,西周金文中所見最早先祖爲文王。文獻中所説的太王、王季没有出現。

這可能是因爲周人的先祖都未能在天廷取得上帝的地位,文王是第一個取得上帝地位的緣

故。到了春秋戰國時代,周王的地位每况愈下,禮崩樂壞,天上的神權也發生動摇。諸侯國

各自追述其始祖,以與周王室對抗。春秋邾國的邾公釛鐘(《三代》1.19.2)云:"陸螽之孫邾

公釛鑄其禾鐘。"以祝融氏爲其始祖。春秋齊國的叔夷鎛(《博古圖録》22.5)云:"夷典其先舊

及其高祖,虩虩成唐,又嚴在帝所,尃受天命,删伐夏后,敗厥靈師。□小臣惟楠,咸有九州,

處禹之都。"以滅夏的商湯爲其高祖。到了戰國初年的陳侯因資敦(《三代》9.17)更把始祖上

溯到黄帝:"其惟因資揚皇考,卲申高祖黄帝。"

(二)祖神與天命

　　西周成王時的何尊云:"王誥宗小子于京室曰:昔在爾考公氏克逨文王,肆文王受兹大

命。惟武王既克大邑商,則廷告于天曰:余其宅兹中國,自之辥民。嗚呼!爾有惟小子亡哉。

視于公氏,有爵于天。徹命,敬享哉。"這裏提出的"天"和"天命"的觀念,是一個全新的觀念。

康王時的大盂鼎進一步明確了這個觀念:"丕顯文王受天有大命,在武王嗣文王作邦。"從西周金

文内容看,"天"是周人心目中的至上神。它高踞太空,超自然、超上帝。"天命"是這個天神向

天廷和上帝發布的命令。所謂"文王受天命",就是受了天神要他在天廷改朝换代的命令,也就

是要他去作上帝的命令。按周人的邏輯,上帝本來是殷人去世的歷代先王作的,但"天命靡常"

(《詩·大雅·文王》),惟有德者居之。殷人的上帝不合天意了,天命令在天廷發動一場以周代

殷的革命,然後再把這場革命移植到人間,演出了武王滅商的事變。這就是爲什麽武王滅商,而

周初彝銘不講"武王受天有大命",而只講"文王受天有大命"的緣故。[1]　大凡一個新政權的

建立,爲求鞏固與發展,有必要提出一個新理論,用以説明自己存在的合理性。周人提出的

"文王受天命"的理論,是對付强大的殷遺民的有效精神武器。因爲商革夏命,成爲商代的上

帝,在地上建立商王朝是合理的。那麽,周革商命,建立周王朝也是完全合理的。

　　綜觀西周金文,先祖和上帝所給予子孫的多是福祐:獣鐘:"先王其嚴在上,翼翼數數,降

---

[1]　到西周晚期如毛公鼎等提出"文武受命"。那是因爲周人立國已久,把兩個天命合二而一了。

余多福。”墻盤：“上帝嗣□□，保受天子綰命、厚福、豐年，方蠻亡不斁見。”而“天”却不然，大盂鼎提出要“畏天畏（威）”，班簋説東國戎人因爲“斁昧天命”，故遭到滅亡的命運。到了西周晚期，政局動盪，周王則驚呼“烏乎！哀哉，用天降大喪于四國”（禹鼎《録遺》99），“哀哉！今日。天疾畏降喪”（師訇簋）。由此可見天是與祖先、上帝不同的另一大神。他具有人格神的威力，可以發布天命，可以禍福人間。但它没有具體人格神的形象，是一位超出一切之上的神秘力量。

（三）效法祖先大德

周人認爲“天命靡常”，周之所以能取殷而代之，既不是因爲他們武力强大，也不是因爲他們文明發達。這些他們都不如殷人，而是因爲周先王德盛於殷王。毛公鼎（《三代》4.46—49）：“丕顯文武，皇天弘厭厥德，配我有周，應受大命。”天神最重德，用周代殷，目的就是使德政可以在天上人間繼續。何尊：“叀天彞德，欲天順我不敏。”大盂鼎：“今我惟即型□于文王正德……今余惟令女盂，召榮敬雍德。”班簋：“惟敬德亡迾違。”伯威簋（《小校》8.32）：“襃呼前文人，秉德共屯。”番生簋（《三代》9.37.1）“番生不敢弗帥型皇祖考不杯元德……夙夜專求不懈德。”師訇鼎：“余小子肇盅先王德……天子亦不忘公上父斁德……嗣皇辟懿德。”叔向父簋（《三代》9.13.1）：“肇帥型先父祖，共明德，秉威儀。”施行德政，這是盛行於西周的政治口號。文王因爲德高望重，死後被天命爲新的上帝，成爲周人心目中德的最高典範。子子孫孫效法文王，個人修養德性，管理國家用德政，這樣“天”就會“順我不敏”。

綜上所述，從西周金文的内容看，周人對土地、山川、河流、風雨雷電等自然神的崇拜觀念比較淡薄。而對祖先却十分崇拜，爲此他們制定了許多繁複的祭祖禮儀。這是與有周一代實行的宗法政治分不開的，只有敬祖才能重宗。西周的這種崇祖重宗意識對後世影響很大，我國在此後數千年的封建社會中，歷代統治者宣揚的所謂“周禮”，其核心就是這種意識，以孔子爲代表的儒家學派所大力倡導的“孝道”，其根源也在於此。因此，對西周祭祖禮制的研究是十分有意義的。

（原載《考古學報》1989 年第 4 期，第 495—522 頁；又載《金文論集》，第 27—53 頁，紫禁城出版社，2008 年 5 月）

西周金文中的相見禮

在周代,王及貴族間十分重視交際的禮儀,其中的尊卑等級制度體現了那個時代政治的一個方面。文獻中有許多這方面的記載,尤其是《儀禮》《周禮》《禮記》等禮書中更有較系統的記載。但是,古文獻所記的內容,除保存了一部分西周禮制外,混入了大量春秋戰國乃至以後時代的禮制,再經過漢以來經學家們的詮釋,就變得相當混雜了。西周金文中有許多有關禮制的具體記載,應爲第一手史料,能較準確地反映"周禮"的本來面貌。因此,本文擬以西周金文爲主要資料,探討西周王公貴族間的交際禮儀制度,對這類禮儀古人統稱其爲"相見禮"。

一

在西周金文中諸侯邦君朝見周王稱"堇"(覲)或"見",如"雙堇于王。癸日,賞雙貝二朋"(雙鼎,《集成》2579),"乙卯,子見在大室,伯□□琅九,屮百牢。王賞子黃瓚一,貝百朋……鼍"(子尊,《集成》6000),"公叔初見于衛"(賢簋,《集成》4104—4106)。子尊中子的身份是殷遺民,所獻應爲"祀貢"。史墙盤(《集成》10175)銘"微史烈祖迺來見武王",記述的也是殷遺民覲見周王。麥方尊(《集成》6015)記錄了一次嗣封典禮:老邢侯去世,新邢侯由坏地徙封於邢地,按禮制規定須覲見周王,討得封賞,方能取得繼承權。銘中兩次提到告"亡尤",第一次是向載出祖先神主祝告,第二次是在返國後設奠告祖,《禮記·曾子問》:"孔子曰:天子、諸侯將出,必以幣帛皮圭告於祖禰,遂奉以出,載於齊車以行,每舍,奠焉,而後就舍。反必告。"《儀禮·覲禮》記諸侯在覲見周王之前有"侯氏裨冕釋幣於禰"的儀注。注解云:"禰謂行主遷主矣。"銘中還兩次提到祭祀,一次云"王祀",一次云"祀月"。可能即禮書上所説的祭祀日月之禮。《儀禮·覲禮》:"禮日於南門外,禮月與四瀆於北門外。"《儀禮》與《禮記》所記與西周金文相合,説明兩書是保存了部分古禮的。

西周早期金文記諸侯朝見周王又可稱"見事",如"匽侯初見事于宗周,王賞旨貝廿朋"(匽侯旨鼎,《集成》2628)。下級貴族朝見高級貴族也可稱"見事",如"己亥,揚見事于彭,車叔賞揚馬"(揚鼎《集成》2612、2613)。朝見周王又有時稱"見服",如"惟公大史見服于宗周,……公大史咸見服于辟王,辨于多正"(作册甗卣《集成》5432)。這裏公大史除覲見周王外,還會見了諸執政官(多正)。《孟子·梁惠王》"諸侯朝於天子曰述職。"上述銘文中的覲見不稱覲或見,而稱"見事""見服",可能與其述職性質有關。

上述諸器皆作於西周早期,可以考見周初諸侯貴族覲見周王時的一些禮儀規定。西周中晚期金文則多記録夷族邦君朝見周王之禮。如裘衛盉(《集成》9456)記矩伯以價值百朋的十三田與裘衛交換"赤琥兩、麀羍兩、奉鞈一"和"覲璋",以備覲見周王之用。頌鼎(《集成》2827—2829)與善夫山鼎(《集成》2825)有"受命册,佩以出,反入,覲璋"的記載。看來,文獻覲見禮中有關瑞玉和皮幣的授受是有根據的,《周禮·大宗伯》"公執桓圭,侯執信圭,伯執躬圭,子執穀璧,男執蒲璧。"《儀禮·覲禮》的儀注有郊勞、致館、覲見、將幣、賞賜等,每個儀注在行禮時都需要授受贊幣。《周禮·小行人》記載贊幣的配合是圭馬、璋皮、璧帛、琮錦、琥繡、璜黼等。裘衛盉中的璋、琥、奉、鞈就是玉幣和皮幣,這些在覲禮中是不可或缺的。《左傳·僖公二十八年》"受策以出,入入三覲",説明這種禮儀直到東周仍在實行。

九年衛鼎(《集成》2831)記九年正月"眉敖諸臚爲使見于王",結合裘衛盉銘可知矩伯是邦君眉敖的"諸臚"之一,被遣爲使覲見周王,此時眉敖並未徹底臣服於周王,因此同年九月又有益公征伐眉敖的記載:"惟王九年九月甲寅,王命益公征眉敖,益公至告。二月,眉敖至見,獻貴。"(師伯簋,《集成》4331)《孟子·告子》:"一不朝則貶其爵,再不朝則削其地,三不朝則六師移之。"這是孟子理想中王應有的權威,也是西周王室强有力時的實際情況。這次眉敖的覲見,是武力征服的結果。眉敖臣服以後,成爲戎狄邦君的帶頭人,致使大量青銅流入周王室,"戎獻金於子牙父百車"(眉敖簋蓋,《集成》4213)。

像這種以武力征伐爲背景的覲見,史墻盤稱"覜見"("方蠻亡不覜見"),西周晚期金文也多有類似記載,如厲王時的𪓟鐘(《集成》260):"王敦伐其至,戲伐厥都,及孳洒遣間來逆邵王,南夷東夷俱見二十有六邦。"駒父盨蓋(《集成》4464):"南仲邦父命駒父即南諸侯,達高父見南淮夷,厥取厥服。覲,夷欲墜,不敢不舉畏王命,逆見我,厥獻厥服。我乃至于淮,小大邦亡敢不□,俱逆王命。"

綜上所述,在西周早期,隆重的王室大覲禮有祭奠日月的儀式,各種覲見後都有優厚的賞賜。西周中期以後,覲見禮儀趨於複雜,覲見時必須呈獻贊幣,主要是瑞玉及獸皮。王之賞予則男賜車馬命服,女賜絲帛。西周中晚期周王室與四圍邦國連年征戰,金文中所記多爲被征服的邦國的"覜見",這種温文爾雅的覲見禮儀背後掩藏着血腥的暴力。

二

在西周金文中,王或其使者巡視各地稱"省"。如"王大省公族于庚,振旅,王賜中馬"(中觶,《集成》6514),"王令中先省南國,貫行𫎍王应"(中方鼎,《集成》2751、2752),"王令中先省南國,貫行𫎍应,在曾。史兒至,以王令曰:余令女使小大邦,厥又舍女芻糧,至于女庿小多

□。中省自方,復造□邦,在鄂自次"(中甗,《集成》949)。三件中器所記皆爲昭王南巡之事(唐蘭先生有考證)。記同樣内容的器物尚有太保玉戈銘(陶齋古玉圖 84)"六月丙寅,王在豐,令大保省南國",小臣夌鼎(《集成》2775)"令小臣夌先省楚应。……小臣夌賜鼎,馬兩"。蓋昭王南巡之前做了許多準備,派遣重臣反復視察了南方諸邦國。記録視察東方的有臣卿鼎(《集成》2595)"公違省自東,在新邑,臣卿賜金"(唐蘭先生認爲"公違"即《逸周書》中的"百韋")。

以上諸器皆作於西周早期,西周中期後"省"或寫作"渻""徣""徻"等,如"伯茲父使飘徣尹人於齊自,妊小從。飘有頯貝,用作妊小寶簋"(妊小簋,《集成》4123),"師雍父渻導至于㽙,竅從,其父蔑竅曆,賜金"(竅鼎,《集成》2721),"王在宗周,令史頌徣蘇,㵊友里君百姓帥堰蠶于成周,休有成事,蘇賓璋、馬四匹、吉金"(史頌鼎,《集成》2787、2788)。"省"字金文從目生聲,《説文》"省,視也"。宜侯矢簋(《集成》8.4320)"王省武王成王伐商圖,遂省四國圖",用的也是視意。《周禮·大行人》"王之所以撫邦國諸侯者,歲徧存,三歲徧覜,五歲徧省,七歲屬象胥,諭言語,協辭命。九歲屬瞽史,諭書名,聽聲音。十有一歲達瑞節,同度量,成牢禮,同數器,脩法則。"鄭注:"存、覜、省者,王使臣於諸侯之禮,所謂間問也……自五歲之後遂間歲徧省也。七歲省而召其象胥,九歲省而召其瞽史,皆聚於天子之宮,教習之也。"像這種一、三、五、七、九、十一年一徧巡視之事是《周禮》作者理想中君王視察邦國諸侯的制度,並非古代實際實行的制度。至於鄭玄注中所發揮的召其瞽史象胥聚於天子之宮而教習之,則更是無根之談。但是他們所説的王或其使臣巡視邦國諸侯稱"省"則合於西周金文。從金文的内容看,西周王室經常派使者去視察諸侯邦國,這是周王推行其統治的手段之一。其使命則一爲征伐前的偵察,一爲例行巡視。後者較注重禮儀,被巡視者對使者往往有所賄贈。

三

周王或其后妃派出使者與邦國諸侯聯絡(或貴族間派出使者聯絡),金文一般稱"使",被使者例需對使者有所賄贈,稱"賓"。如"王史小臣守使于夷,夷賓馬兩,金十鈞"(小臣守簋,《集成》4179—4181),"王命蒾㮸叔縣父歸吳姬饌器,自黃賓蒾璋一、馬兩。吳姬賓帛束"(蒾簋,《集成》4195),"公令繁伐于眔伯,眔伯蔑繁曆。賓繁秫廿、貝十朋"(繁,《集成》4146),"仲幾父史幾使于諸侯諸監,用厥賓作丁寶簋"(史幾簋,《集成》3954)。上述諸器中被使者皆爲邦國諸侯及其監國者,派出使臣者,繁簋爲地位很高的"公",其餘皆爲周王。很顯然派出使臣者地位高於被使者,這時被使者需用較隆重的賓禮接待使者,對使者賄贈豐厚,且稱"賓"。若反之,被使者地位高於派使者,賄贈稱"賞""賜",而不稱"賓"。如"匽侯令堇饌大保於宗周,庚申,大保賞堇貝"(堇鼎,《集成》2703),"惟王秦于宗周,王姜史叔使于大保,賞叔鬱鬯、白金、㧑牛"(叔簋,《集成》4132、4133),"同公在豐,令宅使伯懋父,伯賜小臣宅畫干戈九錫,金車、馬兩"(小臣宅簋,《集成》4201),"惟王于伐楚伯,在炎……作册矢令尊宜于王姜,姜賞令貝十朋、臣十家、鬲百人"(矢令簋,《集成》4300、4301),"師雍父戍在古𠂤,遇從,師雍父肩史遇使于獣侯,獣侯蔑遇曆,賜遇金"(遇甗)。録𢧑卣(《集成》5419)云:"王命𢧑曰:馭淮夷敢伐内國,汝其以成周師氏戍于古𠂤。"𢧑鼎云:"師雍父省導至于獣。"𢧑與遇應爲一人,這幾件器銘記録的是抵禦淮夷的一次軍事行動前的外交活動。"内史令𩰫使,賜金一鈞,非余。曰:内史𩰫朕天君"(𩰫鼎,《集成》2696),此銘記内史命𩰫去告訴太后,他仍效忠於太后。"唯十月,使于曾,箋伯于成周休盼小臣金"(小臣鼎,《集成》2678),"王命小子生辨事囗公宗,小子生賜金、鬱邑"(小子生尊,《集成》6001),上兩器被使者身份不明,賞賜由箋伯及王施予。

"賓"有時用爲名詞,指賓賄之幣。上面提到的史幾簋"用厥賓作丁寶彝",就是用爲名詞。這種賓物又可用來頒賜於人。如"王令保及殷東國五侯,征兄六品,蔑曆于保,賜賓,用作文公癸宗寶尊彝"(保卣,《集成》5415),"召伯令生史使於楚伯,賜賓,用作寶簋"(生史簋,《集成》4100)。

有時賄贈女性或由女性賄贈,不稱賞賜也不稱賓,而稱"頮"(沫)。如"君在雍即宮,命遘使于述土陷諆,各后寮女寮奚逆華,天君史遘使頮"(遘盂,《集成》10321),這與妊小簋的"覒有頮貝"的含義相近。

王命使者去撫慰邦國諸侯,金文稱"寧"或"安",被撫慰者亦例需對使者有所賓贈。如"王令孟寧鄧伯,賓貝"(孟爵,《集成》9104),"王姜令作册睘安夷伯,夷伯賓睘貝布"(作册睘卣,《集成》5401),"君令作册睘安夷伯,夷伯賓用貝布"(作册睘尊,《集成》5989),"叔氏使貪安𤯍伯,賓貪馬𡘙乘"(公貿鼎,《集成》2719)。

《周禮·鄉大夫》"以禮禮賓之",鄭衆注:"賓,敬也。"又寫作"儐",《儀禮·覲禮》"侯氏用束帛乘馬儐使者""儐大史亦如之"。《禮記·禮運》:"所以儐鬼神也。"《釋文》曰:"敬也,儐與賓通。"賓賞物品西周早期以貨貝爲主,中期以金爲主,兼及車馬、玉器、皮帛。皮馬玉帛是文獻中贄幣的主要内容。《儀禮·聘禮》記"命使"之後有"夕幣",入境之後有"展幣""授幣",使者即將返國,被使者例有"覿幣""面幣"等儀注,而這些禮儀中的贄幣不外乎皮馬玉帛之類。説明文獻中所記贄幣與西周中期金文中所記部份内容是相同的,不過西周早期贄幣用貝,中期多用金,文獻中却没有反映。

四

西周早期凡有重大政令或任命,周王往往由宗周派遣特使去成周頒布,金文稱"殷于成周"。如"惟明保殷成周年,公賜作册𩜆邑貝"(作册𩜆卣,《集成》5400),本銘用"明保殷成周"紀年,即矢令方彝所記"明公朝至于成周"之事:周公子明保受王命任卿事寮長官,管理三事(司土、司馬、司工)和四方(侯、田、男等四方諸侯),他於八月在宗周受命,十月至成周"舍命",並會見寮屬及四方諸侯。其後還分別在京宮、康宮及王城舉行殺牲祭禮。"王在奔京,令師田父殷成周年,師田父令小臣傳非余"(小臣傳簋,《集成》4206),"惟王大禴于宗周征饔奔京年……王令士上眔史寅寇于成周,眢百姓豚眔賞卣貝"(臣辰盉,《集成》9454),"王在成周,令豐寇大矩,大矩賜豐金、貝"(豐尊,《集成》5996),《周禮·大宗伯》"殷見曰同",《周禮·大行人》"殷同以施天下之政""十有二歲王巡守殷國",《周禮·職方氏》"王殷國亦如之"。郭沫若認爲金文中的"殷"與《周禮》中的"殷同""殷覜"相同,各家多從之。但《周禮》所説的"殷同""殷國"指周王對諸侯的巡視,這在金文中稱"省",不稱"殷"。而且從金文看,"殷"禮乃王之使臣所爲,他們"殷于成周"是代宣王命。如豐尊所記,王在成周,却不親見大矩,而命豐去殷見,可見此禮並不如《周禮》所述,必爲王禮。另外,《周禮》鄭注多次云"殷猶衆也",即指會見衆多諸侯貴族。從豐尊所記情形看,王使者會見一名大矩亦可稱"殷"。可見《周禮》所記"殷"禮是後世禮制,只是借用古禮之名而已。鄭玄之注亦非古訓。從金文看,殷者,大也,指較隆重的會見之禮。蓋西周時,王室的主要政治活動仍以豐、鎬、奔等周原老家一帶地點爲核心,只是遇有重大政令和任命需向全國頒布時,則派特使至"天下之中"的成周去發佈。金文所記"殷"禮皆行於成周,無一例外,正説明了這一點。這一制度可能一直貫徹到西周末,如宣王時的克鐘(《集成》1.204):"王在周康剌宮,王乎士曶召克,王親令克遹涇東至於京師,……專奠王命。"宣王遣膳夫克循涇水東行至成周去專奠王命,只是此時金文已不使用"殷于成周"一類的詞語了。平王東遷以後,政治中心徹底移至成周,當然也就不存在"殷于成周"的禮儀了。

五

在西周,貴族間辦理交涉,亦需以禮相見,並互相有所賄贈。如"王呼吳師召大,賜趞奭里,王令膳夫豕曰趞奭曰:余既賜大乃里。奭賓豕璋、帛束。奭令豕曰天子:余弗敢沮。豕以奭導大賜里,大賓豕馘璋、馬兩,賓奭馘璋、帛束"(大簋蓋,《集成》4298、4299)。此銘記周王將本屬趞奭的邑里轉賜給大,膳夫豕傳達王命,他分別得到奭和大的賓贈,大對奭也有賓贈。傳世兩件琱生簋也有類似記載:"琱生有事,召來合事,余獻婦氏以壺,告曰:以君氏令曰:余老止公僕庸土田多諫,弋(亦)伯氏縱許,公宕其參,汝則宕其貳;公宕其貳,汝則宕其一。余惠于君氏大璋,報婦氏帛束、璜。召伯虎曰:余既訊厥我考我母令,余弗敢亂,余或至我考我母令。琱生則觀圭。"(五年琱生簋,《集成》4292)"王在奔,召伯虎告曰:余告慶。曰:公厥稟貝,用獄諫,爲伯有祗有成,亦我考幽伯幽姜令,余告慶。余以邑訊有司,余典勿敢封,今余既一名典獻伯氏,伯氏則報璧琱生。"(六年琱生簋,《集成》4293)兩銘人物關係複雜,其內容爲王后調解琱生與召伯虎的僕庸土田糾紛。在宣王五年琱生有訟事,召伯虎來對質其事。琱生獻婦氏（王后的女官）以壺。婦氏宣告王后判辭：我的家宰止公（琱生）僕庸土田多有爭訟，這也是伯氏（召伯虎）縱容準許的結果。現判決如下：公（止公琱生）拓取其參，則你拓取其貳；公拓取其貳，則你拓取其一。琱生賄於君氏（王后）大璋，報答婦氏帛、璜。召伯虎說：我死去的父母對此有成命，我不敢變亂，我要求達到父母的願望。琱生向召伯虎獻覲圭。六年簋記琱生又將有爭議的邑里全部典獻召伯虎，使他認爲實現了父母的遺願，獄訟取得勝利，多次告慶，並以禮向琱生報以玉璧，表示事件已圓滿解決。"凡大約劑書於宗彝"（《周禮·司約》）琱生即將此銘鑄於這對簋上。解開兩銘的關鍵在"余老止公"一句，《禮記·曲禮》："五官之長曰伯……自稱於諸侯曰天子之老。"《儀禮·聘禮》："授老幣"，注："賓之臣。"疏："大夫家臣稱老。"蓋古時稱家臣爲老，琱生在師𡎱簋中又稱"宰琱生"，其身份是王室家臣，被尊爲"止公"也是有可能的，因此銘中以王后的口吻稱琱生爲"余老止公"是完全可能的。至於有的同志以爲金文中"余"只能作人稱代詞而不能作物主代詞，則是一種誤解，如"順余子孫"（越王鐘，《集成》144）、"作爲余鐘"（邵黛鐘，《集成》225—237）、"擇余吉金"（徐王義楚盂，《集成》6513）等，"余"皆作爲物主代詞使用。

九年衛鼎（《集成》2831）記矩伯與裘衛交換林里車馬的事：裘衛給矩伯省車及一套精美車具，給其妻矩姜帛二兩，矩則給裘衛林畜里。該里中的顏林是顏陳的，故裘衛又給顏陳大馬兩，給其妻顏姒𪎮盠，給顏的下屬壽商貉裘，給盠冟。矩乃與瀘𦎍命令壽商和嗇講定。交付裘衛林畜里。於是確定四周界封。由衛小子樹封，壽商闌。裘衛又給盠冟，給叔氏羊皮二、從皮二、鸞𩾇涌皮二。給朏白金一鈑，吳喜皮二。給瀘一些車具，給東臣羔裘，給顏下皮二。由衛小子寬和衛臣𧊕、朏辦理授受。上述幾件器皆作於西周中晚期，其時在貴族間辦理各種交涉，贄幣已成爲十分重要的交際手段。

通觀西周金文，在西周早期，王及貴族間交際的禮儀尚比較簡樸。入中期後，禮儀繁雜起來，交際中講究賄贈贄幣，其種類又視身份和性別而不同。據文獻記載，春秋以後，這種交際禮儀就更加複雜，所謂"禮儀三百，威儀三千"（《禮記·中庸》），"經禮三百，曲禮三千"（《禮記·禮器》），以致"質明而始行事，日幾中而後禮成，非強有力者弗能行也"（《禮記·聘義》）。經過與西周金文對比，就會發現《儀禮》《周禮》《禮記》等禮書中是保存了一些古代禮制的，有的甚至可以和西周早期金文相合。但這些書畢竟成書於戰國或以後的時代，混入了大量後世禮制和整理者的主觀安排。比如《周禮·大宗伯》："春見曰朝，夏見曰宗，秋見曰覲，冬見曰遇，時見曰會，殷見曰同。"這種把朝見周王的用辭分配四時的作法，顯然是作者主觀的安排。但是，其中"覲"確係諸侯朝見周王時的用語（不必在秋季），"殷"也是周王遣特使去成周頒布政令的專門用語。這些用語與西周金文暗合。又比如《周禮·大行人》："凡諸侯邦交，歲相問，殷相聘也，世相朝也。"這些用語卻與戰國金文完全相合，"其惟因斉揚皇考，昭申高祖黃帝，弭嗣桓文，朝問諸侯"（陳侯因斉敦，《集成》4649），"齊遣卿大夫衆來聘"（商鞅量）。諸如"朝""問""聘"之類詞語在西周金文中是沒有的，而在戰國金文中出現，且與文獻用義完全相合,説明這些禮書是戰國時期人用當時的語言加以整理的。

　　總之,我們在研究古代禮制時,簡單地摒棄這些禮書是不應該的,但迷信這些書,不加甄別地使用這些書中的材料,也是不可取的。只有認清這些書的性質,有選擇地使用才會有益於我們的研究。

　　(本文是提交 1990 年古文字學年會的論文,原載《金文論集》,第 54—60 頁,紫禁城出版社,2008 年 5 月)

西周金文中的饗與燕

古有饗燕之禮儀,《儀禮·燕禮》詳記了士大夫燕禮的儀節,而饗禮亡佚,文獻中没有留下系統的記載。後世儒者檢索文獻,輯逸補亡饗禮之作多有:元代吴澄撰《儀禮逸經傳》二卷,在聘覲禮中兼涉逸饗禮。清代諸錦著有《補饗禮》一卷,收入《四庫全書》經部禮類。陳壽祺《饗禮考》收入《左海經辨》,林昌彝《三禮通考》撰有《饗禮》,秦蕙田《五禮通考》有《饗燕禮》等等。或重構饗禮儀節,或分辨饗燕異同,他們作了許多扎實的考據工作。近人許維遹、楊寬又先後對兩禮作了很好的研究。許著《饗禮考》(《清華學報》14 卷 1 期,1947 年)、楊著《鄉飲酒禮與饗禮新探》(《古史新探》1965 年版)記録了他們研究的成果。在研究方法上,他們都使用了部分金文材料去印證文獻資料,是其改進之處。

本文試圖在前人研究的基礎上,主要依據西周金文資料,結合部分文獻記載,弄清饗燕兩禮的主要内容及其發生發展的過程。

一

(一) 文獻中有"饗"與"享"兩字,有時混用。

一般説"享"用於"祀鬼神","饗"則用於"待賓客"。《詩經》"享"字十五見,無一例外,全部用於祀鬼神。《左傳》"享"字九十餘見,多數用於鬼神,"饗"字在兩書中使用情況較複雜,但多數用於生人的傾向是明確的。

金文"饗"作"鄉",共約四十見,[1]幾乎全部用於生人。如:

獸鼎(《三代》3.51.3)

用朝夕鄉厥多朋友。

---

[1] 這裏統計的四十例是僅就其用作"饗"義而言。尚有"嚮"義,如"北鄉"即"北嚮",約二十例。又作"卿"義,如"卿事寮"等,約十餘例。又用作人名,約十例。其他字義總共約五十例,没有計算在内。

趠曹鼎(《三代》4.24.3)

用鄉朋友。

沫叔昏簋(《美集録》A222、R293)

用鄉賓。

長囟盉(《録遺》293)

穆王鄉豊。

衛鼎(《三代》4.15.21)

乃用鄉王出入事人眔多朋友。

到目前爲止,僅發現兩件器例外。
仲柟父鬲[1](《考古》1979 年第 2 期)

用敢鄉考于皇祖考。

伯旃簋(《三代》7.41.1)

旃其萬年寶,用鄉孝。

像這種將"饗"用爲祭祀祖先的銘文,在金文中是極少見的,僅此兩件而已。
"享"金文作"亯",共約二百見,約有一百七十八十用於祭祀鬼神。如:
六年召伯虎簋(《三代》9.21.1)

---

[1] 仲柟父鬲共出土七件,仲柟父簋一件,八器同銘,這裏作一例計算。
另有中山王方壺、圓壺銘有"以鄉上帝""鄉祀先王"等句子,"饗"用於鬼神,但考慮到此時已進入戰國時代,故不計算在内。

用享于宗。

珊伐父簋(《考古》1963 年第 10 期)

用享于皇祖文考。

虡鐘(《三代》1.18.2)

用追孝于已伯,用享大宗。

杜伯盨(《三代》10.40.3—43.1)

用享于皇祖考。

周生豆(《三代》10.47.4)

用享于宗室。

如此等等,至於"子子孫孫永寶用享"之類金文熟語,不勝枚舉,其"享"字亦爲祭享鬼神。到目前爲止,僅發現一器,將"享"字用於生人:

裘鼎(《文物》1976 年第 6 期)

厥復享于天子。

可以説,在西周金文中,鄉(饗)與亯(享),一用於生人,一用於鬼神。極個别混用者,可能是音同通假,二字的分别是相當嚴格的。[1]

(二)西周金文中記饗禮用"鄉""鄉酉(酒)""鄉醴""大鄉"等,現將各器按時代分列於下。

1. 西周早期
天亡簋(《三代》9.13.2)

---

[1] 金文"亯"字用爲其他意義者尚有二十餘例,如"亯奔走""亯以吉金""亯皇天"以及用爲族名等等。

乙亥,王有大豐,王凡三方,王祀于天室。降,天亡右王,衣祀于王丕顯考文王,事喜上帝……
丁丑,王鄉,大宜。王降,亡得爵復囊。惟朕有慶,敏揚王休于尊簋。

征人鼎(《三代》4.4.1)[1]

丙午,天君鄉禩酒,在斥。天君賞厥征人斤貝,用作父丁尊彝。奄。

宜侯矢簋(《録遺》167)

惟四月辰在丁未,□〔王〕□〔省〕武王、成王伐商圖,遂省四國圖。王立于宜,入土,大鄉。
王令虞侯矢曰:遷侯于宜。易□邕一卣,商瓚一□,彤弓一、彤矢百,旅弓十、旅矢千。易土厥
川三百,……厥宅邑三十又五……易在宜王人……易宜庶人六百又□□六夫。宜侯矢揚王
休,作虞公父丁尊彝。

2. 西周中期

效卣、效尊(《三代》13.46.2—3;11.37.1)

惟四月初吉甲午,王觀于嘗,公東宮内鄉于王。王易公貝五十朋,公易厥涉子效王休貝二
十朋。效對公休,用作寶尊彝……

穆公簋蓋(《考古與文物》1981年第4期)

惟王初女(如)□,迺自商師復還至于周,王夕鄉醴于大室,穆公咨(侑)尸,王乎宰利易穆
公貝二十朋,穆公對王休,用作寶皇簋。

遹簋(《三代》8.52.2)

惟六月既生霸,穆王在菉京,乎漁于大池。王鄉酒,遹御,亡遣。穆王親易遹鮭。遹拜首,
稽首,敢對揚穆王休,用作文考父乙尊彝。

長甶盉(《録遺》293)

---

[1] 征人簋銘(《西清》27.5):"奄。癸亥,我天君鄉□酒,賞貝,厥征斤貝,用作父□尊彝。"銘文内容與征人鼎大致
相同,作一例算。

惟三月初吉丁亥,穆王在下减应。穆王鄉豊。即井伯大祝射。穆王蔑長由,以來即井伯氏,井伯氏彌不姦。長由蔑歷。敢對揚天子不坏休,用肇作尊彝。

大鼎(《三代》4.32.2)

惟十又五年三月既霸丁亥,王在籲辰官,大以厥友守。王鄉醴。王乎善夫駛召大,以厥友入致(捍),王召走馬雁,令取雖騙三十二匹易大。大拜,稽首,對揚天子不顯休,用作朕剌考已伯孟鼎……

師遽方彝(《三代》11.37.2)

惟正月既生霸丁酉,王在周康寢,鄉醴。師遽蔑歷,奮(侑)。王乎宰利易師遽珥圭一、環璋四。師遽拜,稽首,敢對揚天子不顯休,用作文祖它公寶尊彝。

三年瘺壺(《文物》1978 年第 3 期)

惟三年九月丁巳,王在鄭,鄉醴,乎虢叔召瘺,易羔俎。己丑,王在句陵,鄉逆酒,乎師壽召瘺,易麂俎。拜,稽首,敢對揚天子休,用作皇祖文考尊壺。

3. 西周晚期
虢季子白盤(《三代》17.19.1—2)

惟十又二年正月初吉丁亥,虢季子白作寶盤。不顯子白,將武于戎工,經維四方。搏伐獵狁,于洛之陽。折首五百,執訊五十,是以先行。趉趉子白,獻馘于王,王孔加子白義,王各周廟宣廚,爰鄉。王曰:白父孔覜有光。王易乘馬,是用左王。易用弓彤矢,其央。易用鉞,用征蠻方。子子孫孫,萬年無疆。

(三)由上述十一件器銘,可以歸納古饗禮數事如下。

1. 饗禮的發生與發展
天亡簋是武王器,征人鼎、簋是成王器,[1]宜侯夨簋是康王器,這三件西周早期器稱饗

---

[1] 征人鼎、簋,唐蘭先生定爲共王器,見所著《西周青銅器銘文分代史徵》,唐先生將銘中的"天君"與尹姞鬲(《録遺》97)、公姞鼎(《美集録》R400)之"天君"誤視爲一人,可能是失查其器形所致。《日本蒐儲支那古銅精華》3.187 有征人鼎器形照片,乃一分襠柱足鼎,腹飾大饕餮面,是典型周初形制,絶晚不到共王時。征人簋器形見《西清古鑑》27.5,亦爲西周早期形制。

禮爲"鄉""大鄉""鄉襫酒",不見稱"鄉醴"者,説明此時之饗禮尚未有醴酒之設。周初禮制多沿用殷禮,殷人尚酒,饗必飲酒,如:

　　邋鼎(《三代》4.10)

　　　乙亥,王惟在粲師,王鄉酒。尹光邋,惟各,賞貝,用作父丁彝。惟王征井方。

宰甫卣(《文物》1986 年第 4 期)

　　　王來獸自豆彔,在襫師,王鄉酒。王光宰甫貝五朋,用作寶鬳。

　　以上兩器爲殷末銅器,所記殷人饗用酒,稱"鄉酒",與周初諸器相同,説明周初饗禮因於殷禮。入西周中期後,周人形成自己有別於殷禮的饗禮,其主要特徵是"用醴",穆王時的穆公簋蓋、師遽方彝、長由盉,恭王時的大鼎,懿王時的三年瘨壺,都用"鄉醴"來記饗禮,説明此時饗用醴,已爲通常現象,而遹簋及三年瘨壺之饗用酒,則是少數情況下的做法了。《説文》"醴,酒一宿孰也",是以原始的簡單方法釀造的,所含酒精極少,故又名"清酒",饗用醴,據云是"以示追懷遠古之義"。在饗禮進行時,淺嘗則止,並不大量飲用。《禮記·聘義》:"酒清人渴而不敢飲也,肉乾人飢而不敢食也,日莫人倦,齊莊正齊,而不敢解惰,以成禮節。"《左傳·成公十二年》杜注:"饗有體薦,設几而不倚,爵盈而不飲,殽乾而不食。"都講的是這個意思。

　　周人這種重威儀,輕飲食,以"用醴"爲特徵的饗禮,大約始於穆王時,在此之前則沿用殷人禮儀。《左傳·莊公十八年》:"虢公晉侯朝王,王饗醴。"杜注:"始則先行饗禮,先置醴酒。"以饗醴之醴爲醴酒,這本來是很通順的注解,而凌廷堪《禮經釋例》却説:"饗爲饗禮,醴爲醴賓馬者。"許維遹《饗禮考》對凌氏之説又加以引申,把問題弄得更複雜了。其實杜注是對的。《左傳》用"饗醴"來記饗禮,與金文正合,因爲此時饗禮的特點是"用醴",故又可以稱其爲"饗醴"。凌氏、許氏的所謂"醴賓馬者",是混同醴、禮爲一,且將其用爲動詞了。

　　王國維之《釋禮》(《觀堂集林》卷六)也將醴、禮混淆,他説:"盛玉以奉神人之器謂之曲若豊,推之而奉神人之酒醴亦謂之醴,又推之而奉神人之事通謂之禮。"王氏這三句話,前兩句還是對的,第三句則不對,而楊寬將王氏的第三句話又加以引申,作出禮起源於醴的結論。[1] 王、楊之説實際是倒本爲末了,查金文,西周早期之"豊"即後世的"禮"字,蓋取"以玉盛器中而奉於神人"之意。天亡簋、麥方尊中的"大豊"就是"大禮"(過去多釋爲"大豐"是不對的),與醴酒無干。在金文中是先有禮儀之禮,寫作"豊",後有醴酒之醴。那種用簡單方法釀製

---

[1] 見楊氏《由"鄉飲酒禮"和"饗禮"推論"禮"的起源和"禮"這個名稱的來歷》,《古史新探》,第 306—309 頁。

的清酒被稱爲醴,並用於祭饗,是穆王以後的事。穆王晚期的長甶盉中的"卿豊"之豊,應是"醴"之省,其字形雖與西周早期天亡簋、麥方尊中"大豊"之豊相同,但時代不同,其含義是不同的。

據金文記載,醴酒至穆王時始入饗禮。文獻記載,至春秋戰國間,仍使用醴酒於饗禮。秦以後古禮多已廢弛,但醴酒之用,間或有記載。如湖南長沙馬王堆三號漢墓出土竹簡《養生方》中有:"爲醴,取黍米、稻米……稻醴孰,即每朝厭歠……"[1]《漢書·楚元王傳》:"元王每置酒常爲穆生設醴。及王戊即位,常設。後忘設焉,穆生退曰:可以逝矣。醴酒不設,王之意怠。不去,楚人將鉗我於市。"

　　2. 金文中的大饗禮

宜侯夨簋云"王立于宜,入土,大鄉",是知所謂逸饗禮不是一般的饗禮,而是"大饗"。因爲規格較低的饗禮有《儀禮·鄉飲酒禮》記載,並未亡逸。文獻中也有"大饗"的記載。如《禮記·郊特牲》云:"大饗尚腶脩而已矣。"《周禮·春官》中的《大師》《小師》《瞽師》之職皆有"大饗亦如之"一句,《周禮·天官·大司樂》有"大饗如祭祀"一句,説明確有亡逸的"大饗禮"。《周禮》及《禮記》中的"大饗"與宜侯夨簋銘相合。"大饗"是王室大禮,一般要由王或后來主持其事。金文記饗禮的十一篇銘文。除征人鼎、簋由成王后"天君"主持外,其餘十篇銘文無一例外,全部由時王主持。因此上述金文所記都是大饗之禮。《儀禮》中有《鄉射禮》和《大射儀》,二者規格級别迥然不等,但又有部分儀節十分相似,可以看作射禮的兩個層次。《儀禮》中的《鄉飲酒禮》與亡逸的"大饗"之禮,情況也十分相似,也可以看作不同層次上的禮儀。楊寬已注意到這一點,但他把金文中的"鄉酒"歸入"鄉飲酒禮"却是很不恰當的。[2]征人鼎、簋,遹簋,三年癲壺上的"鄉酒"都是王及后主持的大饗之禮,與《儀禮》中士大夫所行的"鄉飲酒禮"是不能相提並論的。金文中的"鄉酒"與《儀禮》中的"鄉飲酒",雖僅有一字之差,却是截然不同的兩種禮儀。

　　3. 饗近於祭

許維遹在《饗禮考》中舉六事證成饗近於祭。

(1) 齋戒

《國語·周語上》:"王即齋宫,百官御事各即其齋三日,王乃淳濯饗醴。"

《禮記·祭統》:"君致齊於外,夫人致齊於内,然後會於大廟。"是知祭饗皆用齋戒。

(2) 尊彝

《周禮·小宗伯》:"辨六彝之名物,以待祼將,辨六尊之名物,以待祭祀、賓客。"

(3) 腥俎

《左傳·宣公十六年》:"王饗有體薦。"孔疏:"半解其體而薦之,爲不食,故不解析。"《詩

---

[1]《馬王堆漢墓帛書》〔肆〕,第 99 頁。

[2] 見《古史新探》,第 286—287 頁。

經・閟宮》述及祭祀云："籩豆大房。"毛傳："大房,半體之俎也。"是知祭饗皆用房俎盛腥體。

（4）裸事

《國語・周語中》："鬱人薦鬯,犧人薦醴,王裸鬯,饗禮乃行。"《禮記・祭統》："夫祭有三重焉;獻之屬莫重於裸。"是知祭饗皆有裸事。

（5）立而成禮

《國語・周語中》："王公立飫,則有房烝。"《禮記・祭統》："君純冕,立於阼。""立飫"即"饗",因饗祭皆在廟行之,禮重主敬,故立而不能坐。

（6）用樂

《周禮・大司樂》："大祭祀,王出入奏《王夏》,尸出入奏《肆夏》,牲出入奏《昭夏》。大饗不入牲,其他如祭祀。"是知祭饗用樂相同。

許氏所舉六事,皆據之文獻,但多與金文相合。西周記饗禮十一篇銘文中,有七件所記饗禮行於宗廟。如天亡簋祭饗皆在"天室",穆公簋蓋也饗於"大室",大室即天室,乃宗廟中之建築。宜侯矢簋云"王省武王成王伐商圖,遂省四國圖",其地應是"周廟"之"圖室"。無惠鼎（《三代》4.35.2）云"王各于周廟,□于圖室",可見周廟中有圖室。虢季子白盤也云饗於"周廟"。師遽方彝饗於"康寢",此乃康王之廟寢,而非時王之路寢。大鼎之"韠侲宮"、遹簋之"辟雍大池",都是宗廟所在。因饗祭皆行於宗廟,故齋戒、尊彝、立而成禮、用樂相同是不難理解的。

金文賞賜之隆重者,每言"賜秬鬯一卣",且列於諸賜品之首,即因"秬鬯"乃祭、饗之裸事所用,頒賜"秬鬯",意味着賜予祭、饗之權,極表尊寵,故需列於諸賜品之首。宜侯矢簋記大饗之後,"賜秬鬯一卣",即含有此義。知饗有裸事,在金文中也有根據。

三年瘐壺記王在鄭地饗後賜瘐"羔俎",在句陵饗後賜瘐"彘俎",可以證成"饗用腥俎"的記載。此羔與彘皆爲半解的體薦,禮中並不食用,故可於饗後賜予瘐。這與祭禮用房俎,祭後賜胙之舉是十分相似的。

許氏饗近於祭的分析是很有道理的。

4. 講大事、昭大德

《禮記・王制》孔穎達疏引皇侃説饗有四種:

（1）諸侯來朝。

（2）王親戚及諸侯來聘。

（3）戎狄之君使來。

（4）饗宿衞及耆老孤子。

秦蕙田《五禮通考・饗燕禮》云饗禮有三:

（1）天子饗元侯。

（2）兩君相見。

（3）凡饗賓客。

總之,過去經學家認爲饗是待賓之禮。西周金文多有記諸侯及戎狄君使朝宗覲聘者,却不見王以饗禮待之,如:

> 夒簋(《三代》3.40.3)
> 夒堇(覲)于王。癸日,王賞夒貝二朋。

蟎鼎(《文物》1979 年第 9 期)

惟三月初吉,蟎來遘于妊氏,妊氏令蟎使保厥家,因付厥祖僕二家……

臣辰盉(《三代》14.12.2)

王令士上眔史黃殷于成周,眚百生豚眔賞卣鬯貝,用作父癸寶尊彝。

上述西周諸器皆爲記録王及諸侯間交接事,如覲、遘、殷等字皆王及諸侯間交接的專門用語,但從金文看,在這些待賓過程中,沒有施饗禮的記載。蓋西周時,王設饗乃大禮,一般賓客之事較少使用。王室待賓用饗,恐怕是春秋以後,王室地位下降的結果。

據西周金文,饗禮行於以下場合:

(1)大祭之後:天亡簋。

(2)出征凱旋:虢季子白盤,征人鼎、簋。

(3)封建諸侯:宜侯夨簋。

(4)巡視地方:效卣、效尊。

(5)大射前後:遹簋、長由盉。

(6)賞賜臣工:師遽方彝、三年癭壺。

(7)答謝宿衛:大鼎。

祭祀征伐、封建巡察、大射大賞等皆爲國之大事大典。可見在西周時,大饗之禮是爲講大事、昭大德而設,並非專爲待賓而設。皇侃所説"饗宿衛及耆老孤子,則以醉爲度",許維遹批駁此説非饗禮,以爲乃鄉飲酒。據西周金文看,大鼎云"大以厥友守""以厥友入捍",知王所饗之"大",乃宿衛之長。故皇氏所云"饗宿衛"是合於金文的。至於"耆老孤子"之饗,且"以醉爲度",則可能是鄉飲酒的儀節,許氏的分析因未能以金文資料爲基準,亦失之籠統。

二

西周早期的燕禮,以實地飲酒爲其主要特徵,故金文以"飲"或"酒"記之。

塱方鼎（《金文曆朔疏證》1、10）

惟周公于征伐東夷、豐伯、薄古（薄姑）咸弋。公歸弋於周廟。戊辰，酓秦酓。公賞塱貝百朋，同作尊鼎。

"秦酓"即指秦地之酒，"飲秦飲"乃以秦地酒行燕禮。

小盂鼎（《三代》4.44—45）

惟八月既望辰在甲申，昧喪，三左三右多君入服酒，明，王各周廟……大采，三左三右入服酒，王各廟……用牲禘周王、武王、成王……雩若昱日乙酉，□三事大夫入服酒……王令賞盂……一、矢百、畫轙一、貝胄一、金干一，戟戈二……用作□伯寶尊彝，惟王廿又五祀。

"入服酒"即行飲酒之禮，亦即燕禮。

高卣蓋（《博古圖》11、18—19）

惟十又二月，王初饗莽，惟還在周。辰在庚申，王酓西宮，登（烝），咸麶，尹易臣惟小㹜。揚尹休，高對作父丙寶尊彝。

"王飲西宮"即王於西宮行燕禮。

在西周早期金文中，不見用"宴"或"匽"來記燕禮，但有若干件器銘用"言"字來記燕禮。如：

伯矩鼎（《三代》3.23.2）

伯矩作寶彝，用言王出內事人。

𦉜卣（《三代》13.33.6—7）

𦉜作旅彝。孫子用言出入。

蓋古時燕禮乃因外交活動，欲有所"言"而設，故以"言"字記之。"宴"用爲"燕"義乃西周晚期事。"匽"字西周早期乃專用於國名、地名，即燕國、燕侯之燕，至春秋以後始用爲燕飲之義，"言"古音元部疑母，匽、宴元部影母，後世以音近而假宴、匽來記言（燕）禮。

西周早期，饗燕並舉，如對上述"王出入事人"，既可用"言"（燕），亦可用饗：

令簋（《三代》9.26.2）

用鄉王逆復,用竊寮人。

伯戔父鼎(《三代》3.28.1)

用鄉王逆復事人。

衛鼎(《三代》4.15.2)

乃用鄉王出入事人。

倏卣蓋(《考古》1979 年第 1 期)

女其用鄉乃辟軝侯逆復出内事人。

應當指出的是,這部分用"言"和"鄉"所記的燕饗之禮,都是諸侯邦國所舉行的,雖也是燕、饗,但與王室所行的大燕、大饗是等級不同的禮儀。

西周晚期出現"宴"字,專記燕禮:

鄂侯御方鼎(《三代》4.32.1)

王南征,伐角僪。惟還自征,在坏。鄂侯御方内(納)壺于王,[1]王乃祼之,御方侑王。王休宴,乃射。御方卿王射,御方休闌,王寫。咸飲。王親易御方玉五瑴,馬四匹,矢五束。御方拜手,稽首,敢對揚天子丕顯休釐,用作尊鼎,其萬年子孫永寶用。

銘中"王休宴"前之"内(納)壺于王""王乃祼之""御方侑王"等,都應是宴(燕禮)的内容。

春秋之後,諸侯大夫間之燕禮記載轉多,金文中或用"宴"、或用"匽"來記録此禮,而不再用"言"字來記録了,如用"宴"字者:

邾公華鐘(《三代》1.62.2)

以宴士庶子。

---

[1] 鄂侯御方鼎現藏上海博物館,我曾目驗原器銘文,御方所内(納),確爲"壺",過去多有釋爲"豐"字者,不確。

邾公牼鐘(《三代》1.49.1—2)

> 以宴大夫,以喜諸士。

邾王子旃鐘(《録遺》4.1—2)

> 以宴以喜。

又如用"匽"字者:
王子嬰次鐘(《集成》52)

> 王子嬰次自作游鐘,永用匽喜。

王孫遺者鐘(《三代》1、63—64)

> 闌_和鐘,用匽以喜,用樂嘉賓父兄及我朋友。

沇兒鐘(《三代》1.53.2—1.54.1)

> 吾以匽以喜。

配兒句鑃(《考古》1983 年第 5 期)

> 以匽賓客。

子璋鐘(《三代》1.28.1—2)

> 用匽以喜,用樂父兄諸士。

許子鎛(《考古圖》7.7)

> 用匽以喜。

杕氏壺(《三代》12.27.3—5)

吾以匽飲。

三

（一）據上述西周金文内容看,西周的饗與燕,相同及相近之處尚有許多。

1. 王室大禮

饗禮銘文十一篇,除征人鼎、簋記饗禮由王后主持外,其餘十篇所記饗禮皆由時王主持。燕禮情況亦類似,小盂鼎、高卣蓋、鄂侯御方鼎之燕禮由時王主持,塱方鼎之燕禮由周公主持,東征時,成王年幼,周公攝政,其身份當於時王相侔。因此,西周金文所記之饗燕,其中主要爲王室大饗、大燕之禮。另有諸侯一級的饗燕,則金文記叙十分簡略,多爲"言"(燕)饗"王出入事人",即諸侯用饗、燕之禮招待王的傳令使者。

2. 場合

小盂鼎記盂獻俘馘於王,王於周廟行慶功燕。塱方鼎記周公東征凱旋後,於周廟行慶功燕。這與虢季子白盤記虢季子出征凱旋,獻俘馘,王於周廟行慶功之饗情況相似。又小盂鼎記康王禘祭文、武、成三王,然後行燕禮,高卣蓋記行燕禮後又行登(烝)祀,這與天亡簋在"衣祀"之後行饗禮情況也類似。又鄂侯御方鼎記王應鄂侯之邀行燕禮,這與效卣記王應"公東宫"之邀行饗禮,情況也相似。總之,西周金文所記王室之大饗大燕,舉行場合是相似的。諸侯招待王的使者用饗用燕已如上述,此不贅述。

3. 侑者

穆公簋蓋云:"王夕饗醴于大室,穆公奢(侑)□。"師遽方彝云:"王在周康寝饗醴,師遽蔑厤、奢(侑)。"遹簋云:"王饗酒,遹御。""御"即"侑"。可見王行饗禮,必設"侑"者。在上述金文中,穆公、師遽、遹等皆爲作器者,王專門爲他們舉行饗禮,命他們在饗禮過程中作"侑"者,因爲是件極榮寵的事,故銘之於彝器。

饗設侑,燕亦設侑。鄂侯御方鼎在記燕禮時云:"御方奢(侑)王。"御方也是作器者,在燕禮中充當侑者。與上面饗禮情況相同。

《左傳·僖公二十五年》:"晉侯朝王,王享(饗)醴,命之宥。"《左傳·僖公二十八年》:"(晉侯)獻楚俘于王……王享(饗)醴,命晉侯宥。""宥"即"侑",説明王饗禮設侑之儀,直到春秋年間,仍保留着。

4. 獻裸

文獻中記饗有多獻,燕僅一獻。《周禮·大行人》:"上公之禮,饗禮九獻;侯伯之禮,饗禮七獻;子男之禮,饗禮五獻。"其"獻數"與"命數"相當,因爲文獻稱"九命成公"。《左傳·僖公二十二年》:"楚子入饗于鄭,九獻。"蓋此時楚子身份相當於"公"。

金文記饗燕諸器皆未明言獻儀,更不著若干獻。然而另有一些銅器記録了獻儀。如:

伯父公勺(《文物》1978 年第 11 期)

伯公父作金爵,用獻用酌。

善夫山鼎(《文物》1965 年第 7 期)

王曰:山,令女官司飲獻人……

善夫克盨(《三代》10.44.2)

用獻于師尹、朋友、婚媾。

《周禮·膳夫》:"王燕飲則爲獻主。"此所記膳夫之職,與善夫山鼎、善夫克盨所記相合。饗燕有"獻",膳夫爲"獻主",是可以肯定的。

"祼"爲"獻"之重者,《尚書·洛誥》疏云:"以圭瓚酌鬱鬯之酒以獻尸,尸受祭而灌於地,因奠不謂之祼。"是知祼者,以酒灌地之儀也。《論語·八佾》:"子曰:禘自既灌(祼)而往者,吾不欲觀之矣。"《尚書·洛誥》:"王入太室,祼。"這些講的都是祭禮中的祼。

《國語·周語中》:"及期,鬱人薦鬯,王祼鬯,饗禮乃行。"這是講饗禮中的祼。

祭饗有祼,禮有明文,文獻多有記載。燕禮用祼,則不見文獻記録。鄂侯御方鼎補充了文獻之不足,云:"鄂侯御方内(納)壺于王,王乃祼之。"御方所獻納之壺當爲盛鬱鬯之壺,如孟戠父壺(《三代》12.8)云"孟戠父作鬱壺",説明古有專用盛鬱鬯之壺。王受此壺後,以壺中鬱鬯之酒灌地,行祼儀。説明在西周王參與的大燕中,有儀式化了的"祼",祼之後才有盡歡樂的飲宴。《儀禮·燕禮》没有記燕禮有祼,説明它所記録的儀節,屬春秋時士大夫間的禮儀,與西周王室大燕儀節有較大出入。

5. 酬幣

祭饗之後有酬幣之儀,金文多有記載,如天亡簋記在祀饗之後,天亡得到王爵與囊之賜。師遽方彝記師遽得到王"珇圭一,環璋四"之賜。征人鼎簋、效卣、穆公簋蓋在饗後皆有數十朋貝之賜。大鼎記在饗後有三十二匹馬之賜,三年瘭壺記在饗後有羔俎、麀俎之賜,這些都屬酬幣之儀節。

燕之後也有酬幣之儀。如塱方鼎、小盂鼎之燕後,皆有貝及兵器之賜。鄂侯御方鼎記在燕後,王賜御方"玉五瑴、馬四匹、矢五束"。《左傳·莊公十八年》"虢公晉侯朝王,王饗醴,命之宥(侑),皆賜玉五瑴、馬三匹",王引之《經義述聞》云當作"三匹"(四匹)。

《左傳》饗後酬幣之數,恰與鄂侯御方鼎燕後酬幣之數相等。師遽方彝之"珇圭一,環璋四"，也應該屬"玉五穀"之數，很可能古代饗燕酬幣本有常數。

（二）以上五點是饗燕兩禮之同者，就其異者而言，秦蕙田《五禮通考》一五六卷云："饗禮烹太牢以飲賓，獻依命數，在廟行之。燕禮其牲狗，行一獻，四舉旅。降，脫屨升堂，無算爵，以醉爲度，行之在寢。"

許維通《饗禮考》舉九事以別饗燕：

饗在廟、燕在寢。

先饗後燕。

饗在晝，燕在夜。

饗立燕坐。

饗不脫屨，燕脫屨。

婦人入饗不入燕。

饗不飲食燕飲食。

饗後不射，燕後射。

饗賦詩或不賦詩，燕必賦詩。

許氏所言九事，皆據春秋以來文獻資料，其中饗立、不脫屨、不飲食、不必賦詩，而燕坐、脫屨、飲食、且必賦詩等等，可能與西周饗燕禮儀是相符的。如三年瘨壺記王在饗後賜羔俎、羵俎，此饗不飲食也。再如金文稱燕爲"言"，詩以言志，故燕必賦詩也。許氏的分析，雖據之文獻，有的却與西周金文暗合，説明傳世典籍確實保存許多先世制度。

然而許氏的分析，有些則與金文不合，如西周早期小盂鼎、塱方鼎的燕禮皆行於周廟，高卣蓋銘的"西宮"，既用於燕飲，又用於忝祀，也應是宗廟建築，故燕亦可以行於宗廟，許氏所謂"饗在廟、燕在寢"，與西周早期金文不合。又如長由盉記饗後有大射儀、遹簋記饗前有"矢魚"禮，故許氏所謂"饗後不射燕後射"亦與西周金文不合。再有穆公簋蓋云"王夕饗醴于大室"，説明西周之饗禮也可行於夜間，許氏所謂饗必在晝，亦不合古禮。

總而言之，王室之大饗大燕之禮，有許多相同的儀節。但饗重威儀，用醴，酒食殽饌，備而不用；燕重言，飲酒食饌，賦詩言志，盡歡而散。二者目的不同，其主要儀節也有區別。

本文立論的基礎是經過斷代分析的金文資料，而以文獻資料爲附庸，故結論往往與過去經學家們的説法相左。對這些新解是否正確，我沒有十分把握。首先，金文本身受其內容的局限，沒有對饗燕兩禮作詳盡的描述。其次，我對有關銘文的理解也不敢説沒有錯誤，這篇小文只能算是用新資料去探討老問題的一次嘗試吧。

（原載臺北《大陸雜誌》第 83 卷第 2 期，1991 年；又載《金文論集》，第 61—73 頁，紫禁城出版社，2008 年 5 月）

西周金文中的大封小封和賜田里

據文獻記載,西周初年周王大量分封諸侯,用以蕃屏宗周,維繫新生的政權。分封的對象主要是同姓兄弟子姪,也有部分異姓的功臣謀士和先聖王之後。被分封者有的當即就國(如師尚父就國於齊);有的則自己留相王室,以子弟就國。周王在宗周畿內又爲這些留相王室者設置采地(如旦采於周,奭采於召等),封建諸侯有大封之禮,設置采地則有小封之典。西周中期以後,大封小封之典禮不常見,而多有土田邑里之賜,這些都透露出西周一代土地所有制度發展變化的軌迹。本文擬以西周金文資料爲主體,在探討西周禮制的同時,也對這一時期土地所有制度的若干問題作些初步考察。

一、大　　封

1986 年冬,北京郊區琉璃河 1193 號大墓出土燕侯克罍盉(見《考古》1990 年第 1 期),銘文記録了周初一次大封典禮。罍盉銘文相同,釋文如下:

> 王曰:"大保,惟乃明(盟),乃鬯享于乃辟。余大對(封)。"乃享,令克侯于燕。事(剢)羌馬豪,叡(殂)于御微,克來燕,入土眔有司,用作寶尊彝。

銘中的"對"可讀作"封",[1]"大對"就是"大封",這是金文中首次出現"大封"。《周禮・大宗伯》:"大封之禮,合衆也。"鄭注:"正封疆溝塗之固,所以合聚其民。"《周禮・大卜》:"凡國大貞,卜立君,卜大封,則視高作龜。"鄭注:"竟界侵削,卜以兵征之。"鄭注反映出漢儒對《周禮》中所記"大封"的內容已不甚瞭然,將此封建諸侯之禮講成軍禮了。《詩・周頌・賚》:"文王既勤止,我應受之,敷時繹思,我徂維求定。時周之命,於繹思。"毛傳:"大封

---

[1] 古文字中"奉""封""對"三字皆象人以手植樹於地之形,爲樹藝本字所分化而成此三字。甲骨文中的"東對""西對"可讀作"東封""西封"。散氏盤的"一奉""二奉"也應讀作"一封""二封"。1984 年平頂山市出土封虎鼎,封字象雙手植木於地之奉(見《考古》1985 年第 3 期)。六年召伯虎簋(《集成》4293)"對揚朕宗君其休",中觶(《集成》6514)"中對王休",兩"對"字皆寫成人植樹木於地之"封"。與同銘之"余典勿敢封"之"封"字相類似。因字形相近,此三字在金文中每相混用。

於廟也。"毛氏認爲該詩是廟堂之上行大封典禮時所用的頌歌。"惟乃盟,乃邑享于乃辟""乃享",前句三"乃"字是代詞,相當於現代漢語"你的"。後句"乃享"之"乃"是副詞,相當現代漢語"於是"。鄂侯御方鼎(《集成》2810)"鄂侯御方納壺于王,乃祼之",又"王休宴,乃射",兩"乃"字用法與後句相同。金文通例,燕饗生人用"鄉"(饗)不用"享",祭祀鬼神用"享"不用"饗"。武王乃太保奭之辟君,故"享于乃辟""乃享"都是講享祀先辟武王。邑是浸過香草的酒,幽香可聞於下,多用於祭禮之祼儀。"命克侯于燕"是命侯的述辭。"事(剚)羌彔,斁(祖)于御微"是燕侯赴封前殺牲祖道之祭。《詩·大雅·韓奕》記周宣王錫命韓侯,有"韓侯出祖,出宿于屠"句,疏云:"《烝民》有'仲山甫出祖',仲山甫爲二伯,韓侯爲侯伯,故兩詩皆有出祖祭道神之事。"韓侯、仲山甫受封爲侯伯,赴任時有祖祭道神的儀式,與本銘克赴燕,殺牲祖道是相似的。"入土眔有司"指燕侯克受納列土及燕地民衆。《書·禹貢》:"徐州厥貢惟五色土。"《逸周書·作洛》:"乃建大社於周中,其壇東青土、南赤土、西白土、北驪土、中央釁以黃土。將建諸侯,鑿取其方一面之土,燾以黃土,苴以白茅,以爲土封,故曰受列土於周室。"這種列土封建的制度,看來確曾行於周初,後世沿用,作社稷壇,成爲國家的象徵。

1193號大墓有四條墓道,其規模已具備諸侯墓葬條件,按一般分析,墓中所出長銘重器的器主燕侯克,有可能就是該墓的墓主。文獻記載,燕國第一代燕侯是武王滅商後所封的召公奭。召公年高多壽,歷仕三王,康王時仍出任太保。因此是在他在世時就將爵位封地嗣繼給其子克了,燕侯克起碼應是第二代燕侯(當然,也不能排除召公在武王時就未受封,而由其子克受封,那樣的話,克就是第一代燕侯)。惟克嗣封爲燕侯的典禮召公是一定會到場的,故銘文中記有成王對太保説話的口氣,因爲克能在召公生年得繼燕侯,必定是由召公作出決定的。從銘文看,大封禮後燕侯克殺牲祖道就封於燕,可能這個大封典禮是在宗周(或成周)舉行的,這樣就更便於當朝輔政的召公就近出席典禮。

西周早期記封侯的還有宜侯夨𣪘(《集成》4320):

> 惟四月辰在丁未,王省武王成王伐商圖,遂省四國圖。王卜于宜,入土,大鄉(饗)。王令虞侯夨曰:"遷侯于宜。"賜□邑一卣、賞瓚一□,彤弓一、彤矢百,旅弓十、旅矢千。賜土:厥川三百□,厥□百又廿,厥宅邑卅又五,□□百又四十。賜在宜王人□□又七里,賜奠□伯厥□□又五十夫,賜宜庶人六百又□□六夫。宜侯夨揚王休,作虞公父丁尊彝。

該銘記封建宜侯典禮有"王省圖"儀注。無惠鼎(《集成》2814)云"王各于周廟,□于圖室",説明周廟中有圖室。圖當指地圖,長沙馬王堆曾出土西漢地圖,文獻記載古人繪製地圖早於西漢。如《周禮·司書》:"掌邦中之版,土地之圖。"《周禮·大司徒》:"掌建邦之圖與人民之數。"《周禮·土訓》:"掌道地圖。"都説明在周代就有各種地圖和掌管地圖的官員和機構。王封建諸侯例需察視擬封之國的地理,故需入圖室省圖,本銘之"武王成王伐商圖""四國圖"都是圖室中的專用地圖。而將"入土"與"賜土"分開記載,説明"入土"是納受"列土",與後面所説的山川田土之賜不是一回事。綜觀全銘是記録虞侯矢受王命遷侯於宜,宜的土地田宅及率土之貴族庶民一併賜予新封的宜侯。

記録封建諸侯的還有麥方尊(《集成》6015)

> 王令辟邢侯出坏,侯于邢。于若二月,侯見于宗周,亡尤。會王饗荥京,彰祀,于若翌日。在璧雍,王乘于舟,爲大禮。王射大龔禽,侯乘于赤旂舟從。死咸之日,王祀,侯内于寝。侯賜玄琱戈。于王在啟,祀月,侯賜者奻臣二百家。儕用王乘車馬、金勒、冂、衣、市、舄……用龔義寧侯,親考于邢侯……

該銘記録王命麥的辟君離開坏地,封於邢,作邢侯。然後記録了邢侯覲見周王,此時正值周王饗祭彰祀於荥京,禮儀十分隆重,稱"大禮",有祭祀日月的儀注("王祀"即祀日,與後銘之"祀月"相對應),新邢侯參與其事並受到賞賜。唐蘭指出:"本銘説'親孝於邢侯',明'邢侯出坏'並非第一代邢侯。"此説王命'侯于邢',是嗣位須受王命。""第一代邢侯封於康王時,見邢侯簋。此疑第二代,當昭王時。"所以本銘所記封侯應爲嗣封。銘中的周王乘舟於辟雍水中射禽的禮儀有可能是饗祭及彰祀的儀注,而祭祀日月的禮儀則可能是大覲禮的儀注。[1]

大盂鼎(《集成》2837)銘記的也是嗣封之事,銘文前段叙誥辭,後段叙嗣封的文句:

> 王曰:"惟命女盂型乃嗣祖南公。"王曰:"盂,迺召夾死司戎,敏諫罰訟。夙夕召我一人烝四方。于我其遹省先王,授民授疆土。賜女鬯一卣、冂、衣、市、舄、車、馬,賜乃祖南公旂,用狩。賜女邦司四伯,人鬲自御至于庶人六百又五十又九夫,賜夷司王臣十又三伯,人鬲千又五十夫,□□□自厥土。"

這裏盂繼嗣的是其祖南公的封地,而不是其父的封地,而且銘中有"……自厥土"的文句,似乎賜予盂的土地人民只是南公原領有的部分土地,可能嗣封者尚不只盂一人。如果這種猜測可以成立的話,那麼這種類型的嗣封就含有弱幹强枝在政治上削弱某些大貴族權勢的用意在内。銘中的"邦司""夷司"即燕侯克器中的"有司",這些管事者率其民衆土地統歸新君盂領有。

金文中記嗣封的還有伯晨鼎(《集成》2816):

[1]　劉雨:《西周金文中的祭祖禮》,《考古學報》1989年第4期。《西周金文中的相見禮》,第八次古文字討論會論文,待刊。

惟八月辰在丙午,王命亙侯伯晨曰:"嗣乃祖考侯于亙,賜女秬鬯一卣、玄衮衣、幽夫、赤
舄、駒車、畫靳、韅厹、虎幃、冟裏、里幽、攸勒、旅五旅、彤弓、彤矢、旅弓、旅矢、□戈、虎冑。用夙夜
事,勿廢朕命。"

伯晨的父祖是亙地之君,歷代爲亙侯,現已去世,故稱祖考,由其子伯晨嗣繼其封地。此
器作於西周中期,説明此時諸侯的嗣封仍須得到周王的承認,並舉行過大封典禮,受到王的
禮器、兵器及車馬命服的頒賞之後才算正式確認。

金文中還有兩件器記有大封禮,但内容更爲簡略。

沫司土疑簋(《集成》4059):

王來伐商邑,延令康侯啚于衛。沫司土疑眔啚,作厥考尊彝。

文獻記載,原封於康的康侯,在二次伐商,平定管蔡之亂後,被封於衛,稱衛康侯。簋銘
中的啚即鄙,《廣雅·釋詁》:"鄙,國也。"《周禮·大宰》注:"都之所居曰鄙。"建國之都於衛
地,自然是指封爲衛侯的意思,文獻與金文相合,這是金文中記封侯命辭的又一種叙述方式。
作器者"疑"是沫地司徒,沫是衛之都邑,凡封侯賜土需連同當地有司及民衆一併賜予新君,
故沫司土疑在康侯啚於衛時,也一併"眔啚"。

與上述簋銘類似的還有雍伯鼎(《集成》2531):

王令雍伯啚于生,爲宫,雍伯作寶尊彝。

銘中的"啚于生"與沫司土疑簋的"啚于衛"同例,即封建於生地之意。《左傳·莊公九
年》:"殺子糾于生竇。"杜注:"魯地。"指今山東菏澤北部,或許就是銘中生地所在。此雍伯之
雍國可能有二:一爲文王子所封國,姬姓,在今河南沁陽一帶;一爲黄帝之後,姞姓,在河南杞
縣一帶,估計此雍伯爲前者可能性大些。不管是哪個,雍伯由河南遷封到山東應該是某種政
治鬥爭的需要,是西周早期大量封建諸侯的又一例證,可補文獻之不足。

上述諸器除伯晨鼎外,燕侯克器、宜侯夨簋、大盂鼎、麥方尊、沫司土疑簋、雍伯鼎皆作於
西周早期,大約都在康昭以前,與文獻所記封侯集中在西周早期的情況是一致的。

燕侯克器、大盂鼎、麥方尊、伯晨鼎所記是嗣封,即新侯襲承父祖之封。宋程公説云:"古
者諸侯繼世襲封,則内必有所承。爵位土田受之天子,則上必有所稟。"(《春秋分記》)從銘文
看,西周諸侯的襲承確需經周王批准方可。宜侯夨簋、沫司土疑簋、雍伯鼎所記是遷封,虞
侯遷封於宜、康侯遷封於衛、雍伯遷封於生。這反映西周早期政治動盪,周王爲把親族和親信
安置到要害地方所作的努力。西周王室就是通過這些封建、嗣封、遷封的措置來控制版圖内

大大小小諸侯國,以實現其政治統治的。

這是周人的重大政治活動,可以想見其禮儀一定十分隆重。根據上述,可以擬測大封禮的儀注如下:

第一,王入圖室省圖。

第二,於廟堂享祀先祖,行大享禮,頌歌用《賚》。

第三,内史册命,命侯之辭有"命某侯于某""命某遷侯于某""命某嗣侯于某""命某圖于某"等。

第四,入(納)土,即頒賜五色列土。

第五,授民授疆土,即頒賜土地宅里及有司民隸等。

第六,頒賜秬鬯、玉瓚、弓矢、戈胄、命服、車馬、旌旗等。

第七,行大饗禮。

以上七項是金文中記錄的"大封禮"的重要儀注。典禮過後,受封諸侯要殺牲祖道就國,就國後要啓宮宇,左祖右社,立社壇,置列土,並由王室官員測土地、封疆界等。在周代,這些禮儀都有專門文字作出規定,一些重大典禮也都有專人加以記載。《周禮·春官·大史》:"大祭祀,與執事卜日,戒及宿之日,與群執事讀禮書協事。祭之日,執書以次位常……大會同朝覲,以書協禮事。及將幣之日,執書以詔王。"說的是在行祭禮和會同朝覲禮之先,大史要與衆執事按禮書演習,在正式舉行典禮時要按規定的儀注行禮。可以想見,大封禮也有可能曾有過專門的記載,只是秦火之後沒有保存下來而已。

《周禮》一書大約成書於戰國時代,其中保存了許多西周的典章制度,是我們今天瞭解西周禮制的重要文獻資料。但此書是經過後世人加工整理的,有許多後世制度摻雜其間,是需要謹慎取舍的。比如《大宗伯》及《大祝》職文都有"王大封則先告后土"一句,並記祭祀"用牲幣"。鄭玄更以后土爲黎,爲句龍之神。其實,這些神祇都是春秋戰國間人附會出來的,在大封禮中除敬祀祖先而外,是否還用敬祀后土,並用牲幣,則難以肯定,金文中沒有這方面的記載,極可能是將後世制度摻入了。

二、小　　封

《周禮·大宗伯》賈疏云:"對封公卿大夫爲采邑者爲小封。"先秦文獻中並没有"小封"的記載,但考慮到古代禮制往往大小相配的習慣(如《儀禮》中有《大射》和《鄉射》《大饗》和《鄉飲酒》等禮,其基本儀注相似,只是級別規模不同而已),金文和文獻都有大封禮的記載,賈公彥所說的小封禮也可能是有所本的。

金文中確有記封賜采邑的銘文,如:

中方鼎(《集成》2785)

惟十又三月庚寅，王在寒次，王令大史兄（貺）鬲土。王曰：中，茲鬲人入使賜于武王作臣，今兄（貺）畀女。鬲土作乃采。中對王休令，鬲父乙尊。

遣尊（《集成》5992）

惟十又三月辛卯，王在庠，賜遣采曰趞。賜貝五朋。遣對王休，用作姞寶彝。

上兩器都明確提到賜采，但什麽是"采"呢？《左傳‧莊公八年》疏云："人君賜臣以邑，令采取賦税，謂之采地。"《詩‧緇衣》疏云："采謂田邑，采取賦税。"《禮記‧王制》："天子之縣，内諸侯，禄也；外諸侯，嗣也。"正義曰："此謂畿内公卿大夫之子，父死之後，得食父之故國采邑之地，不得繼父爲公卿大夫也。"《禮記》《左傳》及《詩經》諸注家對采邑的説法應該是秦漢以後的制度。據中方鼎銘所記，鬲土與鬲人是一併賜予中的，土作采，人作臣，並非僅賜田邑取其賦税而已。這與大封禮中封建諸侯的情況是相同的，只是賜采地較之封建諸侯規模要小一些。至於西周世官世禄，文獻和金文都有許多材料可以證明，比如周公的子孫世爲周公，食其采，嗣其位，並無不得嗣爲公卿大夫的規定。

從上兩器銘看，采邑之賜，可以是王對臣下的恩賜，中及遣都是王的近臣，並不是如《禮記‧禮運》所云只有大夫所賜者稱采（"大夫有采以處其子孫，是爲制度"）。食邑何以名采，其詳不知。從上兩器看，遣尊之采僅只一個邑，而中方鼎之采稱"鬲土"，可能是指包括若干邑的一塊領地。

金文中明確提到賜采者僅上述兩器，而言及賜土者尚有若干器，我以爲賜土當指賞賜包括若干邑的一塊領土，與中方鼎之賜鬲土類似。

召圜器（《集成》16.10360）

惟十又二月初吉丁卯，召啓進事，旋走事。皇闢君休王自毅使賞畢土方五十里。

《禮記‧王制》："天子之田方千里，公侯田方百里，伯七十里，子男五十里。不能五十里者，不合於天子，附於諸侯曰附庸。"《禮記》這種整齊劃一的地塊當出自後世儒者的安排，但"方五十里"爲當時領地的一個特定單位則是有可能的。

作册折尊（《集成》6002）

惟五月，王在庠，戊子，令作册折兄（貺）望土于相侯，賜金賜臣……

大保簋（《集成》4140）

王伐彔子聑，䧟厥反，王降征令于大保，大保克敬亡遣。王永大保，賜休余土……

上述五件記賜采土的銅器，賜采土之地點兩在庎地，一在寒次，一在毃地，一在伐彔子返途中某地，皆不在京師。説明小封之禮不像大封之禮那樣隆重，都要在京師廟堂之中舉行，而是可以隨處舉行。又五件器中有四件記有時間，兩件在十三月，一件在十二月。十三月應是年終置閏，即閏十二月。這好像並非偶然巧合，可能這種頒賜采土的禮儀多於年終舉行。

上述諸器中被賜采土者如大保、中、遣、召、作册折等人都是王朝命官，可見采地之賜主要是王對大臣的特殊封賞。公卿大臣本人對其下屬有采土之封賞者，金文中僅有一見：

亳鼎（《集成》2654）

公侯賜亳杞土、粱土，□禾、□禾。

這條材料很重要，它説明西周確實存在不同等級的頒賜土地制度，起碼這種等級有王及公侯兩級。上述六器皆作於西周早期，説明在西周早期周王朝對土地的管理制度，除有封建諸侯外，還有頒賜采土作爲補充。

記録賜采土諸銘文都十分簡略，極少言及禮儀的具體内容。可能其禮儀不像封建諸侯那樣隆重，没有宏大的規模和場面，因而也就没有必要在銘文中詳加鋪叙了。

三、田 里 之 賜

田指耕地，里指邑里。田里之賜較之采土之賜，其規模又小一層，而且多行於西周中期以後，西周早期僅發現一件銅器。

旟鼎（《集成》2704）

惟八月初吉，王姜賜旟田三于待□

賜田者王姜爲周初某王之后妃，被賜者旟是王朝史官，可能因爲有功於王姜，被賜三田。西周早期賜田是個别現象，且不是由王頒賜。西周中期以後，金文中所記田里之賜就多起來了。

永盂（《集成》10322）

惟十又二年初吉丁卯，益公内，即命于天子。公迺出厥命："賜畁師永厥田，陰陽洛疆眔師俗父田。"厥眔公出厥命井伯、榮伯、尹氏、師俗父、遣仲。公迺命鄭司徒㬎父、周人司工眉、敬史、師氏、邑人奎父、畢人師同付永厥田。厥率履厥疆宋句。

此銘記賜田過程較爲詳細，先在册命辭中劃出所賜田的疆界，命朝廷重臣到場監督執行，然後由下級吏員具體執行交付。

記載賜邑里的銘文有大簋蓋（《集成》4298）

惟十又二年三月既生霸丁亥，王在畫侲宫，王乎吳師召大，賜趞䨲里。王令善夫豕曰趞䨲曰：“余既賜大乃乃里。”賓豕璋、帛束。䨲令豕曰天子：“余弗敢吝。”豕以䨲導大賜里。大賓豕瓥璋、馬兩。賓䨲瓥璋、帛束。

本銘記周王將原屬趞䨲的邑里轉賜給大。里是邑中的行政單位，其長曰“里君”（文獻作“里居”）。𤔲簋（《集成》4215）“命女司我成周里人及諸侯大亞”，史頌簋（《集成》4215）“里君百生帥堣盩于成周”，兩銘中的“里人”“里君”都是成周都邑內的基層行政的管事者。永盂和大簋蓋皆作於西周中期，説明在此時，周王可以重新安排田地和邑里的領有權，既或改賜他人，原領有者也“不敢吝”。從銘文看，這種改賜是和平進行的，得到賞賜的“大”送給原里主人䨲璋和帛，被剝奪了領有權的䨲不但“不敢吝”，還要賓贈傳達王命者豕以璋和帛，並要親自去向大交割邑里。

西周晚期的賜田，多是賞賜有功者，在册命典禮中與其他物品一併頒賜，不另設特殊儀式。

大克鼎（《集成》2836）

……王在宗周，旦，王各穆廟，即位。申季右善夫克入門，立中廷，北向。王乎尹氏册令善夫克，王若曰：“克，昔余既令女出納朕命，今余惟申京乃命，賜女叔市、參冋、苹悤。賜女田于野，賜女田于渒、賜女邢寓□田于㯺，以厥臣妾。賜女田于康、賜女田于匽、賜女田于陣原、賜女田于寒山。賜女史、小臣、霝龠、鼓鐘。賜女邢微、□人䚔，賜女邢人奔于量。敬夙夜用事，勿廢朕命。”

克盨云“王令尹氏友史趞典善夫克田人”，與克鼎銘所記當爲一事。本銘重申並提高對善夫克的任命，故賜其命服和田人。善夫克職司出納王命，從克組銅器規模宏大的氣勢中，可以想見其在西周晚期是一位十分顯要的貴族，王對其賞賜田人的數量也是很可觀的。

敔簋（《集成》4323）

惟王十又一月，王各于成周大廟，武公入右敔，告擒馘百、訊四十。王蔑敔歷，使尹氏授釐敢圭瓚、囗貝五十朋、賜田于敢五十田、于早五十田。

本銘記王命敢抵禦南淮夷的進攻,取得勝利,然後賜田達百田之多。《周禮·司勛》:"掌賞地之政令,凡賞無常,輕重視功。凡頒賞地,參之一食,唯加田無國正。"鄭玄注:"鄭司農云:'正謂稅也。'""賞地之稅,參分計稅,王食其一也,二全入於臣。"這是講賞田需按比例向王室納稅,加賞的田可不再徵稅。賞田是否納稅? 納多少比例? 在金文中都沒有反映,只能存疑。

卯簋蓋(《集成》4327)

　　惟王十又一月既生霸丁亥,榮季入右卯立中廷,榮伯乎令卯曰:"飲乃先祖考死司榮公室,昔乃祖亦既令乃父死司莽人。不淑取我家窑用喪,今余非敢夢先公有進退,余懋再先公官,今余惟令女死司莽宮莽人,女母敢不善。賜女瓚、璋四穀、宗彝一將寶。賜女馬十匹、牛十。賜于乍一田、賜于 🔲 一田、賜于隊一田、賜于酘一田。"

此銘記榮伯賜其家宰卯田四田及玉器、命服、牛馬、彝器等。

不其簋(《集成》4328)

　　伯氏曰:不其,女小子,女肇誨于戎工,賜女弓一、矢束、臣五家、田十田,用永乃事。

兩器皆作於西周晚期,賜田者榮伯和伯氏是朝廷重臣,其賜田規模遠不如王室,一賜四田,一賜十田,較之敢簋動則百田之賜的氣派大有遜色。但這兩件器銘説明,在西周晚期,耕地也是可以分等級頒賜的。王可以賜予臣,大臣亦可以賜予下級貴族,説明此時大貴族有權處置自己領有耕地的一部分。

不其簋記王命伯氏伐玁狁和御方,不其協助伯氏取得軍事勝利,故受伯氏賞賜。與此相類似的有多友鼎(《集成》2835),記武公元士多友奉命追擊玁狁,恢復京師,凱旋受賞一事。其銘有:"王迺曰武公曰:女既静京師,贅女,賜女土田。"王對武公賞賜"土田",一般來説,在西周晚期極少見以"土"相賜的,此銘之"土田"也可能指田,亦即耕地。

綜上所述,可歸納如下幾點:

第一,分封諸侯有"命侯""嗣侯""遷侯"之別,但皆需舉行由王莅臨的大封禮,該禮儀式十分隆重,現根據金文可擬測其中主要儀注七項。賜采地需行小封禮,其儀注不詳。賜田則沒有專門禮儀,多隨册命賞賜儀式一併進行,田算作諸賜品之一。

第二,在西周,土地、田邑、人民皆屬王有,土地上的奴隸、官吏以至貴族往往隨土地田邑一併封賞。王有權改封和改賜,諸侯貴族不得有反對的表示。所謂"普天之下,莫非王土;率土之濱,莫非王臣"(《詩經·小雅·北山》),確實是西周一代土地制度的如實寫照。

第三,西周土地分封制度大體分兩個階段,在西周早期主要是封建賜采,把大量土地劃歸大小諸侯去分頭管理。中晚期則采取賞賜耕地的辦法,稱賜田若干,其規模顯然遠不如早期那麼大。

第四,王分封賞賜給大貴族的土地田邑,一經成爲固有領地,就具有相當程度的獨立性,大貴族可以闢出小塊土地或耕地賞賜給下一級小貴族。不過,從金文看,這些地塊都相當小,不足以動搖"普天之下,莫非王土"的土地所有制。但可以想見,隨着王權的衰落,正是這些蟻穴終於導致王有土地所有制大堤的崩坍,引發出土地私有化的革命,使社會大步向前邁進一步。

（原載《中國考古學論叢——中國社會科學院考古研究所建所 40 年紀念》,第 315—322 頁,科學出版社,1993 年;又載《金文論集》,第 74—83 頁,紫禁城出版社,2008 年 5 月）

西周金文中的軍事

研究西周時代軍事歷史,可靠的資料十分缺乏。近年,中國考古學和古文字學的研究有了長足的進步,把這方面的研究成果運用到軍史研究中去,會爲軍史研究增加一批新的一手資料。西周金文之銘長者多爲銘功紀賞而作,其中銘記戰功諸器保存了許多當時戰事的實錄。我從中選出 70 篇金文和一篇玉戈銘(見附錄一),它們記錄了當時軍隊的編制和西周早、中、晚期各次戰役的實況。我還選出 35 篇金文(見附錄二),它們記載着西周各個時期俘獲和賞賜的車旗、兵器、防護器的情況。作器者在記述這些戰事的同時,也記錄了一些當時軍禮的儀節。本文擬以金文資料爲主,結合考古和文獻資料,在前賢研究的基礎上,對上述諸問題,再作些探討。

一、表示征戰的詞語

征。在本文收錄的 71 件有關西周戰事的銘文中,共 26 次使用了"征"字,早期 15 次,中期 2 次,晚期 9 次。《孟子》曰:"征者,上伐下也。"《孟子》對"征"字所下定義,例之金文,無一不合。金文中用爲戰事的"征"字,都是用於王或貴族自上而下對異族或反叛邦國的討伐。

伐。此字在金文表述戰爭諸詞中,使用頻率最高,在本文收錄的 71 件銅器銘文中,使用達 41 次之多。《説文》:"伐,擊也。"征與伐在詞意上相近,但也有兩點不同:第一,征字全部用於上伐下;伐字可以用於上伐下,也可以用於下伐上。如"馭淮夷敢伐内國"(彔戓尊、卣)、"南淮夷遷、殳内伐洭昂、參泉、裕敏、陰陽洛"(敔簋)、"亦惟鄂侯御方率南淮夷、東夷廣伐南國、東國"(禹鼎)、"御方、獫狁廣伐西俞"(不其簋)、"用獫狁方興,廣伐京師"(多友鼎)等,從作器者角度考慮,在文意上都是下伐上的例證。第二,征字用爲總括的較大的戰役,伐字則多用於具體戰役。有時兩詞對用,這一點就看得更清楚,如"虢仲以王南征,伐南淮夷"(虢仲盨)、"戜御從王南征,伐楚荆"(戜御簋)、"王征南淮夷,伐角淮、桐遹"(翏生盨)、"伯懋父以殷八師征東夷,……伐海眉"(小臣謎簋)、"東征…廣伐東國…伐長必…伐長必"(史密簋)。征與伐兩字有時也連用,構成一個複音詞,如"惟周公于征伐東夷"(塱方鼎)。這裏還有一個歷史積案,即周法高先生在考釋《師旂鼎》時曾説:"在金文中征伐的征字,後加賓語時,從不用'于'字作介詞。"又説:"其實和征字用法相近的倒有伐字,通常也未見用'于'字爲介。"因此,他斷言鼎銘之"師旂衆僕不從王征于方雷"之"方雷"不是地名或方國,而主張所征地爲"于方"(《金文零釋》)。後來考釋《師旂鼎》諸家多從其説。其實這個結論囿於當時有限的材料,是不能成立的。1955 年陝西郿縣出土的盠駒尊銘"方雷駱子""方雷騅子",是指方雷地的兩匹馬駒(《文參》1957 年第 4 期),"方雷"應爲地名。又《殷周金文集成》新著録的繁簋"公令繁伐于眔伯"(《集成》4146),此銘中的"于"字無法它釋,只能認爲是伐字後之介詞。所以我認爲征、伐之後加介詞"于"字是可以的,師旂衆僕所不從王征者應是"方雷"之地。

克、毀、戈。

克:"克昏"(利簋)、"克商"(小臣單觶)、"丕克乞衣王祀"(天亡簋)。此字意指"攻殺",《春秋·隱公元年》"鄭伯克段於鄢"即用此意。

毀:"惟巢來毀"(肇貯鼎),西周戰事金文中用此字僅此一見。其意如文獻之"作"字。《禮記·内則》:"魚曰作之。"注:"斮也。"即殺、伐、斬、斮之類意。

戈:"王令遣戈東反夷"(寰鼎)、"吕行戈,俘貝"(吕行壺)、"惟周公于征伐東夷、豐伯、薄姑,咸戈"(塱方鼎)、"以師氏有司後或戈伐鵬"(竂鼎)。《説文》:"戈,傷也。"意爲"打擊",金文中這幾處用爲戰爭詞語的戈字,講爲"傷也",皆可通,不必强作它解。

狩。金文寫作"獸"。"王出狩南山"(啓卣)、"交從狩"(交鼎)、"令大保省南國,帥漢,徝狩南"(大保玉戈)、"王狩于視南"(員鼎)、"賜乃祖南公旂,用狩"(大盂鼎)。狩,獵也,原意爲田獵。古代常以田獵作爲軍事演習、校閱軍隊的一種方式(可參見楊寬先生《大蒐禮新探》,《古史新探》第 256 頁),當然也是炫耀武力的一種方式。《易·明夷》九三:"明夷於南狩。"注曰:"狩者,征伐之類。"《啓卣》云"王出狩南山",又云"啓從征",《啓尊》云"啓從王南征",兩器所言爲一事,可見狩字已成爲征伐的隱語,此字也多用於西周早期。

及。"王令保及殷東國五侯"(保卣)、"戎大同,永追汝,汝及戎,大敦搏"(不其簋)。這個"及"字諸家爭議較大,而此字的確詁,關係到對整篇保卣銘的理解,即"東國五侯"是敵方抑或是盟方的關鍵問題。我以爲從不其簋銘"及"字用意看,只能理解爲"追擊"之意,《説文》:"及,逮也。"因此,保卣銘"及殷東國五侯",應即"追擊殷東國五侯"之意,"五侯"應爲敵方,不其簋"汝及戎",即"你追擊戎"之意。

戍。"伯買父乃以厥族人戍漢中州"(中甗)、"命戍南夷"(競卣)、"汝以成周師氏戍于古師"(彔戜尊)、"臤從師雍父戍于古師之年"(臤尊)、"師雍父戍在古師"(遇甗)、"朆從師雍父戍于古師"(朆卣)。《説文》:"戍,守邊也。"《爾雅·釋言》:"戍,遏也。"注:"戍守所以止寇賊。"《左傳·桓公六年》:"於是諸侯之大夫戍齊。"注:"守也。"綜上所述,戍字意爲武裝駐守禦敵,此字多用於西周中期。

御。"戜率有司、師氏奔追御戎于棫林"(戜簋)、"王用肇使乃子戜率虎臣御淮戎"(戜鼎)、"王令敔追御于上洛炃谷"(敔簋)、"余命汝御追于畧"(不其簋)。《左傳·襄公四年》"季孫不御",注:"止也。"御即禦,有阻止、抵抗的意思。不其簋、敔簋之"追御""御追",即戜簋之"奔追御"之省,此字多用於西周中晚期。

追。"王令東宮追以六師之年"(肇貯簋)、"追于偁"(目鼎)、"弐率有司、師氏奔追御戎
于椒林"(弐簋)、"王令敔追御于上洛炗谷"(敔簋)、"王令我羞追于西""余命汝御追于嗇"
(不其簋)、"命汝羞追于齊"(師旂簋)、"告追于王""羞追于京師""轙追于楊冢""追搏于世"
(多友鼎)。"羞追"有時又可省爲"羞","王羞于甸"(師同鼎)。《説文》:"追,逐也。"金文有
"奔追""羞追""轙追"等。《説文》:"奔,走也。"《詩‧周頌‧清廟》"駿奔走在廟"。奔有奔
跑意,"奔追"即疾追也。《説文》"羞,進獻也",有"進"意。《書‧盤庚》"今我既羞告爾於朕
志",傳:"已進告爾之後。"因此,"羞追"即"進追"。"轙"字較繁複,車、戈爲附加的意符,《説
文》"楚謂疾行曰逞",《廣韻》"逞,疾也",所以此字實爲"逞"字,"轙追"即以兵車疾追。

搏。"邢侯搏戎"(諫簋)、"搏戎胡"(弐簋)、"大敦搏"(不其簋)、"搏伐獫狁,于洛之陽"
(虢季子白盤)、"搏于郱""搏于龏""追搏于世"(多友鼎)。《左傳‧僖公二十八年》"晉侯與
楚子搏",搏,手擊也,指近距離的戰鬥。

以上九種戰事用語,帶有上伐下語意的如征、狩、克、弋等多用於西周早期,帶有防守、抵禦
語意的如戍、御等則多用於西周中晚期,這也從一個側面説明西周中晚期周人所處的被動局面。

觀兵。

效卣(《三代》13.46):

惟四月初吉甲午,王觀于嘗,公東宮納饗于王,王賜公貝五十朋,公賜厥涉子效王休貝二
十朋……

日人高田忠周指出:效卣"雚于嘗"之"雚"字乃假借爲"觀",並引《左傳‧襄公十一年》
"觀兵于南門"爲例加以説明(《古籀篇》),這是很對的。《史記‧周本紀》記武王伐紂:"武王
上祭於畢,東觀兵,至於盟津……是時,諸侯不期而會盟津者八百諸侯。諸侯皆曰:'紂可伐
矣。'武王曰:'女未知天命,未可也。'乃還師歸。"《國語‧周語》記:"穆王將征犬戎,祭公謀
父諫曰:'不可!先王耀德不觀兵……'天子曰:'予必以不享征之,且觀之兵。'……王不聽,
遂征之,得四白狼四白鹿以歸,自是荒服者不至。"《左傳‧僖公四年》:"陳轅濤塗謂鄭申侯
曰:師出於陳鄭之間,國必甚病。若出於東方,觀兵於東夷,循海而歸,其可也。"《左傳‧宣公
三年》:"楚子伐陸渾之戎,遂至於雒,觀兵于周疆。定王使王孫滿勞楚子,楚子問鼎之大小輕
重焉。"《左傳‧襄公十一年》:"四月,諸侯伐鄭……六月,諸侯會于北林,師于向,右還,次于
瑣,圍鄭,觀兵于南門,西濟于濟隧,鄭人懼,乃行成。"

史密簋(《文物》1989 年第 7 期):

惟十又一月,王令師俗、史密曰:東征。敆南夷:盧、虎、檜、杞夷、舟夷。觀,不陟,廣伐東國。

王命師俗和史密東征,他們會合南夷的盧、虎、檜及東方的杞夷、舟夷。觀兵,大踏步前進,廣伐東國。綜上所述,"觀兵"類似於"出狩",是西周時一種炫耀武力的軍事行動,而不是單純的田獵和檢閱部隊。從上引《國語》及史密簋所記看,"出征"也可隱稱"觀兵"。

射魚。

井鼎(《三代》4.13):

> 惟十月,王在莽京,辛卯,王漁于□池,呼井從漁,攸賜魚……

遹簋(《三代》8.52):

> 惟六月既生霸,穆王在莽京,呼漁于大池。王饗酒,遹御,亡譴。穆王親賜遹犛……

又公姞鬲記天君賜公姞魚三百(《美集録》R400),當爲射魚後的賞賜。害簋記"官司夷僕、小射,底魚","底魚"據陳夢家先生考證即專司射魚的官吏。這些都是射禮中"水射"的一種(見作者《西周金文中的射禮》,《考古》1986 年第 12 期)。《淮南子·時則訓》:"季春之月,命漁師始漁,天子親往射魚。"《春秋·僖公五年》:"春,公矢魚于棠。"《左傳》云:"公將如棠觀魚。"爲此,臧僖伯還發表了一通十分迂腐的議論,僖公最後道出其射魚的真意,曰:"吾將略地焉。"是知,"矢魚"也如"出狩""觀兵"一樣,是一種軍事行動的隱語。

以上所説,周人對其軍事行動往往使用隱晦的語句加以記叙,盛行於《春秋》《左傳》等儒家經典中的"春秋筆法",想不到早在西周金文中即已露端倪。

二、西周軍隊的編制與裝備

(一)編制

1964—1965 年于省吾先生與楊寬先生針對金文中的"六師"和"八師"問題,展開過兩輪辯論(見《考古》1964 第 3 期、第 8 期和 1965 年第 3 期、第 10 期)。于先生通過對一些銘文内容的考證指出:西周軍隊中"都設有冢嗣土、嗣佃事、嗣藝、嗣牧及冢嗣馬等專職,以掌管土地、農佃、種藝、放牧、馬政等各項有關生産方面的事務,則在軍隊的物質生活供應上,只要取償於軍隊的經常駐在地,便可以自給自足,省却了轉粟輸芻之勞。可以説,這是我國歷史上最初出現的軍事屯田制"。楊寬先生認爲西周時期已分國野,因而有一套完整的鄉遂制度,軍隊的編制完全是和鄉黨組織結合起來的,"六軍"就是由六鄉的居民編制而成。這種鄉邑的國人又稱"士",平時肆力於耕耘,有事則執干戈以衛社稷者也。既然古代的戰士没有脱離農業生産,那麼西周的六師、八師設有掌管農業生産的官也就很合理了。兩位先生的辯論,引發了人們對西周軍事制度和社會結構的深入思考,對西周史的研究起了很大的推動作用。于先生認識到西周軍制中耕戰結合的特點,是一個很重要的發現。當然,先生把這説成是完整意義上的"軍事屯田制",則顯然把問題説過了一些。楊先生把西周金文中耕戰結合的軍制與《周禮》中提到的鄉遂制度互相比勘,這個意見也同樣很有價值。從新出史密簋中,我們又發現了明確記載的"遂人","齊師族徒、遂人乃執圖、寬、亞。師俗率齊師遂人左□伐長必"。這裏"遂人"是齊師的組成部分,這證明起碼在西周晚期齊地已有了鄉遂制度。但這與楊先生的另一觀點却是矛盾的,即楊先生依《周禮》所記認爲只有六鄉里的國人(或稱士)才有資格成爲軍隊的戰士,遂野之氓只能充當芻糧的生産和供應者。而史密簋銘却告訴我們,遂人也可以充當戰士,是軍隊的組成部分。金文資料説明,六鄉之士(金文稱"邑人")與六遂之氓,在戰時都將被徵調參加戰鬥。所以,我認爲楊先生依《周禮》所構想的,認爲在西周有一套完整的鄉遂制度,又用西方古代氏族社會末期實行的"軍事民主制度"來套合中國西周時代的國野、鄉遂制度,也有些脱離中國的歷史實際。看得出來,兩位先生在下結論時,都受到已有文獻中傳統結論的影響,用其已有的模式去套合金文資料。如我們能客觀地分析金文資料,就會發現,在西周戰爭舞臺上活躍着一支支"族武裝"。如明公簋曰:"惟王令明公遣三族伐東國。"班簋曰:"遣令曰:以乃族從父征,出城衛父身。"史密簋曰:"史密右率族人,釐伯、夆屗周伐長必。"這個"族武裝"的概念當然不只包括血緣親族,也當包括從屬於其家族的家臣武士及其他附屬於其家族的武裝。如師旂鼎説,其衆僕不從王征,因而引起訴訟。可見其"衆僕"理應是從征的戰士,應爲師旂族武裝的組成部分。這種族武裝的力量是十分强大的,如禹鼎中的武公,一次戰役可動員"公戎車百乘,斯御二百,徒千"。多友鼎於一次戰役可以公車俘戎車117乘之多。在禹鼎中雖然包圍鄂侯御方聯軍主力的任務由西六師和殷八師來承擔,但出奇兵,攻入鄂京,生俘御方的還是靠武公的家族武裝。多友鼎記對玁狁的戰爭是十分激烈的,其來勢兇猛,京師淪陷,四方震盪,西周王室面臨岌岌不可終日的局面。這時,主要是靠武公的族武裝解除了對京城的威脅,使周王朝轉危爲安。西周早期金文,文辭簡約,如周公、太保召公奭等家族武裝的規模没有記載,其詳不可知,但從他們擔當的政治、軍事任務看,肯定會有很强大的族武裝。因爲西周初年曾實行分封制度,封君一方面要鎮撫土著,另外還要對付四周夷族和殷遺的攻擾,没有一個强大的武裝集團,是無法生存下去的,就是這些族武裝構成了屏障宗周的强大的地方武裝。地方武裝一般也以師爲單位,如趞鼎"命汝作闢師冢司馬,嫡官僕、射、士"(《三代》4.33)、善鼎"命汝左疋𦥑侯,監闢師戍"(《三代》4.36),地方各師官員由王直接册命,並由王派"監"加以控制。

對西周軍隊的六師和八師,于、楊二先生都認爲是西周王室控制的主力部隊。但于先生認爲六師爲西土部隊,殷八師和成周八師是東土一個隊伍的兩個不同稱呼。楊先生認爲殷八師和成周八師是兩個不同的隊伍。這裏順便提一下,容庚先生也認爲殷八師和成周八師是兩個隊伍,而且形象地比喻殷八師是滿洲八旗,成周八師是漢軍八旗。我同意楊、容兩位先生把殷八師和成周八師分開的意見,我認爲西六師由其駐防西土而得名,殷八師因其駐防於殷地而得名,小臣謎簋曰:“伯懋父以殷八師征東夷……雩其復歸在牧師。”可見殷地牧師爲其駐防地。成周八師也應因其駐防於成周而得名。關於六師及兩八師的組成,容老提出的看法十分形象,但却無法證實。仔細閱讀西周戰事金文會發現,王族(可能包括部分公族)的族武裝應是六師和兩八師的核心力量。如肈貯簋曰“王命東宫追以六師之年”,東宫是周王太子,是他統率六師去追擊來㑁的巢部。盠方彝曰“王册命……曰:用司六師王行……”,“王行”應是王族武裝。中觶曰:“王大省公族於庚。”可見“公族”也有獨立的族武裝。小臣謎簋曰:“伯懋父以殷八師征東夷。”伯懋父又稱王孫牟,乃周衛康叔之子,是王族成員,殷八師由他統帥自然是適宜的。這些説明,西六師和兩八師可能都是以王族的王行或公族的族武裝爲核心組成的部隊,而且指揮官也都是從王族中選任的,只有這樣才便於周王直接控制。

西周軍隊中還有一個特殊部隊——虎臣,可能即文獻中的“虎賁”,是王的近衛部隊,其中有一部分夷人。如師酉簋曰:“王呼史嗇册命師酉,司乃祖嫡官邑人、虎臣:西門夷、㚇夷、秦夷、京夷、卑身夷、新。”(《三代》9.21—24)詢簋曰:“詢,丕顯文武受命,則乃祖奠周邦,今余令汝嫡官司邑人,先虎臣後庸:西門夷、秦夷、京夷、㚇夷、師笭側新、□華夷、卑身夷、䣓夷、成周走亞,戍、秦人、降人、服人。”師酉稱其文考爲乙伯,詢稱其文祖爲乙伯,酉、詢可能是父子關係,西周世官,父子相繼,皆司邑人及虎臣,而虎臣兵員來源,夷人是其一(參見王祥《説虎臣與庸》,《考古》1960年第5期;黄盛璋《關於詢簋的製作年代與虎臣的身份問題》,《考古》1961年第6期;郭沫若《弭叔簋及訇簋考釋》,《文物》1960年第2期)。另外,一些族武裝也擔當保衛王的任務。如毛公鼎曰“以乃族干吾王身”(《三代》4.49),師克盨説師克祖先曾“干害王身,作爪牙”,現在王命師克“司左右虎臣”(《文物》1959年第3期)。師詢簋説詢之先祖曾佐佑先王,作爪牙。現在命詢“率以乃友干吾王身”,看來,王的貼身衛士——爪牙,還是從可靠的族武裝中選拔出來的。這與古代希臘、羅馬國王近衛部隊使用異族武裝擔任的情況也是不同的。虎臣部隊負責王宫的近衛任務,有時戰況緊急,也要隨軍出征。如師寰簋曰:“今余肈令汝率齊師、㠱贅、僰屎、左右虎臣征淮夷。”

綜上所述,西周金文中所見軍隊編制情況如下:

王室部隊:

由王族和公族武裝爲核心組成,以王族成員爲指揮官。下分:

第一,西六師,駐防宗周地區

第二,殷八師,駐防牧師地區

第三,成周八師,駐防成周地區

地方部隊:

以諸侯貴族的族武裝爲核心組成,部隊也稱師,各以其駐防之地命名。

　　近衛部隊：

　　稱虎臣，分左右兩部。以諸侯貴族的族武裝爲核心，也吸收部分被征服的四夷之人參加，作外圍。

（二）裝備

　　西周軍隊的裝備情況可以通過幾個方面加以瞭解：第一，考古發掘出的實物資料；第二，傳世的實物資料；第三，金文中記載的戰爭俘獲品；第四，金文記載的賞賜品等。限於篇幅，本文重點以後兩項爲主對這個問題加以闡述。在附錄二中，我選出 35 篇記有俘獲或賞賜軍事裝備的銘文，從中可以看出，西周軍隊的裝備大體可分三大類：戰車旌旗、兵器、防護器，下面就據此分類加以説明：

1. 戰車

　　小盂鼎記第一次戰役俘車 30 輛，第二次戰役俘車 100 餘輛，俘馬 104 匹，還記俘牛若干。多友鼎記俘車，一次 117 乘，一次 10 乘。師同鼎記俘車馬 5 乘，大車 20 乘。

　　早期俘獲，車馬分計，車稱輛，馬稱匹，晚期如師同鼎所記車馬合計，可能四馬一車爲一乘，據山東膠縣西庵村出土西周車馬情況看，車前有兩服兩驂共四馬，車左有戈、鈎戟、鏃十枚、鎧甲一副，車右有戈一件。因此，這是一輛西周戰車是没有問題的（見《膠縣西庵遺址調查試掘報告》，《文物》1977 年第 4 期）。據楊泓先生估計，戰車一乘三人，一御居中，一將居左，一士居右（見《中國古兵器論叢》增訂本，1986 年）。禹鼎稱"戎車百乘，斯御二百，徒千"，似乎是説也有一種戰車是一車二士：一御一斯。傳世戰國銅器上刻畫的戰車也是一御一斯兩人。一輛戰車還應配備徒兵十名，有如今日之坦克與步兵配合的情況。

　　另據李零考證，"大車"應是牛拉的輜重車。

2. 旌旗

　　西周早期金文對旌旗的記述很簡單，大盂鼎稱"乃祖南公旗"，蓋出征時，將祖旗建於兵車上，戰時用以招衆。西周中期記有"鑾旗"和"鑾旗五日"等。鑾旗指綴有鑾鈴之旗。"鑾旗五日"指旗上有"五日"圖案。西周晚期的番生簋有"朱旗旛金芳二鈴"。《周禮·司常》"通帛爲旛"，注："通帛爲大赤。"麥方尊也有"赤旗舟"的記載，鮮紅的旗幟再配以"金芳二鈴"，赤旗耀目，金鈴繁響，活畫出一幅旌旗招展的圖象。

3. 遠射器

　　小盂鼎稱賞賜"弓一矢束"，宜侯夨簋稱"彤弓一、彤矢百，旅弓十、旅矢千"，看來"弓一矢百"是一個賞賜的定數。彤、旅是顔色詞，《説文》："彤，丹飾也。"《玉篇》："赤色。"《詩·小雅·彤弓》傳："彤弓，朱弓也。"旅，孫詒讓云從鱸字假借，指黑色（見《古籀拾遺》下 17）。《尚書·文侯之命》有"盧弓一、盧矢百"，即金文之"旅弓一、旅矢百"。這裏賞賜的紅色和黑色的弓，從《小雅·彤弓》所述看，似乎主要用於宴樂嘉賓的饗射之禮上，而非實戰用器。西周中期的一些賞賜銘文中記有鞞刻、象弭、矢箙、彤欮等弓上的飾件和盛矢的箙。

弓矢是一種長距離殺傷武器,已發現的石矢鏃有早到石器時代的,在我國古代神話傳説中也很早就有使用弓矢的記載,最早的青銅鏃發現於二里頭時期,在商和西周的遺址、墓葬中也經常發現青銅鏃,説明弓矢的使用是很普遍的。但弓却很少見實物出土。可能是因其質地屬易朽之物的緣故。現在可見到最早的出土物爲春秋時代的,如長沙劉城橋 M1 出土的弓,長 125—130 釐米,共三件,竹質,箙一件,亦竹質。

4. 長兵（指帶有長柄的兵器）

矛:刺兵。金文中對此種兵器記載很少,賜品中没有見到,僅西周中期彧簋的俘獲品中一見,但此種兵器出土品和傳世品數量是相當大的,在諸兵器中僅次於戈。在商代和西周的遺址、墓葬中經常發現。這種兵器最早有湖北黄陂盤龍城和河北藁城臺西出土的,時代在商代二里崗期,歷經西周、東周、秦漢,一直使用到近代,是諸長柄兵器中生命力最强的一種,這種兵器的特點是與木柄結合時,不必反復捆綁即可牢固地固定。用於直刺,殺傷力很大。

戈:鈎兵。商周出土兵器中數量最大的一種。在金文中其稱呼也最多,西周早期小盂鼎稱"戠戈",麥方尊稱"玄雕戈"。西周中期王臣簋稱"戈畫戠厚必彤沙",伯晨鼎稱"🅧戈",師奎父鼎稱"戈雕戠"。西周晚期師籍簋稱"戈雕戠彤沙",袁盤稱"戈雕戠厚必彤沙",以師旋簋稱呼最爲繁複:"生皇畫内戈雕戠厚必彤沙。"戈的衆多修飾詞中"戠"字最爲關鍵,吴大澂將此字釋爲"戟"字（《古籀補》72 頁）,後諸家多從之。郭沫若先生在其《殷周青銅器銘文研究》一書中專作了《戈琱戠鬺必彤沙説》,指出"戠"乃戈的援部,依郭説,"戠戈"即有"鋒利援部之戈","戈畫戠"即"援部有繪畫之戈","戈雕戠"即"援部雕有紋飾之戈"。"彤沙",郭先生釋爲"而其内末則有紅綏者也"。"必"郭先生釋"柲",這些都是對的。但他將"厚"字釋出,又轉釋爲"簵"字,則嫌迂曲。"厚"有長大意,《戰國策》"非能厚勝之也",注:"厚猶大也。"因此"厚柲"即長大之柄。車戰用戈,因兩車相交,間距較大,只有柄長大,方可交兵。長沙劉城橋墓葬出土的春秋時代戈七件,除三件短的在一米左右外,其餘四件皆在三米以上。師旋簋中所説的戈,除有雕戠、厚柲、彤沙外,尚有"生皇畫内"的修飾語,説明古人對戈在柲後的部分早已稱"内"。"生皇"即"鳳凰",以鳳凰圖案飾於戈内部。中方鼎有"生鳳",與此"生凰"所指相同。也有的先生認爲這種戈並非實用青銅戈,而可能是儀仗用玉戈,可備一説。

在殷周時代還有一種兵器——戟,早期的戟是將戈與矛連結爲一體而形成的,如河北藁城臺西早商墓中曾出土過這種戈矛合體的戟,1932 年河南浚縣辛村西周早期墓葬中曾出土三十餘件合鑄的戟,矛與戈已鑄成一體,不再分開。以後陸續又出土過類似的戟很多件,1976年山東膠縣西庵村出土一乘戰車馬,車輿上也發現一件青銅戟,説明在西周時代戟也是軍隊裝備之一。它將矛與戈兩者的優勢結合到一起,既可刺,亦可鈎啄,是一種很有殺傷力的武器。但在西周金文中這種兵器却很少記載,可能金文中的戈,同時可以用來稱呼矛和戟。到春秋戰國之後,自銘爲戟的兵器才多起來。

殳：擊兵。趞曹鼎賞賜物中記有此器，因同時所賜物爲弓矢、虎盧、胄、干等，知此"殳"亦應爲兵器之一種。殷周出土物中未見此種兵器。戰國早期曾侯乙墓出土一種帶刺圓錘狀兵器自稱爲"殳"。其中三件棱上有銘"曾侯郕之用殳"，柄長 3.29—3.40 米。《詩經·伯兮》："伯也執殳，爲王前驅。"蓋亦兵車上使用的長柄擊兵。

鉞：寬刃長柄，主要用於砍殺。文獻記斬首多用此器，如武王克殷之後，"以黄鉞斬紂頭"，以"玄鉞斬二嬖妾之頭"（《史記·周本紀》）。因此，賞賜此器往往意味着賜予生殺大權。虢季子白盤："賜用鉞，用征蠻方。"

𢧜：其制不詳。暫列於鉞後，因其功用與鉞相類似。毛公鼎："賜汝兹𢧜，用歲用征。"說明此兵器既可用於祭祀，亦可用於征伐。

5. 短兵

斧：西周早期有宗人斧和司土北征斧，從司土北征斧銘文看，它是兵器之一種。北京昌平縣白浮村 M3 曾出土兩把斧，與兵器同出，也是作爲武器使用的（見《北京地區的又一重要考古收獲——昌平白浮西周木椁墓的新啓示》，《考古》1976 年第 4 期）。

劍：西周金文中很少記載，僅師同鼎記有俘獲的"劍二十"。出土的西周劍都很短，1956—1957 年陝西長安張家坡西周墓裏出土一把劍，長僅 27 釐米（見《灃西發掘報告》，1962年）。北京琉璃河出土的一把僅 17.5 釐米（見《北京附近發現西周奴隸殉葬墓》，《考古》1974年第 5 期），這樣短的兵器只能在近戰時使用，或作爲防身兵器使用。

6. 防護器

蔽體器：西周早期金文中稱"干"，西周中、晚期稱干，也稱"盾"。小盂鼎有"金干一"，小臣宅簋稱"畫干"。西周中期的虞簋、趞曹鼎、目鼎稱干，弋簋則稱盾。西周晚期師旂簋稱"儕汝十五錫登盾"，師獸簋稱"干五錫"。"錫"是一種銅泡，飾於盾面，既可起加固作用，又可形成威猛的圖案，起到威懾敵人的作用（見于省吾《釋盾》，《古文字研究》第二輯；劉昭瑞《説錫》，《考古》1993 年第 1 期）。《禮記·郊特牲》"朱干設錫"，鄭注："干，盾也。錫，傅其背如龜也。"師旂簋稱盾上登有十五個錫，當是規格較高者。師獸簋稱干上有五個錫，是規格較低者。北京琉璃河西周墓（M53）曾出土一件飾有七個錫的盾，組合成一個口鼻眼俱全的獸面，形象威猛恐怖。M1193 是西周早期燕侯大墓，據報告稱"這次發掘的收獲之一是發現了西周時期的漆盾……其中以南壁的六個漆盾保存最好，可知當時的漆盾形狀有多種，有的作長方形，有的上部爲山形脊"。另外，盾表面除了髹漆（或朱或黑或褐色）外，還有人面形、菱形、圓形銅製品（一稱大銅泡）等作爲嵌飾。盾的高度一般在 1.3 米上下，寬在 0.7 米左右。報告還説"銅泡，數量很多，形制也有多種，分四式，前三式爲漆盾上裝飾物，第四種可能是皮甲上的飾物"，並稱背面多有"匽侯舞"或"匽侯舞錫"等銘文。這就明確標示了銅泡的作用和名稱。它是燕侯用於樂舞之盾上的飾物。《周禮·春官·司干》鄭注："干舞者所持謂木盾也，春秋傳曰：萬者何？干舞也。"雖然這些盾不是用於實戰的，但從中也可以看出實戰用盾的大體情況。

護首器:西周各個時期金文中皆有出現,都稱胄。小盂鼎稱賞其"貝胄一",飾貝之胄出土物中未發現。北京琉璃河西周早期大墓 M1193 出土一胄,"半球形,兩側耳部下垂一小圓孔,中部起脊,頭頂正中有一半環。高 21、左右寬 22.5、前後長 24.8 釐米"。北京昌平縣白浮村西周墓 M2、M3 各出土一件青銅胄,背部起高脊。此外,遼寧好幾個地方也出土過西周青銅胄,胄頂部的脊及環可容飾物。

護身器:即後世稱爲甲者,小盂鼎稱"畫虢一",西周中期金文稱衰、虎盧、裨、虢、虤,衰、裨二字皆從衣,説明其爲被於人身如衣者。虎盧、虢、虤三種甲名,名皆從虎,蓋取其甲面如虎皮之義。1984 年在陝西長安普渡村西周墓(M18)中曾出土一組青銅甲片,共 42 枚。墓主是一位身高 1.8 米的武士,同出有戈、鑾鈴、鑣等。據整理者分析:部分甲片背後附有褐色腐蝕層,呈粉狀,似爲皮革背面網狀纖維朽後所留痕迹,這表明在甲片背後可能曾以皮革作襯裏。中國社會科學院考古研究所對這副銅甲作了復原處理(見《西周銅甲組合復原》,《考古》1988 年第 9 期)。考古發掘出土的甲,更多的是皮甲,即由皮甲片聯綴而成,形式種類很多,現已復原數具。如曾侯乙墓出土皮甲數十具,有人被的甲和馬被的甲兩種,人被甲又分吳甲、楚甲(以出產地來區分),又有畫甲、彤甲、漆甲、素甲等(以甲面紋飾性質區分)。

西周戰爭以兵車爲主要戰具,上述許多兵器及防護器可能多數用於車戰。車戰要求兵器長大,而徒兵作戰則要求兵器短小靈活。出土兵器中有的自稱徒戈、徒戟,即專用於徒兵作戰使用。如武城徒戈(《文物》1983 年第 12 期),平阿左造徒戟(《文物》1979 年第 4 期)等。

三、軍祭與軍儀

(一)軍祭

《禮記·王制》曰:"天子將出征,類乎上帝,宜乎社,造乎禰,禡於所征之地。受命於祖,受成於學。出征執有罪;反,釋奠於學,以訊馘告。"這裏所記詳於征前,而略於征後。金文所記與此相反,詳於征後之獻禮,而略於征前之祭禮。金文中不見類禡之祭,有宜造之祭,但所用與文獻亦有不同。

燎。保員鼎:"惟王既燎,厥伐東夷。"庸伯取簋:"惟王伐逑魚,徆伐淖黑。至,燎于宗周。"小盂鼎:"以□入燎周廟。"周原甲骨"其伐,楚人其燎,師氏授燎"(H11:4)。保員鼎説燎祭完畢就去征伐東夷,説明燎祭可以行於征伐之前,用兵出師,是國家的大事,要昭告祖先神靈,燎柴煙騰於上,在天之先祖必有知覺,出征必然受到他們的保佑。庸伯取簋及小盂鼎的燎祭行於征後,細審小盂鼎銘,其所燎使用了新折之鬼方酋首,蓋將鬼方酋之首置於柴上燎之。周原甲骨云:施燎於楚人,出征師氏將楚酋之首授於燎柴之上。西周金文之燎祭多行於軍旅之事,卜辭燎祭則行於祭祀夒、王亥、鳳、土、旬、河、蚰、東母等祖先神與各種自然神。

脤。《左傳·成公十三年》:"國之大事,在祀與戎。祀有執膰,戎有受脤。"這種戎事受脤的禮儀,可以追溯到西周初年,禽鼎曰:"禽有脤祝。"王伐蓋侯,周公、伯禽父子皆與其事,祭後分發脤肉時,伯禽也得到了一份,伯禽爲此作了禱告。

宜。天亡簋:"王饗,大宜。"矢令簋:"作册矢令奠宜于王姜。"天亡簋之宜祭行於衣祀先王和饗禮之後,在宗廟大室中舉行。行禮時爲表示恭敬,王要降於臺階下。矢令簋記作册矢令爲王姜置備了王伐楚伯的宜祭禮,可能行於出征前,祭地在炎。《禮記·王制》説:"宜乎社。"這與金文記載不合,在金文中,宜祭出征前後皆可行,祭地可在宗廟,也可在王的臨時駐地,没有行於國社的記載。

造。《周禮·春官·太祝》:"掌六祈以同鬼神示……二曰造。大師,宜於社,造於祖。"《禮記·王制》:"天子將出征……造乎禰。"師同鼎:"羊百,契,用造。"這是説,將俘獲的羊百隻,切割後用於造祭。小臣夌鼎曰:"王造于楚麓……王造应。"講的是王於楚林麓之處行造祭,又於新設之駐地行造祭。《王制》之禰,是考廟。師同鼎之造祭行於征後,所造之處没有交待。小臣夌鼎之造祭,行於出征途中之臨時駐地,可能在隨軍載出之考廟中舉行。

禷。塱方鼎記周公征伐東夷取得勝利,"公歸,禷于周廟"。其字不識,象兩手倒持佳於示前,可能是敬獻俘獲於神前之意。此祭名卜辭習見,"癸酉卜,貞,王賓祖甲禷"(《前》1.20.1)、"卜,貞,囗囗大示禷"(《前》4.34.5)、"㝃曰,夋甲曰:剛祖乙禷"(《前》1.42.1),可見是一種很古老的祭典。

(二)軍儀

定兵謀。禽鼎曰:"王伐蓋侯,周公謀禽,祝。"講的是王伐蓋侯,出征前,周公與伯禽定兵謀,謀成之後,伯禽禱告祝號。《禮記·王制》"天子將出征……受成於學",注曰:"定兵謀也。"

告祖。軍祭告祖廟,如上述有燎與脤,脤祭分福肉,從征將帥分得之。《禮記·王制》:"天子將出征……受命於祖。"注:"告祖也。"

誓師。《尚書》有《甘誓》《湯誓》《牧誓》《費誓》《秦誓》等多篇,皆爲出征前誓師之辭,所言多爲被征伐的對象如何荒亂昏惡,應行天之罰,出征將士應争先殺敵等等。禹鼎所録由"禹曰……"到"撲伐鄂侯御方,勿遺壽幼",師寰簋由"王若曰……"到"今余肇令汝率齊師、臩釐、僰尿、左右虎臣征淮夷"等,可能皆録自出師誓辭。

遣間。宗周鐘:"叏舝迺遣間來逆昭王,南夷、東夷俱見二十又六邦……"《爾雅·釋言》:"間,倪也。"注:"《左傳》謂之諜,今之細作也。"叏舝入侵周室,被周王"敦伐其至,撲伐厥都"。迫使其降服於周,他特派遣間諜人員來與周王協議,裏應外合,使東夷、南夷二十六邦都來朝拜周王,這是西周軍事鬥爭中"用間"的珍貴史料。

振旅。中觶:"王大省公族于庚,振旅。"公族是某部隊族武裝中的主力,王親自校閲這支隊伍,激勵士氣。《春秋·莊公八年》:"春王正月甲午,祠兵。"《公羊傳》:"出曰祠兵,入曰振旅,其禮一也。"《爾雅·釋天》:"出爲治兵,尚威武也。入爲振旅,反尊卑也。"是知振旅爲得勝回朝舉行的一種典禮,從中觶所記情形看,振旅是一種檢閱部隊的閱兵禮。

獻俘獲。《周禮·太祝》:"大師,……及軍歸,獻於社,則前祝。"《禮記·王制》:"天子……出征,執有罪;反,釋奠於學,以訊馘告。"《詩經·魯頌·泮水》:"矯矯虎臣,在泮獻馘,淑問如皋陶,在泮獻囚。"

記獻俘獲之禮最詳細者莫過於《小盂鼎》銘,其所記儀節如下:

第一,告獻:在正式獻俘獲之前,先要報告俘獲情況,包括執酋、獲馘、俘人、俘車馬牛羊的具體數字。

第二,訊酋:將所執酋首"進即大廷",由重要官員(榮伯)主持審訊,如《泮水》所云"淑問如皋陶"。經過審訊,弄清其反叛的原因,鬼方酋首承認了"從商"的"罪行"。

第三,折酋:將鬼方酋首斬首。

第四,獻馘:這是將斬殺的酋首之馘入門獻於西旅。

第五,燎祭:以所折酋首之馘入燎周廟,告慰於先王。

第六,告成:有聖伯、明伯、鬷伯等接受盂的告成功禮儀。

第七,飲至:王親自爲盂祝賀,"王呼獻盂",以示榮寵,以慶勝利,這實際上是進行一次大饗禮(見作者《西周金文中的饗與燕》,《大陸雜誌》第83卷第2期)。

第八,禘祖:所禘祭者爲文、武、成諸先王。

第九,獻俘獲:入獻分區、分品類。

第十,賞賜:第二天,在宗廟中又專門舉行賞賜典禮,所賜之物多爲兵器,有弓矢干戈甲冑等。

除小盂鼎外,其他金文中對此禮也有零星記載,如塑方鼎有"飲秦飲"記載,據譚介甫先生考證這就是文獻中所説的飲至禮(見譚介甫《周西朢鼎銘研究》,《考古》1963年第12期),在小盂鼎中是第七項儀注。再有敔簋記載了一次對南淮夷的戰爭,勝利後也舉行了獻俘獲之禮。敔簋所記有兩點值得注意:第一,此次戰役共截首百,執訊四十,俘人四百,但在成周大廟告擒時,只講了馘百訊四十,而不及俘人之數。大概在這種典禮上,只報告和獻出戰鬥人員的斬獲,而一般平民與奴隸的俘獲不計在內。第二,這次俘獲的南淮夷邦君没有按一般慣例殺掉,而是把他遣返了,這可能是要利用他進一步招撫其他部族。這種攻心戰術的運用,説明此時周人已脱離了一味蠻殺的原始戰爭方式,而初步掌握了講求謀略的戰爭藝術。

四、結　語

"戰争是政治的繼續",在結束本篇時,我想從政治的角度來評議一下西周戰事的得失。我以爲周人的戰争得失各有其二:得之一,周初實行了分封政治,龐大的西周國土,各有其主。各諸侯國都建有自己强大的族武裝,封地内的土地人民無不爲王所賜予,這樣他們就都對周王承擔了重大的義務,遇有内憂外患,周王可以隨時就近調遣他們去鎮撫。周王又設計了一套控制各諸侯國的有效辦法。如諸侯設諸監,仲幾父簋"使于諸侯諸監"(《三代》7.50)、又有應監甗之"應監"(《考古學報》1960年第1期)、叔趞父卣之"榮監"(《考古與文物》1982年第4期)等的侯國監察制度。諸侯國的新君和重要官史皆須周王親自册命的册命制度,周王隨時有權"遷侯",即可以使甲地諸侯改封乙地的封建制度等等(見作者《西周金文中的大封、小封和賜田里》,《中國考古學論叢》,1993年)。在生產不是十分發達的西周社會,中央集權尚不可能實行的情況下,諸侯國的建立,起到了屏藩宗周王朝的作用。得之二,周人建立了耕戰結合的軍事體制,軍隊中專設了管理農、林、牧業的官史,管理行政的官員如邑人、遂人等戰時也是軍隊的官員,王朝中幾乎全體重要命官,都是戰時可以帶兵出征的將帥。從經濟上講,這省却了供養一大批常規部隊的軍費開支;從軍事上講,戰爭的補給供應,可以由軍隊自行解決,使前方和後方聯成整體,戰斗力更有保障。因此,西周王朝可以承受住較長時間戰爭的消耗。失之一,周人在殷遺武庚叛亂後,對殷遺民喪失了耐心,由原來的懷柔政策一改而成武力鎮壓,這樣就樹立了一個强大的對立面,迫使殷遺竄向四夷部族。於是,殷遺熟練的車戰經驗、高度發達的青銅兵器冶煉技術等都迅速擴散到夷族部落,大大加强了四夷的軍事力量。失之二,周人對四夷部族没有制定出穩定的政策,而迷信於武力鎮服,這就使得周人顧此失彼,疲於奔命。最後,在幽王正熱心於南征、東伐時,西戎攻入宗周,周王朝終於亡於犬戎之手。

　　要想較好地進行西周的軍史研究,我以爲應從三個方面入手。第一,整理考古發掘的實物資料。第二,深入綜合研究古文字資料。第三,結合上述兩項,研究古文獻資料。本文只是側重第二方面作了些粗淺的分析工作。限於篇幅,有許多問題也無法充分展開,如周人的用兵謀略、西周軍隊的軍積倉廩制度、西周的馬政、西周的車戰、西周的軍事地理等,對這些問題都應作出專題的研究。

附録一　記述西周戰事的金文資料

一、西周早期的戰事

1. 武王

(1) 利簋(《文物》1977年第8期)

　　珷征商。惟甲子朝,歲(越)鼎,克昏,夙有商。辛未,王在闌師,賜有司利金,用作檀公寶尊彝。

金文"歲"通"越","越"有"奪"意。《逸周書・世俘》:"辛亥,薦俘殷王鼎。""奪鼎"是奪取政權的象徵(此用唐蘭先生《史徵》中的意見)。銘中的檀公可能是周初檀伯達的先人,"有司利"或爲檀伯達,或其後裔。此器出於臨潼一窖穴,其地或爲檀氏采邑。

（2）天亡簋(《三代》9.13)

　　乙亥,王有大禮,王凡三方,王祀于天室。降,天亡佑王。衣祀于王丕顯考文王,使饋上帝。文王監在上,丕顯王作省,丕緐王作庶,丕克乞衣王祀。丁丑,王饗。大宜,王降,亡得爵退橐。惟朕有慶,敏揚王休於尊簋。

此銘記武王克殷後,乙亥日行大禮,殷祀於先王和文王,兩天後的丁丑日,行饗禮和宜祭。文獻上一般講出師前行宜祭,此銘記戰事完畢後行宜祭,值得注意。

紀事金文中能明確爲武王時器者,僅此兩件而已。利簋對克殷時間的記載,與文獻相吻合。殷末,王朝內部已十分腐敗,周人在克殷前作了充分準備,政治和軍事上都作了巧妙的部署,在殷人力量未及充分集中的情況下,突然實施決戰,"夙有商",從"朝"至"夙",即解決了在商都附近的戰鬥。

2. 成王

（3）禽鼎(《三代》4.2)、禽簋(《三代》6.50)

　　王伐蓋侯,周公謀禽,祝。禽有脤,祝。王賜金百鋝,禽用作寶彝。

《韓非子・説林》《墨子・耕柱》皆有"商蓋",即"商奄"。《書・序》"成王東伐淮夷,遂踐奄"。銘稱"王伐蓋侯",即成王東征踐奄。謀,兵謀。周公與伯禽出兵前之"廟算"。脤,宜祭有"受脤"之禮。祝,不識,蓋禱祝類禮儀,伯禽官司大祝(見大祝禽方鼎),職司禱祝呼號之事。

（4）剛劫尊、卣(《斷代》二)

　　王征蓋,賜剛劫貝朋,用作朕高祖寶尊彝。

（5）小臣單觶(《三代》14.55)

　　王後返,克商。在成師,周公賜小臣單貝十朋,用作寶尊彝。

（6）沫司土疑簋(《斷代》一圖版6)

王來伐商邑，誕令康侯鄙于衛。沬司土疑咒鄙，作厥考尊彝。

《史記·衛康叔世家》："周公旦以成王命興師伐殷，殺武庚祿父、管叔，放蔡叔。以武庚殷餘民封康叔爲衛君，居河、淇間故商墟。"按周代封建例，封建時，連同土地上的官吏民衆奴隸等也一併歸屬於新君。因此，沬地司土名疑者也在此次康叔徙封於衛時，歸屬於衛康叔，作器以誌紀念。

（7）塱方鼎（《斷代》一）

惟周公于征伐東夷、豐伯、薄姑，咸戈。公歸，禋于周廟。戊辰，飲秦飲。公賞塱貝百朋，用作尊鼎。

《史記·周本紀》："召公爲保，周公爲師，東伐淮夷，殘奄，遷其君薄姑。"此銘記事，疏於戰前而詳於戰後，如記周公東征後，於周廟行禋祭、飲至、賞賜諸禮儀。

（8）保尊、卣（《斷代》一）

乙卯，王令保及殷東國五侯，誕兄六品，蔑歷于保，賜賓，用作文父癸宗寶尊彝。遘于四方，王大祀，祓于周，在二月既望。

保即太保召公奭。《漢書·地理志》："周成王時，薄姑氏與四國共作亂，成王滅之。"蓋三監與豐伯、薄姑合稱"東國五侯"，"及"有"追擊"意，不其簋："戎大同，永追汝，汝及戎，大敦搏。"其中"及"字用法即與保尊同。這裏説的是周王命太保召公追擊殷地叛亂的五侯。

（9）臣卿鼎、簋（《三代》3.41、6.48）

公違省自東、在新邑。臣卿賜金，用作父乙寶尊彝。

唐蘭先生認爲"公違"即《逸周書·世俘》中的"百韋"。

上述（3）—（9）七器記成王東征二次伐商的戰事。這次重大軍事行動從整體看，是由成王親自指揮的，七件器銘中五件記成王親征或由成王指派要員出征，如禽簋記成王與周公、伯禽一起出征，沬司土疑簋記"王來伐商邑"。可見文獻稱"周初成王年幼，在襁褓中"，"周公攝政稱王"等是不符合歷史實際情況的。這次戰事所伐的對象主要是"三監"、豐伯和薄姑等"東國五侯"，所謂"踐奄"之戰，金文稱"伐蓋"或"征蓋"。戰事的出擊地在"成師"，即"新邑"，可見周初營造洛邑是一個對付殷遺民謀反的很有戰略眼光的措施。東征後，爲進一步鎮撫東方，特將康侯徙封於衛地（沬司土疑簋）。殷代末年周人自稱"小邦周"，甲子一戰而得天下,戰勝大邑商。政權是極不穩固的,一場復辟與反復辟的鬥爭勢必會十分激烈和持久。

3. 康王

(10) 大保簋(《三代》8.41)

　　　王伐彔子聖。叡厥反,王降征令于大保。大保克敬亡遣,王永大保,賜休余土,用兹彝
對令。

《逸周書·作雒》:"二年,又作師旅,臨衛征殷,殷大震潰,降辟三叔,王子禄父北奔。"成
王東征之役並未徹底消滅殷遺的力量,而是迫其"北奔"。很可能殷遺竄入西北鬼方。因此,
康王之世戰事多在北方,此銘之彔子聖有可能是禄父的後代。傳召公奭官到大保,至康王世
尚健在;其封地在北燕,以此爲基地進行北伐之戰應是適宜的。

(11) 小盂鼎(《三代》4.44—45)

　　　惟八月既望辰在甲申,昧爽,三左三右多君入服酒。明,王各周廟,□□□□賓,誕邦賓尊
其旅服,東向,盂以多旗佩鬼方□□□□入南門,告曰:王曰盂以□□伐鬼方。□□□□□執
酋二人,獲馘四千八百□二馘,俘人萬三千八十一人,俘馬□□匹,俘車卅輛,俘牛三百五十五
牛,羊卅八羊。盂或□曰:□□□□□乎□我征。執酋一人,獲馘二百卅七馘,俘人□□□□
人,俘馬百四匹,俘車百□輛。王若曰:嘉! 盂拜,稽首,以酋進即大廷。王令榮訊酋,□□即
酋,訊厥故,□越伯□□鬼閣,鬼閣虘以新□從商。折酋於□,王乎□□令盂以厥馘入門,獻西
旅,以□入燎周廟。盂以□□□□□入三門,立中廷,北向。盂告燹伯即位,燹伯告□□□於
明伯、豳伯、□伯。告成。盂以□大侯田□□□□□盂征□,咸。賓即位,獻賓。王乎獻盂。
王以□□□進賓,□□大采,三周入服酒。王各廟,祝誕□□□□□邦賓不祼,□□用牲褅周
王、武王、成王,□□卜祭戕。王祼,祼從,獻邦賓,王乎□□令盂以區入,凡區以品。雩若昱
日,乙酉,□三事大夫入服酒,王各廟,獻王邦賓,誕王令賞盂□□□□□弓一矢百,畫觥一,貝
胄一、金干一、截戈二,□□□用作□伯寶尊彝,惟王廿又五祀。

該鼎已佚,銘拓漫患不清,但經過郭沫若、陳夢家、唐蘭等前輩學者細心考索,已大體可
讀。銘文記録了兩次對鬼方的戰役後的獻俘馘大典。有一段銘文大意是:盂將捉到的鬼方
酋首(兩戰共三人)帶進大廷,康王命榮伯主持審訊,當訊問其謀反的緣故時,他們承認了"從
商"的"罪行"。這就告訴我們,這次戰爭的起因與殷遺王子禄父北奔有關,蓋其北奔之後與
鬼方結合起來,對周王朝形成威脅,康王爲徹底摧毀殷遺的武裝抵抗,才組織了這次戰役。
從俘獲情況看,第一戰役俘車三十輛,第二戰役達百餘輛,説明曾進行了激烈的車戰,鬼方之
所以能建有强大的車戰部隊和熟練地進行車戰攻防,可能與殷遺的加入有關。這也是金文

中第一次車戰的實録。文獻稱武王克商,不過"率戎車三百乘",此次戰役僅俘獲就達百數十輛,可以想見,戰役的規模是相當大的。

此銘可貴之處還在其詳細記録了一次獻俘獻獲大禮的全過程:典禮在周廟中進行,由王親自主持,有朝中重要官吏及諸侯邦君參加,禮儀的儀節十分繁複隆重,大的儀注就有十項之多,由甲申始,至乙酉止,共進行兩日。

(12)吕行壺(《西清古鑑》19.8)

> 惟四月,伯懋父北征。惟還,吕行戈俘貝,厥用作寶尊彝。

伯懋父即衛康叔封之子康伯髦,又稱王孫牟,約在康王晚期出任北伐統帥,後在昭王初年亦主持過對東夷和南方的鬥争。

(13)司土斧(《小校》9.93)

> 叔司土北征蒿盧。

斧上鑄銘是很少見的,此斧爲傳世品,形制與新出宗人用斧(《文物》1992年第12期,第63頁)類似,那件斧出土於洛陽西周早期大墓中,時代明確,故司土斧也應作於周初,估計與吕行壺所述北征爲同時事,斧往往被誤認爲專作生産工具用,其實其中有的是兵器。

4. 昭王

(14)小臣謎簋(《三代》9.12)

> 叔東夷大反,伯懋父以殷八師征東夷。惟十又一月,遣自䍒師,述東陝,伐海眉,雪厥復歸
> 在牧師,伯懋父承王命賜師帥征自五䵞貝,小臣謎蔑歷眔賜貝,用作寶尊彝。

此銘提到"殷八師",並指出復歸之地爲牧師,説明此次東征出發地及返回之地皆在牧師,牧師應爲殷八師駐地,殷八師亦因其駐地於殷而得名。

(15)明公簋(《三代》6.49)

> 惟王令明公遣三族伐東國,在遣,魯侯有囚功,用作旅彝。

明公及魯侯皆爲周公後裔,封在山東,如命封於北燕的大保北征一樣,以東征之命命於明公、魯侯也是適宜的。此次東征軍隊以族爲單位,説明西周軍隊的組成有一部分是以家族、氏族爲基礎的。

（16）寧鼎（《三代》4.18）

惟王伐東夷，溓公令寧眔史旗曰：以師氏眔有司後或戈伐鴺。寧俘貝，寧用作饟公寶尊彝。

（17）憲鼎（《斷代》一）

王令遣戈東反夷，憲肇從遣征，攻蹢無敵，省于人身，俘戈，用作寶尊彝，子子孫其永寶。

（18）保員簋（《考古》1991 年第 7 期）

惟王既燎，厥伐東夷，在十又一月，公返自周。己卯，公在虞，保員邐，辟公賜保員金、車，用事。

保員簋銘記在東征之前先行燎祭值得注意。蓋東夷時叛時服，昭王初年，又有大的反復，昭王派老將伯懋父帥殷八師出征，後又派公、遣、保員等對東夷作戰。

（19）員鼎（《三代》4.5）

惟正月既望癸酉，王狩于視南，王令員執犬休善……

（20）小臣夌鼎（《博古圖》2.14）

正月，王在成周，王造于楚麓，令小臣夌先省楚应。王造应，無遣。小臣夌賜貝，賜馬匹……

（21）啓卣（《文物》1972 年第 5 期）

王出狩南山，搜逊山谷，至于上侯滰川上。啓從征，謹不擾。……

（22）中甗（《薛氏》16.2）

王令中先省南國，貫行凱应，在曾。史兒至，以王令曰："余令汝使小大邦，厥又舍汝芻糧，至于汝庹小多邦。"中省自方、鄧，泃▢邦，在鄂師次。伯買父乃以厥人戍漢中州：曰叚、曰旒。厥人隸廿夫,厥貯審言曰貯,□貝駒傳,肆王□休,肆肩有差……

(23) 中方鼎(《博古圖》2.20)

惟王令南宮伐反虎方之年,王令中先省南國,貫行絀王応,在射陣得山,中乎歸生鳳于王,絀于寶彝。

(24) 啓尊(《文物》1972 年第 5 期)

啓從王南征,遶山谷,在洀水上,啓作祖丁旅寶彝。

(25) 交鼎(《三代》3.23)

交從狩,來即王,賜貝,用作寶彝。

上述七銘記録了昭王南巡所作的戰前準備: ① 在南方設立王的臨時駐驆處,銘稱"省応""絀応"。② 頻繁的外交活動,分化瓦解,孤立要打擊的對象。銘稱"使小大邦"。③ 輸送糧秣等軍事物資,安排驛站,作好通訊聯絡準備,如中甗所記"芻糧""貯""駒傳"等,都是這方面的記載。④ 以狩獵爲名,進行軍事演習,實行武力威脅。當昭王認爲準備工作已完成後,就實地開始了他的"南巡"事業,從金文所記情況看,對南方作戰,起碼有兩次。

(26) 矢令簋(《三代》9.26、27)

惟王于伐楚伯,在炎。惟九月既死霸丁丑,作册矢令奠宜于王姜,姜賞令貝十朋,臣十家,鬲百人……

(27) 小子生尊(《西清古鑑》8.43—44)

惟王南征,在□,王令生辯事于公宗,小子生賜金,鬱邑……

(28) 過伯簋(《三代》6.47)

過伯從王伐反荆,俘金……

（29）軟御簋（《小校》7.43）

軟御從王南征，伐楚荆，有得……

（30）肅簋（《三代》7.21）

肅從王伐荆，俘，用作饆簋。

（31）鴻叔諆簋（《文物》1986 年第 1 期）

惟九月，鴻叔從王員征楚荆，在成周，諆作寶簋。

（32）鴻叔諆鼎（《薛氏》9.10—11）

鴻叔從王南征，惟歸，惟八月。在䣄应，諆作寶鬲鼎。

（33）員卣（《三代》13.37.1—2）

員從史旗伐會，員先入邑，員俘金，用作旅彝。

（34）中觶（《博古圖》6.32）

王大省公族于庚，振旅。王賜中馬，自䧆侯四騟，南宮貺。王曰：用先。中觛王休，用作父乙寶尊彝。

以上九銘所記可能是昭王第一次南巡的情況，從銘文內容看，南征的主要對象是"楚荆"，周原鳳雛遺址出土甲骨有"其伐楚人，厥燎，師氏授燎"（H11：4），"燎于河"（H11：30）等。此戰役同時也兼及檜。多數器記"從王"出征，看得出是昭王親征，《鴻叔諆簋》記此次出征在成周發兵，所經之地有炎、䣄等，戰爭取得一定勝利，並舉行了隆重的公族部隊閱兵典禮，但敘及俘獲卻很簡單，只抽象地説"俘""有得""俘金"等，可能俘獲很有限。

（35）師旂鼎（《三代》4.31）

惟三月丁卯，師旂眾僕不從王征於方雷，使厥友引以告于伯懋父，在芳……

（36）旅鼎（《三代》4.16）

惟公大保來伐反夷年，在十又一月庚申，公在蠶師，公賜旅貝十朋……

（37）大保玉戈（《陶齋古玉圖》84 頁）

六月丙寅，王在豐，令大保省南國，帥漢，誕狩南，令厲侯辟用蛛走百人。

上述三器銘記昭王二次南巡的遭遇。由於長期對南方作戰，軍力耗盡，軍心浮動。以致師旅衆僕敢於不服從王的出征命令，而作爲主帥之一的伯懋父也不能絕對禁絕此類事，草草交納贖金了事。大保玉戈記昭王南狩已至漢水之上，離"溺水不復"的地點已不遠了。二次南征，除昭王外，主帥爲大保與伯懋父，記出征諸器銘不談俘獲，可能與此次出征以失敗而告終有關。

二、西周中期的戰事

文獻稱穆王以祭貢不致爲由西觀兵，征犬戎，"得四白狼、四白鹿以歸"（《國語·周語》《史記·周本紀》）。説來也巧，穆王時的金文中却真的出現了用白狼、白鹿作祭品的記載：伯唐父鼎（《考古》1989 年第 6 期）："乙卯，王饗奏京。王褅，辟舟臨舟龍。咸褅，伯唐父告備。王各，乘辟舟，臨褅白旗。用射緐、鼇虎、貈、白鹿、白狼于辟池。"（此銘的考證可參見作者所寫《伯唐父鼎的銘文與時代》一文，《考古》1990 年第 8 期）《穆天子傳》記周穆王巡遊西方，會西王母等，對西方用兵之事，在金文中却没有見到明確記載，西周中期金文所見，多爲對東方和南方用兵之事，少數也記載了北方的戰事。

（38）班簋（《西清古鑑》13.12、《文物》1972 年 9 期）

惟八月初吉，王在宗周，甲戌，王令毛伯更虢城公服，雩王位，作四方極。秉繁、蜀、巢，令賜鈴、勒。咸，王令毛公以邦冢君、徒御、戜人伐東國痟戎。咸，王令吳伯曰：以乃師右比毛父；王令吕伯曰：以乃師左比毛父。遣令曰：以乃族從父征，出城衛父身。三年静東國，亡不咸尤天威，否畀屯陟。公告厥事于上，曰："惟民亡拙哉！彝昧天命，故亡允哉，顯惟敬德，亡逪違。"……

文中之吳伯、吕伯可能即上文之友邦冢君，徒御者即徒兵與御車兵，戜人是受其控制的夷族部隊。班被王命以族人出征，主要任務是在中軍保護主帥的安全。

（39）繁簋（《集成》4146）

惟十又一月初吉辛亥，公令繁伐于異伯，異伯蔑繁歷，賓繁柀廿，貝十朋……

可能瘠戎與眔伯皆爲與殷遺有牽連的夷人。這場對東部的戰爭,據班簋講,一直持續了三年才平靜下來。班簋稱"秉繁、蜀、巢"。秉,執持也。《尚書·君奭》"秉德明恤"《詩經·大雅》"民之秉彝",秉皆有執持義。周王既已執持這南方三國,說明此前已經歷了一段時間的鬥爭,如:

(40)肇貯簋(《西清古鑑》7.30)

　　□肇貯及子敄鑄旅簋,惟巢來毀,王命東宮追以六師之年。

(41)繇侯鼎(《考古》1964年第10期)

　　繇侯獲巢,俘厥金冑,用作旅彝。

周原甲骨有"征巢"(H11.110),大概也說的是這場鬥爭,王朝在對巢的戰鬥中動用了西六師,這是直屬王朝的主力部隊,因其駐守在西土宗周一帶故得名。

(42)熒尊(《小校》5.34)

　　熒從王如南……

(43)孟簋(《考古學報》1962年第1期)

　　孟曰:朕文考眔毛公、遣仲征無需,毛公賜朕文考臣,自厥工……

上述兩器也是講南征的事,孟簋中也提到毛公,大概與班簋時代接近。

(44)彔戜尊、卣(《三代》13.43;16.26)

　　王令戜曰:"畝淮夷敢伐内國,汝其以成周師氏戍于古師。"伯雍父蔑彔歷,賜貝十朋……

(45)戜簋(《文物》1976年第6期)

　　惟六月初吉乙酉,在堂師,戎伐,□戜率有司、師氏奔追御戎于械林,搏戎胡。朕文母競敏啓行,休宕厥心,永襲厥身,卑克厥敵。獲馘百,執訊二夫,俘戎兵:盾、矛、戈、弓、葡、矢、裨、冑凡百又三十又五款。捋戎:俘人百又十又四人。衣搏,無尤于戜身。……

（46）簋鼎（《文物》1976 年第 6 期）

　　簋曰：烏乎！王惟念簋辟烈考甲公，王用肇使乃子簋率虎臣御淮戎……

（47）競卣（《三代》13.44）

　　惟伯犀父以成師即東，命戍南夷。正月既生霸辛丑，在坯，伯犀父皇競，各于官。競蔑歷，賞競璋……

（48）臤尊（《三代》11.36）

　　惟十又三月既生霸丁卯，臤從師雍父戍于古師之年，臤蔑歷，仲競父賜赤金……

（49）遇甗（《三代》5.12）

　　惟六月既死霸丙寅，師雍父戍在古師，遇從。師雍父肩史遇使于胡侯，侯蔑遇歷，賜遇金，用作旅甗。

（50）霸鼎（《三代》4.13）

　　惟十又一月，師雍父省導至于胡，霸從，其父蔑霸歷，賜金……

（51）秭卣（《博古圖》10.34）

　　秭從師雍父戍於古師，蔑歷，賜貝三十鋝……

　　上述八器記述的都是西周中期對南淮夷的戰事，其中（44）—（46）記録的是彔伯受王命協同成周八師對淮夷作戰，主帥是伯雍父，戍守的據點爲古師，作戰對象主要是“戎胡”，戰爭到緊張的時刻，周王不惜派出近衛部隊虎臣受簋統率出征。《競卣》講的是周王派出的另一支抵禦南淮夷的部隊，主帥是伯犀父，駐地在坯。（48）—（51）講的仍然是伯雍父戍古師之事，鬥爭的對象仍然是“戎胡”，但這幾件器記録的不是武裝衝突，主要是外交鬥争。一方面頻繁派員出使，一方面對胡地“省導”，即巡視，偵察。可以看出，這一時期周王采取了在南方建立根據地，長期據守的戰略。

（52）庸伯取簋（《三代》8.50）

惟王伐迷魚，誕伐淖黑。至，燎于宗周。賜庸伯取貝十朋……

（53）諫簋（《考古》1979 年第 1 期）

惟戎大出于軝，邢侯搏戎，誕令臣諫以□□亞旅處于軝，從王□□，臣諫曰："拜手，稽首，臣諫□亡，母弟引庸又長子□，余关皇辟侯令，肆服"……

淖黑及軝皆在北方，這兩件器銘記録的應是西周中期對北方的戰事。其中諫簋記録的是邢侯對北戎的征戰。以諸侯發布命令出征之戰事在金文中並不多見，新出目鼎記晉侯命目出征事也屬此類，作戰於佣地，也在周的北方。

（54）目鼎（山西晉侯大墓新出器，見《上海博物館集刊》6，第 153 頁）

惟七月初吉丙申，晉侯令目追于佣，休有擒。侯釐目虢、胄、干、戈、弓、矢束，貝十朋………

文獻對西周中期戰事記載甚少，從金文所記看，西周中期的周王朝仍然是四方不静，十分動蕩。特別是南方的淮夷諸部在擊潰了周昭王的南巡之旅後，其勢更熾。穆王時對繁、蜀、巢的鬥爭雖取得了初步的勝利，但戎胡諸部仍堅持與周爲敵，他們利用距周人腹心地帶較遠，南方地形複雜，丘嶺多，水道多，利水戰，不利車戰的特點，與周人周旋。周王室則汲取昭王南巡失利的教訓，改變了鬥爭策略，不再作長驅直入的進攻，而是在南方交通要道上建立據點，遠交近攻，分化瓦解，逐步向南推進。這一策略在中期對南淮夷的戰爭中是奏效的，周人繼昭王之志，繼續對南方進行征伐戰爭。

三、西周晚期的戰事

從金文内容看，西周晚期的戰事主要集中在南方和北方，東西方雖也有戰爭，但規模遠没有南北方的激烈。

1. 對南淮夷諸部的鬥争

（55）無㝬簋（《三代》9.1）

惟十又三年正月初吉壬寅，王征南夷，王賜無㝬馬四匹……

（56）虢仲盨（《三代》10.37）

虢仲以王南征，伐南淮夷，在成周，作旅盨，兹盨有十又二。

（57）翏生盨（《三代》10.44）

王征南淮夷，伐角淮、桐遹。翏生從，執訊折首，捋戎器，俘金，用作旅盨……

（58）敔簋（《博古圖》16.39）

惟王十月，王在成周。南淮夷遷殳内伐溟昴、參泉、裕敏、陰陽洛。王令敔追御于上洛烟谷，至于伊、班。長榜截首百，執訊四十，奪俘人四百。獻于榮伯之所。于烟衣肂，復返厥君。惟王十又一月，王各于成周大廟。武公入佑敔，告擒：馘百，訊四十。王蔑敔歷，使尹氏授釐敔圭瓚，□貝五十朋。賜田于含五十田、于早五十田……

（59）鄂侯御方鼎（《三代》4.32）

王南征，伐角、遹。惟還自征，在坏，鄂侯御方納壺于王，王迺祼之。御方侑王，王休宴，乃射。御方合王射，御方休闌，王揚，咸飲。王親賜御方玉五榖，馬四匹，矢五束……

（60）禹鼎（《録遺》99）

禹曰：丕顯趄趄皇祖穆公克夾召先王，奠四方。肆武公亦弗叚忘朕聖祖考幽大叔、懿叔命。禹肖朕祖考政于邢邦，肆禹亦弗敢惷，惕恭朕辟之命。烏乎哀哉！用天降大喪于下國，亦惟鄂侯御方率南淮夷、東夷廣伐南國東國，至于歷内。王迺命西六師、殷八師曰："撲伐鄂侯御方，勿遺壽幼。"肆師彌守匋匡，弗克伐鄂。肆武公迺遣禹率公戎車百乘、斯御二百、徒千，曰："于匡，朕肅慕，車西六師、殷八師伐鄂侯御方，勿遺壽幼。"雩禹以武公徒御至于鄂京，伐鄂，休，獲厥君御方。肆禹有成。……

（61）宗周鐘（《三代》1.66）

王逨省文武勤疆土，南國艮孳敢陷虐我土。王敦伐其至，撲伐厥都。艮孳迺遣間來逆昭王，南夷東夷俱見廿又六邦……

（62）兮甲盤（《三代》17.20）

……王令甲政司成周四方積,至于南淮夷,淮夷舊我員畮人,母敢不出其員、其積。其進入、其貯母敢不即次、即市。敢不用命則即刑,撲伐……

（63）師袁簋（《三代》9.28）

王若曰:"師袁,□淮夷舊我員畮臣,今敢搏厥衆叚,反厥工吏,弗迹我東國。今余肇令汝率齊師、曩氂、僰夷、左右虎臣征淮夷。"即折厥邦酉曰冉、曰裟、曰鈴、曰達。師袁虔不墜,夙夜恤厥穡事,休既有功,折首執訊,無諆徒御毆俘士女羊牛,俘吉金……

（64）駒父盨蓋（《文物》1976 年第 5 期）

惟王十又八年正月,南仲邦父命駒父毁南諸侯、率高父見南淮夷,厥取厥服。堇夷欲墜,不敢不恭畏王命,逆見我,厥獻厥服。我乃至于淮,小大邦亡敢不□俱逆王命。四月,還至于蔡,作旅盨,駒父其萬年永用多休。

南淮夷又稱南夷和淮夷,指淮水流域諸邦國。《後漢書·東夷傳》曰:"厲王無道,淮夷入寇,王命虢仲征之,不克。"虢仲盨所記,殆即此事。這是對南淮夷戰爭的第一個回合。翏生盨、敔簋所記爲征伐角淮、桐遹的戰役,戰果較虢仲時爲大。鄂侯御方鼎、禹鼎所記是對鄂侯御方的鬥爭,緊接伐角桐之後。初時,鄂侯御方爲得勝歸來的周王納壺,宴射,周王也對他優禮相待,賞賜有加,看來鄂侯是爲了麻痺氣勢正盛的周王得勝之軍。過了不久,他就發動了大規模的入侵戰爭,會合南淮夷和東夷的武裝力量,從東南兩方向對周王室進攻,直打到首都附近,聲勢之大,令禹驚呼:"烏乎哀哉!用天降大喪於下國。"王動用了西六師和殷八師的隊伍進行抵抗、反攻。開始,雙方於匡地對峙,無法戰勝鄂侯的聯軍。後來,武公命禹帶領公族的私家精銳部隊,出奇兵抄到鄂侯御方的大後方,直襲其京城,一舉搗毀其總部,並生擒鄂侯御方。這一戰役,戰術運用是成功的。

宗周鐘是厲王標準器,銘中的"南國艮孶"疑即古"房子"(考證將另行文),《姓纂·十陽》云房:"帝堯子丹朱封爲房邑侯。"卜辭有"丁亥,貞,王其𤰚旁艮乎御史"(《屯南》1059),周初有艮孶君簋"艮孶君休于王,自作器,孫子永寶"(《集成》3791),又有旁艮子父乙鼎(《三代》2.47)。金文又有亞旁罍(《三代》12.1.9)。卜辭有"乙巳卜,何,貞亞旁以羌其禦用"(《甲》2464)。《國語·周語》:"昔昭王娶於房。"蓋古房子國居於南(約在今湖北北部),其君稱"旁艮子"或"艮子"。曾爲南夷、東夷數十邦之首領,初時與周爲敵,後被征服,被厲王利用,乃遣間來逆迎周王,使東南諸夷與周王修好。

兮甲盤、師寰簋、駒父盨蓋銘文説明經過周王朝幾代人的反復征討,至西周末年,南淮夷諸部基本降服,成了西周王室的重要貢賦擔當者,其中製造兵器及禮器的青銅原料主要由他們供應,禹敔簋稱"戎獻金于子牙父百車"(《三代》8.53)。若有貢賦不至或稍有反抗,則大加撻伐。

2. 與西北玁狁的戰事

(65) 不其簋(《三代》9.48)

惟九月初吉戊申,伯氏曰:"不其,御方、玁狁廣伐西俞。王令我羞追于西,余來歸獻擒。余命汝御追於𥂕,汝以我車宕伐玁狁于高陶,汝多折首執訊。戎大同,永追汝,汝及戎,大敦搏。汝休,弗以我車函於艱。汝多擒,折首執訊。"伯氏曰:"不其,汝小子,汝肇誨于戎功,賜汝弓一、矢束、臣五家、田十田,用永乃事。"

兮甲盤(《三代》17.20)

惟五年三月既死霸庚寅,王初格伐玁狁于𫘦盧。兮甲從王,折首執訊,休亡敃。王賜兮甲馬四匹、駒車……(按:此器與 62 重出,故不計號)

(66) 虢季子白盤(《三代》17.19)

惟十又二年正月初吉丁亥,虢季子白作寶盤。丕顯子白,將武于戎功,經維四方,搏伐玁狁于洛之陽,折首五百,執訊五十,是以先行。趞趞子白,獻馘于王,王孔嘉子白義,王各周廟宣榭,爰饗。王曰:"伯父孔揚有光,王賜乘馬,是用佐王;賜用彤弓、彤矢,其央;賜用鉞,用征蠻方。"

(67) 師同鼎(《文物》1982 年第 12 期)

羍界其形,師同從,折首執訊,俘車馬五乘,大車廿。羊百,契,用造。王羞于氒,俘戎金胄卅,戎鼎廿、鋪五十、劍廿。用鑄兹尊鼎……

(68) 多友鼎(《人文雜誌》1981 年第 4 期)

惟十月,用玁狁方興,廣伐京師。告追于王,王命武公:"遣乃元士,羞追于京師。"武公命多友率公車羞追于京師。癸未,戎伐筍,衣俘。多友西追,甲申之辰,搏于郱,多友有折首執訊：凡以公車折首二百又□又五人，執訊二十又三人，俘戎車百乘一十又七乘，衣復荀人俘。或搏于龔，折首三十又六人，執訊二人，俘車十乘。從至，追搏于世，多友或有折首執訊。乃轙追于楊冢，公車折首百又十又五人，執訊三人，惟俘車不克，以衣焚，惟馬毆衋，復奪京師之俘。多友迺獻俘、聝、訊于公，武公迺獻于王。迺曰武公曰："汝既静京師，釐汝，賜汝土田。"丁酉，武公在獻宫，公親曰多友曰："余肇使汝，休，不逆，有成，使多擒。汝静京師，賜汝圭瓚一，湯鐘一將，鐈鋚百鈞"……

從不其簋描述的戰况看，此次戰役是鄂侯御方與玁狁同時入侵的，對周王朝形成南北夾擊的形勢。玁狁是一個流動性很大的部族，與周人先戰於高陶（不其簋），又戰於䍐盧（兮甲盤），三戰於洛之陽（虢季子白盤），四戰於京師一帶（多友鼎）。從多友鼎的俘獲看，玁狁也有大規模的戰車部隊，車戰仍是此時中原及北方戰爭中决定勝負的重要因素。

師同鼎講到俘獲品時有"羊百，契，用造"一句，"造"爲祭名，這是將俘獲的羊殺掉，用於凱旋後的"造祭"。多友鼎記獻俘、聝，頒賞之禮，須分級舉行，武公命多友以公車出征，戰有俘獲，先是多友"獻俘、聝、訊于公，武公迺獻于王"，然後王賜武公土田，武公再賜多友圭瓚、湯鐘、鐈鋚等。

3. 東征與西伐

（69）史密簋（《文物》1989 年第 7 期）

惟十又一月，王令師俗、史密曰："東征。"敆南夷：盧、虎、檜，杞夷、舟夷。觀，不陟，廣伐東國。齊師族徒、遂人乃執圖、寬、亞。師俗率齊師遂人左□伐長必；史密右，率族人、釐伯、僰眉周伐長必。獲百人……

《説文》："敆，會也。"王命師俗及史密東征，二人會合南夷的盧、虎、檜和杞夷、舟夷的部隊。東觀兵，大踏步前進，討伐東國。《説文》："陟，登也。""不"即"丕"，大也。"不陟"即班簋中的"否畀屯陟"之省，應指"大踏步前進"。這次東征主要打擊對象是"長必"，師俗率齊師遂人爲左翼，史密率族人、釐伯、僰眉爲右翼。

（70）師旋簋（《考古學報》1962 年第 1 期）

惟王五年九月既生霸壬午，王曰："師旋，令汝羞追于齊，儕汝十五鍚登盾、生皇畫内戈雕戚厚必彤沙，敬母敗迹"……

（71）𦥑伯簋（《上海》54）

惟王九年九月甲寅,王命益公征眉微,益公至告。二月,眉微至見,獻賵。己未,王命仲姪歸[⿰㐁⿱]伯貌裘……

史密簋、師旋簋記東征事,[⿰㐁⿱]伯簋記所征之眉微爲西部方國。西周晚期東西方向的征伐僅見此三器有記載。在西周晚期,南方的淮夷、戻子,西北的玁狁對周王室構成很大威脅。有時直進攻到京師,並一度使京師淪陷。這些情況和《詩經》的《六月》《出車》《采薇》《采芑》等所描述的對玁狁戰爭的情景十分相像。而《江漢》《常武》等篇中所描述的對南淮夷的鬥爭與上述伐南淮夷諸器所記也是相類似的。各器中有些人名與文獻也相合,如虢仲、武公、南仲、尹吉甫等。綜觀晚期的戰爭,多爲防禦性質,主動出征較少,有不少是異族入侵,嚴重威脅其生存時,才組織抵抗,這也反映出西周王室逐步走向衰敗的歷程。

附錄二　記述西周軍事裝備的金文資料

一、西周早期

1. 小盂鼎"俘馬□□匹、俘車三十輛、俘牛三百五十五牛……俘馬百四匹、俘車百□輛","王賞盂□□□□□弓一、矢束、畫輴一、貝胄一、金干一、戠戈二"。(《三代》4.44—45)

2. 大盂鼎"賜乃祖南公旗,用狩"。(《三代》4.43)

3. 宜侯夨簋"賞瓚一、柜彤弓一、彤矢百,旅弓十、旅矢千"。(《文參》1955 年第 5 期)

4. 霆鼎"俘戈"。(《斷代》一)

5. 麥方尊"侯賜玄雕戈"。(《西清古鑑》8.33)

6. 小臣宅簋"伯賜小臣宅畫干、戈九、錫金車、馬兩"。(《三代》6.54)

二、西周中期

7. 虡簋"賜袞、胄、干、戈"。(《三代》6.52)

8. 静簋"王賜静鞞刹"。(《三代》6.55)

9. 静卣"王賜静弓"。(《三代》13.41)

10. 應侯見工鐘"賜彤弓一、彤矢百、馬四匹"。(《文物》1975 年第 10 期)

11. 趞曹鼎"賜弓、矢、虎盧九、胄、干、殳"。(《三代》4.25)

12. 王臣簋"賜……鑾旗五日、戈畫輴厚必彤沙"。(《文物》1980 年第 5 期)

13. 師湯父鼎"賜□弓象弭、矢臺、彤欮"。(《三代》4.24)

14. 敔簋"俘戎兵:盾、矛、戈、弓、箙、矢、裨、胄,凡百又三十又五款"。(《文物》1976 年第 6 期)

15. 冒鼎"侯釐冒輴、胄、干、戈、弓、矢束"。(《上海博物館集刊》6,第 153 頁)

16. 戲簋"賜戲弓、矢束、馬匹"。(《録遺》160)

17. 伯晨鼎"賜汝……旅五旅、彤弓、彤矢、旅弓、旅矢、𣄰戈、䩮、胄"。(《三代》4.36)

18. 師奎父鼎"賜……戈雕䡊、旗"。(《三代》4.34)

三、西周晚期

19. 師𧛙簋"賜汝……戈雕䡊彤沙、鋚勒、鑾旗五日"。(《文物》1966 年第 1 期)

20. 輔師嫠簋"賜汝……戈彤沙雕䡊、旗五日"。(《考古學報》1958 年第 2 期)

21. 袁盤"王呼史減册賜袁……鑾旗、鋚勒、戈雕䡊厚必彤沙"。(《三代》17.18)

22. 休盤"册賜休戈雕䡊彤沙厚必、鑾旗"。(《三代》17.18)

23. 無惠鼎"賜汝……戈雕䡊厚必彤沙、鋚勒、鑾旗"。(《三代》4.34)

24. 翏生盨"俘戎器"。(《三代》10.44)

25. 鄂侯御方鼎"王親賜御方玉五穀、馬四匹、矢五束"。(《三代》4.32)

26. 不其簋"賜汝弓一矢束"。(《三代》9.48)

27. 虢季子白盤"王賜乘馬,是用佐王。賜用彤弓、彤矢,其央。賜用鉞,用征蠻方"。(《三代》17.19)

28. 多友鼎"俘戎車百乘一十又七乘……俘車十乘……"(《人文雜誌》1981 年第 4 期)

29. 師同鼎"俘車馬五乘、大車二十……俘戎金胄三十、戎鼎二十、鋪五十、劍二十"。(《文物》1982 年第 12 期,《考古與文物》1992 年第 2 期)

30. 師旂簋"儕汝十五錫登盾、生皇畫内戈雕䡊厚必彤沙"。(《考古學報》1962 年第 1 期)

31. 師克盨"賜汝……朱旗、馬四匹、鋚勒、素鉞"。(《陜青》102)

32. 毛公鼎"賜汝兹𢦦,用歲用征"。(《三代》4.49)

33. 詢簋"賜汝……戈雕䡊厚必彤沙、鑾旗、鋚勒"。(《文物》1960 年第 2 期)

34. 師獸簋"賜汝戈雕䡊厚必彤沙、干五錫……"(《博古圖》16.30)

35. 番生簋"賜……朱旗旛金芳二鈴……"(《三代》9.37)

(原載《胡厚宣先生紀念文集》,第 228—251 頁,科學出版社,1998 年 11 月;又載《金文論集》,第 84—112 頁,紫禁城出版社,2008 年 5 月。"附録"之前的部分,以《西周金文中的軍禮》發表於《容庚先生百年誕辰紀念文集》,第 326—346 頁,廣東人民出版社,1998 年 4 月)

西周的監察制度

　　周人在奪得政權以後，爲對付殷遺民和四周叛服不定的異族，也爲了擴張領土的需要，決定實行分封諸侯的統治辦法，以後歷代周王也一直沿用這一行之有效的制度，藩屏宗周，拓土辟疆。但這種政治統治制度很容易造成諸侯割據的局面，如不附以其他控制手段，後果可能與封建的初衷大相徑庭。文獻記載周初曾設管、蔡、衛三監，以監殷民。《帝王世紀》云："自殷都以東爲衛，管叔監之；殷都以西爲鄘，蔡叔監之；殷都以北爲邶，霍叔監之；是爲三監。"《史記·周本紀》："封商紂子禄父殷之餘民。武王爲殷初定未集，乃使其弟管叔鮮、蔡叔度相禄父治殷。"蓋周初在中原地區，部分封侯設監的舉措，意在監視殷遺。但是這種封侯設監的監察制度，後來被證明是失敗的，因爲管、蔡不但沒有起到監視殷遺的作用，反倒去配合殷紂王子禄父造了成王、周公的反，使得新生的西周王朝被迫進行二次東征，用了三年的時間才平定了叛亂。這一事件説明，就是親兄弟的封國，也未必可靠。爲保證國家的統一，使得中央政令在諸侯國貫徹執行，在實行分封制度的同時，周人決定實行監國制度，即由中央派要員，長駐各諸侯國，隨時向中央報告地方動向，這樣才能既利用諸侯國的力量屏障腹心地帶，拓展領土，又防止發生諸侯坐大，難以控制的弊病。

　　西周還建立了在諸侯國嗣繼祖考土地爵稱時，須經過王室重新册命的制度，西周金文中記録的册命典禮，有一些就是王室對諸侯國君後代的嗣封任命，如大盂鼎（《集成》2837）記盂因嗣繼其祖南公部分封地而接受周王册命，伯晨鼎（《集成》2816）記伯晨因嗣繼其祖考作郒侯而接受周王的册命等。文獻和金文中還有諸侯國的重要執政官員也需王室任命的記録，如《禮記·王制》"大國三卿，皆命於天子""次國三卿，二卿命於天子，一卿命於其君""天子使其大夫爲三監，監於方伯之國，國三人"等。豆閉簋（《集成》4276）："王格于師戲大室，邢伯入佑豆閉。王呼内史册命豆閉。王曰：閉，賜汝𢆶衣、🔲市、鑾旗，用俌乃祖考事，司爰邦君司馬、弓矢……"該銘説明兩個問題，一是諸侯邦君的司馬、司弓矢這些軍事長官要由王室任命；二是周雖實行"世官世禄"制度，但繼承祖考職事，也要由王室任命。[1] 這些措施對於維護一個龐大的國家機器來説，是十分必要的。

---

[１] 張亞初、劉雨：《西周金文官制研究》，第13頁"諸侯司馬"，中華書局，1986年。

　　另外,西周頻繁舉行的射、饗、燕、見等禮儀,也在一定程度上起到考察、牽制諸侯的作用。[1]

　　本來早期文獻對西周的監察制度的記録是清楚的,比如《周禮・太宰》:"乃施典於邦國,而建其牧,立其監,設其參,傅其伍,陳其殷,置其輔。"只是後來的注釋諸家,對古禮的內容已不甚了然,作出許多錯誤的揣測。《周禮》的"立其監",應該是指在諸侯國內設監,被監察的對象就是各諸侯國的國君,但到了漢代的鄭玄作注時,卻説:"監謂公侯伯子男,各監一國。"到了唐代賈公彦作疏時則進一步説:"立其監者,每一國中立一諸侯,使各監一國。"這説明後世注釋家不知道西周在各諸侯國設監的實際情況,他們只知有文獻記載的對付殷遺民的"管蔡衛三監"這種監察形式,以爲《周禮》所記,也是管蔡衛式的監察制度,這就把西周實際實行的監察制度所監察的對象完全弄錯了。

　　金文對西周實行的在諸侯國設監這一重要監察制度,有不少明確的記載:

　　第一,應監甗(《集成》883,西周早期)"應監作寶尊彝",該器 1958 年出土於江西餘干縣的黃金阜,時因中學修球場平土,在距地表 50 釐米處發現,據寫發掘報告的朱心持説:"於其四周及以下,並未發現其他共存器物。"因而推測:"該器係在別處早年出土的,因三款足有一足曾斷,經過焊接。此器經過家藏,可能在某個時候,物主須暫時離開黃金阜,攜帶不便,又埋於地下。"郭沫若先生曾著文指出:"作器者自稱應監,監可能是應侯或者應公之名,也可能是中央派往應國的監國者。"郭老還指出:"邘、晉、應、韓,武之穆也(《左傳・僖公二十四年》)。據杜預注:應國在今父城縣西南,故國在今河南寶豐縣西南。"[2] 1993 年果然在寶豐縣西南平頂山地區發現了應國墓地,出土了包括有長篇銘文銅器在內的大量應國文物。[3]

　　第二,句監鼎(《近出》297,西周早期)"句監作寶尊彝",1964 年 10 月,山東龍口市(黃縣)蘆頭鎮出土。[4] "句監"應爲指稱句地之監國者,山東句地可能就在菏澤北面的"句瀆"一帶。《左傳・桓公十二年》"公及宋公盟於句瀆之丘",杜注:"即穀丘也。"

　　第三,管監引鼎(《文物》1991 年第 5 期)"管監引作父己寶鬺彝",此地名字鷫與利簋銘"辛未,王在鷫師,賜有事利金"的"鷫師"爲一地,于省吾先生考爲"管",即今之鄭州。于先生云:"鷫鷫鷫或柬均應讀爲管蔡之管。古文無管字,管爲後起的借字。從閒從柬,古字通,《荀子・修身》的'柬,理也',楊注謂'柬與簡同'。《詩・溱洧》的'士與女方秉蕑兮',毛《傳》謂'蕑,蘭也'。按齊詩'蕑'作'菅'。玄應《一切經音義》十二,引《聲類》訓'葌'爲'蘭',並謂'葌又作菅蕑二形'。按從柬從閒從官之字同屬見紐,又係疊韻,故知鷫、鷫、鷫或

[1] 劉雨:《西周金文中的周禮》,《燕京學報》新三期,1997 年。
[2] 郭沫若:《釋應監甗》,《考古學報》1960 年第 1 期。
[3] 河南省文物考古研究所平頂山市文物管理委員會:《平頂山應國墓地八十四號墓發掘簡報》,《文物》1998 年第 9 期。
[4] 李步青、林仙庭:《山東龍口市出土西周銅鼎》,《文物》1991 年第 5 期。

束爲管之初文。後世管字通行而古文遂廢而不用⋯⋯管爲管叔所封地,《括地志》謂在 '鄭州管縣'。《周書・大匡》和《文政》,在武王克殷以後,均言 '王在管',可以參證。"[1]

于先生的考證是很有説服力的。這件器銘的出現,解決了郭老對應監𩵦猶豫不决的問題,即監可能是應侯或者應公之名,也可能是中央派往應國的監國者。該鼎作器者的名字叫"管監引",顯然應該理解爲管地之監國者稱"管監",其私名爲"引","管監引"一名是由"地名+官名+私名"組成,猶金文習見之"微師耳"(微師耳尊,《集成》6007)、"魯太宰原父"(魯宰原父簋,《集成》3987)、"螯司土幽"(螯司土尊,《集成》5917)、"虞司寇伯吹"(虞司寇伯吹壺,《集成》9694)等人名的構成是一樣的。結合上述諸器作器者名看,"監"字不可能是人名,只能是官名。

第四,叔趙父再(《集成》11719,西周晚器)"叔趙父作旅再。榮監",銘文中的叔趙父是榮地之監國者,故稱"榮監"。該器 1981 年出土於陝西扶風縣南陽鄉溝原村的一個灰坑。該器作器者名爲叔趙父,此器"榮監"兩字與"叔趙父作旅再"六個字分開兩處,榮監之監字,就更不可能是人名了。

榮地有可能就是榮伯所封之地,據郭沫若先生考證其地在豐京附近:"據此器可知榮之封邑在豐京鄰近,故其臣屬既得死司榮公室,又得死司莽宫莽人也。莽宫即豐京之宫,莽人即豐京之人。"[2]郭老認爲"莽京即豐京",其結論也是基於他的這一地理認知而得出的。目前,學術界對莽京的確切所指及具體位置尚有爭議,但是其地在宗周附近則是大家的共識。"榮監"可能即周王室派往榮伯封國的監國者。

看來,西周王室在平定管蔡之亂後,認真總結了經驗教訓,確定在各諸侯國普遍設監,派駐中央代表。

仲幾父簋(《集成》3954,西周晚期)云:"仲幾父史幾使于諸侯、諸監,用厥賓作丁寶簋。"銘文是説:仲幾父史幾出使各諸侯國並訪問各國的監國,用諸侯、諸監在被訪問時所賓贈的禮品做了這件紀念先人丁的寶簋。可見,在仲幾父的時代,監國制度已十分普及,可能凡封諸侯之地,同時也設立了監國者,在銘文中,諸侯與諸監的地位是平列的。

又善鼎(《集成》2820)云:"今余唯肇申先王命,命女佐胥曻侯監𪋮師戍。""𪋮師"當是駐守𪋮地的軍隊,這條銘文資料説明西周在軍隊中也設立了監察機構,這可能就是中國後世"監軍制度"的濫觴。史載齊景公曾使穰苴將兵防燕、晉,苴請以君之寵臣監軍,公使莊賈往。漢武帝時曾設"監軍使者",東漢、魏、晉也都沿襲此制度。隋末曾以御史作監軍,唐開元中開始以宦官爲監軍,以迄唐末。至明代,復以御史爲監軍,清代則廢棄不用。

其實,這種監國制度,可以一直追溯到殷代,甲骨卜辭有:

---

[1] 于省吾:《利簋銘文考釋》,《文物》1977 年第 8 期。

[2] 郭沫若:《兩周金文辭大系圖録考釋》之《卯簋考》。

"惟𠬝覭令監凡。""癸丑卜,惟𠬝□監凡。"(《合集》27740)

"惟𠬝戊令監凡。""惟𠬝覭令監凡。"(《合集》27742)

"凡"爲地名,"監凡"可能就是指在凡地設監。這説明周人的監國制度也可能是向商人學的。不過,甲骨文中的有關材料並不充分,用來論述監國制度,還嫌太少。

通過上述分析,我們瞭解到,西周王朝雖然實行了一種看似分散、難以管理的封建諸侯的統治辦法,但是,在經歷了周初的挫折之後,他們總結經驗,相應建立了一套嚴格控制諸侯的監國制度,再附以其他一系列控制措施,確保了中央集權制度的實施。這種統治雖不像秦以後實行的郡縣制度那樣可以充分發揮中央對地方的集權管理,但也絕非如希臘羅馬城邦國家時代那樣,施行帶有一定軍事民主性質的統治辦法。我國有一些史學家在看到考古發掘中不斷出土的三代古城遺址和一些聚落分布,類似於西方古史中的城邦國家,就想用希臘羅馬的制度來套合中國上古三代的制度,認爲中國也曾有過類似的城邦國家時代。這實際是一種誤解,通過上述分析,可以斷言,起碼在西周時代,没有實行過甚麼民主政治。對我國西周實行的這種"封建諸侯,嚴格監國"的獨特的中央集權制度,秦以後並未完全消失,而是與郡縣制度結合到一起,互爲表裏,成爲中國古代政治特有的一種國家管理形式。

（原載《古文字研究（第二十五輯）》,第 170—173 頁,中華書局,2004 年 10 月;又載《金文論集》,第 430—434 頁,紫禁城出版社,2008 年 5 月）

曆法與年代學研究

金文"初吉"辨析

　　講"初吉"最有影響者應首推王國維,他在《生霸死霸考》(見《觀堂集林》卷一)一文中指出:"余覽古器物銘,而得古之所以名日者凡四:曰初吉、曰既生霸、曰既望、曰既死霸。固悟古者蓋分一月之日爲四分:一曰初吉,謂自一日至七八日也;二曰既生霸,謂自八九日以降,至十四五日也;三曰既望,謂十五六日以後,至二十二三日;四曰既死霸,謂自二十三日以後,至於晦也。"[1]王氏以爲"初吉"與其他三者同爲月相,指每月初一至初八這幾天。此説影響甚大,日人新城新藏、研究金文曆法的吳其昌等都以此説爲理論基礎作了大量研究工作,證成和補充王氏之説(見新城新藏《東洋天文學史研究》、吳其昌《金文曆朔疏證》)。研讀金文的諸位大家郭沫若、唐蘭、容庚等亦多崇此説。甚至天文學界有人竟將王氏所述中國古代的"四分一月法"與巴比倫公元前兩千多年前實行過的"四分一月法"聯繫起來(見《日曆漫談》,科學出版社,1978 年)。還有人以爲中國古代銅器銘文所記的"四分一月法"就是西方的星期制。長期以來,王氏之説幾成定論,在學術界占據統治地位。

　　陳夢家同意王氏"初吉"爲月相之説,而主"定點説",認爲"初吉"即朏,指每月初三日(見《西周銅器斷代(二)》,《考古學報》第十册)。

　　董作賓主張"初吉"是朔,指每月的初一日(見《董作賓學術論著》下,世界書局,2008 年,第 989 頁)。

　　劉啓益亦主"定點説",認爲"初吉"是初二或初三日(見《西周金文中月相詞語的解釋》,《歷史教學》1979 年第 6 期)。

　　勞榦近時提出:初吉爲一日,既生霸爲五日,既望爲十五日,既死霸爲二十日,並各可延伸三四日(見《周初年代問題與月相問題的新看法》,香港中文大學中國文化研究所學報七卷一期)。

　　黃盛璋主張"初吉"非朔、非朏,非月相,乃是"初干吉日",即每月初一至初十,他還不同意王氏"四分一月説"(見《釋初吉》,《歷史研究》1958 年第 4 期)。他的意見近年來被天文學界所采納。1981 年新出的《中國天文學史》説"初吉很可能就是初干吉日"(《中國天文學

---

[1] 王國維:《生霸死霸考》,《觀堂集林》第一册,第 21 頁,中華書局,1961 年。

史》,科學出版社,1981 年,第 21 頁)。

綜觀上述各家之論,黃盛璋説中國自古以來實行的是"旬法"而非"四分一月法",其説可從。中國古代神話云"若木上生十日,輪流相值"。商周人之名號多以十日干爲記,即可爲證。

記日用旬,西周亦如此。陝西扶風出土的西周銅器柬鼎銘(《文物》1963 年第 2 期)云:

> 癸卯,王來奠新邑。二旬又四日,丁卯,□□自新邑于柬……

癸卯距丁卯二十四日,銘稱"二旬又四日",此可作周人記日用旬之確證。記日用旬與四分一月記日法不可同時並存,所以我們也認爲王氏四分一月法是缺乏有力證明的。

我們整理了全部載有"初吉"的金文材料,作《金文初吉表》一份附於文後,共收三百多件銅器(因部分材料尚未發表,故表中只列出二百八十六條)。其中西周前期銅器二十件左右,西周後期和春秋銅器各一百三四十件,戰國初年銅器十件左右。另外,我們還對"既生霸""既死霸""既望"在銅器上出現的次數作了統計:"既生霸"出現五十九次,"既死霸"出現二十六次,"既望"出現二十九次,三者共計出現一百一十四次,它們絶大多數出現在西周銅器上,春秋前期銅器上只出現了三四次,春秋後期和戰國銅器上則一例也未出現。

兩相比較,"初吉"在銅器上出現的次數大大超過了"既生霸""既死霸""既望"的次數,相當於三者總和的三倍。而且,"初吉"稱日法實行的時代從周初到戰國初,其他三者則主要限於西周。情況如此差異,我們有理由認爲二者可能不是一類事物。1955 年安徽壽縣蔡侯墓出土的吳王光鑑銘云:"惟王五月,既子白期,吉日初庚。"據郭沫若先生考證,"既子白"就是"既生霸"。而在春秋時期,銅器上的"吉日"一詞與"初吉"的含義是相同的。所以,可以説在吳王光鑑的記時詞語中,"既生霸"的時期内包含了"初吉"。由此可確證"初吉"與"既生霸"等詞語内容是有區别的。如果説"既生霸"是月相稱呼,則"初吉"就不能是月相稱呼,而爲另外一種日稱。然而也不可能是"初干吉日",因爲有静簋銘爲證:

> 惟六月初吉,王在葊京,丁卯,王令静司射學宫。小子罴服罴小臣罴夷僕學射。雪八月初
> 吉庚寅,王以吴來、吕剛……卿射于大池……(《三代》6.55)

此器一銘而具二"初吉",是目前見到能證明"初吉"含義的唯一材料。對此銘,董作賓認爲"初吉"爲朔,故假定"六月初吉丁卯"與"八月初吉庚寅"中間隔了一年,以遷就其説。郭沫若、黃盛璋認爲"初吉"乃月初之七、八日或十日,故假設"丁卯"乃七月之"丁卯",與"六月初吉"不連屬,以遷就其説。而在我們看來,上兩種意見都不能成立。按金文慣例,"初吉"或"既生霸""既死霸""既望"之後如有干支日(此干支日前又無年月連屬),則不管中間是否插

入其他詞語,該干支日應屬於前面"初吉"等記日詞語,免尊、免卣"惟六月初吉,王在鄭,丁亥,王各于大室";班簋"惟八月初吉,在宗周,甲戌,王令毛伯更虢城公服";應侯見工鐘"惟正二月初吉,王歸自成周,應侯見工遺王于周,辛未,王各于康";鄭簋"惟二年正月初吉,王在周邵宮,丁亥,王各于宣廝";師旅簋"惟王元年四月既生霸,王在滅应,甲寅,王各廟,即位"。以上諸例,從銘文内容看,"在鄭""在宗周""王在周邵宮"等都是把記地詞語插入記時詞語中,並不表示記地詞語前後的記時詞語是不連貫的。金文中年月日分書幾處的例證尚多,不得隨意指成不同的年或月。如剌鼎"惟五月,王在初,辰在丁卯,王啻";叔專父盨"惟王元年,王在成周,六月初吉丁亥,叔專父作鄭季寶鐘六";保卣"乙卯,王令保及殷東國五侯……在二月既望";宷鼎"庚午,王令宷蔑省北田四品,在二月"。像這種顛倒各分句次序的現象,與顛倒句子中主語賓語位置的現象一樣,同屬周代金文的特殊語式,不足爲奇。

静簋中"司射學宫""衆人學射""王及衆人合射于大池",三事一貫,董氏稱其間相隔一年是没有根據的。

静簋中有"六月"和"八月",都明確標出月份,如有七月,也應標出,否則即成爲一種無法理解的混亂記時法了。而且,據我們統計,在三百多件記有"初吉"的銅器銘文中,記"七月初吉"者只有兩器一銘,即同銘的蠸簋(《三代》8.30)、蠸鼎(《小校》3.2)。在記"既生霸""既死霸""既望"的百多件器中,也只有伯克壺一件記"七月既生霸"(此器現能見到的乃宋代摹刻本,其字爲"七"爲"十"尚難作定論)。故金文中銘記"七月",乃極個別現象,僅占四百分之一、二。因此,"七月"很有可能爲周人禁忌較多之月。其月爲秋之始,古稱肅殺之月。《吕氏春秋·孟秋紀》云:"是月也,命有司修法制,繕囹圄,具桎梏,禁止姦……戮有罪,嚴斷刑。""是月也,無以封侯立大官,無割土地行重幣,出大使。"此種制度當有所本。静簋之"司射""學射""合射"皆關乎周王之射禮所行,射禮乃吉禮,往往與饗禮、册命、賞賜之禮同時舉行,不會專選一肅殺之月去施行。郭沫若、黄盛璋之"丁卯"七月説是不能成立的。静簋之"六月""八月"乃同一年之兩月,"丁卯"爲"六月初吉"之"丁卯"是應該肯定的。

丁卯距庚寅爲五十四日,這表明六月丁卯之"初吉"與八月庚寅之"初吉"必然是在六月、八月之首尾兩端。即一爲初一至初五中之一日,一爲二十五至三十中之一日,即兩"初吉"不可能同爲初一、二、三或"初干"之十日之一。至此,我們找到了一個"初吉",它必然是二十五至三十中之一日。六月到八月僅有兩月,因此無論"連大月""年中置閏"(注:如上分析,若有年中置閏,如閏七月出現,則可能安排兩初吉皆在月初,此句誤)等哪種情況出現,都無法改變我們的結論。静簋銘有力地證明"初吉"可以不是朏、朔,它不是月相,也可以不是"初干吉日"。

欲知"初吉"的含義,尚需對表中的金文材料作進一步分析。首先我們將初吉干支日各干支出現次數按天干和地支分别作一統計,統計結果:丁、庚、午、亥遠遠超出其他干支;丙、戊、己、辛、癸、丑、辰、巳、未、酉很少出現;"子"一例也没有,干支日分配很不平衡。我們認爲這表明"初吉干支日"是周人擇出之"吉宜干支日"。正如新出盤叔壺銘(《考古》1982 年第 2 期)云:"擇厥吉日丁,盨叔之尊壺,永用之。"

《爾雅》:"初哉首基肇祖元胎……始也。"《説文》:"吉,善也。""初吉"者,"首善"也。"初"又與"大"通。孟爵:"惟王初秉于成周。"獻侯貙鼎:"惟成王大秉在宗周。""初秉"者,"大秉"也。故"初吉"者,"大吉"也。所以,矢令方彝云"惟十月月吉癸未",春秋戰國銘文多稱"吉日""元日"等,而不稱"初吉",然其所稱却皆與"初吉"含義相同,可見初吉之初並無始意。

上面我們證明了"初吉"即"首善""大吉"之義。然而此"首善""大吉"之吉日周人是如何選取的呢?《尚書》《詩經》及各種史書都没有明確的記載,我們根據出土文物及文獻中的有關記載加以推測。

古代有講吉宜禁忌事之書,見於出土者如長沙子彈庫戰國楚帛書。陳夢家云:"解放前長沙東郊杜家坡出土戰國帛圖書,繪十二神之圖而以《爾雅·釋天》十二月月名注寫其旁,在十二神像之旁環書十二月之禁忌,幅中則叙楚世歲月之起源並及三者之吉凶,疑所謂歲月傳也。"(見《武威漢簡》)"歲月傳"即漢王充所謂"歲月之傳"。《論衡·譏日》云:"世俗既信歲時,而又信日,舉事若病死災患,大則謂之犯觸歲月,小則謂之不避日禁。歲月之傳既用,日禁之書亦行。"

雲夢睡虎地秦簡中有《日書》甲乙兩種,計四百餘簡,是一部戰國至秦代流行的專講如何擇日以及歲月五星吉宜禁忌和驅鬼術的書。其中有:

732 簡:陽日,百事順成,邦郡得年,小夫四成。以蔡(祭),上下群神鄉(饗)之,乃盈志。

735 簡:陰日,利以家室祭祀。家(嫁)子、取(娶)婦、入材(財),大吉。以見君上,數達毋咎。

746 簡:禾良日:己亥、癸亥、五酉、五丑。

753 簡:囷良日:甲午、乙未、乙巳。

856 簡:行。凡且有大行遠行,若歡食、歌樂、聚畜生及夫妻同衣,毋以正月上旬午,二月上旬亥,三月上旬申,四月上旬丑,五月上旬戌,六月上旬卯,七月上旬子,八月……

857 簡:上旬巳,九月上旬寅,十月上旬未,十一月上旬辰,十二月上旬酉。凡是日赤啻(帝)恒以開臨下民而降其英(殃)。不可具爲百事,皆毋所利,節有爲也。

759 簡:葬日,子卯巳酉戌是胃(謂)男日,午未申丑亥辰是胃女日。女日死,女日葬。

《日書》與子彈庫帛書及漢代"歲月傳""日禁"之書内容是相通的。

長沙馬王堆三號漢墓帛書有《五星占》,講五大行星運行與人世休咎禍福的關係,也是同類書。

武威漢簡、敦煌漢簡都有一些日忌簡,亦爲同類之書。武威日忌簡分日(天干)忌、辰(地支)忌兩册。如甲日毋治宅,乙日毋納財,丙日毋置衣,戊日毋渡海,辰日毋治喪等。

　　文獻載漢代吉宜禁忌亦十分煩瑣,如:

　　　"子日沐,令人愛之;卯日沐,令人白頭。"(《論衡·譏日》)

　　　"驚,駿馬,以壬申日死,乘馬忌之。"(《説文》)

　　　"冠,以戊子爲元日,婚,以戊寅之旬爲忌日。"(《漢書·王莽傳》)

　　　"禮不以子卯舉樂,殷夏以子卯日亡也。"(《論衡·譏日》)

　　　"道書又曰:晦歌朔哭,皆當有罪。"(《顔氏家訓·風操》)

　　　"學書諱丙日,云倉頡以丙日死也。"(《論衡·譏日》)

　　根據上述材料我們推測,在西周時也應該有類似的吉宜禁忌之書,其書應載明某些時日對某類事的吉宜或禁忌。使用者尚需用占卜或占筮之法以占定某具體干支日。如《春秋·僖公三十一年》:"夏四月,四卜郊,不從。乃免牲,猶三望。"《左傳》:"非禮也。禮不卜常祀,而卜其牲日。牛卜曰牲,牲成而卜郊,上怠慢也。"《公羊傳》:"四卜何以非禮? 求吉之道三。"《儀禮·士冠禮》載求日之儀云:"士冠禮,筮於廟門。""若不吉則筮遠日如初儀。"《儀禮·少牢饋食禮》載筮日之儀云:"少牢饋食之禮,日用丁巳。筮旬有一日,筮於廟門之外。""若不吉則及遠日,又筮日如初。"《儀禮·特牲饋食禮》云:"特牲饋食之禮不諏日。"《禮記·曲禮》對擇日之法作有注解:"外事以剛日,内事以柔日。凡卜筮日,旬之外曰遠某日,旬之内曰近某日。喪事先遠日,吉事先近日。"日分遠近,説明其時吉宜禁忌之書所定之日當有若干個干支日可供選擇,使用者根據情況,占得其中之一具體干支日來使用。銅器銘文多記賞賜册命等大吉之事,故"初吉"之用特多。西周時諏日之法其詳雖不得確知,然根據戰國以來出土帛書、竹書及文獻所載,尚可推得其大概如上述。

　　探討"初吉"的含義,關係到有些同志正在進行的金文月相整理工作的認識基點是否可靠,關係到古天文史的某些研究工作,對於金文本身的研究也有一定重要性。比如克組器的研究,唐蘭先生曾據"康宮原則"把克鐘定爲宣王時器,因爲克鐘云"王在周康剌宮",剌通厲,剌宮者,厲王之廟也。其説十分正確。然唐先生因克鐘之"十六年九月初吉庚寅"與克盨之"十八年十二月初吉庚寅"兩初吉日排起來其一當在既望之後,以爲不妥,遂采納了郭沫若的鐘、盨乃兩王器之説,將克盨克鼎等其他克器斷在厲王之世。唐、郭二先生信從王國維之説,以爲"初吉"必在既望之前,故有此解。然克組器同出一地,器主同爲克,紋飾形制一致,似應爲同世之物。且克鐘記十六年,銘稱克。克盨、克鼎記十八年以後事,銘稱其爲善夫克,職官有加。其賞賜、册命、差使皆逐年有加,故十八年應在十六年後,不應反斷在厲王之世。陳夢家《西周紀年考》考定厲王年數在十四與十八之間。因此,十八年後之器斷在厲王是不可靠的。"初吉"者,"大吉"也,此大吉之日出現於既望之後當然是允許的。

金文初吉表

器　名	年　月　日	著　録
旗鼎	惟八月初吉	《文物》1972 年第 7 期
静簋	惟六月初吉,王在莽京,丁卯,王令静龢射學宫。小子眾服眾小臣眾夷僕學射。雫八月初吉庚寅,王以吳來呂剛……射于大池……	《三代》6.55
静卣	惟四月初吉丙寅	《三代》13.41
班簋	惟八月初吉,在宗周,甲戌,王令毛伯更虢城公服……子孫多世其永寶	《文物》1972 年第 9 期
曡簋	惟正月初吉丁卯	《録遺》163
次尊	惟二月初吉丁卯	《三代》11.35
次卣	惟二月初吉丁卯	《三代》13.39
御正衛簋	五月初吉甲申	《三代》6.49
歔簋	惟八月初吉丁亥	《録遺》160
長由盉	惟三月初吉丁亥	《文物參考資料》1955 年第 2 期
效尊	惟四月初吉甲午	《三代》11.37
效卣	惟四月初吉甲午	《三代》13.46
耳尊	惟六月初吉辰在辛卯……耳日受休	《録遺》206
剌鼎	惟五月,王在□,辰在丁卯	《三代》4.23
召卣	惟十又二月初吉丁卯	《三代》13.42
逈盂	惟正月初吉	《考古》1977 年第 1 期
畣簋	惟十月初吉辛巳	《三代》6.51
獻仲方鼎	惟六月初吉庚寅	《録遺》92
何簋	惟三月初吉庚午	《嘯堂下》97
命簋	惟十又一月初吉甲申	《三代》8.31
畣簋	惟四月初吉丁卯	《三代》8.51
貿鼎	惟十又二月初吉壬午	《三代》4.12
旂鼎	惟八月初吉辰在乙卯	《三代》4.3

器　名	年　月　日	著　錄
嫛簋	惟八月初吉庚午	《三代》8.19
不甹簋	惟九月初吉戊辰	《録遺》159
蠱簋	惟七月初吉甲戌	《三代》8.30
蠱鼎	惟七月初吉甲戌	《小校》3.2
裘衛鼎	惟正月初吉庚戌……惟王五祀	《文物》1976 年第 5 期
衛簋	惟八月初吉丁亥(凡四器)	《考古》1974 年第 1 期
衛卣	惟九月初吉庚午	《綴遺》12.31
仲柟父簋	惟六月初吉	《文物》1965 年第 11 期
仲柟父鬲	惟六月初吉	《文物》1965 年第 11 期
作册吳方彝	惟二月初吉丁亥……王在周,成大室,旦,王各廟……惟王二祀	《三代》6.56
永盂	惟十又二年初吉丁卯	《文物》1972 年第 1 期
弐簋	惟六月初吉乙酉	《文物》1976 年第 6 期
不伯龗	惟正月初吉丁亥	《考古學報》1963 年第 2 期
賢簋	惟九月初吉庚午	《文物》1959 年第 10 期
賢簋	惟九月初吉庚午	《三代》8.28
叔簋	惟二月初吉	《文物》1979 年第 2 期　《天津文物簡訊》1977 年第 6 期
君匜	惟正月初吉丁亥	《河北出土文物選集》45
匡卣	惟四月初吉甲午	《三代》1.25
師耤簋	惟八月初吉戊寅	《文物》1966 年第 1 期
癲壺	惟十又三年九月初吉戊寅(凡二器)	《文物》1978 年第 3 期
盉方彝	惟八月初吉(凡二器)	《考古學報》1957 第 2 期
盉方尊	惟八月初吉	《考古學報》1957 第 2 期
免簋	惟十又二月初吉,王在周,口昧夒,王各于大廟	《三代》9.12
免盤	惟五月初吉	《三代》14.12

器　名	年　月　日	著　錄
免尊	惟六月初吉，王在鄭，丁亥，王各大室	《三代》11.36
免卣	惟六月初吉，王在鄭，丁亥，王各大室	《三代》13.43
兑簋	惟正月初吉甲午	《三代》8.46
宴簋	惟正月初吉庚寅	《三代》8.36
辛事簋	六月初吉癸卯	《法帖》2.11
郐仲觶	惟正月初吉丁卯	《小校》4.70
同簋	惟十又二月初吉丁丑	《三代》9.17
康鼎	惟三月初吉甲戌	《三代》4.25
曶壺	惟正月初吉丁亥	《三代》12.29
應侯見工鐘	惟正二月初吉，王歸自成周，應侯見工遺王于周，辛未，王各于康……	《文物》1975 年第 10 期
善夫山鼎	惟卅又七年正月初吉庚戌	《文物》1965 年第 7 期
師察簋	惟五月初吉甲戌（凡二器）	《斷代》6.116，《文物》1960 年第 2 期
諫簋	惟五年三月初吉庚寅王在周師録宮旦王各大室	《三代》9.19
師艅簋	惟三年三月初吉甲戌	《斷代》6.117
殺瓿	惟三月初吉戊寅	《小校》3.98
善鼎	惟十又二月初吉辰在丁亥	《三代》4.36
師湯父鼎	惟十又二月初吉丙午	《三代》4.24
師痕簋	惟二月初吉戊寅（凡二器）	《文物》1964 年第 7 期
望簋	惟王十又三年六月初吉戊戌，王在周康宮新宮，旦、王各大室	《攈古》31.83
君夫簋	惟正月初吉乙亥	《三代》8.47
師獸簋	惟王元年正月初吉丁亥	《嘯堂》53
大簋	惟六月初吉丁巳	《三代》8.44
盧鐘	惟正月初吉丁亥（凡二器）	《三代》1.17
綏鐘	惟九月初吉丁亥	《西甲》17.28

器　名	年　月　日	著　錄
師趛鬲	惟九月初吉庚寅	《三代》4.10
格伯簋	惟正月初吉癸巳（凡五器）	《三代》9.14—9.16
格伯簋	惟三月初吉	《三代》8.5
楚簋	惟正月初吉丁亥（凡四器）	《考古》1981 年第 2 期
殷骰盤	惟正月初吉	《三代》17.12
瘵鼎	惟正月初〔吉〕	《三代》3.37
大夫始鼎	惟三月初吉甲寅	《嘯堂》92
囂伯盤	惟正月初吉庚午	《三代》17.15
弜壺	惟王正月初吉丁亥	《雙玉》18
鐘伯侵鼎	惟正月初吉乙亥	《三代》4.3
大師鐘伯匜	惟正月初吉乙亥	《周金》4.22
散季簋	惟王四年八月初吉丁亥	《嘯堂》52
仲偁父鼎	惟王五月初吉丁亥	《嘯堂》15
仲偁父方甗	惟六月初吉	《考古圖》2.17
毛遺簋	惟六月初吉丙申	《善齋》7.70
正考父鼎	惟四月初吉	《王集》9
騃叔伯姬鼎	惟王正月初吉乙丑	《文物》1976 年第 1 期
沇其鼎	惟五月初吉壬申（凡二器）	《陝青》69,《錄遺》96
沇其壺	惟五月初吉壬申（凡二器）	《陝青》70,《美集錄》A649、R485
師兌簋	惟元年五月初吉甲寅（凡二器）	《三代》9.31
鄦簋	惟二年正月初吉,王在周昭宮,丁亥,王各于宣射	《考古圖》3.10
克鐘	惟十又六年九月初吉庚寅	《三代》1.23
善夫克盨	惟十又八年十又二月初吉庚寅	《三代》10.44
虢季子白盤	惟十又二年正月初吉丁亥	《三代》17.19
無㠱簋	惟十又三年正月初吉壬寅	《三代》9.1

器　名	年　月　日	著　錄
鬲攸從鼎	惟卅又二年三月初吉壬辰	《三代》4.35
不嬰簋	惟九月初吉戊申	《三代》9.48
南宮柳鼎	惟王五月初吉甲寅	《陝青》79
散簋	惟四月初吉丁亥	《三代》8.44
師𡞳簋	惟十又一年九月初吉丁亥（凡二器）	《三代》9.35、9.36
鮮鐘	惟□月初吉□寅	《陝青》126
伯鮮鼎	惟正月初吉庚午	《文物資料叢刊》第二輯
伯鮮鼎	惟正月初吉庚午	《三代》4.4
柞鐘	惟王三年四月初吉甲寅（凡五器）	《文物》1961 年第 7 期
几父壺	惟五月初吉庚午（凡二器）	《文物》1961 年第 7 期
散伯車父鼎	惟王四年八月初吉丁亥（凡四器）	《文物》1972 年第 6 期
伯吉父簋	惟十又二月初吉	《文物》1974 年第 1 期
伯吉父鼎	惟十又二月初吉	《文物》1974 年第 1 期
叔專父盨	惟王元年，王在成周，六月初吉丁亥，叔專父作鄭季寶鐘六……（凡四器）	《考古》1965 年第 9 期
即簋	惟王三月初吉庚申	《文物》1975 年第 8 期
吳生鐘	惟□□□初吉甲戌	《綴遺》1.12
華母壺	惟正月初吉庚午	《錄遺》230
公父宅匜	惟王正月初吉庚午	《三代》17.38
𣂪鼎	惟王正月初吉丁亥	《彙編》229
𢆶大子鼎	惟九月之初吉丁亥	《周金》2.39
曾伯從寵鼎	惟王十月既吉	《文物》72.2
曾子原簋	惟九月初吉庚申	《江漢考古》1980 年第 1 期
曾伯霥簋	惟王九月初吉庚午	《三代》10.26
曾子□簋	惟正月初吉丁亥	《三代》10.16

器　名	年　月　日	著　錄
楚嬴盤	惟王正月初吉庚午	英國[1]
楚嬴匜	惟王正月初吉庚午	《三代》17.37
楚王鐘	惟正月初吉丁亥	《考古圖》7.12
楚王領鐘	惟楚稱王正月初吉丁亥	《三代》1.10
楚子暖簠	惟八月初吉庚中	《三代》10.15
楚王盦忑鼎	正月吉日(凡二器)	《三代》4.17；《楚展》2
楚王盦忑盤	正月吉日	《三代》17.16
吳王光鑑	惟王五月,既子白期,吉日初庚(凡二器)	《考古學報》1956 年第 2 期
者減鐘	惟正月初吉丁亥(凡十器)	《三代》1.48
臧孫鐘	惟王正月初吉丁亥(凡九器)	《考古》1965 年第 3 期
越王鐘	惟正月孟春吉日丁亥	《博古》22.7
越王者旨於賜鐘	惟正月初春吉日乙亥	《嘯堂》82
其次句鑃	惟正月初吉丁亥	《三代》18.1
姑馮句鑃	惟王正月初吉丁亥	《三代》18.2
蔡侯尊	元年正月初吉辛亥	《考古學報》1956 年第 2 期
蔡侯盤	元年正月初吉辛亥	《考古學報》1956 年第 2 期
蔡侯鑄鐘	惟王正月初吉孟庚(凡八器)	《考古學報》1956 年第 2 期
蔡大師鼎	惟正月初吉丁亥	《三代》4.18
蔡□子壺	惟王正月初吉庚午	《三代》12.24
邾大宰簠	惟正月初吉	《文物》1959 年第 10 期
邾公牼鐘	惟王正月初吉辰在乙亥	《三代》1.49
邾公華鐘	惟王正月初吉乙亥	《三代》1.62

[1]　整理者注：此指英國大英博物館藏器,收入《集成》10148 號。

器　名	年　月　日	著　錄
邾叔鐘	惟王六〔月〕初吉□□	《三代》1.19
邾太宰簠	惟正月初吉	《三代》10.24
邾王子旃鐘	惟正月初吉元日癸亥	《錄遺》4
儠兒鐘	惟正九月初吉丁亥	《三代》1.50
宜桐盂	惟正月初吉日乙酉	《周金》4.39
王孫遺者鐘	惟正月初吉丁亥	《三代》1.64
沇兒鐘	惟正月初吉丁亥	《三代》1.54
邾謐尹鉦	惟正月月吉日在庚	《三代》18.3
邾王義楚鍴	惟正月吉日丁酉	《三代》14.55
黃孫鱐	惟正月初吉丁亥	《文物》1980 年第 1 期
黃太子盤	惟王正月初吉丁亥	《周金》4.6
黃韋俞父盤	惟正月初吉庚申	《三代》17.13
伯盞盨	惟八月初吉庚午	《考古圖》5.22
伯盞盤	惟王月初吉日丁亥	《考古圖》6.2
叔㝬父簠	惟正月初吉丁亥	《文物》1972 年第 3 期
孫㝬父匜	惟正月初吉庚午	《文物》1972 年第 3 期
彭子仲盆	惟八月初吉丁亥	《考古》1963 年第 12 期
鄧公簋	惟鄧九月初吉	《三代》8.16
鄧伯氏始氏鼎	惟鄧八月初吉	《三代》3.47
鄀公平侯鼎	惟鄀八月初吉癸未	《三代》4.23
鄀公敄人鐘	惟鄀正二月初吉乙丑	《三代》1.10
鄀公敄人簋	惟鄀正二月初吉乙丑	《三代》8.47
仲子平鐘	惟正月初吉庚午	《考古學報》1978 年第 3 期
三兒簋	惟王三月初吉丁巳	《錄遺》166
筥太史申鼎	惟正月初吉辛亥	《三代》4.15

續　表

器　名	年　月　日	著　録
許子鐘	惟正月初吉丁亥	《考古圖》7.7
子璋鐘	惟正十月初吉丁亥（凡六器）	《三代》1.27
許子妝簠	惟正月初吉丁亥	《三代》10.23
晉公蠶	惟正月初吉丁亥	《三代》18.13
樂書缶	正月初春元日己丑	《録遺》514
邵鷺鐘	惟王正月初吉丁亥（凡十三器）	《三代》1.57
吉日壬午劍	吉日壬午	《貞松》12.20
虢叔簠	惟王三月初吉癸卯	《三代》8.37
陳公子壺	惟正月初吉庚午	《綴遺》13.13
陳侯簠	惟正月初吉丁亥（凡二器）	《三代》10.21
陳侯鼎	惟正月初吉丁亥	《三代》3.49
陳子匜	惟正月初吉丁亥	《三代》17.39
陳逆簠	惟正月初吉丁亥	《三代》10.25
陳肪簠	惟王五月元日丁亥	《三代》8.46
鱳鎛	惟王五月初吉丁亥	《三代》1.68
齊鮑氏鐘	惟正月初吉丁亥	《三代》1.42
叔原父甗	惟九月初吉丁亥	《三代》5.12
者尚余卑盤	惟王正月初吉丁亥	《三代》17.17
叔朕簠	惟十月初吉庚午	《三代》10.23
夆叔盤	惟王正月初吉丁亥	《三代》7.17
夆叔匜	惟王正月初吉丁亥	《三代》17.40
王孫壽甗	惟正月初吉丁亥	《録遺》106
蠆鼎	惟三月初吉	《文物》1979 年第 9 期
庚兒鼎	惟正月初吉丁亥（凡二器）	《考古》1963 年第 5 期
樂子襦簠	惟正月初吉丁亥	《文物》1964 年第 7 期

續　表

器　名	年　月　日	著　録
長子□臣簠	惟正月初吉丁亥	《文物》1964 年第 7 期
鄭叔上匜	惟十又二月初吉乙巳	《三代》17.40
鄭仲子紳簋	惟十月初吉丁卯	《善齋》7.78
鑄叔皮父簋	惟一月初吉	《三代》8.38
王子吳鼎	惟正月初吉丁亥	《三代》4.14
孫叔右簠	正月初吉丁亥	《頌續》43
孫叔師父壺	惟王正月初吉甲戌	《日精華》4.301
寬兒鼎	惟正八月初吉壬申	《三代》4.13
番匊生壺	惟廿又六年十月初吉己卯	《三代》12.24
拍尊	惟正月吉日乙丑	《三代》11.33
伯居盂	惟正月初吉	《録遺》513
曾□壬女鐘	惟正月吉日丁亥	《頌續》120
子絲舟	惟正月吉日乙丑	《周金》4.33
井南伯簋	惟八月初吉壬午	《小校》8.26
命瓜君壺	惟十年四月吉日	《三代》12.28

（原載《文物》1982 年第 11 期,第 76—84 頁;又載《金文論集》,第 165—177 頁,紫禁城出版社,2008 年 5 月）

再論金文"初吉"

我在 20 世紀 80 年代初寫了《金文"初吉"辨析》一文(《文物》1982 年第 11 期),提出了金文"初吉"不是月相,也不是"初干吉日",而只是一個大吉之日的看法。那篇小文立論的主要根據是對静簋(《集成》4273)所記兩"初吉"日距的分析。後來看到一些批評文章,主要是對静簋銘文的理解不同,可歸納爲以下四點:(1)認爲兩"初吉"間有閏月。(2)認爲"六月初吉"與"丁卯"之間插有"王在莽京"一句,因而"丁卯"不屬六月,而屬七月。(3)認爲兩"初吉"間隔有一年時間。(4)認爲静簋是孤證。幾條意見都很尖銳,只要其中一條得以成立,我那篇文章的論點就將值得懷疑。

在 1993 年香港古文字研究會上,我發表了《殷周金文中的閏月》一文(收入香港《第二屆國際中國古文字學研討會論文集》),文中我用金文資料討論了殷末和西周時代曆法中置閏的一些情況,證明在静簋時代(穆王前後)的周曆中不可能有閏六月或閏七月存在,回答了第一條意見。[1] 本文擬討論其餘三個問題。爲方便討論,重列静簋釋文:

> 惟六月初吉,王在莽京,丁卯,王令静司射學宫。小子眔服、眔小臣、眔夷僕學射。於八月初吉庚寅,王以吳來、吕剛會戬、蓋師、邦周射于大池。静學(教)無斁,王賜静鞞刻。静敢拜,稽首,對揚天子丕顯休,用作文母外姞尊簋,子孫孫其萬年用。

一、静簋"六月初吉"與"丁卯"間插入"王在莽京", 是否表示二者不連屬?[2]

現將金文中記有此類句式的銘文排列如下:

叔專父盨(《集成》4454)

---

[1] 《金文"初吉"辨析》有"六月到八月僅有兩月,因此無論'連大月''年中置閏'等哪種情況出現,都無法改變我們的結論"一句,應將"年中置閏"改爲"連小月"。有先生指出該銘如出現閏六月或閏七月,則兩"初吉"皆可出現於月初,這個批評是對的。

[2] 見劉啓益:《再談西周金文中的月相與銅器斷代》(古文字年會論文)。

惟王元年,王在成周,六月初吉丁亥,叔尃父作鄭季寶鐘六、金尊錥四、鼎七……

作册折尊(《集成》6002)

惟五月,王在厈,戊子,令作册折兄望土于相侯,賜金賜臣,揚王休。惟十又九祀……

剌鼎(《集成》2776)

惟五月,王在衣,辰在丁卯,王禘。用牡于大室,禘昭王……

高卣蓋(《集成》5431)

惟十又二月,王初饗莽,惟還在周,辰在庚申,王飲西宮烝咸□,尹賜臣惟小褒,揚尹休……

保員簋(《考古》1991 年第 7 期)

惟王既燎,厥伐東夷。在十又一月,公返自周,己卯,公在盧,保員邁。辟公賜保員金車,曰:用事……

應侯見工鐘(《集成》107)

惟正二月初吉,王歸自成周,應侯見工遺王于周,辛未,王格于康。榮伯入佑應侯見工,賜彤弓一、彤矢百,馬四匹……

免卣(《集成》5418)

惟六月初吉,王在鄭,丁亥,王格大室。邢叔佑免,王蔑免歷,令史懋賜免尊巿、冋黃,作司工……

班簋(《集成》4341)

惟八月初吉,王在宗周,甲戌,王令毛伯更虢城公服。屏王位,作四方極……

鄰簋(《集成》4296)

> 惟二年正月初吉,王在周昭宮,丁亥,王格于宣廁。毛伯入門立中廷,佑祝鄰,王呼内史册命鄰……

師旋簋(《集成》4279)

> 惟王元年四月既生霸,王在減居,甲寅,王格廟即位、遲公入佑師旋即立中廷,王呼作册尹克册命師旋……

在西周金文中,此種句式的銘文,除静簋外,可能僅有十餘種。其中叔尃父盨大家認識是一致的,還没見到誰認爲銘中的"元年"與"六月初吉丁亥"間因插入"王在成周"就説"六月初吉丁亥"應屬二年、三年或其他什麽年,或以爲整個元年王都没離開成周。同樣,作册折尊、剌鼎、高卣蓋、保員鼎四器銘是將記地或記事詞語插入月與日之間。這也不應該理解成月與干支日間不連屬,道理很簡單,如果作器者在前面記事僅用月,而在同一篇銘文中,後面記事又僅用干支日,這是很不好理解的。一般金文記不同的月日和事,是會有交代的。如:

作册矢令方彝(《集成》9901)

> 惟八月辰在甲申,王令周公子明保尹三事四方,受卿事寮。丁亥,令矢告于周公宫,公令出同卿事寮。惟十月月吉癸未,明公朝自于成周……既咸令,甲申,明公用牲于京宫。乙酉,用牲于康宫,咸既,用牲于王……

此器銘把每個不同的時日都作了交代,絶不含糊其辭,其中"十月月吉癸未"一句尤應注意,作器者對癸未日不稱"初吉"而稱"月吉",顯然是將其看作十月之内的一個吉日,這對我們理解西周金文中的"初吉"是有啓發的。

上述五器説明,在年與月之間或月與干支日之間插入記事詞語,並不改變其連屬性,應該看到這是金文的一種習慣語式。這種在記時詞語中插入記事詞語不改變連屬性的語式,也反映在應侯見工鐘、免卣、班簋、鄰簋、師旋簋五器銘中,與前五器銘不同的只是記事詞語插入的位置略有不同而已。一般地説,如年、月、月相與干支日不連屬,銘文本身會有所交代。如:

庚嬴鼎(《集成》2748)

> 惟二十又二年四月既望己酉,王格瑚宫,衣事。丁巳,王蔑庚嬴曆,賜……

段簋(《集成》4208)

惟十又四祀十又一月丁卯,王在畢烝。戊辰,曾……

庚嬴鼎記在己酉日王到瑪宮衣事。八天後的丁巳日,王賞賜庚嬴。段簋記在十四年十一月的丁卯日,王在畢地行烝祭。第二天戊辰日又行曾祭。兩個不同的干支日做兩件事情,區分得很清楚。在西周金文中,更多的是將記事詞語放在記時詞語之後來敘述,如:

走簋(《集成》4244)

惟王十又二年三月既望庚寅,王在周。格大室,即位……

此簋(《集成》4303)

惟十又七年十又二月既生霸乙卯,王在周康夷宮。旦,王格大室……

寰簋(《集成》1017)

惟二十又八年五月既望庚寅,王在周康穆宮。旦,王格大室,即位……

大簋(《集成》4165)

惟六月初吉丁巳,王在鄭。蔑大曆,賜芻羍剛……

師嫠簋(《集成》4324)

惟十又一年九月初吉丁亥,王在周。格于大室,即位……

諫簋(《集成》4285)

惟五年三月初吉庚寅,王在周師彔宮。旦,王格大室,即位……

師俞簋蓋(《集成》4277)

惟三年三月初吉甲戌,王在周師泵宫。旦,王格大室,即位……

伊簋(《集成》4287)

惟王二十又七年正月既望丁亥,王在周康宫。旦,王格穆大室,即位……

蔡簋(《集成》4340)

惟元年既望丁亥,王在減居。旦,王格廟,即位……

趞鼎(《集成》2815)

惟十又九年四月既望辛卯,王在周康昭宫。格于大室,即位……

微繺鼎(《集成》2790)

惟王二十又三年九月,王在宗周。王命……

趞觶(《集成》6516)

惟三月初吉乙卯,王在周。格大室……

　　諸如此類的銘文很多,不贅述。這些都是將記事詞語正常地置於記時詞語之後叙述,試將上述諸銘中緊接記時詞語的"王在周""王在鄭"等插入記時詞語中,也會構成如静簋、免卣、班簋等的那種句式。這種分句倒置的句式,與金文中習見的主語、賓語倒置的句式一樣,屬於變異的語法現象,不應作機械的理解。

　　綜上所述,西周金文在記時詞語中插入記事詞語,並不影響記時詞語的連屬性。因此,將静簋之"丁卯"人爲地劃入七月是"添字解經",是不能成立的,仍應視其爲連屬"六月初吉"。

二、静簋兩"初吉"間是否可以間隔一年?

　　何幼琦先生在其《西周年代學論叢》一書"下編"著有《論初吉》一文,該文認爲静簋兩"初吉"間隔一年,其根據是他自編的《正朔表》(《西周諸王逐年正月朔日日辰表》),他在該表厲王七年和八年分别找到一個合適的日子，於是就説："這位静可能即太子静，就是後來的宣王，可以作爲時代的内證。"

首先，何先生的《正朔表》還很難説是一個準確的標尺，比如該表考定穆王在位十四年，而新發現的鮮簋（《集成》10166）却記穆王有三十四年。該簋銘云："惟王三十又四祀，惟五月既望戊午，王在莽京，禘于昭王……"該簋形制花紋是典型穆王時期風格，字體也與穆王時期諸器相似，銘文中又提到"禘于昭王"，因而大家公認此器爲穆王時所作。其中"三十又四祀"起碼應是穆王在位年數的下限。何先生的《正朔表》恐怕穆王及此後諸王都得重新修訂。

其次，静簋形制、紋飾都有穆王時代典型特徵，銘文風格又與長由盉、遹簋等穆王標準器相似，稍具青銅器常識的人也不會將其安排到厲王時代。静簋銘文並不難理解，"司射"一職在《儀禮》的《鄉射禮》和《大射儀》中都有記載，他在射禮中的身份是教官，腰裏别着一根教鞭，對失禮者有權執"撲刑"，行禮前由他"誘射"，即作示範。銘中記六月份王命静司射後，他在學宫中對小子、服、小臣、夷僕等進行訓練。八月份在王舉行的大射儀中，他訓練的小子、小臣等表現很好，王誇獎他"静學（教）無斁"，受到獎賞。銘文内容是連貫的，人爲地在兩"初吉"間隔出一年，也是"添字解經"，是不能成立的。

三、静簋是否孤證？

有的先生不理解我爲什麽只對静簋特别重視，也有的先生指出静簋是孤證。

我國西周時代的曆律和年代研究得還很不夠，諸如西周曆法中的曆元、置閏、節氣及西周紀年的始年、積年、諸王年等還没搞得很清楚，在有許多未知因素的情況下制定的西周曆譜和曆表，都帶有探索的性質，尚不能作爲討論問題的原理來使用。試諸西周金文，總有若干銘文不能入譜，正説明其方法還不夠嚴密，而不是銘文寫錯了。我認爲在目前階段，比較可行的是先找出若干能説明問題的金文資料，資料須能回避目前尚未搞清的紀年和曆律問題，然後由已知去推測未知，也許能切實解決幾個問題。在西周金文中，一件銘文記有兩個對應月日的僅有作册魅卣（《集成》5432）、曶鼎（《集成》2838）和静簋三件器銘，前兩器所記爲"既望"和"既生霸"，只有静簋記有兩個"初吉"，而且相距不到三個月，没有曆律和年代等未知因素干擾，是西周金文中最能説明"初吉"性質的珍貴資料，這就是我爲什麽特别重視静簋的原因。雖然如此，静簋却並非孤證，現再舉出兩件器銘來説明：

元年師兑簋（《集成》4274、4275）

惟元年五月初吉甲寅，王在周。格康廟，即位。同仲佑師兑入門立中廷。

王呼内史尹册命："師兑，乞師和父司左右走馬、五邑走馬。賜女乃祖市、五黄、赤舄………"

三年師兌簋(《集成》4318、4319)

　　惟三年二月初吉丁亥,王在周。格大廟,即位。隆伯佑師兌入門立中廷。

　　王呼内史尹册命:"師兌,余既命女疋師和父司左右走馬,今余惟申京乃命,命女眔司走

馬。賜女柜巤一卣。金車、朱虢弘靳、虎冪熏里、右軛、畫轉、畫輴、金甬。馬四匹、攸勒……

　　三年師兌簋講,我既任命你協助師和父管理左右走馬(指元年師兌簋的任命),今天我重
申前命並提高對你的任命,命你總管理走馬。由這段話看,兩器作於同一王世,前後相距僅
二十一個月,基本上可排除曆律和年代諸不定因素的干擾,按大小月順排下來,兩"初吉"的
干支相距十四天。兩銘文分鑄簋蓋、底七處(元年師兌簋其一之蓋疑偽),銘文一致,器體形
制花紋亦相同,没有理由不承認這個現實。在這裏,"定點說""四分說""周法說""初干吉日
說"都無法解釋得通,只好說"初吉"僅是某月中的一個吉日而已。静簋兩"初吉"的干支相距
二十五日,元年師兌簋中的"初吉"距三年師兌簋中的"初吉"十四日,這說明在證明"初吉"
非月相亦非初干吉日這一點上,静簋並非孤證。"初吉"既非月相,亦非"初干吉日",它到底
是什麼呢? 作册矢令方彝"惟十月月吉癸未"句給我們以啓發,銘文說"癸未日"是十月中的
一個"月吉日",這說明在西周時代每個月都可能有若干"月吉日","初吉"自然就該是每月
最初出現的那個"月吉日"。這種每月第一個出現的"月吉日"可能是曆書上事先安排好的,
也可能是臨時用占卜等方法確定的,但無論如何,從後人看來,它可能出現在每月的任何
一日。

　　近一年來,大家對新出子犯編鐘進行了討論,該編鐘首句爲"惟王五月初吉丁未",張光
遠先生、李學勤先生起初都認爲是指《左傳・僖公二十八年》(公元前632年)城濮之戰之"五
月丁未"。但又覺得所斷干支日與"初吉"傳統說法不合。裘錫圭先生依此鐘銘認爲"初吉"
應爲黄盛璋先生所主張的"初干吉日"。李先生後改從張聞玉先生的看法。張聞玉先生持定
點說,認爲編鐘銘之月日應連下讀,乃指"重耳去齊復國"一事,是公元前639年的五月初吉
丁未。其根據仍然是對"初吉"的推算。他說:"可以看出,子犯和鐘的五月初吉丁未,與獻俘
於王的五月十一日丁未並無任何瓜葛,如果强行勘合,初吉不僅是王静安先生的七天八天,
而居然可以管到十一天了,絶無此理。"[1]

　　張先生仍未能跳出"初吉"爲月相的成說來看待鐘銘。若說西周金文中的"初吉"是否月

---

[1]　張光遠:《春秋晉國子犯和鐘淺説》(《故宮文物月刊》十四卷二期)。李學勤:《補論子犯編鐘》(《中
　　國文物報》1995年5月28日)、《子犯編鐘續談》(《中國文物報》1996年1月7日)。裘錫圭:《也談子
　　犯編鐘》(《故宮文物月刊》十三卷五期)。張聞玉:《子犯和鐘"五月初吉丁未"解》(《中國文物報》
　　1996年1月7日)、《再談子犯和鐘曆日》(《中國文物報》1996年6月2日)。

相還有討論的價值的話,那麽春秋以後金文中的"初吉"是否月相,我認爲已没有多少討論的必要了。大家知道,進入春秋以後,作爲月相的"既生霸""既死霸""既望"在金文中基本消失。我統計,春秋以後的 119 件記時銘文中,僅有冑公湯鼎(《集成》2714)"惟王八月既望",吴王光鑑(《集成》10298)"惟王五月既字白期吉日初庚"兩件春秋早期器上還殘存有月相的痕迹外,其餘 116 件器銘中,有 107 件記的都是"初吉",另有 7 件記"吉日",3 件記"元日",可以看出此一時期的"初吉"與"吉日""元日"含義是相同的。因爲如果仍堅持此時的"初吉"必在月初的某日或某幾日的話,那豈不是説,進入春秋以後,各國鑄造銅器或舉辦大事只在月初進行,這是無法講通的。子犯編鐘所記月日指的是那個歷史事件或以爲是鑄器時日,都可以繼續討論,但不必去與"初吉"的傳統説法套合了,因爲"初吉"不過是一個吉日而已,它可以是某月中的任何一日。

(本文現存有劉雨先生手稿,其前有"一九九六年七月"字樣以標明寫作時間,原載《中國文物報》1997 年 4 月 20 日第 3 版;又載《金文論集》,第 178—184 頁,紫禁城出版社,2008 年 5 月)

三論"初吉"

　　金文記時詞語中的"初吉",學者間爭議最大,20世紀初葉王國維先生發表《生霸死霸考》,提出"蓋分一月爲四分,一曰初吉,謂自一日至七八日也……",認爲"初吉"與"既生霸""既死霸""既望"一樣,是四個月相詞語之一,四分一月,各占一段。[1] 王氏此説一出,研讀金文諸大家無不影從之,幾成定論,直至今日,仍有一部分學者信從此説。我通過對金文"初吉"資料的全面排比分析,於1982年寫了《金文"初吉"辨析》一文,該文的結論爲"初吉"只是當時一種卜選的吉利日子,"初吉"就是"大吉的日子",它不是月相,也不是"初干吉日"。[2] 1997年我又寫了《再論金文"初吉"》,對上述論點作了補充論證,進一步推斷:"這説明在西周時代每個月都可能有若干'月吉日','初吉'自然就該是每月最初出現的那個'月吉日'。這種每月第一個出現的'月吉日'可能是曆書上事先安排好的,也可能是臨時用占卜等方法確定的。"[3]

　　檢驗一個理論是否能夠成立,最好的辦法是觀察它能否與後出的新資料兼容,2005年我們欣喜地看到李學勤先生公布了一件新資料榮仲方鼎,圖像、拓本如下(圖一、二):

圖一　榮仲方鼎　　　　　　　　　　圖二　榮仲方鼎拓本

[1]　王國維:《生霸死霸考》,《觀堂集林》卷一,中華書局,1959年。
[2]　劉雨:《金文"初吉"辨析》,《文物》1982年第11期。
[3]　劉雨:《再論金文"初吉"》,《中國文物報》1997年4月20日。

　　該方鼎記時銘文爲："在十月又二月,生霸,吉,庚寅。"

　　李先生對該方鼎有詳細的考證,他認爲:"方鼎的年代應當在'初吉'的出現之先,結合形制、字體等的特點可估定於康王時期。"又説:"'生霸吉'是前所未見的'月相'詞語……值得指出的是,《尚書》等文獻材料都不晚於康王,其内没有'初吉',最早記有'初吉'的旗鼎爲昭王早年器物,似乎從那時起,'月相'詞語有所改變。'生霸吉'不説'既',可能是指月光初生,也就是'朏'。是否如此,以及它同'初吉'有没有關係,都有待探討。"[1]

　　我認爲方鼎銘的"生霸吉"理應讀爲"生霸"和"吉"兩個詞語,"生霸"爲月相,不會有歧義。"吉"字下面緊接着記日干支"庚寅",這就限定"吉"字只能是一個記時詞語,不可能是其他性質的詞語,此銘中的"吉"與西周金文中出現的"初吉"應該有關聯。李先生認爲"初吉"最早出現在旗鼎銘中,"鼎爲昭王早年器物",而榮仲方鼎"可估定於康王時期",故認爲對於"它與'初吉'有没有關係",持謹慎的態度,云"尚待探討"。其實,旗鼎出土於陝西眉縣一窖藏,一般來説,銅器窖藏往往把與某家族有關的一批器物埋藏在一起,有時還把不同時代的器物混放在一起,並非每件器物都有明確的地層標誌和時代標記,若想準確地判斷其中器物的年代,主要還是要依靠該銅器本身的形制、紋飾、銘文等特徵。旗鼎器形接近於康王時的標準器大盂鼎(圖三、四),也有學者認爲它就是康王時期的器物,我認爲説得穩妥點,該鼎應是康、昭時期的器物,器物本身特徵無法確定是康王或昭王中的哪個王世。因爲旗鼎具體王世難以確指,所以不能根據旗鼎就説"初吉"一詞只能出現在昭王時,不能出現在康王時。

圖三　旗鼎　　　　　　　　　　　圖四　大盂鼎

[1]　李學勤:《試論新發現的方鼎和榮仲方鼎》,《文物》2005 年第 9 期。近日作者在鄭州參加中國文物學會青銅器專業委員會成立大會,會上有先生説榮仲方鼎出土於山東,原出一對,銘文相同。

榮仲方鼎是一件徵集品,其時代是康王晚期或昭王早期,更難以説死。至於説因爲"《尚書》等文獻材料都不晚於康王,其内没有'初吉'",金文就不會有康王時代的"初吉",這也只能作爲一種推測而已。金文是第一手史料,而流傳下來的文獻資料多已經過後人加工,可以用金文的記載修正文獻,恐怕一般情況下,不能相反用之,連銅器金文都説不定的事,文獻資料就更難以説定了。在西周金文中,没有發現與"吉"字結合的其他記時詞語,所以我認爲榮仲方鼎銘中的"吉"字,很有可能就是"初吉"的早期形態,或"初吉"的省稱,很難把它説成其他意思。[1]

在有的文獻記載裏,記時詞語體系中的各詞是定點的,僅指具體的某一天,如《逸周書·世俘解》:"越若來二月既死霸,越五日甲子,朝至,接於商,則咸劉商王紂。""既死霸"過後五日就是"甲子日",説明這裏的"既死霸"肯定是指一個具體的干支日,不會是指一段時間。關於金文中的記時詞語,學者們爲了計算彼此之間的日距,曾作過測算試驗,有的學者還專門設計了電腦數據軟件,進行大批量測算,結果表明,若把"既生霸""既死霸""既望"等看成定點的某一天,會與大部分計算結果相衝突,是行不通的。因而目前多數金文曆法的研究者似乎已有共識,金文中的這幾個記時詞語,一定是指某一段時間,不會僅指某一天。有鑑於此,根據金文通例,榮仲方鼎銘中的"生霸"不太可能如李先生按字面所理解的那樣,是指"月光初生,也就是'朏'"這樣一個定點日,而應該和其他金文月相詞語一樣,指一段時間,即可能是"既生霸"的初期表達形式,或"既生霸"的省稱。

這反映出金文中的記時體系與有的古文獻中的記時體系儘管所使用的語句是相同的,但内容不同。到底爲甚麽會在一個相同的時間範圍内,同樣的記時詞語,出現"定點"和"時段"兩種不同的内容? 關於西周文獻和金文中存在兩種平行的記時體系,這一點還没有引起學者們的充分關注和研究,也没有人對此作出合理的解釋。但是就在情況還没弄清楚之前,現下却有"金文曆譜"編寫者,將文獻和金文的兩個體系的記時内容混排在一起,想以此來證明歷史年代的次序,這樣的"金文曆譜"能否成立,就十分值得懷疑,更談不上證明甚麽了。

無獨有偶,早在我"一論初吉"的《金文"初吉"辨析》文中,就提到過一件銅器——吴王光鑑,其圖像、拓本見圖五、六。

該文寫道:"1955 年安徽壽縣蔡侯墓出土的吴王光鑑銘云:'惟王五月,既子白期,吉日初庚。'據郭沫若先生考證,'既子白'就是'既生霸'。而在春秋時期,銅器上的'吉日'一詞與'初吉'的含義是相同的。所以,可以説在吴王光鑑的記時詞語中,既生霸的時期内包含了初吉。由此可確證初吉與既生霸等詞語内容是有區別的。如果説'既生霸'是月相稱呼,則'初吉'就不能是月相稱呼,而爲另外一種日稱。"

---

[1] 旗鼎是西周早期器,1972 年 5 月陝西眉縣馬家公社楊家村西周窖藏出土,現藏陝西歷史博物館,通高77 釐米、口徑 56.5 釐米,重 78.05 千克,造型與大盂鼎相似。《集成》2704 著録。銘文有:"惟八月初吉,王姜賜旗田三田……"

圖五　吳王光鑑　　　　　　　　　　　圖六　吳王光鑑拓本[1]

　　20 世紀 50 年代郭老考證吳王光鑑銘文"既子白期"，認爲"子同孳或滋，生也。白乃古伯字，與霸通"。因而認爲"'既子白期'當即既生霸"。[2] 他的這一大膽釋讀，得到著名古文字學家于省吾先生的支持，于老説："'既子白期'之'子'本應作'字'，吳王光鑑兩器，其中一器'字'較爲清楚。《山海經·中山經》'服之不字'，郭注：'字，生也。'《廣雅·釋詁》：'字，生也。'按：'字'訓生育之生，與生長之生義本相因……總之，'既子白期'解作'既生霸期'就文字訓詁和通假來説，就上下文義來説，都是通順無阻的。"[3]

　　當時郭老和于老的意見没有得到學術界的認可，著名的古文字學家唐蘭、陳夢家等先生持反對意見，陳先生以"子白"爲王僚之字，釋"既子白期"爲"吳王光盡子白爲期之喪"。[4] 唐先生認爲是"吳王光爲他的兒子舉行了冠禮，字爲白（伯）期"，[5] 但陳、唐等幾位先生的意見也没有被學術界所普遍采納，於是鑑銘"既字白期"的釋讀遂成懸案至今。

---

［1］　吳王光鑑是春秋晚期器，出土於安徽壽縣城西門蔡侯墓中，同墓出土兩件，銘文相同，現藏安徽省博物館，《集成》10298、10299 著録。

［2］　郭沫若：《由壽縣蔡器論到蔡墓的年代》，《考古學報》1956 年第 1 期。

［3］　于省吾：《壽縣蔡侯墓銅器銘文考釋》，《古文字研究》第一輯，中華書局，1979 年。

［4］　陳夢家：《壽縣蔡侯墓銅器》，《考古學報》1956 年第 2 期。

［5］　唐蘭：《五省出土重要文物展覽圖録序言》，文物出版社，1958 年。

　　當時參與辯論的諸大家幾乎都贊成王國維的"四分月相説",包括郭、于兩位先生在内,他們雖主"既字白期即既生霸"説,但仍對"吉日初庚"作了迂迴曲折的解釋,以附會"四分月相説"。如于先生説:"此銘於'既字白期'之下,不稱'初吉'而稱'吉日',這是因爲'初吉'一定要在'既生霸'之前,在'既生霸'之後則只有稱'吉日'而没有稱'初吉'的道理。"因爲各家都泥於"四分月相説",所以道理總是無法講通、講透,也就難以得出令人信服的結論。這是此銘成爲懸案,至今不得通解的原因之一。第二個反對"既生霸説"的有力意見是郭若愚提出的,他認爲"似乎在春秋戰國之間,已經不見'生霸''死霸'的使用,以吳王光鐘、鑑比較,不是記時之詞,而是記事的"。[1]　郭若愚的觀察是有些道理的,需要作出合理的解釋。另外,吳王光鑑銘文的"既字白期"在金文和西周文獻中,没有見過類似的記録,屬於孤證,這是該銘不得通解的另一個原因。

　　現在,榮仲方鼎銘文出現了,我們對吳王光鑑銘"既字白期"的正確釋讀有了可能。兩件器物雖一在西周早期,一在春秋晚期,時代相距較遠,但記時銘文的内容却驚人地相似。試看:

> 榮仲方鼎:"生霸,吉,庚寅。"
> 吳王光鑑:"既字白期,吉日,初庚。"

　　兩件銅器記時銘文的最大共同點是都把"初吉"放到了"既生霸"時段裏,方鼎銘"生霸"相當於鑑銘的"既字白期","吉"相當於"吉日","庚寅"相當於"初庚",這是金文中第二次出現的月相"既生霸"時日内包含有"初吉"。兩件記時銘文的内容可以互爲注解,證明當年郭老、于老將吳王光鑑記時詞語"既字白期"釋爲"既生霸"是對的,同時也説明我們現在把"生霸"釋爲"既生霸"的代稱或省稱是正確的。在春秋戰國時期,"初吉"與"吉日"是並存的,看不出二者所記時日有甚麼不同,因此兩銘中的"吉"和"吉日"都可能是"初吉"的意思。"初庚"應該是指某月的第一個庚日,恰好榮仲方鼎記有"庚寅",不知是否就是鑑銘所謂的"初庚"。這説明只要我們不拘泥於王國維的"四分月相説",兩篇銘文都可以得到通解。既有了兩篇銘文互爲佐證,此解就不是孤證。至於説到春秋晚期的吳王光鑑上出現了通常在西周才會出現的"既生霸",那只能認爲是一種復古的記時詞語的殘存,就像現在有人不用通行的公曆紀年,却用"中華民國紀年",甚至用"黃帝紀年"一樣。吳國姬姓,《史記·周本紀》説:"長子太伯、虞仲知古公欲立季歷以傳昌,乃二人亡如荆蠻,文身斷髮,以讓季歷。"正義曰:"太伯奔吳,所居城在蘇州北五十里常州無錫縣界梅里村,其城及冢見存。"蓋吳國乃周之先

---

[1]　郭若愚:《從有關蔡侯的若干資料論蔡侯墓蔡器的年代》,《上海博物館館刊》總二期,1982年。

人所建,吳人在其銅器銘文中殘存有復古的西周記時詞語,並稍作變通,稱"既生霸"爲"既字白期",似乎也是可能的。郭若愚將鐘、鑑銘文比較,用以説明"既字白期""不是記時之詞,而是記事的"。其實,鐘銘爲"□□□歲,初庚吉日",這段話中只不過少了"既字白期"而已,金文中同人所作之器,記時詞語有所不同是常有的現象,這並不足以説明"既字白期"一定是記事之詞。

陳夢家和唐蘭先生將"既字白期"講成"吳王光盡子白爲期之喪""吳王光爲他的兒子舉行了冠禮,字爲白(伯)期"等,顯然是想用"大事記時"來解釋這個詞語。吳王光鑑記時詞語是"惟王五月,既字白期,吉日初庚","既字白期"在月份與干支日之間,在金文中,常用"大事記年",少見"大事記時",此處如在月與日之間夾上"大事記時",更顯得不倫不類,並非通解。因此把"既字白期"講成"大事記時"也是不恰當的。

在西周銘文裏,只見"初吉",不見與"吉"字相連的其他記時詞語,到了春秋以後,除仍存在"初吉"以外,新出現了"吉日""既吉""初冬吉"等與"吉"字相關聯的記時詞語,現舉例如下:

蓏兒罍(春秋晚期,《近出》986,圖七、八),湖北穀城縣磚瓦廠出土,銘文爲:

惟正月初冬吉,蓏兒擇其吉[金]……

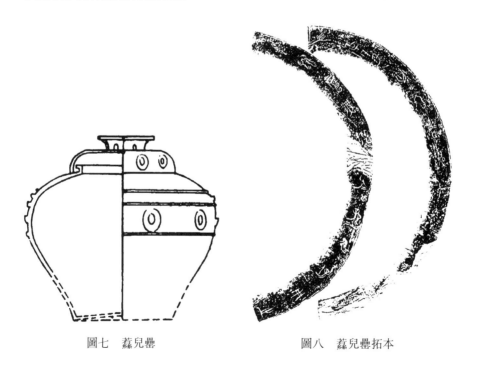

圖七　蓏兒罍　　　　　　　　　　圖八　蓏兒罍拓本

冬者,終也。"初冬吉"可以理解爲"初吉"和"終吉"的合稱,指"初吉"到"終吉"這一段時間。

曾伯從寵鼎(春秋早期,《集成》2550,圖九、十),1965 年 1 月武漢市文物商店清理銅器時發現,銘文爲:

惟王十月既吉,曾伯從寵自作寶鼎用。

圖九　曾伯從寵鼎　　　　　　　　　　圖十　曾伯從寵鼎拓本

"既吉"可能是指"初吉"或"吉日"之後的時間。

春秋戰國記時銘文中,稱"吉日"的記時詞語相對較多,如:

盜叔壺(春秋中期,《集成》9625 兩件同銘),1980 年春湖北隨縣均川公社劉家崖 1 號春秋塞出土,銘文爲:

擇厥吉日丁,盜叔之尊壺,永用之。

吳王光鑑(春秋晚期,《集成》10298 兩件同銘),1955 年 5 月安徽壽縣西門内春秋蔡侯墓出土,銘文爲:

惟王五月,既字白期,吉日初庚……

吳王光鐘殘片(春秋晚期,《集成》224.1),1955 年 5 月安徽壽縣西門内春秋蔡侯墓出土,銘文爲：

　　□□□歲,吉日初庚……

徐王義楚觶(春秋晚期,《集成》6513),光緒戊子江西高安西四十里出土,銘文爲：

　　惟正月吉日丁酉,徐王義楚擇余吉金,自作祭鍴……

少虡劍(春秋晚期,《集成》11696),1923 年山西渾源縣李峪村出土,銘文爲：

　　吉日壬午,作爲元用……

鄭莊公之孫鼎(春秋晚期,《近出》355),1988 年 8 月湖北襄樊市襄陽余崗村團山春秋墓出土,銘文爲：

　　惟正六月吉日惟已,余鄭莊公之孫……

拍敦(春秋晚期,《集成》4644),銘文爲：

　　惟正月吉日乙丑,拍作朕配平姬墉宮祀彝……

自鐘(戰國早期,《文物》2004 年第 2 期第 72 頁),2003 年春浙江紹興市區塔山旁出土,銘文爲：

　　惟正十月,吉日丁巳之□辰……

越王者旨於睗鐘(戰國早期,《集成》00144),銘文爲：

　　惟正月季春,吉日丁亥,越王者旨於睗擇厥吉金,自作龢鐘……

徐𩦡尹鐈鼎(戰國早期,《集成》2766),1981 年 11 月浙江紹興市坡塘公社獅子山西麓306 號墓出土,銘文爲：

惟正月吉日初庚,徐駿尹耆自作湯鼎……

令狐君嗣子壺(戰國中期,《集成》9719 兩件同銘),1928—1931 年間河南洛陽金村出土,銘文爲:

惟十年四月吉日,令狐君嗣子作鑄尊壺……

楚王酓忎鼎(戰國晚期,《集成》2794,另同銘鼎兩件、盤一件),1933 年安徽壽縣朱家集李三孤堆楚王墓出土,銘文爲:

楚王酓忎戰獲兵銅,正月吉日,室鑄鐈鼎之蓋……

這些例證説明,進入春秋以後,既生霸、既死霸、既望等月相記時詞語,除個別復古性質的使用之外,基本消失,人們對天體規律的認識已有較大提高,月相觀察在新的曆法體系中已不再重要。原本在西周時代表示"吉利之日"的"初吉",出現了"吉日""既吉""初冬吉"等新的稱呼法,它們透露出"初吉"的一些原來我們不瞭解的内容,可能"初吉"就是一個"每月初次出現的吉利日子",所以也可以簡稱爲"吉日",它應該是指一段時間,故又有"既吉"和"終吉"的稱呼,"吉日"之後可稱"既吉","吉日"完了可稱"終吉"。當然,這些認識只是據詞語本身所作的猜測,因爲這些都是幾千年前的記時專門術語,其確切含義也許並不像我們從字面上所理解的那麼簡單。

新出榮仲方鼎記時銘文和早年出土的吴王光鑑記時銘文相互比勘,自然會得出一個結論:在金文記時詞語中,有時"既生霸"裏可以包括"初吉",按理説初吉日多數應該出現在每月的前端,但也不排除少數可能出現在月中或月末,因而從邏輯上説"既望"和"既死霸"中也可能包括有"初吉",只是這類記時詞語尚未出現罷了。由於榮仲方鼎和吴王光鑑記時詞語中所記録的時日,部分是重疊的,這有力地説明"初吉"與"既生霸"等記時詞語性質是不同的,它不可能也是月相詞語,如果都是月相詞語,就無法解釋二者可以重疊記時這一現象。

另外我們也無法證明它是"初干吉日",如果東周的"吉日""既吉"和"終吉"可以幫助我們理解西周的"初吉"的話,它們起碼在字面上沒有留下"初干吉日"的痕迹。在這種情況下,硬要説"初吉"就是"初干吉日",也只能説是一種無法證明的猜測而已,而且這種猜測還要面對不少在西周金文裏超出初旬的"初吉"記載。

"夏商周斷代工程"所公布的《金文曆譜》有兩個缺陷:

一、把古文獻記時中的月相詞語和金文中的記時詞語這兩個體系内容不同的記時詞語混排並列。

二、硬性規定"初吉"是"初干吉日",造成部分"初吉"離曆譜太遠,試看該《金文曆譜》中離譜的多是"初吉"銘文這一現象,就足以説明對"初吉"的規定是有問題的。

隨着新器物資料的不斷出土,使我們對金文"初吉"的認識也在逐步加深,據現有資料,可以説它既不是月相詞語,也不是"初干吉日",僅可能是一個古代的"每月初次出現的吉利日子"而已。至於這個"日子"是怎麽來的?可能是古人臨時占卜得到的,也可能是古代曆書上事先規定好的,在當時的人是清楚的,而對幾千年後今天的人來説,因爲没有西周曆書流傳下來,也不清楚古人確定"吉日"的辦法是什麽,因而其出現規律,幾乎是無法得知的。很遺憾,客觀地説,記有"初吉"的這一批金文資料,在編排《金文曆譜》時,目前尚難以派上用場,只有割愛,否則就會編出一個誰也説不清楚的《金文曆譜》來。

（原載《慶祝何炳棣先生九十華誕論文集》,第 429—435 頁,三秦出版社,2008 年 6 月）

南陽仲再父簋不是宣王標準器

　　《中原文物》1984 年第 4 期載文介紹了南陽古墓中出土的䣙（申）國銅器,同期發表了李學勤同志的考證文章。[1] 兩件仲再父簋的銘文是十分重要的,對其中的幾個問題有作進一步討論的必要,本文擬提出一些新的看法,請同志們指正。

一、銘文釋讀中的幾個問題

（一）語詞次序

　　仲再父簋共出兩件（圖一）,甲簋器、蓋同銘,乙簋器銘與上同,蓋銘則小有出入（圖二、三）,現將兩種銘文抄錄於下：

圖一　仲再父簋

[1]　李學勤：《論仲再父簋與申國》,《中原文物》1984 年第 4 期。

圖二　仲再父簋蓋銘

圖三　仲再父簋器銘

甲簋銘

> 仲爯父大宰南申⟨⟩
> 嗣作其皇祖考徲王
> 監伯尊簋。用享用孝，
> 用易眉壽，屯右康勴，
> 萬年無疆。子子孫孫永寶用享。

乙簋蓋銘

> 南申伯大宰仲爯父
> ⟨⟩嗣作其皇祖考
> 徲王監伯尊簋。用
> 享用孝，用易眉壽，
> 屯右康勴，萬年無
> 疆。子子孫孫永寶用享。

兩相比較，可以看出甲乙兩銘内容相同，字數相等（後者僅較前者多出一“伯”字），其不同在於修飾“仲爯父”的語詞次序。甲簋“大宰南申”置於“仲爯父”後，乙簋“南申伯大宰”置於“仲爯父”之前，語詞次序不固定是本銘的一大特色。類似這種語詞次序不固定的情況在金文中是不乏其例的，如鬲尊（《周金文存》5.11.3）銘云：

> 鬲易貝于王，用作父甲寶尊。

應該是王易貝於鬲，這裏顯然是將賜予者和被賜予者的位置弄顛倒了，類似的例子尚有許多，不贅述。

根據金文中這種語詞次序常常顛倒的情況來看，本簋銘中的“⟨⟩司”也可以是“仲爯父”的修飾語，只不過在甲乙兩銘中它都處於“仲爯父”之後，不易爲人覺察而已。

經過上述分析，簋銘第一句話中“仲爯父”的修飾語次序應該是這樣的：

> 南申伯大宰⟨⟩嗣仲爯父

（二）伯大宰

大宰，職官名。由西周的“宰”發展而來。西周“宰”的職司主要是管理王家宫廷内部事務。蔡簋(《法帖》14.9)云：

> 宰𠚴入右蔡,立中廷。王乎史兑册令蔡。王若曰：蔡,昔先
>
> 王既令女作宰,司王家。今余佳申
>
> 京乃命,命女眔𠚴𩁹疋對各,死司王
>
> 家外内,毋敢有不聞。𤔲百工,出入
>
> 姜氏令。

這裏宰蔡主司王室諸工匠作坊,出納傳達王后的使令。《周禮・天官》有大宰,又稱冢宰,説是百官之長,總攬百官之治。但“天官”下屬六十餘官,都是庖人、世婦之屬,多是管理王及后的衣食住行等,並没有交待他們如何總攬百官之治,《周禮》中的太宰充其量只能是王室的大總管。這與西周金文中“宰”的職司倒是十分符合的。

從金文反映的情況看,在西周的幾百年間,宰職有權勢逐漸加重的趨勢,在周初“宰”類似於“小臣”,並不重要。而到了晚期有的宰却掌握了實權,如師嫠簋(《三代》9.35—36)中的宰琱生,據考證就是《詩經・大雅・江漢》中的召伯虎,其地位是相當高的。可以想見,這類經常活躍在王及后左右的近臣,雖然本來職位不高,但他們有機會接近最高權力執掌者,有的就有可能掌握較大的權力。

西周金文中只出現“宰”,而没有出現“大宰”,進入春秋以後,金文中先後出現了齊、魯、黿、邗、邢等國的大宰。齊國大宰如鎛鎛(《三代》1.66.2—1.68)中的齊大宰,與大攻厄、大吏等合稱“四大”。齊太宰歸父盤(《三代》17.14.1)中的歸父可能就是齊國佐之父國歸父。邢姜太宰巳簋(《社會科學戰綫》1980 年第 3 期)中的邢國大宰是專門出納姜氏令一類的官員。

“伯大宰”之“伯”有可能是伯仲之伯。金文中大師有伯仲之分。如伯大師盨(《三代》10.30)伯克壺(《考古圖》4.40)中有“伯大師”。仲大師盨(《文物》1978 年第 11 期)中有“仲大師”。依此類推,是否“大宰”也可能有伯仲之分呢。當然這只是一種推論,到目前爲止,我們並没有發現“仲大宰”的銅器。這裏如“伯”字連上讀,成“南申伯”用以代表“南申國”也是可以講得通的。

(三)“ㄟ司”即“有𤔲”

仲再父簋中的“𤔲”字寫法較特殊,與金文中一般“𤔲”字寫法不同,但它與兮甲盤(《三代》17.20.1)、司工爵(《三代》16.15)中的𤔲字却完全相同。兮甲盤云：

王命甲政𤔲成周四方責

銅工爵有"銅工"二字，兩器中"銅"字的寫法雖很特殊，但從文義上看，只能是"銅"字。因此，我釋此字爲"銅"，而不釋爲"辭"。

"𠬝司"之"𠬝"，實際是"又"字，即"有"字。金文中因字形相近，每每"𠬝""又"不分。如縣妃簋(《三代》6.55.1)"惟十又二月"之"又"就寫作"𠬝"，邾叔之伯鐘(《三代》1.19.1)中的"擇厥吉金"，舅鬲(《三代》5.30)中的"用作厥母辛尊彝"，兩器之"厥"都寫作"又"。所以我認爲仲爯父簋中的"𠬝銅"可以是"又銅"，即金文中常見的"有銅"，這是金文中的一個固定職官泛稱，是"下屬官員"的意思。

綜上所述，仲爯父是南申國伯大宰的"有銅"，並不是南申國大宰，只不過是大宰的某個下屬官員而已，無怪乎出土器物僅一鼎兩簋一盤及幾件車馬器，隨葬品的數量、質量及規模正與其大宰的有銅地位相當。

二、北申、南申和西申

西周晚期的兩件重器大克鼎(《三代》4.40—41)、伊簋(《三代》9.20.2)中都提到一個叫"申季"的人：

> 申季右善夫克入門立中廷(大克鼎)
>
> 申季內右伊立中廷(伊簋)

按金文通例，右者往往是被右者的頂頭上司，此申季應是克及伊的上司，無疑是一位地位很高的人物，因爲被右者克及伊都是西周晚期相當顯赫的人物，看一看克組十餘件鉅製宏文的銅器，就不難想見克當年位高權重的形象。筆者在考釋多友鼎銘時曾指出：克鐘銘有"康剌宮"出現，説明克器在鑄造時，剌王已成古人，立廟受享。克組器應定在宣王時。而宣王時在周王朝內有如此重要地位的"申季"，[1]自然使我們聯想到宣王之舅"申伯"。申伯因其女申姜爲王后，藉助姻親的威勢，居於朝中重要地位，而宣王之所以與申伯聯姻，多半也是要藉助他在西部戎狄部族中的强大勢力，這種勢力在幽王滅國時得到了證實。文獻記載，正是因爲幽王廢申后，去太子，破壞了宣王以來的合親政策，才導致申、繒、犬戎等聯合滅西周。

1975 年在洛陽距王城遺址北墙約一公里許處，在一座春秋墓葬中出土一件銅壺(《考古》1981 年第 1 期)，其銘文云：

---

[1] 參見劉雨：《多友鼎銘的時代與地名考訂》，《考古》1983 年第 2 期。文中使用的"康宮原則"乃容庚、唐蘭等前輩學者所發明。

　　　　申伯彥多之行

　　《左傳・文公八年》:"春,晉侯使解揚歸匡、戚之田于衛,且復致公壻池之封,自申至于虎牢之境。"杜注:"申,鄭地。"即今鞏縣東,滎陽西之氾水境,虎牢即氾水左近的成皋故城。此地之申與南陽之申相距數百里,肯定不是一個申國。"申伯彥多"有可能是虎牢氾水之申伯,而出仕周者,死後葬於王城外。此申在南陽北,故南陽之申自名南申,以示區別。

　　1975年南陽西關出申公彭宇簋,1981年又出仲再父簋及鼎,銘中明確記爲"南申"。宋程公説《春秋分記》地理釋異云:"申有二,莊六年,楚文王伐申,小國名。文八年,自申至於虎牢之境,是鄭地。"[1]後南申滅於楚,淪爲楚地。曾侯乙墓編鐘乙組下1:2云:"妥賓之在楚也,爲坪皇。其在申也,爲遅則。"鐘銘之申當即指故南申國舊地。

　　北申自稱申,而不稱北申。這有可能説明先有北申後有南申。陳槃《春秋大事表列國爵姓及存滅表譔異》推論説:"疑申伯舊居在是,宣王定申伯之宅,欲使之式是南國,故申伯然後遷南陽耳。"[2]可備一説。

　　文獻中尚有"西申"。古本《竹書紀年》云:"平王奔西申。"《逸周書・王會》云:"西申以鳳鳥。"[3]陳槃推斷西申云:"然則西申即申戎,乃申族之居西方者。中國自有申氏,則河南南陽之申是矣。本自一族,分居二地。"西申之西據蒙文通先生考定在今陝西,西申是相對東土南北二申而言,宣王元舅之申,幽王申后之申,殺幽王之申,平王所奔之申都是陝西之申。西申是申的本支。《詩經・大雅・崧高》所述東遷之申又分爲南北二申,乃另一分支。

　　這樣,歷史上曾存在過三個姜姓的申國:西土的西申,東土的南、北二申。

三、仲再父簋的時代

　　考訂仲再父簋的時代,關鍵在於弄清銘文中"㣇王"和"監伯"的含義。有的同志認爲簋銘的"㣇王"就是周夷王燮,"監伯"是夷王之子,屬王的兄弟行,因此定該器爲宣王標準器。

　　我不同意這樣簡單地比附,這個問題需要重新加以剖析。

　　傳世銅器銘文中有兩件提到監國,其一是鄧孟壺蓋(《三代》12.13)銘:

　　　　鄧孟作監曼尊壺

---

[1]　(宋)程公説:《春秋分記》35卷,四庫全書薈要本。
[2]　陳槃:《春秋大事表列國爵姓及存滅表譔異》第二册,第153頁。
[3]　《逸周書・王會解》卷七。

另一件是叔碩父鼎(《筠清》4.10)，其銘文是：

新宮叔碩父、監姬作寶鼎

後一器《筠清館金文》和《攈古録金文》的著録都是摹本，考古研究所藏《猗文閣集金》(拓本集)載有清晰的拓片，現已收入《殷周金文集成》第五册2596號。上述二器的書體風格與仲再父簋十分相似，是同時代的金文。因此二器中的監曼、監姬之監，與仲再父簋中監伯之監，當指同一國族。鄧孟壺是鄧孟爲其嫁於監國之女監曼所作的壺。鄧國曼姓，古代女子名稱姓，故稱其爲監曼。叔碩父鼎銘告訴我們，是叔碩父與其妻監姬共同作鼎。金文中有的作器者是夫妻二人，如1978年陝西武功出土的獣叔獣姬簋就是這樣(《考古》1981年第2期)，簋銘云：

獣叔獣姬作伯媿媵簋

獣叔爲夫，獣姬爲妻，獣姬乃姬姓女子嫁於獣叔者。伯媿乃二人之長女，女稱伯媿，知獣叔爲媿姓。與此相類，叔碩父鼎中的叔碩父可能即監伯，其妻爲監姬，夫妻合作此鼎。監姬是姬姓女嫁於監國者。一般情況下，古代同姓不婚。監姬既爲姬姓，其夫叔碩父(即監伯)就不應是姬姓。所以叔碩父鼎説明監國不是姬姓。

叔碩父鼎中的監國不是姬姓，仲再父簋中的監伯也不應是姬姓。當然作爲監伯父親的夷王也不會是姬姓，但西周夷王變却一定得是姬姓。可見西周王朝的夷王與仲再父簋中的夷王並非一人。

西周晚期至春秋時期諸小國稱王者在金文中時有所見。如吕王(吕王鬲《三代》5.30、吕王壺《三代》12.12)、昆疕王(昆疕王鐘《三代》1.7.2)、幾王(㢧伯簋《上海博物館藏青銅器》54)、鼇王(彔伯㦰簋《三代》9.27)、矢王(矢王尊《三代》11.19)、買王(買王卣《三代》13.21)等等不一而足。仲再父簋中的夷王想必也是這一類小王中的一個。

金文和文獻中都没有交待監國的地望，但鄧孟壺蓋、叔碩父鼎和兩件仲再父簋却證實了監國的客觀存在。我推測這個監國可能是文獻中的"濫"國。《春秋》昭公三十一年："冬，黑肱以濫來奔。"邾分二國，即邾和小邾(又稱"倪")，世多知之。邾分三國，尚曾分出一"濫國"，則世人多不知。已故王獻唐先生首先提出了這個看法，他在《春秋邾分三國考》中指出："邾之先，自邾子俠受封，五世至儀父顔，當周宣王時，封其子肥於郳，爲小邾。身後子夏父立，别分叔術於濫。""夷父顔後以有罪爲周王所誅，立叔術爲邾君。周王死，叔術讓國於夷父之子夏父，别居邾南濫地，自爲一國，初亦無名，魯昭公三十一年，黑肱以濫奔魯，始著春秋。"此事《公羊傳》《國語》均有詳細記載，據王獻唐考定"濫城在今滕縣東南六十里，陶山北"。

　　《莊子・則陽》云：“衛靈公有妻三人，同濫而浴。”無錫前洲出土的鄴陵君鑑，近年又發現“王鄴姬之濫”五字（《江漢考古》1987 年第 1 期）。濫即監，《墨子・節葬》《呂氏春秋・節喪》都有“壺濫”，即“壺監”。信陽長臺關出土楚簡遣册有“二方濫”，即“二方監”。可見“監”與“濫”通，金文中的監國即文獻的濫國，是完全講得通的，是很有可能的。

　　仲爯父簋蓋及腹各飾竊曲紋一道，其餘部分飾瓦楞紋，圈足飾垂鱗紋，兩耳獸首垂珥。此類形制花紋的簋在西周晚期盛行，延至春秋早期也時有出現，比如魯伯大父作季姬婧簋（《文物》1973 年第 1 期 64 頁，山東歷城出土）、魯伯大父作仲姬俞簋（《善齋吉金録》8.68）、魯伯大父作孟□姜簋（臺灣《故宮銅器圖録》下下 180）、鮴公子簋（臺灣《故宮銅器圖録》下下 181）、邦甦簋（《善齋吉金圖録》8.73）、杞伯每氏簋（《十二家吉金圖録》居 14）等這些春秋早期銅器的花紋形制與仲爯父簋都十分相似。

　　仲爯父簋中有“大宰”一官出現，據我所知，現有的幾件有“大宰”的銅器，無一例外，都是春秋銅器。如齊大宰歸父盤，此歸父即齊國佐之父國歸父，乃春秋前期齊大夫。鑾鎛中的鑾是鮑叔之孫，是春秋中期人物。其他如魯大宰原父簋（《三代》8.3）、龕大宰鐘（《三代》1.15）、龕大宰簋（《三代》10.24）、邢姜大宰已簋、邛（江）大宰壺（日本梅原末治《青山莊清賞》39）等都是春秋器。“大宰”一官是東遷以後，各國紛紛設立起來的。因此，此一官名在金文中有斷代的參考價值。

　　考察該簋的年代，當然更應該參考濫國歷史。如上所云，濫國大約在宣王死去不久從邾國分出。夷父顔是宣王時的邾君，因有罪於王室，爲宣王所誅。宣王立大夫叔術爲邾君。宣王死，幽王立，叔術因所依附的宣王已死，恐國人不服，自動讓國於夷父顔之子子夏父，自居濫地，是知濫國初立應在幽王時。這樣看來，仲爯父簋中的監伯即使是第一代監君，也不得早於幽王初年。而仲爯父乃監伯之子，作器時監伯已故去而稱“考”，自應晚於幽王而入於春秋初年爲宜，因爲幽王在位時間並不長。

　　根據以上分析，我認爲仲爯父簋不是宣王標準器，而是一件春秋早期的銅器。

　　（原載《古文字研究（第十八輯）》，第 390—397 頁，中華書局，1992 年 8 月；又載《金文論集》，第 317—323 頁，紫禁城出版社，2008 年 5 月。劉雨先生留存的資料中，有油印稿《南陽仲爯父簋銘文再探討》一文，內容與本文相同）

殷周金文中的閏月

我在《文物》1982 年第 11 期上發表了《金文"初吉"辨析》一文,指出在金文中"初吉"一詞不是月相詞語,主要根據是静簋銘文記録六月初吉是丁卯日,八月初吉是庚寅日,兩"初吉"日相距 54 天,其一必在月末的幾天,因而否定了傳統上認爲初吉日必出現在月初的結論。但是也有的先生認爲,若六至八月間夾一個閏七月,則仍可能出現兩初吉皆在月初的情形。静簋是穆王時代的銅器,在那個時代的曆法中閏月是如何安排的? 是否有可能出現閏七月? 帶着這個問題,我檢索了殷周金文資料,對殷周時代的置閏規律作了初步考察,在十年前寫成本文,今天我願公開這篇文章中的觀點,以求得諸位方家的批評指正。

一、殷代的閏法

前輩學者董作賓、陳夢家以甲骨文材料研究殷代曆法,得出結論是: 殷代前期實行的是年終置閏,閏月稱十三月或十月又三。他們又指出殷晚期甲骨文中未發現十三月,通過所排商王征人方曆表,發現同年九月、十月皆有甲午日,這樣兩月中必有其一爲 31 天,他們認爲這在實行陰陽曆的殷代曆法中是不可能的,斷定該年必有閏九月。由此説明殷代晚期實行的是年中置閏。其實,只要殷代仍處於以觀測新月爲月始的階段,出現 31 天的大月就不能完全排除。同時,二位先生忽略了在殷晚期金文中有十三月的記載。

如《博古》20.23 著録的周文姬匜:

> 丙寅,子賜安貝,用作文嫀已寶彝。在十月又三。(器銘)
> 𡕥 (蓋銘)

該器實際上是一件兕觥,蓋作帶角獸頭,器身飾細雷紋一道,鋬亦有帶角獸頭。原銘缺作器者,容庚先生以安卣補之(見《宋代金文著録表》)。此器形制紋飾皆爲典型殷末作風。[1] 銘文稱

---

[1] 黃然偉先生認爲此兕觥爲周初器,見其所著《殷周青銅器賞賜銘文研究》(第 29 頁,龍門書店,1978年),我認爲該器形制紋飾以及銘文的遣辭用語風格都是殷代作風,而且稱十三月爲"在十月又三",這在西周是絶不可能的,因此本文不擬采納黃先生的意見。

"在十月又三",與殷墟五期卜辭"在十月又一""在十月又二"稱月法相同(見《合集》37964—37985),而與西周金文稱"十又一月""十又二月""十又三月"者截然不同。到目前爲止,稱十月後的月份,殷周各有不同,故此稱月法可作區分商周銅器的斷代標誌之一。夾兒觥銘證明殷末有十三月記載,存在年終置閏。

又比如《三代》8.33 著録的小子䍙簋:

> 癸巳,䢦賞小子□貝
> 十朋,在□自。惟䢦令
> 伐人方䍙。□□用
> 作文父丁尊彝。
> 在十月四。　𝍱

該器銘記有殷末伐人方事,是殷代晚期器。對銘末之"在十月四"一句,過去學者往往釋爲"在十月彡"或"在十月彡日"。[1] 按卜辭通例,彡、𩞑、羽是祀季名,只能置於"祀"後,不能置於"月"後,如下表:

表一

銘　文	著　録
在九月,惟王六祀,彡日	《甲》3939
惟王七祀,彡日	《前》2.22.2
在十月二,惟王十祀,彡	《庫》1672
在五月,惟王六祀,彡日	《佚》518
在十月,惟王三祀,𩞑日	《骨之文化》圖 1

殷金文與卜辭同(見表二),到目前爲止,尚未發現將祀季名置於月後的例證。因此,小子䍙簋銘末"在十月"後之字只能是"四"不可能是"彡"或"彡日"。這説明晚殷不僅有年終置閏,還有年終再閏的存在。

---

[1] 見陳夢家:《殷墟卜辭綜述》,第 304 頁;赤塚忠:《中國古代的宗教和文化·殷金文考釋》,第 679 頁;晏琬:《北京遼寧出土銅器與周初的燕》,《考古》1975 年第 5 期;沈之瑜:《介紹一片伐人方的卜辭》,《考古》1974 年第 4 期,等等。

表二

器　名	銘　文	著　録
六祀𠨘其卣	惟王六祀,羽日	《録遺》273
四祀𠨘其卣	惟王四祀,羽日	《録遺》275
豐簋	惟王六祀,彡日	《考古圖》4.29
小臣邑斝	惟王六祀,彡日,在四月	《三代》13.53
褚否卣	在九月,惟王十祀,魯日	《考古圖》4.5
戍鈴方彝	在九月,惟王十祀,魯日五	《博古圖》8.15
𡢑簋	在十月一,惟王廿祀,魯日	《三代》6.52
宰㭫角	在六月,惟王廿祀,羽又五	《三代》16.48
小臣俞尊	惟王十祀又五,彡日	《三代》11.34

所以,從目前發現的古文字資料看,殷代晚期並沒有實行年中置閏,整個殷代很可能都實行的是年終置閏。

二、西周早期的閏法

西周早期曆法置閏與殷代同,也是年終置閏,閏月則一律稱"十又三月",決不稱"十月又三",如下:

表三

器　名	銘　文	著　録
中方鼎	惟十又三月庚寅	《博古》2.19
受尊	惟十又三月既生霸丁卯	《三代》11.36
遣卣	惟十又三月辛卯	《三代》11.35

上述三器時代定爲西周早期,各家意見一致。郭沫若云:"十又三月,閏月也。古者閏月置於歲終,故有閏之年有十三月,卜辭已習見,周人沿襲殷制而已。"(見《兩周金文辭大系》遣尊考)陳夢家云:"十三月亦見於成王時的小臣靜卣,[1]是置閏月於年終,其制同於殷代前期

---

[1]　陳先生對小臣靜卣斷代嫌偏早,多數學者認爲靜組器應定在穆王時代。

曆法。"（見《西周銅器斷代》2.115）西周早期曆法與殷曆當有許多不同，但其置閏却與殷代相同，也實行年終置閏，這一點已爲古文字材料所肯定。

三、周曆中閏月的稱呼

年終置閏稱"十月三"或"十又三月"，因其記月數已多出十二月，很容易與常月相區別，閏月無須再加特殊標識字。而年中某月爲閏月，如月前無特殊標識字，則很容易與其同名月份相混淆，按常理推論，月前應加特殊標識字，以示區別。在兩周金文中，月前所加標識字一般爲"王"或"正"兩字。"王某月"自然是指"周王曆法中之某月"（下面還將專門論及），"正某月"各家説法不一，下面將兩周金文中稱"正某月"的銅器列表如下：

表四

器　名	銘　文	時　代	著　錄
應侯見工鐘	惟正二月	西周中晚期	《文物》1975 年第 10 期
寰乎簋	惟正二月	西周晚期	《文物》1972 年第 2 期
呂服余盤	惟正二月	西周晚期	《文物》1986 年第 4 期
上郜公秺人簋蓋	惟郜正二月	春秋前期	《三代》8.47
郜公秺人鐘	惟郜正四月	春秋前期	《三代》1.10
上郜府簋	惟正六月	春秋前期	《文物考古工作三十年》295 頁
申公彭宇簋	惟正十又一月	春秋前期	《中原文物》1982 年第 1 期
寬兒鼎	惟正八月	春秋後期	《三代》4.13
余購逐兒鐘	惟正九月	春秋後期	《三代》1.50
子璋鐘	惟正十月	春秋後期	《三代》1.27—31
蔡侯龖鐘	惟正五月	春秋後期	《考古學報》1956 年第 2 期
□子季□盒	惟正九月	春秋後期	《綴遺》28.5
□可忌豆	惟王正九月	戰國早期	《考古》1990 年第 11 期
陳侯因資敦	惟正六月	戰國早期	《三代》9.17

對上述各器"正某月"之"正"字，歷來都認爲是"周正""王正"之省。清末學者方濬益在考釋□子季□盒時説："今按《漢書·郊祀志》注曰：正，正朔也。此作器者爲周人，自是用周

正之朔，言此爲周正九月，所以別於夏正、商正歟。"(《綴遺》28.6）陳夢家在考釋蔡侯龘鐘時説："正五月可能是王正五月之省，即周正五月。春秋鄀公敍人簠有鄀正二月，所以別於王正、周正。春秋之邾公華鐘、叔夷鎛、齊大宰盤、晉姜鼎等有王某月。春秋末戰國初之子璋鐘，寬兒鼎，儔兒鐘，陳侯因資敦等有正某月，正某月可能是王某月。"（壽縣蔡侯墓銅器見《考古學報》1956 年第 2 期，第 95 頁）馬承源在考釋上鄀公敍人簠蓋時説："正指法制，也通政，古代曆法由曆官頒布，具有法制性質。西周有頒朔制度。在這個意義上，金文中的正某月，也可以説是官曆的某月。"（《商周青銅器銘文選》第 4 册，第 419 頁）黃然偉説："正有善意。《儀禮·士喪禮》'決用正'注云：'正猶善也。'故銘文之惟正六月即吉善之六月也。"（《殷周青銅器賞賜銘文研究》）

　　上述説法都很難解釋爲什麼西周僅有三件器上記有"正某月"，且恰恰都是"正二月"，春秋、戰國器上也不過十餘件記有"正某月"這一現象。西周中期以後有一部分銅器銘文中記有"王某月"。如：惟王正月（彔伯㲀簋、龖簋）；惟王二月（豆閉簋、貯子匜）；惟王三月（即簋）；惟王五月（窒叔簋、南宮柳鼎）；惟王八月（伯晨鼎）；惟王九月（利鼎、揚簋、輔師嫠簋）；惟王十月（曾伯從寵鼎）；惟王十又一月（卯簋）等，進入春秋以後，則多數記月銘文稱"王某月"，有數十件之多，僅徐、鄭、戴、宋等少數幾國没發現稱"王某月"者。這説明在兩周時期通行周曆，西周中晚期開始，有其他曆法流行，故行周曆時有時需加"王某月"來特別標明。春秋以後，各國在通行周曆的同時，一些國家制定了自己的曆法，如鄀公平侯鼎稱"惟鄀八月"，鄧伯氏鼎"惟鄧八月"，鄧公簠蓋"惟鄧九月"等，就更有必要特別標明周曆的某月了。標識方法一律稱"王某月"。"王"即"周王"，故稱"王某月"自然是講周曆的某月。我想既然已有了"王某月"來指示"周曆的某月"，那就不太可能再用"正某月"也來標識周曆的某月了。對"正某月"的含義，陳夢家在考釋蔡侯龘鐘時，除了提出"周正""王正"之省的説法外，還作了另一種推測，他説："此正五月亦可能是所以別於同年的閏五月的。"高鴻縉發揮了陳先生這一看法，他説："正者，頂也、首也、頭也。正某月者，頭某月也。故正九月之後必有閏九月，正六月之後必有閏六月。"（轉引自黃然偉《殷周青銅器賞賜銘文研究》第 41 頁注 5）這就接近於弄清"正某月"的含義了。我推測金文中的"正某月"，實際上就應該是指後世的"閏某月"，道理很簡單，只有閏月才需要特別加以標識，因爲它異於常月，加以標識後，可避免與不閏的同名月混淆。而閏月前後的月份是常月，没必要加特別標識。

　　作後世"閏月"講的"閏"字是後起字，甲骨文金文中不見此字，戰國以前的其他古文字資料中也未見此字。古文獻中《詩經》未見此字，《春秋》中有兩處提到此字，其一在文公六年："閏月不告月，猶朝於廟。"其二在哀公五年："閏月葬齊景公。"魯史記至哀公當然出自戰國人之手，即文公一條也不能排除是戰國文字竄入者。《尚書·堯典》有"以閏月定四時成歲"一句。《堯典》爲戰國人所作，自然也是戰國人用當時的語言講古代的事情。最早使用閏字當推《左傳》，共發現十二條之多，但《左傳》也是戰國人作的。從以上幾種材料可以看出，戰國以前的文獻中没出現"閏"字。

出土古文字資料中最早記有閏字的是長沙子彈庫帛書,其時已至戰國晚期,共出現兩處:

第一,……是逆月,閏之勿行。

第二,……神則閏四……

其一是説某月爲逆月,如恰逢此月爲閏月,要人爲地改變,不能行閏月。其二前後有缺文,意義不明。雲夢睡虎地出土竹簡有一條魏律簡,記有"廿五年閏再十二月丙午朔辛亥"的句子。該簡出於 11 號墓,年代爲秦始皇三十年,其中閏字應作閏月講。這些材料説明,在戰國中晚期以後才出現作閏月講的閏字,那麽戰國早期、春秋、西周的周曆中閏月用什麽字表示呢? 我想很可能是用"正"字。《説文》:"正,是也。""正"有"是正""正之"的意義。《尚書·盤庚》:"盤庚教於民,由乃在位,以常舊服正法度。""盤庚既遷,奠厥攸居,乃正厥位。""正法度""正厥位"皆有"是正"之意。曆法中設置閏月是爲了"是正"由月餘造成的節侯不正,糾正太陰曆與太陽曆間的誤差。此"正"字應讀爲糾正之"正",與歲首月稱正月,讀如"征"有别。用"正某月"表示"閏某月"是有可能的。

四、西周中晚期的閏法

西周中晚期周曆的置閏方法,在金文中反映得比較複雜,一方面有年終置閏的記載,如:

表五

器　名	銘　文	時　代	著　録
小臣静卣	惟十又三月	西周中期	《斷代》3.83
牧　簋	惟王七年十又三月	西周中期	《考古圖》3.24
雍公諴鼎	惟十又四月	西周晚期	《博古圖》2.23

此表中的静卣、牧簋爲西周中期器,雍公鼎是西周晚期器,銘文有年終置閏和年終再閏的記載。[1] 另一方面,又有閏二月的記載,西周金文"閏某月"稱"正某月"已如上述。如表四中的應侯見工鐘、龜乎簋、吕服余盤,在西周金文中僅發現這三件器銘記有閏月,且都閏二

---

[1] 郭沫若認爲雍公鼎"十又四月當是十又三月之僞,下筆過短,蓋是銹紋",後又説"頗疑'十又'二字是都字殘劃誤摹"(《兩周金文辭大系》考 176)。我認爲《考古圖》《博古圖》《嘯堂集古録》《歷代鐘鼎彝器款識法帖》等幾部宋人書都收録了此鼎,字劃一致,十分清晰,説其"誤摹""字僞"都是没有根據的,應當承認當時曆法中確有年終再閏存在。

月。説明此時曆法中除有年終置閏外,尚有二月置閏作補充。這使我們想起一條民族學材料:雲南岳宋佤族的頭人在每年二月份到江邊看魚上水了没有,或者到郊外看一塊大石頭上野蜂是否已經聚集,如果魚没有上水,野蜂遲遲不來,就增加一個二月,稱之爲"怪月"(引自鄭文光《天文學源流》第64頁)。這是在陰陽合曆初始階段,根據物候觀察,用在某年年中某固定月份設置閏月的辦法來調整太陰年與四時變化間的誤差。西周中晚期的周曆,肯定早已脱離根據物候觀察置閏的低級階段,但此時曆法一定是僅靠年終置閏無法完全調整好太陰年與四時變化的矛盾,只好另設閏二月來調整,此時曆法的閏法呈過渡狀態。只有當人們發現了"無中氣置閏法"後,才能安排好閏月,但那需要人們對二十八宿天象具備較清楚的認識,從總體情況看,這在西周中晚期尚不可能。

五、春秋時期的閏法

前代學者根據分析文獻材料,得出"春秋時期没有統一曆法"的結論。如清代王韜著有《周不頒朔列國之曆各異説》:"周既東遷,王室微弱,天子未必頒曆,列國自爲推步,故經傳日月常有參差。"(見《春秋曆學三種》下卷《春秋曆雜考》)他的這個意見被近現代許多研究天文學史的人所接受。但是,這個意見却與春秋金文所記録的實際情況相左。如吳王光鑑、臧孫鐘、姑馮勾鑃、蔡侯鎛、蔡大史鉥、許公買簠、黄大子伯克盤、楚王領鐘、楚嬴匜、曾伯霏簠、郘公牼鐘、郘公華鐘、郘叔止伯鐘,郘公孫班鎛、齊大宰歸父盤、鐈鎛、叔夷鎛、晉姜鼎、晉公𦈡盦、邵鐘、鄲孝子鼎、寬兒鼎、虢叔簠、伯盞盤、江叔孫師父壺等器上都記有"唯王×月",這裏包括了春秋時期吳、越、蔡、許、黄、楚、曾、郘、齊、晉、鄲、蘇、虢、江等14國的稱月銘文,春秋時各國多未稱王,故此"王某月"應指天下共主"周王"之某月,這説明春秋時各國皆行周王之曆。當然這不排除各國並行各自的曆法,就像我國現在並行公曆與農曆一樣。但在正式的場合,皆需奉王室正朔行用周曆,如上述春秋金文所反映的那樣。王韜指出《春秋》經傳中曆法記録混亂,説明春秋時代各國曆法不同,這是對的。但他説"天子未必頒曆",根據金文材料看則不能成立。春秋時期五霸尚需"挾天子以令諸侯",儘管王室微弱不堪,但其虛架子還是存在的,很可能周王"頒朔之禮"不廢,周曆仍是各國統一的曆法。

表四中,上都公孜人簠蓋,都公孜人鐘、上都府簠、申公彭宇簠四件記有"正某月"的器爲春秋前期器。可證明此時期周曆與都曆都有年中置閏的存在。寬兒鼎、余購逐兒鐘、子璋鐘、蔡侯䶒鐘、□子季□盦是春秋後期器,陳侯因𦉢敦、□可忌豆爲戰國早期器,説明春秋後期及戰國早期在周曆中也是實行年中置閏。總之,進入春秋以後,金文中再没發現十三月的記載,説明在春秋時期年中置閏的閏法已固定下來。此時的閏法是否"無中氣置閏"呢?按一般理解,無中置閏法的出現應在人們對二十八宿體系有了較充分認識之後。這就牽涉到二十八宿體系在我國創立的時代問題,日人能田忠亮根據《禮記·月令》天象紀事的觀測年

代,推算出我國二十八宿體系應創立於春秋時代。夏鼐先生也認爲"二十八宿體系在中國創立的年代。就文獻記載而言,最早是戰國中期,但可以根據天文現象推算到公元前 8 至前 6 世紀(620±100B.C)"(見《從宣化遼墓的星圖論二十八宿和黃道十二宮》,《考古學報》1967 年第 2 期)。出土星圖記有二十八宿體系者,最早應推曾侯乙墓漆箱蓋上的星圖,那是一幅完整的二十八宿位置草圖。該墓時代爲戰國初年,從草圖普及程度看,已脫離初創階段,依此完全可以把二十八宿體系上推到春秋時代。這裏二十八宿體系在我國創立的時代和金文中反映的年終置閏完全消失、年中置閏記載增多的時代都在春秋時代,所以我們説周曆的閏法從春秋時代開始,已進步到"無中置閏",這是有可能的。

秦統一中國後直至漢武帝太初改曆爲止,在全國範圍内實行顓頊曆,史書已有明文記載。這是與周曆不同的曆法,其置閏也與周曆不同,它以十月爲歲首,實行年終置閏,閏月稱"後九月",這已被新出雲夢睡虎地秦簡和山東臨沂漢簡所證實,因其材料已超出金文範圍,這裏就不詳加討論了。

通過分析殷周金文材料,對殷周時代曆法中閏法的認識,可歸納爲如下幾點:

第一,殷代晚期曆法中實行的仍然是年終置閏,閏月稱"十月又三",年終再閏稱"十月四",可能整個殷代實行的都是年終置閏。

第二,西周早期實行的也是年終置閏,閏月稱"十又三月"。

第三,西周中晚期有年終置閏的記載,稱"十又三月",再閏稱"十又四月"。同時也有"正二月"的記載。金文中"正某月"就是"閏某月","閏二月"是一種年中固定置閏法,但不是"無中置閏",此期周曆閏法呈過渡狀態。靜簋是穆王時器,這一時期的曆法中,在六月至八月間不可能出現閏七月,因此它仍然是"初吉月相説"難以逾越的障礙。

第四,春秋時期各國仍通行周曆,廢止了年終置閏法,閏月一律安排在年中,稱"閏某月"爲"正某月",有可能此時期已實行"無中氣置閏法"。

(原載《第二屆國際中國古文字學研討會論文集》,第 193—203 頁,香港中文大學中國語言及文學系編輯,1993 年 10 月;又載《金文論集》,第 185—192 頁,紫禁城出版社,2008 年 5 月)

金文饗祭的斷代意義

一

金文成爲史料之關鍵在於明確其時代,近代學者在金文斷代方面取得兩項突出成果,其一是王國維提出的"時王生稱説",王氏在考釋遹簋時指出:"此敦稱穆王者三,余謂即周昭王之子穆王滿也。何以生稱穆王?曰:周初諸王,若文、武、成、康、昭、穆皆號而非謚也。"[1]按此原則,有一批銅器的時代得以明確:

> 利簋(《集成》4131):珷征商,惟甲子朝。
>
> 獻侯鼎(《集成》2626—2627):惟成王大禘在宗周。
>
> 長甶盉(《集成》9455):穆王在下淢。
>
> 趞曹鼎(《集成》2784):龏王在周新宫。
>
> 匡卣(《集成》5423):懿王在射廬。

上述諸器分别作於武王、成王、穆王、恭王、懿王則成爲多數學者的共識。郭沫若據此原則寫成《兩周金文辭大系》一書,推衍出"標準器斷代法",即以時代明確之諸器爲標準器,其他器按其類似特徵向"標準器"靠攏,將西周二百五十件器編成互相聯繫的系列。陳夢家又將此法加以完善,寫成《西周銅器斷代》,將考古學研究成果引入銅器斷代。由此,將原來分散的銘文資料加工成可以使用的珍貴史料。

唐蘭在20世紀60年代提出"康宫原則",[2]他認爲"康宫"即"康王之廟",凡記有"康宫"的銅器應爲康王身後之器。用此原則,他將過去郭沫若、陳夢家定在成王的一批銅器,如令尊、令方彝、令簋、罥尊、罥卣、遣尊、遣卣、中方鼎一、中方鼎二[3]等改定爲昭王,與昭王南巡的記載相聯繫。又根據這一原則,提出康宫中有"夷宫"和"厲宫",應爲夷王、厲王之廟。

[1] 王國維:《觀堂集林》卷十八《遹簋跋》,第895頁,中華書局,1959年。
[2] 唐蘭:《西周銅器斷代中的"康宫"問題》,《考古學報》1962年第1期。
[3] 令尊,《集成》6016;令方彝,《集成》9901;令簋,《集成》4300—4301;罥尊,《集成》5989;罥卣,《集成》5407;遣尊,《集成》5992;遣卣,《集成》5402;中方鼎一,《集成》2785;中方鼎二,《集成》2751—2752。

因此,凡記有二宮之名者,亦應是夷、厲二王身後之器。鬲比鼎(《集成》2818)有"王在周康宮夷大室",此鼎(《集成》2821—2823)有"王在周康宮夷宮"句,二器應作於夷王後厲王時。克鐘(《集成》204—209)有"王在周康宮剌宮"句,剌即厲,鐘銘應作於厲王後之宣王時。他的這些分析,到目前爲止,尚未發現與考古發掘器物相矛盾者,並不斷被新出土的銘文所肯定,因而他的"康宮原則"也逐漸爲多數學者所贊同。這一原則可視爲對"標準器斷代法"的補充,使之更趨精密,這是近代學者在金文斷代方法上取得的第二項突出成果。

二

在殷商及西周金文中,記饗祭的銅器有如下七件:

戍嗣子鼎(《集成》2708)

　　王賞戍嗣子貝廿朋,在闌宗,用作父癸寶鼎。惟王饗闌大室,在九月。

高卣蓋(《集成》5431)

　　惟十又二月,王初饗旁,惟還在周,辰在庚申,王飲西宮。

臣辰盉(《集成》9454)

　　惟王大龠于宗周,誕饗莽京年,在五月既望辛酉,王命士上眔史寅殷于成周,𦩹百生豚眔賞卣邕貝。

麥方尊(《集成》6015)

　　王命辟邢侯出坏,侯于邢。雩若二月,侯見于宗周,亡尤。會王饗莽京,彤祀,雩若翌日。在辟雍,王乘于舟,爲大禮。王射大龏禽,侯乘于赤旂舟從。死咸時,王以侯内于寢,侯賜玄雕戈。雩王在㪫,祀月,侯賜者𩧆臣二百家,用王乘車馬金勒、冂、衣、市、舄……

呂方鼎(《集成》2754)

　　在五月既死霸,辰在壬戌,王饗于大室,呂誕于大室。王賜呂獸三卣,貝卅朋……

伯唐父鼎(《考古》1989 年第 6 期)

　　乙卯、王饗荔京。王裸，辟舟臨舟龍。咸裸，伯唐父告備。王格，乘辟舟，臨裸白旗。用射
絲、鼃虎、貉、白鹿、白狼于辟池。咸裸，王蔑歷，賜秬鬯一卣，貝廿朋。對揚王休，用作□公寶
尊彝。

沈子它簋(《集成》4330)

　　它曰：拜，稽首。敢肈昭告朕吾考，命乃鵑沈子作紖于周公宗，陟二公。不敢不紖，休同
公克成綏吾考以于顯顯受命。烏乎！惟考肈念自先王先公乃妹克衣，告烈成功，敍吾考克淵
克。乃沈子其靜懷多公能福。烏乎！乃沈子妹克蔑，見厭于公休。沈子肈戰狚貯嗇，作兹簋。
用龔鄉己公，用格多公。其刉哀，乃沈子它惟福，用永靈命，用綏公惟壽。它用懷佐我多弟子
我孫，克有型教懿父乃是子。

　　上述諸器中的"饗"字各大家都有考釋，然而尚未有滿意的結果。郭沫若考爲"館"字，
云："由二器之詞旨與文字之結構以推之，當是古之館字。從食宛，宛亦聲也。"[1]陳夢家考
爲"居"，云："疑爲居字，字從宀從食，從及得聲，後者《説文》以爲即《詩》我姑酌彼金罍之
姑。"[2]于省吾認爲即甲骨文之"卙"字，云："甲骨文卙祭同於周人饗祭，但不知其詳。"[3]
唐蘭考爲"裸"字，云："當讀爲裸。《説文》：'裸，灌祭也。'《詩·文王》'裸將於京'，即饗荔
京之事。《書·洛誥》'王入太室裸'，即饗於大室。"[4]
　　戍嗣子鼎出土於安陽後崗之圓坑葬中，一般認爲是帝辛時銅器，銘記饗祭行於闌大室。
闌爲朝歌附近一都邑，殷王常在此地舉行大的祭禮。高卣蓋銘記饗祭行於"旁"，"旁"即
"荔"。臣辰盉、麥方尊、伯唐父鼎皆云饗祭行於荔京。荔京是距豐鎬不遠處又一周都，内有
辟雍大池、天室等宗廟建築，周王經常於此地舉行各種大的祭禮。[5]呂方鼎云饗祭於大室，
據上述諸器内容推測，也可能饗祭於荔京之大室，蓋周王室之饗祭必於宗廟所在之荔京行之。
　　沈子它簋云"作紖於周公宗"。紖與饗音同字通，字義應是相同的。"周公宗"即周公旦
之宗廟，沈子它之祖廟。"大室"是宗廟中的中心建築。因此，上述諸器所記饗禮都發生在宗
廟或宗廟中之大室，饗禮應是周王室或貴族宗室祭祖禮祭名之一。郭、陳釋"館"釋"居"，都

[1] 郭沫若：《臣辰盉考釋》，見《金文叢考》，第 324 頁。
[2] 陳夢家：《西周銅器斷代(二)·士上盉考釋》，《考古學報》第十册，1955 年。
[3] 于省吾：《釋卙》，《甲骨文字釋林》，第 40 頁，中華書局，1979 年。
[4] 唐蘭：《西周青銅器銘文分代史徵》，第 133 頁，中華書局，1986 年。
[5] 劉雨：《金文荔京考》，《考古與文物》1982 年第 3 期。

不能體現祭禮的内容,本文不擬采納。唐蘭釋"祼",雖合於祭禮,但金文已有祼字,寫作(🈚),此字也釋爲祼,則嫌重複。于省吾以甲骨文"智"字釋之,但又"不知其詳",其説也難於利用。

　　細心揣摩沈子它簋銘,知其爲代新死之父(吾考)向宗廟中諸先公(多公)所作禱辭。沈子它是周公旦之後人,接受寶考之冥命,作絅(饗)祭於周公宗廟。陟者,昇也。"陟二公",即將曾祖、祖父二公(即下文的"己公""同公")之神主按昭穆遞升一級,以使寶考的新主祔入宗廟。因此,須沈子它代寶考向諸先公禱告此事。禱辭中沈子它稱"不敢不絅",因爲休同公(指其祖父)曾使寶考"於顯顯受命"。沈子它在禱辭中兩次感慨:第一次説,我死去的父考深深地懷念先公先王克殷的偉大功烈,我沈子它也静享先公大福。第二次説,我沈子它不被先公嫌棄,得到勉勵和休美。因此,我盡搜積蓄作這個簋,用給死去的曾祖己公饌食享用,用致諸先公來一同享用。因爲我貢獻了哀思,一定會得到諸先公給予的福分、長命、年壽。沈子它並祈禱其多弟子及孫輩能以它爲榜樣,教導他們的後代。

　　這很像是一篇虞禮中的致祭之辭。《鄭目録》云:"虞,安也。士既葬父母,迎精而反,日中祭之於殯宮以安之。"《儀禮·士虞禮》云:"死三日而殯,三月而葬,遂卒哭。將旦而祔,則薦。卒辭曰:哀子某,來日某隮祔爾於爾皇祖某甫,尚饗。"又饗辭曰:"哀子某,圭爲而哀薦之饗。""孝子某,孝顯相,夙興夜處,小心畏忌,不惰其身,不寧。用尹祭,嘉薦普淖,普薦溲酒,適爾皇祖某甫,以隮祔爾孫某甫,尚饗。"《釋名·釋喪制》:"又祭曰祔,祭於祖廟,以後死孫祔於祖也。"《儀禮》雖爲士禮,然所述多合古制,《士虞禮》這段記載對我們理解沈子它簋的内容是有啓發的。

　　據沈子它簋的内容,饗祭乃是新死之父祔入宗廟的祭禮。因其是生死大典,故在戍嗣子鼎、臣辰盉等器中用爲"大事記年"。高卣蓋、麥方尊、吕方鼎、伯唐父鼎、沈子它簋諸器皆不標年份,蓋在當時人看來,記此等大典即等於記年,無須再贅記年份。

　　如上述分析能够成立,那就説明王室饗祭必行於父王去世新王繼位之時,即應是新王元年之時。這就找到一個新的銅器斷代手段,即凡記饗祭之器應爲某王元年之器。如能綜合其他條件將某器王世確定,則可得到一批新的標準器。如戍嗣子鼎可能作於帝辛元年九月丙午日,高卣蓋可能作於康王元年十二月庚申日,臣辰盉可能作於昭王元年五月既望辛酉日,麥方尊可能作於昭王元年二月,吕方鼎可能作於穆王元年五月既死霸壬戌日,伯唐父鼎可能作於穆王元年某月的乙卯日等。目前收集到的年、月、月相、干支日四要素俱全的銅器,西周早期的較少,如此説得以成立,則可以彌補這個不足。

<h1 style="text-align:center">三</h1>

　　根據上述"時王生稱""康宫原則""饗祭元年"諸原則,並參照形制花紋以及各家的考釋意見,現試排列西周紀年銅器如表一:

表一

成王	何尊 5$_{(6014)}$		
康王	高卣蓋 1$_{(5431)}$	庚嬴鼎 22$_{(2748)}$	大盂鼎 23$_{(2837)}$	小盂鼎 25$_{(2839)}$
昭王	臣辰盉 1$_{(9454)}$	麥方尊 1$_{(6015)}$	作册折尊 19$_{(6002)}$	作册睘卣 19$_{(5407)}$
穆王	呂方鼎 1$_{(2754)}$	伯唐父鼎 1$_{(考古1989.6)}$	鮮簋 34$_{(10166誤作盤)}$	
恭王	卻智簋 1$_{(4197)}$	作册吳方彝 2$_{(9898)}$	趩觶 2$_{(6516)}$	裘衛盉 3$_{(9456)}$
	衛鼎一 5$_{(2832)}$	趞曹鼎一 7$_{(2783)}$	師虤鼎 8$_{(2830)}$	衛鼎二 9$_{(2831)}$
	走簋 12$_{(4244)}$	永盂 12$_{(10322)}$	師望簋 13$_{(4272)}$	段簋 14$_{(4208)}$
	趞曹鼎二 15$_{(2784)}$	走馬休盤 20$_{(10170)}$	裘衛簋 27$_{(4256)}$	虎簋 30$_{(陝西漢中新出土)}$
懿王	師虎簋 1$_{(4316)}$	王臣簋 2$_{(4268)}$	師俞簋蓋 3$_{(4277)}$	師晨鼎 3$_{(2817)}$
	師遽簋蓋 3$_{(4214)}$	癲鼎 3$_{(2742)}$	癲壺一 3$_{(9726—9727)}$	癲盨 4$_{(4462—4463)}$
	諫簋 5$_{(4285)}$	丼伯簋 9$_{(4331)}$	癲壺二 13$_{(9723—9724)}$	
孝王	蔡簋 1$_{(4340)}$	曶鼎 1$_{(2838)}$	達盨蓋 3$_{(《燕京學報》新2期)}$	牧簋 7$_{(4343)}$
	魯方彝 8$_{(9896)}$	大師虘簋 12$_{(4251—4252)}$		
夷王	師旋簋一 1$_{(4279—4282)}$	鄯簋 2$_{(4296—4297)}$	柞鐘 3$_{(133—139)}$	頌鼎 3$_{(2827—2829)}$
	史頌鼎 3$_{(2787—2788)}$	散季簋 4$_{(4126)}$	散伯車父鼎 4$_{(2697—2700)}$	師旋簋二 5$_{(4216—4218)}$
厲王	逆鐘 1$_{(60—63)}$	師兌簋一 1$_{(4274—4275)}$	叔尃父盨 1$_{(4454—4457)}$	師穎簋 1$_{(4312)}$
	師兌簋二 3$_{(4318—4319)}$	㝬鐘 5$_{(358)}$	師嫠簋 11$_{(4324—4325)}$	㝬簋 12$_{(4317)}$
	大簋蓋一 12$_{(4298—4299)}$	無異簋 13$_{(4225—4228)}$	大鼎 15$_{(2806—2808)}$	大簋蓋二 15$_{(4125)}$
	駒父盨蓋 18$_{(4464)}$	攇鼎 19$_{(2815)}$		
共和	師獸簋 1$_{(4311)}$			
宣王	師酉簋 1$_{(4288—4291)}$	師詢簋 1$_{(4342)}$	虢姜簋 4$_{(3820)}$	兮甲盤 5$_{(10174)}$
	琱生簋一 5$_{(4292)}$	琱生簋二 6$_{(4293)}$	史伯碩父鼎 6$_{(2777)}$	
	虢季子白盤 12$_{(10173)}$	伯克壺 16$_{(9725)}$	克鐘 16$_{(204—209)}$	詢簋 17$_{(4321)}$
	此鼎 17$_{(2821—2823)}$	善夫克盨 18$_{(4465)}$	小克鼎 23$_{(2796—2802)}$	微繛鼎 23$_{(2790)}$

閒碩鼎 24(《小校經閣金文拓本》3.26)	融比盨 25(4466)	番菊生壺 26(9705)	伊簋 27(4287)
袁盤 28(10172)	融比鼎 32(2819)	晉侯穌鐘 33(《上海博物館集刊》第7期)	
伯窺父簋 33(4438—4439)	善夫山鼎 37(2825)		

説明：(器名後數字爲王年數,括號内爲《集成》號或出處)

　　據上述 92 件西周紀年銅器,可列出西周各王最低金文年數,如成王五年、康王二十五年、昭王十九年、穆王三十四年、恭王三十年、懿王十三年、孝王十二年、夷王五年、厲王十九年、共和一年、宣王三十七年等,這些最低金文王年是一個正確的《西周王年表》應該認真參考的。

　　現再將上表中年、月、月相、干支日四要素俱全的銅器(我認爲"初吉"不是月相,此處只是爲了統計的方便)單獨列出如表二:

表二

康王	庚嬴鼎	惟廿又二年四月既望己酉
	小盂鼎	惟八月既望辰在甲申
		惟王廿又五祀
昭王	臣辰盉	惟王大龠於宗周誕饗薈京年
		在五月既望辛酉
穆王	呂方鼎	惟五月既死霸辰在壬戌
		王饗□大室
	鮮簋	惟王卅又四祀,惟五月既望戊午
恭王	吳方彝	惟二月初吉丁亥
		惟王二祀
	趩觶	惟三月初吉乙卯
		惟王二祀
	裘衛盉	惟三年三月既生霸壬寅
	衛鼎一	惟正月初吉庚戌
		惟王五祀

	衛鼎二	惟九年正月既死霸庚辰
	走簋	惟王十又二年三月既望庚寅
	師望簋	惟王十又三年六月初吉戊戌
恭王	趞曹鼎	惟十又五年五月既生霸壬午
	走馬休盤	惟廿年正月既望甲戌
	裘衛簋	惟廿又七年三月既生霸戊戌
	虎簋	惟卅年四月初吉甲戌
	師虎簋	惟元年六月既望甲戌
	王臣簋	惟二年三月初吉庚寅
	師俞簋蓋	惟三年三月初吉甲戌
	師晨鼎	惟三年三月初吉甲戌
懿王	師遽簋	惟王三祀四月既生霸辛酉
	癲盨	惟四年二月既生霸戊戌
	諫簋	惟五年三月初吉庚寅
	癲壺	惟十又三年九月初吉戊寅
	昌鼎	惟王元年六月既望乙亥
		惟王四月既生霸辰在丁酉
	達盨蓋	惟三年五月既生霸壬寅
孝王	牧簋	惟王七年十又三月既生霸甲寅
	魯方彝	惟八年十又二月初吉丁亥
	大師虘簋	正月既望甲午
		惟十又二年
	師旋簋一	惟王元年四月既生霸,王在減应,甲寅
	郮簋	惟二年正月初吉,王在周昭宫,丁亥
夷王	柞鐘	惟王三年四月初吉甲寅
	頌鼎	惟三年五月既死霸甲戌

夷王	散季簋	惟王四年八月初吉丁亥
	散伯車父鼎	惟王四年八月初吉丁亥
	師旋簋二	惟王五年九月既生霸壬午
厲王	逆鐘	惟王元年三月既生霸庚申
	師兌簋一	惟元年五月初吉甲寅
	叔尃父盨	惟王元年,王在成周,六月初吉丁亥
	師穎簋	惟王元年九月既望丁亥
	師兌簋二	惟三年二月初吉丁亥
	師𤔲簋	惟十又一年九月初吉丁亥
	大簋蓋	惟十又二年三月既生霸丁亥
	無㠱簋	惟十又三年正月初吉壬寅
	大鼎	惟十又五年三月既霸丁亥
	趞鼎	惟十又九年四月既望辛卯
共和	師𡣁簋	惟王元年正月初吉丁亥
宣王	師詢簋	惟元年二月既望庚寅
	兮甲盤	惟五年三月既死霸庚寅
	史伯碩父鼎	惟六年八月初吉己巳
	虢季子白盤	惟十又二年正月初吉丁亥
	伯克壺	惟十又六年七月既生霸乙未
	克鐘	惟十又六年九月初吉庚寅
	此鼎	惟十又七年十又二月既生霸乙卯
	善夫克盨	惟十又八年十又二月初吉庚寅
	吳虎鼎	惟十又八年十又三月既生霸丙戌
	禹比盨	惟王廿又五年七月既——
	番匊生壺	惟廿又六年十月初吉己卯
	伊簋	惟王廿又七年正月既望丁亥

續　表

宣王	袁盤	惟廿又八年五月既望庚寅
	鬲比鼎	惟卅又二年三月初吉壬辰
	晉侯穌鐘	惟王卅又三年,王親遹省東國南國。正月既生霸戊午,王步自宗周。二月既望癸卯,王入格成周。二月既死霸壬寅,王儐往東。三月方死霸,王至于菫,分行……六月初吉戊寅……
	伯窺父盨	惟卅又三年八月既死辛卯
	善夫山鼎	惟卅又七年正月初吉庚戌

上述四要素俱全的銅器共計 63 件,其中記既生霸器 15 件,記既望器 15 件,記既死霸器 6 件,記初吉器 29 件。大鼎記月相爲"既霸",生死不明,無法利用。鬲比盨所記月相只能看到"既"字,餘皆不清,目前也無法利用。此器現藏故宫博物院,根據我們的經驗,只需用 X 光照相即可解決字迹不清問題。我個人認爲"初吉"不是月相詞語,它與既生霸、既望、既死霸、方死霸等月相詞語不能相提並論,它可能出現在每月的任何一天。因此,記初吉的 29 件器對研究西周曆法的重要性遠不如其餘 36 件,我們應把注意力集中到"表二"記生霸、死霸和望的 36 件器上。[1]

"表一"的 92 件器中,除小盂鼎、鮮簋、五祀衛鼎、十五年趞曹鼎、五祀㝬鐘、㝬簋、師獸簋、克鐘、此鼎、鬲比盨等少數器王世可由銘文本身肯定外,其餘諸器都是按"標準器斷代法",考慮器形花紋及銘文中的人物、事件等因素人爲擬定的。我們爲這些器所定王世只具有相對的可靠性,並無絶對把握。比如某個人就很難説他只在一個王世裏活動。因此,當我們用天文學知識對這些器進行測算時,應當允許每件器比照我們擬定的王世有上下一個王世的移動。又因爲恭懿孝三世中,恭孝爲兄弟行,這三世器有兩個王世上下移動也是合理的。大體説,有了這樣的活動空間,上述 36 件記有月相的四要素俱全銅器的具體王世及曆日是可以推算出來的,那將形成西周年代的多個定點,爲制定一個合理的西周曆譜和王年表打下基礎。

上述原則明確後,我們不妨先作一個假想的《西周王年表》,用作將來供修改的草本。陳夢家所作《西周年代考》是一部重要的西周年代學著作。[2] 他在分析了多種武王克殷年代説之後,將衆説歸納爲"三統説"和"竹書紀年説"兩説。他認爲《竹書紀年》和金文紀年是重構西周年代的主要材料。《竹書紀年》記西周積年爲 257 年,又共和元年爲公元前 841 年,已

[1] 劉雨:《金文"初吉"辨析》,《文物》1982 年第 11 期;《再論金文"初吉"》,《中國文物報》1997 年 4 月 20 日。
[2] 陳夢家:《西周年代考》,商務印書館,1955 年。

爲學術界所公認,因而考定周元爲公元前 1027 年。我根據陳先生所定諸原則和框架,參照新出土的金文資料,試對他作的《西周王年表》作出補充和修改:

表三

王 世	金 文	竹 書	史 記	試 擬	公元前年數
					1027
武王				2	1025
成王	5	40	40₊	15	1010
康王	25			25	985
昭王	19	19	19	19	966
穆王	34	37	55	37	929
恭王	30			30	899
懿王	13			13	886
孝王	12			12	874
夷王	5	7₊		9	865
厲王	19		15—17	24	841
共和	1		14	14	827
宣王	37	39₊	46	46	781
幽王		10₊	11	11 （以上合計 257 年）	771

"表三"符合《竹書紀年》如下:

第一,"成康之際,天下安寧,刑措四十年不用"。

第二,"[昭王]十九年,天大曀,雉兔皆震,喪六師於漢"。

第三,"自周受命至穆王百年"("表三"武成康昭穆共九十八年,近百年)。

第四,"穆王三十七年,伐越,大起九師,東至於九江,叱黿鼉以爲梁"。

第五,"懿王元年,天再旦於鄭"。

第六,"自武王滅殷,以致幽王,凡二百五十七年"。

"表三"共和以前按《竹書紀年》和金文紀年安排,共和以後按《史記》安排。西周積年和周元按《竹書紀年》定爲公元前 1027—前 771 年。公元前 899 年鳳翔地區曾發生過一次食分較大的日環蝕,可能即懿王元年的"天再旦"。公元前 841 年爲共和元年,是中國有明確紀年的開始,此後的共和、宣王、幽王年數都是已知王年,又所擬王年與金文王年完全相容,"表三"應該是一個準確的《西周王年表》的草本。

　　至於完成西周王年研究,制定一個理想的《西周王年表》,我認爲尚須完成幾項研究工作: 第一,弄清"既生霸""既死霸""既望""初吉"的確切含義。過去對四詞所作的訓詁考證,都可以自成體系,自圓其說,但很難得出一個公認的結論,是不夠的。我認爲重要的是找到有對比價值的金文資料,根據已知的天文學史知識進行日距測算,以確定每個詞的客觀允許日數值,從而找到該詞的準確含義。第二,在四詞概念明確後,通過測算和篩選,修正"表一""表二"所列各器王世。第三,以準確的西周金文王世王年來修改"表三"。第四,將全部四要素俱全的銅器入譜檢查,以證實修改後的《西周王年表》的真實性。

　　以上是我近年來用銘刻資料進行西周年代學研究的初步結果和對今後研究方向的一些想法,很不成熟,請大家批評指正。

　　(原載《第三屆國際中國古文字研討會論文集》,第 241—259 頁,香港中文大學中國語言及文學系、中國文化研究所編輯,1997 年 10 月;又載《金文論集》,第 193—206 頁,紫禁城出版社,2008 年 5 月。劉雨先生留存的文件中,有"西周厲宣幽三王年代和金文曆譜研討會"相關材料,據了解,1998 年 4 月,在北京昌平召开了"西周厲宣幽三王年代和金文曆譜研討會",會上劉雨先生的報告題目爲《再論饗祭元年》,據當時與會的王亦旻先生回憶,本次會議沒有結集,每位專家發言時也多沒有成稿的論文,劉雨先生是拿着許多記有銅器信息的卡片,逐一進行解說的,大概觀點應與本文類似)

金文斷代法研究

一、金文斷代法發展的歷史回顧

金文成爲史料的關鍵在於明確其時代,近代學者在金文斷代研究方面,從方法論上看,有過兩次重大的進步。一次是由王國維提出,由郭沫若加以論證和實踐的"標準器斷代法"的發現。王國維在考釋遹簋時指出:"此敦稱穆王者三,余謂即周昭王之子穆王滿也。何以生稱穆王? 曰:周初諸王,若文、武、成、康、昭、穆皆號而非謚也。"(《遹簋跋》收在《觀堂集林》卷十八,中華書局,1959 年,第 895 頁)千百年來,史書上記載的歷代帝王稱號,都是死後追封的"謚號",後世還有專門規定謚號内容的"謚法",但很少有人注意"謚法"起源的時代問題,都以爲這是"古已有之"的。王氏提出西周前期各王之號皆爲生稱,明確了"謚法"起源晚於西周前期,他的一句話點破了千古之謎,人們稱其發現爲"西周時王生稱説"。按照這一原則,有一批銅器的時代就可以明確:如利簋有"珷征商,唯甲子朝"一句,即可定其爲武王時器(《集成》4131);獻侯鼎有"唯成王大襑在宗周"句,可定其爲成王時器(《集成》9455);長由盉有"穆王在下减应,穆王饗醴"句(《集成》9455)、遹簋有"穆王在荼京……穆王親賜遹……敢對揚穆王休……"等句(《集成》4207),可定兩器在穆王時;趞曹鼎有"恭王在周新宮"句(《集成》2784),可定其在恭王時;匡卣有"懿王在射廬"句(《集成》5423),可定其爲懿王時器。這些器中銘文記録的都是時王的具體活動,而非該王死後對其生前活動的追述,這一點已被後世不斷進行的科學考古實踐所證實。

王國維雖敏鋭地觀察到了西周金文中存在的這一"時王生稱"現象,但他並没有展開論述,也没有據此原則實際去解決金文中的斷代問題。對大量金文資料進行具體分析的是郭沫若,他首先根據"西周時王生稱"原則,找出一批可以肯定王世的銅器,作爲"標準器",然後把與其形制紋飾特徵類似、語句言辭内容相近的銅器聚攏在一起,形成了一組組内容彼此關聯的銅器群,當將東、西周各 250 件長銘銅器編成互相聯繫的系列的時候,他寫出了著名的《兩周金文辭大系》一書,歸納出最重要的金文斷代方法——"標準器斷代法"。陳夢家又將此法加以完善,將考古學研究成果引入銅器斷代,寫出《西周銅器斷代》一書。這樣,由於時代明確了,大部分長銘文銅器所記述的内容,就變成了第一手的史料,爲先秦史研究開闢了廣闊的前景。這實在是既簡單又明確的斷代方法,時至今日,此法仍是金文斷代的主要方法。

任何一種學術理論在使用中都會出現某種局限性,研究銅器的學者多數感到,郭、陳二氏將過多的銅器與成王的活動聯繫在一起,形成銅器分布的不合理局面。但是,要想突破這個體系形成中的局限,必須找出新的方法論上的根據,才能令人信服地對理論加以補充和修正。唐蘭經過長時間醞釀,在《考古學報》1962 年第 1 期發表了長篇論文《西周銅器斷代中的"康宮"問題》,指出金文中的"康宮"就是康王之廟,凡記有"康宮"的銅器,應爲康王身後之器。用這一"康宮原則",他將郭、陳過去定爲成王時期的一批銅器,如令簋(《集成》4300)、令尊(《集成》6016)、令方彝(《集成》9901)、罥尊(《集成》5989)、罥卣(《集成》5407)、遣尊(《集成》5992)、遣卣(《集成》5402)、中方鼎一(《集成》2785)、中方鼎二(《集成》2751)等一批銅器,改定爲昭王,與"昭王南巡"的記載聯繫起來。根據這一原則,他還提出康宮中的"夷宮""厲宮"應爲夷王和厲王之廟,凡記有二宮名的銅器,同樣應該是二王身後之器,鬲比鼎有"王在周康宮夷大室"(《集成》2818),此鼎有"王在周康宮夷宮"句(《集成》2821),兩器應做於厲王時。克鐘有"王在周康宮厲宮"句,應作於宣王時。唐蘭"康宮原則"發表之後,大量出土的經科學發掘的考古學時代明確的有銘文銅器,皆與之相容,沒有發現反證。特別是扶風莊白等地出土的窖藏銅器,往往是同一家族幾代人的銅器埋在一起,時代梯次相接,被形容是一把檢驗銅器斷代的標尺,"康宮原則"經受住了這些新出銅器的考驗,逐漸被多數學者所接受,這是近年來我國銅器斷代學上的第二次重要進步。

二、金文饗祭的涵義

20 個世紀 60 年代,唐蘭"康宮原則"發表之後,考古學標型學研究取得了長足的進展,比如銅器紋飾斷代方面發表了陳公柔、張長壽對鳥紋和獸面紋的研究成果,中原和各地方分地區的銅器形制、組合的綜合研究有了很大的進展,有的用陶器斷代研究的成果來幫助同時代銅器的斷代研究,也取得了一些成果。科技考古的金相學研究、鑄造學研究也有一些論文和著作發表。

金文的斷代研究則顯得很沉寂,停滯不前,幾乎沒有甚麼重要的論文發表。

我在用金文資料研究西周禮制時,發現金文的"饗祭"有一定斷代意義,現向大家作一簡要介紹:

在殷及西周金文中,記"饗祭"的銅器有如下六件。

戍嗣子鼎(《集成》2708,圖一、二):

王賞戍嗣子貝廿朋,在闌宯,用作父癸寶鼏。唯王饗闌大室,在九月。犬魚。

圖一　戍嗣子鼎　　　　　　　　圖二　戍嗣子鼎銘文

高卣蓋(《集成》5431,圖三、四)

唯十又二月,王初饗旁,唯還在周,辰在庚申,王飲西宮。

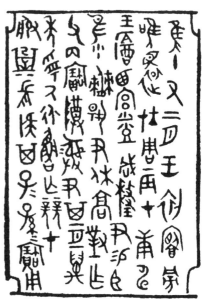

圖三　高卣蓋圖　　　　　　　　圖四　高卣蓋銘文

臣辰盉(《集成》9454,圖五、六、七)

　　唯王大禴于宗周,誕饗萃京年,在五月既望辛酉,王命士上眔史寅殷于成周,眚百姓豚眔賞卣鬯貝。

圖五　臣辰盉

圖六　臣辰盉蓋銘文

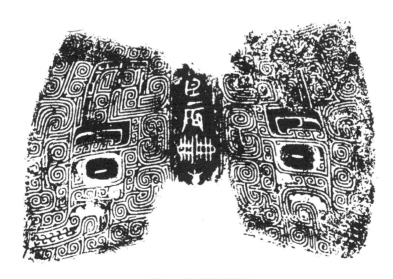

圖七　臣辰盉器銘文

麥方尊(《集成》6015,圖八、九)

　　王命辟邢侯出坏,侯于邢。雩若二月,侯見于宗周,亡尤。會王饗荇京,彭祀,雩若翌日。在辟雍,王乘于舟,爲大禮。王射大龔禽,侯乘于赤旗舟從。死咸時,王以侯内于寢,侯賜玄雕戈。雩王在啟,祀月,侯賜者觥臣二百家,用王乘車馬金勒、冂、衣、巿、舃……

圖八　麥方尊圖

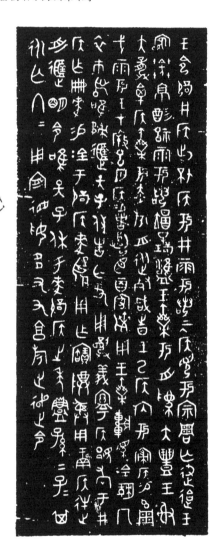

圖九　麥方尊銘文

呂方鼎(《集成》2754,圖十、十一)

　　在五月既死霸,辰在壬戌,王饗于大室,呂誕于大室。王賜呂獸三卣、貝卅朋……

圖十　呂方鼎

圖十一　呂方鼎銘文

伯唐父鼎(《考古》1989 年第 6 期,圖十二、十三)

　　乙卯,王饗荼京。王裸,辟舟臨舟龍。咸裸,伯唐父告備。王格,乘辟舟,臨裸白旗。用射綴、
釐虎、貉、白鹿、白狼于辟池。咸裸,王蔑曆,賜秬鬯一卣,貝廿朋。對揚王休,用作口公寶尊彝。

圖十二　伯唐父鼎

圖十三　伯唐父鼎銘文

　　上述各器中的"饎"字,很不好講,各大家雖都有考釋,然而却没有令人滿意的通解。郭沫若考爲"館"字,云:"由二器之詞旨與文字之結構以推之,當是古之館字,從食宛,宛亦聲也。"[1]陳夢家考爲"居"字,云:"疑爲居字,字從宀從食,從及得聲。後者《説文》以爲即《詩》我姑酌彼金罍之姑。"[2]于省吾認爲即甲骨文之"智"字,云:"甲骨文智祭同於周人饎祭,但不知其詳。"[3]唐蘭考爲"祼"字,云:"當讀爲祼。《説文》:'祼,灌祭也。'《詩·文王》'祼將於京',即饎祭京之事。《書·洛誥》'王入太室祼',即饎於大室。"[4]

　　戍嗣子鼎出土於安陽後崗之圓坑葬中,一般認爲是殷代帝辛時銅器,銘記饎祭行於闌大室,闌爲朝歌附近一都邑,商王常在此地舉行大的祭禮。高卣蓋銘記饎祭行於"旁"地,"旁"即"菳京"。臣辰盉、麥方尊、伯唐父鼎皆云饎祭行於菳京。菳京爲距豐、鎬不遠處的又一周都,内有辟雍大池、天室等宗廟建築,周王經常於此地舉行各種大的祭祀活動。吕方鼎只講饎祭於大室,但據上述内容推測,此大室也可能就是菳京的大室,蓋周王室的饎祭必於宗廟所在的菳京舉行。這樣看來,饎祭應是周王室祭祀祖先的重要典禮。郭、陳釋"館"釋"居",未能體現祭祖禮的内容,不能成立。唐蘭釋"祼",雖合於祭禮,但金文已有"祼"字,寫作 ,此字如也釋爲"祼",則嫌重複。于省吾釋爲甲骨文之"智",又"不知其詳",其説也難以利用,且殷金文中明有"饎"字在,"智"與"饎"的關係也不容易講清楚。可見,已有的各種説法没有弄清"饎祭"的確切含義,而上述六件器的銘文本身,又没有交代"饎祭"的内容,因此,要想弄清"饎祭",最好能找到一件對"饎祭"有具體叙述的器銘。經過對長銘金文的排查,我發現沈子它簋蓋(《集成》4330,圖十四、十五)的銘文對弄清"饎祭"的含義很有幫助,值得認真注意。現將其拓本及釋文簡單介紹如下:

圖十四　沈子它簋蓋

圖十五　沈子它簋蓋銘文

[1]　《臣辰盉考釋》,《金文叢考》,第324頁。

[2]　《西周銅器斷代(二)》《士上盉考釋》,《考古學報》第十册,1955年。

[3]　《釋智》,《甲骨文字釋林》,第40頁,中華書局,1979年。

[4]　《西周青銅器銘文分代史徵》,第133頁,中華書局,1986年。

釋文：

它曰：拜，稽首。敢盟昭告朕吾考，命乃鶵沈子作緐于周公宗，陟二公。不敢不緐，休同公克成綏吾考以于顯顯受命。烏乎！惟考肇念自先王先公乃妹克衣，告烈成功，叡吾考克淵克。乃沈子其静懷多公能福。烏乎！乃沈子妹克蔑，見厭于公休。沈子肇鷩狚貯嗇，作兹簋。用畆饗已公，用格多公。其孔哀，乃沈子它惟福，用永靈命，用綏公惟壽。它用懷佐我多弟子我孫，克有型教懿父乃是子。

細心揣摩沈子它簋銘，知其爲一篇由沈子它代新死之父（吾考，應讀爲"寶考"）向宗廟中諸先公（多公）作祭禱之辭。沈子它是周公旦的後人，接受寶考之冥命，作緐（饗祭）於周公宗廟。陟者升也，"陟二公"即將曾祖、祖父二公（即下文的己公同公）之神主，按昭穆遞升一級，以使寶考的新神主祔入宗廟。因此需沈子它代寶考向諸先公禱告此事。禱辭中沈子它稱"不敢不緐"，因爲休同公（指其祖父）曾使寶考"以于顯顯受命"。沈子它在禱辭中兩次大發感慨：第一次説：我死去的父考深深地懷念先公先王克殷的偉大功烈，我沈子它也静享先公大福。第二次説：我沈子它不被先公嫌棄，得到勉勵和休美，因此我盡搜積蓄，作這個簋，用給死去的曾祖己公饋食享用，用致諸先公來一同享用。因爲我貢獻了哀思，一定會得到諸先公給予的福份、長命、年壽。沈子它並祈禱其多弟子及孫輩能以他爲榜樣，教導他們的後代。

沈子它簋中的"緐祭"即上述六器中的"饗祭"，從音訓上講没有甚麼問題。同是饗祭何以用不同的字呢？這可能與祭禮的規格有關，上述六器所記都是王室祭禮，而沈子它簋所記爲一貴族的家祭，稱呼上應有所區別。據沈子它簋的内容看，緐（饗）祭是新死之父祔入宗廟的祭禮，也就是在宗廟裏立新死父考神主靈牌的祭禮，是生死大典，所以戍嗣子鼎和臣辰盉中用爲"大事記年"，高卣蓋、麥方尊、吕方鼎、伯唐父鼎、沈子它簋諸器皆不標年份，可能在當時人看來，記王室此等大典即等於紀年，無須再贅記年份。

三、西周諸王元年推測

西周諸王元年安排在何時，史載不詳，然西周典章制度多存於魯國，即位、改元皆國之大典，估計魯國所行即西周之制度，由魯《春秋》當可推知其大概。現排列《春秋》魯公即位、改元情況，以推測西周諸王元年的可能時間。

隱公名息姑，惠公庶子。《春秋》稱："隱公元年，春王正月。"《左傳》："不書即位，攝也。""十有一年……冬十有一月壬辰，公薨。"爲其弟所殺。

桓公名允，惠公之子，隱公之弟。《春秋》："桓公元年，春王正月，公即位。"弑兄自立。"十有八年……夏四月丙子，公薨於齊……冬十又二月己丑，葬我君桓公。"

莊公名同,桓公之子。《春秋》:"莊公元年,春王正月。"《公羊傳》:"君弒,子不言即位。"《春秋》:"三十有二年……八月癸亥,公薨于路寢。"

閔公名開,莊公之子。《春秋》:"閔公元年,春王正月……夏六月辛酉,葬我君莊公。"《左傳》:"不書即位,亂故也。""二年……秋八月辛丑,公薨。"爲慶父所殺。

僖公名申,莊公之子,閔公庶兄。《春秋》:"僖公元年,春王正月……三十有三年……十有二月,公至自齊,乙巳,公薨于小寢。"

文公名典,僖公之子。《春秋》:"文公元年,春王正月,公即位。……夏四月丁巳,葬我君僖公……二年,春王二月……丁丑,作僖公主。"《公羊傳》:"作僖公主何以書?譏。何譏爾?不時也。"《穀梁傳》:"立主,喪主於虞,吉主於練,作僖公主,譏其後也。"《春秋》:"十有八年,春王二月,丁丑,公薨于臺下……六月癸酉,葬我君文公。"

宣公名倭,或作接,文公之子。《春秋》:"宣公元年,春王正月,公即位……十有八年……冬十月壬戌,公薨于路寢。"

成公名黑肱,宣公之子。《春秋》:"成公元年,春王正月,公即位。二月辛酉,葬我君宣公。""十有八年……八月……己丑,公薨于路寢。十有二月……丁未,葬我君成公。"

襄公名午,成公之子。《春秋》:"襄公元年,春王正月,公即位。""三十有一年……夏六月辛巳,公薨于楚宮……冬十月……癸酉,葬我君襄公。"

昭公名裯,襄公之子。《春秋》:"昭公元年,春王正月,公即位。""三十有二年……十有二年己未,公薨于乾侯。"

定公名宋,襄公之子。《春秋》:"定公元年……夏六月癸亥,公之喪至自乾侯。戊辰,公即位。秋七月癸巳,葬我君昭公……十有五年……夏五月壬申,公薨于高寢……九月丁巳,葬我君丁公。雨,不克葬。戊午,下昃,乃克葬。"

哀公名蔣,定公之子。《春秋》:"哀公元年,春王正月,公即位……十有四年春,西狩獲麟。"

《春秋》魯十二公,有隱、桓、莊、閔、僖、文、宣、成、襄、昭、哀等十一公皆即位於"元年春王正月",僅定公即位於元年之夏六月,蓋無一例外,皆即位於元年,即老王死後的第一年,看來這是一個很嚴格的規定。《春秋會要》云:"孔氏穎達曰:諸侯遭喪繼立者,每新年正月,改元正位。"(姚彦渠著,中華書局,1955年)公薨之年爲老王末年,次年爲新公元年,即位一定選在老王死後的第一年。春秋魯諸公如此,西周諸王大致也如此。

四、"裸祭"行於新王即位元年

從上述引文內容觀察,魯國諸公爲死去的老公立神主並將新神主祔入宗廟的祭典,一般都在即位之年舉行,故《春秋》皆略而不書,只有文公將這一大典拖後至即位的第二年舉行,

《春秋》微言大義,加以撻罰,責以延遲。《公羊傳》《穀梁傳》注意到《春秋》這一微言大義,遂加以評論。《春秋》:"文公元年,春王正月,公即位。……夏四月丁巳,葬我君僖公……二年,春王二月……丁丑,作僖公主。"《公羊傳》:"作僖公主何以書? 譏。何譏爾? 不時也。"《穀梁傳》:"立主,喪主於虞,吉主於練,作僖公主,譏其後也。"據《穀梁傳》所言,這一祔祭之禮,不早於"虞",不晚於"練",應該在喪禮的"卒哭"以後,由喪祭轉爲吉祭時進行。《禮記·檀弓》:"是月也,以虞易奠。卒哭,曰:成事。是日也,以吉祭易喪祭,明日,祔於祖父。"《説文》:"祔,後死者,合食於先祖。"我們所説的"餕祭",就是王室的"祔祭",可能正因爲此祭中有合食之禮,故餕字從食。

西周的典章大法,如"父死子繼傳位法"等,是周公旦輔佐成王時制定的,魯國曾被特許使用西周王室的禮樂,是保存西周禮樂典章制度最爲完整的國家,因此後人稱"周禮盡在魯",以至後世吳公子季札、漢司馬遷都有到魯國習禮觀樂,贊美古禮的記載。因此,"餕祭"行於新王即位元年,這個在魯國實行的制度,我們相信也會是西周王室所實行過的制度。

這樣我們就又找到一個判斷金文時代的標準,即凡記錄"餕祭"的銅器銘文,該銅器必作於某王的元年,如能綜合其他條件,將該銅器的王世確定,就會得到一批新的標準器。如成嗣子鼎可能作於商王帝辛元年九月丙午日,高卣蓋可能作於康王元年十二月庚申日,臣辰盉可能作於昭王元年五月既望辛酉日,麥方尊可能作於昭王元年二月,呂方鼎可能作於穆王元年五月既死霸壬戌日,伯唐父鼎可能作於穆王元年某月的乙卯日等。

大家知道,排金文曆譜時,元年器是非常重要的,如此説得以成立,則可以多出六件元年器。又金文中西周前期的年、月、月相、日四要素俱全的器很少,本文所論述的六件器中有臣辰盉和呂方鼎銘文具備月、月相、干支日三要素,唯缺王年,如此説得以成立,定位元年,就又可多出兩件西周前期的四要素俱全的標準器。

本文的結論是我在研究金文曆譜時發現的,曾提交給"夏商周斷代工程",北大考古系也曾有人提出要對其進行討論,後來只在《中原文物》上看到一篇討論文章,可見這篇論文的觀點還沒有引起學者們的注意,當然在整個金文斷代體系中,我的發現只能算是一個大系統的補丁,且現在離下定論還很遠,因爲論證還是很初步的,但是它可以説明我們正在對金文斷代的方法作着努力的探索。

　　(本文爲劉雨先生 2003 年 4 月 23 日在美國哈佛大學人類學系的演講稿,原載《金文論集》,第 435—444 頁,紫禁城出版社,2008 年 5 月。在《金文論集》中,劉先生在本文末注:"《金文中的餕祭》一文原發表在《故宮博物院院刊》1998 年 4 期,因其内容與此篇多有重複,故刪去不用。")

叔虞方鼎銘的閏月與祭禮

　　山西天馬——曲村遺址北趙晉侯墓地第六次發掘(2000 年 10 月—2001 年 1 月)，清理了 M113、M114 兩座大型西周墓葬，其中 M114 出土了一件十分重要的有銘方鼎。近日，拜讀了李伯謙、李學勤兩位先生發表在《文物》2001 年第 8 期和第 10 期考證方鼎銘的文章，李學勤先生認爲從接觸到的同墓銅器看，都是西周早期的。李伯謙先生則進一步認爲器主人叔矢有可能就是晉國始封君叔虞。我認爲李伯謙先生的分析是有道理的，如新整理的材料裏找不到反證，此說即可成立。該方鼎、該墓地將是十分重要的，爲強調該銘文的重要性，故本文徑直稱其爲叔虞方鼎。二位已將銘讀的大部分問題基本解決，讀後很受教益。我想補充兩點意見。

一、十四月

　　兩位先生在説到叔虞方鼎的十四月時，認爲是西周彝銘的"首見"或"惟……一例"，似乎可以看成西周金文中僅有的特例，其實叔虞方鼎的十四月並非西周金文中的孤例，鄧公簋銘第一句稱"惟十又四月"，[1] 與叔虞方鼎銘全同，該簋無器形著録，但從其"王在侯"三字的肥筆看，應是西周早期或中期器。宋代的金文書籍著録一件下都雍公緘鼎，首句銘文爲"惟十又四月既死霸壬午"，[2]《集古録跋尾》云該器出土於"陝西商洛"地區，故又名其爲"商洛鼎"。《考古圖》公布的器形是蹄足圓鼎，頸部飾竊曲紋，腹部飾大波浪紋，頸部與足部帶扉棱，與小克鼎、史頌鼎、晉侯邦父鼎等相似，是典型的西周晚期形制，又"既死霸"是只有西周時期才使用的記時詞語，《集成》將其定爲春秋早期器，顯然不妥，應將其改定爲西周晚期器。

　　我在 1993 年香港古文字會上發表了《殷周金文中的閏月》一篇小文，目的是繼續辯論

---

[1]　鄧公簋(《集成》3858)："惟十又四月，王在侯□，鄧公作旅簋。"此器拓本以前未見著録，《集成》首次公布的資料，係來源於考古所收集的拓本集子。《集成》將其定爲西周晚期，失之過晚，應改爲西周早期或中期。

[2]　下都雍公緘鼎："惟十又四月既死霸壬午，下都雍公緘作尊鼎。用追享孝于皇祖考，用乞眉壽萬年無疆，子子孫孫永寶用。"(《集成》2753，《考古圖》1.9，《博古圖録》2.29，《歷代鐘鼎彝器款識》91.2，《嘯堂集古録》14)，《集成》將其定爲春秋早期器，顯然不妥。

"初吉月相説",[１]對商和西周曆法中的閏法做了一些不成熟的探討,文章的結論原文如下:

> 通過分析殷周金文材料,對殷周時代曆法中閏法的認識,可歸納爲如下幾點:
>
> 第一,殷代晚期曆法中實行的仍然是年終置閏,閏月稱"十月又三",年終再閏稱"十月四",可能整個殷代實行的都是年終置閏。
>
> 第二,西周早期實行的也是年終置閏,閏月稱"十又三月"。
>
> 第三,西周中晚期有年終置閏的記載,稱"十又三月",再閏稱"十又四月"。同時也有"正二月"的記載。金文中"正某月"就是"閏某月","閏二月"是一種年中固定置閏法,但不是"無中置閏",此期周曆閏法呈過渡狀態。靜簋是穆王時器,這一時期的曆法中,在六月至八月間不可能出現閏七月,因此它仍然是"初吉月相説"難以逾越的障礙。
>
> 第四,春秋時期各國仍通行周曆,廢止了年終置閏法,閏月一律安排在年中,稱"閏某月"爲"正某月",有可能此時期已實行"無中氣置閏法"。

看來,應當在上文的第二個結論中增加"年終再閏稱十又四月"一句。叔虞方鼎的出現,使西周金文中記録十四月的器達到三件,而且分布於自西周早期到西周晚期各時間段。大家知道,終西周一世"十三月"也不過出現六次,因此這三件"十四月"不應該看作特例而加以忽視,應該引起我們足夠的重視。由此,我們對西周曆法的置閏情況可以得出下面的認識:西周曆法中特有的藉助於用"既生霸""既死霸""既望"等月相詞語來限定干支日的做法,可能説明此時的曆法還不十分穩定,尚處在需依賴隨時觀測天相記録的階段。西周金文中不見春夏秋冬四季的記載,《尚書》和《詩經》裏也不見二十八宿的痕迹,説明西周人不明瞭全部二十四節氣的安排,用周天二十八宿來描述星空的辦法尚未發明,不可能執行"無中氣置閏",也不可能執行十九年七閏的規律,這時年終僅置一閏,往往無法全部協調陰陽曆之間的誤差,有時需在年終安排十四月來進一步協調誤差。

《夏商周斷代工程 1996—2000 年階段成果報告》(簡本)在表述"西周曆法的幾個要點"時,關於閏法,只簡單地提到"西周曆法一般采用年終置閏"一句,話雖不錯,但顯然是很籠統的。聯想到《簡本》對有關西周"記時詞語"的界説和對"金文曆譜"的安排並不完善,對有些文獻資料,如對《國語》"伶州鳩語"所謂"分野説"的利用,對劉歆的《武成》曆日的利用,就很難説進行了審慎的思考。我想還不能説我們對西周曆法的面貌已基本搞清楚了,而我們的有些結論,如對"武王伐紂年"的選擇等,是與這些並不準確的認識緊密相關的。叔虞方鼎的出現,提醒我們應當繼續開展對西周曆法的進一步研究,這是"夏商周斷代工程"後續工作中的一個十分緊迫的課題。

---

[１]　劉雨:《殷周金文中的閏月》,《第二屆國際中國古文字學研討會論文集》,第 193—203 頁,1993 年 10 月。

二、酚大朋來

　　叔虞方鼎銘有"王酚大朋來"一句,金文中"酚"字大概僅出現過4次,列舉如下:

　　第一,戊寅作父丁方鼎(《集成》2594):戊寅,王曰:醜,隱馬酚,賜貝,用作父丁尊彝。亞受。

　　第二,繁卣(《集成》5430):惟九月初吉癸丑,公酚祀。雩旬又一日辛亥,公啻酚辛公祀。衣祀,亡尤。

　　第三,亞覷父乙尊(《集成》5894):亞覷,酚作父乙尊彝。

　　第四,麥方尊(《集成》6015):會王饗莽京,酚祀。

　　其中亞覷父乙尊中之"酚",也可以理解爲人名,姑置不論。其餘三件器銘中的"酚"字,都應該理解爲祭名。戊寅作父丁方鼎是一件商代末年的器,銘文很難讀。現藏美國弗利爾美術館的一件商末銅角(《集成》9102)銘有"丙申,王賜箙亞罍奚貝"句,其中"罍"是作器者名,其官名爲"箙亞"。戊寅作父丁方鼎中的"醜"與角銘中的"罍"應爲一人,只是寫法有繁簡不同而已。"隱馬酚"或可理解爲以隱地之馬爲犧牲進行酚祭。繁卣也有一段不好理解的銘文,距離九月初吉癸丑十一天應該是癸亥,而文中稱"辛亥",祭祀辛公確應在天干爲"辛"的辛亥日舉行,於是只能認爲卜日之事是在"辛丑"日進行的,卜得"雩旬又一日"的辛亥日,並於該日"啻酚辛公祀"。這説明在西周時,大祭祀前的卜日、祭日的天干都要選擇與被祭者的日名天干相同才行。《周禮・天官・太宰》:"祀五帝……前期十日,率執事而卜日……享先王亦如之。"金文的褅祭之褅,一律寫作"啻",如小盂鼎(《集成》2839)、鮮簋(《集成》10166)、剌鼎(《集成》2776)、大簋(《集成》4165)等無一例外。因此,這次酚祭是與褅祭緊密相連的。麥方尊所記是在莽京舉行的一次饗祭之後進行的酚祀。

　　如果按唐蘭先生的説法,"酚"即"肜"的話,酚祭就應該是文獻中的"繹祭"。《春秋・宣公八年》:"六月辛巳,有事於大廟,仲遂卒於垂。壬午,猶繹。"辛巳的第二天是壬午,所以《公羊傳》説"祭之明日也"。《爾雅・釋天》:"繹,又祭也。周曰繹,商曰肜,夏曰復胙。"這種祭祀的內容夏商周應該是一脈相承的,其名雖不同,其實爲"復胙"則是一致的。"復胙"可能是把前一天祭禮上的胙肉,在第二天舉行一個儀式,然後大家分而食之。《孟子・告子下》云:"孔子爲魯司寇,不用。從而祭,膰肉不至,不税冕而行。"《周禮・大宗伯》:"以脹膰之禮親兄弟之國。"《左傳・僖公九年》:"夏,會於葵丘,……王使宰孔賜齊侯胙。曰:天子有事於文武,使孔賜伯舅胙。"祭神的胙肉被大家吃掉,就表示被神享用了。

　　"大朋",疑即"大册",亦即盛行於西周中晚期的"册命"。"朋""曹"皆有"册"意。周原甲骨:"貞,王其莽佑太甲,曹周方伯? □由正,不左,于受有佑。"(H11:84)卜辭大意是,貞問:周王莽祭商王太甲,祈求太甲佑助,是否可以册命周王爲方伯? 驗辭記録這一貞問得到神"有佑"的肯定答覆。如此説可以成立,方鼎所記的册命既然稱"大祔",就有可能是指周初對唐叔虞的一次重大的册命。西周中晚期的金文中多記録册命典禮,有一套完整的儀注,如頌鼎(《集成》2827—2829):"……尹氏授王命書,王呼史虢生册命頌。王曰:'頌,命汝官司成周貯廿家,監司新造貯用宫御。賜汝玄衣黹純、赤市朱黄、鑾旗、攸勒,用事。'頌拜,稽首。受命册,佩以出。返入覲璋……"膳夫山鼎(《集成》2825):"王呼史桒册命山。王曰:'山,命汝官司飲獻人于朢,用作憲司貯,毋敢不善。賜汝玄衣黹純、赤市朱衡、鑾旗。'山拜,稽首。受册,佩以出。返入覲璋……"西周早期的册命典禮儀注尚不完備,但賞賜命服、車馬、貨貝等儀注却是與中晚期的銘文相似的。

金文記桒祭者有九件(組)器,列舉如下:

第一,御鬲(《集成》741):庚寅,御桒□,在寢。王光賞御貝。

第二,圉甗、圉簋、圉卣(《集成》935、3824、3825、5374):王桒于成周,王賜圉貝。

第三,獻侯鼎(《集成》2626、2627):惟成王大桒在宗周,賞獻侯䵾貝,用作丁侯尊彝。奄。

第四,不指方鼎(《集成》2735、2736):惟八月既望戊辰,王在上侯应,桒祼。不指賜貝十朋。

第五,叔簋(《集成》4132、4133):惟王桒于宗周,王姜史叔使于大保,賞叔鬱鬯、白金、芻牛。

第六,盂爵(《集成》9104):惟王初桒于成周,王令盂寧鄧伯,賓貝。

第七,矢令方尊、方彝(《集成》6016、9901):明公賜亢師鬯金、小牛。曰:用桒。賜令、鬯金、小牛。曰:用桒。

第八,歸鄔進方鼎(《集成》2725、2726):惟八月辰在乙亥,王在荓京,王賜歸鄔進金,肆桒。

第九,伯唐父鼎(《考古》1989年第6期):乙卯,王饗荓京。王桒,辟舟臨舟龍,咸桒,伯唐父告備。王格,乘辟舟,臨桒白旗。用射緐、釐虎、貉、白鹿、白狼于辟池。咸桒,王蔑歷,賜秬鬯一卣,貝廿朋。

又有周原甲骨兩片,也記録了桒禮:

第一,彝文武[宗]。貞:王翌日乙酉,其桒,稱中□武豐……(H11:112)

第二,貞,王其桒佑太甲,晢周方伯?□由正,不左,於受有佑。[1]　(H11:84)

綜觀上述銘文,對桒祭禮可得出以下幾點認識:

第一,全部記録桒祭的材料都是西周中期以前的,御鬲和兩片周原甲骨可以早到商代末

[1]　陝西周原考古隊:《陝西岐山鳳雛村發現周初甲骨文》,《文物》1979年第10期。

年,伯唐父鼎是穆王初年時器,不棺方鼎作於西周中期。結合甲骨文中秦祭的材料來看,此祭禮是周人直接從商代繼承下來的,盛行於西周早中期。

第二,此祭禮是周王室較重要的大禮之一,多由周王於都城舉行。但從矢令方尊、方彝銘文看,也不排除一般貴族使用,只是祭名加示旁作"祼",與王室之祭作"秦"不同。

第三,記此禮最詳細的伯唐父鼎透露了一些該禮的具體内容,該銘所記王之秦祭禮舉行於辟雍大池的船上。儀注有:

辟雍池中的船靠臨船罺,船罺即後世之碼頭。

告備,《周禮·春官·小宗伯》:"掌四時祭祀之序事與其禮……祭之日,逆齍省鑊,告時於王,告備於王。"賈公彦疏:"其告時告備是其專職也。"伯唐父在銘中所扮演的角色與小宗伯相似。

王登辟舟。

王親臨白旗行秦祭,麥方尊記邢侯所登爲赤旗舟,武王伐紂用大白之旗,蓋西周時王用白旗,諸侯用紅旗。周原甲骨 H11：112 記秦祭有"稱中","稱中"亦"舉旗"之意。看來"建旗"是秦祭禮的儀注之一。

澤射犧牲。綢,牛牲。《周禮·地官·封人》:"凡祭祀,飾其牛牲,設其楅衡,置其綢,共其水稾,歌舞牲及毛炮之豚。"鄭司農注:"綢,著牛鼻繩,所以牽牛者。"此處代指牛牲。鰲虎、貉、白鹿、白狼都是野牲。《尚書大傳》:"已祭,取餘獲陳於澤,然後卿大夫相與射。"《周禮·夏官·司弓矢》:"澤射共椹質之弓矢。"銘文中的在辟雍大池中水射,可能就是文獻所説的"澤射"。

賞賜。[1]

第四,從周原甲骨"王其秦佑太甲,曹周方伯"的内容看,秦禮是祈求先祖佑助的祭禮。

叔虞方鼎銘文中的彫與秦似乎都是圍繞"大朌"進行的,下文有周王殷見諸士的記載,説明在舉行大册命之後,例應召見諸臣屬,以公布此項册命。如上述猜測不錯的話,本銘的最大意義可能就在於記録了周初成王册命唐叔虞的大册命一事。

(原載上海博物館編《晉侯墓地出土青銅器國際學術研討會論文集》,第 266—271 頁,上海書畫出版社,2002 年 7 月;又載《金文論集》,第 207—212 頁,紫禁城出版社,2008 年 5 月)

---

[1] 劉雨:《伯唐父鼎的銘文與時代》,《考古》1990 年第 8 期。

"夏商周斷代工程"基本思路質疑

——古本《竹書紀年》史料價值的再認識

2002 年我與劉雨先生合寫了《夏商周斷代工程基本思路質疑——古本〈竹書紀年〉史料價值的再認識》一文，發表在《中華文史論叢》總第七十輯。當時百務羈身，時間倉促，稿件整理得不够完善，加之文章發表後，我們又發現了一些新的資料，於是我們對稿件作了必要的補充，並適當增加了有助於理解本文的若干圖片。我本人在 20 世紀 30 年代曾經是燕京大學歷史系哈佛燕京的研究生，經與《燕京學報》編委會協商，得到他們慨允，決定在《燕京學報》重新發表此文。這是我們對這個問題研討的最後文本。敬希讀者察鑑。

——何炳棣 2003 年 10 月

"夏商周斷代工程"以釐清夏商周三代的年代爲目標，集結了中國歷史、考古、天文、核物理、古文字等學科領域的當代優秀學者二百餘人，經過近五年的聯合攻關，對有關中國古史年代問題的資料進行了全面檢索和研究，解決了許多長年懸而未決的難題，取得了一系列科研成果，成績是很大的。中國上古年代問題與世界其他文明古國的早期年代問題一樣，由於標記年代的遺迹多已被歷史的長河所淹没，恢復古史年代的工程是十分艱巨而繁難的。工程領導清醒地認識到問題的複雜性，因此將目前取得的結論稱爲"階段成果"，這無疑是十分正確的。既然結論已經公布，本着對中華民族歷史負責的精神，對工程的每一個關鍵性的結論進行審視和評價，是學術界義不容辭的責任。

一、從斷代工程選定"武王克商年"説起

《夏商周斷代工程 1996—2000 年階段成果報告》（以下簡稱《報告》）第三章《武王克商年的研究》記述了工程專家組選定克商年的過程，他們首先利用賓組卜辭記載的五次月食定位了商王武丁、祖庚時期的具體年代，然後用 C14 測定考古發掘選取的商周之際特定地層出土的系列標本，將克商年的範圍逐步縮小到公元前 1050—公元前 1020 年三十年之内，然後根據新出利簋"甲子""歲鼎"銘文、《尚書·武成》《逸周書·世俘》伐商曆日、《國語》伶州鳩語的天象和《竹書紀年》記載等，以及與擬定的金文曆譜的相容程度，提出三種解決方案：公

元前 1046 年、前 1044 年、前 1027 年。最後再對三方案與上述材料相合程度加以優選,得出公元前 1046 年爲武王克商年。

上述三個方案代表了求取"武王克商年"的兩種方法,一種是利用文獻記載的古代天象資料,以現代天文學的知識,推算"武王克商年",公元前 1046 年、公元前 1044 年屬於這類;另一種方法是避免使用推算過程,利用可靠的文獻記載直接找出"武王克商年",公元前 1027 年屬於後者,當然兩種方法最後都必須通過金文記載的檢驗,才能令人信服。《報告》採納了前一種方法,並在兩個年代之間優選了公元前 1046 年。

我們認爲《報告》使用出土和傳世文獻資料時難稱嚴謹,取捨多有失當,所采用的方法缺少必要的前提,選出的所謂"最優解"公元前 1046 年,缺乏可信性。試逐一考察工程公布的論據。

(一) 伶州鳩語

《國語》記周景王二十一年鑄大錢,二十三年鑄無射鐘,單穆公認爲三年之中有離民之器二焉,問題很嚴重,極力諫説。景王不聽,又問於伶州鳩,伶州鳩也表示反對,並配合單穆公繼續勸説周景王,在這種情況下,他説了如下一段話:

> 王曰:"七律者何?"對曰:"昔武王伐殷,歲在鶉火,月在天駟,日在析木之津,辰在斗柄,星在天黿,星與日辰之位皆在北維。顓頊之所建也,帝嚳受之,我姬氏出自天黿。及析木者,有建星及牽牛焉,則我皇妣大姜之侄伯陵之後,逄公之所憑神也。歲之所在,則我有周之分野也。月之所在,辰馬,農祥也。我太祖后稷之所經緯也,王欲合是五位三所而用之。自鶉及駟,七列也,南北之揆,七同也。凡人神以數合之,以聲昭之,數合神和,然後可同也。故以七同其數,而以律和其聲,於是乎有七律。"

伶州鳩這段話的意思是説鑄鐘起樂,非同一般,需天地相應,人神相合方可,不得隨意爲之。

《報告》用天文推算的辦法選定克商年,這段"伶州鳩語"起了十分關鍵的作用,因爲在所有文獻資料裏,只有這段話給出了武王伐殷時的歲、月、日、辰、星等系列天象條件。大家知道,用現代天文學知識往往可以非常精確地找出古代的某種天象出現的具體時間,但困難在於天象的變化一般都有一定的周期,比如同一日月干支,每五年就重複出現一次,日月星辰的位置也在各自的軌道上按各自的規律周而復始地重複着,用現代天文知識找出的古代天象出現的時間,並不是唯一的可能時間。因此,還須對結果加以論證,搞清楚這個結果確實符合某些已知的條件,才能認爲結論成立。伶州鳩這段話按字面理解,應該是在武王伐紂從宗周發兵時,有一個觀測天象的人,如實地記錄了當時宗周上空可見的歲、月、日、辰、星等具體位置,並把這個觀測準確地記錄下來,過了數百年後,伶州鳩由於世任樂官的關係,從其先祖所傳述中得知了這個天象記錄,並牢記在心,當周景王爲了鑄鐘,問到他一個音律問題時,他就以曆説律,説出了這個觀測結果。因爲五種天象同於一天出現幾乎是不可能的,於是從漢代的劉歆開始,就説上述五種天象是從武王伐紂誓師到師渡孟津這一段時間裏連續出現的,這當然就給説者以很大的靈活空間。雖然這一點是無法證明的,我們姑且承認這個條件,但要想使人相信這個故事是真實的,像工程首席專家組組長李學勤先生所説的,是“伶州鳩家世任樂官,武王時天象應爲其先祖所傳述”,[1]並將它作爲論證武王伐紂的重要論據的話,它應該起碼符合以下三項條件:

第一,伶州鳩這段話是合理的和可以理解的。

第二,它是對周初原始觀測記録的叙述,而非後世人自行推算出來的結論。

第三,西周初年的周人已對二十八宿有了清楚的劃分,並且已有將二十八宿分成十二次的“分野説”。

十分遺憾,根據我們的考察,上述三項條件没有一項可以成立。

1. 伶州鳩這段話缺乏邏輯的合理性

《周禮·春官·保章氏》:“以星土辨九州之地,所封封域皆有分星,以觀妖祥。”鄭玄注引《堪輿》云:“星紀,吴越也。玄枵,齊也。娵訾,衛也。降婁,魯也。大梁,趙也。實沈,晉也。鶉首,秦也。鶉火,周也。鶉尾,楚也。壽星,鄭也。大火,宋也。析木,燕也。”“鶉火,周也”與伶州鳩所説“歲在鶉火”“歲之所在,則我有周之分野也”相符,説明《堪輿》的十二星次分野與伶州鳩所説是同一來源。但是這段話難以理解之處頗多:

(1)這裏“鶉首,秦也。鶉火,周也。鶉尾,楚也”,看來是自西向東排列,鶉首如對應秦地,那麼鶉火所對應的周地,只能是洛陽的東周,不會指西土的宗周。也就是説,鶉火在武王伐紂時,適值商人的疆界,並非周的分野。

(2)“玄枵,齊也”。依韋昭解,即天黿。按《堪輿》所記,齊、衛、魯的分野都在東方。武王伐紂時,姜姓族人尚在西方,齊人之祖“皇妣大姜之姪,伯陵之後”的“逄公之神”自然也在西方,周公東征薄姑以後姜姓才封於齊地。因此“星在天黿”和齊人之祖神保祐周人是不相干的。

(3)這裏“大梁,趙也。實沈,晉也”“壽星,鄭也”,其中趙、晉、鄭顯然是三家分晉後趙、魏、韓三國的自稱。析木在今遼寧,燕人及於此地也應在進入戰國以後。説明《堪輿》與伶州鳩這段話所記的“分野説”,顯然是“三家分晉”以後流行的戰國星占説。

2. 伶州鳩語所述天象並非周初原始觀測的記録

(1)“歲在鶉火”,據天文學家們研究,凡《左傳》《國語》所記“歲在某某”之“某某”皆與實際天象不符,而所差是有規律的,只要以戰國中期前後的歲星位置,按十二歲一周往上推,即可相符。因此,“歲在鶉火”,日本學者新城新藏認爲,這是在公元前 376 年

---

[1]　李學勤:《夏商周年代學劄記》,第 212 頁,遼寧大學出版社,1999 年。

左右推算出來的,[1]中國學者張培瑜認爲是在公元前 360 年左右推算出來的。因此,《國語》所記伶州鳩所説的“歲在鶉火”也不會例外,必然也是戰國時人推算出來的。

（2）“日在析木之津”,是講太陽所在的星宿位置。大家知道,當太陽出來的時候,天上一片光亮,衆星宿盡都隱去,無法直接觀測到它所在的位置,這個記録只能是靠推算所得。

（3）“辰在斗柄”,按韋昭注爲“日月之會”,即日月斗宿合朔,朔月是不可見的,無法觀測,只能靠推算得到（西周的曆法中是否有“朔”的概念,這本身就是一個待證明的問題）。

（4）“星在天黿”之星,按韋昭注爲“晨星也”,即水星。水星因爲近日,爲日光所掩,也是肉眼很難看見的,大概也是靠推算得出來的。因此,伶州鳩這段話所説的五種天象都不可能是周初原始觀象的記録,只能是戰國人自行逆推出來的,然後用戰國人的分野説加以叙述。

3. 西周人尚不具備二十八宿和十二次的知識

如伶州鳩和《堪輿》所記,戰國秦漢以來流行的十二次,是按星宿劃分的,即十二歲行二十八宿一周天,因爲星宿寬狹不一,有一次二宿者,一次三宿者。若以此記周初星象分野是真實的話,其前提是周初的人得具有二十八宿和十二次的知識。中國人何時具備了二十八宿的知識,就目前所知的考古材料中,最早的當是曾侯乙墓出土漆箱蓋上的青龍白虎二十八宿圖（圖一）,[2]時代爲戰國早期。從該圖的熟練程度看,不像是初建的二十八宿星圖,人們對二十八宿的認識可能還會早一些,但再早也早不到西周。從流傳至今的古籍《詩》《書》和金文的内容看,皆不見二十八宿和十二次的痕迹;《豳風・七月》中還没有立春、立夏、立秋、

圖一　曾侯乙墓出土漆箱蓋上的青龍白虎二十八宿圖

［1］ 新城新藏:《由歲星之記事論〈左傳〉〈國語〉之著作年代及干支紀年法之發達》,新城新藏著:《東洋天文學史研究》,沈璿譯,中華學藝社,1933 年。

［2］《曾侯乙墓》上册,第 356 頁,文物出版社,1989 年,圖 216∶1。

立冬的概念,《夏小正》還在靠觀星象定歲中的次序,並没有節氣的知識。日人能田忠亮根據《禮記·月令》天象記事的觀測年代認爲我國二十八宿體系應創立於春秋時代。夏鼐先生認爲"二十八宿體系在中國創立的年代,就文獻記載而言,最早是戰國中期,但可以根據天文現象推算到公元前 8 至前 6 世紀(620±100BC)"。[1] 説明西周人還没有二十八宿和十二次的知識,也不可能説出伶州鳩那麼一段話來。

綜上所述,伶州鳩這段話所記的星象語句是典型的戰國星象家的星占説,用春秋時代的人伶州鳩的口講出戰國人編造的故事來,這本身就近似於胡言亂語。他所述星象多是肉眼看不到的,只能是推算出來的,而西周早期的人尚不具備推算出這些天象的知識,不可能由他們推算出這一套天文星象。至於《國語》中何以會出現這麼一段離奇的話,從上下文意看,並不奇怪,伶州鳩這段話的用意是爲了神化音律的作用,以警示不通音律的周景王,使其不得隨意鑄造編鐘,他是在配合單穆公做周景王的工作,目的是要取消周景王勞民傷財的糜費之舉,對這樣性質的一段話,今天的人完全没有必要那樣認真看待。若一定要把它作爲推論武王伐紂的重要論據使用的話,須要找出更有力的解釋,僅説其爲"故老相傳",難以令人信服。否則,爲慎重計,最好不用。

(二)《武成》《世俘》、利簋等曆日

《漢書·律曆志》下引劉歆《三統曆》云:"《周書·武成篇》:'惟一月壬辰,旁死霸,若翌日癸巳,武王乃朝步自周,於征伐紂。……粤若來三月,既死霸,粤五日甲子,咸劉商王紂。……惟四月既旁生霸,粤六日庚戌,武王燎於周廟。翌日辛亥,祀於天位。粤五日乙卯,乃以庶國祀馘於周廟。"[2]

《逸周書·世俘解》:"惟一月丙辰旁生魄,若翌日丁巳,王乃步自於周,征伐商王紂。越若來二月既死魄,粤五日甲子,朝至接於商,則咸劉商王紂……時四月既旁生魄,越六日庚戌,武王朝至燎於周……若翼日辛亥,祀於位,用簋於天位。越五日乙卯,武王乃以庶祀馘於國周廟。"

利簋(《集成》4131):"武王征商,唯甲子朝,歲鼎克昏夙有商。"(圖二)

《武成》《世俘》的曆日,由於利簋的出土,"甲子日"得到證實,其餘的曆日是否真實還需要另作考證。至於利簋"歲鼎"之"歲"字,是否可以釋爲歲字,難以完全肯定,金文中歲字從無如利簋寫作那樣的。唐蘭先生將此字釋爲"戉"即"越"字,他説:"戉與奪音近可通用"古人有"殺人越貨"的成語,"越"有奪意,"越鼎"即"奪鼎",亦即奪取政權,其説顯得更直白一些。退一步講,即或可以釋爲歲字,是釋爲"歲星",還是釋爲"歲祭",仍難以確定。再退一步講,即或把"歲鼎"講成"歲星當頭",它與"歲在鶉火"也不是一回事。

[1]《從宣化遼墓的星圖論二十八宿和黄道十二宫》,《考古學報》1967 年第 2 期。

[2]《漢書·律曆志》下,中華書局標點本,1983 年。

圖二　利簋銘文

雷海宗先生説過一段話:"根據片段史料而以曆法推定歷史上年代,須有以下條件爲先題:(一)由吾人所確知之最早年代(如共和元年)至吾人所欲推定事實之年代(如周室元年),其間片段史料必須完全可靠,而非疑似之傳説。(二)於先後兩年代間所用曆法情形吾人必須詳知。若有曆法上之改革,吾人亦須明晰。"[1]

在使用上述兩篇文獻材料時,有幾個問題顯然違背了這些先決條件:

第一,通過岑仲勉、顧頡剛等先生的考證,大家都認爲現存的《武成》和《世俘》是合二而一的。既然如此,二者的曆日不同又如何理解? 顯然凡有曆日干支不同的地方,必有錯誤存在。這裏武王伐殷出征日,《武成》云"壬辰旁死霸,若翌日癸巳",《世俘》云"丙午旁生魄,若翌日丁未"。有人先是把"丙午"改成"丙辰","丁未"改成"丁巳";又把"丙辰"改成"壬辰","丁巳"改成"癸巳";最後再把《武成》的"三月"改從《世俘》的"二月"(《報告》對月份就是這樣處理的),以求得兩篇文獻中的曆日能够相合。這些改造理由並不充分,一般手民之誤,只會誤寫天干或地支中的一個,不太可能干支全誤,二者的月相記録也明顯不同。這正暴露出這些曆日是很不可靠的。但即或允許如此改動,仍有矛盾不好解釋。如顧頡剛先生指出的:"所可惜的,這是一篇斷爛的文章,錯簡、脱字、誤字不知凡幾。例如'一月''二月''四月'是有的,三月便没有。排起干支來,從'一月壬辰'到'四月乙卯'該有 144 天,即占五個月,從一月朔算起,便有 175 天,該占六個月;然而從文字上看,'一月'到'四月'只有四個月,可見月份和干支是不適應的。"[2]

第二,《武成》保存下來的曆日從一月至四月是連貫和完整的 82 字,而《世俘》在二月至四月間插入有太公望、呂他、百弇征伐,武王薦鼎俘、祭祖、狩獵、敦服國等一系列事件,這些插入的部分恰好《武成》全部没有。也就是説,《武成》的殘餘部分恰好把《世俘》的兩段話拼到了一起,這樣錯爛斷簡的省略拼接,獨曆日却完整無缺。聯繫到劉歆曾作過改魯公年代以從"三統曆"、造僞古文經以取悦新莽等事,應該説《武成》《世俘》所記史事或有根據,其引文中的曆日實在令人不太放心。

第三,在《報告》中,1044BC 與 1046BC 兩説同是工程内著名的天文學家推算出來的,同

[1]《殷周年代考》,《文哲季刊》第二卷第一期,1931 年。
[2]《〈逸周書·世俘篇〉校注、寫定與評論》,《文史》第二輯,1963 年。

樣可以滿足《世俘》《武成》"佟州鳩語"等天象條件,1044BC 只是因爲不能通過《報告》所擬定的金文曆譜而被排除,這正説明兩部分天文學家在使用這些天文條件時,對天象的理解是各取所需的,其結論可以是這樣,也可以是那樣,並非無可選擇的唯一解釋。

綜上所述,《武成》《世俘》的曆日疑點尚多,《武成》逸文 82 字,也只是靠《漢書·律曆志》下所引劉歆《三統曆》的一條引文而已。至於《報告》頁 45 説到"《武成》本爲西漢孔壁所得古文《尚書》中的一篇"云云,就牽涉到更多問題。據云武帝末,魯恭王壞孔子壁,得古文書若干的故事,最早是劉向、劉歆父子説出來的。[1]　後來"壁中書"的種類就逐年增多。奇怪的是,文化史上如此重大的發現,司馬遷卻隻字未提,《史記·儒林傳》只提到"秦時焚書,伏生壁藏之"。而據《史記》載,魯恭王死於武帝初年,何以"武帝末"他還會去壞孔子宅呢? 在這段歷史懸案沒有考察清楚之前,尚不能説《武成》就是所謂"孔壁古文"。所以對劉歆《武成》的版本源流,實際上我們並不清楚。西周曆法的真實狀況如何? 在西周二百餘年中,曆法是一成不變,還是發生過一些變革? 對這些問題我們目前都難以回答,連若干記時的月相詞語到底是什麼意思,也不甚了然,在這種情況下,貿然使用這些曆日、月相材料去推論伐商年,我們認爲是不慎重的,從方法論上看也是十分危險的。

(三) 所謂"金文曆譜"

《報告》稱"公元前 1027 年説與甲骨月食年代的推算以及古本《竹書紀年》西周積年爲257 年等記載配合最好,但與工程所定'金文曆譜'難以整合,也不能與天象記錄相合"。[2]所謂"天象記錄",批評已如上述。至於"工程"的這個"金文曆譜"仍須詳加考察。《報告》利用《武成》《召誥》《畢命》的曆日與 63 條金文材料,共計"66 條年、月、記時詞語、日干支確定的文獻和金文材料,排出西周金文曆譜"(見《報告》第 29 頁)。然後考察各種方案與此曆譜的相合程度,以決定對方案的取捨。工程領導決定不取 1027BC 的原因之一就是因爲其與這個所謂的"金文曆譜"不合。但是經我們考察,《報告》所擬定的"金文曆譜"存在一系列問題,如不做重大修改,它就難以取得評判諸方案優劣的資格。

1. 關於"初吉"

《報告》第 35 頁"金文紀時詞語涵義的歸納"云:"初吉,出現在初一至初十。"

《報告》摒棄了王國維認爲"初吉"必在月初的七、八日的"四分説"和一些先生所主張的"四定點説",因而也摒棄了初吉是月相的傳統説法,這是正確的。而《報告》爲了不舍棄這些"初吉"資料,大體上采納了自王引之以來到黃盛璋先生的"初干吉日説",這個説法是否可以成立,要看記"初吉"的金文資料裏是否有反證,如有堅强的反證存在,其結論就值得懷疑。

---

[1]　見劉歆《移太常博士書》,荀悦《前漢紀·成帝紀》引劉向語。
[2]　見《報告》,第 48 頁。

圖三　静簋銘文

檢索金文資料,我們發現兩組反證資料:

反證一:静簋(《集成》4273)(圖三)

惟六月初吉,王在葊京,丁卯,
王令静嗣射學宫。小子眔服、
眔小臣、眔夷僕學射。雩八月
初吉庚寅,王以吴來、吕剛卿
嗣、葊師、邦周射于大池。静學
無罜,王賜静鞞剟……

静簋的時代在穆王,是大家公認的。銘文内容淺顯通暢,不存在釋讀上的分歧。大意爲在六月"初吉"日,周穆王在葊京,於丁卯日,王命静任學宫的教官司射。負責教授小子、服、小臣和夷僕的射藝。到八月"初吉"庚寅日,王、吴來、吕剛與嗣師、葊師、邦周組成三耦,在辟雍大池裏舉行大射禮。可能是因爲小子、服、小臣和夷僕等在射禮過程中表現良好,静因爲對他們教授有功,受到王的賞賜……

在分析静簋兩"初吉"時,這裏有四個條件,我們認爲是可以爲大家所接受的:

(1)在西周曆法中,每月含日數大月 30 日、小月 29 日。

(2)西周金文中因爲有十三月存在,在静簋所在的穆王時,應該是年終置閏。

(3)銘文中的兩個干支日連續出現,應是同一年中的兩天。

(4)"丁卯"不管是否屬於"初吉",但應是六月的一天。

只要大家同意上述四個條件,"初吉"在静簋中的含義就是清楚的。六月的丁卯日距八月的庚寅日按六十干支表順序計數,應爲 85 天,如果六月的丁卯是初一日的話,八月的庚寅就是二十五日;若六月的丁卯是初六日的話,八月的庚寅就是三十日;若六月的丁卯是初七日的話,八月就沒有庚寅了。所以六月的丁卯只可能是六月的 1—6 日,而八月的庚寅就只能是八月的 25—30 日。因爲年中置閏已排除,六月初至八月底最多 90 天,最少 87 天,這說明即或有"連大月"或"連小月"出現,也不會改變這個分析的基本格局。也就是説,静簋中的兩個"初吉",其中之一的"初吉",必然在月末幾天出現。它清楚地告訴我們,"初吉"是可以在月末幾天出現的。金文中在一件器上記録兩個"初吉",静簋是唯一的一例,而在這僅有的一件銅器銘文中就明確地出現了"初干吉日説"的反證,這是不容忽視的。因爲是在一件器内出現兩個“初吉”，它不存在王世、時代不同的問題。又因爲是在一年中接續很近的兩個月，也回避了跨年度計算時要考慮的許多複雜因素。這件幾乎排除了各種未知因素干擾的銅器資料，是研究“初吉”含義的十分珍貴的資料。

反證二：元年師兌簋(《集成》4274、4275)(圖四)

圖四　元年師兌簋銘文

惟元年五月初吉甲寅，王
在周，格康廟，即位。同仲佑
師兌入門，立中廷。王呼內
史尹册命師兌：疋師和父
翻左右走馬、五邑走馬。賜
汝乃祖市五黃、赤舄。兌拜，

稽首。敢對揚天子丕顯魯
休,用作皇祖城公𧊌簋,師
兌其萬年子子孫孫永寶用。

三年師兌簋(《集成》4318)(圖五)

圖五　三年師兌簋銘文

惟三年二月初吉丁亥,王在周,
格大廟,即位。𨐅伯佑師兌
入門立中廷。王呼內史尹
册命師兌:余既命汝疋師
龢父𤔲左右走馬,今余惟
申京乃命,命汝𩦆𤔲走馬。賜

汝秬鬯一卣、金車：轙較、朱虢

軜靳、虎冟熏裏、右軶、畫轉、

畫輴、金甬，馬四匹、鋚勒。師

兑拜，稽首。敢對揚天子丕顯

魯休，用作朕皇考釐公齍簋，

師兑其萬年子子孫孫永寶用。

　　元年師兑簋兩器兩蓋共四篇相同的銘文，三年師兑簋兩器一蓋共三篇相同的銘文，其中元年簋一蓋銘容庚云僞，[1]三年簋蓋銘結尾部分字殘，但二者都不會對釋讀銘文造成影響。上海博物館現藏元年簋、三年簋各一套。四簋七篇兩組銘文字體接近，形制花紋相似，作器者同爲師兑，過去人們都認爲它們是同一王世且元年、三年連續的兩組器。元年簋銘首爲"惟元年五月初吉甲寅"，三年簋銘首爲"惟三年二月初吉丁亥"，兩組銘文的干支如連續計算，在不置閏月的情況下，甲寅如爲初一，丁亥就是十五日；元年與三年間如置一閏月，甲寅必須是十七日時，三年二月才有丁亥。說明不論是否有閏月存在，兩個"初吉"總有一個要超出"初干吉日"，而在月的中旬出現。這兩組銘文與静簋銘文成爲"初吉初干吉日説"有力的反證。

　　《報告》對兩組銘文采取位置互換的辦法避免其成爲"初吉初干吉日説"的反證，這個辦法是根據李學勤先生的研究得出的。李學勤先生在 1998 年 4 月發表《論師兑簋的先後配置》一文，[2]文中以新出虎簋蓋與師虎簋銘文的關係爲例，考察元年與三年師兑簋銘文内容，得出三年簋在前，元年簋在後，兩器分在兩王的結論。隨後，彭林先生發表《也談師兑二器的排序問題》，李朝遠先生發表《關於元年、三年師兑簋的先後順序》，不同意李學勤先生的觀點，兩位先生認爲三年簋的職官走馬是正職，元年簋的職官是副職，仍以元年在前，三年在後，兩器一王爲正確。李學勤先生在 1998 年 6 月又發表《細説師兑簋》一文，[3]進一步申論原有的觀點，但沒有正面回答彭、李兩位的主要論據：即銘文中元年師兑的官階低於三年師兑。我們認爲兩簋銘所記職官位置哪一個高是問題的關鍵，這一點明確了，自然應該職位高的在後，職位低的在前，因爲一個人不可能爲了降職來作器紀念。元年簋師兑所管轄是"疋師龢父嗣左右走馬、五邑走馬"，三年簋師兑管轄的是"龏司走馬"。這裏有一個很關鍵的字"龏"，過去從字形到字意，始終未得到很好的解釋，現將記有"龏"字的資料列舉如下：

　　逆鐘(《集成》62)

---

[1]　見《商周彝器通考》上 219。《殷周金文集成》仍然收入，不以爲僞。
[2]　《夏商周年代學劄記》，第 162—170 頁。
[3]　見《夏商周年代學劄記》，第 171—180 頁。這篇文章也登載於《中國古文字研究》創刊號上。

　　用緕于公室僕傭臣妾小子。

叔夷鎛(《集成》274)

　　余命汝職佐正卿,緕命于外内之事。

叔夷鎛(《集成》285)

　　余命汝職佐卿,爲大事,緕命于外内之事。

守鼎(《集成》2755)

　　遣仲命守緕嗣奠田。

微縊鼎(《集成》2790)

　　王命微縊緕嗣九陂。

毛公鼎(《集成》2841)

　　命汝緕嗣公族雩參有嗣、小子、師氏、虎臣,雩朕褻事。

走簋(《集成》4244)

　　王呼作册尹〔册賜〕走:緕疋益。

師俞簋(《集成》4277)

　　王呼作册内史册命師俞:緕嗣任人。

諫簋(《集成》4285)

　　王呼内史微册命諫曰:先王既命汝緕嗣王宥。

伊簋(《集成》4287)

　　王呼令尹封册命伊：緐官嗣康宫王臣妾百工。

鄘簋(《集成》4296、4297)

　　王呼内史册命鄘,王曰："鄘,昔先王既命汝作邑,緐五邑祝,今余惟申京乃命……"

師敾簋(《集成》4311)

　　余命汝死嗣我家,緐嗣我西偏東偏僕御百工牧臣妾,董裁内外。

三年師兑簋(《集成》4319)

　　王呼内史尹册命師兑："余既命汝疋師龢父嗣左右走馬,今余惟申京乃命,命汝緐嗣走馬。"

番生簋(《集成》4328)

　　王命緐嗣公族、卿事、太史寮。

蔡簋(《集成》4340)

　　王若曰："蔡,昔先王既命汝作宰,嗣王家。今余惟申京乃命,命汝眔罣智緐疋對各,死嗣王家内外。"

師克盨(《集成》4467、4468)

　　王曰：克,余惟經乃先祖考克龏臣先王。昔余既命汝,今余惟申京乃命,命汝更乃祖考,緐嗣左右虎臣。

盠方尊、方彝(《集成》6013、9899、9900)

　　王册命尹賜盠赤市、幽亢、攸勒。曰："用嗣六師王行參有嗣：嗣徒、嗣馬、嗣空。"王命盠曰：戲嗣六師眔八師藝。"

宰獸簋(《文物》1998 年第 8 期)

　　王呼内史尹仲册命宰獸曰："昔先王既命汝,今余或申京乃命：更乃祖考事,戲嗣康宫王家臣妾僕傭,外内毋敢無聞知。"

逨編鐘(《文博》1997 年第 2 期)

　　天子經乃先祖服,多賜逨休命,戲嗣四方虞林。

　　此字多見於西周中晚期器銘,不見於西周早期器。從上引 19 條材料看,此字多數情況下與"嗣"字合用,有十三例稱"戲嗣",有一例稱"戲官嗣",有兩例稱"戲疋",有三例單稱"戲"。金文語詞多有省簡之例,此處省簡的痕迹似爲：戲官嗣—戲嗣—戲。李學勤先生將"戲"字釋爲"管理",其實"官""嗣"都有管理的含義,若將"戲"字也釋爲"管理",在"戲官嗣"和"戲嗣"句中,就嫌重複。按：接在此動詞後面的賓語多非一種人,常爲多種人並列。如"公室僕傭、臣妾、小子"(逆鐘)、"康宫王臣妾、百工"(伊簋)、"西偏東偏僕御、百工、牧、臣妾"(師酉簋)、"王家臣妾、僕傭"(宰獸簋)等。宰獸簋云"戲嗣康宫王家臣妾僕傭,外内毋敢無聞知",故知叔夷鐘、鎛單言"戲命於外内之事",蔡簋"戲疋對各,死嗣王家内外",不言"臣妾、僕傭",而只言"外内",實際含義是一樣的,也應包括管理僕傭臣妾等。另外像"戲嗣公族雩參有嗣、小子、師氏、虎臣,雩朕褻事"(毛公鼎)、"戲嗣公族、卿事、太史寮"(番生簋)等管理的也是衆多執事。我們試將整個辭語(包括戲官嗣—戲嗣—戲三種詞形)釋爲"總管理",而將"戲"字的字意釋爲"總",這樣來讀上述諸文例,無不文通意暢(當然,這裏只是釋意,字形的問題並没有解决)。

　　如果我們對於"戲"字的解釋可以成立的話,兩個師兑簋的職官高低就看得更加清楚了,元年師兑簋"疋師龢父嗣左右走馬、五邑走馬"是命其協助師龢父管理左右走馬和五邑走馬。而三年師兑簋"命汝戲嗣走馬"是命其總管所有與走馬有關的事務,即管理包括左右走馬、五邑走馬以及其他有關馬政事務等的全部馬政,而不是去協助别人管理馬政了。當然是後者的職官大於前者,這個關係明確了,其他關係都是次要的,至於説因爲三年簋在重複以前的任命時,漏掉了"五邑走馬"一句,就必須改變兩簋的前後次序,是站不住脚的。因爲這種改變造成了更大的不通,就是造成了"降職貶官而做器紀念"的荒謬結果,這是不可理解的。

　　通過以上討論,我們證明了"初吉"可以出現在月中旬和下旬,《報告》爲"初吉"限定的"初干吉日"就失去了存在的理由。本來這個説法從訓詁學上來講,就犯了"添字解經"的忌諱,因爲在"初"與"吉"之間硬加一個干支的干,本來就没有什麽道理。按我們的理解,"初吉"是"每月第一個吉日",這個吉日很可能是通過占卜得到的,如1980年湖北隨縣出土的盜叔壺(《集成》9625)所云"擇厥吉日丁,作盜叔尊壺,永用之"。這樣得到的"初吉"之日,當然多數會出現在月初,却不能否認有月中和月末的"初吉"存在的可能。湖北穀城出土的蔡兒罍記有"惟正月初、冬吉"一句(《考古與文物》1988年第3期),"冬者,終也",可證明此時記時詞語中,在正月裏有"初吉"和"終吉"兩個"吉日",這對我們認識"初吉"一詞的含義很有啓發(該器對研究"初吉"的重要性,張政烺先生早在數年前就對劉雨指出過)。這些"初吉"日在當時人們可能有曆書查考,是明確的,但是對幾千年後的今天來講,是完全無法找出它的規律來的,我們應當毫不惋惜地捨棄這些材料,因爲對"月相辭語"的解釋不同,會導致整個金文曆譜的不同安排。只要看一看《報告》所擬的"金文曆譜",以及前此出現的各種曆譜,與譜不合者多數爲"初吉"這個現象,就應該明白,主要是各曆譜使用了不可能完全入譜的"初吉"資料,造成了排譜的混亂。

2. 月相詞語涵義不明

西周曆法中所使用的諸如"既生霸""旁生魄""既死霸""旁死霸""既望"等月相詞語,關於它們的含義,學術界目前研究工作還做得很不够,難以有較公認的看法。《報告》在同一個"金文曆譜"中,文獻中月相詞語後往往説"越幾日干支",這些干支日説明前面的月相詞語肯定是定點的某一天;而在金文中大量月相詞語是指代若干天的一段時間,顯然是不定點的。[1] 這裏把三條文獻資料與金文資料混排在一起,實在不倫不類。如上所述,這裏文獻的記時辦法與金文的記時辦法顯然是兩個不同的系統。而且,再可靠的文獻資料畢竟是二手的,它的史料價值是不能與金文等同的。《報告》的"金文曆譜"兩説並存,在同一個"金文曆譜"中,不定點説與定點説雜陳並存,這種不正常的狀況,只能説明"工程"的專家們對這些詞語的確切含義是不甚瞭解的。

3. 離譜與勉强不離譜之器

《報告》僅承認在其所擬定的曆譜中有師㪨簋"初吉"排在二十日,與曆譜不合,另有克盨、伊簋干支有錯,需改干支才能與曆譜相合。實際仔細閲讀該曆譜,不合者當不止這些,如《畢命》的朏日出現在五日,十分費解。無㠱簋"初吉"十一日,十三年瘐壺"初吉"十一日,三年師兑簋若不與元年師兑簋對調,"初吉"將是十五日等,都已超出"初干吉日"的範圍。另有王臣簋"初吉"在朔前一日,師望簋"初吉"朔前二日,番菊生簋"初吉"朔前二日,善夫山鼎"初吉"朔前二日,虢季子白盤"初吉"朔前一日等,需引入"平朔"概念看待曆日方可與譜相合。天文學家一般認爲西周時還没有"朔"的概念,當然更談不上有"平朔"與"實朔"相區别的概念,這些朔前曆日合曆是很勉强的。再有,小盂鼎是一件十分著名的康王標準器,其曆日年代是可以讀出來的,依陳夢家《西周銅器斷代》(四)釋文爲"惟八月既望辰在甲申……惟王廿又五祀"(圖六)。但因與《報告》所擬定的《曆譜》不合,就乾脆摒棄不用。看來《報告》

[1] 見《報告》第35頁"金文紀時詞語涵義的歸納"。

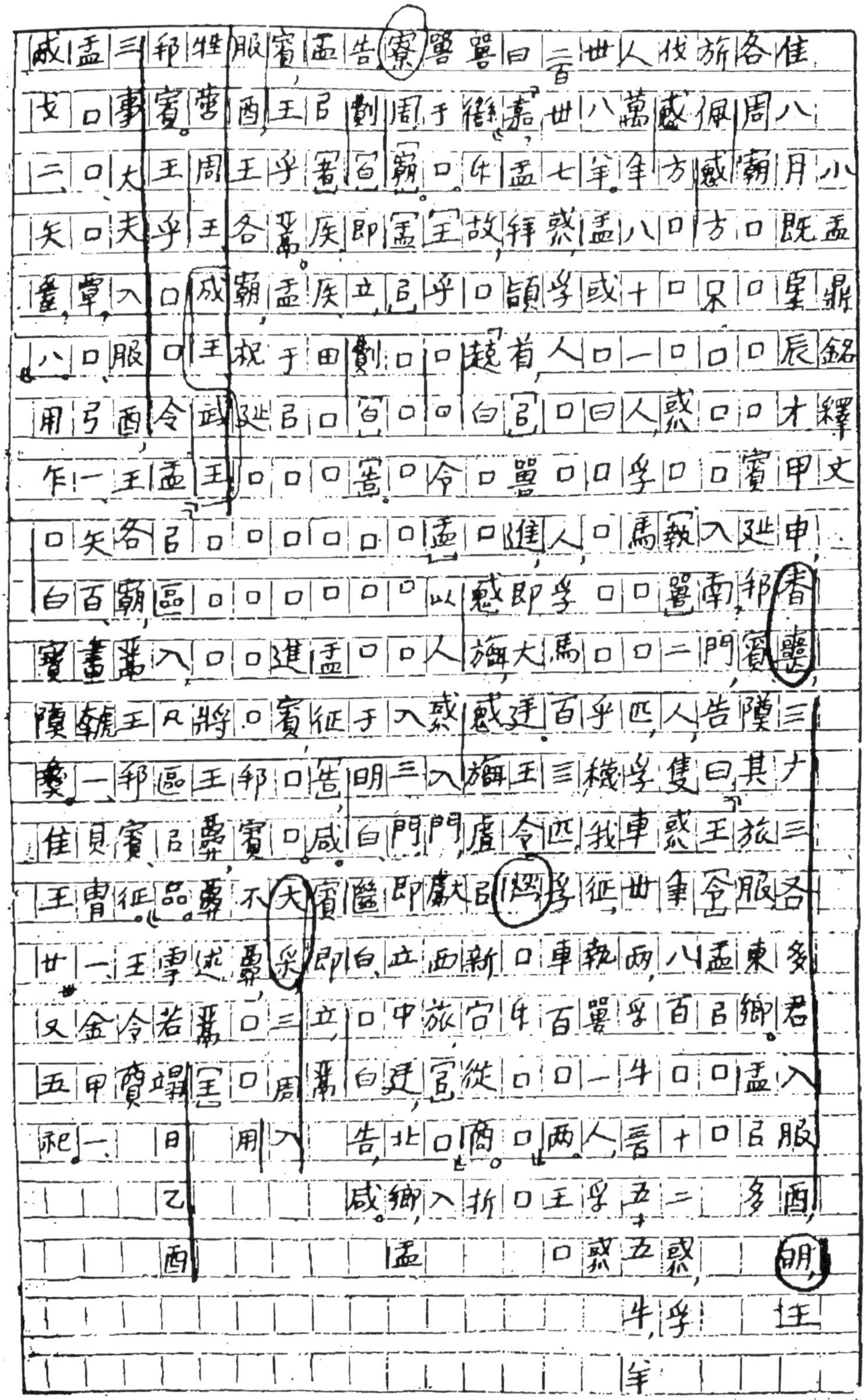

圖六　陳夢家先生小盂鼎釋文手稿(豎讀)

所擬定的這個“金文曆譜”，是主觀排他的產物，凡與其觀念不合的資料都遭到不公正的排斥，爲了維護這個主觀的觀念，幾千年前的銘文干支可以改寫，珍貴的標準器小盂鼎銘文可以摒棄不用，兩個師兑簋可以不顧其内容，隨意顛倒其前後順序，這些做法已超出學術研究水平高低的範圍，而是學風不誠實的表現。儘管如此，現在所謂的“金文曆譜”中，離譜的器和勉强不離譜的器仍達十餘件之多，與前此出現的諸種曆譜，不相伯仲，至多是五十步百步之别，這樣水平的曆譜，本身的問題如此嚴重，恐怕很難擔負起檢驗斷代工程所擬定的年代方案是否正確的重任。可以斷言：斷代工程的所謂“金文曆譜”研究，還在摸索階段，距離可以拿出來爲學術界使用的水準相差還很遠。我們認爲短時間研究不清楚某些問題，得不出合理的結論，可能是方法有待改進，也可能是客觀條件還不成熟，這是科學研究中常有的情况，多聽聽不同的意見，從不同的角度不斷進行試驗，也許會找到解决問題的途徑。實在找不出解决的辦法，老實承認這個現實，向讀者如實講清研究的進展情况，也可以對今後的研究有所幫助。最可怕的是强以不知爲知，甚至不惜故意誤解科學資料，以求符合主觀設想，製造僞科學結論。綜觀工程對金文曆譜的研究，是失敗的！

4. 西周的曆法水平

過去人們以爲周人長期以來生活在一個農耕社會中，爲了生産的需要，他們會很注意對天象的觀測，因而可能具有較高的曆法水平。從金文留下的記錄看，他們對天象的觀測，尤其對月相的觀測，是十分注意的。但較之後世的曆法，水平仍是很有限的。請看下述金文資料：

器　名	銘　　文	出　　處	時　代
中方鼎	惟十又三月庚寅	《集成》2785	西周早期
𣪘　尊	惟十又三月既生霸丁卯	《集成》6008	西周早期
遣　卣	惟十又三月辛卯	《集成》5402	西周早期
小臣静卣	惟十又三月	《西周銅器斷代》3.83	西周中期
牧　簋	惟王七年十又三月	《集成》4343	西周中期
吳虎鼎	惟十又八年十又三月既生霸丙戌	《考古與文物》1998年3期，69—71頁	西周晚期

上述銘文反映出在西周時期周人曆法實行的是年終置閏，閏月安排在一年的末尾十二月之後，稱十三月，並未實行無中氣置閏的年中置閏法。更有甚者，天馬—曲村遺址晉侯墓地第六次發掘，114號墓出土一件叔矢方鼎（《文物》2001年第10期），銘首一句稱“惟十又四月”。該鼎是西周早期銅器（圖七左），考釋諸家異口同聲稱其爲“西周獨此一件”，似乎可以

例外不計處置。據我們查閱,西周金文中還有一件鄧公簋(《集成》3858),銘首第一句也稱
"惟十又四月"(圖七右),與叔矢方鼎銘全同,該簋無器形著録,但從其"王在侯"三字的肥筆
看,應是西周早期或中期器。另外,宋代的金文書籍裏還著録一件下都雍公緘鼎(《集成》
2753),首句銘文爲"惟十又四月既死霸壬午"(圖八),宋代的《集古録跋尾》云該器出土於
"陝西商洛"地區,故又名其爲"商洛鼎"。《考古圖》公布的器形是蹄足圓鼎,頸部飾竊曲紋,
腹部飾大波浪紋,頸部與足部帶扉棱,與小克鼎、史頌鼎、晉侯邦父鼎等相似,是典型的西周
晚期形制;又"既死霸"是只有西周時期才使用的記時詞語,金文中概無例外,《集成》將其定
爲春秋早期器,顯然不妥,應將其改定爲西周晚期器。雖只有這三件器記有十四月,但考慮
到金文記特殊月份的概率並不大,比如整個西周金文中能够確認的"十三月"也只發現六條。
而這三件十四月銘文却分布在西周早期到西周晚期整個西周時期,應該承認它如實地反映
了西周時代的曆法水平。這時年終僅置一閏,無法全部協調陰陽曆之間的誤差,有時需在年
終安排十四月來進一步協調誤差。其實,這並不奇怪。春秋時代還常常有失閏的記録,西周
時的置閏就更容易出現閏而不盡的情況,對幾千年後的我們來說,其規律實在難以掌握,古
人在什麼情況下置十三月?什麼情況下置十四月?西周人根據什麼來安排閏月?恐怕我們
一時還説不十分清楚。閏法是曆法的基礎,閏法不明,又硬要推算曆日,其結論的可信度就
要大打折扣。

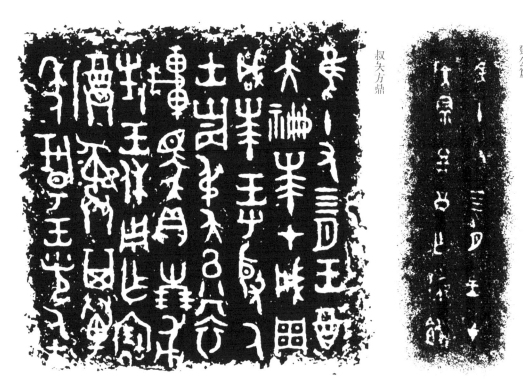

叔矢方鼎

鄧公簋

圖七　叔矢方鼎與鄧公簋銘文

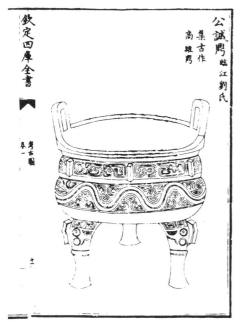

圖八　宋《考古圖》著録的都雍公緘鼎器形和銘文摹本

5. 甲骨文五次月食與 1046BC

斷代工程對甲骨賓組五次月食卜辭的研究是卓有成效的,“工程”首先由古文字學者從字體上認定賓組五次月食均屬武丁晚期到祖庚之間,根據新的卜辭分期分類,排定了五次月食的順序。再由天文學者加以計算,在 1500BC 到 1000BC 之間,找出既符合卜辭干支,又符合月食順序的唯一可能的組合:

　　癸未夕月食 1201BC
　　[甲]午夕月食 1198BC
　　己未夕向庚申月食 1192BC
　　壬申夕月食 1189BC
　　乙酉夕月食 1181BC

經甲骨學家研究,癸未夕月食、[甲]午夕月食、己未夕向庚申月食屬武丁時期,壬申夕、乙酉夕月食延至祖庚時期。結合《史記・殷本紀》記“高宗之享國五十有九年”,武丁元年應該是從公元前 1192 年向前推 59 年,即公元前 1250 年,武丁在位時間自然就是公元前 1250—前 1192 年。

古本《竹書紀年》記盤庚遷殷以後的殷商積年爲 273 年,這是大家都接受的,其實,到此爲止,按“工程”所定的盤庚遷殷 1300BC 減去 273 就可以直接得出克商年 1027BC 的結果。

而"工程"却繞了一個大圈子,又是天文,又是考古,經過一番複雜的研究,得出一個 1046BC 來,把一個本來十分簡單明瞭的問題,複雜化了。

嚴格地說,"工程"所定武王伐紂 1046BC 與五次月食的推算是有衝突的。武丁以下有祖庚、祖甲、廩辛、康丁、武乙、文丁、帝乙、帝辛六世八王,其中《史記·殷本紀》記武丁在位 59 年,《尚書·無逸》記祖甲 33 年,古本《紀年》記武乙在位至少 35 年。用商代周祭祀譜對文丁、帝乙、帝辛年代的研究,三王皆大於 20 年,合計不會小於 65 年,這幾個年代合起來是 133 年,其餘用來安排祖庚、廩辛、康丁三王的年代已很有限了,1192−33−35−65 = 1059,若以"工程"所定的武王克商 1046BC 來算,1059 減去 1046 僅剩下 13 年,而上述武乙年和文丁、帝乙、帝辛年都是按最低年計算的,若稍有游移,剩餘的用來安排祖庚、廩辛、康丁三王的年數,就所剩無幾了,這是不合常理的,也是極危險的。五次月蝕的研究有古文字和天文學的計算為基礎,是客觀的根據,所定年代若與其相左,必然是靠不住的。

二、對"工程"基本研究思路的批評

通過上述舉例分析,可以看出,根據某些古代文獻記錄的天象,用現代天文學知識,逆推"武王克商年"的研究思路,有兩個難以解決的困難:一是文獻中的所謂古代天象記錄不一定可靠;二是對古代曆法的實際情況我們無法完全掌握,因此工程儘管在局部認識上取得不少成果,但從總體研究方向把握上却出現了重大的失誤,導致一批關鍵性結論論證失敗,因而其擬定的《三代年表》整個框架不能成立。

美國前國家博物院院長、芝加哥大學社會科學院院長、古代近東研究所所長 Robest Mc Cormick Adams 先生在 1971 年看了何炳棣《東方的搖籃》一書的文稿,該書詳盡地論述了豐富的中國古代文獻流傳歷程,特別介紹了古本《竹書紀年》的史料價值。看後他說:"你們的古代文獻遺存遠比古代近東的文獻優越,在西方,可靠的文獻資料,往往成為研究古史年代學的主要根據,可惜你們没有很好地利用這些珍貴的資料研究中國的歷史年代。"這是美國第一流的學者對中國歷史年代學研究發出的感慨。斷代工程在總體思路上的重大失誤,不幸為美國學者在三十年前所言中。斷代工程没有充分利用古本《竹書紀年》的記載,是整個研究中的最大敗筆。

(一)關於古本《竹書紀年》

古本《竹書紀年》是西晉太康年間河南汲縣古墓中出土的一批戰國竹書中的一種,那次發現引起了當政者晉武帝司馬炎的重視,親命當時主管中書省的著名學者中書監荀勖與中書令和嶠一起整理這批資料,兩人親自動手,作了編次、注寫的工作。竹書在出土時曾遭到一定程度破壞,"初,發冢者燒策照取寶物,及官收之,多燼簡斷札"(《晉書·束皙傳》)。可以想見整理考證之困難。當時著名學者徐廣、傅瓚、衛恒、束皙、摯虞、王接、荀顗等也先後參與了校訂考證工作,其後還有杜預、續咸等作了注釋的工作。工作進展很快,隸書寫定工作可能得益於正始石經[1]的刊立,太康二年(公元281年)離正始石經刊立(公元240—248年)不過四十年,石經當完好無損,其戰國古文與隸書並列的形式,自然便於寫定者參考利用,所以荀勖得以在太康八年(公元287年)將《紀年》和其他全部隸書寫定的汲冢竹書列入中經,副在三閣。應該説,當時對這批竹書所作的整理研究工作,水平是很高的。《紀年》於北宋時散佚,但其大部分文字却保存於北宋以前的引文和古注、古類書中。到了清代,有陳逢衡、洪頤煊、郝懿行、雷學淇、林純溥等十餘家對此書進行了輯佚工作。清道光年間,朱右曾開始區分今、古本,删除今本補進的各條,作《汲冢紀年存真》;近代著名學者王國維在朱書的基礎上,作《古本竹書紀年輯校》;現代學者范祥雍又在王國維書的基礎上作《古本竹書紀年輯校訂補》;方詩銘、王修齡又在上述各書之後編成《古本竹書紀年輯證》。學問之道,譬如積薪,從事這一領域研究的各家又都是飽學之士,後出諸書,逐步轉精,經過千錘百煉,終於成就了我國學術史上這一重要史書的復原工作。

　　陳夢家先生爲研究古史年代問題,在1945年發表了《西周年代考》一書,[2]他在《自序》中説:“學者所標定的先秦年代,都是根據不甚可靠的材料,擬構而成的。其中共和以前,年代尤爲渺茫。今日要定這一段的年代,所憑藉的主要材料有二:一是戰國以來的書籍記録,一是古器物銘文。前者則以晉代出土的魏國竹書紀年,最爲可貴。其他書籍所記,或失之過晚,不用則可惜,用之則不能盡信。後者則近代古器物學的發達,頗足補文獻之不足,證若干文獻之可據。”他又在《前言》中説:“但大致説來,作者認爲《竹書紀年》和金文的紀年,是重構西周年數的主要材料。”其後他又發表了《六國紀年》,[3]該書主要有兩個内容,一是編制《六國紀年表》,二是作了《汲冢竹書考》。在《表叙》中他寫了四個題目:一、編作六國紀年表的方法;二、竹書紀年原文的甄别;三、竹書紀年的記年與周正;四、餘論。在《汲冢竹書考》中,他對《竹書》的出土年代、地點、竹簡形制、整理經過、著録情況、内容類别等一系列問題做了考證。看得出來,陳先生爲解決古史年代問題,對古本《竹書紀年》及其相關問題進行了十分深入的研究。以他的古文獻修養和古文字水平做這一項工作,可以説是對古本《竹書紀年》進行了集大成的工作。古本《竹書紀年》的整理研究,凝聚了我國前代衆多著名學者的心血和智慧。直至今日,雖不斷有新的地下文字資料出土,但還没有哪一項發現可以取代

---

[1] “正始石經”又名“三字石經”或“三體石經”,三國魏正始年間刊立,内容爲《尚書》《春秋》和《左傳》的一部分,經文每字皆古文、小篆、隸書三體並列,其中“古文”即戰國時的列國文字。“三體石經”至北齊時,始因遷徙而至散失殘缺,西晉時當尚完好可用,其部分殘石及歷代拓本有的還保存至今。

[2] 陳夢家:《西周年代考》,1945年初版於成都,1955年上海商務書館重印。

[3] 陳夢家:《六國紀年》,上海學習生活出版社,1955年。

它，其史料價值及在年代學上的重要性，史學界已有定論。

《竹書紀年》編纂時，周王室及列國的譜牒檔案尚存，晉國早期的文獻，魏國必有保存。《尚書·多士》"惟殷先人有典有册"，商王世系與諸王年代宋國也必有保存。因此，《紀年》有關夏、商、周年代的記録應該是有根據的。古本《紀年》記"自武王滅殷，以至幽王，凡二百五十七年也""自盤庚徙殷至紂之滅，二百七十三年""湯滅夏以至于受二十九王，用歲四百九十六年也""自禹至桀十七世，有王與無王，用歲四百七十一年"。它具體給出了夏、商、周三代各代的積年，如經過考察，這些積年是有根據的話，就有理由成爲斷代工程總年代框架的基礎。

古本《紀年》佚於宋代。有關西周總年及武王伐紂年，被徵引自宋以前的有兩種著作：

（1）裴駰《史記集解》："駰案：汲冢《紀年》曰：自武王滅殷以至幽王，凡二百五十七年也。"

（2）劉恕《資治通鑑外紀》："汲冢《紀年》西周二百五十七年，通東周適合七百之數……""汲冢《紀年》曰：自武王至幽王，二百五十七年。"

裴駰，劉宋時人，距《竹書紀年》出土僅百餘年，其所引《竹書》文，又得到其後的劉恕引用，從而證實裴駰的引文並沒有改動原文，是真實可信的。西周總積年257年，是一個十分重要的數據，應該是"三代年表"的第一塊基石。

《史記·殷本紀》：《正義》引《竹書紀年》記盤庚遷殷至紂滅的時間，原文是"七百七十三年"，年數顯然過長，多數學者認爲是"二百七十三年"之誤。商湯至商紂總積年，《史記·殷本紀》：《集解》引《竹書紀年》爲496年，《通鑑外紀》作了同樣的徵引，這條記録學術界也沒有什麼爭議，496和273這兩個數據，應該成爲"三代年表"的第二塊基石。

《太平御覽》卷82引《竹書紀年》記夏積年，自禹至桀是471年，《史記集解》《通鑑外紀》《路史·後紀》都作了同樣的徵引，這個資料也是學術界公認的，它應該成爲"三代年表"的第三塊基石。

（二）《魯周公世家》將中國有明確紀年的時間上推到西周初年

研究西周年代的另一重要資料是《史記·魯周公世家》："（武王）十一年，伐紂……徧封功臣同姓戚者。封周公旦於少昊之虛曲阜，是爲魯公。周公不就封，留佐武王……其後武王既崩，成王少，在强葆之中。周公恐天下聞武王崩而畔，周公乃踐阼代成王攝行政當國……於是卒相成王，而使其子伯禽代就封於魯……周公卒，子伯禽固已前受封，是爲魯公……魯公伯禽卒，子考公酋立。考公四年卒，立弟熙，是爲煬公。煬公築茅闕門，六年卒。子幽公宰立。幽公十四年，幽公弟潰殺幽公而自立，是爲魏公。魏公五十年卒，子屬公擢立。屬公三十七年卒，魯人立其弟具，是爲獻公。獻公三十二年卒，子真公濞立。真公十四年，周厲王無道，出奔彘，共和行政。二十九年，周宣王即位。"武王伐紂年封周公爲魯公，周公不就封，留佐武王，及武王既崩，而使其子伯禽代就封於魯。這裏武王伐紂年至魯公伯禽卒年之間的年數無考,其餘各公在位年代是連貫一系的,其中“真公十四年,周厲王無道,出奔彘,共和行政”一句話,貫通了西周和魯國的紀年。[1] 考公酋元年至共和元年合計157(或158)年。共和元年爲841BC,因此考公酋元年應爲998BC(或997BC),從某種意義上說,我國有明確記年的年代應該是魯考公酋元年的998BC。《竹書紀年》記武王伐紂爲1027BC,故武王伐紂年至魯公伯禽卒年之間的年數應爲29(或30)年,這也是非常合理的,魯公的世系證實了《竹書紀年》所記武王伐紂年是可靠的。

(三) 魯公世系譜牒來源有自

《史記·太史公自序》:“遷生龍門,耕牧河山之陽。年十歲則誦古文。二十而南游江、淮,上會稽,探禹穴,闚九疑,浮於沅、湘。北涉汶、泗,講業齊、魯之都,觀孔子之遺風,鄉射鄒、嶧。”《史記·孔子世家》:“適魯,觀仲尼廟堂、車服、禮器,諸生以時習禮其家,余祗迴留之不能去云。”《史記·魯周公世家》:“魯有天子禮樂者,以褒周公之德也。”司馬遷青年時代曾在曲阜講業、習禮,親見四百餘年保存下來的孔子的車服禮器,以及周天子禮樂。司馬遷對有關具體年代數字,在沒有可靠材料情況下,是不會輕易下筆的,視其列國世家於共和前皆不系年,而獨魯世家例外,就可見《魯世家》所述世代魯公的年代,很可能是司馬遷得自魯國故都舊文獻之免於秦火者,應視爲周代魯國的世系年代的第一手史料,較之經秦火後由記憶背誦的史料,如《尚書》各篇,要可靠得多。司馬遷並未看到《竹書》出土,歷代魯公年代是一個有獨立來源的史料,因而也就成爲考核魏紀年的絕好材料。

(四) 斷代工程對古本《竹書紀年》利用的情況

《報告》先後使用了古本《紀年》的夏積年自禹至桀471;“昭王十六年,伐楚荆,涉漢……十九年,……王南巡不返”“懿王元年,天再旦於鄭”;《報告》在考證盤庚遷殷年時,使用了《紀年》“自盤庚遷殷至紂之滅,二百七十三年,更不徙都”的資料,得出盤庚遷殷年爲1300BC的結論等。《報告》在討論其他年代時,有時也引《紀年》的資料,但半信半疑。1300BC這個結論無疑是很好的,下面的一個順理成章的結論就應該是盤庚遷殷年1300BC減去《紀年》的盤庚遷殷至紂王滅亡的記年273,一年不差,直接可以得出克商年1027BC。西周積年257,加上東周始年770BC,也是1027BC,從前後兩個不同方向計算,只要你信從古本《竹書紀年》,結論都是一個,這恐怕不是巧合。斷代工程對這樣好的資料棄而不用,對這樣重要的古籍將信將疑,卻偏偏去相信伶州鳩的鬼話,去相信販賣歷史假貨出了名的劉歆的《武成》曆日,這不能不說他們在研究的大思路上迷失了方向。

---

[1] 《史記·十二諸侯年表》中,共和元年爲魯真公十五年,故此年代可十四、十五兩存之。

（五）三代總積年的確證

古本《紀年》記夏積年"自禹至桀十七世，有王與無王，用歲四百七十一年"，記商積年"湯滅夏以至于受二十九王，用歲四百九十六年"，記西周積年"自武王滅殷，以至幽王，凡二百五十七年"。這裏夏積年《路史·後紀》十三注："紀年並窮、寒四百七十二年。""窮、寒"應即"有王與無王"中的"無王"。商積年的"二十九王"應指依古本《紀年》所記的全部商王，與《史記》略有不同。其實關於商王數目問題，早在王國維作《殷先公先王考》時，即已根據甲骨所記，考定爲二十九王："商之繼統法，以弟及爲主，而以子繼輔之，無弟然後傳子。自湯至於帝辛二十九帝中，以弟繼兄者，凡十四帝……"[１]日人島邦男先生曾據甲骨卜辭列出商王世系，自太乙至帝辛也是二十九王，[２]甲骨所記商王數與古本《紀年》所記不謀而合，這再一次説明，《紀年》自有其史料的獨立來源，絕不應如《報告》那樣，再加帝乙帝辛的年數，因爲《紀年》明説是"湯滅夏以至於紂"，這種叙述方式與其記西周積年"自武王滅殷，以至幽王，凡二百五十七年"應該包括幽王年數在內是一樣的。因此，武王伐紂年 1027BC 加上商積年 496，再加上夏積年 471，得出夏始年是 1994BC。這恰好與《太平御覽》卷七引《孝經鉤命訣》禹時"五星纍纍如貫珠，炳炳若連璧"的"五星聚"相合。美國太空總署的天算專家彭祗鈞博士曾推算，於公元前 1953 年 2 月 23 日，五大行星幾乎排成一條直綫；張培瑜先生測算，在公元前 1953 年 2 月 26 日，黎明時分東方地平綫上，土、木、水、火、金五大行星角距小於 4 度，這是中國 5 000 年來唯一一次難得的天象。張培瑜先生還説："由於行星運動比較複雜，古代學者不可能對其進行準確的計算，因而這次記錄不可能是後世星象家逆推出來的，更不可能是偽造的。"禹元年是 1994BC，禹時五星聚是 1953BC，相差 41 年，古本《紀年》記"禹立四十五年"，[３]這次五星聚發生在禹的晚年。這個重大的天象記錄，可以得出兩個重要結論：

第一，古本《紀年》所記夏、商、周三個積年合於中國古代"極端天象"的實錄，其史料價值之高，無與倫比，應當成爲夏商周斷代工程三代年表的合理框架，可惜"工程"領導層對此認識不足，"工程"舍此而求出的所謂夏始年 2070BC，雖然比 1994BC 早了幾十年，但其根據並不充分，遠不如古本《紀年》的原始記載可靠有據。

第二，這個研究成果因爲有天象記錄的支持，它證明了中國夏王朝存在的客觀性，它有力地回答了部分西方學者對我國夏王朝存在的懷疑。

令人不解的是，集中了當代如此眾多知名學者的"斷代工程"，對這樣一個關係到全局的文獻資料卻采取了一種輕率的態度。我們一直疑惑，是否"斷代工程"的文獻研究小組對古

---

[１]　見王國維《古史新證》第 37 頁，第三章殷之先公先王（十五）祖某父某兄某。
[２]　見島邦男著《殷墟卜辭綜類》，日本東京汲古書院 1967 年初版，1977 年增訂二次印刷版，第 556 頁。
[３]　《太平御覽》卷 82 引。

本《竹書紀年》進行了新的研究,有了過於前人的新發現? 劉雨在參加"斷代工程"工作過程中,曾不止一次地提出過這個問題,在一次會議上,劉雨曾很激烈地指出:"歷代參與考證研究、搜輯整理古本《竹書紀年》的學者比在座各位的學問要大得多,我們對古本《竹書紀年》不能采取這樣輕蔑的態度!"

以前我們還只是不理解,那時並沒有看到"斷代工程"討論古本《竹書紀年》的具體文字資料,近日讀到一本書——《手鏟釋天書——與夏文化探索者的對話》,[１]這是一本訪談錄性質的書,作者在書中對 25 位不同時期活躍在夏文化研究前沿的考古學者,分別進行了專題訪談。對李學勤先生的訪談是其中之一,對他的訪談錄,共記了十條,其中與本文有關的第六條內容如下:

> 問:"六、您曾專門探討古本《竹書紀年》對夏史研究的價值,能否在此簡單談談?"
>
> 答:"老實説,我這個人對古本《竹書紀年》信仰不大。有些人特別相信古本《竹書紀年》,我過去也如此。《中國史稿》將武王伐紂年定爲公元前 1027 年,現在一般年表都用公元前 1027,其實公元前 1027 年真是有問題。古本《竹書紀年》是一本戰國時代的有思想傾向的書,有子書性質。不是一個單純的歷史著作,在這一點上與《春秋》還不一樣。它的戰國部分當然可靠,因爲作者是戰國人,當然比漢代人的記載可靠。它講的春秋部分是抄的《春秋》,關於這一點我在文章中舉了很多例子。他的思想傾向是很清楚的,有些事的説法與傳統的記載不同,可是這些事的思想傾向都是一致的。如果它與傳統説法不同的地方都是事實,我們就會懷疑爲什麼如此一致呢? 例如伊尹把太甲關了起來,志在謀權篡位,太甲從桐宫出來以後,就把伊尹給殺了。這肯定不是事實,因爲如果是這樣殺的,那麼甲骨文中還能那麼祭祀伊尹嗎? 像這樣的亂臣賊子,和王莽一樣是應該滅族的,怎麼寬大也不能對這種人進行祭祀。夏代的益干啓位也是一樣。周代的周召共和,它説是共伯和干王政。這些説法的思想傾向完全一致,就是提倡一種暴力干政。這就是戰國人的思想,而戰國人有時篡改歷史臉皮是非常厚的。"

訪談錄結尾處有附記曰:"采訪及錄音整理者爲張立東,訪談時張運先生在座。本文已經李學勤先生審定。"

我們認爲李先生是"斷代工程"四位首席科學家中的組長,高踞整個"斷代工程"領導層的首位,他的這種觀點不可能不對"斷代工程"的研究思路產生重大影響,説"斷代工程"對待古本《竹書紀年》的態度是在他的這種觀點指導下形成的,恐怕也不爲過。

李先生上面説的"它(指古本《竹書紀年》)講的春秋部分是抄的《春秋》,關於這一

---

[１]　張立東、任飛編著:《手鏟釋天書——與夏文化探索者的對話》,河南大學出版社,2001 年。

點我在文章中舉了很多例子"。那篇文章可能即李先生寫的《古本〈竹書紀年〉與夏代史》一文。[1] 該文内容與上述《訪談錄》雖有相近之處,但那篇文章對《竹書紀年》還是採取十分肯定的態度的。李先生説他過去和一般人一樣,特別相信古本《竹書紀年》,可能在 1987 年寫那篇文章時,他還是基本上相信古本《竹書紀年》的。而現在,在經過十餘年的思考,到了 2001 年以後,已經"對古本《竹書紀年》信仰不大"了。看來,李先生是對古本《竹書紀年》有了新的認識,他的新認識可以歸納爲以下兩點:

第一,古本《竹書紀年》不是一個單純的歷史著作,而是一本戰國時代的有思想傾向的書,作者有一種提倡暴力干政的思想。對此他舉出古本《竹書紀年》記益干啓位、伊尹放太甲於桐宮簒權被殺、周召共和是共伯和干王政三條例證,並特別指出"伊尹放太甲於桐宮,簒權被殺"是絕對不可能的,因爲甲骨文一直記載祭祀伊尹,他認爲如果如古本《竹書紀年》所記,那麼"像這樣的亂臣賊子,和王莽一樣是應該滅族的,怎麼寬大也不能對這種人進行祭祀"。

第二,古本《竹書紀年》的春秋部分是抄的《春秋》。

鑑於以上兩點新的認識,李先生斷定古本《竹書紀年》有子書性質,是爲宣傳戰國人的暴力干政思想而作,而戰國人有時簒改歷史臉皮是非常厚的,因而古本《竹書紀年》不可信。

其實,李先生的訪談錄内容和斷代工程結題《報告》的内容,對待古本《竹書紀年》的態度都是矛盾和混亂的,在訪談錄中,一方面李先生强調古本《竹書紀年》不可信,因爲"戰國人有時簒改歷史臉皮是非常厚的"。而同時又説:"他的戰國部分當然可靠,因爲作者是戰國人,當然比漢代人的記載可靠。"在斷代工程的結題《報告》中,一方面摒棄古本《竹書紀年》商周兩個總積年不用,而另一方面又先後使用了古本《竹書紀年》的夏積年自禹至桀是 471 年、"昭王十六年,伐楚荆,涉漢……十九年,……王南巡不返""懿王元年,天再旦於鄭",在考證盤庚遷殷年時,使用了古本《竹書紀年》的"自盤庚遷殷至紂之滅,二百七十三年,更不徙都"的資料,得出盤庚遷殷年爲 1300BC 的結論。在他們那裏,有時古本《竹書紀年》是可信的,有時又是不可信的,可信之處爲甚麼可信? 不可信之處又原因何在? 並没有作起碼的交待。這裏似乎對待史料的態度隨意性很大,給人的印象是凡與我主觀意願相合者則信之,與我主觀意願相背者則不信。

李先生對古本《竹書紀年》的所謂新認識,其實也並不新,清代的焦循在其《尚書補疏·序》中就説過"束晳等之僞造《竹書》,舜可囚堯,啓可殺益,太甲可殺伊尹,上下倒置,君臣易位,邪説亂經,故不憚改《益稷》,造《伊訓》《太甲》諸篇,陰與《竹書》相齟齬"。這是千百年來流行的正統史觀,持這種觀念的史學家認爲,在遠古聖賢時代,社會結構與政治秩序是完美和諧的,即或是改朝换代,也必然是禪讓的或和平的,他們不能容忍在聖賢時代有暴力的記

載。如孟子曰：“盡信《書》，則不如無《書》。吾於《武成》，取二三策而已矣。仁人無敵於天下，以至仁伐至不仁，而何其血之流杵也?”(《孟子・盡心下》)在這種歷史觀的指導下，益干啓位、伊尹放太甲於桐宫，篡權被殺、共伯和干王政等，這些離經叛道的記載當然都是不能容忍的。於是，“益干啓位”變成“十年，帝禹東巡狩，至於會稽而崩。以天下授益。三年之喪畢，益讓帝禹之子啓，而辟居箕山之陽。禹子啓賢，天下屬意焉。及禹崩，雖授益，益之佐禹日淺，天下未洽。故諸侯皆去益而朝啓，曰‘吾君帝禹之子也’。於是啓遂即天子之位，是爲夏后帝啓”(《史記・夏本紀》)；而“伊尹放太甲於桐宫，篡權被殺”就變成“帝太甲既立三年，不明，暴虐，不遵湯法，亂德，於是伊尹放之於桐宫。三年，伊尹攝行政當國，以朝諸侯。帝太甲居桐宫三年，悔過自責，反善，於是伊尹乃迎帝太甲而授之政。帝太甲修德，諸侯咸歸殷，百姓以甯”(《史記・殷本紀》)；“周召共和”就變成“召公、周公二相行政，號曰共和”(《史記・周本紀》)。

司馬遷是一位偉大的史學家，但他也是一位深受儒家思想影響的學者，當有不同來源的史料擺在他面前時，像孟子那樣選擇有利於儒家說教的史料來記載歷史，恐怕也是必然的。我們不必苛求古人，但今天的史學工作者，則沒有必要全盤接受所謂“傳統的記載”。

李先生對古本《竹書紀年》的兩點新認識，是值得商榷的。

其一，說甲骨文記錄商人祭祀伊尹，伊尹就不可能是篡權被殺，我們認爲這件事是說不死的。甲骨文並沒有交待是在甚麼情況下，對伊尹進行了祭祀。我們對古代的祭祀制度所知甚少，到底商人根據甚麼原則祭祀先人，我們並不詳知。商的後人是否會因伊尹篡權被殺，就會像漢代以後那樣，把他看成如王莽一樣的“亂臣賊子”，恐怕也很難說。1977 年春天，陝西周原地區鳳雛村遺址出土一批周原甲骨，其中有兩片内容如下：(1) H11：1：“癸巳，彝文武帝乙宗，貞，王其邵□成唐，衉禦，服二女，其彝，血三豚三，由有正。”(2) H11：84：“貞，王其祓佑太甲，册周方伯? □由正，不左，於受有佑。”這裏出現了周王祭祀商王成湯和太甲的記錄，這兩片甲骨刻於先周文王時期，其時商周關係已經十分緊張，雙方已經仇敵相視，很快就發生了武王伐紂的革命，何以周王還要在這時祭祀“非我族類”的商王呢? 刻辭的含義不容有其他理解，於是就有人說，可能這批甲骨不是周人的，而是周人俘獲的商人甲骨。可是從這批甲骨的其他内容看，從甲骨的小字書寫風格看，都只能是周人的。當然，現在已沒有人再懷疑這批甲骨是周人的了，剩下的只是如何認識“周王祭祀商王”的問題了。也許今天的人，始終講不清楚確切的原因，因爲我們不知道周人的祭祀原則是甚麼，也不知道周王是在甚麼一種特殊情況下對商王進行祭祀的。但有一點是肯定的，絕不可以僅僅因此就懷疑資料本身有問題，說這片甲骨不可靠。正如我們不應該一到排金文曆譜排不下去了，就懷疑金文的干支寫錯了一樣。至於“益干啓位”和“共伯和干王政”都較傳統的儒家色彩很濃的說法更合理些，這是爲郭沫若先生多次稱道，也是史學界所公認的，如果找不到更有說服力的材料，恐怕也很難推翻。考史最大的忌諱，莫過於“以今律古”，我們却總是不自覺地犯同樣的錯誤。

其二,李先生在訪談録裏説古本《紀年》的春秋部分是抄的《春秋》,言外之意是説,《紀年》並不是一本嚴肅的史書,其資料是拼凑的,編纂的目的主要是要宣揚某種個人的思想,有子書性質,不能當信史對待。這顯然是他的新認識,他在 1987 年發表的《古本〈竹書紀年〉與夏代史》一文中,只是説二者有相同或大同小異的記載,並無貶義。李先生在訪談録裏説"關於這一點我在文章中舉了很多例子"。試將李先生在《古本〈竹書紀年〉與夏代史》一文中所舉的十一個例證鈔録於下:

《紀年》:"魯隱公及邾莊公盟於姑蔑。"《春秋》隱公元年:"公及邾莊公盟於蔑。"

《紀年》:"紀子伯、莒子盟於密。"《春秋》隱公二年文同,唯《左傳》本經文"伯"字作"帛"。

《紀年》:"魯桓公、紀侯、莒子盟於區蛇。"《春秋》桓公十二年:"公會杞侯、莒子,盟于區池。""杞"字《公羊》《穀梁》作"紀","區池"《公羊》作"毆蛇"。

《紀年》:"隕石於宋五。"《春秋》僖公十六年傳文同。

《紀年》:"齊襄公滅紀邢、鄑、郚。"或引作"齊襄公滅紀遷紀"。《春秋》莊公元年:"齊師遷紀邢、鄑、郚。"

《紀年》:"齊人殲於遂。"《春秋》莊公十七年文同。

《紀年》:"鄭棄其師。"《春秋》閔公二年文同。

《紀年》:"晉獻公會虞師伐虢,滅下陽。"《春秋》僖公二年:"虞師、晉師滅下陽。"

《紀年》:"惠公見獲。"《春秋》僖公十五年:"獲晉侯。"

《紀年》:"周襄王會諸侯於河陽。"《春秋》僖公二十八年:"天王狩于河陽。"

《紀年》:"楚囊瓦奔鄭。"《春秋》定公四年:"楚囊瓦出奔鄭。"

這些例子能説明甚麼呢?我們認爲它只能説明當時各國編纂本國史書在寫到涉及國與國之間關係時,總是要參考和引用其他國家的歷史著作而已。孟子曾説:"晉之《乘》、楚之《檮杌》、魯之《春秋》,一也。"(《孟子·離婁下》)可見,孟子曾有條件親見晉國、楚國和魯國的史書。墨子説過"吾見百國《春秋》"(見孫詒讓《墨子閒詁》所輯《墨子》佚文),説明其時墨子更有條件親讀各國史書。古時各國自有各國的史書,《紀年》是晉、魏的史書,其來源可能與《乘》有關,其性質與魯國的史書——《春秋》是一樣的,當時各國之間有大事通報的制度,所以在記寫各國史書時,互有相同之處並不足奇怪。魯在編寫《春秋》時,參考了其他國家的史書,這是研習《春秋》經傳的學者所熟知的,這裏不存在誰抄襲誰的問題,因此也不應該因爲《紀年》裏有與《春秋》相同的内容,就認爲《紀年》抄襲了《春秋》,因而就不是嚴肅的史學著作。至於説到兩書的不同是有的,那主要表現在書的體裁上,兩書雖都是編年體史書,《紀年》是魏國的通史編年體史書,紀事起於黃帝,夏、商、周、晉、魏一路按年代順序記下來,而《春秋》是魯國的斷代編年體史書,起於魯隱,迄於魯哀。這類史書雖體裁各異,但多爲官修,因爲個人是無法掌握那麼多王室史料的,也可能汲冢的墓主就是一個魏國的史官,死後以其自編的史書隨葬。由史官據本國所積史料而編著史書,就很難像一般子書那樣可以自由闡發私人觀點。所以,李先生看到《紀年》有些記載與《史記》等不同,就懷疑《紀年》的可靠性,是没甚麼道理的。《紀年》與傳統史書記載有别,這種區别更大的可能性是由於史料來源不同而形成的。閲讀類似史書,倒是應該注意,流傳到今天的傳統史書,多數經過受儒家思想熏染的史學家的粉飾和加工,其中有些記載以及對史事的解釋,確可能有主觀因素在内,多一些參照不同來源的史學文獻,可能會使我們對歷史的觀察更客觀些。

《紀年》所記是與傳統記載如《尚書》《史記》等多有不同,但這些不同之處却得到甲骨、金文的證實。王國維、郭沫若在研究甲骨、金文和研究中國古代社會時,對《紀年》的史料價值就有很高的評價,如王國維曾指出,《史記》的《殷本紀》和《三代世表》有先祖冥之子名振的説法,而《紀年》却名"王子亥",證之甲骨應爲"王亥"。[1]《尚書·無逸》中的商"中宗",《史記·殷本紀》等都認爲是"太戊",而《紀年》記爲"中宗祖乙",卜辭有"中宗祖乙牛告"句(《戬壽堂所藏殷墟文字》頁3),王國維先生説:"此辭稱祖乙爲中宗,全與古來尚書家之説違異,惟《太平御覽》八十三引《竹書紀年》曰:祖乙勝即位,是爲中宗,居庇……"甲骨文記有中宗祖乙,與《紀年》相合,王國維先生因此説:"《殷本紀》以太甲爲大宗,太戊爲中宗,武丁爲高宗,此本《尚書》今文家説。"[2]王氏又説:"《殷本紀》'武乙震死,子大丁立'。《竹書紀年》大丁作文丁。案大丁與湯子大甲父同名,且此丁於丁爲最後,不得稱大,《紀年》是也。"[3]"今有此斷片,知紀年是而古今尚書家説非也"。戰國齊桓公午在位年數,《史記》的《田敬仲完世家》和《六國年表》都記爲六年,《紀年》記爲十八年,出土的陳侯午敦銘文有"惟十又四年"句,郭沫若先生説:"有本銘之十又四年,足證《紀年》爲是,而《史記》實非。"[4]再者,將島邦男據甲骨所列商二十九王世系與《殷本紀》所列三十一王世系對照,發現甲骨世系較《殷本紀》世系多出"祖己"一王(武丁子),少仲壬(湯子)、沃丁(太甲子)、廩辛(祖甲子)三王,恰爲二十九王,與《紀年》所記數目相合。從上述所舉文例看,幾乎凡《紀年》與傳統文獻不同之處,皆有地下古文字證明《紀年》是,而傳統文獻非。如果我們發現了新的考古資料,證明古本《紀年》有些地方不可靠,當然要修改已有的認識,但是迄今尚没有甚麼新的發現,只是曲爲之另立新説,那就只有妨害進行正常的研究了。

"斷代工程"有國家力量的支援,運用考古、天文、核物理、古文字、古文獻等聯合攻關,開創了使用多學科、多種手段交叉互補的優勢進行研究,這是我國學術史上一大盛事,但它也是一個新生事物,回顧幾年來"工程"的進行情況,多學科聯合交叉效果是好的,它取長補短,對各學科都有一定促進,擴展了各學科的研究廣度和深度,"斷代工程"的實踐證明,通過這

---

[1] 見王國維著《古史新證》第三章《殷之先公先王》(四)王亥,清華大學出版社,1994年。
[2] 見王國維著《古史新證》第三章《殷之先公先王》(十)中宗祖乙。
[3] 見王國維《古史新證》第三章《殷之先公先王》(十四)文武丁。
[4] 見郭沫若《兩周金文辭大系圖錄考釋》(1957年重版增訂本)第八册第216頁,齊國《陳侯午敦考釋》。

種新的研究方法,確實可以解決一些過去難以解決的問題。但對研究年代學來説,考古學、天文學、核物理學從其學科本身説,都畢竟是有一定局限性的;在古文字學方面,特別是"金文曆譜"的研究,可能研究方法和已有資料積累上都存在一定問題,對這個連王國維、郭沫若、陳夢家都認爲目前尚無法全面解決的問題,"斷代工程"的研究,也同樣沒有取得甚麼有效的進展。

是甚麼原因使得"工程"進行得不夠順利呢?我們認爲是因爲整個研究工作沒有分清主次。"斷代工程"是一個年代學研究課題,按理説對這個課題起決定作用的應該是可靠的古文獻記載,我們應該花大力氣研究古代文獻,認真總結汲取前輩學者已經取得的成果,如果古人在文獻中已經講清楚的事情,而這個古代文獻經過研究又是可靠的,其結論就可以加以使用,就像過去郭沫若、陳夢家等前輩學者所做的那樣,比如他們就把武王伐紂年,根據《紀年》記載,定在1027BC。如果不放心,還可以參照考古、天文、古文字、碳14的研究成果,它們可以起到旁證和限制結論的作用。比如本來"斷代工程"使用綜合研究的多種研究方法,已經成功地取得"武王伐紂年"在1050BC—1020BC三十年之間,而《紀年》的1027BC也恰在這個範圍之內,這正説明《紀年》是完全可靠的,爲甚麼放着現成的結論不用呢?再者《紀年》給出的夏商周三個總積年,現在看來它與考古、天文、古文字、碳14等也是不矛盾的,又爲甚麼不用呢?有甚麼必要另搞出一套並無文獻根據的結論,舍本逐末,把問題複雜化呢?而"斷代工程"恰在對古本《竹書紀年》這樣重要的古代文獻研究上,表現出無知和主觀的傾向。學術研究是有傳承的,總是要在前代學者已有學術成果的基礎上進行的,這樣才能不斷向前發展。我國文化古籍之豐富,是舉世無雙的,我們今天研究這些古籍的條件和手段,比之前代學者要優越得多,今天所能見到的地下資料也遠比前人豐富,但應該老實承認,我們對古籍所下的功夫,我們對古籍的掌握和熟悉程度,遠不如古代和近代的學者,這是今天的學者在從事古史課題研究時,應該清醒認識到的問題。否則,脱離前代學者艱苦研究所取得的成果,盲目地另立新説,就會使我們的研究有可能不是在前進,而可能是在倒退。這種標新立異的學風,貽誤"斷代工程",貽誤國家在人文科學研究上的形象,確實應該引以爲戒。

我們的結論是:

第一,《國語》"伶州鳩語天象"是一段政治性語言,顯然是戰國時人杜撰的,不能作爲實際天象看待。《武成》所述史實或有一定根據,但其版本來源不清,其所述曆日可能已經後人修改,不能作爲考證武王克商年的主要論據來加以利用。"斷代工程"所擬訂的金文曆譜,名實不符,月相詞語涵義不明,離譜的、勉强不離譜的銘文過多,暴露了主持者缺乏應有的嚴肅學風,問題很多,它尚不具備用以檢驗諸種武王克商年的資格。

第二,古本《竹書紀年》史料價值極高,通過分析可以看出,其諸多數據有一貫的正確性,它與《史記·魯周公世家》相印證,可以把中國可信年代上推到998BC,"武王克商年"無需舍近求遠查考,可直接使用古本《竹書紀年》的1027BC。夏始年也可用古本《竹書紀年》的

1994BC,而不必延長到 2070BC,它所記載的夏積年、商積年、周積年都是可靠的,理應成爲夏商周斷代工程《三代年表》的框架。

　　通過剖析“斷代工程”對武王伐紂年求取的過程和對古本《竹書紀年》的再認識,可以看出,“斷代工程”主持者研究思路有明顯的偏差,其研究方法有很大的任意性,他們號稱要“走出疑古”,而實際却墜入了“懷疑真古,相信假古”的泥潭。

附:青銅器器物圖

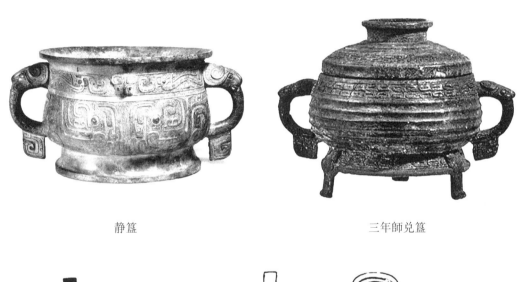

　　　静簋　　　　　　　　　　　　　三年師兌簋

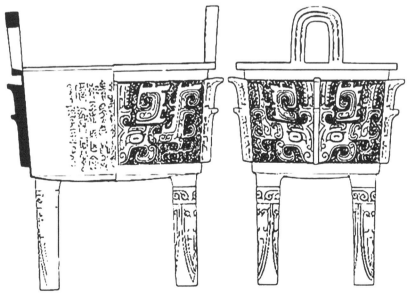

叔矢方鼎

元年師兌簋　　　　　　　　　利簋

　　（本文與何炳棣合寫,原載《燕京學報》第 16 期,第 21—38 頁,北京大學出版社,2004 年 5 月;又載《金文論集》,第 213—245 頁,紫禁城出版社,2008 年 5 月;又載《古史考》第九卷《民間論三代》,第 123—144 頁,海南出版社,2003 年 12 月;又收入何炳棣著《何炳棣思想制度史論》,第 112—161 頁,中華書局,2017 年 7 月）

青銅器與銘文研究

楚𨟊陵君三器

1973 年 12 月,江蘇無錫前洲公社前洲大隊社員在高瀆灣蘆塘裏,從一米多深處挖出三件帶有"𨟊陵君"銘文的銅器,同時發現的還有匜、洗以及據稱爲"刀"和"劍"的銅器各一件。其中除"刀"和"劍"已碎折成數截當時即被拋棄外,其他各器經馮其庸先生搶救,完好地保存了下來。

前些時候,我們有機會看到了這批銅器,承馮先生囑代爲施拓照像,並承同意將有關材料先予發表,以饗讀者。爲此,我們對這批銅器做了盡可能的考察,把它們介紹給大家。[1]

有銘文的三件銅器,鑑一豆二,銘文基本相同,都是通體純素,不施花紋,很明顯是一組東西。

第一,鑑(圖一)高 25 釐米、口徑 54 釐米。折沿,平唇,圜底,無耳,頸部微斂,與緩收的腹部界以一道細褶綫。器形與漢代的鋗和鑑有類似處,但有一個突出特點是它的圜底。這種圜底鑑,過去很少見到。

圖一

河南信陽長臺關楚墓出土遺册載有"二方監"和"二圓監",與出土實物對照,實際上是三件圓陶鑑和一件方陶鑑。那三件圓陶鑑也是折沿、平唇、圜底、無耳,與此銅鑑相似。[2]

銘文一行三十字,刻在鑑的頸部外壁(圖二左)。釋文如下:

　　𨟊麦(陵)君王子申,攸(脩)爭(兹)敔(造)金監(鑑),攸(脩)立(莅)歳(歲)棠(嘗)。
　　㠯祀皇祖,㠯會父佳(兄)。羕(永)甬(用)之,官攸(脩)無疆。

---

[1] 這批銅器,銘文完好的只有鑑。兩件豆部分銘文掩在銹底下,有些經去銹露出,還有一些因不能去銹,只能藉助 X 光透視。這些工作主要是由中國社會科學院考古研究所技術室、照像室以及北京隆福醫院的同志們協助完成的。

[2] 河南省文化局文物工作隊:《河南信陽楚墓出土文物圖録》,河南人民出版社,1959 年,圖一四九、一五〇、一五一。

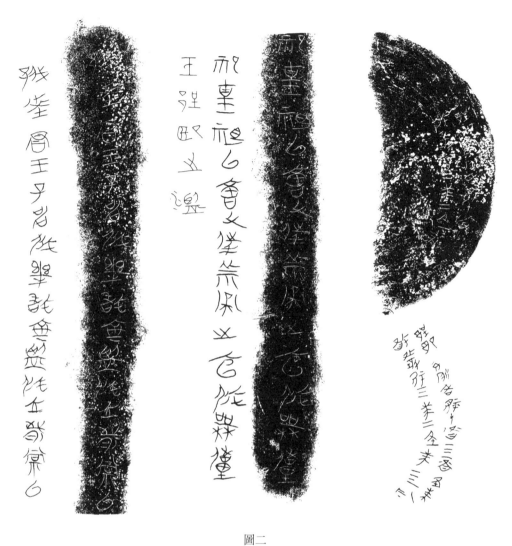

圖二

左：銅鑑銘文及摹本　　　　　　　右：銅豆之一盤外底銘文及摹本

銘文中的郪陵君是王子申的封君名，其封地在郪陵。"攸"字三見，末一字並連"官"字爲讀，似是動詞，其讀法還可以研究。[1] 兹，此也。造，這裏是"所造"之義。"兹造金鑑"可能如同十年陳侯午敦"用乍平壽造器𨭒（敦）"以及兵器上常見的某某"之造戈"、某某"之所造戈"（"造戈"即"所造戈"之省），就是指這一銅鑑。"歲嘗"，曾見於壽縣朱家集出土酓肯、酓忎諸器，作"㠯共歲嘗"。歲嘗之嘗，即烝嘗之嘗。古書有所謂春祠、夏礿、秋嘗、冬烝四時之祭，各書所記春夏祭名頗有異文，但秋曰嘗、冬曰烝則是共同的。古人解釋説，嘗是指穀熟嘗新，烝是指穀物的登藏。我們在銅器銘文中常常可以見到"以羔（烝）以嘗"這類話，有的銅器還以

[1]　攸字，或讀爲《國語·周語》"修其簠簋"的修，是置備之義。

鬻器或嘗器自名,如大師虘豆自銘"鬻尊豆",六年琱生簋自銘"嘗簋"。但炗、嘗二字,其使用可能亦如四時之獵名,並不十分固定。銘文中,嘗、兄、疆諸字押韻。

　　第二,豆之一(圖三)通高 29.1 釐米、口徑 18.2 釐米、足徑 15 釐米。器形屬於通常所說高校盤豆,淺盤,平底,高校上粗下細。盤與高校的足體分鑄焊接(校體上端一側有灌注焊錫的小孔),但現在二者已經分離。器身半個側面佈滿紅褐色銹斑。此器器形類似漢代的錠。戰國楚墓曾出土同式陶豆或陶燈臺,如解放初湖南長沙龍洞坡戰國楚墓出土的陶豆,[1] 1965—1966 年湖北江陵望山楚墓(M2)出土的陶燈臺。[2] 同樣形制的銅豆是否在戰國楚墓中發現過,我們不很清楚。1956年山東臨淄姚王村齊故地出土過同一形制的春秋末銅豆一式六件,[3] 類似的陶豆當地也出土過不少,有的並有陶印,表明自身是豆。1935 年河南汲縣山彪鎮戰國墓(M1)出土兩件銅豆,[4]一件較此粗矮,一件較此

圖三

細長,形制也是類似的。可見此種形制的豆在漢代以前已經流行。

　　銘文分刻兩處。一處在盤口外壁,一行,原銘三十字,末五字爲銹所掩,難以辨認;除記器名的一句作"攸絑㪥 錢 盍"外,餘同鑑銘(圖四右)。另一處在盤的外底,兩行,原銘二十三字,現在還可見十九字,第一行"四 좀"二字和第二行"四□"二字爲銹所掩,是據 X 光片補出的(圖二右上)。盤口外壁銘文不再録,盤底銘文釋文如下:

　　　郙郊(?)賸(府)所告(造),畀十 좀 四 좀 全朱(銖);」 攴(?)襄,畀三朱二全朱(銖)四□。

　　盤口銘文所記器名"盍",前所未聞。盍是豆的異名或是相近的另一種器名,待考,此處姑仍稱豆。

　　"盍"上一字在兩件豆上字形稍異,似應以豆之二爲正。這個字可能是形容金屬質地、色

[1] 《全國基本建設工程中出土文物展覽》,中國古典藝術出版社,1955 年,圖版一七八。

[2] 湖北省文化局文物工作隊:《湖北江陵三座楚墓出土大批重要文物》,《文物》1966 年第 5 期,第 53 頁圖二五。

[3] 楊子範:《山東臨淄出土的銅器》,《考古通訊》1958 年第 6 期;《山東出土文物選集》,文物出版社,1959 年,圖一一二。

[4] 郭寶鈞:《山彪鎮與琉璃閣》,科學出版社,1959 年,圖版拾叁：1、2。

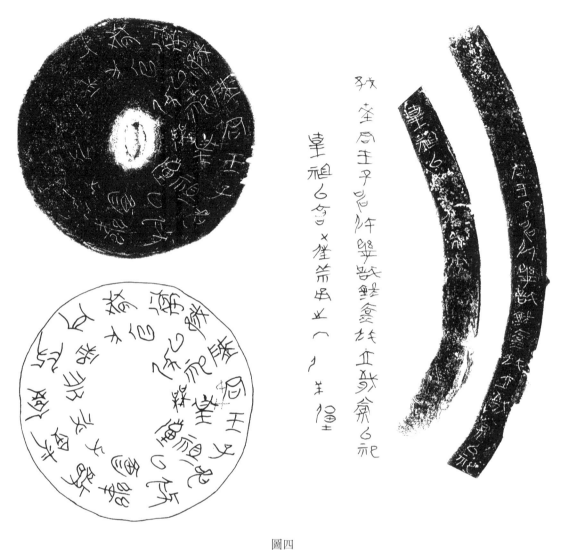

圖四

左：銅豆之二銘文及摹本　　　　　右：銅豆之一盤口外壁銘文及摹本

澤的；或連"盃"字爲讀，解釋爲器名。盤底銘文中，"郢郊賹"應爲楚之郢地監造這批銅器的官署名。"賹"字不識，右半兩點拓本不清晰，照片有之（李家浩同志告，此字應釋爲冢，字不從貝，右半兩點恐不是字畫），疑是表示資費一類的字，以下所記似爲造器所費之值而非器重。此器實測重 2 509 克，當秦衡制八斤之多，而銘文所記却不過是一些比銖略大或略小的單位，因此不像是指器重。銘文分兩次計值，第一次似較大，十晉、四晉連在一起，下面没有朱這一位，直接是坌朱。第二次計值似較小，最大一位是朱，次於朱的是坌朱，最末一位摹出的字不一定準確，隸定暫缺。

　　晉、朱、坌朱和二行末字也許是大小相次的四種幣值。"晉"字不識，但從銘文看，似是"朱"的上一位。"朱"的下一位是"坌朱"。"坌朱"見於楚銅貝即所謂蟻鼻錢，過去釋法頗有爭議,近人有釋爲"各一朱"等的,今按應隷定爲"全朱"。"全"字,出土材料中見得不多,過去壽縣朱家集出土盦肯盤和兩件匕(舊稱勺)上有這個字,都是人名用字,對此啓發不大。比較重要的是《楚文物展覽圖録》六八所録湖南長沙出土的一件鐵足銅鼎,鼎銘刻在蓋内外以及器内,三處同作"后全刃"三字。刃,似與中山王墓出土銅器中記重的"刃"爲一回事,在該墓所出器銘中,"刃"次於"石"下,"石"大於"刃"上千倍,因此"刃"就是"兩",與刃爲同一字,乃"梁"字上半所從。全字的讀法,還未便遽定。[1]　就此器銘文的前後關係看,全朱當是

次於朱,表示若干分之一朱的一種單位。而且如果這一銘文是以若干固定的幣值累計,則全還有可是表示半的意思。銘文分兩次計值,其義不甚瞭然。"攽襄",可能如同"郢爰賹所造",是某一官署所造的省稱。兩次計值可能是因一器在兩處分鑄或器成後再經加工的緣故。

　　這段銘文值得討論的地方還很多,很明顯,它對楚國幣制以及衡制的研究都有參考價值。

　　第三,豆之二(圖五)通高 29.4 釐米、口徑 19 釐米、足徑 15 釐米。與豆之一形制相同,大小相近,重 2 258克。銹蝕情況也基本相同。

　　銘文刻在盤的外底,作螺旋狀排列,自外向内盤繞兩周半(圖四左)。文字結體鬆散,字口帶有規則的小

圖五

毛刺,與鑑和豆之一的銘文風格差異較大,個別字並異構,如"麦"作"陵","棠"作"常","佳"作"倪","攴"旁一律書作"攴"(與鑑及豆之一書作"攵"不同)。[2]　文字内容全同豆之一口外壁的銘文,其中"鈇盍攸"三字被銹所掩,是據 X 光片補出的。

　　兩件没有銘文的銅器是否與上述三器同一出處,還有待進一步瞭解,也附記於此:

　　第一,匜高 9.5 釐米、流至尾長 33.5 釐米、寬約 24.5 釐米。俯視略呈橢方形。流作平槽狀,斷面呈凵形。尾有獸首銜環。底平。口壁垂直,與腹壁界以一道細褶綫,腹與底相接處也有一道相同的褶綫。器形與漢代習見的匜基本相同。同樣器形的銅匜,曾見於湖南瀏陽

[1]　全字,各書所無,唯《古文四聲韻》卷三收爲"在"字。我們分析夏氏並非别有所見,他所謂"在"字的這個字,應即《説文》"圣"字。圣字在《説文》中的解釋是"汝潁之間謂致力於地曰圣,从土从又,讀若兔窟",是個方言字。《説文》所收"怪"字從之。怪,後世俗體作恠,夏氏取半邊爲讀,遂以爲"圣"與"在"可以相等。全與圣字形相近,但並不一定是一個字。

[2]　攴旁的這兩種不同寫法,在隷書和楷書中仍有保留,攴即後世隷定爲攴者,攵即後世隷定爲攵者。

縣北嶺出土的一組戰國銅器中,雲夢睡虎地秦墓(M11)也曾出土。[1]

第二,洗高 7.5 釐米、口徑 20.5 釐米。腹壁有一道細褶綫。形狀與漢代的洗無别。安徽壽縣蔡侯墓也出土過形狀類似的器物,[2]過去有稱之爲洗的,也有稱之爲盆的。

這批銅器中有兩件可以按本身的銘文叫作"盉",但器形是屬於通常稱之爲豆的一類,它們與豆類銅器的關係是耐人尋味的。

過去我們籠統稱之爲豆的銅器,器形有多種,器名有豆、箇(匿、鋪、甫)、鎡諸稱。[3] 現在"盉"可以説是已發現的第四種名稱,[4]它爲豆類銅器的研究增添了新資料;並且因器形與漢代的錠相似,還爲錠的出現和演變提供了研究綫索。這一問題,本文不準備詳加論列。

這裏試就這批銅器的年代提出我們的認識。

單純從器形考慮,這批銅器給人的印象似乎可以晚到漢代。但這些器形經歷的時間比較長,正像商周之際、西周東周之際的銅器是跨越不同時代的。要確定年代,不能單靠器形比附,還要參照銘文來校正。根據銘文並結合出土地點分析,我們認爲這批銅器的年代是不能晚於戰國時期的。

郊陵君三器,從銘文内容看,是一位楚王子所作。豆之一的盤底銘文説明銅器是由"郢郊廥"監造,這個府無疑是楚國的官署。而銘文中的"夅朱"也是楚國的幣名。就字體而論,三器銘文當屬於戰國楚文字。

比較三器銘文的字體和辭例,我們很容易聯想到壽縣朱家集出土酓肯、酓忎諸器。它們不僅字體接近,如王、子、金、歲、嘗、吕等字的寫法所顯示,而且有相同的辭例,如"歲嘗"。楚王酓肯、酓忎,經近人考訂實即史載楚考烈王熊完(前 262—前 238 年)和楚幽王熊悍(前 237—前 228 年)。這兩個王都是戰國最後期的楚王。史稱楚考烈王時,楚勢益衰,於二十二年(前 241 年)避秦東徙壽春,命其地曰郢。酓肯、酓忎諸器即徙都壽春後所遺。幽王之後只有五年,楚即被秦所滅。我們分析這三器的年代下限雖不晚於戰國,但也並不會比這一段時間早多少。

---

[1] 湖南省博物館:《湖南瀏陽縣北嶺發現青銅器》,《考古》1965 年第 7 期,第 374 頁圖一。孝感地區第二期亦工亦農文物考古訓練班:《湖北云夢睡虎地十一號墓發掘簡報》,《文物》1976 年第 6 期,圖版伍:1。

[2] 《壽縣蔡侯墓出土遺物》,科學出版社,1956 年,圖版拾陸:1、2、3,圖版拾柒:2。

[3] 有自銘的銅豆僅見於西周後期以來。現有材料是:① 銘豆,有兩例,一爲西周豆,材料未發表,器形同《商周彝器通考》下圖 397;一爲戰國豆,即鑄客豆。② 銘箇等,發現較多,春秋戰國皆有,最早一例爲微伯癲箇,唐蘭先生定爲䀇,謂今稱箇者應改名爲瑚。③ 銘鎡,兩例,一件未發表,一件爲上官鎡(器失,據前器應爲春秋時常見之蓋型)。

[4] 盉,易使人想到古書中的榼。日本林巳奈夫曾據出土實物的自銘證實漢代的榼爲一種扁壺(見所著《漢代の文物》,京都大學人文科學研究所,1976 年)。金立:《江陵鳳凰山八號墓竹簡試釋》(《文物》1976 年第 6 期)亦認爲該墓出土的扁壺應即同出遣册上的"二斗榼一",均與此不類。

　　這批銅器發現於今無錫市西北不遠。[1]　無錫一帶在春秋時曾是吳國的中心地區,入戰國而爲越地,只是到楚懷王二十三年(前306年)楚滅越,始被楚國占領。戰國後期著名的四大封君之一,楚考烈王時代的名相春申君,其封地在所謂"吳故墟",也就是今天的無錫一帶。楚器出於越地的這一帶,也使人考慮,這批銅器的時代上限不應早於楚滅越的公元前306年。也就是説,這批銅器大約是作於公元前306—前223年的八十四年間,而且比較大的可能是在這一段時間的靠後,即在楚徙都壽春後的十八年間。

　　本稿的寫成多承師友指教,器物的去銹、照相、透視和拓墨也得到許多同志的協助,均此致謝。

　　(本文與李零合寫,原載《文物》1980年第8期,第29—34頁;又載《金文論集》,第289—296頁,紫禁城出版社,2008年5月)

---

[1]　按此出土地有可能距王子申封地不遠。郰陵之郰,字从我音,乃義字所从,古讀與義同。其封地或與距此不遠的宜興縣(古名義興縣)東的義山有關。

益陽出土的斁戟銘商榷

《考古學報》1981 年第 4 期《湖南益陽戰國兩漢墓》報告中介紹了赫山廟 M4 出土戰國有銘銅戟一件,釋其銘爲"斁作楚王戟",而沒有加以説明。

按此戟銘,王上一字從邑從來,絶非楚字,應爲邾字。金文來作來、(見《金文編》"來"字條),《三體石經》來作逨。《汗簡》部首作。古陶文有來字作來,空首布有來字作來。《玉篇》:"逨,古來字。"是知來、逨、逨是互通的。所以戟銘王上一字可隸定爲邾。

戟銘應釋爲"斁作邾王戟",然類此"某作某王器"之文例在兵器銘中未見,在其他器類銘文中也是首次出現。可有兩種理解:(一)斁乃邾王之子或孫,邾王爲已故之先王,子孫爲父祖作戟以志紀念。如作册大鼎:"公來鑄武王、成王異鼎。"(二)斁乃邾王之上層。與其文義相類似的如曾侯乙墓出土的楚王酓章鎛,其銘云:"楚王酓章作曾侯乙宗彝。"即楚王爲其下屬曾侯乙作的鎛。兩相比較,當以後種解釋較優。

此戟出土於湖南益陽,字體乃楚文化特有的藝術化了的"蚊脚書"。因此與山東之萊國、河南滎陽之時來恐非一地(兩地可參見《漢書·地理志》東萊郡、琅琊郡條,《太平寰宇記》萊州萊陽縣條等)。春秋時湖南有萊山,《左傳·昭公五年》:"楚師濟於羅汭,沈尹赤會楚子,次於萊山。"羅汭即汨羅,萊山亦在此附近,皆距益陽較近。此萊或可能與戟銘之邾有一定關係也未可知。

以上意見,很不成熟,提出與報告作者商榷。

(原載《考古》1982 年第 2 期,第 185 頁)

金文蒡京考

　　金文中的蒡(或蒡京)共二十四見,其具體所指各家意見分歧很大,各種意見大體可分爲三類:一是認爲蒡京即鎬京,此説吴大澂首倡,[1]羅振玉、丁山、容庚、朱芳圃、陳夢家諸學者發揚之;[2]二是認爲蒡京即豐京,此説郭沫若先生首倡,[3]黄盛璋等發揚之;[4]三是認爲蒡京是豐、鎬以外某地,王國維指爲埔坂,唐蘭指爲幽地,温庭敬指爲範宫,方濬益指爲方。[5] 以上意見衆説紛紜,莫衷一是。特别是建國以來,學者多排除第三類意見,認爲蒡京非鎬即豐,直到最近還有主張蒡京是鎬京的文章問世。[6] 然而我以爲從字形上講,蒡與豐、鎬是絶不能通的。這是討論蒡京所屬的基點,金文中的蒡京應從豐鎬以外去尋找。試論述之。

一、蒡京不是豐京

　　文獻中豐或作鄷,或稱之爲豐京、豐邑。其地當以豐水得名,從不見寫作蒡或類似的字。金文和玉器銘中有豐邑,與文獻所載相合:

　　《陶齋古玉圖》收録一件陝西寶鷄出土的玉刀,其銘云:

　　　　六月丙寅,王在豐,令大保省南國……

　　作册魃卣(《録遺》287.1—2):

---

[1]《愙齋集古録》8.13、11.6,《説文古籀補》附録11。

[2] 見羅振玉:《遼居乙稿》27;丁山文見《歷史語言研究所刊集》第五本第一分册;容庚:《金文編》鎬字條下;朱芳圃:《古文字釋叢》135—137;陳夢家:《西周銅器斷代》(二),《考古學報》1955年第10期。

[3] 見《金文叢考》及《兩周金文辭大系》。

[4] 見《歷史研究》1956年第10期。

[5] 見王國維:《觀堂集林》卷十二;唐蘭文見《史學論叢》第一期,北京大學潛社,1934年;温廷敬文見《史學專刊》第一卷第四期,中山大學文科研究所,1936年;方濬益:《綴遺齋彝器款識考釋》13、7。

[6] 見《中華文史論叢》1980年第1期。

  雩四月既生霸庚午,王遣公大史。公大史在豐,賞作册魆馬。

小臣宅簋(《三代》6.45.1):

  惟五月壬辰,同公在豐,令宅使伯懋父。

以上三器皆爲西周前期器,文王都豐,武王都鎬,此時周都已遷至鎬京。然王及公侯大臣在舊都的活動仍很頻繁。

近年陝西岐山董家村出土的裘衛盉(《文物》1976年第5期)銘云:

  惟三年三月既生霸壬寅,王再旂于豐……

宋人的《嘯堂集古錄》收了一件癲鼎(《嘯堂》98下),其銘云:

  惟三年四月庚午,王在豐。王乎虢叔召癲,錫駒兩。

此鼎與1976年陝西扶風莊白村出土的一組癲器當爲同時同人所作,裘衛盉與癲鼎皆爲西周中期物。

  1961年陝西張家坡出土了四件同銘的簋(《考古學報》1962年第1期),時代爲西周晚期,作器者爲師旋。其銘云:

  王乎作册尹克册命師旋曰:備于大左,官司豐還,左右師氏。

以免簋"司鄭還歔"例之,"豐還"當即豐邑之"還"。

  上述九件器物都談到豐。從器物出土地看,除作册魆卣傳説出在洛陽、小臣宅簋出土地不詳外,其餘如張家坡、寶鷄、岐山、扶風皆距豐邑較近。從其時代看,由西周初到西周中晚期,貫穿整個西周。從其所載内容看,記録了周王在此地再旂理事,處理臣下的土地糾紛;命太保省視南國;舉行頒賞典禮。也記録了臣下在此舉行頒賞典禮,派使者出使其他封邑等,均與文獻中的豐京十分相像。下面我們看看文獻中豐邑的情况:

  《史記·周本紀》:"明年伐崇侯虎而作豐邑,自岐下而徙都豐。"

  《左傳·僖公二十四年》:"故封建親戚以藩屏周,管、蔡、郕、霍、魯、衛、毛、聃、郜、雍、曹、滕、畢、原、豐、郇,文之昭也。"

  是知豐本崇侯之地,文王伐之,作邑立都於此。後武王遷鎬,乃封其兄弟駐守此地,世爲豐侯。

《尚書·序》："成王既黜殷命,滅淮夷,還歸在豐,作《周官》。""周公在豐,將没,欲葬成周。"

《漢書·律曆志》："康王十二年六月戊辰朔,三日庚午,故畢命豐刑曰:'惟十又二年六月庚午朏,王命作册豐刑。'"

是知成康之世王室的許多重要活動仍在豐地進行。

《史記·秦本紀》："襄公元年,以女弟繆嬴爲豐王妻。"

《路史·國名記》："秦襄公以弟穆嬴爲豐王妻。地蓋豐水之西,一作鄷。"襄公幽王時人,此時豐地之主稱王,説明豐地已易主而非姬周後人了。清人周廣業云:"豐王疑是戎王之號,薦居岐豐,因稱豐王,與亳王一例。"(轉引自《史記會注考證》)襄公是秦始建國之君,在其繼位之年就與豐王聯姻,説明此豐王是西周末年西土一相當重要的勢力。傳世有豐王斧、豐王銅泡等多件(豐王或省作豐),大概就是此時此地的東西。[1]

從文獻上看,豐京在武王以後雖不作都城了,但仍是周王十分重視的地方,派親兄弟把守,王也經常在此地活動。直到西周末年勢力日衰,此地易主,新君稱王,且與秦人交通婚媾。這些情況與金文反映的情況是一致的。

金文中又有塑方鼎(《考古學報》1955 年第 5 期),其銘云:

> 惟周公于征伐東夷、豐伯、尃古。咸戈。

此豐伯與東夷、薄姑並列,當爲東土之豐(在今山東境内)。西周晚期器有豐伯車父簋(《攈古》23.48),出在濟寧。準此,陳夢家推斷在曲阜西南應有一古豐國。[2]

又有一輔伯□父鼎(《貞松》3.7),其銘云:

> 輔伯□父作豐孟娟媵鼎。

此鼎言輔伯嫁女孟娟爲豐國之婦。《國語·鄭語》云:"鄔、鄶、路、偪陽。"《左傳》之"偪陽",《公羊》作"傅陽"。《漢書人表考》云:"故偪陽國,茻曰輔陽。"因知此偪姓之偪陽可能就是金文中的娟姓之輔國(在山東嶧縣境内)。豐、輔兩國同在山東,互爲婚姻。此豐也應是山

---

[1] 河南浚縣曾出土衛自銅泡,其地則衛地。故可推知豐王銅泡及豐王斧上之豐亦應爲地名,這些東西可能也出在茻京附近,惜未見有出土記載的報導,無從查對了。豐王斧見《三代》20.49.4,豐王銅泡見《三代》18.33.2,18.34.1,其中 18.33.2 銅泡上書陽文四字,一合書之"豐王",一分書之"豐王"。又考古所藏一豐王銅泡拓本,二字分書。

[2] 《西周銅器斷代》(一),《考古學報》1955 年第 5 期。

東之豐,而非陝西灃西之豐。

　　1976 年陝西臨潼出土一件盉,其銘云:"王作豐妊單寶盤盉。"(《文物》1977 年第 8 期)此周王爲其妻妊姓豐國之女而作的銅器,是知又有一妊姓之豐。

　　這樣看來豐可能不止一個,但細審其地望、性質,除灃西之豐外,無一能適合上述玉刀銘等九件器物銘文。因此,我們認爲文獻中的豐京在金文中已找到,即上述九件器物上之豐,而不是菶京。我們實在想不出周人何以要另造一"菶"字來代替"豐"。地名作爲一種專有名詞是比較保守的,特別是像豐這樣重要的都城,我們在考慮它音轉成其他字時,我想應當十分慎重才行,一定要從其本身找到可靠的證明才能講這樣的話。所以在討論金文中菶京所屬時,我們首先排除了它是豐京的可能性。

二、菶京不是鎬京

　　文獻中的鎬京當以滈水得名,古人以水名地,因水名邑屢見不鮮。滈水河牀至今猶可見,滈水、滈池史不絕書,也不見有寫作菶或類似的字的。菶與鎬形音義無一可通。因此,如找不到什麼演變的痕迹,僅以文獻中鎬京的記載與金文菶京的記載情況類似是很難斷定二者爲一地的。那麼金文中的鎬京應作什麼呢?我認爲金文中的宗周就是文獻中的鎬京(這一點許多人都談過,下面還要提到,此從略)。金文和周原甲骨中有地名曰蒿,即文獻中的鎬京。現藏上海博物館的德方鼎銘云:

　　　　惟三月,王在成周。征珷福,自蒿。咸,王錫德貝廿朋。用作寶尊彝。

　　德鼎等四德器字體返古,如易作 𦥑,周作 𤰗,福作 𥛚(此字與甲骨文同,與一般金文不同)。鎬字寫作蒿,亦爲其字體返古的另一例證。蒿字的 艸 乃羡畫,金文有伯六嚳鼎(《三代》3.16),其銘云:

　　　　伯六嚳作廊寶障盉。

　　其尊字就有類似的 艸 爲羡畫。又有犚劫尊(《通考》上 395 頁),其銘云:

　　　　作朕蒿祖寶障彝。

　　其高祖之高亦加 ++ 爲羡畫。高寫作蒿在文獻中也不乏其例。如《公羊傳・桓公十五年》"公會齊侯於鄗",《穀梁傳・桓公十五年》作"公會齊侯於蒿"。這很可能是當時的一種

裝飾性筆法。在這裏，鎬京之"鎬"金文寫作"高（蒿、藁）"，正如賞賜之"賜"文獻中作"錫"，
金文寫作"易"一樣，是可以成立的。

　　德方鼎銘文大意是：時干在成周（東都洛邑），無法參加在西都鎬京祭武王的大典，典禮
完畢由德至成周"致福"於王。德因此受賞，作鼎以志紀念。這裏有一點需注意到，就是文獻
中有不止一個"高"或"鄗"，如《左傳·哀公四年》："國夏伐晉，取刑、任、欒、鄗。"此齊伐晉取
鄗之鄗，《路史·國名紀己》云："趙之高邑有古柏鄉城，故鄗也。光武即位，改曰高邑。"此城
春秋稱鄗，戰國稱柏鄉，漢稱高邑。這是晉地之高。《路史·國名紀甲》云："高，故高城，在齊
之禹城。"這是齊之高。然而，對武王的祭祀典禮，當然以在"武王成之"的鎬京舉行爲宜，不
會跑到山東或山西一個不相干的地方。所以說，儘管文獻記載有幾個高，德方鼎上之藁就是
鎬京之鎬是沒有問題的。能證明這點的尚有一斧（又名銛）（《小校》9.93.1）（圖一），其銘云：

　　叔嗣土北征藁 [字形] 。

正面

背面

圖一　叔嗣土斧

　　此司徒北征之藁當即鎬京之鎬。末一字不識，唐蘭先生云："[字形]蓋器名斧屬（俗謂之銛，
容君摹有其形，甚大而有兩耳），謂司徒北征藁所作也。"[1]在《陝西青銅器圖釋序》中，唐先
生又云："清末吳大澂所藏的司徒甫（注：應釋甫，掘土工具。詳唐蘭《中國古代社會使用青

────────────

[1]　《菳京新考》，《史學論叢》第一期。

銅農器問題的初步研究》,《故宮博物院院刊》總二期）裏的司徒就是南仲,銘文説:'叔司徒北征蘦甫,蘦就是鎬京。'"陳夢家先生在《西周銅器斷代》中釋爲"叔司土北征蘦、盧",以爲蘦、盧乃兩個地名。[1]

岐山鳳雛遺址内出土的甲骨有兩片提到蘦,[2]其辭云:

祠自蘦于壴。（卜甲二十號）

祠自蘦于周。（卜甲一百十七號）

祠者,祀也,祭也。金文中有趙孟疥壺銘云:"以爲祠器。"《風俗通義・祀典》云:"皆祠以豬,率以春秋之月。"可見這兩片甲骨所記乃祭祀之事。甲骨上"自蘦"一辭應與德方鼎上之"自蘦"同義,蘦即蘦,亦即鎬。"自蘦"者,"從蘦而來"之謂也。即某一祀典在鎬京舉行,時王不在鎬京,而在壴、周二地接受自蘦而來的臣下的致福。此周即金文中之周,乃岐周。此蘦即爲鎬京無疑。卜辭簡約,須藉助德鼎銘方能讀通。

所以,我以爲文獻中的鎬京在出土的甲骨和金文中也已經找到,儘管數量不多,只有四件,但其確爲鎬京則是無疑的。可是爲什麼一代周都的名號只在四件器物上留下痕迹呢?上面已經講過,這是由於在一般情況下當時的人們都稱鎬京爲宗周的緣故,而金文中言及宗周的銅器却是較多的。當時的人們只是在某種偶然的情況下才使用蘦或蘦這個原有的名字。比如德方鼎就是由於作器者愛寫古僻字的原因所致;司徒斧則可能是由於當時周都鎬京遭到獫狁的嚴重破壞,已面目全非,故又稱其原來名字;而兩片周原甲骨上所記乃武王之前的祀典,其時蘦地還不是都城,因此尚未被人們稱爲宗周,只能稱其爲蘦。

因此,我們在討論金文中菶京所屬時,也排除了它是鎬京的可能性。

三、菶京也不是其他西周都城

上面我們排除了菶京是豐京和鎬京的可能性,爲了徹底弄清菶京所屬,我們還必須看看它與其他西周諸都的關係。西周甲骨文金文中記有周都地名者共有二百多件器物:記"周"者一百多件,記"成周"者六十多件,記"宗周"者近四十件,記"菶京"者二十四件,記"豐"者九件,記"王"者兩件。我們先將其中六件銅器銘文的内容分析一下:

第一,臣辰盉（《三代》14.12）

---

[1]　我以爲末一字釋甫（斧）、釋盧,於字形均有未安,姑存疑。

[2]　《古文字研究》第一輯。

惟王大龠于宗周出饗葊京年,在五月既望辛酉,王令士上眔史寅寅于成周。

第二,小臣傅簋(《三代》8.52)

王在葊京令師田父殷成周年。

第三,應侯見工鐘(《文物》1975 年第 10 期)

王歸自成周,應侯見工遺王于周。

第四,善夫克鼎(《三代》4.30)

王在宗周,王命善夫克舍命于成周遹正八師之年。

第五,史頌簋(《三代》9.7)

王在宗周,令史頌省蘇潤友里君百姓墉盩于成周。

第六,曶壺(《三代》12.29)

更乃祖考作冢司徒于成周八師。

上述六器中,第一、第四、第五,"宗周"與"成周"對舉;第一、第二,"葊京"與"成周"對舉;第三,"周"與"成周"對舉。可見宗周、葊京、周皆與成周相對,並非一地。其中第四、第六又有"成周八師"之稱,八師乃周初設置的專司鎮壓遷至洛邑的殷遺民的軍隊,當然這支軍隊應設在洛陽附近。而金文稱這支軍隊爲成周八師,可見成周是洛邑的代稱。這樣看來,成周與其他周都相對,乃東土之都,其中第一、第二兩銘中葊京與成周對舉,當然可以證明葊京不是東土之成周。王城,是成周附近一都城,自然也不會是葊京(這一點陳夢家在《斷代》一書中已講得很清楚,此不復贅言)。至於文獻中有時也稱成周、王城爲宗周和周,那多是春秋戰國以後人搞混了的。王國維曾説:"凡稱鎬京曰宗周,洛邑曰成周。《穆天子傳》云:'自宗周瀍水以西。'稱洛邑爲宗周,不知其六國後人語。"孫星衍也説:"周之東遷,無復西都,亦名東都王城爲宗周。"這種隨政治形勢的變化地名也跟着搬家的現象,在歷史地理研究中是常常要碰上的問題。

排除了豐鎬和成周王城以後,在金文中,西周諸都就只剩下"周"與"宗周"了。在文獻中宗周指鎬京,《詩·文王有聲》云:"宅是鎬京。"陳奐疏:"《王風譜》始云武王作邑於鎬京,謂之宗周,是爲西都。"《詩·正月》:"赫赫宗周,褒姒滅之。"毛傳:"宗周,鎬京也。"《書·多方》:"惟五月丁亥,王來自奄,至於宗周。"孫星衍疏亦引證毛傳云:"宗周,鎬京也。"《帝王世紀》云:"武王自豐居鎬,諸侯宗之,是謂宗周。"宗周作爲地名在金文中共出現近四十次。其中西周早期和晚期各十餘件,中期則只有四、五件。早期不見有宮廟的記載。中期、晚期各有一件言及宮廟。金文臣辰盉、臣辰尊和麥方尊中都出現了宗周和莽京。臣辰盉、臣辰尊銘云:"佳王大禴于宗周出薟莽京年。"麥方尊銘云:"侯見于宗周,亡述,迨王薟莽京,彭祀。"這裏宗周與莽京對舉,可見並非一地。因此,我們可以説莽京與宗周不是一地,金文中的宗周是鎬京。文獻中周指岐周。《詩·江漢》:"錫山土田,於周受命。"鄭箋:"周,岐周也。"《詩·緜》:"周原膴膴,堇荼如飴。"毛傳:"周原,沮漆之間也。"鄭箋:"周之原地,在岐山之南。"《水經注·渭水篇》云:"漆沮水南流與杜水合,逕岐山西,又屈逕周城南,城在岐山之陽而近西。"《後漢書·郡國志》云:"右扶風美陽有岐山,有周城。"《帝王世紀》云:"周太王所徙,南有周原……"

這裏各種文獻對周的具體地理方位所指雖互有出入,但都指的是岐周則是共同的。周作爲地名記録在百多件銅器甲骨上,其重要性可想而知。這百多件器物的時代又有不同,西周晚期者五六十件,中期三十餘件,周初不足十件。早期其文辭多爲"在周""于周""各周廟""各周宮"等。中期出現康宮,稱"康宮""康寢""康廟",又有省稱"康"者,又稱"新宮""康宮新宮"等。另外,有"駒宮""般宮""師汈父宮""師司馬宮""師量宮""成宮""成大室""穆王大室"等大量宮殿廟堂建築。至晚期,除稱"大室""圖室""師彔宮"者外,皆爲康宮及康宮中之昭、穆、夷、厲諸王宮廟。根據唐蘭先生關於康宮問題的論述,則西周有六王之廟皆在周。近年來,在岐山鳳雛村出土一批甲骨,其中有兩片言及"周",一片爲"周邑",一片爲"祠自莽于周"。[1] 在岐周出土帶有周和周邑的甲骨刻辭,這不能不使我們想到金文中之"周"就是岐周。[2] 同時在這片甲骨上,莽與周對舉,證明周與鎬京不是一地。克鐘銘:"王在周……王親命克通涇東至于京師。"順涇水而下,東行之涇渭交匯之處,即鎬京,可見鎬京除宗周外,也可以稱爲京師。[3] 在這裏周與京師對舉,周又在京師之西,其地非岐周莫屬。根據文獻記載,周人自古公以來,在周原經營三代人,至文、武時才遷都至豐、鎬。據金文所載,後世周王的宗廟宮室多數仍在周,王公貴族的家廟居室也多在周。因此,周王經常要返

---

[1]《古文字研究》第一輯。

[2] 關於這一點,周原的考古工作者如陳全方、尹盛平等同志也持同樣意見。陳全方同志有專文論及此,如《早期都城岐邑初探》,《文物》1979 年第 10 期。

[3] 由克鐘銘可以看出,在西周時岐周至鎬京之間交通除陸路外,很可能還有一條水路。但彼時水上船楫構造及運載能力如何,尚缺乏考古學上的證實。

回老家去舉行各種祭祀、賞賜、册命等典禮。

　　近年來,周原考古收穫頗大,不斷發現大規模的建築遺址,各種作坊、料場、銅器甲骨也不斷出土,根據陳全方同志統計,銅器自漢以來出土已近千件,王室重器、諸侯所作之器,長銘鉅製,層出不窮。而且從遺址地層關係上看,從周初至周代晚期貫穿始終。這些都説明周是周人東遷之前始終没有放棄的根據地。金文中的記載與田野考古實踐是一致的,周應是岐周。金文中有高卣蓋銘云:"王初饗旁,唯還在周。"這裏"旁"就是莽京,"旁"與"周"對舉,證明莽京也不是周。甲骨與金文都有材料證明莽京與周是兩個地方。至此,我們可以得出結論,莽京與所有西周諸都皆非一地,而是一個獨立存在的城邑。

四、莽京是鎬京附近的"方"

　　上面三節我們分別排除了莽京是西周諸都的可能性,那麽金文中的莽京到底是指哪裏呢? 金文中言及莽京之器二十四件,屬西周早期和中期者各十餘件,晚期只一件。西周早期及中期前半多稱莽京,中期後半及晚期多稱莽,不稱京。從其内容看,有四件器上記載此地有辟雍大池,[1]這裏經常舉行饗射禮,王及公侯大臣在大池裏泛舟、捕魚、射雁等,以游宴的形式開展各種政治活動。這在金文中是莽京獨有的,其他周都不見這類記載。周王常在此地舉行賞賜册命典禮,周王在這裏下令臣下"殷于成周"(如小臣傳簋、臣辰盉、臣辰尊等器)。此地還是王"饗禮"所行之地(如臣辰盉、臣辰尊、高卣蓋等所記)。西周中期以後,莽京中出現了莽宫(卯簋蓋)、莽官(戒禹)、莽啚官(楚簋)、學宫(静簋)、濕宫(史懋壺)、上宫(儕匜)、大室(師察簋)等宫室建築名稱。其中除大室外皆爲莽京獨有之宫室名稱,這也從另一側面説明莽京是獨立於諸周都之外的城邑。其中卯簋蓋之莽宫即戒禹上之莽官(官即宫),可能是莽京城内之主要宫室。莽啚官之啚即鄙字,《齊語》:"昔者,聖王之治天下也。参其國而伍其鄙。"韋注:"國,郊以内也⋯⋯鄙,郊以外也。"鷸鎛銘云:"侯氏錫之邑二百又九十又九邑,與鄩之民人都鄙。"(《三代》1.68)這説明城邑之内稱"國"稱"都",邑之外稱"郊"稱"鄙"。莽鄙官者,莽京城外之宫室也。這個解釋如能成立,則可以幫助我們講通楚簋銘。楚簋册命辭中有"司莽啚官内師舟"一句十分費解,簡報中此句未斷句,按此解則應讀爲"司莽鄙宫、内師舟",與卯簋蓋"令女死司莽宫、莽人"同例。

　　關於莽京的地理位置,討論莽京的各家都注意到了麥方尊銘中透露的信息,麥方尊中的"侯"第一天在宗周,第二天即與王泛舟於莽京的辟雍大池。因而推知,莽京距宗周(即鎬京)不足一日的路程。以古人的交通條件至多超不出幾十里的路程。古人行軍三十里爲一舍,

---

[1]　麥方尊:"在辟雍,王乘于舟,爲大豐。"井□鼎:"王叡于大池。"遹簋:"穆王在莽京,乎漁于大池。"静簋:"王以吳釐、吕剝卿啚盩自邦周射于大池。"

即一日的路程。姑且以三十里爲暫定範圍,那就是説莽京應在宗周(即鎬京)周圍不遠的某個地方。最先藉助文獻擬測莽京位置當推清人方濬益,他在《綴遺齋彝器款識考釋》中精闢地寫道:"'莽'字銘文中習見。阮文達公釋爲旁之繁文,古邦字異文。濬益按:莽從艸、從△、從方,當爲方之繁文。《詩經·出車》:'王命南仲,往城於方。'又:'天子命我,城彼朔方。'傳曰:'方,朔方,近獫狁之國也。'《六月》:'侵鎬及方,至於涇陽。'箋曰:'鎬也,方也,皆北方地名。'箋蓋承《出車》毛傳之辭,泛言北方地名,而不能詳其所在。竊謂鎬即鎬京,方即此莽京,方、莽古今字也。"(《綴遺》13.7)方濬益説的是很對的,但没有進一步講清莽京是距鎬京十分近的一個城邑,也没有肯定鎬、方的位置在灃東長安附近。

《六月》"侵鎬及方"之鎬、方的具體所指,古人向有争議。魏王肅首先提出鎬即鎬京之説。此説與鄭玄不合,魏王基爲此著《毛詩駁》一卷。清人馬國翰爲其輯本作序云:"傳稱散騎常侍王肅著諸經傳解及論定朝議,改易鄭玄舊説,而基據持玄義,常與抗衡。"(玉函山房輯逸書)唐蘭先生早年作《莽京新考》指出:"鎬及方之所以稱鎬京或莽京者,總言之爲京或京師。析言之,爲高及方,是蓋其子邑也。"但當時他把二者皆指爲豳地,唐先生晚年在所寫《陝西青銅器圖釋序》中談到司徒斧時,就没有再强調豳地説,而説"鎬就是鎬京,《詩經》説'侵鎬及方',可見鎬跟方是在一起的,司徒北征鎬,顯然就是司徒南仲往城於方這回事情了"。唐先生在這裏强調指出鎬、方是相距很近的兩個城邑。把唐先生前後兩次論述聯繫起來,再加上方濬益的意見,問題就接近於搞清楚了。

根據金文和文獻材料所言,《六月》《出車》描述的皆爲宣王初年之事,其時獫狁爲患十分嚴重。《漢書·西域傳》云:"自周衰,戎狄錯居涇渭之北也。"《六月》所謂"獫狁孔熾,我是用急""獫狁匪茹,整居焦獲",焦獲在涇水下游,距鎬京百餘里,涉渭之後,一日可達。當時的鎬與方經常遭到獫狁的騷擾和破壞。所謂"靡室靡家,獫狁之故",即此之謂也。"侵鎬及方",侵者,胡安國《春秋傳》云:"聲罪致討曰伐,潛師掠境曰侵。"及者,保卣銘"王令保及殷東國"之及。既"侵"又"及",此時的鎬、方已不勝其擾。可能周師已被驅至鎬、方以南。中興之主宣王受命於危難之秋,很有作爲。兩次出征,徹底擊潰了獫狁對都城的進犯和威脅。首次出征命南仲由鎬京南部某地出師,結果是城方而還。此次出征因在鎬、方之南,故可稱北征。第二次出征主帥是尹吉甫,擴大了第一次的戰果,直將獫狁驅至太原以北。

如果把"侵鎬及方"的"鎬"定爲鎬京,那麼其附近之"方"就應該是金文中的莽京。莽京之莽在新出的楚篰中作斧,在高卣蓋中又作旁,在敔篰中有"長榜截首百"一辭,其榜字作榜。此字如除去木旁,可看出"旁"就等於"莽"。金文中的旁、斧、莽在文獻中都是方,這也是可以成立的。因此我們認爲,莽就是文獻中"侵鎬及方"的方,其地在距鎬京幾十里的範圍內,我們期待考古工作者對莽京的發現。

本來這個問題在方濬益和唐蘭先生那裏是一個接近於解決了的問題,特別是唐蘭先生早年就力排衆議,指出莽京不是豐,也不是鎬。雖然錯指了豳地,但在晚年已作了更正。不知爲什麼建國以來,莽京是豐京或鎬京的議論甚爲廣泛,直至去年仍有人著文論述莽京是鎬京,以致淹没了正確意見。本文的寫作不敢説發表了什麼新鮮的意見,只是以金文爲主要材料在指出莽京不是豐京、鎬京和其他諸周都上進一步作了些考證。本文寫作的另一個用意則是想通過這篇小文引起同志們的回顧,使過去曾經有過的正確意見發揚光大起來。

（原載《考古與文物》1982 年第 3 期,第 69—75 頁;又載《金文論集》,第 347—356 頁,紫禁城出版社,2008 年 5 月）

關於安徽南陵吳王光劍銘釋文

　　《文物》1982 年第 5 期刊載了安徽南陵縣出土的吳王光劍,釋其銘爲:"攻敔王光自作用劍以戰戉人。"按:其中"戰""戉"二字釋文與字形不符。劍銘"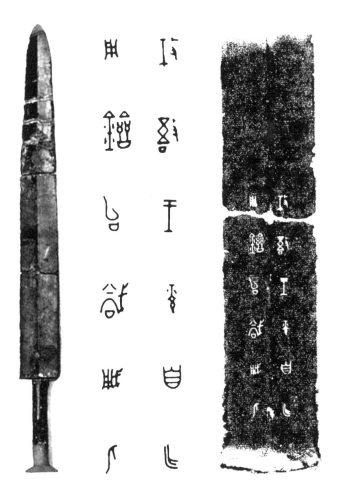"應隸定爲"戠"。"𢧢"應隸定爲"戚",即"勇"字。《説文》卷十三:"勇,或从戈用。""勇人"者,《論衡·定賢》:"或問於孔子曰……子路何人也? 曰:勇人也。"其人即《論語》之"暴虎馮河,死而無悔者"。"勇"有"悍"義,《説文》:"悍,勇也。"因此,"勇人"即驃悍勇猛之人。

“戕”字金文首見，似應讀爲“當”。“戈”旁乃附加成分。《廣韻》：“當，敵也。”是知當者，抵敵之謂也。

通觀全銘“攻吳王光自作用劍，以當勇人”，講明此劍乃是吳王光自作防身殺敵用劍。不知此釋是否妥當，供商討。

（原載《文物》1982 年第 8 期；第 69 頁；又載《金文論集》，第 298 頁，紫禁城出版社，2008 年 5 月）

商周族氏銘文考釋舉例

我們在參加編纂《殷周金文集成》的過程中,收集整理了有關族氏銘文方面的資料。據初步統計,商周銘文總數在一萬條左右,其中族氏銘文就有四千幾百條,數量相當可觀,幾乎接近總數之半。因此,對於族氏銘文的收集、整理與研究,是個不容忽視的問題。從宋代開始,就有人提出這類文字是氏族名(《考古圖》4.36,木父己卣,釋文云:"木者,恐氏族也。")。郭沫若同志曾專門撰文論證"此等圖形文字乃古代國族之名號""此圖形文字爲族氏"(《殷周青銅器銘文研究》11—20)。丁山先生在《甲骨文所見氏族及其制度》一書中也論述了很多氏族。日本林巳奈夫等學者也作過綜合性的研究(如《殷周時代的圖象記號》,《東方學報》第39 册)。此外,有關文章還有不少。總之,近幾十年來,國內外的學者專家對這個問題是十分重視的。

但是,過去的研究除個別學者外,均存在兩個問題:一是没有全面地整理這部分資料。二是對資料缺乏斷代的研究。我們認爲,全面地占有資料是認識這一事物的基礎,而材料的時代性又是我們認識這一事物的發生、發展、衰亡的依據,二者都是不可缺少的。因此,第一步我們盡可能地把國內外已發表、著録的材料收集齊全,去掉僞器和重複的材料,然後進行斷代分析,大體上排出每件器物的時代,按族別、分早晚進行分類排比。在這個基礎上,聯繫甲骨文、金文和古代文獻,並結合器物的出土地點和同出關係,分析各族氏名間的關聯,進行綜合考察。下面我們從一千多個族氏名的説明中選取八個例子,向大家作一介紹。

一、冉

(一)概況

1. 數量

一七九。

2. 時代

從殷墟文化二期到西周前期。

3. 地點

河南安陽、濬縣。陝西長安、岐山、扶風。湖南寧鄉。湖北江陵。遼寧喀左(以上爲出土物)。山東膠縣(采集)。

(二) 説明

　　冉字在殷墟文化二期作冉、冉，即二斜畫在上部不交叉，下部不出頭，個別交叉出頭者兩豎向内收斂作冉，殷墟文化四期至西周初期一般是二斜畫上部交叉，下部出頭作冉。稍晚些的上部平畫兩側下垂作冉、冉，或省橫畫作冉，也作冉、冉、冉。其演變情況可圖示如下：

　　殷墟二、三期　　　　冉　冉　冉

　　殷末周初　　　　　　冉　冉

　　西周前期　　　　　　冉　冉　冉　冉　冉　冉

　　冉字舊釋爲罪、冑、再、冓、鑪等等，均不確。劉心源曾釋爲冉(《奇觚》5.2 冉尊，《奇觚》8.30 舁册匜釋文)。甲骨文、金文的再、偁都從此，釋爲冉是對的。冉即丹，均與冉、冉形近。冉、丹當由冉、冉隸變而來。國名冉、丹文獻亦作郉、聃等。傳爲周文王子丹季戴封國(《史記·管蔡世家》)。劉心源引《元和姓纂》云：“冉，高辛氏之後。”是否可以早到高辛氏姑且不論。根據甲骨文、金文的材料，至少可以證明這個國族的確相當古老，在殷墟文化二期便已存在。有人認爲其地在河南開封府境内(參看江永《地理考實》僖公廿四年條)，甲骨文有“冉比黐”(《人》2161)，在甲骨文中“某比某”之“某”均爲人名、族氏名。“其昌冉用，弓”(《庫》108)，“昌”爲進貢之意，“用”用作犧牲意。冉爲拈冉國族的人。這材料説明冉國族是臣屬於商人的國族，故其族人被商人殺以祭祖，冉器多至 179 件，這又説明該國族似曾有過相當實力。周初，冉地易主，成爲冉(聃)季戴的封國。

　　與冉氏族有聯繫的族氏名有亞、册、冉、電、若、冉、吳、吹、舣、串、刕、北、冉等，亞字册字或係職官名，餘皆爲族氏名，説詳各條。

二、㪚　㪚

(一) 概況

1. 數量

八。

2. 時代

殷墟文化四期至西周早期。

3. 地點

不清。

（二）説明

字吴大澂釋鄉（《愙齋》22.22 甲鄉爵），朱芳圃釋𢷡（《殷周文字釋叢》155），李孝定釋執（《金文詁林附録》1041 頁）。此外還有釋乘、罕的。吴氏釋鄉，於字形不類。李氏混同𢷡、執，以爲是一字，亦誤。朱氏釋𢷡是對的。該字从𡘾从収，収（拱）亦聲，是形聲兼會意字。《説文》：“𢷡，兩手同械也，从手从共，共亦聲。《周禮》‘上罪梏𢷡而桎’。”與字形正相合，且音義皆同，故知𢷡當即𢷡之初文。𢷡爲形聲兼會意，𢷡則變成單純的形聲字，本意就不大清楚了。

在甲骨文中𢷡一作動詞，爲加手銬束縛之意。一作人名族氏名，“甲辰貞，𢷡𠃔𡇼用于父丁”（《鄴三》下 40.6），“令𢷡比𧅘，勿令𢷡比𧅘”（《乙》3290），“丁酉，𢷡弗其氐妺”（《續》5.19.8），“丁卯卜，勿令𢷡氏人田于𪊑，十一月”“丁卯卜，令𢷡氏人田于𪊑”（《人》268、269）。這都是人名族氏名的例證。甲骨文中有婦𢷡（《甲》38），𢷡即𢷡族氏之女子。此族氏的存在至少可以追溯到武丁時期。但其所作銅器目前僅見於商末周初。

三、弜　

（一）概況

1. 數量

五十七。

2. 時代

殷墟文化二期至西周中期。

3. 地點

傳出河南安陽。

（二）説明

或作，方濬益釋未、赫，認爲“赫即未字，古籀作重文者多矣”（《綴遺》6.21 赫妷父乙簋）。字清人除吴榮光釋虎（虩）外（《筠清》2.9 商父乙彝），諸家都釋爲叔（如《奇觚》6.24 叔觚、《愙齋》13.24 叔尊等），其後羅振玉、容庚從之。字疑爲之省，在金文中，早期作、，後來統作。即，黽或作黽可證，説詳弜黽條。

作二弜形，二蟲之頭相向對稱，晚期多作此形，早期則通行單個的，且早期蟲頭以填實者居多,晚期則以虛者爲多,頭上有兩點,更像蟲之形。

　　✳爲族氏名,"丁酉卜,吳貞,多君曰來,✳氏鼻。王曰:余其啇,在十月"(《後》下 13.2)可證。子組卜辭有"丁卯,子卜,✳歸"(《庫》1557),所以,弔也可能是多子族的成員。第一期卜辭有"貞✳弗其✳凡屮疾"(《前》7.21.2),"貞邲✳于兄丁"(《前》1.39.3)。弔與商王關係很密切,廩辛時期有卜人弔。

　　與✳共存的族氏名有車、✳✳、龜等。

　　《西清彝器拾遺》一簋銘作✳(《西拾》5),寫法比較特殊,疑亦爲弔字,附記於此。

四、埶(藝)✳

(一)概況

1. 數量
十二。

2. 時代
殷墟文化三、四期至西周前期。

3. 地點
河南安陽、陝西寶鷄出土。

(二)説明

　　✳、✳甲骨文作✳,王襄釋爲埶,各家從之。𫮃、执、埶即藝之初文,本爲藝樹禾苗之會意字。在卜辭中此字有的假爲禰遍(參看《駢枝》初編 39 頁"釋𫮃"),有的作地名用。"王其田𫮃,亡巛"(《甲》1991),"王其田𫮃,亡戈"(《京津》4310),在上述兩條材料中,𫮃都是地名。父丁卣(《三代》13.2.7—8,器現藏北京師院),器銘爲"埶公父丁",蓋銘爲"埶父丁",埶公之埶顯係國邑氏名。本文收集的十二條材料都是族氏名。從甲骨文材料看,埶地似在殷墟的西面。

　　✳字舊釋爲鬥,柯昌濟云:"鬥字從兩人執兵(即戈省形)相鬥形。"(《韡華》己篇 2 頁鬥彝)丫與戈有根本區別,丫爲禾苗形,二人相嚮而跪,雙手持禾,根本不像相鬥的樣子。清人釋爲"雙鳳集木形"固然錯誤,近人釋鬥,也與字形不符。郭沫若同志把此字與甲骨文的鬥字相混,以爲就是"王在鬥"之鬥(《殷彝中圖形文字之一解》,《殷周青銅器銘文研究》1.20),也是錯誤的。銘文爲了追求美觀、對稱,經常采取一字重複對稱出現的寫法,最常見的就是"冊冊","冊冊"或作"冊",實際上應看作一個字的繁文。掌握了這個規律,我們就會明白,✳即✳,亦即埶。

與觚族氏名有關聯的族氏名有戈、戉、弁等。戉或稱西戉,地在殷墟之西,説見戉條。

五、光（烗）🔆

（一）概況

1. 數量

二十六。

2. 時代

殷墟文化二期至西周前期。

3. 地點

傳出河南孟津（河清）、安陽。

（二）説明

🔆字舊釋同（祼）、景、北等,都不確切。《善齋吉金録》1.19 釋光,可從。青銅器是子子孫孫永寶用的一種藝術品,因此從形制花紋到文字本身都刻意求精、求美。婦好之好作🔆,左右各從一女,就是證明。🔆字上從火,下從對稱之二人形（古文字單綫與雙鈎無别）。一般説來,如果對稱的話,應作🔆。此字上部 ᗯᗯ 字假借筆畫重合而爲🔆,是比較特殊的對稱例子。所以,這個字上從火,下從人,應即光字。這種對稱裝飾,在金文、甲骨文中都不乏其例。特别是在族氏名的銘文中,爲數更多,甚至可以説是這類銘文字體的重要特點之一。

單獨的光字,在商末,上部所從之火多以填實爲主,西周則以虚廓爲其特徵。

光在甲骨文中作地名、國族名。“貞,光隻羌”（《前》5.32.7）,“光來羌”（《京津》1287）,可證。梁上椿云“光銘之彝器近屢見,均出安陽,意爲一族之符號歟”（《巖窟》上 22）,梁氏的意見是可取的。

有八件器銘爲“單光”,成組地出土於河南河清（孟津）,當爲同一族氏所作器。應該指出,在西單條中,我們已經提到西單光方鼎（《嘯堂》12、《博古》2.32,周單父乙鼎）、西單光甗（《冠斝》中 11）,由“西”“單”“光”三字組成族氏名。光字也如上述,諸器作對稱繁體形,頗具特徵,爲它器所未見。因此,我們有理由把單光看成是西單光之省。也就是説,河南河清（孟津）之單光族應與西單光族和西單族有極爲密切的關係。

與光相關聯的族氏名還有册等,册或係職官名。

六、豙

（一）概況

1. 數量
二十九。
2. 時代
殷墟文化三、四期至西周中期。
3. 地點
傳出河南安陽、洛陽。

（二）説明

豙舊説分爲兩字，大釋爲子，豕釋爲祭祀之物。自從殷墟甲骨文字問世後，知道第一期卜辭有豙，係族氏人名，所以應釋爲一字。它究屬後世的什麽字，待考。

驕字舊釋爲"人牽三牲形"，有的釋爲"馬形鼠形"，解爲"周鼎作鼠，令馬履之"（《綴遺》17.26 父丁馬形尊），由於不明其義而曲爲之解。此字，中爲豙，左右各從一馬形，應釋爲馬豙二字的合文。在族氏銘文中，爲求美化對稱，一個字出現在另一個字兩側的例子很多，此不贅述，甲骨文中有豙字，張家坡在 1967 年曾出土一觶，其銘文爲兩馬相對形（《考古學報》1980 年第 4 期，第 468 頁）。兩馬間夾以族氏名的還有馬馬羊先父乙鼎等（《録遺》47），這些都爲釋驕爲馬豙二字合文提供了證據。

馬爲商代職官名，"多馬""族馬""馬小臣"之類的例子很多（參看《綜述》，第 508—509 頁）。馬豙與亞雀、小臣𠦪、自般相類，前面的馬爲職官名，後面的豙爲族氏人名。值得注意的是亞、自之類官名和族氏人名相結合的例子很多，而馬某的例子在甲骨文中尚未發現。馬豙的銘文爲這方面提供了例證。同時，在甲骨文中，豙的活動記載較多，這對探討馬這一職官的職務當是有益的。

豙這一族氏最早見於武丁時期，後來一直延續到西周中期，也是屬於歷史較長的族氏之一。

七、曹

（一）概況

1. 數量
二。

2. 時代

殷墟文化三、四期。

3. 地點

不清。

（二）説明

　　大曹爵一作大棘，二字分書。一作✦，大曹二字合書。後者似爲一字，但與前者比較，可知確爲二字。棘之分爲朿、朿，猶邑之分隔🔲爲□、□。這是合文的另一種形式。

　　朿爲橐之本字（徐中舒先生説，詳《甲骨文字集釋》2029），假橐爲東方之東，久假不歸，遂作橐以區別於東。《説文》：“棘，二朿，曹從此，闕。”許氏對此字無説，僅指明其與曹有關，其實它就是曹之本字。《説文》：“曹，獄之兩造（曹）也。在廷東，從棘。治事者，從曰。”許氏“獄之兩造”“在廷東從棘”“治事者，從曰”之説，皆不可取。但曹於文獻訓偶、輩、群，則與兩造之意合。二朿（橐）相併，故有偶、輩、兩造、群之意，“獄之兩造”非其本義。棘，亦作曹，曹從口（從口之字後作曰者，其例甚多），殆即槽之本字。

　　曹在第一期卜辭中就以國族地名出現：“貞𣪊伐棘其戈”（《後》上15.15），第五期卜辭有“壬寅卜，才𡄟貞，王步於瀑，亡巛”（《前》2.5.5）。文獻上有曹國，傳爲周文王子叔振鐸所封國，地在山東境內。由商代的甲骨文和族氏銘文可知，曹國早就存在，周武王滅商以後，曹被滅國，後改封給曹叔振鐸，這當可補文獻之不足。

　　與曹有關聯的族氏名爲大（天）。

八、西隻單 ✦

（一）概況

1. 數量

四。

2. 時代

殷墟文化四期至西周早期。

3. 地點

傳出陝西。

（二）説明

　　✦從偏旁分析應爲西隻（獲）單三字。舊釋旗雞單、由爵單、西獸單等，均於字形不相符。

有此銘者共見四器,出土地均不詳。其中一觶收於劉喜海的《長安獲古編》中,有可能得之於陝西境內。

金祥恒所編的《陶文編》4.26 收一陶文作🌱(原釋畢)。如果這條材料可靠的話,我們可以用來與銘文中的西隻單相比較,發現二者酷似。陶文之隹應爲隻之省變。陶器上有此數字,證明它們應爲地名或族氏名。

上面指出西隻單是合文,但其讀法尚需研究。我們認爲,族名有西單、有隻(詳西單條與隻條),很可能這是西單和隻的複合族氏名。

例一是冉。我們首先根據銅器形制的早晚,排列出銘文的早晚,歸納出冉字在殷墟二三期、殷末周初、西周前期這三個時期的不同形體。掌握了這個形體規律,反過來,對若干不大容易斷代的銅器,再根據這個規律去推定其時代。可見,銅器斷代與文字斷代是互爲表裏的。通過斷代分析,可以看出,冉國族很古老,是商周間的大族或大氏之一,周初滅國以後改封給文王之子冉季載。弄清這個族氏的情況,對古代史的研究無疑也是有益的。

例二是摯。𡙇爲其初文。過去人們往往把這個族名理解爲動詞,就不得要領。𡙇作動詞爲拷綁意,銅器上單獨著一表示拷綁的銘文,是没有什麽意義的。我們從幾個方面證明,摯確爲商代的一個族氏名。

例三是弔。𢎪字前人釋弔,但它與𢎥是什麽關係,字形上是怎樣變過來的,都不清楚。我們從𢎥鼄或作𢎥鼄,證明𢎥即𢎥,這是一個字的兩種寫法。𢎪是𢎥的省文。這就從𢎪之即𢎥找到了字形上的依據。同時,通過斷代研究,我們發現早期作弔,晚期作𢎥,弔作𢎥是出於美化對稱的需要。前人認爲未即赤,是信而有徵的。

例四是藝。舊說把藝之繁文釋爲門是不妥當的。我們用偏旁分析的方法,並注意族氏銘文經常采用一字對稱重複書寫的規律,提出了新的看法。

例五是光,繁文光是較特殊的對稱裝飾例證,我們通過對銘文書寫特點的分析,提出了單光族氏即西單光族氏,光族氏與西單族氏有密切關係,這就爲研究族氏的分合找到了很好的例證。

例六是驫。我們對這個古文奇字考釋爲馬家。這個族氏名的考釋不僅對瞭解商代職官的情況有所幫助,而且對瞭解族氏銘文的特點,以及運用這種認識去探索那些未知的銘文也是很重要的。

例七是曹。我們論證了東、棘、曹的關係,又證明了棘即大棘二字的合文,找到了在族氏銘文中另一種合文形式。同時也指出了商之曹滅國後改封的又一個史實。

例八是西隻單。我們確認這是由西、隻、單三字構成的合文,應讀爲西單隻。這是又一種新的合文形式。這樣,與西單族氏關聯的除西單光外,又找到了西單隻族氏。

綜上所述,對商周金文族氏銘文資料的收集、整理和研究,對研究古代文字的形體演變、書寫特點,對研究古代的族氏制度、研究商周社會歷史、研究商周考古等等都是極爲有益、極爲必要的。我們對此只是做了一些資料工作,研究還是初步的。不當之處,請專家學者多多批評指正。

（本文與張亞初合寫,原載《古文字研究》第七輯,第31—41頁,中華書局,1982年6月;又載《金文論集》,第249—257頁,紫禁城出版社,2008年5月;初稿發表時有副標題"摘自《商周青銅器族氏銘文的資料和初步研究》"）

多友鼎銘的時代與地名考訂

1980 年陝西長安斗門附近出土的多友鼎是一件十分重要的銅器（圖一），其銘文（圖二）是我們瞭解西周晚期歷史、地理的十分難得的資料。田醒農、雒忠如二同志在《人文雜誌》1981 年第 4 期首先著文作了介紹。李學勤同志在 1981 年太原古文字年會上提交《論多友鼎的時代及意義》一文提出討論，事後發表於《人文雜誌》1981 年第 6 期。筆者也曾與會發表了一些不成熟的意見，現寫成此文，祈望得到同志們的教正。

圖一

圖二

一、釋　文

唯十月,用嚴(玁)娥(狁)秖(方)廣伐京自(師),[1]

告追于王。[2]命武公[3]:"遣乃元士,羞追于

京師。"[4]武公命多友率公車羞追

于京師。癸未,戎伐筍,[5]衣孚(俘)。[6]多友西

追。甲申之晨,搏于郱,[7]多友右(有)折

首執訊,凡以公車折首二百又□又

五人,執訊廿又三人,俘戎車百乘

一十又七乘,衣匐(復)筍人俘;[8]或搏于

龏,[9]折首卅又六人,執訊二人,俘車

十乘;從至,[10]追搏于世,[11]多友或有折

首執訊;乃轇[12](遹)追,至于楊家,[13]公車折

首百又十又五人,執訊三人。唯俘

車不克,以衣焚。唯馬敺(毆)盡。[14]復

奪京師之俘。多友乃獻俘、惑(馘)、訊

于公。武公乃獻于王。乃曰武公曰:"女既

靜京師,螯女,[15]錫女土田。"丁酉,武公

在獻宮,乃命向父佋(召)多友,乃徙

于獻宮。公親曰多友曰:"余肈使

女休,不嗦(逆),有戎(成),[16]使多禽(擒),女靜京

師。錫女圭瓚一,湯鍾一腎,鐈

鋚百勻(鈞)。"[17]多友敢對揚公休,用作尊

鼎,用佣用友,其子二孫永寶用。

注釋:

[1] 用,因爲。京自(師),鎬京。秖(方),有兩説:一謂方興,是動詞。一謂玁狁之名。此用後者。

[2] 意爲有人告知:玁狁還要進一步追擊從京師出走的周王。

[3] 武公,西周晚期周王左右之重臣。

[4] 羞,進也。

[5] 戎,玁狁。筍即荀、枸,指邠地之枸邑。

[6] 衣,殷也。天亡簋"不克乞衣王祀""衣祀于王不顯考文王",兩"衣"字皆讀爲"殷"。衣王者殷王也,衣祀者殷祭也。"殷"有"大"意,《禮記·曾子問》:"服除而後殷祭。"疏:"殷,大也。大祭謂之殷祭。"因此,"衣"亦應有"大"意。"衣俘"即"大加虜掠"之意。如弒簋:"衣搏,無斁于弒身。"(《文物》1976 年第 6 期)"衣"讀爲"殷",釋爲"大"。

[7] 郗,字不識,筍附近地名。

[8] 衣復筍人俘,大量收復筍人被虜掠去的士女玉帛。

[9] 龏,筍地附近地名。

[10] 從至,《説文》:"從,随行也。"《左傳·桓公五年》秋,周鄭繻葛之戰"祝聃射王中肩,王亦能軍,祝聃請從之"。楊伯峻注:"從之,謂追逐之也。"《左傳·閔公二年》:"狄入衛,遂從之,又敗諸河。"楊伯峻注:"狄師追逐衛人也。"這裏指多友部隊跟蹤追擊獫狁而至。

[11] 世,筍地附近地名。

[12] 轍追,轍乃逞之繁寫,即逞追。《説文》:"楚謂疾行爲逞。"《廣韻》:"逞,疾也。"轍追,急追。

[13] 楊冢,筍地附近地名。

[14] 唯俘車不克,倒裝句,即唯不克俘車。《爾雅·釋言》:"克,能也。"《左傳·莊公二十年》:"鄭伯和王室,不克。"楊伯峻注:"克,能也。此處意爲調停不果。"《詩·南山》"匪斧不克",毛傳:"克,能也。"師訇簋"乃聖祖考克左右先王",克亦能也。衣焚,大火焚熾。畞,即毆。《説文》"毆,捶擊物也""盡,傷痛也"。畞盡,擊至傷殘。作册益卣"先盡死亡"與此意近。

郗之戰,折首二百餘人,執訊23人,俘車117乘;龏之戰,折首36人,執訊2人,俘車10乘;楊冢之戰,折首115人,執訊3人。從交戰斬獲數量看,生俘人員輜重逐次減少,説明獫狁已被逼入絶境,寧肯戰死,焚熾畞盡車馬輜重,不願爲周人生俘。因此,在楊冢決戰中"唯俘車不克""唯馬畞盡",周人没能俘到戰車戰馬。

[15] 螯,鼇也。其意爲嘉獎。

[16] 嗤,《玉篇》:"哮,歐呼也。"此假爲順逆之逆。戎,應讀爲成。《説文》:"成,就也。"《廣韻》:"成,畢也。凡功卒業就謂之成。"作戰成功亦可謂"有成"。馱鐘云"朕猷有成"與此義同。

[17] 訶,瓚也。

湯,鐜也。《爾雅·釋器》:"黄金謂之鐜。"《説文》:"金之美者,與玉同色。"

臒,不識。"一臒",其意當爲"一組""一套"。

喬,驕也。《禮記·樂記》:"齊音敖辟喬志。"釋文云:"喬音驕,本或作驕。"因此鐈亦應通驕。鋈,《説文》"一曰彎首銅"。"鐈鋈",驕銅,即上好銅料。金文賞賜每言"金"若干,幾父壺:"易幾父示賁六,僕三家,金十鈞。"(《文物》1961年第7期)

二、時　　代

多友鼎出土後,對其時代有宣王、厲王兩説。有的同志着重從該器的形制上定其時代。我認爲厲宣兩王時代相連,在這樣短的時間内想從形制紋飾上找出銅器的區别是十分困難的。應該着重從其銘文内容考察,兼顧其形制紋飾等方面,這樣也許能看得更準確些。

多友鼎銘記録的是一次周對獫狁的戰爭。開始獫狁十分猖獗,直犯京師,王都鎬京陷落,周王被逐出,情勢十分危急。其後,周王任用得力將佐,在不長的時間内趕走了獫狁,光復了京師,取得了勝利。這段史實與《詩經·小雅·六月》所記情況酷似。《六月》云:"六月棲棲,戎車既飭。四牡騤騤,載是常服。獫狁孔熾,我是用急。王于出征,以匡王國。……四牡脩廣,其大有顒。薄伐獫狁,以奏膚公。……獫狁匪茹,整居焦穫。侵鎬及方,至于涇陽。織文鳥章,白斾央央。元戎十乘,以先啟行。……薄伐獫狁,至于太原。文武吉甫,萬邦爲憲。吉甫燕喜,既多受祉。來歸自鎬,我行永久。"多友鼎與《六月》,二者所記皆爲周人反擊獫狁的一次車戰,獫狁入侵的範圍包括京畿地區,周人反擊的路綫都是自鎬京向西北。特別是二者都記載了周都鎬京淪陷一事,所謂"廣伐京師"與"侵鎬及方",應該指的是同一歷史事件。《六月》之"鎬"指鎬京,即多友鼎之"京師"。"方"即金文中習見之"荼京",是鎬京附近一重要城邑(筆者有《金文荼京考》一文,載《考古與文物》1982 年第 3 期,可參閲)。我們認爲如此重大的歷史事件,兩處皆有明確記載,不會是巧合。《六月》所述戰事的周軍主帥是尹吉甫,多友鼎則是武公。尹吉甫與武公是一人還是兩人,一時尚難論定。《六月》毛傳:"宣王北伐也。"《左傳・僖公二十三年》:"公賦《六月》。趙衰曰:君稱所以佐天子者命重耳。"杜注:"道尹吉甫佐宣王北伐。"《國語・晉語》:"秦伯賦《六月》。子余曰:君稱所以佐天子匡王國者以命重耳。"韋注:"《六月》道尹吉甫佐宣王征伐,復文武之業。"這裏《左傳》《國語》與《毛傳》義合,《六月》爲宣王詩恐怕沒有問題。而多友鼎所記内容與《六月》相同。因此,我們認爲多友鼎也應是宣王時銅器。

這裏主張厲王説的同志提出一個問題,多友鼎中的武公、向父在敔簋、南宫柳鼎、禹鼎、叔向父禹簋上也出現過,而那幾件器傳統上都認爲是夷厲時器。如何看待這個問題呢? 我們認爲過去對西周晚期銅器的斷代是存在一些問題的,有些過去認爲是夷厲時期的器,實際上應該是宣王時的器。比如克組銅器(包括大小克鼎、克鐘、克鎛、克盨等十餘件器),過去多認爲是夷厲時器,郭沫若、容庚、吴其昌、董作賓、陳夢家等前輩學者皆主此説。而唐蘭先生却指出克鐘銘云"王在周康剌宫","剌宫"者,厲王之廟也。先生以著名的"康宫原則"把克鐘斷在宣王,其説十分有力。然而唐先生在給其他克組器斷代時,却信從了郭老的"克鐘克盨曆法不對"的説法,把克鼎、克盨等都斷在厲王了。郭、唐兩先生的意見是:克鐘爲"十六年九月初吉庚寅",克盨爲"十八年十二月初吉庚寅"。如兩器時間連續,則十八年十二月之"初吉庚寅"就會出現在"既望"之後。他們在曆法上信從王國維之説,認爲"初吉"乃月相之一,指月初的七八天。因此斷定兩器順排曆法不對,克鐘、克盨應爲兩王之物。郭老指爲夷厲兩王,唐老則指爲厲宣兩王。實際上王國維的四分一月説是有嚴重缺陷的,如西方星期制的四分一月法在中國古代從未實行過。陝西扶風出土的西周銅器柬鼎銘云:"癸卯,王來奠新邑,二旬又四日,丁卯,□自新邑……"(《文物》1963 年第 2 期)癸卯至丁卯正好二十四天,可證周人是用三分一月之"旬法"記時的。安徽壽縣出土的吴王光鑑"惟王五月既字白期吉日初庚","既字白期"即"既生霸","吉日"即"初吉"。這裏如果"既生霸"是月相,"初吉"就不可能也是月相。我曾統計過,金文中有 300 件左右的銅器上有"初吉"一詞,這個數字是"既生霸""既望""既死霸"總和的三倍,使用範圍大不相同。"初吉"之稱與其他三者盛行的時代也不同,所以估計"初吉"與"既望""生霸""死霸"不同,不是月相。既然不是月相,那麼"初吉"出現在"既望"之後,也就不奇怪了。比如静簋(《三代》6.55):"惟六月初吉,王在荼京,丁卯,王令静龢射學宫。小子罘服罘小臣罘夷僕學射。雩八月初吉庚寅,王以吴來、吕剛……射于大池……"此簋六月初吉的丁卯距八月初吉的庚寅爲八十四天,兩個"初吉"必定是一在月初,一在月底,也就是説其一肯定要在既望之後出現,因此,我們認爲"初吉"不能如王國維理解的那樣必定在月初出現。"初吉"在春秋以後銅器上又稱"吉日",很可能就是指一種"吉利的日子"(關於"初吉"一詞的含義,筆者有《金文初吉辨析》一文,載《文物》1982年第 11 期,此從略)。因此,克鐘十六年九月有初吉庚寅,兩年之後,克盨十八年十二月也可以有初吉庚寅,並不矛盾。克組器中克鐘紀年爲十六,克盨爲十八,克鼎爲二十三。鐘稱"克",盨、鼎稱"膳夫克",官職逐年有加。十六、十八、二十三之紀年應爲連續的。據陳夢家先生考證,厲王在位年數,《史記·周本紀》之三十七年説是靠不住的。因爲《史記》陳、衛、齊三世家所記厲王年數限死在十四與十八之間(《西周年代考》)。因此,把克盨、克鼎這些超出十八年的器放入厲王是不可靠的。克鐘、克盨、克鼎據傳皆出土於扶風法門寺任村,《商周彝器通考》上第 297 頁云:"光緒十六年,陝西扶風法門寺任村出土,大鼎一、小鼎七、盨二。"《金文分域編》克鼎條云:"光緒十六年與克鐘、仲義父鼎出土岐山法門寺。"《三代秦漢金文著録表》亦有相同記載,該組器紋飾形制一致,我們擬將這組器全部斷在宣王。

如果克組器定在宣王,那麼與此有關的器也應向它們靠攏。如過去郭沫若、唐蘭、容庚、吳其昌諸先生定爲厲王的訇攸從鼎(《三代》4.35)、訇從盨(《三代》10.45)銘中"右者"爲善夫克,其紀年爲二十五、三十二,皆超出十八年,應改定爲宣王器。又上述各家以爲厲王的伊簋(《三代》9.20),因其"右者"鼺季與克鼎同,其紀年爲二十七,似也應改定爲宣王。又無異簋(《三代》9.1)之無異很可能即訇從盨中的内史無異,其"皇祖鼺季"亦可能是小克鼎之"皇祖鼺季",故無異簋也可以改定爲宣王器。

另外,過去認爲是夷厲時器的禹鼎(《録遺》99)、叔向父禹簋(《三代》9.13)、敔簋(《博古圖》16.39)、南宮柳鼎(《録遺》98)等,從其銘文内容看也都應改定爲宣王器。

綜上所述,把多友鼎斷在厲王的同志多從傳統認識出發,而我們認爲過去斷在夷厲的數量不少的器,實際應改定在宣王。多友鼎的時代也應隨之歸入宣王。

三、地名考訂

多友鼎上的幾個地名,有的同志認爲全在山西,有的認爲則全在陝西,二者都能找出許多同名的古代地點相比附。如何在這衆多的重出地名中辨别是非呢?齊思和先生當年曾説:"若就山川以審定地望,則較爲可信。"(《西周地理考》,《燕京學報》第 30 期)多友鼎本身無山川位置可資比附。但在考慮多友鼎中"京師"的位置時,我們自然會想到克鐘中的"京師"。克鐘:"王親令克遹涇東至于京師。"這裏把"京師"與"涇水"連在一起,涇水在陝西境内與渭水合流,是不會流入山西的。因此有的同志引用郭老意見,把"京師"指爲晉地(參見《兩周金文辭大系》晉姜鼎、晉公盦、克鐘銘考釋),我們是不能同意的。有的同志雖認爲京師在陝西,但認爲"京師"是指《詩經·公劉》中的"京師之野",在豳地一帶。認爲克鐘銘應以

"王親令克遹涇東"斷句,克從鎬京出發,循涇水東岸,西至於豳地之栒邑一帶的京師。我認爲對克鐘的這種理解有幾個矛盾不好解釋:第一,涇水歷來被認爲是一條東西向的水。今地名尚有"涇陽"之稱。不見有"涇東""涇西"之稱。第二,西周金文中的"周"多指岐周。周原甲骨有多處記載,周原出土的墙盤亦有"舍寓于周"的記載。故克鐘:"王在周……王親令克遹涇東至于京師。"鐘銘之"周"應爲岐周,即《漢書·匈奴傳》"亶父亡走於岐下,豳人悉從亶父而邑焉,作周"之周。其地對涇水而言爲西,故鐘銘可稱"遹涇東至于京師"。鎬京稱"宗周""京師",不見有稱"周"者。故鐘銘不能理解爲克從鎬京出發,沿涇水東岸而行。第三,從語言習慣上,在"東"後斷句亦欠妥。有此三點,我以爲將"京師"指爲豳地是很難成立的。至於《公劉》中的"京師"確在豳地。然而那只能是早在公劉時代的地名,武王建都鎬京,鎬京稱"京師"後,豳地之"京師"一名即應轉移。因此我們解釋克鐘這段銘文的内容是:宣王在岐周之周城親自向克下令,克由涇水上游出發,沿水而下,自西向東,到達京師。從克鼎中克受封之"隩原"等地看,其封地正在涇水上游之豳地。王國維説:"自豳至京師,自應循涇水而下。"(《觀堂集林》卷十八《克鐘克鼎考》)在這個方位上稱得上"京師"的,只有"鎬京"。《路史·國名紀丙》:"鎬在長安之靈臺鄉。鎬京,宗周。漢穿昆明,鎬之遺址淪焉,即京周。"《詩經·下泉》"念彼周京""念彼京周""念彼京師",亦以爲"周京""京周""京師"皆指鎬京。所以我們認爲克鐘上的"京師"是指"鎬京",多友鼎與克鐘時代相同,出土地相近,鼎銘之"京師"與鐘銘之"京師"乃一地,即鎬京。

多友鼎的"笱",文獻記載有多個。《水經注·汾水》:古水"西南逕魏正平郡北,又西逕荀城東"。《春秋地名考略》荀條引《都邑志》云:"荀城在絳州正平縣西十五里。"上二書記載笱在今山西新絳附近。

《通典》一七九蒲州猗氏:"古郇國也。"《太平寰宇記》蒲州猗氏:"古爲郇國之地。"《路史·後紀五》荀條:"今猗氏西南古郇城是。"上三書記載笱在山西猗氏(即今臨猗),該地在新絳南百多里。

《左傳·僖公二十四年》:"秦伯使公子縶如晉,晉師退,軍於郇。"杜預《集解》:"解縣西北有郇城。"晉人杜預所謂的解縣即今之臨晉,在今臨猗南數十里。

《左傳·僖公二十四年》:"畢原酆郇,文之昭也。"《史記·高祖功臣侯者年表》司馬貞《索隱》云:"栒,縣名,屬扶風,音荀。故周文王封其子之邑。河東亦有郇城也。"《元和郡縣志》三水縣:"栒邑故城在縣東二十五里,即漢栒邑縣,屬右扶風,古郇國也。"《太平寰宇記》三水縣亦同。《廣韻》侯十九"投"注:"郇伯,周畿内侯。"上五書所記,"笱"在今陝西豳地之栒邑。這些同名同姓的"笱"歷來各家理解不一,頗有爭議。其實,從歷史的角度看,這些記載彼此並不矛盾,各書皆有所本,都應是不同時代變遷着的笱國地理位置的記載。我們正可以由此追索笱反復遷國的歷史蹤迹。本來古地多野曠無名,新遷居者可隨意定其名,而遷居者往往沿用舊名,這就給後代人留下了許多同名的地名。

　　根據各書記載,我們試作推論:文王封其子之筍應在畿地枸邑,乃畿内之國,此爲西周之筍。西周末年,犬戎踐周,筍亦被迫東遷:一遷至新絳,後可能迫於大國威逼,再遷至臨猗,三遷至臨晉,終被晉武公所滅。

　　銅器出土情況亦如此。《漢書·郊祀志》,美陽得古鼎,張敞爲釋文云:"……今鼎出郊東,中有刻書曰:'王命尸臣,官此枸邑……'"張敞所云夷臣鼎當爲西周器。1961 年中國科學院考古所在張家坡發掘出筍侯盤,亦爲西周晚期器。山西省博物館陳列有聞喜縣春秋大墓中出土的筍侯匜,是春秋時器。西周的筍侯銅器出於陝西,春秋的筍侯銅器出於山西,似乎也可以作爲我們分析這一問題的旁證。

　　多友鼎乃西周器,因此銘中之"筍"應即陝西畿地之枸邑,而主張筍在山西的同志可能是受了文獻上記載的春秋後由陝西遷國至山西的諸筍地名的影響。

　　如果多友鼎中的"京師""筍"這兩個主要地點能肯定下來。那麼就可以説,多友鼎銘所記的歷史事件是發生在今陝西境内的了。

（原載《考古》1983 年第 2 期,第 152—157 頁;又載《金文論集》,第 299—305 頁,紫禁城出版社,2008 年 5 月）

邵鸞編鐘的重新研究

　　傳世有邵鸞編鐘一組十三件,自晚清出土以來,頗引起學者們的注意,先後有潘祖蔭(《攀古樓彝器款識》)、吳大澂(《愙齋集古録》)、方濬益(《綴遺齋彝器款識考釋》)、孫詒讓(《籀廎述林》)、劉心源(《奇觚室吉金文述》)、王國維(《觀堂集林》)、于省吾(《雙劍誃吉金文選》)、容庚(《善齋彝器圖録》)、楊樹達(《積微居金文説》)、郭沫若(《兩周金文辭大系圖録考釋》)等先輩學者考證,文義已粗通,時代亦大體可定。其中尤以王國維先生的考證最爲精闢,其他各家亦各有所得。然邵鸞其人究竟爲誰,各家均無説,各家所作之釋文亦仍有不可解之處若干,且此組編鐘自問世後,諸書著録多有混亂。因此,我以爲對這組編鐘仍有重新研究的必要。本文即擬以下三項爲主要内容講些不成熟的看法,以就教於同好。

　　筆者於二十年前有幸考取容庚先生的古文字學研究生,得到容先生的悉心指教,今重新研讀邵鸞編鐘,亦受到先生所作釋文及考證的諸多啓發,故謹以拙文敬獻給容庚先生九十壽辰,作爲學生向老師作的又一次學習匯報。

一、釋文及解説

【釋文】

惟王正月,初吉[1]丁亥。邵鸞
曰:"余畢公之孫,邵伯之子。[2]
余頡岡事君,余曾叚武。[3]作
爲余鐘,玄鏐鏞鋁。[4]大鐘八
聿,其寵四堵。[5]喬_其龍,既壽
邕虘。[6]大鐘既縣,玉鐺鼉鼓。[7]
余不敢爲喬,我以享孝。樂
我先祖,以斷眉壽。世世子孫,
永以爲寶。"

【解説】

此編鐘共十三件,銘文行款皆相同,九行八十四字,另有重文二字。現將其中部分詞句解説如下(以銘文先後爲序):

[1] 初吉

初吉一詞歷來爭議較大,王國維作《生霸死霸考》(《觀堂集林》卷一),以爲是月相之一,指每月一至七、八日。後世學者多崇此説。黄盛璋曾提出異議,認爲初吉是初干吉日,即指每月的初一至十(《釋初吉》,《歷史研究》1958 年第 4 期)。筆者認爲初吉不是月相詞語,乃是古人用占卜方式求出的一個吉日的代稱,初吉的含義就是"首善""大吉"的意思(此説詳見《金文"初吉"辨析》,《文物》1982 年第 11 期)。

[2] 畢公之孫,邵伯之子。

畢公指周初之畢公高。邵伯指第一代邵伯,即魏悼子吕錡(詳見下"吕鸞其人")。古人三代以下皆可稱孫,故春秋邵伯之子可稱爲西周初畢公高之孫。

[3] 頡岡事君,余罾娕武。

容庚先生云:"頡岡猶言頡亢。"(《善齋彝器圖録》)其説甚是。《詩經·邶風·燕燕》"燕燕于飛,頡之頏之",毛傳:"飛而上曰頡,飛而下曰頏。"此句蓋謂邵鸞常在君王之左右,諧和地服事於君王。

罾通獸,《説文》:"獸,守備者。"

郭沫若云:"娕即扎字。"《説文》:"扎,持也。"此句言邵鸞持以勇武,保衛君王。

[4] 玄鏐鏞鋁

此四字金文鐘銘上習見,説者各異。《説文》:"黑而有赤色者爲玄。"《爾雅·釋器》"黄金謂之鏐,其美者謂之鏐",郭注:"鏐即紫磨金。"《水經注·温水》:"華俗謂上金爲紫磨金。"故知玄鏐乃黑紅色上等銅料也。鏞乃鋁的形容詞。《詩經·豳風》"公孫碩膚",毛傳:"膚,美也。"鋁乃金屬名,疑即錫之古稱,古代青銅的配料一爲銅,一爲錫。故知鏞鋁者美錫也,上好的錫料也。

[5] 大鐘八聿，其竈四堵。

聿即肆。《左傳·襄公十一年》"歌鐘二肆"，注："肆，列也。"《説文》："堵，垣也。五版爲一堵。"竈通竈，亦通造。造，作也。《尚書·大誥》"予造天役"，注："造，爲也。"春秋兵器每言"××作造戈"。薛尚功《歷代鐘鼎彝器款識法帖》收有裏石磬銘"自作造磬"。其義均應釋作"爲"。此句之意即大鐘八列，造作成四堵。也就是兩列合造成一堵。本銘句式十分規整，四字一分句，兩分句合爲一整句，每整句後押韻，每整句表達一個完整的獨立的意思，與《詩經》的四言詩酷似。因此，八肆與四堵的關係只能作上述理解，即指同一套編鐘的排列方式。新出曾侯乙墓編鐘復原後是三列爲一堵，是又一種排列方式。

鄭玄《周禮·小胥》注云："二八十六枚而在一虡謂之堵，鐘一堵，磬一堵謂之肆。"後世學者泥於鄭注，憑空算出百多件鐘爲一組來解釋本銘，這是錯誤的。以出土編鐘情況看多與鄭説不合，長臺關編鐘十三枚、邵鸞鐘十三枚、新出秦公鐘五枚、秦公鎛三枚等等均與鄭説相去甚遠。商及西周乃至東周樂器的排列組合方式是在不斷發展變化着的，其數目也不可能一成不變。所以説鄭玄所云於漢代制度或許是有根據的，若以其所構擬的數目上推商周則是靠不住的。

[6] 既壽囗虡

壽乃木名。《山海經》："靈壽實華。"《吕氏春秋》："壽木之華。"《詩經·大雅·江漢》"秬囗一卣"，毛傳："秬，黑黍也。囗，香草也。築煮合而鬱之曰囗。"《説文》："以秬釀鬱草，芬芳攸服以降神也。"此句説鐘虡是用壽木作成，而且是用香酒浸過的。

[7] 玉鐺鼉鼓

鐺，字書所無。各家説解不一，有説是磬，有説是鐃，於銘文俱難講通。我以爲也可能是鼓槌。《楚辭·國殤》"援玉枹兮擊鳴鼓""玉枹鳴鼓"，與此"玉鐺鼉鼓"乃同類物。

鼉，即今之鰐魚。本所周本雄同志曾有專文論及（《考古學報》1982 年第 2 期）。《詩經·大雅·靈臺》"鼉鼓逄逄"，毛傳："魚屬。"《説文》："水蟲，似蜥蜴，長大。"容庚先生早年曾指出雙鳥饕餮紋鼓"兩面飾鼉皮紋"（《商周彝器通考》上第 512 頁，下第 514 頁，圖 980）。

本銘用韻十分規整，亥，子，之部；武、鋁、堵、虡、鼓，魚部；孝、壽、寶，幽部。凡三變韻至終了，是一首音律和諧優美的四言詩。

二、邵 鸞 其 人

王國維先生云:"余謂邵即《春秋左氏傳》晉吕甥之吕也。吕甥,一云瑕吕飴甥,一云陰飴甥瑕,吕、陰皆晉邑。吕甥既亡,地爲魏氏所有,此邵伯、邵鸞皆魏氏也。《史記·魏世家》晉文公命魏武子治於魏,生悼子。悼子徙治霍,生魏絳……魏於漢爲河東郡河北縣,霍於後漢爲河東永安縣。劉昭《續漢書·郡國志》永安縣下注引《博物記》曰有吕鄉,吕甥邑也。《元和郡縣志》河東道晉州霍邑縣下云:吕坂在縣東南十里。有吕鄉,晉大夫吕甥之邑也。……悼子徙霍或治於吕,故遂以吕爲氏。……余謂吕錡即悼子。……錡於鄢陵之役射楚王中目,退而戰死,尤與悼之謚合也。魏氏出於畢公,此器云畢公之孫,邵伯之子,其爲吕錡後人所作,彰彰明矣。"(見《邵鐘跋》,《觀堂集林》卷十八)

王氏之說,十分精彩,時至今日,百年之後,幾乎無一字可移。我們對邵鸞鐘的研究,只能以其說爲起點,無可猶豫。王氏的結論是邵鸞"爲吕錡後人",甚是。《史記·魏世家》云:"魏之先,畢公高之後也……其苗裔曰畢萬,事晉獻公。……從其國名爲魏氏。生武子……重耳立爲晉文公,而令魏武子襲魏氏之後封,列爲大夫,治於魏。生悼子。魏悼子徙霍。生魏絳。"據王氏所考,霍之左近有吕鄉,吕坂,乃吕甥之邑。是知魏悼子徙治霍後始可稱邵伯,故悼子乃第一代魏氏之邵伯。鐘銘稱"邵伯之子",金文之"子"字乃第二代之稱,不可他指。所以我以爲王氏之結論可以進一步推演:"邵伯之子"即悼子吕錡之子魏絳。邵鸞之鸞疑即黛字。黛,黑也。《楚辭·大招》:"粉白黛黑。"《説文》:"畫眉也。"絳,《説文》云:"大赤也。"是知黛、絳乃紅、黑二色,紅、黑二色多相配成文,《説文》:"黑而有赤色者爲玄。"故用爲一名一字,正相宜也。準魏錡、魏相可稱吕錡、吕相之例,此魏絳當然亦可稱吕絳或吕黛。

視《史記·魏世家》《晉世家》及《左傳·襄公十一年》等所言,魏絳乃晉國一朝權臣,事晉悼公。悼公即位於厲公被弑晉國大亂之際,諸事多依托絳。甚至在悼公三年大會諸侯時,絳當衆僇辱悼公之弟楊干。悼公亦敢怒而不敢言。史書所載絳乃一勇武之將。用悼公的話説:"自吾用魏絳,八年之中,九合諸侯,戎翟和,子之力也。"《左傳·成公十八年》:"魏絳爲司馬。"《國語·晉語七》:"知魏絳之勇而不亂也。使爲元司馬。"春秋時司馬乃武職也。鐘銘稱"余頡罔事君,余嬰娶武",與史書所載恰相符合。

鐘銘稱"大鐘八肆",以後世出土之一肆編鐘數目看,由三、五件至十餘件不等。然而無論如何計算,此八肆鐘數目亦當在數十件之上。能鑄造如此多數鐘之邵鸞必爲一勢侔君王的權臣方可,此又與文獻中之魏絳情形相仿佛。

史稱魏絳喜愛音樂,君王亦以女樂賜之。《左傳·襄公十一年》:"鄭人賂晉侯……凡兵車百乘,歌鐘二肆,及其鎛磬,女樂二八。晉侯以樂之半賜魏絳。"

綜合以上情況,我們大膽假設鐘銘之邵鸞即文獻中晉國之名臣魏絳。其人始見於《左傳》魯成公十八年（公元前 573 年）、卒於晉悼公末年（約在公元前 562—前 558 年）。《左傳‧襄公十一年》記晉悼公賜魏絳以鄭賂之歌鐘及女樂之半。絳三辭而受之，云："魏絳於是乎始有金石之樂，禮也。"故知於禮魏絳被列爲可以有金石之樂的大夫乃晉悼公十一年（即公元前 562 年）之後事。

至於其自鑄邵黛鐘十三件之事，即應當在悼公末年，即公元前 562—前 558 年這四五年間。

由邵黛其人爲魏絳的推理，我們可以得出邵黛鐘之鑄造年代在公元前 562—前 558 年這幾年中的結論。

三、邵黛鐘的著錄情況

此組編鐘之最早著錄者當推潘祖蔭所著《攀古樓彝器款識》一書，其收錄邵黛鐘四件，三大一小，云："此鐘咸豐年間河岸出土，爲向來著錄家所未見。今所得此鐘四：歌鐘三，編鐘一。"其後吳大澂云："是鐘出山西榮河縣后土祠旁河岸中。同治初年，岸圮，出古器甚夥，長安賈人雷姓獲邵鐘大小十二器，皆同文。英蘭坡中丞榮購得其十，後歸潘伯寅師九器，大澂得其一。"（《愙齋集古錄》一卷七頁）愙齋共收邵黛鐘七件，四大三小。羅振玉所著《貞松堂集古遺文》一卷十八至二十頁收錄邵黛鐘五件，云："此五器據予所藏拓本入錄，在吳氏七器之外。拓本皆有潘文勤印，當是滂喜齋藏器。合愙齋所錄共得十二器，不知傳世共幾器也。"按：經查對，《貞松》所錄五器中有一器與《愙齋》所錄重，因此只能説多出四件。到方濬益著《綴遺齋彝器考釋》一書時收入邵黛鐘九件。直至《三代吉金文存》問世，才全部著錄了十二件鐘，可能即雷姓賈人所獲之全部。後出之鄒安的《周金文存》收錄邵黛鐘十三件，較《三代》多出一件，其出處未作交代。估計乃雷姓所獲十二件之外的一件。再後之劉善齋《小校經閣金文拓本》收邵黛十四件，除自相重複一件外，多出一件，與《周金》同。郭沫若先生《兩周金文辭大系》收錄邵黛鐘十五件，除去自相重複之兩件外，仍爲十三件。容庚先生總結以上著錄情況云："清咸豐間，山西榮河縣后土祠旁河岸出土，今所見凡十三器，銘文皆同。"（《商周彝器通考》，第 499 頁）又云："《金文大系》錄十五器，其第十四器即第三器，其第十五器疑即第十二器之未剔者。《小校經閣》錄十四器，其第十四器即第四器之半。"（《善齋彝器圖錄》圖十三説明）新出《上海博物館藏青銅器》一書云："已見著錄者十五器，上海博物館藏其六器。"然其書只著錄其一。此組編鐘能找到下落者，上海博物館六件（《上海》著錄一件，有五件未著錄）、英國大英博物館一件、臺北故宮博物院一件，共八件。

又近日傳聞上博共收集到邵黛鐘十一件。如此説不誤，則邵黛鐘十三件全找到下落了。遵照容先生提示，筆者全面檢校了各種著錄，排出一表，以見各書對應關係。此表以《三代》爲主，各書與《三代》比較，多出《三代》的一件列爲第十三器。

邾鸞鐘各書著錄對照表

編號＼著錄	1	2	3	4	5	6	7	8	9	10	11	12	13
三代	1.54.2	1.54.3	1.55.1	1.55.2	1.55.3	1.55.4	1.56.1	1.56.2	1.56.3	1.56.4	1.57.1	1.57.2	
小校	1.68	1.72	1.70 1.78.2	1.71	1.69	1.76	1.74	1.75	1.73	1.78.1	1.77.2	1.77.1	1.67
周金	1.11上	1.17	1.11下	1.12	1.13	1.14前	1.19	1.15前	1.15後	1.18	1.16後	1.16前	1.14後
大系	269	274.1	270	271 276.2	272.1	272.2	276.1	273.2	274.2	275.3 276.3	275.2	275.1	273.1
善齋		1.36										1.37	
恒軒	1.1										1.2		
窶齋	1.7	1.10前	1.9前	1.11前						1.10後	1.11後	1.9後	
綴遺	2.4.1	2.6.1	2.4.2	2.5.1	2.5.2	2.6.2		2.7.1	2.7.2		2.8		
攀古	上1		上3		上2						上4		
貞松						1.20.1	1.19.2	1.18	1.19.3	1.19.1			

又將各著錄之書全面整理如次：

邾鸞鐘(一)

三代 1.54.2　攀古上 1　恒軒上 1　窶齋 1.7　綴遺 2.4.1　奇觚 9.27　周金 1.11 上　大系圖 228 錄 269 考 232　小校 1.68　通釋 35：127。

邾鸞鐘(二)

三代 1.54.3　窶齋 1.10 前　綴遺 2.6.1　周金 1.17　善齋 1.36　大系 274.1　小校 1.72　善圖 13　通考 498：13 圖 955　故宮下下 463

邾鸞鐘(三)

三代 1.55.1　攀古上 3　窶齋 1.9 前　綴遺 2.4.2　周金 1.11 下　大系 270　小校 1.70、1.78.2

邾鸞鐘(四)

三代 1.55.2　窶齋 1.11 前　綴遺 2.5.1　周金 1.12　小校 1.71

邾鸞鐘(五)

三代 1.55.3　攀古上 2　綴遺 2.5.2　周金 1.13　大系 272.1　小校 1.69

邾鸞鐘(六)

三代 1.55.4　綴遺 2.6.2　周金 1.14 前　貞松 1.20　大系 272.2　小校 1.76

邵鸞鐘（七）

三代 1.56.1　周金 1.19　貞松 1.19.2　大系 276.1　小校 1.74

邵鸞鐘（八）

三代 1.56.2　綴遺 2.7.1　周金 1.15 前　貞松 1.18　大系 273.2　小校 1.75　猷氏
Ⅱ fig17

邵鸞鐘（九）

三代 1.56.3　綴遺 2.7.2　周金 1.15 後　貞松
1.19.3　大系 274.2　小校 1.73

邵鸞鐘（十）

三代 1.56.4　窓齋 1.10 後　周金 1.18　貞松
1.19.1　大系 275.3、276.3　小校 1.78.1　上海 80

邵鸞鐘（十一）

三代 1.57.1　恒軒 1.2　攀古上 4　窓齋 1.11
後　綴遺 2.8　周金 1.16 後　大系 275.2　小校 1.77.2

邵鸞鐘（十二）

三代 1.57.2　窓齋 1.9 後　周金 1.16 前　善齋
1.37　大系 275.1　小校 1.77.1

邵鸞鐘（十三）

周金 1.14 後　大系 273.1　小校 1.67

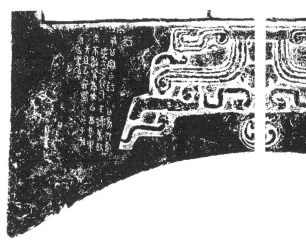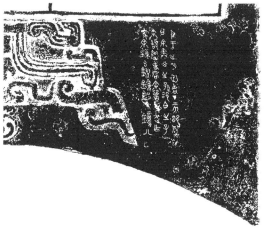

（原載《古文字研究》第十二輯，第 257—265 頁，中華書局，1985 年 10 月；又載《金文論集》，第 306—313 頁，紫禁城出版社，2008 年 5 月）

伯梜虘簋弁偽

《文物》1980 年第 5 期發表了《伯梜虘簋之再發現》一文（下簡稱《再發現》），文中説："1978 年 12 月，北京市文物事業管理局在通縣物資回收公司徵集到一件殘銅簋。"（見圖）作者認爲"這件銅簋和宋王黼《宣和博古圖》卷十七第八頁'周刺公敦'之二的圖像及所摹銘文拓本基本相符。"因此斷言："《宣和博古圖》所著録'周刺公敦'之二和新發現的這件伯梜虘簋爲同組器物，甚至不排除即爲同一件器的可能。"此外，作者還引證了宋代《歷代鐘鼎彝器款識》《嘯堂集古録》《王氏鐘鼎款識》、清代《積古齋鐘鼎彝器款識》《攈古録金文》、民國以來的《周金文存》等書，以爲這些書中收録的同名之簋與新發現之簋，或爲同一件器，或爲同一組器。並説"伯梜虘簋的再發現，使我們見到八百多年前曾經著録的器物的面貌，是值得慶幸的。"

事有凑巧，我借去東北開會之機，在沈陽遼寧省博物館參觀了銅器，發現遼博也藏有一件與上述同銘同形制花紋的簋，回來後，經仔細查對，發現收録與此同銘簋的共有十書，除《再發現》一文談及的七書外，尚有清末的《奇觚室吉金文述》16.29，民國以來的《小校經閣金文拓本》8.28 及《吉金文述》3.36 三書。

宋人著録的四種書除王復齋收其一簋云："博古十七帖十三作刺公敦，有二銘，此類第一"外，其餘三種皆收兩簋，且銘文風格全同。從宋人著録看，宋代只發現了兩種同銘的伯梜虘簋，沒有第三件。

清人的三種書《攈古録金文》是摹本，無從查對。阮元的《積古齋鐘鼎彝器款識》自稱是"據王氏款識拓本摹入"，《奇觚室吉金文述》16.29 用的是阮元

《積古》一書的僞拓本。王國維《國朝金文著錄表》批評道："又如奇觚室吉金文述並將近人翻刻阮吳諸書之法帖本,視爲拓本,盡行入錄。"可見,在清代,人們只見過宋人的摹本和書,並未見到實物。

民國以來,有三種書收錄此簋,《吉金文錄》只錄了釋文,可以不論。《小校》和《周金文存》上卻同時出現了相同的一件拓本,《小校》8.28 錄錢泳題跋云："宋時出土銅器至今幾無孑遺者,世人考古僅據宣和圖刻,未得一親原器爲憾,此器載在王復齋款識,知傳世已久,因借阮氏所藏宋摹真本細勘過,文字筆畫正與此同,故喜而存之。"經查對,《小校》與《周存》上著錄的伯楘盧簋與沈陽遼博收藏的是一件器,我疑心這是第一件僞器。首先,宋人各書著錄的這樣一件重器,後世幾百年竟毫無影響。忽然近人錢泳不知從哪裏搞到這件器物,這個出現本身就可疑。其次,其拓本與宋人著錄的摹本之一極其相似。我們知道,宋人摹本,經人臨摹,已一失其真,再製成版,印刷流傳,更二失其真。經過兩次加工後的摹本竟與幾百年後的拓本一模一樣,豈不令人生疑? 細心查看其拓本的 $\uparrow$(在) $\underline{\wedge}$(位) 等字,即可看出其有意摹仿宋人之書,而不顧其餘的痕迹。其三,據錢泳自稱,此器即宋王復齋《鐘鼎款識》上所收之器,而王復齋之書又云其器乃《博古圖》收錄兩件伯楘盧簋的第一器。今將沈陽遼博之器與《博古》17.7 收錄的周刺公敦一之圖相對照,其頸部紋飾大相徑庭,不可能爲一器。遼博的那件器還有一個刻得十分不像樣的蓋。估計也是近人一拙手僞刻。此明眼人一看即知,遼博收藏記錄上已注明其僞,此不復贅言。

《再發現》一文中提到的簋,是從未見過著錄的。因此,作者推斷其爲《博古》17.8－9 上的第二件簋。我認爲這件更是僞器。首先其出現之晚更在民國之後的今日,從宋朝到今天,八百多年沒人收錄,也沒人談及,卻突然從通縣的廢銅中出現。這個出現比之遼博的那件更奇特。其次,此簋有一致命假處,即其"楘"字,宋人著錄的四部書這個字都是十分清楚的,上從"木"、下從"虎"。而此器的"楘"字,上從木,下卻從"$\xLongrightarrow{}$",也是十分清楚的,錯成了一個四不像的字,露出了其作假的馬脚。

當然,總的來看,兩件器的造假技術還是高的,容庚先生在《商周彝器通考》中說："民國以來之僞器,是爲第三時期。其作僞之技巧視前更精,而辨別真僞也愈難。"

《周金文存》二補 33 上更錄一"伯楘盧鼎"其將簋銘截去一段,改頭換面,竟爲真貨,其造假之痕迹就更清楚了。

準此,在我們整理古物時,是要十分小心才行,否則即會上當受騙。

（本文存手稿,未發表。從手稿第二段中有刪去的"去年"兩字看,本文應寫於 1989 年,"去年去東北開會"應指劉雨先生參加 1988 年在長春舉行的第十屆古文字年會。文中說到遼博藏器時後多綴"見圖",但該器照片未在劉先生遺留的照片中找到）

伯唐父鼎的銘文與時代

《考古》1989 年第 6 期發表了長安張家坡洞室墓簡報和張政烺先生對銅器銘文的釋文，[1]讀過之後，很受啓發。其中伯唐父鼎的銘文很重要，它較詳細地記述了一次禘禮的過程。現再對這篇銘文的内容和時代作幾點補充。

釋文：

> 乙卯，王饗荠京。〔王〕
> 秦，辟舟臨舟龍。咸
> 秦，伯唐父告備。王各，
> 蠡辟舟，臨秦白旗。
> 〔用〕射綅、挈虎、貉、白
> 鹿、白狼于辟池。咸
> 秦，〔王〕蔑曆，易枑酉一卣、
> 貝廿朋。對揚王休，用
> 作□公寶尊彝。

銘文分三段，首段記時，指明事情發生於王在荠京舉行饗祭之年的乙卯日。次段記王行禘祭禮的過程：王將舉行禘祭禮，辟舟靠臨舟龍。禘祭都準備完畢後，由伯唐父報告準備就緒。王到達，乘上辟舟，於白旗下親臨禘祭。於辟池中射牲，射牛牲及虎、貉、鹿、狼等野牲。末段記賞賜和作器：禘禮完畢之後，王勉勵作器者伯唐父，賞賜他浸了香草的醴酒一卣、貨貝二十朋。伯唐父答揚王的美意，作了這件祭奠其先人某公的禮器。

銘中兩次提到的辟舟之辟作 ，辟池之辟作 ，與麥方尊璧雍之璧所從之辟相同。一从口一从〇，是書寫者隨意所致，並無深意。金文中口與〇每混用不別。如商尊（《陝青》2.19）中的辟字从口，同出的商卣（《陝青》2.4）則从〇。辟東尊（《三代》11.24.3）辟字从口，而盂

---

[1] 中國社會科學院考古研究所灃西發掘隊：《長安張家坡 M183 西周洞室墓發掘簡報》，《考古》1989 年第 6 期；張政烺：《伯唐父鼎、孟員鼎、甗銘文釋文》，《考古》1989 年第 6 期。

鼎、召卣、墻盤等辟字从〇。在銘文中辟是辟雍之辟。《史記·封禪書》："灃滈有昭明,天子辟池。"司馬貞《索隱》："今謂天子辟池,即周天子辟雍之地。"蓋司馬遷去古未遠,尚知有"辟池"之稱。《白虎通·辟雍》："辟雍,環之以水,圓而如璧也。"《通典》引許慎《五經異義》云:"水旋邱如璧曰辟雍。"麥方尊的辟雍也寫作璧雍。是知古代辟雍建在環水如璧的島上,故水池稱辟池,舟行辟池水中,故又稱辟舟。

"舟龍"之龍疑即壟,原指田中高起者,此處指高出水面以便登舟之地。

"告備",《周禮·春官·小宗伯》:"掌四時祭祀之序事與其禮……祭之日,逆齍省鑊,告時於王,告備於王。"賈公彥疏云:"其告時告備是其專職耳。"伯唐父於禖祭時向王告備,可能其職務即小宗伯之類。

"白旗",可能就是武王伐紂所用"大白之旗"一類的旗,周代王者之旗多用白色。麥方尊銘的邢侯所乘舟上用"赤旗",蓋赤色爲諸侯所用。

"用射緳、鳌虎、貉、白鹿、白狼于辟池",指禖祭中的射牲。《國語》云:"禘郊之事,天子必自射其牲。"《禮記·射義》"天子將祭,必先習射於澤","已射於澤,而後射於射宮"。《周禮·夏官·司弓矢》:"澤射共椹質之弓矢。"[1]《尚書大傳》:"已祭,取餘獲陳於澤,然後卿大夫相與射。"文獻中所謂"澤射",與伯唐父鼎之射牲於辟池不必爲一事,但説明古代確有這種禮儀,即將牲物置於澤或池中而射之。麥方尊於舟上作大禮,然後"王射大龏禽",也是類似的禮儀。

緳,牛牲的代稱。《周禮·地官·封人》:"凡祭祀飾其牛牲,設其楅衡,置其緳,共其水稿。"鄭注:"緳,着牛鼻繩,所以牽牛者。""鳌虎"指有斑紋的虎,與貉、白鹿、白狼等皆爲野牲。《國語·周語》《史記·周本紀》皆記穆王征犬戎,"得四白狼四白鹿以歸",蓋此一時期白狼白鹿爲野牲之名貴者。

殷墟卜辭多有禖年、禖雨、禖生之祭,意在向先公先王先妣祈求豐收、雨水、生育。周人之禖祭亦多爲祭祀祖考,如獻侯鼎(《三代》3.50.2—3)、叔卣(《錄遺》161)、盂爵(《三代》16.41)、圍卣(北京琉璃河 M253)、矢令方彝(《三代》6.56.2)、歸妣進方鼎(《文物》1986 年第1 期)等皆記有禖祭。[2] 周原卜骨"貞,王其禖又大甲"(H11∶84)亦爲禖祭的記錄。然卜辭與金文對禖祭之禮却皆語焉不詳。伯唐父鼎銘的"告備""乘舟""臨禖白旗""射牲于辟池"等儀節則是第一次揭示出此一祭禮的大致過程。

此洞室墓出土有西周早中之交的陶鬲,時代明確。原簡報稱此墓時代"可能在西周穆王前期"。我認爲這個分析是正確的,而且可以在伯唐父鼎銘文中找到内證。本銘以"賽祭"記年,金文中同類紀年器尚有戍嗣子鼎(《考古學報》1960 年第 1 期)、辰臣盉(《三代》14.12.2)、

---

[1]《周禮》原文作"澤共射椹質之弓矢",恐誤。今依"大射""燕射"之例改爲"澤射共椹質之弓矢"。

[2] 關於禖祭、賽祭的詳細考證,可參見筆者《西周金文中的祭祖禮》,《考古學報》1989 年第 4 期。

呂方鼎(《三代》4.22.1)、高卣蓋(《嘯堂》41.4)等。麥方尊(《西清》8.33)有"王餐莽京"一句，過去將餐字誤釋爲客字，而其字形與伯唐父鼎"王餐莽京"之餐字相同，故也應改釋爲餐字。沈子它簋(《三代》9.38.1)"命乃鵙沈子作䄆於周公宗，陟二公"。我認爲"作䄆"即上述諸器中的餐祭。沈子它之父新死，其神主要按昭穆祔入宗廟，其祖父、曾祖(二公)的神主也要按昭穆遞升一級，故餐祭是一種調整宗廟次序的祭禮，且必行於其父考新死之際。王室之餐祭則必行於父王去世，新王初繼位之時。[1] 伯唐父鼎的形制一般不會早到昭王初年，而該鼎却以餐禮紀年，故應作於昭王新死(南巡不返)，穆王初繼位時，銘中之王應指穆王，這說明伯唐父鼎的時代與墓葬時代是一致的。王室餐祭行於新王初繼位時，是我新提出的銅器斷代的一個輔助標準。當然現在還只能算是一個假説，因爲可資證明的材料還太少。但是，用這個新標準來衡量伯唐父鼎所得出的結論，却與考古發掘得出的結論相吻合，説明它是有一定科學性的。

　　附：伯唐父鼎及銘文

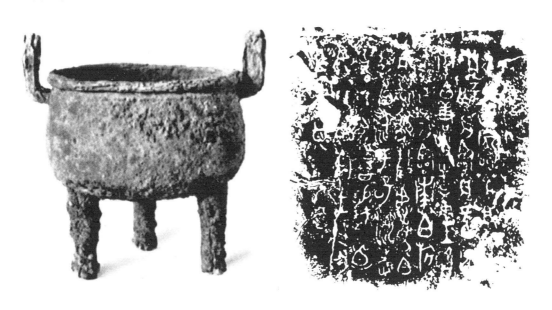

　　(原載《考古》1990 年第 8 期，第 741—742 頁；又載《金文論集》，第 314—316 頁，紫禁城出版社，2008 年 5 月)

---

[1] 關於裸祭、餐祭的詳細考證，可參見《西周金文中的祭祖禮》。

燕侯克罍盉銘考

1986 年冬，北京郊區琉璃河 1193 號大墓出土燕侯克罍、盉（圖一、二），對其銘文（圖三至六），諸家多有考釋，筆者也曾參加筆談，意猶未盡，想再談幾點意見。

圖一　燕侯克罍　　　　　　　　　圖二　燕侯克盉

釋文：

王曰：大保，唯乃明（盟），乃鬯享
于乃辟。余大對（封）。乃享。
令克侯于匽（燕）。事（嗣）羌、狸、
虘（馭）于御微。克塞（來）
匽，入土眾厥（有）司，
用作寶尊彝。

銘文中的"對"可讀作"封","大對"就是"大封"。在金文中奉、對、封三字皆象以手植樹於地之形,可能皆由樹藝之藝字分化而成。甲骨文中的"東對""西對"應讀作"東封""西封"。散氏盤(《集成》10176)的"一奉""二奉"也應讀作"一封""二封"。1984年河南平頂山出土的封虎鼎(《集成》2437)之封字象雙手植木於地之"奉"字。六年召伯虎簋(《集成》4293)"對揚朕宗君其休"、中觶(《集成》6514)"中對王休",兩器中的"對"字都寫作人植樹木於地之"封",與六年召伯虎簋"余典勿敢封"之封字類似。這三個字,在金文中每相混用。文獻中也不乏混用之例。如《荀子·正論》:"治古無肉刑,而有象刑……菲,對履……"郝懿行曰:"對履,《慎子》作履封,對當作封。"王先謙《集解》亦云:"對當爲封。"説明在荀子的時代,對、封仍有時混用。如上述分析能夠成立,那就是金文中首次出現大封禮的記載。

圖三　燕侯克罍蓋銘

圖四　燕侯克罍器銘

"唯乃盟,乃圅享于乃辟",句中三"乃"字都是代詞,相當現代漢語"你的"。下面的"乃享"之"乃"是副詞,相當現代漢語的"於是"。鄂侯御方鼎(《集成》2810):"鄂侯御方納壺于王,乃祼之。""王休宴,乃射。"兩"乃"字用法與後句相同。金文通例宴饗生人用"鄉",祭饗鬼神用"享"。武王是太保𣪊的辟君,故銘中的"享于乃辟""乃享"都是講享祀先辟武王。

圖五　燕侯克盉蓋銘拓本　　　　　　　圖六　燕侯克盉蓋銘照片

"命克侯于燕",是封建諸侯的述辭。

"剮羌豸,祖于御微",是燕侯克赴封前殺牲祖祭道神。《詩經·大雅·韓奕》記周宣王錫命韓侯,有"韓侯出祖,出宿於屠"句,疏云:"《烝民》有'仲山甫出祖',仲山甫爲二伯,韓侯爲侯伯,故兩詩皆有出祖祭道神事。"韓侯、仲山甫受封爲侯伯,赴任時有祖祭道神的儀注,本銘爲克受封爲燕侯,殺牲祖道的儀注是一樣的。

"入土眔有司",指燕侯克受納裂土及燕地官吏民眾。《尚書·禹貢》:"徐州厥貢唯五色土。"《逸周書·作洛》:"乃建大社於周中,其壝:東青土、南赤土、西白土,北驪土,中央釁以黃土。將建諸侯,鑿取其方一面之土,苞以黃土,苴以白茅,以爲土封,故曰受則土於周室。"這種裂土封建的制度確曾行於周初,後世沿用,作社稷壇,成爲國家象徵的標誌。

1193 號大墓有四條墓道,其規模已具備諸侯墓葬條件,墓中所出長銘重器的器主燕侯克有可能就是墓主。據《史記·周本紀》和《燕召公世家》記載,"封召公奭於燕","封召公於北燕"。武王所封第一代燕侯應是召公奭,所以燕侯克最早也只能是第二代燕侯。本銘記錄的是燕侯克在成王時嗣封爲燕侯的典禮,有召公到場,故銘中有成王對太保説話的口氣。其時,武王已受享稱辟,銘中的時王必是成王。

（原載《遠望集——陝西省考古研究所華誕 40 周年紀念文集》,第 302 頁,陝西人民美術出版社,1998 年 12 月;又載《金文論集》,第 324—326 頁,紫禁城出版社,2008 年 5 月）

附

北京琉璃河出土西周有銘銅器座談紀要
（劉雨先生發言部分）

京郊琉璃河燕國墓地新出燕侯克罍、盉，試作解釋如下：

王曰："大保，佳乃明（盟），乃邑享（饗）

于乃辟。余大封。"乃享（饗）。

令克侯于匽。事（剚）羌豸，

叡（祖）雩御微。克來

郾，入土咢又（有）嗣。

用作寶尊彝。

1. 王，指成王。

2. 大保，指召公奭。

3. 明，盟。服尊（《三代》11.32.1）"服肇夙夕明享"。沈兒鐘"惠于明祀"。兩器之"明"皆應作"盟"。"盟"者，即"周公、大公股肱王室，成王勞而賜之盟曰：世世子孫，無相害也"之"盟"。

4. 辟，指成王。成王與召公雖爲君臣，但輩份爲叔侄，故尊稱召公爲"大保"，自己謙稱"乃辟"。

5. 大封，封建諸侯大禮。金文封、對兩字有時混用不別，如六年召伯虎毁（《三代》9.21.1）"對揚"就寫作"封揚"。

6. 克，大保召公奭子或孫之名，最早爲第二代匽侯。

7. 侯于匽，封侯於匽地。宜侯矢毁（《録遺》167）"侯于宜"、麥尊（西清8.33）"侯于井"、伯晨鼎（三代4.36.1）"侯于䢶"，皆其例。

8. 事羌豸。事，剚。《漢書·蒯通傳》"慈父孝子所以不敢事刃於公之腹者，畏秦法也"。注："李奇曰：東方人以物臿地中爲事。"豸，《周禮·封人》"凡祭祀飾其牛牲，設其楅衡，置其絼"，注："絼，着牛鼻繩，所以牽牛者。""羌豸"指羌人所貢獻之拴了鼻繩的牛牲。或即拴了鼻繩的羌人牲。

9. 叡，祖。祖戊爵（《三代》16、25）"祖戊"作"叡戊"、鄘平鐘（《考古學報》78.3）"祖考"作"叡考"。《説文》"祖，始廟也"，段玉裁注："新廟爲始。"《考工記》"匠人營國，左祖右社"。

在銘中"祖"用爲動詞,即"建祖廟"。按照西周禮制,諸侯死,要建新廟,稱"禰廟"或"禰宫"。

10. 御微,燕國地名,祖廟所在地。

11. 第四行克下一字,从止从宀。應爲來字。

12. 入土,《逸周書·作雒》"諸侯受命於周,乃建大社於國中……將建諸侯,鑿取其方一面之土,燾以黄土,苴以白茅,以爲土封,故曰受列土於周室"。匽侯克所入之土即此"列土"。

13. 厥辥,即有辥。行政官員的統稱,如"三有辥"即指司土、司馬、司工。

與克器同出的還有"成周"銘文兵器,因此其時代上限不得早於成王營建成周之前,不可能早到武王始封第一代匽侯的時代,匽侯克只能是召公奭的子或孫輩。最早是第二代匽侯。銘中記録其時大保尚健在,大保召公死於康王初年,因此,大體上説匽侯克在成王時代是可信的,不會晚至康王時。

傳世有匽侯旨鼎(《三代》3、8)云"匽侯旨作父辛尊"。又有耆鼎(《録遺》94)、伯耆盉(《三代》14.9)皆云"作召伯父辛寶尊彝"。是知旨與耆應爲兄弟行,同爲召伯父辛之子。值得注意的是他們稱其父爲"召伯",而不是"召公"。顯然其父是召公奭的子或孫輩。從器物形制及銘文考察,匽侯克罍盉也早於匽侯旨鼎。因此,匽侯旨只能是召公奭的孫輩或重孫輩,最早是第三代匽侯。過去認爲匽侯旨是第一或第二代匽侯,顯然是弄錯了。

(原載《考古》1989 年第 10 期,第 958—959 頁)

殷周青銅器上的特殊銘刻

一

迄今爲止,已著録的先秦有銘青銅器約 13 000 件,其中半數左右銘刻極爲簡短,有的僅銘刻一個十分象形的字,有的在此外再加一父祖日名,由於缺少上下文例比附,對這些字或短語的釋義,學者們見仁見智,説法不一。較有影響的有郭沫若的"族徽説""族氏説"和"族名説",[1] 張振林的"家族標記説",[2] 吴其昌、饒宗頤的"私名説",[3] 以及日人白川静的"特殊集團説"[4] 和林巳奈夫的"旗上之物説"[5] 等。其實,早在宋代已有學者對這一問題作了研究。如《考古圖》4.36 木父己卣,釋文云:"木者,恐氏族也。"以上諸説,皆能言之成理,各從一個側面説明了部分器物上銘刻的内容,但終難概括所有此類銘刻。在没有完全搞清其内容的情況下,我們不妨暫稱其爲"特殊銘刻"。對這部分資料的理解,恐怕是金文研究領域中最困難的部分了,應給予足够的重視,並加以特殊的處理和研究。

二

這類銘刻雖少有文例比附,但多數可在甲骨文中找到同形的字,下面我們舉例作些對比分析:

大,金文釋大或天,在特殊銘刻中有 50 餘例。

甲骨文寫作大,有作地名者:如"丁卯卜,貞,王田天,往來亡巛"(《前》22784);金文有"才大"(《集成》9798),甲骨文有"貞,翌甲……子大……征大"(《合集》7631);金文有"敔天"(《集成》8141),甲骨文"敔"亦爲地名"羊勹甹於斩……"(《存》1.719);金文有"天

---

[1] 郭沫若:《殷彝中圖形文字之一解》,見氏著《殷周青銅器銘文研究》,第 11—20 頁,科學出版社,1961 年。
[2] 張振林:《對族氏符號和短銘的理解》,中國古文字研究會第八屆年會論文,1990 年。
[3] 林巳奈夫:《殷周時代的圖像記號》"以前的研究",《東方學報》京都第三十九册,1968 年。
[4] 林巳奈夫:《殷周時代的圖像記號》"以前的研究"。
[5] 林巳奈夫:《殷周時代的圖像記號》"以前的研究"。

舟"(《集成》5205),甲骨文"舟"亦作地名"于舟烄,雨"(《甲》637)。

🔣(《集成》)10635),金文"亦"字,甲骨文作地名"己未卜,行貞,王……叔亡尤,在亦卜"(《文》456)。

🔣(《集成》1635、1636、10636),金文釋"需",甲骨文爲地名"……往奠……乎般在🔣"(《合集》4258)。

🔣,金文釋矢,有 20 餘例,甲骨文爲先王名或地名"业王矢,伐三,卯牢"(《乙》5317),"辛酉卜,吾貞,於矢先冤,一月"(《前》1.48.3)。

🔣,金文釋罷,有十餘例。甲骨文爲人名"重口罷令監凡"(《寧》1.500)。

🔣,此字金文中有 20 餘例,無確釋。甲骨文作人名"夒不其呼來"(《合集》4444),"重夒令蓋射"(《合集》5770)。

🔣,金文釋豕,有 20 餘例。甲骨文作人名"乙丑卜,翌丙,豕业至"(《合集》72)。

🔣,金文並字,凡 10 餘見,甲骨文用爲地名和方國名"王令並"(《甲》609),"重般乎田於並"(《佚》95)。彭邦炯考其地在山西太原、石樓一帶,是殷人一大族。[1]

🔣,金文羌字,凡 20 餘見,甲骨文方國名"乙未卜,勿用羌於咸"(《合集》238)。

🔣🔣,字不識,金文凡 80 餘見,有與"小臣辰""臣辰"連用者,🔣顯然是其家族名號。甲骨文爲方國名"……爭負,🔣齊亡禍"(《乙》8264)。

🔣,金文疑字,"亞疑"凡百餘見,有與冀侯連用者,應是冀侯家族的名號。甲骨文則用爲貞人名。

🔣(《集成》7402、9120),金文釋北,又有"北子"(《集成》2329、5762、6476、6507、10084)、"北伯"(《集成》1911)。甲骨文爲方國名"辛亥卜,北方其出?""王其征北方"(《存下》755)。王國維據北器出於河北淶水,定其地在殷北部地區。[2]

🔣、🔣(《集成》2919、3196、3206、3518、4977、5074、6282、6587、9058),金文釋執。甲骨文作地名或方國名"王其田執,亡灾"(《甲》1191),"癸卯卜,貞,執其戎沚"(《遺》964)。

🔣金文凡百餘見,字不釋。甲骨文作人名"辛卯,王……小臣觑……其亡圖……于東對,王占曰吉"(《合集》36419),"觑其遷至于攸若,王占曰大吉"(《合集》36824)。

限於篇幅,我們只舉出上述例證,這只是全部材料中很小的一部分。從中不難看出,與金文同形的甲骨文多是方國名、地名、人名。在甲骨文中,方國名、地名、人名往往是同一的,蓋古代個人的活動與其家族、地區乃至方國的活動聯繫非常緊密,因此常常混用不分。所以我們有理由推測,金文特殊銘刻中應該有很大一部分是古代方國(地區)、家族以及個人的名號。

---

[1] 彭邦炯:《并氏、并器與并州》,《考古與文物》1981 年第 2 期。

[2] 王國維:《觀堂集林》卷十五《北伯鼎跋》。

三

殷周金文特殊銘刻中的古代方國名,被成功解讀的有三個例證:

第一,20 世紀 30 年代郭沫若作《金文餘釋之餘》有《釋須句》一節(後收入《金文叢考》)。他對▨簋(《集成》3034)的銘文作了如下考證:"今按,此乃須句二字之合文也。▨自句之異,▨乃須之省。……須者鬚之初文,象形,今作▨,則是省頁而存鬚,其爲須字無疑。句者鉤帶之鉤之本字,▨像帶鉤之形,口聲,今作▨,乃移口聲於象形文之間耳,自當是一字。須句,古國名,春秋僖公二十二年春,公伐邾,取須句。其前年《左氏傳》云:'任、宿、須句、顓臾,風姓也。實司太皞與有濟之祀,以服事諸夏。'今得識此銘,則須句有古物可徵矣。"

此銘金文僅一見,《攀古樓彝器款識》下 35、《恒軒吉金圖録》45 有綫圖著録。其器爲一簋,雙耳有珥,腹部布滿乳釘,故又稱"百乳彝",形制應定在殷墟晚期。郭老對須句的考證,爲我們解讀金文特殊銘刻提示了一個有效的方法,即將文字結構的分析和歷史史實的分析結合起來,用以探求特殊銘刻的特殊含義。

第二,1965 年,陝西綏德縣墕頭村一商代墓葬裏出土一件戈,銘文作▨。裘錫圭先生於 1990 年寫《釋"無終"》一文,他考證道:"我們認爲這一族名是由兩個字合成的。上方的▨跟屢見於殷墟甲骨文的'終'字初文▨顯然是一個字……上引族名合文中的下方一字,是在刀形的鋒刃部分加一圓圈而成的……可知此字的本義當爲'鋒刃'一類意義……我們考察的由終、▨二字合成的族名,無疑應讀爲亡終,亡、無古通,例不勝舉。亡終就是見於《左傳》的戎狄族名無終。1986 年,山西文物工作者在公安部門緝獲的走私文物中發現了一枚'亡▨'三孔布。朱華《略談'無終'三孔布》釋此幣面文爲'無終'(《中國錢幣》1987 年第 3 期),十分正確,可證'無終'在古文字裏確可寫作'亡終'……'無終'兩見於《左傳》……所以就現存史料而言,説無終是北狄的一支比較妥當。"[1]

按,與綏德戈銘相同的銘文在金文中尚有八例:《集成》1450、1451、1452 著録三件鼎,7023、7024 著録兩件觚,7611、7612 著録兩件爵。這七件皆屬商代器,其中 1451、7024、7612 三件現藏故宫。此外《集成》6418 著録一觶,現存上海博物館,似可晚至西周早期,銘文爲"無終、▨、父辛",▨有可能是作器者的私名,銘文大意爲無終國的▨爲其父辛作此器。

順便提一下,甲骨文有"……占曰:有祟娠……▨"(《合集》4307 反),《殷墟甲骨刻辭類纂》的作者將▨就釋爲無終[2]。

第三,1973 年,遼寧喀左縣發現銅器窖藏,其中一件罍上有"父丁、▨、亞罒"六字銘

[1] 裘錫圭:《裘錫圭學術文集》第三卷《金文及其他古文字卷》,第 62—64 頁,復旦大學出版社,2013 年。
[2]《殷墟甲骨刻辭類纂》,第 1192 頁。

文。唐蘭先生看到這組器後,立即斷言:"這個地區,在商代屬於孤竹國,也就是伯夷叔齊的老家,現在從出土實物上可以得到證明了。"他還在注解中作了詳細考證:"《漢書·地理志》遼西郡令支縣下説:'有孤竹城。'應劭注:'故伯夷國。'清《一統志》'令支故城今遷安縣西',又'孤竹山在盧龍縣西,孤竹城在其陰。'據《爾雅·釋地》觚竹是北荒,《逸周書·王會解》有孤竹、不令支,《國語·齊語》《管子》和《史記·齊世家》都記載齊桓公伐孤竹事。今河北省遷安縣附近的古孤竹城,可能是孤竹國的一個都邑,而孤竹國的國境決不止此。清吕調陽的《漢書地理志詳解》則説:'(今喀喇沁左翼)旗南八里有故龍山城,蓋即令支城也。……又旗東北二十五里有元利州城,蓋志所云孤竹城。'汪士鐸《水經注圖》所附《漢志釋地略》則以喀喇沁左翼爲《漢書·地理志》的遼西郡文成縣。今按喀左在遷安東北,離遷安不到三百里。這種屬於四荒的國家,還在遊牧情況下,地廣人稀,喀左應屬孤竹是無疑的。"[1]

唐先生雖正確地指出銅器所出地喀左是古孤竹國,但並未對銘文作詳細考證,只是隸定爲"父丁 🔲 冄屰亞"六字。對銘文作出考證的是晏琬(李學勤筆名),他指出:"前一字从子从曰,上左从瓜得聲,應隸定爲晢。《説文》瓜字象形,徐鍇説'外像其蔓,中像其實',銘文 🔲、🔲 等形正是如此。《古璽文字徵》戰國私印'令狐佗',狐字偏旁瓜作 🔲。戰國前期器令狐君嗣子壺瓜字作 🔲,互相參照,不難看出瓜字演變的途徑。後一字 🔲,在卜辭和銅器銘文中常見,前人或釋竹,或釋冄。按周代銘文中的冄都从毛作 🔲,象毛冄冄,不同於 🔲,而作爲偏旁的竹作 🔲,則與 🔲 相近。因此,北洞甕中這兩個字是晢竹,即文獻裏的孤竹,全銘應爲:父丁,孤竹,亞屰。"[2]

按上述銘文中的亞屰,有可能是作器者的家族名,全銘應理解爲:"孤竹國亞屰家族中的成員爲其父丁所作的銅器。"假若這種理解可以成立,與孤竹相聯繫的器就都可以得到較好的解釋。如:金文有銘爲"亞𣂤孤竹"的方罍一件 🔲(《集成》9793),應理解爲:"孤竹國亞𣂤家族的成員所作的器。"又有銘爲"亞𣂤孤竹𨑲"的鼎一件(《集成》2033),應理解爲:"孤竹國亞𣂤家族一個名叫𨑲的成員所作的器。"又有銘爲"亞𣂤孤竹父丁宮"的卣、瓿各一件(《集成》5271、7293),應理解爲:"孤竹國亞𣂤家族的一個叫宮的成員爲其父丁所作的器。"上述情況説明,特殊銘刻在記載古代方國、家族、人名時,用詞很簡短並僅用名詞。即使這些名詞也經常有所省略,如:亞𣂤竹宮鼎(《集成》2362)孤竹就簡省爲竹。亞𣂤宮鼎(《集成》2427)將孤竹國名全部省略,只保留了家族名和私名。《集成》386、1423、6986、7793、7794、11444 等六件器,只有"亞𣂤"兩字,省略了國名和私名。《集成》1424 鼎銘爲"亞𣂤止",《集成》8777 銘爲"亞𣂤天",省略了國名,也省略了家族名或私名中的一個。

類似的古國名,如息國、斟尋國、房子國、北子國等等,也都在新出的銅器中找到了相應

[1]　唐蘭:《從河南鄭州出土的商代前期青銅器談起》,《文物》1973 年第 7 期。

[2]　晏琬:《北京、遼寧出土銅器與周初的燕》,《考古》1975 年第 5 期,第 276 頁。

的特殊銘刻,並得到出土地和文獻的印證,可見在特殊銘刻中可能有一些是古國名。

<h1 style="text-align:center">四</h1>

在特殊銘刻中,有一些家族名也可以得到較好的證明。如大家所熟知的陝西扶風莊白出土的微史家族銅器,在折、豐、瘦幾代人所作銅器銘文的末尾都記有册木羊册,其中"册"是官名"作册"的縮寫,"木羊"則應是微史家族的家族名。

再如陝西長安灃西張家坡邢叔墓地 152 號墓出土的炭盤鼎銘爲"井叔作……",而同墓所出帶流鼎却僅名一"井"字,可知"井"應爲邢叔家族的族名。

又如有一出現近百次的特殊銘刻"大黽",我們試舉其中幾件器銘加以分析:

獻侯䵼鼎(《集成》2626)

> 唯成王大棅在宗周,賞獻侯䵼貝,用作丁侯尊彝。大黽

天君鼎(《集成》2674)

> 丙午,天君饗褉酒,在斤。天君賞厥征人斤貝,用作父丁尊彝。大黽

大黽瓢(《集成》7213)

> 大黽、獻、祖丁

大黽簋(《集成》3393)

> 大黽、亞尤、獻

這很可能是獻侯家族祖孫三代所作的一組銅器,第一代是丁侯,第二代是獻侯䵼,第三代是亞尤。此家族用"大黽"作族名,其中"獻侯"在後兩件器中省作"獻",這一省稱又構成晚世族名的一部分。

類似族名省簡的例證尚有許多,如《集成》4059 著録一簋,其作器者爲渣司土逯,銘末族名爲𝌆。《集成》2344、5363、5364、5954 所著録諸器銘文爲"渣伯逯𝌆",《集成》2177、2178、6480、9424、10078 諸器銘文爲"逯𝌆",《集成》8229、8230、8231 諸器銘文爲"渣𝌆",而《集成》899、3366、3557、3579、9827 諸器銘文僅爲一字"𝌆"。其省簡的軌跡是:

渣司土迭𠂤𠂤→𠂤𠂤渣伯迭。

𠂤𠂤應爲渣伯家族的族名。

上述例證説明，在特殊銘刻中，確有一些是家族名。

五

在特殊銘刻中也有一些似乎不是族名。如 1935 年安陽侯家莊西北崗 1004 號大墓出土的兩件方鼎，出土時挨在一起。大鼎内底銘一牛形，實測容積爲 62 585 毫升（約合六斗），小鼎内底銘一鹿形，實測容積爲 35 033 毫升（約合三斗）。陳夢家先生早年曾指出，這兩件方鼎上的銘文是標明鼎的用途的。[1]

按《九家易》云：“牛鼎受一斛……羊鼎五斗……豕鼎三斗。”[2]《淮南子·詮言》云：“夫函牛也，鼎沸而蠅蚋弗敢入。”金文中對鼎的功用也有説明，如：

呂鼎（《集成》2838）

作朕文考宂伯鱶牛鼎

史獸鼎（《集成》2778）

賜豕鼎一、爵一

伯虘父鼎（《集成》2535）

伯虘父作羊鼎

函皇父盤（《集成》10164）

自豕鼎降十又一

這説明鼎之功用是有分别的，侯家莊兩方鼎中牛方鼎之“牛”字，指明其功用是煮牛的，

---

[1] 陳夢家：《美帝國主義劫掠的我國殷周銅器集録》，科學出版社，1963 年。
[2] 黃奭輯：《九家易集注》，載《漢學堂經解·易類》。

鹿方鼎之"鹿"字指明其功用是煮鹿的,並非表明該鼎是牛族或鹿族所有。

安陽侯家莊西北崗 1001 號大墓曾出土三件方盉,一件銘文爲"左",一件銘文爲"右",一件銘文爲"中"。多數學者認爲該墓三盉的銘文左、中、右是標明在禮儀中擺放的位置,而並非標明三個盉爲左、中、右三族所有。

有些金文在通常出現族名的位置處綴以一組數字符號。如:

史游父鼎銘末綴有"✡"應釋爲"七五八"(《集成》2373);

菫伯鼎銘末綴有"✡"應釋爲"八五一"(《集成》2156);

效父簋銘末綴有"✡"應釋爲"五八六"(《集成》3822);

中方鼎銘末綴有"✡✡"應釋爲"七八六六六六,八七六六六六"(《集成》2785)。

這些數字符號已被著名學者張政烺先生考證爲八卦符號,與族名無關。[1]

在特殊銘刻中,可能還有不少我們暫時無法理解的銘文,因爲有些銘文既無文例可循,又無出土記錄可參照,無法考其確切含義。所以,在釋讀這些銘文時,應持謹慎態度,不能隨意指其爲某某族名。

六

綜上所述,殷周金文中的特殊銘刻,應該肯定其多數是由古代的方國名、家族名、個人私名組成的。其構成特點有三:一是只羅列名詞,不夾雜其他詞類和語法成分。二是經常省簡某些成分。三是某些方國名常以合文的形式出現,文字拼合得十分巧妙。還應注意特殊銘刻中也包含一些非族名銘文。

因爲族名金文的構成是分層次的:方國——家族——私名,所以釋讀這些銘文也應分層次進行。第一步應設法找出方國名,第二步將凡與某方國名聯繫的銘文聚在一起,分析各家族名和私名。

記載這些族名的銅器的時代,絕大多數屬於殷周之際,所以這項研究對瞭解殷周社會的組織結構是十分有意義的,這些第一手材料將極大地加強對殷周社會史的研究。

(原載《故宮博物院院刊》1999 年第 4 期,第 13—18 頁;又載《金文論集》,第 258—265 頁,紫禁城出版社,2008 年 5 月)

---

[1] 張政烺:《試釋周初青銅器銘文中的易卦》,《考古學報》1980 年第 4 期。

豳　公　考

　　保利藝術博物館 2002 年入藏的豳公盨（圖一）無疑是近年來發現的一件十分重要的青
銅器，其銘文的價值與大部分認字問題都已被李學勤、裘錫圭等先生講清楚了，[1] 本文擬在
他們研究的基礎上，對其斷句、銘文的哲學内涵作一些補充考證，進而對豳公其人作出推測。

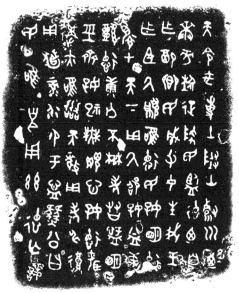

圖一　豳公盨及銘文

一、釋　　文

　　天命禹尃（敷）土，隨山濬川，迺
　　差方設征。降民監德，迺自

---

[1]　李學勤：《論豳公盨及其重要意義》；裘錫圭：《豳公盨銘文考釋》；均載於《中國歷史文物》2002 年第 6
　　期（原《中國歷史博物館館刊》）。

作配饗。民成父母生,我王
作臣,厥貴唯德。民好明德,
顧在天下,用厥昭好。益敬
懿德,康亡不懋,孝友懇明。
經齊好祀,無愧心好德,婚
媾亦唯協。天鼇用考神,復
用髮禄,永御於寧。豳公曰:
民唯克用,兹德亡悔。

二、釋　字

專土:敷土,安排下土,重整河山。

隨山:順隨山勢。蓋疏浚河流必須根據山勢走向。[1]

差方設征:即《禹貢》之區分九州方位,並根據九州的地理及土質,確定貢賦。其中"埶"
與"設"音近互通。[2]

配饗:《禮記·郊特牲》:"萬物本乎天,人本乎祖,此所以配上帝也。"古有以祖神配天享
祀之禮,周人自以爲夏人的後裔,所以其祖神可以追溯到夏的開國君王大禹王,這裏指祭天
時以大禹配饗。

民:指貴族,三代一統,皆是貴族政治。[3] "民成父母生,我王作臣"是説:這些民皆爲
父母肉胎所生的凡人。"我王作臣"即"作我王臣",金文每有賓語提前的句式。如息伯卣蓋
(《集成》5385):"息伯賜貝于姜,用作父乙寶尊彝。"銘文是説"王姜賞賜息伯貝,息伯因有榮
寵而爲父乙作器",可是該銘中的賓語"息伯"卻提到前面去了。又比如鬲尊:"鬲賜貝于王,
用作父甲寶尊彝。"(《集成》5956)顯然是王賜貝於鬲,這裏又把被賜予者鬲提到前面去了。

沬:即䣋,讀爲貴。[4]

顧:此字實際並未認出,暫按李學勤説。

敬:此字字迹不清,暫釋爲此,將來或可藉助 X 光得到更清晰的筆畫,再重作考釋。

懇:即忓。《説文》:"憂也。"

好祀:求子嗣的祭祀,在西周時可能就是指祭祀"高禖"。

𩵋:字左從心,右從鬼,即愧字。無愧心,後代文獻《皇極經世》有"無愧於口,不若無愧

---

[1] 隨,見李學勤文,《中國歷史文物》2002 年第 6 期。

[2] 差,見李學勤文,《中國歷史文物》2002 年第 6 期;設,見裘錫圭文,《中國歷史文物》2002 年第 6 期。

[3] 民,這裏"民"所代表的貴族,包括各個階層的大小貴族,但不應包括奴隸和"禮不下"的"庶人"。

[4] 䣋,見李學勤文,《中國歷史文物》2002 年第 6 期。

於身；無愧於身，不若無愧於心"可資比照。這裏指對兩姓好合之德有誠心的向往。[1]

釐：《説文》："家福也。"揚雄《甘泉賦》"逆釐三神"，注："釐，福也。"

髮禄：金文嘏詞之一。史墻盤云"繁髮多釐"，形容祖神降賜的福禄猶如頭髮一樣多。

燧：毲與豩音近，字形相似，燧與豳所从之"火"與"山"在早期文字中也每混用無別，到晚期文字中弄混了的可能性就更大。金文中的字被後世典籍誤解爲另外一個字的例子很多，比如大家都知道的，早期金文的字，因爲中間加個心，就被後世誤解爲"寧"字，《尚書》中的"寧王遺我大寶龜"等許多"寧"字，就是這樣弄錯的。金文中不見豳字，後世文獻中的豳在金文中寫作燧是合理的，它是這篇銘文中最爲關鍵的一個字。

裘錫圭先生認爲該字應讀爲豳字，但未加深述。李學勤先生將此字讀爲遂字，並指爲山東遂國之遂，字形與字音或可講出點道理，但金文中的燧、荓等地應在陝西，不太可能遠到山東去。静簋中的"燧荓師邦周"應理解爲"燧、荓師與邦周"，這是三個以地爲氏的人名，與前面銘文所説的王、吳來、吕牳編成三組，作"耦射"。趩簋"燧師塚司馬"、善鼎"佐彙候監燧師戍"中的彙、燧，以及裘衛盉"燧趄"、五祀衛鼎"燧襫"中的燧，皆應是陝西的地名和以地爲氏的人名，銅器也大都出在陝西，燧字所指，應該就是後世文獻中的豳地，講成山東的遂是很困難的。至於把"燧師塚司馬""監燧師戍"中的燧，講成鄉遂的遂，那就更令人難以理解，陝西安康縣王家灞 1986 年出土的史密簋有"齊師族徒述人"和"師俗率齊師述人"兩句（《文物》1989 年第 7 期，圖二），大

圖二　史密簋及銘文

---

[1] 愧，此字字形的解釋並不好，通常金文中的心和鬼與本銘均有一定差距，一時還想不出更好的解釋，權且釋爲愧字。

家都認爲所謂"述人"就是"遂人",這個"遂人"之"遂",就是《周禮》所説的鄉遂之遂,説明鄉遂之遂,金文本有其字,有什麽必要另造一個燹作遂字呢? 金文"述"多讀作"遂",如趩盂(《集成》10321):"君在雍即宫,命趩使於述(遂)土。"小臣迷簋(《集成》4238、4239):"伯懋父以殷八師征東夷,唯十又二月,遣自□師,述(遂)東陝伐海眉……"中山王方壺(《集成》9735):"燕故君子噲,新君子之,不用禮義,不顧逆順,故邦亡身死,曾無一夫之救,述(遂)定君臣之位,上下之體。"看來,在金文中,相當於文獻中的"遂"字,不管是實詞或虚詞,一般都用"述"字表示,不會用燹字來表示。所以,我認爲燹字讀爲豳,只能説很有可能,讀爲遂肯定是錯的。

三、意　　譯

天神(主語)命禹重新安排下土,禹(主語)順隨山勢,疏浚河流,於是根據土質優劣,劃分區域,制定了徵收貢賦的標準。

天(主語)降賜體察民意,監視時王之德,於是貴族(主語)在祭天的時候就自己把先王大禹當作與天配饗的對象。

貴族(主語)都是父母所生的凡人,今作王的臣民,他們所重視的只有德。

貴族們(主語)喜歡王具有明察之德,因爲這樣才可以瞭解天下發生之事,用以充分昭顯王的善政。

貴族們(主語)更加敬重王的醇美温良之德,因爲它可以使人安康而無不得到勉勵,孝敬父母,友於兄弟,憂思而明達事理。

貴族們(主語)精心認真對待高禖之祀,做到誠心地嚮往"兩姓和會之德",這樣婚姻也能達到和諧。

天神(主語)在天上福用先考父王(穆王),並降賜給地上的民衆像頭髮一樣多的福禄,使下土永遠得到安寧。

豳公説:"貴族們只要能够遵循這些原則,我有周的這個德政就無所不通達。"

四、哲　　理

周人的宗教觀念裏,地上與天上存在兩個類似的王朝,地上的王死了,如其德行好,即可到天上朝廷做神;反之,如地上的王胡作非爲,德行很壞,小則要遭天譴,大則可能被廢掉,另覓德行好的人做王。爲此,天神甚至於不惜改朝換代,《詩·大雅·文王》"天命靡常",商湯可以革夏桀的命、周武可以革商紂的命,都是合理的。戜狄鐘(《集成》49)"先王其嚴在帝左右",《詩·大雅·文王》"文王陟降,在帝左右",邢侯簋(《集成》4241)"克奔走上下帝"。考神即指死去的父王在天所做之神,本銘指穆王,他們在帝廷做神,專司交通地、天之間。金文中的天是至上神,他可以禍福人間,與金文常見的祖神不同,祖神對人間只福不禍。[1]

四德:"德"指人應遵循的規範的行爲。

第一,監德:監,《爾雅·釋詁》"視也"。天亡簋(《集成》4261)有"文王監在上"句。《書·太甲》"天監厥德,用集大命",是指察視之德。"降民監德"即"天降賜監視時王之行爲的德",天監視時王的德行,主要通過觀察民情。

第二,明德:詳察世間一切事理之德。晉姜鼎(《集成》2826)"余不暇妄寧,經雍明德",《左傳·昭公元年》"劉子曰:美哉禹功,明德遠矣"。

第三,懿德:醇美溫良之德,師翻鼎(《集成》2830)"皇辟懿德",史墙盤(《集成》10175)、瘋鐘(《集成》251)"上帝降懿德",《詩·周頌》"我求懿德"。

第四,好德:兩姓婚姻和會之德。《書·洪範》"五福……四曰攸好德"。

王者的最高行爲典範是大禹,爲王者應知道天曾"降民監德",天可以通過觀察民意,監視時王的所作所爲,民可以在祭天時配享大禹,通過大禹與天相通。王者行爲要檢點,以免遭天譴。民(指貴族)最重視的是監、明、懿、好四德,爲王者也應該體察這種民意。另一方面,作爲貴族來説,應該遵循四德的要求,體察"監德"、喜好"明德"、敬重"懿德"、無愧心於"好德",孝敬父母,友於兄弟,憂思而明達事理,精心認真對待高禖之祭祀,婚媾和諧,繁衍子孫。王與民兩方面德行結合,構成了四德合一的德政體系,這就是周人在西周中期所闡釋的德的完整内容,也是本篇銘文的主旨所在。銘文提出了"四德"的觀念,貫穿着"重民敬德"的思想。"德"是西周人在激烈的政治鬥爭中提出的一個新的哲學概念,在周初,它解釋了商亡周興的原因,成爲對付殷遺民的重要精神武器。其後,它又隨着周王朝的發展,逐步完善,成爲治理國家的一整套哲學思想,本銘即體現了周人不斷豐富和完善這個德政體系的過程。

孔子説"爲政以德,譬如北辰,居其所而衆星共之"(《論語·爲政》),"周監於二代,郁郁乎文哉!吾從周"(《論語·八佾》)。春秋以後發展起來的儒家,以恢復周禮爲己任,在哲學上他們全面繼承了西周的德政體系,試將他們所宣揚的仁、義、禮、智、忠、孝等思想與西周的"四德"相對照,就不難發現其中的淵源關係。

五、幽 公 其 人

幽王盉(《集成》9411)云:"幽王作姬姝盉。"(圖三)[2]《爾雅·釋親》:"男子謂女子先生爲姊。"銘文是説幽王爲其姐姐作盉,類似的爲姊作器者尚有兩器:一件是公仲涉簋(《保利藏金

---

[1] 見劉雨:《西周金文中的祭祖禮》,《考古學報》1989年第4期。

[2] 幽王盉,據《集成》9411所載,此器現藏舊金山亞洲藝術博物館,《長安獲古編》和《恒軒吉金録》都有綫描器形公布,器也應該作於西周中期,與幽公盨的年代接近。

續》120 頁），云"公仲涉作公姊寶簋，其萬年用"；另一件是季公父簋（《集成》4572），云"季公父作仲姊孃姬媵簠，其萬年子子孫孫永寶用"。可見爲親姊作器，金文中不乏例證。鼄王既爲一姬姓的姐姐作器，此器銘中的鼄王也應是姬姓，姬姓而稱王者，就不排除可能是西周十二王之一的稱呼。我們還注意到近年著錄了同銘的兩件鼄王鬲（《考古與文物》1990 年第 5 期，圖四），銘爲"鼄王作姜氏齋"，發現於陝西眉縣，是説鼄王爲其夫人姜氏所作器。1974 年在眉縣東面陝西鰲屋縣城關的一個墓葬裏出土了王作姜氏簋（《集成》3570，圖五），器、蓋同銘爲"王作姜氏尊簋"；保利藝術博物館近年也收集到一件王作姜氏簋（《文物》1999 年第 9 期），銘文內容以及行款字體與鰲屋縣所出完全一樣，可能是同一墓中之物。鼄王的夫人稱姜氏，此王的夫人也稱姜氏，銅器的時代又很接近。因此，我懷疑簋銘中的王，極有可能就是眉縣發現的鼄王鬲中的鼄王，如果這個懷疑可能成立的話，那就説明"鼄王"有時也可省稱爲"王"，與其他周王的稱呼無異。而這些銅器與鼄公盨、鼄王盉形體紋飾與銘文風格非常相似，都有可能是鼄王一人所作。

圖三　鼄王盉及銘文

圖四　鼄王鬲及銘文

圖五　王作姜氏簋及銘文

　　史書中關於西周中期的記載十分簡略,但有一點諸書皆同,即共、懿、孝三王期間,曾經發生一次超乎尋常的繼位次序混亂,即懿王死後,没有把王位傳給其子,王位爲共王之弟、懿王之叔父孝王辟方取得,這在嚴格按"父死子繼"的原則傳位的西周王朝來説,是唯一特例。西周初年周公總結了殷人亡國的教訓,他看到殷人以"兄終弟及爲主"的傳位法,弊病在於衆多兄弟都有得到王權的企盼,容易形成争奪的局面。因而爲少年的成王制訂了繼位"傳子不傳兄弟"的治國大法,他還以身作則,在成王年長之後,退居臣位,讓成王主政。此後,康、昭、穆、恭、懿莫不遵循不怠,唯獨懿王之後,發生了變故,而這場變故並非由懿王無子引起,因爲史載孝王之後的夷王,就是懿王的親子。西周中期諸王,在位時間都不長,那麼懿王稱王之末年,即將得到王位的孝王辟方稱什麼呢? 我認爲不排除此時的辟方稱豳公的可能,因爲豳是周人發祥之地的稱呼,不可能容許外姓人插足而稱公、稱王,極有可能爲周王族之王公貴戚中掌實權者所盤踞。通觀西周金文,周雖在洛陽設立東都,但許多重大祭祀與册命典禮仍在其老家宗周一帶舉行,金文記載豳地駐有重兵(豳師)把守,正説明豳地應爲周王族所直接控制之地。今本《竹書紀年》云:"懿王之世,興起無節,號令不時,挈壺氏不能共其職,於是諸侯攜德。"著名的懿王標準器匡卣(《集成》5423)是大家都很熟悉的,銘文記載懿王在射盧舉行捕兔的遊戲,匡因爲捕到了兩個小兔子,因而受到了懿王的嘉獎,銘文活畫出懿王逸於淫樂、不務正業的形象。面對這樣一個懦弱無能、舉措無方的侄子爲王,豳公辟方可能覬覦王位很久了。豳公取得王位之後,稱爲孝王,但不排除其稱豳王。文獻記載厲王曾稱"汾王",今本《竹書紀年》記共和時事,云:"共伯和歸其國,遂大雨。大旱既久,廬舍俱焚,會汾王崩,卜於大陽,兆曰厲王爲祟。周公召公乃立太子静,共和遂歸國。""厲王名胡",原注:"居彘,有汾水焉,故又曰汾王。"我想,既然厲王因居於汾水而可以稱爲汾王,那麼孝王爲甚麼不可以因爲居於豳地而稱豳王呢? 據王國維考證，西周時王之號是生稱的，即文、武、成、康、昭、穆皆爲其生時的稱號，並非死謚。辟方之所以自稱孝王者，蓋西周之世，淪及恭、懿之時，已積弱不堪，以至於懿王在宗周待不下去，曾一度遷都到犬丘。辟方欲以恢復父考穆王盛世爲己任，如孔子所説"三年無改於父之道，可謂孝矣"，故自命爲孝王。本銘中所强調的"天釐用考神"，對辟方而言，考神就是穆王，可能也含有這個意思在内。

還有兩個問題應該討論一下：一是王國維曾寫過《古諸侯稱王説》（《觀堂集林》別集），他的結論是："蓋古時天澤之分未嚴，諸侯在其國，自有稱王之俗。"他舉了兩個例證，彔伯簋（《集成》4302）"用作朕皇考釐王寶尊簋"、乖伯簋（《集成》4331）"用作朕皇考武乖幾王尊簋"，他指出兩件簋中的"釐王"和"幾王"是諸侯國内自稱，他的意見和他所舉的例證無疑都是對的。類似的例證還可以補充一個，仲再父簋（《集成》4188、4189）"作其皇祖考遲王、監伯尊簋"，這個"遲王"不是姬姓，也屬諸侯國内稱王之例，肯定也不是西周十二王之一，我在90年代曾寫專文《南陽仲再父簋不是宣王標準器》討論過這件器，此不贅述。[1]

但我想，不能把王氏的話反過來，説"金文中凡是稱某王者，都是諸侯在其國的自稱"，王氏文中自己也並没有這個意思。金文中作器者自稱某王的，除文獻中習見的文、武、成、昭、穆、恭、懿、夷等之外，出現過矢王（矢王方鼎、矢王簋、散氏盤）、昆疕王（昆疕王鐘）、吕王（吕王鬲、吕王壺）、買王（買王觚、買王卣）（《集成》2149、3871、10176、46、635、9630、7275、5252）和豳王（豳王盉、兩件豳王鬲）等，其中哪些是諸侯自稱，哪些是西周十二王之一的别稱，恐怕還得作具體分析。

第二個需要討論的問題是，史載周人逾梁山、渡漆沮，方才止於岐下，豳地遠在今旬邑一帶，何以銅器却出現在眉縣？我想這可能是地名"僑置"的結果，商王盤庚以前多次遷都，歷史上就有過多個"亳"地。西周後來把眉縣、蓋屋一帶稱爲豳地也不是没有可能的。

倒是有一個現象值得考古工作者注意，近年來，明確標明"王作"的銅器，出在扶風、蓋屋一帶，比如1994年底扶風縣法門鎮莊白村出土的王盂（《考古與文物》1998年第1期），僅殘存的圈足就有17千克，大有王者氣度，上有銘文"王作莽京中寢浸盂"，蓋屋縣又出土銘爲"王作姜氏尊簋"的銅器，保利藝術博物館近年也收集到一件王作姜氏簋（《保利藏金》，第79頁）與蓋屋縣所出完全一樣，應是同一墓中之物。另一件收集的"王作鼄彝。左守"鼎（《保利藏金續》，第98頁圖六）估計也可能出在附近。豳王鬲一對則在眉縣發現。西周王陵區始終没有找到，這些王器的出土地點是否會給我們一些新的啓示呢？

[1]　劉雨：《南陽仲再父簋不是宣王標準器》，《古文字研究》第18輯，1992年。

圖六　王作鬻彝鼎及銘文

　　這篇銘文裏出現的客體名有八個:"天"指至高無上的神;"禹"指我國夏代第一位王者;"民"指貴族;"父母"指生育貴族的人;"我王"指其時在位的王者,即懿王;"臣"指貴族相對於王的身份;"考神"指居於天庭的父王神靈,即穆王;"豳公"指作器者。我想,讀懂這篇銘文的關鍵,一是弄清各客體的含義,二是弄清各句話的主語。豳公的名字説明他此時還不是王者,那麼他的客觀身份就應該是貴族"民"中的一員,但從整篇銘文看,他並沒有把自己歸入貴族的隊伍中去,他説應以大禹配饗於天,告誡時王要重民敬德,號召一切貴族要尊崇四德等。銘文的口氣,既教訓一般貴族,也教訓在位的時王(我王),完全是一個自命不凡的第三者的樣子,與其語氣最接近的恐怕應該是五祀㝬鐘、㝬簋中屬王胡的口氣。對這種情況最合理的解釋,應該是一個即將登極的王者,或説是一位要篡位的王叔,在作行將施政的政治宣言。有了這樣的認識,金文中出現的豳公、豳王等稱呼及本銘的語氣風格之與眾不同,也就變得可以理解了。如果上述分析可信,那麼豳公盨的時代就是明確的,應爲懿王時的銅器(孝王將要即位之時),而豳王鬲、豳王盉就應該是孝王銅器了。

　　當然,銘文本身並不能説明豳公、豳王就一定是孝王,我這裏説的也只是有這種可能,所論證的充其量也只能算是一種推測而已。希望同仁諸位不吝指正。

　　(本文據 2002 年 3 月 1 日在美國達慕思大學豳公盨研討會上的發言稿整理而成;原載《第四屆國際中國古文字學研討會論文集》第 97—106 頁,香港中文大學中國語言及文學系編輯,2003 年 10 月;又載《故宮博物院十年論文選(1995—2004)》,第 423—430 頁,紫禁城出版社,2005 年 2 月;又載《金文論集》,第 327—336 頁,紫禁城出版社,2008 年 5 月)

商和西周金文中的玉

一個偶然的機會,我參加了巢湖的玉器討論會,對玉器毫無研究的我匆促上陣,介紹了金文資料中有關玉器的一些記載。事後,著名的玉器專家楊伯達先生鼓勵我把講的内容寫下來,我只好從命提筆寫了下面的内容。春秋戰國時期各種文獻記載和出土文字資料較多,金文中僅春秋晚期的洹子孟姜壺(集成 9729、9730)、邵黛編鐘(集成 225—237)等個别銅器上的銘文記載了一些有關玉器的内容,已非重點。因而我着重把商和西周金文中有關玉器的資料羅列出來,供研究玉器的學者們參考,以了結這一段金玉良緣。本文《附録》列舉了 36 條金文資料,其中 2 條屬商代晚期,其餘 34 條則屬西周時期。這當然不是資料的全部,金文用詞十分簡練,有一些資料歧義較多,難以判斷其是否確爲玉器,本文凡遇此類資料則一律割愛。

我這裏談到玉器的内容肯定多數是外行話,還請諸位玉器專家多多批評指正。

一、種　　類

(一) 璋

在本文《附録》中,列舉商和西周金文中記録"璋"的銅器有：1 嶌簋、7 庚嬴鼎、13 鮮簋、18 卯簋蓋、19 師遽方彝、20 競卣、21 大矢始鼎、22 芇簋、23 裘衛盉、24 頌鼎、25 史頌鼎、27 大簋蓋、28 五年琱生簋、32 吴虎鼎、35 膳夫山鼎等共計 15 件銅器。金文的"璋"一律寫作"章","玉"旁係文字繁化後加上去的形旁,"璋"是後起字。金文又有"鬲璋",如大簋蓋。"鬲"有大的意思,"鬲璋"大概就是"大璋"。"鬲璋"兩字又有時合寫作"鬲",如庚嬴鼎、鮮簋等。也有的銘文則直稱"大璋",如五年琱生簋"余惠君氏大璋"。從金文的記載看,"大璋""鬲璋"顯然在規格上高於一般的璋。如大簋蓋有一段話："王令膳夫豕曰趣䙞曰：'余既賜大乃里。'䙞賓豕璋、帛束。䙞令豕曰天子：'余不敢吝。'豕以䙞履大賜里。大賓豕鬲璋、馬兩;賓䙞鬲璋、帛束。"王命膳夫豕向趣䙞傳達王命,將原屬於趣䙞的邑里轉賜給大,這時趣䙞賓送給傳達王命的豕的是一般的璋,而當大得到這個邑里之後,賓送給豕和趣䙞的卻是"鬲璋",大是受益者,自然賓送的規格要高一些。《周禮·大宗伯》《考工記·玉人》等都記有"大璋",説明《周禮》一書的記載是有所本的。但殷周金文中的璋到底指出土或傳世的哪種玉器？其體形制如何？金文本身並沒有明確的説明。師遽方彝有"賜師遽珤圭一、瓛（環）章（璋）四"句。如果理解爲珤字是形容圭的，瓛（環）字是形容璋的，則説明西周玉璋的形制有圓形的部分，這是金文透露的一絲信息，與傳統文獻對玉璋形制的描述大相徑庭，筆者難以肯定，謹録以備玉器專家研究思考。

西周中晚期金文所記册命典禮的結束部分，往往有一個重要的儀注叫"反入觀璋"，如頌鼎和膳夫山鼎所記，即周王對某貴族册命以後，該貴族例需接受"命册"，佩册以出，然後再返回，向周王獻上專門用於觀見的璋，這種璋金文稱爲"觀璋"，它是西周中晚期册命禮中，被册命者必備的貢品。從裘衛盉銘文的內容看，矩伯不惜破費大量的田地去和裘衛交換這種"觀璋"，可能也是準備在册命禮中使用。

（二）瓚

在本文《附録》中，銘記"瓚"的銅器有：3 子黃尊、5 宜侯夨簋、6 榮簋、18 卯簋蓋、33 多友鼎、34 敔簋、36 毛公鼎。《詩經·大雅·旱麓》："瑟彼玉瓚。"毛傳："玉瓚，圭瓚也，黃金所以飾流鬯也，九命然後錫以秬鬯圭瓚。"正義："瓚者器名，以圭爲柄，圭以玉爲之，指其體謂之玉瓚。"瓚是一種挹注祭祀醴酒的玉柄勺子，是裸祭等祭禮中的重要祭器，毛公鼎稱其爲"裸圭瓚寶"，指明其爲裸祭禮器的特性。在王的賞賜物中總是列於首位，且僅賜一件，凡賞賜物中有瓚，就表示王賜予該貴族祭祀的權利，所以它是一種有特殊意義的賞賜品。"瓚"在西周晚期銅器如多友鼎、敔簋、毛公鼎中又稱"圭瓚"，《詩經·大雅·江漢》："釐爾圭瓚，秬鬯一卣。"毛傳："九命錫圭瓚秬鬯。""圭瓚"與《詩經·大雅·旱麓》"瑟彼玉瓚"傳文所稱相同，蓋指對某貴族初命、再命等不會賜以圭瓚，只有接受多次册命後，才會賜以圭瓚，是規格較高的賞賜。

（三）圭

《附録》19 師遽方彝有"賜師遽珤圭一，瓛（環）章（璋）四"句。珤，也是玉之一種，其制不詳，用其形容圭的形制或材質，其意亦不詳。《附録》28 五年琱生簋有"琱生則覲圭"句。圭，《説文》："瑞玉也，上圜下方。"五年琱生簋所言之圭，是用於覲見的，如同上面所説的"觀璋"性質一樣。金文的"覲"字寫作"堇"，可以隸定爲"覲"，也可以隸定爲"瑾"，在頌鼎和膳夫山鼎"反入堇璋"句中的"堇"，隸定爲"瑾"字，亦可講通。但一般説某貴族在接受册命之後，向王獻上的玉器，當爲一件較貴重的玉器爲宜。而在五年琱生簋中"堇"作爲動詞使用，則只能隸定爲"覲"，若隸定爲"瑾"則不通。夔方鼎有"夔堇（覲）於王"句（《集成》2579）。《附録》31 屚敔簋蓋有"屚敔覲，用豹皮于史孟"句，亦將"堇"字用爲"覲"。通觀金文，尚未發現"堇"字用爲"瑾"者。

（四）璧

《附録》29 六年琱生簋有"伯氏則報璧琱生"句,《附録》引 31 屖敖簋蓋有"屖敖用報用璧"句,《附録》32 吳虎鼎有"賓内司土寺㐬萊璧"句。《爾雅·釋器》:"肉倍好爲之璧。"蓋指玉器之外圓倍於中孔者爲璧。

（五）環

《附録》11 訇鼎有"賜環……"句,《附録》30 番生簋有"賜……玉環、玉玲"句,《附録》36 毛公鼎有"……賜……玉環、玉玲……"句。《説文》:"環,璧也。肉好若一謂之環。"蓋指玉器之中孔與外圓同寬者爲環。

（六）璜

《附録》15 縣妃簋有"賜汝……周（雕）玉黃（璜）"句,《附録》28 五年琱生簋有"報婦氏帛束、璜"句。《説文》:"璜,半璧也。"

（七）玕

《附録》4 虞霽卣有"子賜虞霽玕一"句。《説文》:"玕,石之似玉者。"《爾雅》:"東方之美者有醫無閭之珣玕琪焉。""醫無閭"爲山名,是遼寧陰山山脈松嶺之峰,據云山中所産美石即有珣、玕、琪等。

（八）球

《附録》14 守宮盤有"賜守宮……球朋"句。《説文》:"球,瓊玉也。"《玉篇》:"崑山出瓊玉也。""朋"是古代貨幣的計量單位,估計球朋可能是珠狀玉而成串聯者,或將玉雕成貝狀而成串聯者。崑山,當指崑崙山,自古崑山以産玉而聞名於世。

（九）琥

《附録》23 裘衛盉有"矩或取赤虎（琥）兩"句。《説文》:"琥,發兵瑞玉爲虎紋。"《左傳·昭公三十二年》:"賜子家子雙琥、一環、一璧。"所謂雙琥,與環、璧同賜,顯然並非兵符。出土和傳世的秦及先秦虎兵符,皆銅製,如杜虎符（《集成》12109）、新郪虎符（《集成》12108）、陽陵虎符（《秦金石刻辭》卷一）、東郡虎符（《長城那方》德國多特蒙德 1990）、南郡虎符（我在早年參觀河南省博物館時曾筆録過該虎符）、櫟陽虎符（英國富士比拍賣行 1941 年拍賣品）、王命車駐虎節（廣州南越王墓出土）等,不見有玉虎符。從裘衛盉銘文内容看,講的是用土田交換赤色玉琥,兵符豈可隨便賞賜交換,因此金文中的玉琥,與兵符無干。據賈峨先生云,陝西寶雞茹家莊一號墓、光山寶相寺黃君墓、淅川下寺楚墓、平山中山王墓等均出土了虎形玉器,器上皆有穿孔,應爲飾物,有的成爲構成"雜佩"的組件。

（十）珊

《附錄》19 師遽方彝有"賜師遽珊圭一,瑒(環)章(璋)四"句。珊爲何物,其制不詳。

（十一）瑞和珢

《附錄》2 六祀𡣑其卣有"𡣑其賜作册睘 一、珢一"句。《說文》:"瑞,以玉爲信也。"指可作爲憑信的玉。"![瑞]"字能否釋爲"瑞"尚難肯定,若可釋爲"瑞",則說明"瑞"也是一種玉器。《說文》:"珢,石之似玉者。"六祀𡣑其卣的作器者是作册睘,他的族徽是亞獏,職務是史官"作册"。𡣑其的族徽也是亞獏,可見他們是同一家族的。瑞和珢是𡣑其賞給作册睘的賜品。

（十二）珥琅

《附錄》3 子黃尊有子黃向周王獻"珥琅九"的記載。《說文》:"珥,耳垂也。"《說文》:"琅玕,似珠者。"珥琅估計是用珠玉作成的耳飾。

（十三）琲珛

《附錄》10 小臣傳簋有"師田父令小臣傳非余(琲珛)"句,《附錄》16 ![字]鼎有"賜金一鈞、非余(琲珛)"句,《附錄》30 番生簋有"賜……玉環、玉珛"句,《附錄》36 毛公鼎有"……賜汝……玉環、玉珛……"句。《說文》:"琲,珠五百枚也。"左思《吳都賦》"珠琲闌干",注:"琲,貫也,珠十貫爲一琲。"《集韻》:"珛,美玉。"琲珛,可能指精美的玉珠串。金文中的"令"字有賞賜義。三器所言玉器都是賞賜物品。

（十四）佩

《附錄》8 寓鼎有"寓獻佩於王后"句,《附錄》17 癲簋有"王對癲楙,賜佩"句。這裏,寓向周王后所獻的佩、王賜給癲的佩,可能即《詩經·女曰雞鳴》"雜佩以贈之""雜佩以問之""雜佩以報之"的"雜佩",亦即考古發掘中多次出土的"組玉佩"。《附錄》9 戎卣、尊銘有"戎佩玉人"句,據賈峨先生考證,作爲佩飾的玉人,最早當屬曲沃北趙晉侯墓地 8 號墓出土於墓主腰間的玉人,該玉人爲一組玉佩中的一件。其後,有河南三門峽上村嶺、淅川下寺、固始侯古堆、隨縣曾侯乙、平山中山王以及廣州南越王等墓葬中都先後出土過帶鑽孔的佩玉人。[1]

---

[1] 賈峨:《兩周"雜佩"的初步研究》,收入楊伯達主編的《傳世古玉辨僞與鑑考》,紫禁城出版社,1998年,第 125—180 頁。

二、量　　詞

金文中的玉器數量一般用數字表示，置於玉器名之後，如《附録》19 師遽方彝"賜師遽珊圭一，瑗（環）章（璋）四"、《附録》3 子黄尊"耴琅九"、《附録》22 蒍簋"師黄賓蒍璋一"等。也有部分玉器以專用的量詞表示，一般數詞置於量詞之前。如：

（一）珏與毂

《附録》18 卯簋蓋有"賜汝……璋四毂"句，《附録》26 鄂侯御方鼎有"王賜御〔方璋〕五毂"句。可證璋可以稱毂，蓋"毂"與"珏"皆指成對的玉器。《左傳·僖公十八年》："公爲之請納玉於王與晉公，皆十毂。"注："雙玉曰毂。"《附録》1 蒍簋有"王賜蒍啚玉十豐（珏）璋"句，"豐"字不識，或釋爲珏，《説文》："二玉相合爲一珏……毂，珏或从殳。"金文量詞一般後置，此句中量詞"珏"置於璋之前，屬特例。

（二）朋

《附録》14 守宫盤有"賜守宫……琜朋"句，一般金文朋以計貝，蓋指兩串或若干串貝。本銘中琜亦以朋計，估計琜可能是珠狀玉而成串聯者，或將玉雕成貝狀而成串聯者。

（三）品

《附録》12 尹姞鬲有"賜玉五品"句，《附録》13 鮮簋有"裸玉三品"句。金文中不止玉器稱品，凡以類相從之物皆可稱品，稱"幾品"即表示"幾種"之意。

三、用　　玉

（一）賞賜

金文中出現的玉器多數是賞賜品，如《附録》1 蒍簋：記商王賞賜給蒍啚地的玉璋十對；2 六祀卲其卣：記卲其賞賜其同族史官作册野瑞、珤各一件；3 子黄尊：王賞子黄玉瓚一件；4 戱霎卣：記子賞賜戱霎玗一件；5 宜侯夨簋：記周王賞賜宜侯夨玉瓚一件；6 榮簋：記周王賞賜榮玉瓚一件；7 庚嬴鼎：記王賞賜庚嬴氒璋一件；10 小臣傳簋：記師田父賞賜小臣傳琲玲一件；11 甗鼎：記潚公賞賜甗玉環；12 尹姞鬲：記天君賞賜尹姞五種玉；13 鮮簋：記鮮被周王賜予王裸祭用的大璋一件，另有裸祭用的玉器三種；14 守宫盤：記周師賞賜守宫一串玉珠；15 縣妃簋：記伯屖父賞賜縣妃雕有花紋的玉瓚；16 𤲾鼎：記内史賞賜𤲾一串玉珠；17 瘋簋：記周王賞賜癲一件玉佩;18 卯簋蓋：記榮伯賞賜卯玉勺一隻、玉璋四對;19 師遽方彝：記王賞賜師遽瑂圭一，環璋四;20 競卣：記伯犀父賞賜競璋;21 大矢始鼎：記王賞賜大矢始玉璋;26 鄂侯御方鼎：記王賞賜御方璋五穀;30 番生簋：記王賞賜番生玉環、玉琮等玉器;33 多友鼎：記武公賞賜多友一件圭瓚;34 敔簋：記王賞賜敔圭瓚;36 毛公鼎：記王賞賜毛公祼祭用的寶物玉勺子一件，還有玉環、玉琮各一件……

（二）覲見

在金文中用於覲見的玉器有覲璋和覲圭兩種。如《附錄》23 裘衛盉：記矩伯以田地與裘衛交換覲見用的玉璋。《儀禮·覲禮》的儀注有郊勞、致館、覲見、將幣、賞賜等等。《周禮·秋官·小行人》記載贄幣的配合是圭馬、璋皮、璧帛、琮錦、琥繡、璜黼等。裘衛盉所記矩伯與裘衛交換的覲璋、赤琥、菜麂、菜韐等，都是在覲見禮中進行"將幣"時，要獻上的玉幣和皮幣。24 頌鼎：記頌在冊命禮中向周王獻納覲璋。35 膳夫山鼎：記膳夫山在冊命禮中向周王獻納覲璋。《左傳·僖公二十八年》："受策以出，出入三覲。"說明此種覲見禮遲至春秋時仍在執行。28 五年琱生簋：記琱生向召伯虎獻納覲圭，是下級貴族向上級貴族獻納的贄幣。

（三）貢獻

金文記有貴族向王或王后貢獻玉器。如《附錄》3 子黃尊：記子黃在王家宗廟裏朝見周王，向周王貢獻玉耳環九具。8 寓鼎：記寓向王后貢獻一件玉佩。28 五年琱生簋：記琱生向王后貢獻大璋。

（四）賓贈

王派使者出使或視察某地，接受使者的當地貴族，例需向使者賄贈禮品，在金文中稱"賓"。如《附錄》22 䓕簋：記王命䓕和叔緐父去給吳姬送一套餐具，吳姬之夫師黃賓贈使者䓕一件玉璋。25 史頌鼎：記王命史頌去蘇地視察，蘇地酋首賓贈使者史頌玉璋。27 大簋蓋：記王令膳夫豕向趞罴傳達將其領地趞罴里轉賜給大的決定。趞罴賓贈使者豕一件玉璋。大在得到邑里之後，賓贈王的使者豕大璋一件，賓贈趞罴大璋一件。32 吳虎鼎：記周宣王命膳夫豐生和司土雍毅重申屬王生前曾發佈過的命令，將吳𧉚舊有疆界的土田交付吳虎，吳虎賓贈膳夫豐生和司工雍毅玉璋，賓贈內司土寺菜璧。

（五）報答

禮尚往來，金文中記錄了一些受惠於人的貴族，往往要向施惠者還報玉器以表示感謝。如《附錄》28 五年琱生簋：記琱生報答傳達王后之命的王后女官婦氏一件玉璜。《附錄》29 六年琱生簋：記琱生將部分附庸土田獻於召伯虎，召伯虎則還報琱生玉璧。31 屖敖簋蓋：記子牙父賜魯肩敔十鈞青銅料,肩敔則用璧報答子牙父。看來在西周晚期,用作還報之禮的玉器,主要是玉璧與玉璜。

（六）佩帶

金文中記録了一些玉器是用作佩飾的,如《附録》8 寓鼎:記寓向王后貢獻一件玉佩。9 戎卣、尊:記作器者戎佩戴玉人。17 癲簋:記王爲報答癲的盛德,賞賜他一件玉佩。

（七）祭祀

金文中有一些器銘記有賞賜"瓚"或"圭瓚"的,瓚是一種挹注祭祀醴酒的玉柄勺子,是裸祭等祭禮中的重要祭器。賞賜"瓚"或"圭瓚",就意味賜予該貴族祭祀的權利。如《附録》3 子黄尊、5 宜侯夨簋、6 榮簋、18 卯簋蓋、33 多友鼎、34 敔簋、36 毛公鼎等七件器記録了"瓚"的賞賜。7 庚嬴鼎:記王賞賜庚嬴一件用於裸祭的大璋。13 鮮簋:記鮮被賜予王裸祭用的大璋一件,另賜裸祭用的玉器三種。

四、産　　地

金文中有些玉器名與文獻記載結合考察,可以瞭解其產地的信息。

（一）《附録》1 嶌簋

記商王賞賜嶌圃地的玉璋十豐（毂）,圃地在陝西枸邑縣,圃字的字形尚有爭議,但其是某地名則是可以肯定的。

（二）《附録》4 叡睘卣有"子賜叡睘玗一"句

《説文》:"玗,石之似玉者。"《爾雅》:"東方之美者有醫無閭之珣玗琪焉。""醫無閭"爲山名,是遼寧陰山山脈松嶺之峰,山中所産美石即有珣、玗、琪等,玗是所産玉料之一。

（三）《附録》14 守宫盤有"賜守宫……球朋"句

《説文》:"球,瓚玉也。"《玉篇》"崑山出璚玉也。"崑山,當指崑崙山,自古崑山以産玉而聞名於世。

五、價　　值

《附録》23 裘衛盉銘:記録了一次用田地交換玉器的事件,反映了西周中期玉器的實際價值。該銘記矩伯與裘衛交換一件覲見用的玉璋,玉璋的價值是八十朋貨貝,折合成田是十田。矩伯又與裘衛交換了一對紅色玉琥、一對皮披肩和一件皮圍裙,玉琥與兩件皮貨的價值是二十朋貨貝,折合成田是三田。田是指經過開墾的土地,一田大約相當一夫所種的土地,如以一田百畝計,十田千畝,是相當大的一片田地。又終西周一世,超過百朋的賞賜爲數極少,所以八十朋貨貝在當時也是一個不小的數字。因爲當時商品經濟尚不發達,交換的程序是先用等價物貨貝的數目來表示玉器的價值,然後把貨貝折合成田地的數目,再完成實物交換。一對紅色玉琥的價值相比覲璋就小得多,加上一對皮披肩和一件皮圍裙才值二十朋貝,折合三田。

六、功　　能

《附録》9 戎卣、尊記:“戎佩玉人,佑宗彝將。”大意是作器者戎佩帶玉人,用來保佑宗廟彝器煮食祭品。可見當時的人已經有了“玉器可以闢邪,保佑佩帶者平安”等作用。

附　　録

爲便於讀者與拓本對照,本附録中的釋文皆依原行款書寫。多數難識字直接用文獻典籍中通用字隸寫,少數在( )號內隸寫出相應的字。個別難寫難認的人名地名等,與本文主旨關係不大者以“□”表示。銘文不清晰,以意補寫的字,用[ ]號表示。

1. 嵩簋
商代晚期　《集成》3940　現藏故宮博物院
釋文:

> 乙亥,王賜嵩
> 國玉十豐(珏)章(璋),
> 用作祖丁彝。亞舟。

釋意: 在乙亥這天,商王賞賜嵩國地的玉璋十豐(瑴),因而做了這件紀念祖父丁的彝器。嵩的族徽是“亞舟”。

2. 六祀切其卣
商代末年帝辛時器　《集成》5414　現藏故宮博物院
釋文:

乙亥,矵其賜作

册夰 **玉**(瑞)一、珌一,用作

祖癸尊彝。在六

月,惟王六祀,翌日。亞獏。

釋意:在商紂王的六年,舉行翌日祭祀的六月,在乙亥這一日,矵其賞賜其下屬夰,夰的
職務是史官作册,賞他一個玉瑞、一個玉珌。因而做了這件紀念祖父癸的置於宗廟的彝器。
族徽是"亞獏"。

3. 子黃尊

西周早期　《集成》6000　1965 年陝西長安縣大原村出土

現藏西安市文管會

釋文:

乙卯,子見在

大室。白□□

玑琅九、业(侑)百

牢。王賞子黃

瓚一、貝百朋。子

光賞奴員,

用作己寶□。羇

釋意:在乙卯這天,子黃在王家宗廟的大室裏朝見周王。獻上玉耳環九具、祭牲百牢。
周王賞賜子黃一件玉瓚、一百串貨貝。子黃又光賞一個叫奴員的人。因而做了這件寶貴的
彝器,以紀念祭名爲己的先輩。子黃的族徽是"羇"。

4. 戯霙卣

西周早期　《集成》5373

釋文:

子賜戯霙

玕一。戯霙

用作丁師彝。

釋意：子賞賜叡霖一件玉玗,叡霖因而做了這件紀念先人丁師的彝器。

5. 宜侯矢簋

西周康王時期 《集成》4320 1954年江蘇丹徒縣煙墩山出土

現藏中國歷史博物館

釋文：

> 惟四月辰在丁未,王省武王、
> 成王伐商圖,誕省東國圖。
> 王荏于宜,入土,大饗。王命
> 虞侯矢曰:"遷侯于宜。賜□
> 鬯一卣。賞瓚一、搏彤弓一、彤矢百、
> 旅弓十、旅矢千。賜土:厥川
> 三百□,厥□百又二十,厥宅邑三十
> 又五,厥□百又四十。賜在宜
> 王人□□又七姓,賜奠七伯,
> 厥盧□又五十夫,賜宜庶人
> 六百又□□六夫。"宜侯矢揚
> 王休,作虞公父丁尊彝。

釋意：在四月丁未這天,周康王察視當年武王伐商、成王東征的地圖,順便又察視了東方諸國地圖。王親臨宜地,頒賜胙土,舉行大饗典禮。王對虞侯矢說道:"遷於宜地作宜侯。賜你浸了香草的酒一卣,賞你祭祀用的玉勺子一件及搏鬥用的紅色弓一件、紅色矢百支、黑弓十件、黑矢千支。賜你土地:川地三百多……宅邑地三十五……賞賜宜地的屬於原商王的貴族十七姓,賞賜商人稱伯的地方長官七位,奴隸一千零五十人,賞賜宜地庶人六百多。"宜侯矢為答謝並稱揚康王的美意,做了這件祭奠先父虞公父丁的彝器。

6. 榮簋

西周早期 《集成》4121 現藏故宮博物院

釋文：

> 惟正月甲申,榮
> 格。王休賜厥臣

父榮瓚、王祼

貝百朋。對揚天子

休,用作寶尊彝。

釋意:在正月甲申這天,榮到達了這裏。周王褒獎並賞賜叔父大臣榮祭祀用的玉勺子一件和王用於祼祭的貝一百串。爲答謝天子的美意,榮做了這件用於祭祀的寶貴彝器。

7. 庚嬴鼎

西周早期　《集成》2748

釋文:

惟二十又二年四

月既望己酉,王

客(格)瑚宮,衣事。丁

巳,王蔑庚嬴曆,

賜祼韒(鬲璋)、貝十朋。對

王休,用作寶鼎。

釋意:在某周王二十二年四月,月相爲日月相望之後,在己酉日這一天,王到達瑚宮,舉行大的祭典。八天後的丁巳日,王勉勵和獎賞庚嬴,賜她祼祭用的大璋一件、貝十串。爲答謝王的美意,因而做了這件寶鼎。

8. 寓鼎

西周早期　《集成》2718　現藏故宮博物院

釋文:

惟十又二月丁丑,寓

獻佩於王后,王后賜寓

曼絲。對揚王

后休,用作父壬寶尊鼎。

釋意:在十二月丁丑這天,寓向王后獻上了一件玉珮,王后賞賜寓美絲。爲答謝王后的美意,因而做了這件祭奠先父壬的寶貴彝器。

9. 戎卣、尊

西周早期　《集成》5324、5916

1981 年陝西長安縣花園村 15 號墓出土　現藏陝西省文管會

釋文：

戎佩玉人,

佑宗彝將。

釋意：作器者戎佩帶玉人,用來保佑宗廟彝器煮食祭品。

10. 小臣傳簋

西周早期　《集成》4206

釋文：

惟五月既望甲子,王［在莽］

京,命師田父殷成周年,

師田父令小臣傳非余(琲琭),傳

□朕考卭(恤工),師田父令余

□□官,伯組父賞小臣傳□,

［揚］伯休,用作朕考日甲寶。

釋意：周王在莽京,在王命師田父去成周發布政令的那一年,五月份,日月相望後的甲子那一天,師田父賜予小臣傳精美的玉珠一串。小臣傳繼續進行先父的工程,師田父命我管理某官,伯□父賞小臣傳。爲報答宣揚伯□父的美意,因而作了這件紀念先父日甲的寶貴彝器。

11. 矞鼎

西周早期　《集成》2659　1929 年洛陽出土　現藏故宮博物院

釋文：

王初□于成

周,濂公蔑矞

歷。賜環□□□,

矞揚公休,用作父

辛尊彝。⺊。

釋意：在周王初建成周（洛陽）的時候，濂公勉勵鬜，賜他玉環等物品，鬜爲宣揚濂公的美意，因而做了這件祭奠先父辛的彝器。鬜的族徽是⺊。

12. 尹姞鬲

西周中期　《集成》754

釋文：

　　穆公作尹姞宗室于
　　﨧林。唯六月既生霸
　　乙卯，休天君弗望（忘）穆
　　公聖粦明，祉事先王，
　　格於尹姞宗室﨧林。
　　君蔑尹姞曆，賜玉五
　　品、馬四匹。拜，稽首。對揚
　　天君休，用作寶齋。

釋意：尹姞之夫穆公在﨧林爲尹姞家族建立宗廟。在六月上半月的乙卯日，偉大的王太后不忘當年穆公理智光明，輔佐先王，親臨尹姞家族的宗廟﨧林。王太后勉勵尹姞，賜玉五種、馬四匹。尹姞拜，叩頭。爲答謝太后的美意，因而做了這件寶鼎。

13. 鮮簋

西周中期（穆王）　《集成》10166（誤作盤）

釋文：

　　惟王三十又四祀，唯五月
　　既望戊午，王在荎京，禘
　　于昭王。鮮蔑曆，祼王觚、
　　祼玉三品、貝二十朋。對王
　　休，用作子孫其永寶。

釋意：在周穆王三十四年五月，日月相望後的戊午日，穆王在荎京，禘祭昭王。鮮受到勉勵,被賜予王祼祭用的大璋一件,祼祭用的玉器三種、貝二十串。爲答謝穆王的美意,因而做了這件後世子孫永遠寶用的彝器。

14. 守宮盤

西周中期　《集成》10168

釋文:

> 惟正月既生霸乙未,王
> 在周。周師光守宮,使祼。周
> 師丕酓,賜守宮絲束、苴
> 幕五、苴冪二、馬匹、毳布
> 三、團蓬三、㻌朋。守宮對
> 揚周師釐,用作祖乙尊。
> 其百世子子孫孫永寶用,勿墜。

釋意: 在正月上半月的乙未日,周王在周地。周地的長官周師光寵守宮,使他參加祼祭。周師很偉大,賞賜守宮一束絲、五張麻席、兩張麻冪布、一匹馬、三張毛地毯、三張可以翻卷的皮席、一串玉珠。守宮爲答謝周師的美意,因而做了這件紀念先祖乙的宗廟彝器。守宮後人世世代代子子孫孫永遠寶用這件彝器,不要失掉。

15. 縣妃簋

西周中期　《集成》4269　現藏臺北"中央博物院"

釋文:

> 惟十又三月既望,辰在壬午,伯屖
> 父休於縣妃曰:"獻乃任縣伯
> 室。賜汝婦爵、𩵋之戈、周(雕)玉
> 黃(璜)。"囗縣妃敏揚伯屖父休,曰:
> "休伯㽙盄卹縣伯室,賜君我,
> 唯賜壽。我不能不罘縣伯
> 萬年保。肆敢囗于彝。曰:
> 其自今日,孫孫子子毋敢望(忘)伯休。"

釋意：在閏十二月，日月相望後的壬午日，伯屖父誇獎縣妃説："你能忠實地主持縣伯家族的内政。賜你命婦的爵位、氒地之戈、雕有花紋的玉璜。"縣妃稱揚伯屖父的美意，説："偉大的伯屖父關心體恤縣伯家族，賜我家君的地位，這就等於賜我長壽。我不能不與我的丈夫縣伯萬年保有這一切。因此，我要在鑄造的彝器上，銘刻這樣的話：從今日起，子子孫孫不要忘記伯屖父的好處。"

16. 㝬鼎

西周中期　《集成》2696　現藏故宫博物院

釋文：

> 内史令㝬事，
> 賜金一鈞、非余（琲琛）。
> 曰："内史龔朕
> 天君。"其萬年
> 用爲考寶尊。

釋意：内史命㝬去覲見天君太后，告訴她："内史仍然效忠於我的太后。"内史賞賜㝬三十斤青銅料和一串玉珠。㝬作這個鼎，萬年永用祭奠先父。

17. 瘋簋

西周中期　《集成》4170—4177（八件同銘）

1976 年陝西扶風縣莊白一號窖藏　現藏扶風縣周原文管所

釋文：

> 瘋曰："覲皇祖考司
> 威儀，用辟先王，不
> 敢弗帥用夙夕。"王
> 對瘋懋，賜佩。作祖
> 考簋，其昇祀大神，大神
> 綏多福，瘋萬年寶。

釋意：瘋説："偉大光榮的先父先祖，以堂堂威儀輔弼先王。我不敢不日夜仿效先輩的作爲。"王爲報答瘋的盛德，賞賜他一件玉珮。瘋作祭奠先輩父祖的簋，用它來昇祀祖先大神，大神降賜衆多福佑,瘬萬年永寶此簋。

18. 卯簋蓋

西周中期　《集成》4327

釋文:

惟十又一月既生霸

丁亥,榮季入佑卯,立中廷。榮

伯呼令卯曰:氭(載)乃先祖考死司

榮公室,昔乃祖亦既令乃父死

司荽人。不淑取我家窠,用喪。今

余非敢夢先公有進逸,余懋稱

先公官。今余唯令汝死司荽宮、

荽人。汝毋敢不善,賜汝瓚、章(璋)四毂、

宗彝一肆寶。賜汝馬十匹、牛十。賜于作

一田、賜于宻一田、賜于隊一田、賜于戲一田。卯拜

手、首手,敢對揚榮伯休,用作寶尊

簋。卯其萬年子子孫孫永寶用。

釋意:在十一月上半月丁亥這一天,榮季進入榮家宗廟,助佑卯,立於宗廟庭院中央,榮伯宣布任命說:"從前你的先祖們主管榮公家政,過去你的祖父也曾命令你父親主管荽地人員。不幸啊,上天取走了我家的光榮,我的父親榮公去世。今天我不敢夢想比先公還有發展,我榮幸地被任命繼承了先公的官職。今天我命你主管荽地的宮室和人員,你不能不善待其事。賜你玉勺一隻、玉璋四對、宗廟用青銅彝器一套。賜你馬十匹、牛十頭。賜於作地一田、賜於宻地一田、隊地一田、戲地一田。"卯以手相拜,以頭至手相拜。爲答謝和宣揚榮公的美意,因而做了這件置於宗廟的寶簋,卯的子孫後代萬年永遠寶用它。

19. 師遽方彝

西周中期　《集成》9897　現藏上海博物館

釋文:

惟正月既生霸丁酉,

王在周康寢,饗醴。師

　　遽蔑曆，侑。王呼宰利，

　　賜師遽珊圭一，瑗（環）章（璋）

　　四。師遽拜，稽首。敢對

　　揚天子丕顯休，用作

　　文祖它公寶尊彝。用

　　介萬年亡（無）疆，百世孫子永寶。

釋意：在正月上半月的丁酉日，周王在周地康王廟的寢宮，舉行大饗典禮。師遽受到勉勵並被尊爲典禮的佑者。王呼大臣宰利，賞賜師遽珊圭一件、環璋四件。師遽以手相拜，叩頭。爲答謝和宣揚天子非常顯赫的美意，因而做了這件祭奠有文采的祖父它公的寶貴彝器，用以祈求師遽家族萬年無疆，後世子孫永遠寶藏。

20. 競卣

西周中期　《集成》5425　　現藏日本京都泉屋博古館

釋文：

　　惟伯犀父以成師

　　即東，命戍南夷。正

　　月既生霸辛丑，在

　　坏，伯犀父皇競，格

　　于館。競蔑曆，賞競

　　章（璋）。對揚伯休，用作

　　父乙寶尊彝，子孫

　　永寶。

釋意：伯犀父指揮成周洛陽的軍隊向東進發，奉命去抵禦南方的夷人部隊。在正月上半月的辛丑日，在坏地，伯犀父給競以榮寵。到了館舍，競受到勉勵，賞賜競璋。爲了答謝和宣揚伯犀父的美意，因而做了這件祭奠先父乙的寶彝，子孫後代，永以爲寶。

21. 大矢始鼎

西周中期　《集成》2792

釋文：

惟三月初吉庚寅,

王在和宮,大矢始

賜友[曰]猷。王在華

宮,[宴]。王在邦宮,始

獻功。賜□、賜章(璋)。王

在邦,[賜]始友曰考、曰

攸。大矢始敢對

揚天子休,用作文

考日己寶鼎。孫孫子子

永寶用。

釋意:在三月的第一個吉日庚寅這一天,王在和宮,王賞賜給大矢始一個僚友叫猷。王在華宮的時候,舉行宴會。王在邦宮的時候,大矢始向王匯報工程進展情況,王賜給他□和璋。王在邦地的時候,又賜給他兩個僚友:一個叫考,一個叫攸。大矢始爲答謝和宣揚天子的美意,因而做了這件祭奠有文采的先父日己的寶鼎。子孫後代,永遠寶用此鼎。

22. 蒯簋
西周中期 《集成》4195   現藏上海博物館
釋文:

惟六月既生霸辛巳,王

命蒯眔叔緐父歸(饋)吳姬

饗器。師黄賓蒯章(璋)一、馬

兩。吳姬賓帛束。蒯對揚

天子休,用作尊簋。季姜。

釋意:在六月上半月辛巳這一天,王命蒯和叔緐父去給吳姬送一套餐具,吳姬之夫師黄賄贈蒯一件璋和一對馬。吳姬賄贈蒯一匹帛。蒯爲答謝和宣揚周天子的美意,因而做了祭奠亡母季姜的簋。

23. 裘衛盉
西周中期 《集成》9456   1975 年陝西岐山縣董家村一號窖藏出土   現藏岐山縣博物館
釋文:

惟三年三月既生霸壬寅，

王稱旗于豐，矩伯庶人取

堇（覲）章（璋）于裘衛，才八十朋，厥貯

其舍田十田。矩或取赤虎（琥）

兩、鹿麂兩、䵼韐一，才二十朋，其

舍田三田。裘衛迺誓告于

伯邑父、榮伯、定伯、琼伯、單

伯，伯邑父、榮伯、定伯、琼伯、單

伯迺令參有司：司土微邑、司

馬單旟、司工邑人服、眔

受（授）田𪔭趩、衛小子𬀷逆

者（諸）其鄉。衛用作朕文考惠

孟寶盤，衛其萬年永寶用。

　　釋意：在三年三月上半月的壬寅這一天，周王在豐地建旗議事，矩伯的下屬庶人從裘衛那裏拿了覲見用的玉璋，交換的價值是八十朋貨貝，折合成田是十田。矩伯又從裘衛那裏拿了一對紅色玉琥、一對皮披肩和一件皮圍裙，交換的價值是二十朋貨貝，折合成田是三田。交易協議達成後，因涉及以土地抵充貨貝的價值，裘衛將交易內容誓告於執政大臣伯邑父、榮伯、定伯、琼伯、單伯等，於是諸執政大臣就命令執行交換協議，命令任地方行政長官的參有司即司土微邑、司馬單旟、司工邑人服以及授田官𪔭趩、裘衛家的小子𬀷等，到場執行協議，交割田地，同時將交換的玉器和皮具也從鄉里迎送出來，完成交換。裘衛因而做了這件紀念有文采的先父惠孟的寶盤，裘衛家萬年永寶用之。

24. 頌鼎

西周晚期（頌組器共有八簋、三鼎、二壺，銘文基本相同）

三鼎：《集成》2827 藏故宮博物院、2828 藏臺北故宮博物院、2829 藏上海博物館

釋文：

惟三年五月既死霸甲戌，

王在周康昭宮。旦，王格大

室，即位。宰引佑頌入門立

中廷。尹氏授王命書，王呼史

虢生冊命頌。王曰："頌，令汝官

司成周貯二十家，監司新造貯

用宮御。賜汝玄衣黹純、赤市朱

黃、鑾、旂、攸勒,用事。"頌拜,稽首。受

命册,佩以出,返入堇(覲)章(璋)。頌敢對

揚天子丕顯魯休,用作朕皇

考龏叔、皇母龏姒寶尊

鼎。用追孝祈介康□、純佑、

通禄、永命。頌其萬年眉壽,

畯臣天子靈終。子子孫孫寶用。

釋意:在某周王三年五月下半月的甲戌日,周王在周地的康王廟中的昭王廟裏。太陽剛出來,王到達昭王廟的正殿大室,就位。大臣宰引助佑頌進入廟門,站立在庭院的中央。史官之長尹氏將擬定好的册命書交給周王,王召呼史官虢生向頌宣讀册命書。王的册命書説:"頌,命你領導成周地區市廛管理員二十家,監督管理新建的市廛及宮中所用物品。賜你的官服有繡了邊沿的黑色上衣和綴有深紅色帶子的紅色圍裙,賜你的車馬器有鑾鈴、旗幟和皮馬嚼子,執行任務。"頌以手相拜,叩頭。接受册命書,佩帶以出,然後返回,獻納覲見周王專用的玉璋。頌爲了答謝和宣揚天子巨大顯赫厚重的美意,因而做了祭奠我偉大的先父龏叔和偉大的先母龏姒寶鼎。用來追念盡孝,祈求給予我健康、福佑、官運亨通、長命。頌祈求能够萬年長壽,永遠作天子的臣下,得善終,頌的子子孫孫能够永遠寶用此鼎。

25. 史頌鼎

西周晚期(史頌組器有二鼎、八簋、一簠、一盤、一匜,銘文相同)

二鼎:《集成》2787、2788　現藏上海博物館

釋文:

惟三年五月丁巳,王在宗

周。命史頌省蘇灛友、里君、

百生(姓),師墉盠于成周,休有

成事,蘇賓章(璋)、馬四匹、吉金,用

作鼎彝。頌其萬年無疆,日

揚天子觀命,子子孫孫永寶用。

釋意:在某周王三年五月丁巳這一天,周王在西土的都城宗周地區。命令史官頌去視察蘇國,存問蘇國官吏僚友以及城鎮閭里的里君和地方一切宗姓首領,並將他們聚集於東都成

周加以督導,工作進行得很有成效,蘇國國君賄贈史官頌一件玉璋、四匹馬和一些上等的銅料,因而作了蒸煮祭品的彝器。史官頌萬壽無疆,日日稱贊天子光輝的使命,子子孫孫永寶用此鼎。

26. 鄂侯御方鼎

西周晚期　《集成》2810　現藏上海博物館

釋文:

　　王南征,伐角、遹。唯還
　　自征,在坏,鄂侯御方
　　納壺於王,王乃裸之,御
　　方侑王。王休宴,乃射。御
　　方卿(合)王射,御方休闌,
　　王揚,咸飲。王親賜御
　　[方璋]五穀、馬四匹、矢五
　　[束]。御方拜手、稽首,
　　敢[對揚]天子丕顯休釐,
　　[用]作尊鼎,其萬年
　　子孫永寶用。

釋意:周王南征,討伐角、遹。在從征途返還時,在坏地,鄂侯御方向周王獻上一壺醴酒,王即以此酒舉行裸祭,在裸祭禮中,御方成爲周王的侑者。在王的宴會結束時,舉行大射禮。御方與周王一起進行耦射,御方的矢止於侯框,王的矢從侯框的上方飛過,按射禮的規定,二人都飲了罰酒。周王賜御方五穀璋、四匹馬、五捆矢。御方以手相拜,叩頭。爲答謝和宣揚天子給予的偉大顯赫的好處,因而做了這件置於宗廟的鼎,鄂侯御方其萬年子孫永寶用。

27. 大簋蓋

西周晚期　《集成》4298 現藏瑞典王宮、4299 現藏中國國家博物館

釋文:

　　惟十又二年三月既
　　生霸丁亥,王在歸振宮,王
　　呼吳師召大賜趞𤳇里。王令

膳夫豕曰趣纍曰:"余既賜大
乃里。"纍賓豕章(璋)、帛束。纍令豕曰
天子:"余不敢吝。"豕以纍履大賜
里。大賓豕韎章(璋)、馬兩;賓纍韎
章(璋)、帛束。大拜,稽首。敢對揚天
子丕顯休,用作朕皇考烈
伯尊簋,其子子孫孫永寶用。

　　釋意:在某周王十二年三月上半月丁亥這一天,王在歸侲宮,王呼吳師召大,將趣纍里賞
賜給他。王令膳夫豕對趣纍說:"我將你的領地趣纍里已經賞賜給大。"纍賓贈豕一件玉璋和
一束帛。纍請豕回報天子說:"對將原屬我的邑里賜給大這件事,我不敢吝嗇。"豕與趣纍、大
經過踏查後,將趣纍里賜予大。大賓贈王的使者豕大璋一件、馬兩匹;賓贈趣纍大璋一件、帛
一束。大以手相拜,叩頭,爲答謝和宣揚天子的偉大顯赫的美意,因而做了這件祭奠我光輝
的先父烈伯的簋,大的子子孫孫將永遠寶用此簋。

28. 五年琱生簋

西周晚期　《集成》4292　現藏美國紐約

釋文:

惟五年正月己丑,琱生有
事,召來合(答)事。余獻婦氏以
壺。告曰:"以君氏命曰: 余老
止公僕庸(附庸)土田多諫,弋(亦)伯
氏縱許。公宕其參,汝則宕
其貳;公宕其貳,汝則宕其
一。"余惠於君氏大章(璋),報婦
氏帛束、黃(璜)。召伯虎曰:"余既
訊□我考我母命,余弗敢
亂,余或至(致)我考我母命。"琱
生則覲圭。

　　釋意:在周宣王五年正月己丑這一天,琱生向王后提出訴訟,召伯虎前來答辯。琱生向
王后的女官婦氏獻上一壺。告訴她說:"王后曾頒布命令說:我的管家止公的附庸土田多有
爭議,這是召伯虎縱容手下人員的結果。現判決如下:關於有爭議的附庸土田,琱生取其參,

召伯虎則取其貳;琱生取其貳,召伯虎則取其一。"我惠贈王后大璋,還報王后的女官婦氏帛一束、璜一件。召伯虎説:"我去世的父母對此事已有成命,我不敢私自變亂,若需要改變,我須向我去世的父母之靈重新請示。"琱生向召伯虎獻上覲見用的玉圭。

29. 六年琱生簋

西周晚期　《集成》4293　現藏中國國家博物館

釋文:

惟六年四月甲子,王在莽。

召伯虎告曰:"余告慶。"曰:"公

厥禀貝,用獄諫。爲伯有祇

有成,亦我考幽伯、幽姜令。

余告慶。余以邑訊有司,余

典勿敢封。今余既訊,有司

曰:厥命。"今余既一名典獻

伯氏,伯氏則報璧琱生。對揚朕

宗君其休,用作朕烈祖召

公嘗簋。其萬年子子孫孫寶,用

享于宗。

釋意:(接五年簋銘文)經過將近一年的時間,在周宣王六年四月甲子這一天,周宣王在周都莽京。召伯虎向周王報告説:"我向王報喜。"説:"止公琱生獻出其貨貝,才解除了他的官司。我召伯虎敬慎其事,因而有成。這也是我先父幽伯、先母幽姜的成命所在,我報喜。我曾以邑里(即指所謂"附庸土田")訊問有關官員,我對有爭議的邑里登記在册,而不敢封樹。今天我又詢問有關官員,他們告訴我,已實現了先父母的成命。"我琱生既已將部分附庸土田登記在册,並將其中的一部分按王后的判決獻於召伯虎,召伯虎則還報琱生玉璧。琱生爲答謝和宣揚我的宗君召伯虎的美意,因而做了這件嘗祭我的烈祖召公的簋。琱生其萬年子子孫孫寶藏此簋,用於宗廟祭享。

30. 番生簋

西周晚期　《集成》4326　現藏美國堪薩斯市納爾遜美術陳列館

釋文:

丕顯皇祖考穆穆克哲厥德，嚴
在上，廣啓厥孫子于下，勵于大服。
番生不敢弗帥型皇祖考丕坏元
德，用申恪大命，屏王位，虔夙夜溥
求丕潛德，用諫四方，柔遠能邇。王
命䟽司公族、卿事、太史僚，取徵二十
鋝。賜朱市悤黄、鞞鞛、玉環、玉琭。車
電軫、䡅𦃃較、朱鞹鞃靳、虎冪熏裏、
錯衡、佑軛、畫轉、畫轁、金童、金豙、
金簟弼、魚箙、朱旗旜、金芳、二鈴。番
生敢對天子休，用作簋，永寶。

釋意：偉大光榮的先父祖，能够謹修其德，莊重地居於上天，廣泛關懷着他居於下界的子孫後代，使他們能够主持朝廷大政。番生不敢不遵循效法光榮的先父祖們淳厚偉大的美德，用以謹守大命，屏障王位，恭敬的日夜修煉偉大潛在的德。用以勸勉四方酋首，使遠近的部族皆能得到安寧。王命番生總管公族事物、行政機構卿事僚和太史僚，並主持兩造訴訟費達到二十鋝以上的訴訟。賞賜的官員命服有紅色的圍裙和青色的帶子，有皮佩綬帶的刀鞘、環、琭等玉器。車馬器有架於軸上的軫、交叉纏有絲織物的車厢邊筐、車軾上的紅色皮包裹、車厢前方的虎紋黑裏的蓋布、交錯文飾的衡木、置於馬頸上部的軛、置於車輈和車軸上的皮固定件與轁、車輪上的銅箍件童與豙、銅的車厢圍籃、盛矢的匣、紅色的旗幟、青銅的旗杆、兩個鈴。番生爲了答謝和顯揚天子的美意，因而做簋，永遠寶用它。

31. 羼敖簋蓋
西周晚期　《集成》4213　現藏故宫博物院
釋文：

戎獻金于子牙父百車，而
賜魯羼敖金十鈞，賜
不諱，羼敖用報用璧。用
召詣其佑子歆史孟，
羼敖覲，用豹皮于史孟。
用作寶簋，羼敖其子子孫孫永寶。

釋意：戎向子牙父獻百車青銅料,子牙父賜魯屒敖十鈞青銅料,賞賜是公開進行的,屒敖
用璧報答子牙父。因而訪問佑者子歆史孟,屒敖覲見子牙父是由史孟促成其事,因而獻豹皮
於史孟。做了這件寶簋,屒敖的子子孫孫永寶此簋。

32. 吳虎鼎

西周晚期(宣王)　1992 年陝西長安縣出土

釋文：

惟十又八年十又三月既
生霸丙戌,王在周康宮夷
宮。道入佑吳虎,王令膳夫
豐生、司工雍毅申剌(厲)王命,付
吳𧊒舊疆付吳虎。厥北疆涵
人眔疆,厥東疆官人眔
疆,厥南疆畢人眔疆,厥西
疆荓姜眔疆。厥俱履封:豐
生、雍毅、伯道、内司土寺萊。
吳虎拜、稽首,天子休。賓膳
夫豐生章(璋)、馬匹、賓司工雍
毅章(璋)、馬匹,賓内司土寺萊
璧。□書尹友守史西賓史
□□□。虎拜手、稽首,敢對
揚天子丕顯魯休,用作朕皇
祖考庚孟尊鼎,其子孫永寶。

釋意：在十八年十三月上半月的丙戌日,周王在康王廟中的夷王廟。道作爲吳虎的佑者
進入夷王廟,王命膳夫豐生和司工雍毅重申厲王生前曾發布過的命令:將吳𧊒舊有疆界的土
田交付吳虎。其四至邊界是:北與涵人疆界接壤,東與官人疆界接壤,南與畢人疆界接壤,西
與荓姜疆界接壤。參加踏查田土的官員有:豐生、雍毅、伯道、内司土寺萊等。吳虎以手相
拜、叩頭,感謝天子的美意。寶贈膳夫豐生玉璋、馬匹、賓贈司工雍毅玉璋、馬匹,賓贈内司土
寺萊玉璧。制定文書的人員有尹友守史西、賓史□□等。虎以手相拜、叩頭,爲了報答和宣
揚天子偉大顯赫淳厚的美意,因而做了這件祭奠我光榮的先祖考庚孟的鼎,吳虎的子孫永遠
寶用此鼎。

33. 多友鼎

西周晚期　《集成》2835　1980年陝西長安縣鬥門鄉下泉村出土

現藏陝西歷史博物館

釋文：

惟十月，用玁狁方興，廣伐京師。

告追于王，王命武公："遣乃元士，羞追于

京師。"武公命多友率公車羞追

于京師。癸未，戎伐郇，衣俘。多友乃

追，甲申之辰，搏于□，多友有折

首執訊。凡以公車折首二百又□又

五人，執訊二十又三人，俘戎車百乘

一十又七乘，衣復郇人俘。或搏于

龔，折首三十又六人，執訊二人，俘車

十乘。從至，追搏于世，多友或有折

首執訊。乃轡追，至于楊冢，公車折

首百又十又五人，執訊三人。唯俘

車不克，以衣焚，唯馬歐盡。復

奪京師之俘。多友廼獻俘、馘、訊

于公。武公廼獻于王。王廼曰武公曰："汝既

靜（靖）京師，釐汝，賜汝土田。"丁酉，武公

在獻宮，廼命向父召多友，廼誕

于獻宮。公親曰多友曰："余肇使

汝休，不逆，有成事，多擒，汝靜（靖）京

師。賜汝圭瓚一、湯（錫）鐘一肆、鐈

鋚百鈞。"多友敢對揚公休，用作尊

鼎，用朋用友，其子子孫永寶用。

釋意：在十月，玁狁正起兵，深入攻打京師地區。報警於王，王命武公説："派遣你手下的受過册命的官員，進追於京師地區。"武公按王的旨意命元士多友率領官府的兵車進追於京師地區。在癸未這一天，戎攻打郇地，大肆俘虜掠奪。多友進行追擊，在甲申這一天，交戰搏鬥於□地，多友有斬殺擒獲。共以官府的兵車斬殺二百□十五人，擒獲玁狁酋首二十三人，俘獲戎人的戰車一百一十七乘，大量解救了被玁狁俘去的郇人。又交戰搏鬥於龔地，斬殺三十六人，擒獲玁狁酋首二人，俘獲兵車十乘。跟隨而至，追擊搏鬥於世地，多友又有斬殺擒

獲。乃以兵車迅速追擊，至於楊冢地帶，官府的兵車斬殺一百一十五人，擒獲玁狁酋首三人。只是沒有能俘獲戰車，因爲玁狁用大火將戰車焚燒，將馬也趕殺净盡。又奪回在京師的被俘去的人和物。於是多友向武公獻俘虜、被斬殺的首級、和擒獲的玁狁酋首。武公把多友所獻轉獻於周王。周王於是對武公説："你既已平定了京師地區，應該嘉獎你，賞賜你土地和田産。"在丁酉這一天，武公在獻宫，就命令向父向多友發出招見令，多友於是到達獻宫。武公親自對多友説："我使你得到美差，你没有辜負我的任命，事情辦得很順利，獲得成功，你能有很多擒獲，是你平定了京師地區。我賞賜你一件圭瓚、精美的青銅鐘一排、青銅料一百鈞。"多友爲了答謝和宣揚武公的美意，因而做了這件置於宗廟的鼎，用來與親朋僚友共同祭祀，多友的子孫後代永遠寶用此鼎。

34. 敔簋

西周晚期　《集成》4323

釋文：

> 惟王十月，王在成周。南淮夷
> 遷、殳内伐溟昂、參泉、裕敏、
> 陰陽洛。王命敔追御于上洛
> 炋谷，至於伊、班。長榜截首百，
> 執訊四十，奪俘人四百，獻於榮
> 伯之所。于炋衣肂，復付厥
> 君。唯王十又一月，王格于成周
> 大廟，武公入佑敔告擒：馘
> 百、訊四十。王蔑敔曆，使尹氏
> 授釐敔圭瓚、□貝五十朋。賜
> 田于敀五十田，于早五十田。敔
> 敢對揚天子休，用作尊簋。
> 敔其萬年子子孫孫永寶用。

釋意：在某周王的十月，王在東都成周，南淮夷遷、殳兩部入侵周領土的溟昂、參泉、裕敏、陰陽洛地區。王命敔奔追抵禦於上洛炋谷（今陝西商縣一帶），至於伊川，班師。用長榜斬首一百，活捉酋首四十人，搶奪俘獲炋地人員四百，將這些俘獲都獻於榮伯之處。榮伯於炋地大講攻心戰術，將搶奪的炋谷四百人交還炋地之君。到十一月，王到達東都成周的太廟，武公入廟，輔佐敔向周王獻俘：共獻敵人首級一百、活捉的酋首四十人（獻納的斬獲中果然不見搶奪的婐谷四百人）。王勉勵敔,並使尹氏授予敔圭瓚和□地之貝五十朋。賞賜耕地於敔地五十田,於旱地五十田。敔敢答謝和宣揚天子的美意,因而做了這件置於宗廟的簋。敔其萬年子子孫孫永遠寶用此簋。

35. 膳夫山鼎

西周晚期　《集成》2825　1949 年前陝西岐山縣出土　現藏陝西歷史博物館
釋文：

惟三十又七年正月初吉庚
戌,王在周,格圖室。南宮乎
入佑膳夫山,入門立中廷
北向,王呼史栞册命山。王
曰:"山,令女官司飲獻人于
晃,用作憲司貯,毋敢不善。
賜女玄衣黹純、赤市朱黃,
鑾、旗。"山拜、稽首,受册,佩以
出,反入覲璋。山敢對揚天
子休命,用作朕皇考叔碩
父尊鼎,用祈介眉壽、綽
綰、永命、靈終,子子孫孫永寶用。

釋意：在三十七年正月第一個吉日庚戌這一天,王在周地,到達圖室。佑者南宮乎輔助膳夫山,進入圖室門,立於廷中位置,面向北。王命史官栞册命膳夫山。王説:"山,命你管理飲獻人於𤰇地,同時管理王室倉廩,你不敢不善待你的職事。賞賜你黑色的鑲着花邊的官服上衣,紅色的圍裙和大紅的帶子,鑾鈴、旗子。"膳夫山以手相拜、叩頭,接受命册,携帶出來,再返回去獻納覲璋。膳夫山爲了宣揚和答謝天子美好的册命,因而做了祭奠偉大的先父叔碩父的鼎,用來祈求長壽、寬鬆、長命、得善終,我的子子孫孫要永遠寶用此鼎。

36. 毛公鼎

《集成》2841　道光末年出土於陝西岐山縣　現藏臺北故宮博物院
釋文：（全文略）

　　……賜汝秬鬯一卣、祼圭瓚寶、……玉環、玉琮……

　　釋意：賞賜你浸了香草的酒一卣、祼祭用的寶物玉勺子一件……還有玉環、玉琮各一件等。

　　（原載《故宮學刊（創刊號）》，第 171—195 頁，紫禁城出版社，2005 年 1 月；又載《金文論集》，第 398—429 頁，紫禁城出版社，2008 年 5 月）

師宲鐘和姬寏母豆

　　《文物》1994 年第 2 期公布了新發現的師宲鐘（圖一），據報導該鐘 1992 年 9 月出土於陝西扶風縣召公鄉巨浪海家村，現藏扶風縣博物館。鐘已殘，通高 64.7 釐米，重 35 公斤。鐘旋上飾竊曲紋，側旁及正面飾重環紋，篆間飾斜角變形夔紋，右鼓有一鳥紋，形制紋飾有西周晚期特徵。

　　鉦間鑄銘文 40 餘字（圖二），我爲其試作釋文如下：

圖一　師宲鐘　　　　　　　圖二　師宲鐘銘文

師宲自作朕皇祖太公、塘公、封公
魯、仲叚、宮伯、孝公、朕烈考静□（公）
寶龢鐘，用喜侃前□□（文人），□（縊）
綽永命，義孫子……

　　銘文的後部雖有少數字殘失,但主要内容不缺。師毫在銘文中縷叙其先人世系,共記述了七代祖考名號。該鐘銘文恰與宋代吕大臨所著《考古圖》卷5.15(《集成》4693)收録的姬寏母豆銘文相似,[1]最早發現這一點的是吴鎮烽先生,他在所著《商周金文資料通鑑》(電子版)05833姬寏母豆的備注中指出:"1992年9月陝西扶風縣召公鄉巨浪海家村出土的師毫鐘,所列諸公與此豆基本相同。"

　　《考古圖》稱姬寏母豆爲"齊豆"(圖三),所作釋文如下(圖四):

　　　　姬寏母作太公部公□公魯
　　　　中覽伯孝公静公豆用斬
　　　　眉壽永命多福永寶用

圖三　姬寏母豆　　　　　　　　圖四　姬寏母豆銘文

《考古圖》記載此豆"熙寧(宋神宗1068—1077年)中得於扶風",該豆形制不典型,但其高足上的大波浪紋盛行於西周晚期,豆之出土地與師毫鐘相同。想不到兩件銘文内容相近的青銅器,相隔近千年,却在同一地區出土。豆銘與鐘銘所記除作器者名和銘文後部嘏辭不同外,所祀七代先祖考名號幾乎完全一樣。《考古圖》考證説:"蔡博士云:按《齊世家》言,太公之卒百有餘年,子丁公吕伋始立,如部公以下三世,至孝公始見於史,自吕伋十四世矣。餘文不可考,然知爲齊豆無疑。"

---

[1]（宋）吕大臨:《考古圖》,乾隆十八年黄晟亦政堂修補明代保古堂本。

宋代薛尚功的《歷代鐘鼎彝器款識法帖》卷 15.11 也著録了這件器,[1]改稱其爲"姬奂豆",並新釋出"郭""祈"兩字,釋文爲:

> 姬奂母作太公郭公□公魯
> 仲覽伯孝公静公豆用祈
> 眉壽永命多福永寶用

對銘文内容,薛氏則引用了《考古圖》蔡博士的話,未作新的考證。宋人兩書所作釋文多數是正確的,我略加修正,並加標點,重作釋文如下:

> 姬奂母作太公、墉公、□公魯、
> 仲臤、省伯、孝公、静公豆,用祈
> 眉壽、永命、多福,永寶用。

對於豆銘所列世系,宋代以後再没見到有人作進一步考證。直至 1936 年吴其昌先生著《金文世族譜》,對銘文所述世系才作了新的考證,[2]他將其附會於《史記·陳杞世家》,列入第十篇《嬀姓譜》的陳國,所作圖表如圖五。

金文姬姓女名往往稱"姬某母",如姬莽母(《集成》546)、姬趕母(《集成》628—629)、姬大母(《集成》709)、姬原母(《集成》3860)等,女名"姬某母"表示該女爲姬姓。如曹公簠"曹公媵孟姬悆母匿簠"(《集成》4593),《白虎通·姓名》:"嫡長稱伯,庶長稱孟。"曹公出嫁女兒,名中"孟"表示她是庶出的長女,"姬"爲姓,"悆"爲私名,母爲彼時

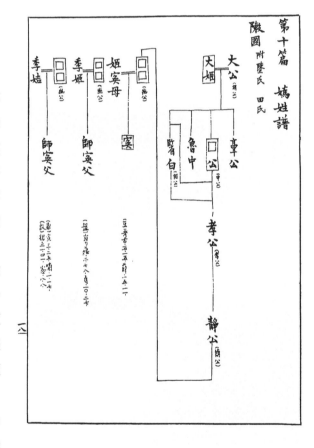

圖五 《嬀姓譜》之陳國

---

[1] (宋)薛尚功:《歷代鐘鼎彝器款識法帖》,明崇禎六年朱謀垔翻刻吴江史鑑本,1935 年于省吾據之影印,中華書局據本再影印,1986 年。

[2] 吴其昌:《金文世族譜》,"中研院"歷史語言研究所影印本,1991 年。

對女子的尊稱。吳鎮烽先生的《商周金文資料通鑑》還記錄了一對未見於著錄的私人藏器，曹伯盤"曹伯滕齊叔姬盤……"，曹伯匜"曹伯滕齊叔姬匜……"，曹伯姬姓，其女嫁爲齊婦，稱齊叔姬，其中姬爲女姓，叔爲排行，齊爲夫氏。又比如魯侯鼎"魯侯作姬𡕳滕鼎"，魯爲姬姓，出嫁的女兒稱"姬𡕳"，其中"姬"爲姓，"𡕳"爲該女私名。由此可見，姬寏母豆銘作器者應爲一姬姓女子，私名爲寏，尊稱爲母。師衮鐘的作器者師衮，是一職官爲師，名爲衮的男子。銘文中師衮與姬寏母所崇祀的先祖世系相同，二者應有較密切的關係，且二人父考同爲靜公，應屬同代，不可能是父女或母子的隔代關係，只能是夫妻或兄妹、姊弟關係。

根據周人同姓不婚的原則，姬寏母與師衮如爲夫妻關係，則師衮必不能爲姬姓。姓不同的人，其祖考世系亦必不同，所以師衮只能與姬寏母同是姬姓，才可以同祀一系祖考，這樣，二人是夫妻關係的可能性就應該排除。可以肯定，二人是兄妹或姊弟關係，同爲姬姓，分別作器，祭祀同一系祖考。

金文資料表明，西周時女性獨自作器祭祀先人是一種並不鮮見的現象。如：

> ……伯姜對揚天子休，用作寶尊彝，用夙夜盟享於邵伯日庚，天子萬年，百世孫孫子子受厥純魯，伯姜日受天子魯休。　　　　　　　　　　　　　伯姜鼎（《集成》2791）
>
> 溓姬作父庚尊簋，用作厥後御，孫子其萬年永寶。　　　　溓姬簋（《集成》3978）
>
> 虢姜作寶尊簋，用祈追孝于皇考惠仲……　　　　　　　虢姜簋蓋（《集成》4182）

在這幾件西周青銅器中，伯姜、溓姬、虢姜皆爲女性，銘文記錄了她們自作青銅禮器祭祀祖考的實況。

不僅如此，西周金文還有爲女性"作宗室"和將女性"列於宗室"的記載，如：

> 穆公作尹姞宗室於繇林。唯六月既生霸乙卯，休天君弗忘穆公聖粦明，鬻事先王，格于尹姞宗室繇林。君蔑尹姞曆，賜玉五品，馬四匹，拜稽首，對揚天君休，用作寶齍。
>
> 　　　　　　　　　　　　　　　　　　　　　　　　　　尹姞鬲（《集成》754）
>
> 邢姬晞亦列祖考夌公宗室，有孝祀孝祭，彊伯作邢姬用鼎簋。　彊伯鼎（《集成》2676）

《詩·召南·采蘋》："于以奠之，宗室牖下。"《傳》："宗室，大宗之廟也。"金文中的"宗室"與文獻所指相似，亦指"宗廟"，如：

> 仲殷父鑄簋，用朝夕享孝宗室……　　　　　　　　　仲殷父簋（《集成》03964）
>
> ……肆余以餕士獻民，再盨先王宗室……　　　　　　　　散簋（《集成》04317）

　　　　軝史屒作寶壺,用禋祀于兹宗室……　　　　　　　　　　　軝史屒壺(《集成》09718)

　　　　……晉侯僰馬既爲寶盂,則作尊壺,用尊于宗室,用享用孝,用祈壽老……

　　　　　　　　　　　　　　　　　　　　　　　　　晉侯僰馬方壺(《近出》971)

　　上述有姞、姬兩姓女子分別"作宗室"和"列於宗室"的記載,説明當時女性在宗廟祭祀等宗族活動中,並不完全依附於男性,她們有的地位相對較高,有一定獨立性。所以豆銘記載,姬夒母自作銅器祭祀本家姬姓先人,在當時來説,雖屬罕見,但也是含乎情理的。

　　兩器銘文的問題是,這一系的祖考是否如《考古圖》引用蔡博士的話所説,因爲銘文所記祖先有太公、孝公出現,與《齊太公世家》相合,就必是"齊豆無疑"。或如吳其昌先生所説,因爲有孝公與銘文相同、相公與銘文相似,遂將其視爲嬀姓,歸入陳世家。

　　按《史記·齊太公世家》所記:"蓋太公之卒百有餘年,子丁公吕伋立。丁公卒,子乙公得立。乙公卒,子癸公慈母立。癸公卒,子哀公不辰立。……周烹哀公而立其弟静,是爲胡公。胡公徙都薄姑,而當周夷王之時。"其後經獻公、武公、厲公、文公、成公、莊公、釐公、襄公、桓公九代始至孝公。按齊國世系,齊孝公爲齊桓公太子昭之號,是宋襄公敗齊四公子師而擁立之齊君,此時太公至吕伋已有百餘年,自吕伋下數,又有十餘世,時已進入春秋後近百年。而兩件出土青銅器的銘文記載太公以下五世即至孝公,銅器形制所標示的時代是西周晚期,蔡博士的説法所屬時代顯然偏晚,與器物形制不符。且《齊太公世家》丁公至孝公中間的十餘世,與銘文皆無法應合,可見《齊太公世家》之太公、孝公與豆銘之太公、孝公顯然不是同一人。再有,姬夒母豆銘文作器者爲姬姓,而齊世家爲姜姓,神不歆非類,民不祀非族(《左傳·僖公十年》)。姬姓的後人也不太可能把姜姓的齊國祖先視爲自家的世系加以祭祀。因此,蔡博士的話是不可信的。

　　吳其昌先生所列世系表顯然是想用《史記·陳杞世家》與銘文對應,《陳杞世家》:"陳胡公滿者,虞帝舜之後也。……姓嬀氏。……至於周武王克殷紂,乃復求舜後,得嬀滿,封之於陳,以奉帝舜祀,是爲胡公。胡公卒,子申公犀侯立。申公卒,弟相公皋羊立。相公卒,立申公子突,是爲孝公。孝公卒,子慎公圉戎立。慎公當周厲王時。慎公卒,子幽公寧立。幽公十二年,周厲王奔於彘。"吳先生改胡公爲太公,□公爲申公,省伯爲相公,静公爲慎公,又把姬夒母配給幽公,整個世系表中,僅一個孝公可以勉强對應,其餘都無法應合。況且姬夒母是姬姓,不可能把嬀姓的陳國祖先視爲自己的先人世系加以祭祀。因此,吳先生將豆銘世系歸入陳國的世族譜,也是不能成立的。

　　筆者以爲,若想解開銘文所述世系内容的謎團,當從姬姓諸世家中另外排比尋找。《史記·管蔡世家》附記了曹家的世系:"曹叔振鐸者,周武王弟也。武王已克殷紂,封叔振鐸於曹。叔振鐸卒,子太伯脾立。太伯卒,子仲君平立。仲君平卒,子宫伯侯立。宫伯侯卒,子孝伯云立。孝伯云卒,子夷伯喜立。夷伯二十三年,周厲王奔於彘。"《管蔡世家》所附曹國世系之諸伯名與兩銅器銘文所述世系中的諸公、伯名基本相同,只是多數爵稱有別而已,這恐怕很難用巧合來解釋,可以初步斷定兩個世系乃指同一世系。《管蔡世家》所記西周曹國除仲君之外,如太伯、宮伯、孝伯、夷伯等皆以"伯"稱,遲至春秋之後才有公稱,如穆公、桓公、莊公、釐公、昭公、共公、文公等。其末代之君稱曹伯陽,復回歸以"伯"稱。

文獻中諸侯的爵稱,每因資料來源不同而致記載有別,如《管蔡世家》記周宣王時的曹戴伯子爲"惠伯",而同爲《史記》的《十二諸侯年表》却稱其爲"曹惠公"。又如《春秋》記昭公"十有八年春,王三月,曹伯須卒",《左傳》却記"三月,曹平公卒"。楊伯峻先生説"經之曹伯須即曹平公",[1]《經》稱"伯",而《傳》稱"公"。金文曹器有曹公簋(《集成》4593)、曹公盤(《集成》10144)、曹公子沱戈(《集成》11120)稱曹公,另有曹伯狄殘簋蓋(《集成》4019)也稱曹伯,皆爲春秋時代的器物。曹叔振鐸者,周武王弟也,其後人的爵稱爲公爲伯都是可能的,因此可以不必泥於太史公爲曹國所定的爵稱,其爵稱的真實情況,倒是師宷鐘和姬宾母豆所記是第一手材料更可靠一些。

《管蔡世家》所記曹國諸伯名與兩銅器銘文所述諸公、伯名大體是相對應的,《管蔡世家》叔振鐸"子太伯脾",對應鐘銘之"皇祖太公"和豆銘之"太公",太伯"子仲君平"對應兩器銘之"仲叞",叞與君字形相近,可能《管蔡世家》仲君是仲叞之誤。仲君平"子宮伯侯"對應鐘銘之"宮伯"和豆銘之"省伯",可能宋人著録之豆銘摹寫有誤,應以《管蔡世家》及鐘銘之"宮伯"爲正。宮伯侯"子孝伯云"對應兩器銘文的"孝公"。孝伯云"子夷伯喜"與兩器銘之"靜公"世系位置對應,然"夷"與"靜"字形相距甚遠,不太可能是字形誤記,懷疑是《管蔡世家》漏掉了靜公一世,夷伯應是靜公的下一代。據《史記·三代世表》所記,曹叔振鐸與成王同時,太伯與昭王同時,仲君與穆王同時,宮伯與共王同時,孝伯與懿王同時。兩器銘文中的"靜公"應相當於西周孝王、夷王時代,他的下一代師宷和姬宾母應與夷伯喜同時,與其爲兄弟姊妹行,約相當於西周夷王、厲王時代,這樣才與《管蔡世家》稱"夷伯二十三年,周厲王奔於彘"相合,這與器物所表現的時代也是相符的。更重要的是曹爲姬姓,與鐘、豆作器者的姓相同,這是斷定兩器銘所述爲曹世系的先決條件。

還有一個問題,較之《管蔡世家》所記,兩器銘文中所記曹國世系,在太公以下,多出墉公和封公魯兩世,恰好在《史記·三代世表》中,也有一個反常的記載,西周成王與曹叔振鐸同時,昭王與太伯同時,中間康王一世,曹國爲空白,而同時的魯、齊、晉、秦、楚、宋、衛、陳、蔡、

---

[1]　楊伯峻:《春秋左傳注》,中華書局,1990 年,第 1394 頁。

燕各國皆有公侯名與康王對應。這可能有兩種解釋,一是曹叔振鐸比召公還長壽,歷武、成、康三世,《三代世表》中康王一世的空白,表示叔振鐸延至康王末年仍一直在世稱曹公。這没有文獻根據,似乎不太可能;二是太史公《史記》所依賴的曹國世系數據是斷續不全的,他没見過西周康王一世曹國是哪個曹公當政,故空置不計,但他可能見過太伯在昭王時代活動的記載,於是就把太伯置於昭王了,這倒是很有可能的。根據兩器銘文所述,叔振鐸子太伯脾(太公)應主要居於康王世,可能在昭王初年他還在世。召公是歷史上有名的壽星,文獻不見有叔振鐸"壽比召公"的記載,可能他的活動時期,僅限於武王、成王,因此他的兒子太伯脾,應當主要活動於康王昭王兩世才對。清馬驌《繹史·年表》將振鐸子泰伯脾列於康王世,馬驌是有見地的。[1] 而康王一世據小盂鼎(《集成》2839)銘文記載至少 25 年以上,其後的昭王據《古本竹書紀年》記載,在位 19 年而"南巡不返",穆王在位是西周諸王中最長的,有四十餘年與五十餘年等説法,在這康、昭起碼四五十年的時間中,加上部分穆王早期的若干年,還應該再安排曹墉公和曹封公兩世,這樣才比較合理。至於第五代曹公族之仲叞平,既不稱公也不稱伯,名中僅有排行"仲"的稱謂,則可能他與封公爲一世,是封公的兄弟。《三代世表》把曹國世系與西周王室世系整齊對應的做法,只是便於表格記事而已,實際兩套世系相對列,總會有若干錯落不齊發生,或兩公共事一王,或一公承事兩王,皆有可能。兩器銘文中的"静公"應相當於西周孝王、夷王時代,他的下一代師宔和姬宛母應與夷伯喜同時,可能與其爲兄弟姊妹行,約相當於西周夷王、厲王時代,這樣才與《世家》稱"夷伯二十三年,周厲王奔於彘"相合,這個時間與器物所表現的時代亦相合。周代是宗法社會,十分重視祭祀中的昭穆次序和宗族譜牒的傳承,金文中已發現類似的如史墻盤(《集成》10175)、逨盤(《文物》2003 年第 6 期)等銘文,都十分完整地記録了本家族祖考的譜系,因爲兩銘所記的微氏家族和單氏家族皆非王族,爲了使記載更加確實可靠,還都分別在銘文中將西周王室譜牒作了對應的記載。曹爲周王族的一支,無須再贅記對應的王室世系,因而師宔鐘和姬宛母豆銘文中就不見對應王室世次的記載。

如果上述分析可以成立的話,那就説明《管蔡世家》在附述曹國世系時有幾點缺陷:

第一,錯將西周曹國各代爵稱一律定爲"伯",實際應如兩器銘文所示,西周曹國爵稱多數爲"公",個別爲"伯"。第二,排列世系有遺漏,據兩器銘文及《三代世表》所示,太公以下漏掉了墉公和封公,孝公以下漏掉了静公。第三,個別世系名字錯記,如將"仲叞"錯記爲"仲君"等。《史記索隱》解釋《史記》列《管蔡世家》而不單列《曹世家》的緣由説:"叔振鐸,其後爲曹,有系家言,則曹亦合題系家,今附管蔡之末而不出題者,蓋以曹微小而少事迹,因附管蔡之末,不別題篇爾。"實際太史公不獨立列《曹世家》,自有難言之隱,是因爲曹世系流傳到

---

[1] (清)馬驌:《繹史》,《文淵閣四庫全書》影印本,上海古籍出版社,1993 年。

漢代已十分模糊,多有缺漏,他難以據此詳述所致。

綜上所述,經青銅器銘文校正過的西周曹國世系應如下表所示(表一):

表一　西周曹國世系表

叔振鐸 — 太公脾 — 墉公┌ 封公魯
　　　　　　　　　　 └ 仲叝平 — 宫伯侯 — 孝公云 — 静公 — 夷伯喜

成王——康王——昭王——穆王——恭王——懿王——孝王——夷王——厲王

據《管蔡世家》記載"武王已克殷紂,封叔振鐸於曹"。曹地所在,《史記集解》引宋忠説在"濟陰定陶縣"。曹國的初封地應在山東定陶一帶,而記載曹國世系的銅器却兩次出在陝西扶風,今岐山扶風一帶是西周王室的宗廟所在地,那裏始終是西周的政治中心地之一,當時一定曾有一些周王室的宗親采邑環布四圍,兩件銅器大概皆出土於曹國的采邑之内。

不僅文獻記載的西周曹國史料稀少,青銅器中可定爲西周曹國有銘文的青銅器亦不多,到目前爲止,僅有的 7 篇曹國銘文,皆出現在東周銅器上。這次師㝬鐘銘文的出土及其與宋代早年出土的姬夌母豆銘文的對讀合證,修正補充了文獻的記載,使我們對曹國的西周世系有了更正確的瞭解。師鐘㝬和姬夌母豆遂可以確認爲西周晚期曹國公室的青銅器,這也是金文中所僅見的西周曹國金文資料。

甲骨文及殷金文中"曹"一律寫作"棘",是殷代一方國,"貞,猶伐棘,其㦿"(《合集》6942,一期卜辭)。殷金文有天棘父乙爵(《集成》08864)和天棘父癸爵(《集成》08956),可能所記族名之棘,即卜辭之國族棘。棘方國的位置,郭沫若以其與"猷(猶)"地相鄰推之,認爲即今河南滑縣南白馬城,並引文獻證其説:"《左傳》閔公二年'立戴公以廬於曹'者是也。《詩》作漕,《邶風·擊鼓》'土國城漕'。又《泉水》'思須與漕',《衛風·載馳》'言至於漕',毛傳曰:'衛東邑。'"(《卜辭通纂》,第 744 頁)

曹公盤、簠皆 1973 年出土於河南淮陽縣的墓葬。《史記·管蔡世家》記載在西周初年,武王克商之後,封其弟叔振於曹,其都城所在地在今山東定陶、曹縣一帶。《漢書·地理志》濟陰郡記有曹國的具體方位:"定陶故曹國,周武王弟叔振鐸所封。《禹貢》'陶丘'在西南,陶丘亭在南。"譚其驤《漢書地理志選釋》叙其沿革曰:"故城在今縣西北四里,因境内有陶丘,春秋戰國時都稱爲'陶'。……秦始稱'定陶'。……'定陶'是漢高祖即帝位之地,又是漢初梁孝王以前的梁國國都。……丘在今縣西南七里。丘上又有一丘,形如陶竈,因名陶丘。陶丘是上古時代一個很著名的地方,傳説堯嘗居於此,故號陶唐氏,'舜陶河濱'亦指此地,因而爲《禹貢》作者所采録。"《左傳》定公四年"陶叔授民",陶叔即曹叔振鐸。《説苑·善説篇》:"趙簡子攻陶,有二人先登,死於城上。簡子欲得之,陶君不與。承盆疽謂陶君曰:簡子將掘君之墓,以與君之百姓市……"此云陶君,即曹君。

曹都山東之定陶原地名爲陶,其地與今河南滑縣之曹、漕,相距不過百餘公里,新地名不排除乃由河南原曹地僑置的可能。

曹桓公三十五年入春秋,曹伯陽十五年滅於宋。然孟子時尚有曹交,有注解稱"曹君之弟"。疑曹地即入於宋,宋以封其大夫,如齊封田文爲薛公之類。《春秋傳說匯纂》曰:"虞不書滅者,晉存其祀而不以滅告也。宋之入曹,或亦當然。孟子時猶有曹交,爲曹君之弟;則戰國之世,曹尚未亡。蓋滅而復存,如陳、蔡、許之類。"以上關於曹國的後世記載,皆爲推測之詞,可以兩存之可也。

北宋太宗太平興國年間樂史所著《太平寰宇記》卷十三有云:"曹叔振鐸……葬定陶縣髣山,曹伯廿五世咸葬此。"如這一記載有根據的話,我們就有理由期待考古工作者在定陶一帶對曹國公室墓地的發現。

　　附記:去年底,河南省博物院召開"兩周列國文化學術研討會",會間臺灣"中研院"史語所的陳昭容女士與我討論了姬寏母豆銘文,她從西周女性社會地位角度看待這篇銘文,指出:"如果姬寏母已婚,尚且作器回原生家庭祭祀祖先,這樣的例子是很罕見的。即使她未婚,也不尋常。"昭容女士曾寫過《周代婦女在祭祀中的地位——青銅器銘文中的性別、身份與角色研究之一》,[1]《兩周婚姻關係中的"媵"與"媵器"——青銅器銘文中的性別、身份與角色研究之二》等,[2]她一直在關注着金文中的婦女地位問題。近年來也有一些大陸學者在關注這一課題,如曹兆蘭的專著《金文與殷周女性文化》等。[3] 由女性學者研究古代婦女社會地位變遷歷史的繁榮,一時成爲金文研究史上一段少見的風景綫,她們的研究都以金文爲基本資料,衝破中國幾千年封建社會貶低婦女地位的重重迷霧,考察女性在古代真實的社會地位和作用,這實質已深入到細緻分析當時社會結構形態的領域,是十分有意義的。

　　過去由於我們没讀明白姬寏母豆銘文,所以也無法對其所反映的社會意義引申開來進行分析,今天我們既然弄清了銘文的内容,就應該重視它所透露出的珍貴歷史信息。西周是宗法社會,祭祀是社會上重要的政治活動,祭祀祖先更是諸祭祀活動中核心的一種,該銘記録姬寏母作爲一個女性竟然與男性一樣可以主持遍祀本家族歷代祖考,不論其身份是婦是女,都與我們以前的認識相衝突。我想這不外乎可能有兩種解釋:一是姬寏母不是一般的貴族女性,她在曹國公室裏有異於一般貴族女性的權勢和地位,這是當時社會的一個特例,猶如後世封建社會裏出現過武則天和慈禧一樣,她們雖也是女性,但由於其掌握了國家最高權

[1]　見臺北《清華學報》第 31 卷第 4 期,2001 年。
[2]　見《"中研院"歷史語言研究所集刊》第 77 本第 2 分,2006 年。
[3]　曹兆蘭:《金文與殷周女性文化》,北京大學出版社,2004 年。

力,其社會地位當然不可以常理視之;二是我們對兩周社會女性地位的瞭解,還有待深化,也許在西周時代有些貴族女性社會地位比我們通常所理解的要高許多。

　　(原載《古文字研究》第十六輯,中華書局,2006 年;又載《金文論集》,第 337—344 頁,紫禁城出版社,2008 年 5 月。劉雨先生又於《中原文物》2008 年第 4 期發表了《兩周曹國銅器考》一文,補充説明了"曹國"的有關内容。2015 年,故宮博物院組織編寫《故宮博物院十年論文選(2005—2014)》,劉雨先生將先後兩篇文章合併以《師𡧚鐘和姬寏母豆》收入,本次整理即以此文爲底本,載《故宮博物院十年論文選(2005—2014)》,第 1045—1054 頁,故宮出版社,2015 年 12 月)

"殺人越貨"和"夏鼎"

——答羅琨先生

　　《考古》2006 年第 9 期發表了羅琨先生《利簋"歲鼎"析疑》一文（下簡稱"羅文"），針對我與何炳棣先生合寫的《夏商周斷代工程基本思路質疑》一文對利簋的解釋，提出批評。

　　羅文首先從分析"歲"字入手，指出甲骨文歲字有三種寫法：𭀤、𭀥、戉，其中𭀤，从步从戉，是歲之本字。𭀥爲𭀤之簡化，戉爲𭀥之再簡化，利簋銘"𭀥鼎"即"歲鼎"。周初"越"無"奪"義，成語"殺人越貨"是比較晚近才出現的，不能作爲釋讀周初金文的依據，因此利簋銘不能讀爲"越鼎"。該文又進一步分析，認爲"王孫滿答楚王問"中的"鼎"是"天命"的代稱，文獻中所説"周受殷鼎"不過是"周革殷命"的一種表述方式，《世俘》"薦俘殷王鼎"也應是"將殷紂之首放在鼎中獻祭"的意思。周初"鼎並没有成爲政權的象徵，其銘文也就不可能用'越鼎'表述'奪取政權'"。

　　羅文認爲甲骨文"歲"字的三種寫法是逐次簡化的結果，這個分析是難以成立的。原因很簡單，三種寫法的字同時出現在甲骨一期。古文字在發展流變過程中，繁化和簡化兩個過程是同時存在的，把"歲"字的三種寫法簡單地歸結爲逐步簡化的結果，並没有多少根據。因爲我們不能排除"歲"字三種寫法與羅文分析的相反，是逐步繁化的結果，也不能排除它們本是一個字，只是來源不同的異形寫法而已。在没有確切的證據之前，很難説誰是本字。因而對利簋銘來説，"歲鼎""越鼎"，一爲張政烺先生説，一爲唐蘭先生説，從字形上看，不存在優劣之分，都可以成立。但在釋義上我們認爲張説存在一定困難，即我們文章中所説"退一步講，即或可以釋爲歲字，是釋爲'歲星'還是釋爲'歲祭'仍難以確定。再退一步講，即或把'歲鼎'講成'歲星當頭'它與'歲在鶉火'也不是一回事"。

　　羅文特別批評我們引用"殺人越貨"這一成語。"殺人越貨"一語來源於《尚書·康誥》"殺越人於貨"以及後來《孟子·萬章》對《康誥》這句話的徵引，這大概是没問題的。但對這句話的理解，却存在許多歧説，特別是對其中"越"字的解讀，衆説紛紜，影響較大的如羅文所引漢代趙岐注《孟子》所説的"'越''於'皆'於'也。殺於人，取於貨，閔然不知畏死者……"，僞《孔傳》釋爲"殺人顛越人以取貨利"。"殺人"本來是很明白的話，古人爲甚麼要説成"殺越人"或"殺於人"呢？至於"殺人"又"顛越人"就更難理解，一般人在被殺時，很難站立而不"顛越"，古人説話何苦這麼累贅呢？類似的解釋還有許多，像章炳麟《古文尚書拾遺定本》：

“殺人、越人,有操金刃、仗白梃之巽。”牟庭《同文尚書》:“越人者,過人也,謂過路人也。劫殺過路人,求索貨泉。”這些强爲之解的解釋都難以講通經義。對這段經文講得比較好的是宋代人吕祖謙,他把“越”講成“奪”:“如盗賊姦惡,殺奪人財貨,剛强勇悍,又不畏死……”(《東萊書説》,吕祖謙撰,時瀾修定,見叢書《通志堂經解》)。至於“越”爲何可以講成“奪”,唐蘭先生認爲是音近假借。他在解釋利簋“越鼎”之“越”字時説:“此處當讀爲奪或敓,戉與奪音近可通用,《孟子》‘殺越人於貨’是説‘殺人奪貨’,可證。此説‘戉鼎’即‘奪鼎’。”(見《西周青銅器銘文分代史徵》,第 8 頁注 3)所以我們認爲,後代人把《尚書·康誥》“殺越人於貨”理解爲“殺人奪貨”,造出“殺人越貨”的成語,並没有錯,倒是那些歷代强爲之解的解釋,包括羅文的解釋,却遠離了《康誥》原意。

羅文還認爲在周初不存在以鼎爲政權象徵的意識,對文獻中出現的各種關於“夏鼎”的記載,大都做了新的解釋,讀起來覺得未免牽强。别的且不説,羅文在討論這個問題時,使用的材料就帶有很大片面性。該文引用了《左傳》宣公三年、桓公二年,《戰國策》《逸周書·世俘解》《史記·秦始皇本紀》等資料。可是《逸周書》的《克殷解》“乃命南宫百達、史佚遷九鼎三巫”作者怎麽不引呢?《史記·周本紀》説:“命南宫括、史佚展九鼎寶玉。”“成王在豐,使召公復營洛邑,如武王之意。周公復卜申視,卒營築,居九鼎焉。”“太史公曰:‘學者皆稱周伐紂,居洛邑,綜其實不然。武王營之,成王使召公卜居,居九鼎焉。’”作者怎麽也不引呢? 很明顯,這幾段話中的“九鼎”是不可能用“天命”或“將殷紂之首放在鼎中獻祭”等説法來解釋的。羅文可以引《逸周書·世俘解》和《史記·秦始皇本紀》,却不徵引《逸周書》同書的《克殷解》和《史記》同書的《周本紀》,這説明作者不是不知道有這樣與自己論點相反的材料,這些材料能有力地説明周初就有“以鼎爲政權象徵的意識”,而作者却故意把這些不利於自己觀點的材料“一漏了之”。

羅文用來證明其“周初不存在以鼎爲政權象徵的意識”的論點,有幾個重要論據:1.“‘周受殷鼎’不過是‘周革殷命’的一種表述方式”。2. 王孫滿答楚子問,“其所論,與其説是指承載了天命的‘鼎’不如説‘鼎’是‘天命’的代稱”。3.“‘薦俘殷王鼎’也應是將殷紂之首放在鼎中獻祭”。

“周受殷鼎”據《周本紀》記載是武王伐紂之後,武王命管蔡監殷、釋箕子之囚、表商容之間、散鹿臺之財、發鉅橋之粟、命南宫括、史佚展九鼎寶玉、封比干之墓等一系列政治舉措之一,這些都是很具體的政治行爲,這裏的鼎或九鼎無論如何也難以用“天命”或“‘周革殷命’的一種表述方式”來解釋。

至於《左傳》桓公二年、宣公三年記“武王克商,遷九鼎於雒邑”“成王定鼎於郟鄏”,記録的是“周受殷鼎”後鼎的具體去向。

“王孫滿答楚子問”中,楚子所問當然是鼎之具體大小輕重,因此才引出王孫滿回絶他覬覦王權意圖的精彩言辭,這與“天命”也不相干。楊伯峻先生《春秋左傳注》云:“鼎即九鼎,已見桓二年傳並注。《周本紀》謂：'楚莊王伐陸渾之戎，次洛，使人問九鼎。'"明謂此處的鼎就是九鼎，也就是文獻中所說的"夏鼎"。

羅文把《世俘》"薦俘殷王鼎"解作"也應是將殷紂之首放在鼎中獻祭"，更是牽強。《世俘》講到這一段歷史時說："武王在祀，太師負商王紂懸首白旗，妻二首赤旗，乃以先馘入，燎於周廟。"《周本紀》有"以黃鉞斬紂頭，懸大白之旗"的記載，兩文所記，如出一轍。司馬遷沒有見過《逸周書》，這是兩個不同來源的史料合在了一處，絕非巧合。不知羅文"將殷紂之首放在鼎中獻祭"的記載，來源於何處？也不知周初是否有將人頭放在鼎中獻祭的禮儀。同是《世俘》的記載，按羅文的解釋，要先"薦俘殷王鼎"，即把"殷紂之首放在鼎中獻祭"，又把"商王紂懸首白旗……燎於周廟"，似乎紂有兩個頭顱了。

"克殷"是周初的頭等大事，所以文獻記載特別詳細，《逸周書》據云是汲冢出土的古書之一，對《世俘解》《克殷解》所記史實，史學界是肯定的。寫《左傳》的左丘明、寫《史記》的司馬遷都是十分嚴謹的史學大家，沒有根據的史料他們是不會輕易采納的，所記史實必有可靠的來源，不會以向壁虛造的史料來記叙周初這一段重要歷史。退而言之，即或認爲《克殷解》和《周本紀》所記不可靠，也應找出相應的反面史料加以說明，來證明自己的論點，怎能以有意回避的作法誤導讀者呢！上述史書如《左傳》《史記》《逸周書》等對九鼎亦即夏鼎的記載是一貫而明確的，不難看出，羅文這幾個論據，都曲解了文獻原意，看不出有甚麼新的文獻和史料的根據，也不見有哪個注疏家有這種解釋。

羅氏在另一篇文章中，還要我們拿出周初的史料來與其討論，才能使其認可。按說，論者提出一個新的觀點，推翻以前的成說，要自己去找到可以否定傳統論斷的史料，以確定自己觀點的合理性，新說才算成立。而羅文的作法是誰不同意我的觀點，你就得拿出周初的第一手文字資料和我討論，拿不出來，你就得承認我的新說。你要說《史記》《左傳》《逸周書》這些嚴肅的史書都不約而同地有明確的內容統一的關於夏鼎的記載，羅氏就會說，那些材料都是經後人加工過的，因此不能相信。按羅文的這種邏輯，除甲骨文金文之外，就沒有可用的史料了，因爲幾乎所有的我們今天能看到的古代傳統文獻，都經過了後人的整理和編輯。

應該說古文獻對"夏鼎"存在的記載是肯定的、明確的，問題倒是到目前爲止，被認爲是夏代都城之一的河南偃師二里頭遺址出土的多是爵、斝、戈等小件銅器和兵器，此地考古發現的青銅器還無法證明文獻中這個記載的存在。但在二里頭的考古發掘中，大型的堪稱夏王室的墓葬尚未發現，又有誰敢斷言，從此以後，在中國古老大地上，不再可能出土夏代大型銅器，去印證古文獻中那麼肯定一致的記載呢。

通觀羅文，只是針對利簋銘中"歲鼎"兩個字的理解展開批評，其實我們文章中已申明，可以退一步同意"歲鼎"這個釋讀，這並無關主旨。羅文所要批評的並非我們文章的核心內容，本來對這樣一個枝節問題，我們可以不予回答，但讀過羅文後，覺得該文和有一些人討論問題的方式有一個共同特點，那就是自己立論可以很隨意，甚至不需論證，而對別人的意見，却吹毛求疵。在學術上這種高人一等的作風，並不利於學術的發展，也不利於作者本人的進步。

有鑑於此，還是寫了上述的話，回答羅先生。

（本文原載《考古與文物》2008 年第 3 期，第 102—104 頁）

從商周八卦數字符號談筮法的幾個問題

宋代出土的"安州六器"之一"中方鼎",銘文末尾有兩個由數字組成的"奇字"。王黼在《博古圖》上釋爲"赫赫"。郭沫若同志在《兩周金文辭大系圖録考釋》中認爲:"末二奇字殆'中'之族徽。"

解放後,出土物日益豐富,這類"奇字"也隨之而增多。唐蘭先生於《在甲骨金文中所見的一種已經遺失的中國古代文字》(《考古學報》1957 年第 2 期)一文中,收集了若干材料,認爲這都是"文字",是"特殊形式的文字",而且是"殷和周以外一個民族的文字"。

不管是"族徽説"還是"文字説",都没有反映事物的本質。因此,也就都無法講清楚這個問題。

李學勤同志在《談安陽小屯以外出土的有字甲骨》(《文物參考資料》1956 年第 11 期)一文中曾提出:"這種紀數的辭和殷代卜辭顯然不同,而使我們想到《周易》的'九''六'。"1978年年底,於長春召開的古文字學術討論會上,張政烺先生第一次具體地運用《易·繫辭》所載八卦揲蓍法的原理,來解釋周原新出土甲骨上的這類紀數符號,確認它們是八卦的數字符號。這在與會者中間引起了很大的反響,爲科學地認識和解決這個棘手的問題邁出了關鍵性的一步。

我們收集了這方面的一些材料,初步形成了幾點粗淺的認識,現提出來,就正於同志們。

一、在商、西周甲骨文金文陶文中出現的八卦數字符號

我們整理了絶大部分金文材料和部分甲骨、陶文材料(剔除了僞器、僞銘),共找出銅器 13 件(14 條)、甲骨 11 片(包括骨製箭鏃兩件,共 15 條)、陶範、陶罐等 4 件(共 6 條),璽印 1 件,共計 29 件器物上,記有 36 條八卦數字符號(圖一、二;表一)。上述材料中 1—14、22、27、28,13 件器物(17 條)材料係科學發掘出土物,占全部材料的半數。這些符號廣泛見於商和西周的甲骨、銅器和陶器上,包括青銅禮器的鼎、簋、甗、卣、罍、盤,製銅器的陶範、日用陶罐、龜甲、獸骨和骨制箭鏃等。應該説,材料已比較豐富,可以從中得出一些比較明確的認識了。

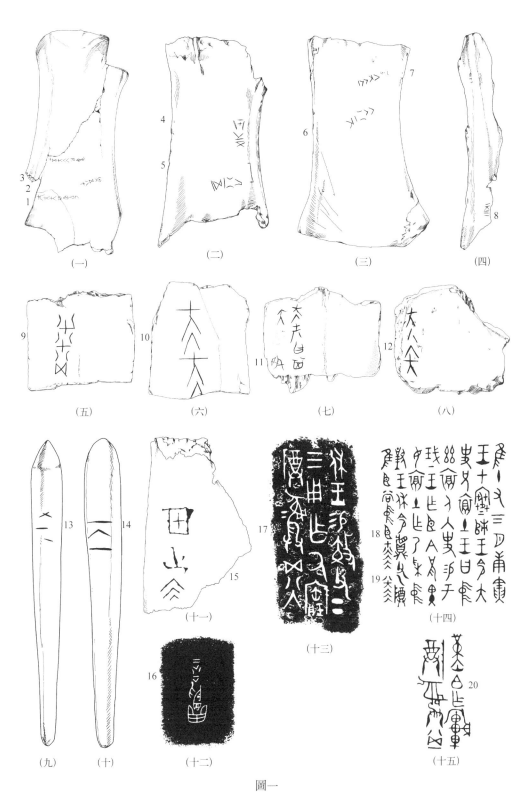

圖一

1—3. 四盤磨甲骨　4、5、8、13、14. 張家坡甲骨　6—7. 豐鎬遺址甲骨　9—12. 鳳雛遺址甲骨
15.《殷墟文字外編》448　16. 召卣　17. 效父簋　18、19. 中方鼎　20. 堇伯簋

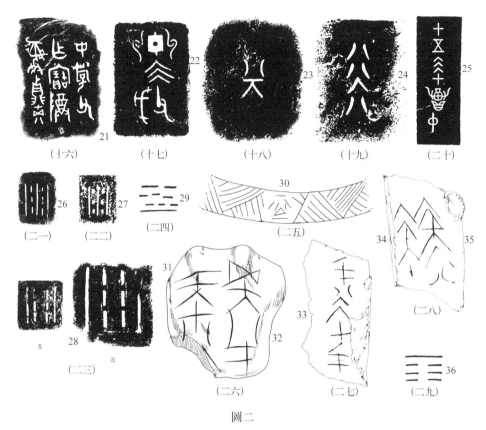

圖二

21. 史斿父鼎　22. 父戊卣　23. 盤　24. 銅鼎　25. 召仲卣　26、27. 銅甗　28. 銅罍　29. 銅卣
30. 陶罐　31、32. 陶范　33—35. 殷墟陶簋　36. 璽印

二、談幾點認識

（一）爲什麼説上述符號是占筮的八卦數字符號

上述 36 條材料有一個共同點，它們都是數目字的組合，而且都是由三個或六個數字構成的組合。這不能不使我們與導源於數卜[1]的我國古代占筮法——八卦聯繫起來。八卦的每個卦由三個爻（單卦）或六個爻（重卦）組成，每個爻也都是可以用數字來表示的。

材料 21 的銅鼎銘文爲："屮斿父乍（作）寶尊彝，貞六。"第一字"屮"與"中"之作"𠂤"、"仲"之作"屮"字形均不同。與"史"之作"𠂤"字形相近，所不同的是下部不從"又"。我們認爲此字即"史"字之省文。這與"對"之作"對"（《金文編》第 122 頁亳鼎）、"敢"之作"敢"

---

[1]《左傳·僖公十五年》："龜，象也。筮，數也。"説明龜卜，吉兇表現在龜甲裂紋所成的象上。用蓍草來筮，吉兇表現在蓍草成卦所得的數上。《考古》1976 年第 4 期，汪寧生同志在《八卦起源》一文中，又從民族學的角度找到了數卜的例證。

表一

分類	編號	序號	器名	文字與符號	出土地點	時代	著錄
璽印文	三九	36	璽印	（符號）		東周	吳清卿學使金文考讀古陶文記 吳愙齋尺牘第七冊
陶文	三八	35	陶籃	（符號）（六六七六一八）	安陽殷墟	商晚	考古一九六一年三期六三頁
		34	陶籃	（符號）（六六六七一）	安陽殷墟		
	三七	33	陶籃	（符號）（七八六六七）	安陽殷墟	商	
	三六	32	陶範（陽面）	（符號）（五六八七一）	傳安陽小屯出土	商末	鄴中片羽上四七
	三五	31	陶範	（符號）（一七六八六）			
	三五	30	陶罐	（符號）（一八八六一一）	山東平陰朱家橋九號墓	商末	考古一九六一年九三頁
金文	三四	29	卣	（符號）		周初	博古九二六一七
	三三	28	罍	（符號）		周初	美集錄 A785 R283
	三二	27	甗	（符號）	山西翼城關鳳家坡	商末周初	文物一九六三年四期五五頁
	三一	26	甌	（符號）	陝西涇陽博物館收集	商周初	文物一九六三年三期四五頁
	三十	25	召仲簠	（符號）（七五六六七召仲）		周初	西清五三二三 答廣疑偽
	十九	24	鼎	（符號）（八六八口口）		周初	續殷上七
	十八	23	盤	（符號）（八一六）		周初	續殷下七四
	十七	22	父戊卣	（符號）（六六六父戊）		商末周初	錄遺五三三
	十六	21	史游父鼎	史游父作寶尊彝。貞。（七五八）		周初	三代三·二十
	十五	20	堇伯簋	堇伯作旅尊彝。（八五一）		周初	三代六·一九
	十四	19 18	中方鼎	惟既武王克大邑商，則廷告于天。武王令中土作臣。惟王賞中，令眾貝貨。唯正月。王在寒次。王令大史。賜貺中女（汝）編土，作乃采。	傳湖北麻城出土	周初	嘯堂十一 博古十七
	十三	17	效父簋	休王賜效父（五八六）三用作厥寶尊彝。		周初	三代六·四六 日精華一〇六
	十二	16	召卣	（符號）（一一六八一六盤）		周初	三代十三·四五 通考圖六一三
甲骨文	十一	15	甲骨	（符號）（上甲六六）		商晚	外四四八
	十	14	骨鏃	（符號）（一六一）	張家坡西周遺址	周初	灃13西15發掘報告九十二頁圖六十
	九	13	骨鏃	（符號）（五一口）			
	八	12	177號卜甲	（符號）（七六八六六）	陝西岐山鳳雛村甲組西廂房 十一號宮殿房基二號房 六號窖穴	商至周初	卦畫探源初探 徐錫台 陝西文物 岐山鳳雛村周原出土甲骨文 陝西岐山鳳雛村發現周初甲骨文
	七	11	85號卜甲	（符號）（曰：七六七一八魚）			
	六	10	81號卜甲	（符號）（七六六七六）			
	五	9	7號卜甲	（符號）（八八七八五）	張家坡西周遺址	周初	灃西發掘報告一二一頁圖七十
	四	8	甲骨	（符號）（一一六一一一）			
	三	7	甲骨	（符號）（一六六六一）	陝西西安灃鎬遺址	周初	考古學報一九五七年二期所見的一種已經
		6	甲骨	（符號）（五六八一一六）			
	二	5	甲骨	（符號）（五一一六八一）	陝西長安張家坡	周初	甲骨文與金文考資料
		4	甲骨	（符號）（六一一六一）			長安張家坡西周遺址出土的
	一	3	甲骨	（符號）（七五七六六日口）	河南安陽四盤磨	商末	中國版一九五〇年春殷墟發掘報告
		2	甲骨	（符號）（八六六五七）			
		1	甲骨	（符號）（七八七七六日口）			
			器名	文字與符號	出土地點	時代	著錄

（《金文編》219 頁頌壺）、“射”之作“✦曰”（《金文編》293 頁射女盤）相仿。[1]　在金文中省
“曱”之例習見。所以此應讀爲“史斿父”，其職爲“史”，其字爲“斿父”。銘文以“作寶尊彝”
爲句，下面一“貞”字，當即“貞卜”之“貞”。再下之“⊕”，當是占筮以後得出的八卦符號。
“貞”與“⊕”相連，是這類符號爲八卦數字符號的有力證據。由文獻可知，古代卜筮是由巫
史掌管的，“筮者”亦爲“史”（可參看《儀禮·少牢饋食禮》《左傳·莊公二十二年》等記載）。
那麼“史官”“斿父”自己占筮，並把占得的八卦數字符號鑄於銘文之末，也就是很自然的事情
了。關於這一點，我們從“史懋壺”蓋銘（《三代》12.28）看得更清楚：“唯八月既死霸戊寅，王
在莽京滋宮，窺（親）令史懋路⊕（筮）。咸。王呼伊伯錫懋貝。懋拜稽首，對王休。用作父丁
寶壺。”“筮”字過去誤釋爲“筭”（算），方濬益第一個認出此字，他認爲“路筮”即文獻所載的
“露筮”（《綴遺齋彝器考釋》13.8）。史懋因“露筮”有功而得到周王的賞賜。

　　就殷墟出土的甲骨而言，絕大多數是占卜文字，與宗教活動有密切關係。四盤磨出土的
甲骨，在原發掘報告中，編者曾指出“橫刻三行小字，文字不合卜辭通例”，這是對的。但認爲
此類甲骨文爲“習刻”，則並不妥當。據原始發掘記錄所載，這是一片塗硃字骨。如果是隨意
的“習刻”，何以要那麼鄭重其事地塗上硃砂呢？我們認爲這可能與宗教活動有關，似乎不應
解釋爲“習刻”。材料 1、3 上部各爲六個數字，下面爲“曰：□”，“曰”下一字不識。按文例
看，與卜辭之“卜曰”“王固曰”似乎是相同的。“卜曰”是根據卜兆得出的結論。“王固曰”云
云，是占辭。那麼，與八卦數字符號相連的“曰”字下面的“某某”即應爲占筮的卦辭（或卦
名）。這種情況在材料 11 中表現得更清楚。“曰”字後面的“其入王□魚”，顯然是根據“七六
六七一八”這個八卦符號作出的判斷。

　　商代河南安陽出土的甲骨與西周陝西岐山周原出土的甲骨上都出現“‘八卦數字符號’
加‘曰’加‘某某’”這種文例，應該不是偶然的巧合。這説明占筮這種宗教活動，商、西周是一
脈相承的。這種符號雖然也記錄到甲骨上，但它與卜辭有明顯的不同。它既不與卜兆相對
應，文辭也與卜辭不符，而與八卦的記載却吻合無間。因此，我們認爲這類符號就是占筮的
八卦數字符號，也是最早記錄下的我國古代占筮的材料。

（二）筮法起源於何時

　　據文獻記載，筮法起源很古。《易·繫辭傳下》：“古者包（伏）羲氏之王天下也。仰則觀
象於天，俯則觀法於地，觀鳥獸之文與地之宜，近取諸身，遠取諸物，於是始作八卦，以通神明
之德，以類萬物之情。”對於這一記載，學者間也有不同看法，但多數持肯定意見，認爲伏羲氏
是原始社會的傳説人物，雖然不一定確有其人，但是作爲一個社會發展階段的代表來理解，

――――――――――

[1]　整理者注：劉先生自存期刊中有鉛筆批注：“甲骨文亦有：存下 803，京 268、269，龜 1.7.6，前 6.595。”

則是合理的。在原始社會存在占筮這樣的迷信活動也是完全可能的,這是一種意見。另一種意見認爲"卜用龜,殷人有之。筮用蓍,法較簡,乃周人發明"(鄭衍通《周易探源》,第 19 頁)。

考古材料是歷史的見證,對評判上述兩種意見的得失最有發言權。原始社會是否有筮法可以存而不論,因爲目前考古材料中尚未發現。而商末記載八卦數字符號的材料却有多條,如 1—3、30—32 等。材料 30 是山東平陰朱家橋 M9 中的隨葬陶罐肩部刻文,是由"一八八六一一"六個數字組成的八卦符號。該墓的時代是商代末期。在遠離殷都的邊遠地區村落遺址中,在一個社會地位較低的人的墓葬中,在一個普通的日用陶罐上出現這種八卦數字符號,這當然是商代已經盛行占筮活動的確切例證。

安陽四盤磨出土的胛骨從字體上看相當於甲骨第五期。它説明在商王朝的統治中心,與邊遠的朱家橋一樣,通行着同類的占筮活動。

其實,可以找到更直接的材料,説明早在武丁時期已有占筮活動。在從武丁到帝辛時的甲骨文中,有許多"✛"字(爻字亦其例),就能説明這個問題。楊樹達先生在《積微居金文説・史懋壺跋》中認爲,"✛"即"筮"字。史懋壺"路筮"的"筮",作"𥴧",從"竹"從"✲"。詛楚文"巫"作"✛"。在古代,"巫者""史官""筮人"是三位一體的。而且在上古音中,"巫""筮"同屬明紐魚部,聲韻俱同。《周禮・春官・宗伯》:"簭人:……一曰巫更,二曰巫咸……九曰巫環,以辨吉兇。"鄭玄注:"此九巫,讀皆爲筮,字之誤也。"陸德明音義:"巫音筮。"所以,"巫""筮"形義相近,聲音相同,在甲骨文中還是一個字,後世才分化爲二字。

《京都》122:"丙戌卜……✛曰禦……百……於𠂤……六月。"《續存》2.28:"丙戌卜……貞✛曰𥴧,貝于帚用,若,一月。""✛曰"即"巫曰",即巫史從占筮中得出的"卦辭"。在甲骨文中"✛"字不下四五十見。説明在甲骨文中當有一定數量的占筮記録材料。

我們認爲,從現有材料看,筮法的出現,最遲不能晚於武丁。而且,運用筮法以占卦,商人大大早於周人。材料 15 是更加直接的證據。

(三)駁"文王發明重卦"説

占筮的"卦"的創始人有"神農"説,"伏羲"説,"夏禹"説,但最流行的還是"文王"説。《史記・周本紀》:"西伯(文王)蓋即位五十年,其囚羑里,蓋益《易》之八卦爲六十四卦。"司馬遷是歷史上最有名的史學大家,因此他的這段推測之辭也就爲後人普遍相信了。其實仔細讀他的書就會發現,他在這段話裏,連用了兩個"蓋"字,也就是"大概"的意思,説明他對這種説法是沒有把握的。

高亨先生在《周易古經通説》中指出:"重卦爲何人所作,先秦古書均未道及,司馬遷云:'文王……其囚羑里,蓋益《易》之八卦爲六十四卦。'(《史記・周本紀》)班固云:'文王……重《易》六爻。'(《漢書・藝文志》)其後王弼謂伏犧重卦,鄭玄謂神農重卦,孫盛謂夏禹重卦(並孔穎達《周易正義・序》引)。此皆無徵之言,不足信也。竊謂重卦之事,至晚當在殷代。"

如果説,這是高亨先生合理的假設的話,那麼今天我們可以用考古材料來予以證實了。

材料1—3、30—32都是商代後期的重卦,有的略早於文王,有的與文王活動的時代相當。以材料30來説,平陰朱家橋M9的時代雖與文王約略相當,如果"重卦"是文王發明的,怎麼可能在那麼短的時間內,把這種複雜的筮法普及到遥遠的東方平民去呢? 這是不好理解的。

材料説明,在文王之前或同時,從商王都城到邊遠地區都廣泛地流行着這種重卦的占筮方法。因此,説"重卦"是文王發明的,是不太可能的。"重卦"這種比較複雜的占筮方法,説是某個人在一時一地發明的,按常理推論也不大可能。正如説"火"是燧人氏發明的、"文字"是倉頡造的、"采桑養蠶"是嫘祖發明的等等一樣,是不足爲信的。

值得注意的是,就目前擁有的材料看,單卦數字符號絶大多數不是出在商代或商的器物上。而是大多出在西周政治中心的張家坡的骨器或西周的各種銅器上,如材料13、14、17、20、21、23。早期形態的單卦符號,較普遍地在西周出現,這可能是周人占筮方法比較落後的一種反映。重卦的筮法首先出現於商,後來才推廣到周,也就是"周因殷禮",這倒是十分可能的事。而不論商或西周,也不論"單卦""重卦",組成八卦的數字符號的數字都是"一""五""六""七""八"等這幾個字,這又從另一方面説明,商周筮法是同源的。

(四)傳統的揲蓍法與商代、西周的八卦符號有什麼關係

保存至今的我國最早的一部筮書——《周易》,其中的《繫辭上》講到了怎樣才能演算出一個卦的成卦法。其文爲:"大衍之數五十,其用四十有九。分而爲二以象兩,掛一以象三,揲之以四以象四時,歸奇於扐以象閏,五歲再閏,故再扐而後卦。……是故四營而成易,十有八變而成卦。"高亨先生在其所著的《周易古經通説》中,總結了前人對揲蓍法的研究,通俗講解如下:

占筮者擺好五十根筮草(或小竹棍,這就是筮字從"竹"的由來),實際使用49根。從這49根中抽出一根,另放。然後把其餘的48根任意分成兩份,每一份分別以四根爲一組逐次扣除。最後,把這兩份中剩下的餘數,與從49根中抽出另放的一根放置在一起,其和數,我們假設它爲A。這是第一次演算得出的結果。這49根去掉A後,肯定會出現兩種情況:一是餘44根,一是餘40根。

然後,再用這餘下的44根或者40根棍,再按上面的辦法演算一遍,得出第二次演算結果,假設它爲B。44根或者40根棍減去B,必然剩餘40或者36或者32三種情況。

最後,再把40或36或32根棍,再依上法演算,第三次演算結果,假定它爲C。

49根總數減去A、B、C以後,必然會出現下列四種情況:剩36、32、28或者24。這四個數除以4,得出9、8、7、6。這四個數,就叫四營。它們分別稱爲老陽、少陰、少陽、老陰。通過上面演算才得出一個爻。爻是八卦的基本符號,分陰陽兩種。以奇數(9、7)象陽,以偶數(8、6)象陰。陽爻用一長畫"━"來表示,陰爻用兩個短畫"━ ━"來表示。

試將四營及其相應關係列表如下:

四　營	名　　稱	A+B+C	八卦符號	四　營	名　　稱	A+B+C	八卦符號
九	老陽	13	━	七	少陽	21	━
八	少陰	17	╍	六	老陰	25	╍

上面已指出,通過三次演算,只能得出一個爻。單卦由三個爻組成,需要經過九次演算;重卦則需要經過十八變才能成一個卦。

現在的問題是,這種成卦法,是不是商代、西周當時通行的哪種辦法? 長沙馬王堆西漢墓出土的帛書《周易》,並無成卦法的記載。所以,商和西周的成卦法是否依上面的辦法進行,這個問題還有待今後進一步研究。

商代和西周的八卦,不是用後世的卦畫符號"━"和"╍"來表示,而是直接由三個或者六個重疊的數字符號來表現。這三個或六個數字構成的八卦符號,據目前已發表的材料看,主要由五個數字組成,即一、五、六、七、八。從上述 36 條材料看,這五個數字與上面講的作為成卦依據的四營數六、七、八、九有不同之處。前者沒有 9,多出 1 和 5。但也有相同之處,如都有六、七、八。值得注意的是,前者雖然奇數有三個,即 1、5、7,但在每一個卦中,最多只同時出現其中的兩個數,也就是説,嚴格地遵循着兩奇兩偶(也就是後世所説的兩陰兩陽)的規律。這種現象怎樣解釋呢? 是商代西周另有一套成卦法呢? 還是同為一個成卦法,只是因為時、地不同,而有所差別呢? 這尚待進一步研究。當然,後世的成卦法即使適用於早期,也不一定是早期唯一的成卦法。因為早期筮書除了《周易》以外,還有《連山》《歸藏》等,筮法也可能不同。

(五)怎樣理解文獻中所説的"卜筮並用"與"筮不過三"

卜,指龜卜。筮,指用蓍草或小竹棍算卦。這是使用不同材料,通過不同方式,用以定吉凶、決猶疑的宗教活動。卜與筮這兩種形式同時存在於商代和西周。

據文獻記載,卜和筮往往同時並用。《周禮·春官·宗伯》下有大卜,統管卜和筮,其下屬有卜師、筮人等。筮人條下云:"凡國之大事,先筮而後卜。"從考古實物材料看,卜筮並用的説法是符合當時的實際情況的。四盤磨的甲骨有鑿,無疑是卜骨。上面同時記有數字組成的八卦符號。材料(四)8 之甲骨上,有兩個圓形的鑽。材料 4、5 的甲骨上也有圓形的鑽和鑿,並有灼痕和卜兆。沒有疑問,以上都是卜骨。《周禮·春官·宗伯》下的占人條云:"凡卜筮既事則繫幣以比其命,歲終則計算其占之中否。"可證卜後有記録,筮後也有記録,以便日後作驗證、總結。以前,我們只知道卜辭刻在甲骨上,不知道占筮情況記載在什麼地方。根據上述的 4、5、8 等材料,我們現在終於看清了這個問題:商代和西周,不但有占筮的記載,而且卜筮同時進行,占筮的數字符號和筮辭,與占卜的卜辭占辭一樣,都可以刻在甲骨上。由於我們過去對這個問題注意和研究得不夠,甲骨文中這一類材料雖然有不少,卻並未引起我們的重視。

　　《侯馬盟書》卜筮類中有關占筮的材料列出了三條，即 17：1、303：1、340：1。17：1 是玉環，340：1 是玉戈，刻文因殘斷缺文，不能完全弄明白，但它們都講的是占筮，這是没有疑問的。最值得注意的是 303：1，其物爲不成形玉片，文分兩部分，右邊字較大，四字一行，爲"癸二百五"；左下方字較小，三字一行，兩行六字，文爲"卜曰(以)吉，筭乙∥"，同時記載了卜和筮的結果。

　　《左傳・僖公四年》："初，晉獻公欲以驪姬爲夫人，卜之，不吉；筮之，吉。"《哀公九年》記載晉趙鞅卜救鄭，先由史趙、史墨、史龜卜之，後由"陽虎以《周易》筮之"，這都是卜筮並用的例證。

　　上述春秋時期的實物材料和文獻材料，都説明卜和筮這兩種宗教活動，往往是同時穿插進行的，筮和卜的結果有時是同時記録在一起的。從商代的甲骨文看，也是如此。我們當然不能割斷歷史，應該從聯繫和發展中來觀察一切社會現象。春秋時期大量材料證明，古代卜筮是同時進行的，商代和西周雖然有關這方面的材料不算多，但説明它們的出現也並不是偶然的，應該具有典型性和普遍性。

　　下面來談談"筮不過三"的問題。

　　《禮記・曲禮》云："卜筮不過三。"《尚書・金縢》有"乃卜三龜"之文，上面提到的史趙、史墨、史龜三人同時占卜的記載，都是三卜的例證。[1]　從甲骨材料看，商代也以三卜爲常見，但個別的也有"四卜"（南師 60，外 30），乃至"六卜"（乙 5399）等例外。三卜的問題比較清楚，此不贅述。"筮不過三"之説，過去還没有經過可靠的實物材料的驗證。上述四盤磨所出的材料，共存於一版，我們認爲這是三筮的實例。占三次筮，得出三個由數字組成的卦，緊凑地並排記録於一版。其中有兩條是一個方向、另一條則倒書。應該指出，材料 16 也是倒書的由數字組成的八卦符號，其下爲正書的"召"字。這兩條倒書的八卦符號是無意的，還是有特殊含義？ 如果是有意的，這意味着什麽？ 這也是值得我們注意的一點。

　　在"筮不過三"這個問題上，我們當然不能機械地去理解，以爲占筮非三次不可。"不過三"的含義是，可一，可二，但占筮一事，一般講以三次爲常見。實物資料也的確是這樣。有的上面有三個由數字組成的八卦符號，有的則是兩個或者一個。甲骨有的因爲殘缺，有時要觀察這個問題比較困難。金文材料一般保存得比較完整。材料 16、17、20—25 等，都是占一次卦，記録一個由數字組成的八卦符號，單卦或重卦；也有的是兩組八卦符號共存於一器上，如中方鼎的銘文末尾（材料 18、19）。爲了便於説明問題，下面把銘文録之於下：

　　　　惟十又三月庚寅，王才(在)寒次，王令大史兄(貺)福土。王曰："中，兹福人入史(事)，
　　　易(賜)于武王乍(作)臣。今兄(貺)畀女(汝)福土，乍(作)乃采。"中對王休令，鼎父乙尊。
　　　惟臣尚中臣。七八六六六六，八七六六六六。

---

[1]　河北藁城 M14、56、103 三墓，每墓出三片卜骨，在二層臺上，方向一致，似原有繩捆扎，證實了卜用三骨使用卜骨的一般情況。參見《河北藁城臺西村商代遺址發掘簡報》，《文物》1979 年第 6 期，第 40 頁。

末句的斷句,一般學者都斷爲"惟臣尚中,臣七八六六六六,八七六六六六",把"臣"字後面的"尚中"和"七八六六六六,八七六六六六",都當作人名或國族名。我們認爲,這種斷句法值得商榷。末句第二個"臣"字後面爲兩個八卦符號,顯然不是國族名或人名。我們以"惟臣尚中臣"爲句。銘文是講周王把"禠"這個地方賞賜給"中",作爲采邑。"中"爲此而答揚王的嘉命,並爲父乙作祭器。"尚"字,在銘文中往往作"常"或"當"字用。在這裏,也應該爲"常"或"當"。"惟臣尚(常)中臣",意爲禠臣永遠作中的臣。或者説,禠臣適當爲中之臣。按早期銘文慣例,這一句話有表示時間的作用。上面是我們在確定中方鼎銘文末尾爲八卦符號之後,對於此器的斷句及其解釋,有一點與過去不同的意見,附記於此。

中方鼎銘文最後是兩個由數字組成的八卦符號,説明在作此器的時候,曾經占了兩個卦。

材料 31、32 是在殷墟出土的一塊銅器陶範的陽面上刻的兩個八卦符號,可能是爲占問鑄器是否順利而算的兩個卦。這與中方鼎一樣,都是一事二筮的例子。

可見占筮的次數,一次、兩次、三次,並不一定,但一事之筮,一般當不超過三次。

(六) 幾何形直綫的卦畫符號始於何時

郭沫若同志曾經斷言:"周金文中無八卦痕迹。"(《郭沫若"有關〈易經〉的信"》,《中國史研究》1979 年第 1 期)這一點,如果郭老健在的話,我們想,現在他自己也會出來修正舊説的。在此,我們並不想停止在探討西周金文中有無八卦痕迹的問題上,而要進一步探討商代和西周有無卦畫的問題。

什麼叫卦畫呢? 就是八卦的符號寫成直綫條形的"—"和"--"。由這些直綫組成的三個爻或六個爻的八卦,稱爲卦畫或卦象。爲什麼要提出這個問題呢? 因爲表中所列出的由數字組成的八卦符號,不是由"—"和"--"構成,而是由比較複雜的一、五、六、七、八等數字直接組成。那麼由"—"和"--"組成的卦畫究竟始於何時? 我們來看看表一中的 26—29 這幾條材料。26、27、28 是由三條平行直綫夾着兩行平行的六個短綫組成。29 是由兩條平行直綫夾着兩行平行的六個短綫組成。這是同類的但結構略有不同的兩個符號。過去,學者皆以爲是一個字,或釋"潮",或釋"雨",均不確。這兩個符號與"潮"字"雨"字字形上都判然有別。王黼在《博古圖》中曾釋爲"卦象",認爲一長畫爲陽,爲乾,三短畫爲陰,爲坤。過去,對王説都認爲是無稽之談,一笑了之。現在看來,這個意見倒是值得我們鄭重考慮了。我們既然已經肯定,占筮起源很早,至少可以早到武丁時期。那麼,在這個歷史條件下來談卦象問題,就不是毫無道理的。而且,我們從基本結構來分析,上述四個符號,都是由長畫和與之相平行的短畫構成,彼此是平行的直綫。從形狀講,它與八卦的卦畫十分相近。所不同之點在於:(1) 短畫不是由兩畫組成,而是三畫;(2) 卦爻不是由三個或六個組成,而是由四個爻或五個爻組成。這使我們想起了西漢揚雄所著的《太玄經》。這是不同於《周易》的另一部筮書。揚雄的《太玄經》稱"卦"爲"首"。"首"的基本符號是"—""--"和"---"。每個"首"由四個這樣的符號組成,稱爲"四位"。有趣的是,29 與《太玄經》中的一個名叫"争首"的卦畫形狀完全相同(争首作 ䷀)。這是偶然的巧合呢? 還是有一定的淵源關係? 我們想,既然形狀如此一致,大概不會毫無關係。至於 26、27、28 有五個"位",與《太玄經》所載不同,但畢竟比較接近,與此當有一定關聯。材料 36 爲東周璽印文字,吴大澂釋爲巫字。現在我們知道這也是卦畫。它與《太玄經》卷二的鋭首相同,一方、二州,二部、二家。這些早期材料的出現,並與《太玄經》相合,説明《太玄經》並不是無源之水,二者當有一定淵源關係。

我們初步認爲:上述五個符號,是占筮的卦畫符號,與八卦可能是同源而不同流,這是我國目前所見的最早的卦畫。[1]

綜上所述,我們的初步看法主要可以歸結爲以下幾點:

第一,根據目前掌握的較可靠的材料看,占筮的時代至少可以上推到商代武丁時期,而且卜和筮同時並用,卜和筮的結果都可以記在甲骨上。因此,在過去我們所熟悉的卜辭當中,應該區分出一部分卦辭。過去把此類由數字組成的八卦符號誤認爲是人名、國族名,是特殊文字,都是錯誤的。

第二,在八卦問題上,我們認爲是商文化影響周文化。文王演八卦,把八卦發展爲六十四卦的傳説,也應予以糾正。

第三,就目前所知,商代和西周的八卦數字符號,是由一、五、六、七、八等數字組成,後世傳統的揲蓍法,是否適用於商和西周,這個問題有待於進一步研究。

第四,是否有卦畫,尚不得而知。目前所見,商代和西周的八卦大多是由數字構成的八卦符號。商周金文璽印文中類似於卦畫符號的銘刻,與揚雄《太玄經》中"太玄術"的"争首""鋭首"符號一致或相接近,應有一定關係。

古代筮法是一個比較複雜的問題,千百年來聚訟紛紜,莫衷一是。甲骨文、金文、陶文和璽印文中的這批珍貴的材料,對於進一步弄清筮法起源及其演變過程等問題,無疑具有十分重要的價值。本文的目的,主要是匯攏這方面的材料,並把幾點不成熟的看法提出來,供同志們參考。對於這個領域,我們是陌生的。上面的論述,肯定會有這樣或那樣的錯誤,請同志們批評指正。

本文在寫作過程中,曾得到高亨先生的指導,謹表謝意。

(本文與張亞初合寫,原載《考古》1981 年第 2 期,第 155—163 頁;又載《金文論集》,第 269—280 頁,紫禁城出版社,2008 年 5 月。原文插圖中的甲骨及部分器物銘文摹本,摹寫稍有失真,本次整理部分選用賈連翔先生《出土數字卦文獻輯釋》中著録的摹本,蒙賈先生俯允並賜原圖,特此致謝。另,在劉雨先生自存的《考古》期刊中,本篇表格内容有手寫的改動,特附於文後,以供參考)

---

[1] 與此相類的,還有《巖窟吉金圖録》下·32 所著録的戈銘,安陽出土,同出兩戈,銘文作 ䷀,形狀與上述五條材料接近,但略有出入,可能屬於同一類型。如果確是如此,則説明這種卦畫的上限可以早到商代,太玄術也很古老。

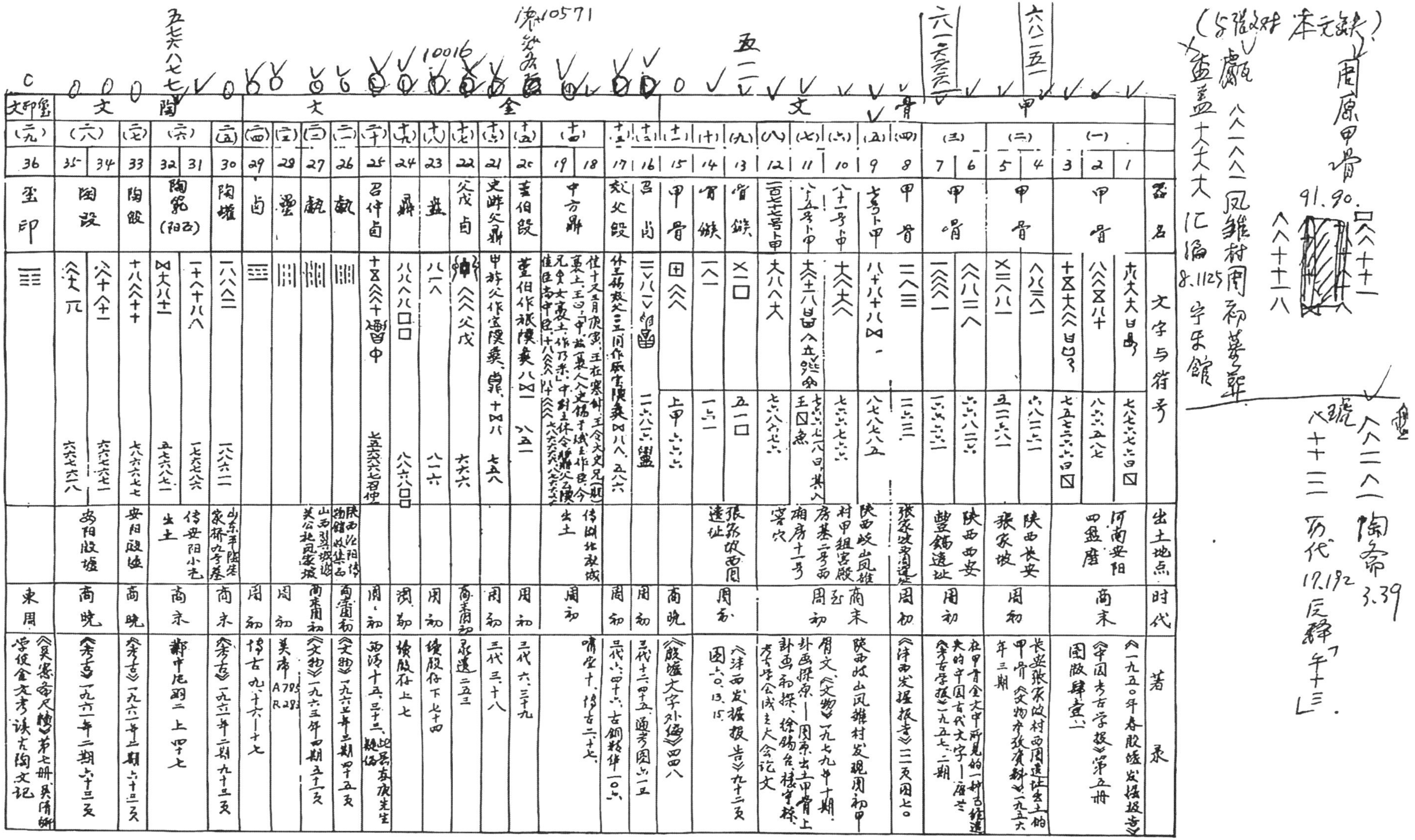

类别	组	号	器名	文字与符号	出土地点	时代	著录
甲骨文	(一)	1	甲骨	七八七六七六曰☐	河南安阳四盘磨	商末	《一九五〇年春殷墟发掘报告》《中国考古学报》第五册 图版肆壹1
		2		八六六五八七			
		3		七五七六六六曰☐			
	(二)	4	甲骨	六八一一五一	陕西长安张家坡	周初	长安张家坡村西周遗址出土的甲骨《文物参考资料》一九五六年三期
		5		五一一六八一			
	(三)	6	甲骨	六六八一一六	陕西西安丰镐遗址	周初	在甲骨金文中所见的一种已经遗失的中国古代文字——唐兰《考古学报》一九五七.二期
		7		一六六六六一			
	(四)	8	甲骨	一一六三	张家坡西周遗址	周初	《沣西发掘报告》二页图七〇
	(五)	9	七号卜甲	八七八七八五	陕西岐山凤雏村甲组宫殿房基二号西厢房十一号窖穴	商末 周初	陕西岐山凤雏村发现周初甲骨文《文物》一九七九年十期；卦画探原——周原出土甲骨上卦画初探，徐锡台、楼宇栋，考古学会成立大会论文
	(六)	10	八十一号卜甲	七六六七六六			
	(七)	11	八十五号卜甲	七六六七一八曰，其入王☐恙			
	(八)	12	一百七十七号卜甲	七六八六七六			
	(九)	13	骨镞	五一☐	张家坡西周遗址	周初	《沣西发掘报告》九十二页图六〇.13.15
	(十)	14	骨镞	一六一			
	(十一)	15	甲骨	上甲六六六		商晚	《殷墟文字外编》四四八
金文	(十二)	16	召卣	一六八六六 盟		周初	三代十三.四十五，通考图六一五
	(十三)	17	效父簋	休王赐效父三，用作厥宝尊彝 五八六		周初	三代六.四十六，古铜精华一〇六
	(十四)	18	中方鼎	隹十又三月庚寅，王在寒次，王令大史兄(贶)褔土。王曰：中，兹褔人入史，锡于珷王作臣，今兄(贶)畀女褔土，作乃采。中对王休令，将父乙尊。隹臣尚中臣。七八六六六六	传湖北孝感出土	周初	啸堂十，博古二.十七
		19		八七六六六六			
	(十五)	20	堇伯簋	堇伯作旅尊彝 八五一		周初	三代六.三十九
	(十六)	21	史斿父鼎	史斿父作宝尊彝，鼎 七五八		周初	三代三.十八
	(十七)	22	父戊卣	六六六 父戊		商末周初	录遗二五三
	(十八)	23	盘	八一六		周初	续殷存下七十四
	(十九)	24	鼎	八六六八☐☐		周初	续殷存上七
	(二十)	25	召仲卣	七五六六六七 召仲		周初	西清十五.三十二，此器存疑伪
	(二一)	26	甗		陕西泾阳博物馆收集品	商末周初	《文物》一九六三年三期四十五页
	(二二)	27	甗		山西翼城凤家坡	商末周初	《文物》一九六三年四期五十一页
	(二三)	28	罍			周初	美帝 A785 R283
	(二四)	29	卣			周初	博古九.十六——十七
陶文	(二五)	30	陶罐	一八八六一一	山东平阴朱家桥九号墓	商末	《考古》一九六二年二期九十三页
	(二六)	31	陶範(阳文)	一七六七八六	传安阳小屯出土	商末	邺中片羽二上四十七
		32		五七六八七一			
	(二七)	33	陶簋	七八六六七七	安阳殷墟	商晚	《考古》一九六一年二期六十三页
	(二八)	34	陶簋	六六七六七一	安阳殷墟	商晚	《考古》一九六一年二期六十三页
		35		六六七六八			
玺印文	(二九)	36	玺印			东周	《吴愙斋尺牍》第七册，吴清卿学使金文考说古陶文记

附：劉雨先生自存本文原出處中的《商周八卦符號登記表》

殷周金文中的象與數

宋宣和五年(1123)成書的《博古圖》中,收録了 1 件西周早期的《商卦象卣》(卷 9.16—17),其上有符號爲 ䷀,蓋器同銘。編纂者王黼曾釋爲卦象,並且解釋説:"古人畫卦,奇以象乎陽,耦以配乎陰,一奇一耦,而陰陽之道全。……是卦也,上下爻皆陽,有乾之象;中二爻皆陰,有坤之象。……雖不見於書,惟漢揚雄作《太玄》八十一首以擬易,曰方、州、部、家,今"爭首"一方三州三部一家,與此卣卦象正同。雄於漢最號博聞,殆《玄》之所自而作耶?"他認爲青銅器上的這種符號是卦象,並將其與揚雄《太玄經》中"爭首"相比附,在當時都是很有見地的。但這種符號及其初步的解釋,在其後的若干年中,並未被研治金文的學者們所注意。

近二三十年以來,由於田野考古工作日益發展,從新石器時代的骨片、石器以及甲骨、青銅器上出現了大量的有關數字的銘刻,引起了學者們的注意。對於這種符號或稱之爲"一種已經遺失的中國古代文字",[1]或如李學勤同志提出:"這種紀數的辭和殷代卜辭顯然不同,而使我們想到《周易》的'九''六'。"[2]而最早對此作出系統研究、識出其爲占著數字符號並與《周易》八卦加以聯繫解釋的,首推張政烺先生,[3]先生在這方面寫了不少有分量的文章。

從新石器時代以至殷周時代關於甲骨文、金文上的卦象、卦數的資料很多。本文所發表的只限於殷周時代青銅器上的資料;並且主要取其與後世卦象可以聯繫的、典型的材料(見附表)。其餘的,這裏一律從略。

從表中可以看出,殷周之際這種材料很集中,可見《史記·太史公自序》稱文王"拘羑里,演《周易》",當有其時代背景。

殷周青銅器上的象、數資料(一般稱之爲卦畫和紀數),有些是鑄在通常寫族徽(或稱之爲族名)的部位,因而常常被誤認爲是族徽。新出資料可以説明它們確應爲筮卦。因爲:第一,如本文編號(6)鼎,在"七六八六七五"的下面爲"者◇",◇號爲族徽,亦見於卜辭中;第二,編號(14)的《大保卣》在紀數符號"五一七六七"五個數字的上面,鑄有"大保鑄"三字。都可以説明紀數不應是族徽。

---

[1] 唐蘭:《在甲骨金文中所見的一種已經遺失的中國古代文字》,《考古學報》1957 年第 2 期。
[2] 李學勤:《談安陽小屯以外的有字甲骨》,《文物參考資料》1956 年第 11 期。
[3] 張政烺:《試釋周初青銅器銘文中的易卦》,《考古學報》1980 年第 4 期。

表 附

編号	1	2	3	4	5	6	7	8	9	10	11	12	13	14	15	16	17	18	19	20
器類	爵	盤	鼎	盤	瓶	鼎	卣	卣	鼎	不明	簋	鼎	爵	卣	罍	卣	瓶	瓶	鼎	鼎
時代	殷	西周早期	西周早期	西周早期	西周早期	西周早期	西周早期	西周早期	西周早期	西周早期	西周早期	西周早期	西周早期	西周早期	西周早期	西周早期	西周早期	西周早期	西周早期	西周早期
釋文	耳飾天父庚日七六八	八一六	八六八	六六一二六一	六六一六六一	七六八六七五 者◇	七五六六七 龢仲	六一八六一一 龢	史游父作寶尊葬 貞 七五八	董伯作旅尊葬 人五一	休王賜效父B三 用作厥寶尊 葬五八六	惟十又三月庚寅 王令大史貺氒 人使大史乃采 乙尊 亞臣尚中 惟臣中 對揚王休命 尊女次茲貿 王才寒汝 八七六六六 八六六 八六六七	八六七六七 叙作祖丁	五一六七 大保鑄	圖	畺	畺	畺	畺	畺
卦	䷳	䷜	䷁	畺	畺	畺	畺	畺	畺	畺	畺	畺畺	畺	畺	畺	畺	畺	畺	畺	畺
名	艮		坤	豐	震	損	益	節	巽	兌	艮	比剥								
出土					陝西鳳翔雞岐山墓葬							傳湖北麻城					陝西陽涇縣	山西翼城鳳家坡		
現藏	北京故宮	美國		美國	周原博物館	上海博物館							寶雞市博物館	日本神戸白鶴美術館	美國聖路易市美術博物館		陝西省博物館	翼城縣文化館	北京故宮	上海博物館
著錄	集成九○七四	集成一○○一六	續殷上七	集成一○○一九	集成七八八	集成二七五七	集成五○三○	集成四八六八	集成二三七三	集成一○五七一	集成三八二	集成二七八五 考古二二·一七	考古與文物一九九○年四期	集成五○一八	集成九七六○	集成四八○四	集成七三二	集成七二一	集成二二三一	集成二二三二

　　青銅器上所鑄的紀數符號,如七五四六等,譯寫爲陰陽(或乾坤)━、--,即所謂的卦象。紀數符號見於甲骨刻辭及青銅器上,都是表示"數"的。《左傳·僖公十五年》:"韓簡侍曰:龜,象也;筮,數也。"杜注:"言龜以象示,筮以數告。象數相因而生,然後有占。占所以告吉兇,不能變吉凶也。"這實際上是後世的解釋。朕兆屬於卜,是一種巫術。在甲骨上主要通過鑽、鑿、灼等來觀察上面的兆;至於所紀數字,應屬於筮法,是用蓍草算出來的。古代卜筮並用,《左傳》中就很有這方面的例子。[1]　在卜辭上,觀兆所推吉凶,由於有文字記載,可以很明確地知其"驗辭"的意義。而青銅器上的紀數符號,雖然可以找出相對應的"卦題",但它們與現在通行的《周易》所記,在"卦"的意義上卻不易很好地聯繫起來並加以解釋。前面舉過的編號(6)鼎,從卦象䷨上看,上爲艮,下爲兌,應爲"損卦"。遇損之七,應以損卦本卦辭占之。文云:"有孚,元吉,無咎。可貞,利有攸往。曷之用二簋,可用享。"其大意是筮遇此卦,將有所俘獲;大吉而無咎。所占之事可行。但是,何以要將這一卦銘刻在該件銅鼎上,現在還是不很明確的。這實際上包括兩層意思:

　　第一,根據所紀的數,可以在《周易》的卦題下找出相對應的卦來,說明它們肯定是表示"卦"的。但不知當時人對其吉凶的意義,是否與《周易》中的解釋相同。

　　第二,由於不像甲骨上面之有驗辭,使我們不能明確將紀數(卦象)刻在銅器上是表示什麼意思的。

　　殷周金文中的紀數符號一般爲六個數字(爻),但如前面所舉的大保卣(《集成》5018),除鑄有"大保鑄"三字外,尚有陽文的"五一七六七"五個紀數符號。最近新發現的一件銅爵上,除鑄有"奴乍祖丁"四字外,還有"八六七六七"五個紀數字(圖一:13)。其中"六"字的寫法,是以前所未見過的。這樣,八卦紀數符號除有三個數、四個數外,又發現了五個數的符號。

　　金文中的象數資料,在紀數符號如(圖一:1—14)所列舉的以外,還有所謂類似"卦象"的符號。這類符號除了(圖一:15—20)以外,還有以下兩類例外的情況:

　　第一,金文中的川子父丁罍(《集成》9799),川舜觚(《集成》6936)兩器(圖二:甲、乙)。其銘中的川與《周易》乾卦的卦畫相同。但它們是否爲乾卦的卦畫,目下青銅器銘刻資料中此類例證尚少,因此不能肯定。

　　第二,至於(圖一:15—20)所舉的符號,我們以爲如果陰爻的卦象可以用--和---表示的話,圖一中的15和16可看作是四位的卦象,而17、18、19、20則可看作是五位的卦象。亦可認爲是"卦象",鑄有這類符號的銅器,其時代均爲殷末至西周初年。因它們與上述紀數符號是同時並行的,可以認爲在卜筮過程中,這兩類符號或可同時採用。

---

[1]　(清)毛奇齡:《春秋占筮書》,對《春秋》《左傳》所記有關卜筮各條記事,分析較詳。

表中編號(15)甗上銘刻,見《集録》A785.R.283,它和揚雄《太玄經》中"爭首"的卦象完全相同。[1] 這裏不能對《太玄經》的政治涵意及其所蒙受的道家思想作較深的討論。我們只是認爲《太玄經》中的卦象與上述銅器上的一些符號有相似之處;從而考慮到《太玄經》中的象,當有淵源。我們認爲《太玄經》的卦象形式既有所本,而書中所表現的又有道家思想,那麼,它可能是蒙上了道家思想的《周易》的另一個流派。揚雄有可能見過博士的舊本,並且他受學於嚴君平,書中保存了《京房氏易》的内容,可能是承襲了《京房氏易》的餘緒。揚雄卒於天鳳五年,下距班固爲之作傳不過四十餘年。班固説:"其《法言》大行,而《玄》終不顯。"可見這一流派在當時已"不顯"了。

在談金文中的象與數的問題時,本文實際上只是涉及了卦象(或稱卦畫與紀數符號)與卦題(爻題)等部分問題。但這中間有一個很重要的題目,即紀數以及卦畫符號,從何時起轉變爲陰爻作--而陽爻作一。

當戰國至西漢初年,從皇家到民間對於《周易》的研究很爲盛行。解釋《周易》之書,百家紛紜。這可能與西漢皇室重黄老之學有關。

這時,在卦象與數的記述上,也曾有過很大的變動,當時正是卦象的書寫從凸等過渡到---的階段。例如:卦數符號凸(洛陽北窑西周墓出土的銅戈銘),張政烺先生説:"我當然讀爲一六一,而讀《阜陽漢簡》則不得不讀爲初九、六二、九三,這一點,對考證易卦陽爻、陰爻的來源十分重要。"[2]馬王堆帛書本六十四卦,其陰爻作)(,猶帶∧字一分爲二的痕迹。如"臨卦"之象,今本作䷒,馬王堆帛書本作䷒,《阜陽本》作䷒,是此本在卦象的書寫上猶保存了古老的形式。馬王堆三號墓葬於公元前168年,阜陽汝陰侯墓葬於公元前165年,兩者時代相近,兩個寫本同處於新舊寫法的過渡時期。阜陽雙古堆竹簡和長沙馬王堆帛書,是現在所見到的最早的《周易》。

在新石器時代的骨器、骨片上所刻的紀數符號,每6個數爲1組,合乎卦象與每卦六爻的爻象(爻的陰陽)和爻數(爻的位數)。其中有不少可以和後世的《周易》中的卦題相對應。例如:震上兑下爲"歸妹"等等(江蘇海安縣青墩遺址出土)。但有一些青銅器上所記這類符號,反而不如新石器時代所記的規整。這應是屬於一些不同的系統和流派。《史記·太史公自序》云:"三王不同龜,四夷各異卜。"由於時代和地域的不同,古人占卜之術也應有不同。司馬遷在當時已能注意到了這一點。所以今天我們不能一律和現在的《周易》一書相對應。

殷周金文中的這類紀數符號及卦畫之所以引起我們的特別注意,乃在於:金文中的象數資料,它們没有後世筮人附加的紛繁萬端的解説;並且它處於殷周之際,起了承前啓後的作用。

---

[1] 張亞初、劉雨:《從商周八卦數字符號談筮法的幾個問題》,《考古》1981年第2期。
[2] 張政烺:《阜陽漢簡簡介》,《文物》1978年第8期。

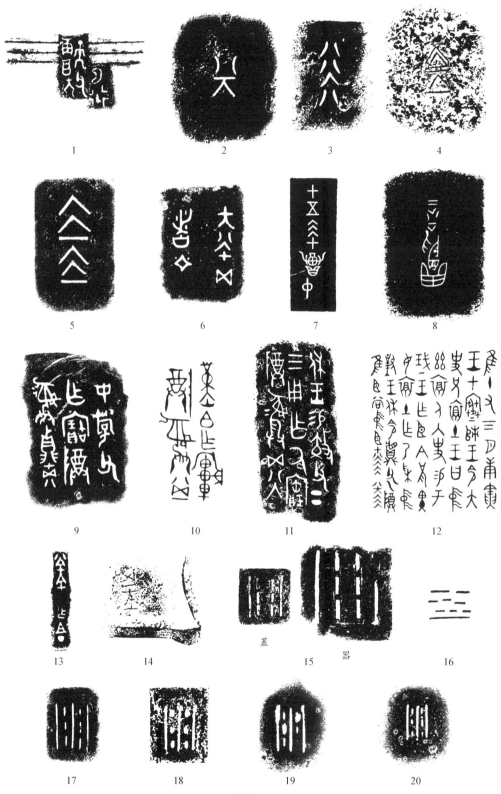

圖一

蓋　　　　器
甲

乙

圖二

　　我們認爲研究《周易》的卦辭、爻辭,以及爲之注解的大傳,最好利用新石器時代以來以至簡册、帛書等考古學方面的資料,收集其原有的象數資料,恢復象數原本的面目,建立起一個有確切根據的古經定本(當然是以簡册與帛書爲底本),考其章次、字句異同,盡掃後世爲古經和大傳作注釋的附會穿鑿、五彩迷離的陳説,特別是宋代以來的一些注釋。然後,依據此種定本以探討《周易》的思想體系等等。這種整理研究古籍的辦法,學者中間在研究《尚書》《毛詩》時,是已經用過並曾産生了極好的效果。我們認爲研究《周易》也應采取這種方法和態度。這是一項比較複雜的問題,有待於更多的努力來解決。但我們相信這項工作對於《周易》的深入研究能有裨益。

　　(本文與陳公柔合寫。原是參加 1990 年 10 月在安陽召開的"周易與現代自然科學國際學術討論會"的參會論文。原載《周易與自然科學研究》,第 89—96 頁,中州古籍出版社,1992 年 9 月;後收入該出版社編輯的《現代易學優秀論文集》,第 684—692 頁,1994 年 10 月;又載《金文論集》,第 281—286 頁,紫禁城出版社,2008 年 5 月)

金文中的王稱

一、金文王稱的研究

關於金文中的王稱，早年王國維先生寫過《古諸侯稱王説》，文中説："世疑文王受命稱王，不知古諸侯於境内稱王，與稱君稱公無異……蓋古時天澤之分未嚴，諸侯在其國，自有稱王之俗。即徐楚吴楚〔雨按：應爲越〕之稱王者，亦沿周初舊習，不得盡以僭竊目之。苟知此，則無怪乎文王受命稱王而仍服事殷矣。"爲證明這一説法，王氏文中舉出幾件銅器銘文爲例："夨王鼎云'夨王作寶尊'，散氏盤云：'乃爲圖夨王於豆新宫東廷。'而夨伯彝則稱夨伯，是夨以伯而稱王者也。彔伯㲃敦蓋云：'王若曰：彔伯㲃，□自乃祖考有勞于周邦。'又云：'㲃拜手稽首，對揚天子丕顯休，用作朕皇考釐王寶尊敦。'此釐王者，彔伯之父，彔伯祖考有勞於周邦，則其父釐王非周之僮王可知，是亦以伯而稱王者也。乖伯敦云：'王命仲到歸乖伯裘。王若曰：乖伯，朕丕顯祖玟珷膺受大命，乃祖克□先生〔雨按：應爲王〕翼自他邦，有□于大命。我亦弗望（假爲忘字）享邦。賜女□裘。乖伯拜手稽首，天子休，弗望小□邦。歸夆敢對揚天子丕顯魯休，用作朕皇考武乖幾王尊敦。'乖伯之祖，自文武時已爲周屬，則亦非周之支庶，其父武乖幾王，亦以伯而稱王者也。而彔伯乖伯二器，皆紀天子錫命以爲宗器，則非不臣之國。"[1]王氏此文在於説明後世儒者將周初文武稱王視爲僭竊是錯誤的，這一目的是達到了，可是它同時形成了一個普遍性的原則，即任何一個古諸侯都可以在國内自封爲王，這却是一個並不嚴謹的結論，它會導致一些新的問題出現。

比如陳槃先生談到晉國的爵稱時説："寓言、紀傳之書，於晉亦或稱王。《莊子·齊物論》：'麗之姬，艾封人之子也。晉國之始得之也，涕泣沾襟。及其至於王（案爲獻公）所，與王同筐床，食芻豢。'《越絕書·外傳·紀寶劍》：'歐冶子、干將……作爲鐵劍三枚……晉、鄭王聞而求之，不得。'"因而陳先生得出結論："今案古者諸侯在其國，自有稱王之俗。"[2]他依據寓言、故事之類的記載，從而認定像晉、鄭這樣的周王支脈的姬姓大國曾經稱王，顯然是不够嚴謹的，這明顯是受到王氏上述説法影響的結果。

[1] 王國維：《觀堂集林·別集一》，中華書局，1961年，第16—17頁。
[2] 陳槃：《春秋大事表列國爵姓及存滅表譔異》第一册，第35、52頁。

針對上述情況,張政烺先生作《矢王簋蓋跋——評王國維古諸侯稱王説》,他指出:"稱王在古代是一件嚴重的事情,絶非兒戲,如果把《古諸侯稱王説》當作原則,任意推測,就會演繹出許多錯誤了。"他通過對矢王、吕王、彔伯、乖伯等所屬姓氏國別的分析,得出結論:"周時稱王者皆異姓之國,處邊遠之地,其與周之關係若即若離,時親時叛,而非周室封建之諸侯。文王受命稱王,其子孫分封天下,絶無稱王之事。周之同姓而稱王者只一吴王。"[1]王國維先生早年曾提出金文中出現的文、武、成、康、昭、穆、共、懿等王稱皆爲"時王生稱",[2]此説實際上奠定了後來郭沫若先生的金文"標準器斷代法"的基礎。《古諸侯稱王説》又敏鋭地指出,金文中有古諸侯稱王的情況存在。張政烺先生對王氏的結論加以修正,使之成爲一種有限制的理論,更符合金文内容的實際。兩位前輩學者從大處着眼的學術分析,對金文的整體研究是有很大推動作用的。但是,金文中的王稱比較複雜,尚有兩位先生的理論難以解釋的問題,本文想藉機全面檢討一下金文王稱中的各種可能性。

二、晚商金文中的王稱

金文中的王稱是隨着時代的變化而有不同的,首先我們試羅列銘文較長的晚商金文,以觀察商代王稱的一般情況。

鄧鬲、簋:王光賞鄧貝。(《集成》741、3990)

夒鼎:夒覲于王。(《集成》2579)

戱方鼎:戊寅,王曰:戱,隩馬彤,賜貝。(《集成》2594)

豐鼎:王賞宗庚豐貝二朋(《集成》2625)

小臣缶鼎:王賜小臣缶渻積五年。(《集成》2653)

宜子鼎:丁卯,王令宜子會西方於眚,唯反,王賞戎甬貝二朋。(《集成》2694)

戍嗣子鼎:王賞戍嗣子貝廿朋。(《集成》2708)

尹光鼎:王饗酒。(《集成》2709)

寢農鼎:王令寢農省北田四品。(《集成》2710)

作册豐鼎:王述于作册般新宗,王賞作册豐貝。(《集成》2711)

寓簋:己亥,王賜寓幽玉十玨璋。(《集成》3940)

聴簋:辛巳,王飲多亞。(《集成》3975)

𨥙簋:在十月一,唯王廿祀。(《集成》4144)

妡卣:丙寅,王賜妡貝朋。(《集成》5367)

[1] 張政烺:《矢王簋蓋跋——評王國維〈古諸侯稱王説〉》,《古文字研究》第十三輯,中華書局,1986年。

[2] 《觀堂集林》卷十八《遹簋跋》。

小臣尜卣：王賜小臣尜，賜在寢。（《集成》5378—5379）

御卣：辛巳，王賜御八貝一具。（《集成》5380）

二祀卹其卣：王令卹其貺麗……唯王二祀。（《集成》5412）

四祀卹其卣：乙巳，王曰：尊文武帝乙宜……王在梌……唯王四祀。（《集成》5413）

六祀卹其卣：唯王六祀。（《集成》5414）

小臣俞犀尊：丁巳，王省夒京，王賜小臣俞夒貝。唯王來征人方。（《集成》5990）

子黃尊：王賞子黃瓚一、貝百朋。（《集成》6000）

㚔丩爵：乙未，王賞㚔丩，在寢。（《集成》9098）

篏亞羀角：丙申，王賜篏亞羀奚貝。（《集成》9102）

宰椃角：庚申，王在闌，王格……唯王廿祀。（《集成》9105）

小臣邑觯：癸巳，王賜小臣邑貝十朋……唯王六祀。（《集成》9249）

王又母叔兜觥、方彝：王侑母叔。（《集成》9287、《故宫》70）

趞方彝蓋：癸未，王在圃，觀京。王賞趞貝。（《集成》9890）

王方鼎蓋：王作如弄。（《集成》10347）

亞魚鼎：壬申，王賜亞魚貝……唯王七祀。（《考古》1984 年 9 期）

寢魚簋、爵：辛卯，王賜寢魚貝。（《考古》1984 年 9 期）

寢孳鼎：甲子，王賜寢孳……唯王廿祀。（《曲村》348 頁）

通觀上述例證，商代金文在記述王的活動時，徑稱"王"如何行事，"王"字前不加任何修飾詞語，没有發現稱爲"某王"者。[1]

三、西周金文中的王稱

（一）西周金文中王稱出現多樣化的傾向，王的修飾詞語增多，其中一種修飾詞語很像後世的謚法用詞，如：

1. 西周早期

利簋：珷征商，唯甲子朝。（《集成》4131）

天亡簋：……衣祀于王丕顯考文王，使喜上帝，文王監在上，丕顯王作省，丕緐王作庸，丕克乞衣王祀……（《集成》4261）

周公方鼎：周公作文王尊彝。（《集成》2268）

大盂鼎：惟九月，王在宗周，令盂。王若曰：盂，丕顯玟王受天有大命，在珷王嗣玟作邦，

---

[1]《集成》8309 收録一件商代的爵，此器現藏中國國家博物館，從器名看，《集成》作者釋其銘文爲"妝王"，實際此爵的銘文並不清楚，尚無法確釋，無論如何，不太可能是"妝王"。

闢厥匿,匍有四方……(《集成》2837)

小盂鼎:……用牲禘周王、珷王、成王……(《集成》2839)

成王方鼎:成王尊。(《集成》1734)

何尊:惟王初遷宅于成周,復稱珷王豊祼自天。在四月丙戌,王誥宗小子于京室,曰:昔在爾考公氏克逨玟王,肆文王受兹大命,惟武王既克大邑商……(《集成》6014)

獻侯鼎:唯成王大桒在宗周,賞獻侯顯貝……(《集成》2626)

作册大方鼎:公來鑄武王、成王祼鼎。(《集成》2758)

2. 西周中期

鮮簋:惟王卅又四祀,惟五月既望戊午,王在葊京,禘于玿王……(《集成》10166)

剌鼎:惟五月,王在衣,辰在丁卯,王禘,用牡于大室,禘昭王……(《集成》2776)

班簋:……毓文王王姒聖孫隥於大服,廣成厥功,文王孫亡弗懷型……(《集成》4341)

遹簋:惟六月既生霸,穆王在葊京,呼漁于大池。王饗酒,遹御,亡遣,穆穆王親賜遹韋。遹拜首、稽首,敢對揚穆王休……(《集成》4207)

曶鼎:惟王元年六月既望乙亥,王在周穆王大室……(《集成》2838)

長甶盉:惟三月初吉丁亥,穆王在下减应,穆王饗醴,即邢伯大祝射,穆穆王蔑長甶逨即邢伯……(《集成》9455)

師𩵋鼎:惟王八祀正月,辰在丁卯,王曰:師𩵋,女克盍乃身,臣朕皇考穆穆王……(《集成》2830)

五祀衞鼎:……厲曰:余執恭王卹功于昭大室東……(《集成》2832)

史墻盤:曰古文王,初盭合于政,上帝降懿德、大屏,撫有上下,會受萬邦。黼圉武王,遹征四方,撻殷畯民,永不恐狄,虘髟伐夷童。憲聖成王,左右綬毅剛鯀,用肇徹周邦。淵哲康王,分尹億疆。宏魯昭王,廣能楚荆,唯奂南行。祗覬穆王,型帥宇誨……(《集成》10175)

3. 西周晚期

大克鼎:克曰:穆穆朕文祖師華父,聰□厥心,宧静於猷,淑哲厥德,肆克龏保厥辟恭王,諫辥王家……(《集成》2836)

逨盤:逨曰:丕顯朕皇高祖單公趄超克明厥德,夾召文王武王撻殷,膺受大魯命,匍有四方,並宅厥疆土,用配上帝。雩朕皇高祖公叔克逨匹成王,成受大命,方狄不享,用奠四國萬邦。雩朕皇高祖新室仲,克幽明厥心,柔遠能邇,會召康王,方懷不廷。雩朕皇高祖惠仲盠父,盠和于政,又成子猷,用會昭王穆王,盪政四方,撲伐荊楚。雩朕皇高祖零伯舜明厥心,不墜服,用辟恭王、懿王。雩朕皇亞祖懿仲𣪘諫諫,克匍保厥辟孝王夷王,有成于周邦。雩朕皇考龏叔𥷑穆穆趩趩,和訇于政,明陵於德,享辟屬王……(《文物》2003年第6期)

西周早期的文王、武王、昭王,金文有時復寫作玟王、珷王、玿王,或以玟、珷代稱文王、武王,這些都成爲三王的專用名詞。這種復寫的王稱,目前發現的僅限於西周早期,進入西周中期之後,就消失了。其餘各王的生稱,與《周本紀》中的次序和用字幾乎完全相同,這證明太史公運用史料是十分嚴謹和準確的。以上各王稱,學者間稱爲"時王生稱。"

值得注意的是,有一些銘文中的王稱,表面上看像是"時王生稱",甚至連用字都與"時王生稱"是相同的,但是如果細加考索就可以發現,它與一般的"時王生稱"不同,這一點很容易被誤解。如:

效父簋:休王賜效父呂三,用作厥寶尊彝。五八六。(《集成》3822—3823)

翳父方鼎:休王賜翳父貝,用作厥寶尊彝。(《集成》2453—2455)

這幾件器都是西周早期的銅器,因爲銘中的休王近似孝王,開始郭老就把這幾件器列入西周中期的孝王,後來在再版《大系》時,他在眉批中更正道:"翳父齎與效父簋,先以誤解休王爲孝王,故以列於孝世。今案殊不確,器制與字體均有古意,當在孝王之前。"[1]《詩·商頌·長發》"何天之休",箋:"休,美也。"因此,休王者,美王也。此休王應指對西周早期某王所加的讚美的稱呼。

猷鐘(宗周鐘):王肇通省文武,勤疆土,南國叐子敢陷虐我土,王敦伐其至,撲伐厥都,叐子迺遣間來逆昭王,南夷東夷俱見,廿又六邦。(《集成》260)

郭沫若先生説:"此鐘余以爲乃昭王所作,銘中之'叐子迺遣間來逆卲王'即昭王,卲乃生號,非死諡。"[2]郭老將此器定爲昭王標準器,是弄錯了,西周早期有銘文的鐘是很少見的,該器經唐蘭先生考證,作器者猷就是西周晚期的厲王胡,此器應爲厲王時器。[3]1978年和1981年陝西扶風先後出土的西周晚期的猷簋(《集成》4317)、五祀猷鐘(《集成》358)證實了唐先生的考證。

《説文》:"卲,高也。"卲王者,偉大的王。此昭王只能認爲是對西周晚期周厲王的一種讚美的稱呼,並非西周早期昭王的生稱。銘中的王、昭王、猷都指周厲王,王與猷是周厲王的自稱,昭王是南夷、東夷廿又六邦對他的尊稱。

又如無惠鼎:……王呼史翏册命無惠曰:官司穆王遙(偵)側虎臣……(《集成》2814)

此器腹飾盛行於西周晚期的鱗紋,銘中有活躍於西周晚期的司徒南仲、史翏等人物,也應是西周晚期的銅器,故知銘中的穆王,不是西周中期的穆王。《爾雅·釋詁》:"穆穆,美也。"疏:"語言容止之美盛。"因此這裏的穆王,也只是對西周晚期某周王的讚美的稱呼而已。

這説明在西周諸王稱中,有一種加在王之前的詞,僅表讚美之意,並非生稱,我們將這類

---

[1]《大系》釋文第95頁。

[2]《大系》釋文第51頁。

[3]唐蘭:《周王猷鐘考》,《考古社刊》第六期,1937年;後收入《唐蘭先生金文論集》,第34—44頁,紫禁城出版社,1995年。

對王的稱呼姑名其爲“時王美稱”。

（二）金文中除上述“時王生稱”和“時王美稱”以外，還有一些王稱，情況較複雜，也最有探討的必要，現按時代先後排列，試作分析如下：

1. 西周早期

（1）周王

小盂鼎：……用牲禘周王、斌王、成王……（《集成》2839）

這裏排在斌王、成王前面的“周王”應該就是文王，考釋諸家皆無異言。《大雅·文王》毛傳“文王受命作周也”，文王以周爲根據地，先後斷虞芮之訟、伐邘、伐密須、伐犬夷、伐耆、伐崇等，經營四方。文王建設了周，並在此成功地進行了滅商的準備，故文王又別稱周王，該銘是西周金文時王“生稱”之外還有“別稱”的有力證據。

（2）成周王

成周王鈴：成周王鈴。（《集成》416—417）

該銘只有四字，分鑄於兩件鈴上：一件銘爲陰文，作“王成周鈴”；一件銘爲陽文，作“成周王鈴”，僅此兩見，銘文讀法當從陽文者。從字面上看，可以理解爲“某周王在成周所做之鈴”，或“成周王室用鈴”，當然也可以理解爲“成周王做的鈴”。與其銘文相似的如買王罙觚“買王罙尊彝”（《集成》7275—7276），而與觚銘文相同的買王罙卣作“買王罙作尊彝”（《集成》5252），多一“作”字，說明“買王罙尊彝”就是“買王罙作的尊彝”。又如1978年湖南漵浦縣出土的一件鼎，銘爲“中賵王鼎”（《集成》1933）、1985年湖南桃源縣出土的鼎，銘文爲“合易王鼎”（《近出》314）。那兩件鼎銘文的讀法沒有歧義，只能理解成“合易王做的鼎”“中賵王做的鼎”。“成周”爲西周初年成王所建新都城之名，即今之洛陽。後一種理解則說明西周早期曾有一“成周王”存在，當然，成王建都洛陽以後，不可能再把它交給一個什麼自稱爲成周王的人去管理。那麼如何理解後一種可能呢？我們可以作兩種推測：一是成王建都之前，洛陽一帶就曾有一個名叫成周的邦國存在，該國國君自稱“成周王”，成王建都就以這個邦國之名爲名。這樣兩件鈴可以理解爲是成王建都之前，那個國君成周王的樂器。二是成王遷於東都成周，居於中國，統治從未有過的遼闊領土，遂以此都城爲榮，循文王稱周王之例，用其爲號，立別號爲“成周王”。此説雖無文獻根據，但從金文內容看，不否定有這種可能性存在，並較之前説更有説服力。

（3）豐王

豐王銅泡、斧：豐王。（《集成》11848—11850、11774）

張政烺先生考證説：“《史記·秦本紀》‘襄公元年，以女弟繆嬴爲豐王妻’。下文又有文公‘二十七年，伐南山大梓，豐大特’，這個豐大約在今寶雞市以南，渭水南岸不很遠的地方……一九七六年三月臨潼與陳侯簋同坑出土的有王作豐妊盉：‘王作豐妊單寶盤盉……’周金文中直言王者皆指周王，乃姬姓天下之大宗……豐妊蓋妊姓女子出自豐國，因此揣測豐王或是妊姓。”[1]

三件豐王銅泡和一件豐王斧銘文都十分簡單,只録“豐王”二字,此二字有兩件銅泡分書爲“豐王”,另一件豐王銅泡和豐王斧則合書爲“玊豐”,與文王、武王、昭王有時也合書爲玟、珷、玿一樣。幾件豐王銅器都是傳世品,没有明確的出土地點可尋。1971 年夏,陝西西安市長安區馬王鎮車馬坑出土一件當盧,背面鑄陽文“豐師”二字(《文物》2002 年第 12 期),《廣雅》云:“灃水,源出鄠縣南山豐谷,北流經長安城西。”此當盧出土地近豐水,“豐師”之地當是因水得名。豐師當盧與豐王銅泡和斧的時代相同,所指當爲一事,可能地名豐師,國名豐國,其君則稱豐王。陳逢衡《竹書紀年集證》二十七引孫之騄《考訂竹書》云:“武王既遷鎬京,乃封其弟於豐。”《元和姓纂》《通志・氏族略二》也都説是“文王第十七子”,可能文王第十七子立國之豐,即文王、武王所都之豐,説明此豐國,初建時爲姬姓,其地在今鄠縣境。

作册𩵦卣:公太史在豐。(《集成》5432)

小臣宅簋:同公在豐。(《集成》4201)

太保玉戈銘:王在豐。(《考古與文物》1986 年第 1 期)

上述三件器時代亦爲西周早期,當指同一地,即豐京、鎬京之豐。

憻季遽父卣、尊:憻季遽父作豐姬寶尊彝。(《集成》5357—5358、5947)

大祝追鼎:伯太祝追作豐叔姬鬻彝。(《上海博物館集刊》第 8 期,第 132 頁)

憻季遽父卣、尊於 1972 年陝西扶風劉家村墓葬出土,時代屬西周早期。大祝追鼎是徵集品,時代屬西周晚期。兩器銘中女名前無“媵”字,皆不像是嫁女之器,銘中的女名“豐姬”“豐叔姬”有可能是作器者的婦或母,其名係由母氏的姓與氏構成,兩器中的女名説明豐國或有可能爲姬姓。

𡒄方鼎:惟周公于征伐東夷,豐伯、薄姑,咸𢦏。(《集成》2739)

該鼎銘之豐伯國地近薄姑,屬東夷之一部,當爲東土的豐國。又有兩件豐伯兵器出土於洛陽,似乎也透露出東土有個豐國的信息。

豐伯戈:豐伯作戈。(《集成》11014)

豐伯劍:豐伯。(《集成》11572)

此東土的豐國,爵稱爲伯,其姓不詳。

西周晚期還有兩件扶風出土的銅器,説明還有一個豐邢氏國存在:

厗甗:厗作甗,子子孫孫永寶用。豐邢。(《集成》919)

豐邢叔簋:豐邢叔作伯姬尊簋。(《集成》3923)

[1] 張政烺:《矢王簋蓋跋——評王國維〈古諸侯稱王説〉》,《古文字研究》第十三輯,中華書局,1986 年。

此豐邢氏國,地當在西土,其姓也不詳。

這些説明,歷史上不止有一個豐國存在,張先生文中所舉《秦本紀》"襄公元年,以女弟繆嬴爲豐王妻"之豐王,以及王作豐妘盉中的妘姓豐國,皆爲西周晚期之事,與西周早期可能是姬姓的豐王之豐國,時代相去較遠,恐並非一事。

在寶雞竹園溝曾出土一件西周早期的豐公鼎,銘爲"豐公□作尊彝"(《集成》2152),時代和出土地均與豐王銅器相近,其中豐公與豐王的關係耐人尋味。此"豐王"是姬姓,且其王稱寫法與西周早期其他諸王稱復寫的寫法相合,所以不排除其是西周早期某周王的別稱的可能性。大概西周早期某周王先在豐地作豐公,後即位稱王,因不忘其出身之地,遂別稱豐王。

(4)買王

買王罘瓳:買王罘尊彝。(《集成》7275—7276)

買王罘卣:買王罘作尊彝。(《集成》5252)

(5)矢王

矢王鼎蓋、觶:矢王作寶尊彝。(《集成》2149;6452)

2. 西周中期

(1)矢王

同卣:惟十又二月,矢王賜同金車、弓矢。同對揚王休,用作父戊寶尊彝。(《集成》5398)

矢王簋蓋:矢王作鄭姜尊簋……(《集成》3871)

(2)圅王

圅王盉:圅王作姬姊盉。(《集成》9411)

圅王鬲:圅王作姜氏鬲。(《近出》125—126)

2002年保利藝術博物館入藏了一件重要銅器圅公盨(《中國歷史文物》2002年第5期),銘文内容十分奇特,爲以前所未見,銘文中圅公説話的口氣很大,既教訓一般民衆,也訓導時王,圅公到底是個甚麽人? 一時成了謎。我曾撰《圅公考》一文,對其身份加以猜測,現將該文考證"圅公其人"的内容摘要於下:

《爾雅·釋親》:"男子謂女子先生爲姊。"金文中往往有爲親姊作器者,如:

公仲涉簋:公仲涉作公姊寶簋,其萬年用。(《保利藏金續》,第120頁)

季公父簋:季公父作仲姊孈姬媵簋,其萬年子子孫孫永寶用。(《集成》4572)

圅王盉銘中的女名爲"姬姊",其中"姬"應該是該女的姓,没有問題,姓後的"姊"字按一般先秦女子命名的規律,即應爲其名字,但認爲該女以親屬稱謂詞作女名,在解釋上存在一定困難。因此我猜想,由於金文句子中,詞序每不固定,是否可能"姬姊"是"姊姬"之倒,那樣,圅王盉銘"圅王作姊姬盉"就表明圅王是爲一姬姓的姐姐作器,器銘中的圅王自然也應是姬姓。近年在陝西眉縣發現同銘的兩件圅王鬲,銘爲"圅王作姜氏鬲",是説圅王爲其夫人姜氏作器。1974年在眉縣東面陝西盩厔縣城關的墓葬裏出土了王作姜氏簋,器、蓋同銘爲"王作姜氏尊簋"(《集成》3570)。保利藝術博物館近年也收集到一件王作姜氏簋,銘文内容以及行款字體與盩厔縣所出完全一樣,可能是同一墓中之物(《近出》429)。嬴王的夫人稱姜氏,此王的夫人也稱姜氏,銅器的時代和出土地又很接近。因此,有理由懷疑墓銘中的王,極有可能就是眉縣發現的嬴王盉中的嬴王,如這個懷疑可能成立的話,那就説明"嬴王"有時也可省稱爲"王",與其他周王的稱呼無異。而這些銅器與嬴公盨、嬴王盉形體紋飾與銘文風格也比較接近,都有可能是嬴王一人所作。

　　史書西周中期的記載十分簡略,但有一點諸書皆同,即共、懿、孝三王期間,曾經發生一次超乎尋常的繼位次序混亂,即懿王死後,没有把王位傳給其子,王位爲共王之弟、懿王之叔父孝王辟方取得,這在嚴格按"父死子繼"原則傳位的西周王朝來説,是唯一特例。西周初年周公總結了殷人亡國的教訓,他看到殷人以"兄終弟及爲主"的傳位法,弊病在於衆多兄弟都有得到王權的企盼,容易形成爭奪的局面。因而爲少年的成王制訂了繼位"傳子不傳兄弟"的傳國大法,他還以身作則,在成王年長之後,退居臣位,讓成王主政。此後,康、昭、穆、恭、懿莫不遵循不待,唯獨懿王之後,發生了變故,而這場變故並非由懿王無子引起,因爲史載孝王之後的夷王,就是懿王的親子。西周中期諸王,在位時間都不長,那麼懿王稱王之末年,即將得到王位的孝王辟方稱什麼呢? 我認爲不排除此時的辟方稱嬴公的可能,因爲嬴是周人發祥之地,不可能容許外姓人插足而稱公、稱王,極有可能爲周王族之王公貴戚中掌實權者所盤踞。通觀西周金文,周雖在洛陽設立東都,但許多重大祭祀與册命典禮仍在其老家宗周一帶舉行,金文記載嬴地駐有重兵(嬴師)把守,正説明嬴地應爲周王族所直接控制之地。《竹書紀年》(今本)云:"懿王之世,興起無節,號令不時,挈壺氏不能共其職,於是諸侯攜德。"著名的懿王標準器匡卣(《集成》5423)是大家都很熟悉的,銘文記載懿王在射廬,舉行捕兔的遊戲,匡因爲捕到了兩個小兔子,因而受到了懿王的嘉獎,銘文活畫出懿王逸於淫樂、不務正業的形象。面對這樣一個懦弱無能、舉措無方的侄子爲王,嬴公辟方可能覬覦王位很久了。嬴公取得王位之後,稱爲孝王,但不排除其别稱嬴王。文獻記載屬王曾稱"汾王",《竹書紀年》(今本)記共和時事,云:"大旱既久,廬舍俱焚,會汾王崩,卜於大陽,兆曰屬王爲祟。周公召公乃立太子静,共和遂歸國。""屬王名胡",原注:"居彘,有汾水焉,故又曰汾王。"我想,既然屬王因居於汾水而可以别稱爲汾王,那麼孝王爲甚麼不可以因爲曾居於嬴地,做過嬴公,而稱爲嬴王呢? 據王國維考證,西周時王之號是生稱的,辟方之所以自稱孝王者,蓋西周之世,淪及恭、懿之時,已積弱不堪,以致懿王在宗周待不下去,一度被迫遷都到犬丘。辟方欲以恢復父考穆王盛世爲己任,如孔子所説"父在,觀其志;父没,觀其行;三年無改於父之道,可謂孝矣"(《論語·學而》),故自命爲孝王。嬴公盨中所强調的"天釐用考神",對辟方而言,考神就是穆王,可能也含有這個意思在内。

（3）畢王

瘋簋：惟王十又三年六月初吉戊戌，王在周康宮新宮，旦，王各大室，即位。宰倗父佑瘋，入門，立中廷，北向。王呼史年册命瘋：死司畢王家。賜女……用作朕皇祖伯甲父寶簋……（《集成》4272）

郭老解釋銘文説："死司畢王家，言夷司在畢之先王宗廟，與伊簋官司康宮王臣妾百工語例相同。"[1]陳夢家《西周銅器斷代（六）》録有瘋簋，所釋同《大系》；于省吾《雙劍誃吉金文選》、唐蘭《西周青銅器銘文分代史徵》亦僅有録文，並無考證。白川静《金文通釋》第九輯："爲命其地之宮室死司之事，畢爲周之同宗，《左傳》僖公二十四年中列爲‘文之昭’之一，亦見於《魏世家》中。蓋爲王族之一，而掌管王陵之地之畢者也。"這實際也只是演繹《大系》的説法，並無新的意見。郭老實際是把"畢王家"解釋爲"畢地的王室宗廟"，通觀金文，没有用"家"來記宗廟的先例，金文本有廟字，寫作"宗廟"（乖伯簋《集成》4331）、"周廟"（瘋方鼎《集成》2739、無惠鼎《集成》2814、小盂鼎《集成》2839、盞方尊《集成》6013、虢季子白盤《集成》10173、三十三年逨鼎《文物》2003 年第 6 期）、"康廟"（南宮柳鼎《集成》2805、元年師兑簋《集成》4247）、"穆廟"（大克鼎《集成》2836）、"享廟"（師秦公鼎《集成》2747）、"大廟"（逆鐘《集成》60、免簋《集成》4240、趞簋《集成》4266、同簋《集成》4270、三年師兑簋《集成》4318、敔簋《集成》4323）等，也有時用康宮、京宮等記康王之廟和諸先王之廟，却從不見可以把"家"釋成"廟"的，"王家"也絶没有釋成"王室宗廟"的先例。因此，瘋簋的"死司畢王家"與伊簋的"官司康宮王臣妾百工"語例，並不具備可比性。

大克鼎：……肆克恭保厥辟共王，諫辥王家，惠於萬民……（《集成》2836）

蔡簋：……昔先王既命女作宰，司王家。今余唯申京乃命，令女眔暬，覭疋對各，從司王家外内，毋敢有不聞……（《集成》4340）

毛公鼎：王曰：父層，今余唯肈經先王命，命女辥我邦我家内外……王曰：父層，今余唯申先王命，命女極一方，弘我邦我家……（《集成》2841）

上述銘文中的"王家""我家"等，皆指"時王之家"，與宗廟無干。所以瘋簋中的"畢王家"即"王在周康宮新宮，旦，王各大室，即位"的"時王"之家。一般認爲瘋簋是西周中期器，可是文獻記載，西周中期有穆王、恭王、孝王、懿王等生稱的王名，並無稱畢王者，因而我們猜測"畢王"有可能是西周中期某王的别稱。有的先生認爲瘋簋是懿王時期的器，果如此，則畢王就有可能是懿王的别稱。《漢書·匈奴傳》："至穆王之孫懿王時，王室遂衰，戎翟交侵，暴虐中國。"《帝王世紀》："周懿王自鎬徙都犬丘。"《竹書紀年》（今本）："七年西戎侵鎬，十三年翟人侵岐，十五年王自宗周遷於槐里。"《漢書·地理志》："右扶風槐里，周曰犬丘，懿王都

---

[1]《大系》釋文 80 頁。

之。"犬丘近畢,又文武周公皆葬於畢,循屬王別稱汾王、孝王可能別稱幽王之例,或懿王又別稱畢王,亦未可知。

（4）買王

任鼎：惟王正月,王在氐。任蔑曆,使獻爲于王,鼎盡,買王使孟聯父蔑曆,賜脡牲大牢……敢對揚天子休,用作厥皇文考寶蠶彝,其萬無疆,用格大神。（《中國歷史文物》2004 年第 2 期）

此鼎銘若如《任鼎銘文考釋》作者所考（見同刊）,將句子斷在"買"字後,整篇銘文難於講通,若"買"字連下讀,讀爲"買王",則大意可通,且與西周早期買王罴觚、卣之買王相合,他們應同是一國之君王,只是本銘之買王時代晚於前買王而已,就像矢王存在於西周早中晚各個時期一樣,此買王存在於西周早期和中期,亦不足爲奇。鼎銘大意是：買王使任向在氐的周王貢獻,任受到周王"蔑曆",事情辦理完畢之後,買王又使其下屬孟聯父"蔑曆"他,並賞賜他醴酒犧牲等。從買王需向周王進貢等銘文内容看,其身份應是在野的異族邦君而稱王者,所以"買王"應歸入"在野王稱"一類。

（5）鰲王

彔伯鈇簋蓋：……王若曰：彔伯鈇,繇自乃祖考有勳于周邦,佑辟四方,惠宏天命,女肇不墜,余賜女……彔伯鈇敢拜手稽首,對揚天子丕顯休,用作朕皇考鰲王寶尊簋……（《集成》4302）

彔伯的先人曾"有勳于周邦",他本人又能承繼祖先之業,效忠周王室,去王號,服侍周王,因而受到賞賜。他稱其皇考爲鰲王,稱周王爲天子,顯然他並未將皇考鰲王與周王放在一個平等的地位上,彔伯應是異族邦君而臣服於周人者。我們也應稱鰲王這一王稱爲"在野王稱"。

（6）師眉贏王

師眉贏王鼎、簋：祝人師眉贏王爲周客,賜貝五朋,用爲寶器……（《集成》2705、4097）

西周時稱先王之後爲"客",《左傳·僖公二十四年》："宋,先代之後也,於周爲客。"《史記·周本紀》："武王追思先聖王,乃褒封神農之後於焦,黃帝之後於祝……"師眉贏王是黃帝之後祝人之君,故作爲周之客而受到賞賜。此王稱也應歸入"在野王稱"。

（7）幾王

乖伯簋：……乖伯拜手、稽首。天子休,弗忘小裔邦。歸夗敢對揚天子丕怀魯休,用作朕皇考武乖幾王尊簋……（《集成》4331）

此乖伯自稱小裔邦,稱周王爲天子,稱其皇考爲幾王,在乖國看來,稱王低於稱天子。乖國不見於文獻記載,可能是西周中期一異族邦國,也可以歸在"在野王稱"一類。

3. 西周晚期

（1）呂王

呂王鬲：呂王作尊鬲,子子孫孫永用享。（《集成》635）

呂王壺：呂王造作芮姬尊壺，其永寶用享。（《集成》9630）

呂爲姜姓，《史記·齊太公世家》：“太公望呂尚者……本姓姜氏。”《尚書·呂刑》：“惟呂命王，享國百年。”從金文記載看，呂國在西周晚期已經稱王，至春秋晚期仍有鎛鑄銘云“余呂王之孫，楚成王之盟僕男子之藝”（《近出》98—105），可見《尚書》記其“命王”及“享國”長達百年未絶，不爲無據。

（2）昆疕王

昆疕王鐘：昆疕王貯作和鐘……（《集成》46）

（3）夨王

散氏盤：……厥授圖，夨王于豆新宮東廷……（《集成》10176）

張政烺先生由西周中期夨王簋蓋銘“夨王作鄭姜尊簋”，考證得出夨爲姜姓，並説：“夨王姓姜，蓋出於羌，與周不同族，則稱王是姜姓的舊俗，由承襲而來，非僭王號，也不是由於周王的錫命。”[１]其地理位置，盧連成、尹盛平曾著文《古夨國遺址墓地調查記》（《文物》1982 年第 2 期）加以確定。夨王之稱除見於西周早期夨王鼎、觶外，西周中期有夨王簋和同卣，同卣銘記夨王賞賜其下屬“金車、弓矢”等，可見西周中期的夨王，具備一定的經濟和政治實力。西周晚期著名的散氏盤中記録夨、散土地糾紛，最後以夨王“授圖於豆新宮東廷”告終。從金文記録看，夨以王稱，終西周一世不斷。而且，並不如王國維氏所説，古諸侯僅限於在國內稱王，在夨、散兩國交際文書中，照樣稱王不待。據以上分析，夨王應屬“在野王稱”。

（4）遟王

仲爯父簋（甲）：仲爯父太宰南申厥（有）司作其皇祖考遟王、監伯尊簋。（《集成》4188）

仲爯父簋（乙）：蓋銘：仲爯父太宰南申厥（有）司作其皇祖考遟王、監伯尊簋。

器銘：南申伯太宰仲爯父厥（有）司作其皇祖考遟王、監伯尊簋。（《集成》4189）

這兩件仲爯父簋的銘文詞序不太穩定，乙簋的蓋與器銘前後次序變化較大，縱觀全銘，應讀爲“南申伯太宰有司仲爯父作其皇祖考遟王、監伯尊簋”。這兩件簋是河南南陽古墓中出土的，在 1984 年被報導時，同刊也發表了李學勤先生的文章《論仲爯父簋與申國》，他認爲銘中的遟王就是西周晚期的夷王，並説仲爯父簋是宣王標準器（《中原文物》1984 年第 4期），其實作器者仲爯父的地位並不高，只不過是南申國太宰的有司之一而已，堂堂周夷王的王孫怎麼會去南申國太宰的手下做個小官吏呢？從銘文內容看，遟王、監伯是仲爯父的皇祖考，這表明遟王與監伯必是同姓父子關係，如果遟王就是西周晚期的周夷王，那麼遟王、監伯得都是姬姓才行，我們雖無法知道這裏的遟王是否姬姓，但可以考知監伯必不是姬姓。同樣是西周晚期的叔碩父鼎銘文曰：新宮叔碩父、監姬作寶鼎（《集成》2596）。西周金文往往記

---

[１]　張政烺：《夨王簋蓋跋——評王國維〈古諸侯稱王説〉》，《古文字研究》第十三輯，中華書局，1986 年。

録夫妻共同作器,如盧鐘(《集成》88):"盧眔蔡姬永寶,用昭大宗。"麸叔信姬鼎(《集成》2767):"麸叔信姬作寶鼎。"等等。依此例,叔碩父鼎銘中的叔碩父可能就是監伯,簋銘説的是監伯監姬共同做器,這裏監姬是姬姓女子嫁於監伯,該女名是由夫氏的氏名加上母氏的姓構成,根據同姓不婚的原則,此女名説明監國不應該是姬姓,同時代的仲再父簋中的監伯也不應該是姬姓,其父遅王也就不可能是姬姓,因爲周王必須是姬姓,當然這裏的遅王就根本不可能是西周的夷王了(詳見筆者《南陽仲再父簋不是宣王標準器》一文[1])。上述考證説明遅王與吕王、矢王、昆疕王一樣,是一位在野之王的王稱。

四、春秋戰國金文中的王稱

進入春秋時期以後,王室衰微,諸侯力政,禮崩樂壞,各國紛紛自立爲王。見於金文者,春秋有吴、越、楚、徐、吕、郘、申、索魚等。戰國有越、楚、徐、燕、周、秦、雍、中山、中賄、合易、巨昚等。

(一)春秋時期

1. 吴王

邘王是野戈:邘王是野作爲元用。(《集成》11263)

工獻王之孫鑒:……工獻王之孫……(《考古》2003 年第 3 期)

者減鐘:工獻王皮然之子者減擇其吉金,自作謠鐘。(《集成》193—202)

夫跃壽鼎:余以煮以烹,以伐四方,以撻工獻王。(《近出》354)

獻巢鐘:獻巢曰:余攻王之玄孫。(《考古》1999 年第 11 期)

吴王光戈、劍等:吴王光逗自作用戈。(《集成》11255—11257、11620)

吴王光戈:攻敔王光自……(《集成》11151)

吴王光鑑:吴王光擇其吉金。(《集成》10298—10299)

蔡侯殘鐘:吴王光逗之穆曾舒金。(《集成》224、1)

攻敔王夫差戈、矛等:攻敔王夫差自作其用戈。(《集成》11288、11534)

吴王夫差鑑:吴王夫差擇厥吉金,自作御鑑。(《集成》10294—10296)

配兒勾鑃:吴王□□□犬子配兒。(《集成》426—427)

吴王孫無土鼎:吴王孫無土之廚鼎。(《集成》2359)

羅兒匜:羅兒曰:余吴王之甥。(《近出》1018)

---

[1]《古文字研究》第十八輯,中華書局,1992 年。

2. 越王

越王矛：越王。（《集成》11451）

越王之子勾踐劍：越王之子勾踐。（《集成》11594—11595）

越王太子不壽矛：於越以王旨於之太子不壽自作元用矛。（《集成》11544）

3. 楚王

中子化盤：中子化用保楚王。（《集成》10137）

楚王領鐘：楚王領自作鈴鐘。（《集成》53）

楚王鐘：楚王媵江仲羋南和鐘。（《集成》72）

蔡侯申紐鐘：左右楚王。（《集成》210—218）

王孫誥鐘：敬事楚王。（《近出》60—84）

楚屈叔沱戈：楚王之元右王鐘。（《集成》11393）

佣戟：新命楚王□膺受天命。（《近出》1197）

4. 徐王

沇兒鐘：徐王庚之淑子沇兒擇其吉金。（《集成》203）

庚兒鼎：徐王之子庚兒自作飤繁。（《集成》2715）

徐王之子叚戈：徐王之子叚之元用戈。（《集成》11282）

徐王觶：徐王宄又之耑。（《集成》6506）

徐王義楚觶：徐王義楚擇余吉金，自作祭耑。（《集成》6513）

徐王義楚之元子劍：徐王義楚之元子柴擇其吉金，自作用劍。（《集成》11668）

宜桐盂：徐王季糧之孫宜桐作鑄飤盂。（《集成》10320）

徐王子旃鐘：徐王子旃擇其吉金，自作和鐘。（《集成》182）

甚六鎛：徐王之孫尋楚歠之子甚六擇厥吉金，作鑄和鐘。（《近出》94）

5. 呂王

魕鎛：余呂王之孫，楚成王之盟僕男子之藝。（《近出》98—105）

6. 郙王

郙王劍：郙王僭自作承鋥。（《集成》11611）

《尚書·呂刑》又稱《甫刑》，孫星衍《尚書今古文注疏》疏云：“史公‘呂’作‘甫’者，《禮記》引此經俱作《甫刑》，《孝經》引同也。”又云：“穆王時未有甫名，稱《甫刑》者，後人以子孫國號名之，猶叔虞初封唐，子孫封晉，而《史記》稱《晉世家》。”證之金文，呂王之稱，見於西周晚期，而甫（郙）王之稱，則見於春秋晚期的郙王劍銘，可能呂王之子孫後居於甫，遂改稱甫（郙）王。

7. 申王

申王之孫叔姜簠：申王之孫叔姜自作飤簠。（《近出》521）

申文王之孫州萊簠：申文王之孫州萊擇其吉金，自作飤簠。（《古文字研究》第二十五

輯,第 189—193 頁)

8. 塞王

塞王戟:塞王之戟。(《近出》1125)

9. 索魚王

索魚王戈:索魚王□□戈。(《近出》1147)

(二) 戰國時期

1. 楚王

楚王酓忎鼎、盤等:楚王酓忎戰獲兵銅。(《集成》2794、10158、13380 等)

楚王酓肯鼎、盤、匜等:楚王酓肯作鑄匜鼎。(《集成》2623、10100 等)

楚王酓章鐘:楚王酓章作曾侯乙宗彝。(《集成》83)

楚王酓章戈:楚王酓章嚴恭寅作鞶戈。(《集成》11381)

楚王燈:楚王。(《集成》10400)

2. 越王

越王者旨於賜矛、劍、鐘等:越王者旨於賜。(《集成》11511、11512、144)

越王州勾劍:越王州勾自作用劍。(《集成》11622—11632)

越王嗣旨不光劍:越王嗣旨不光自作用攻。(《集成》11641—11642)

越王不光劍:越王不光□□□□。(《集成》11644—11650)

越王丌北古劍:越王丌北古;惟越王丌北自作元用劍。(《集成》11703)

3. 燕王

燕王戎人矛等:匽(燕)王戎人。(《集成》11479、11498、11237—11239 等)

燕王喜矛、劍等:燕王喜□□。(《集成》11482 等)

燕王職矛等:燕王職□□。(《集成》11480、11483、11224、11110、11187、11514—11521 等)

燕王職壺:唯燕王職蒞阼承祀。(《上海博物館集刊》第 8 期,第 146 頁)

燕王喾矛等:燕王喾□。(《集成》11497)

4. 周王

周王叚戈:周王叚之元用戈。(《集成》11212)

5. 徐王

自鐘:自余徐王旨後之孫。(《文物》2004 年第 2 期)

6. 秦王

秦王鐘:秦王卑命競坪王之定救秦戎。(《集成》37)

7. 雍王

雍王戈:雍王其所馬。(《集成》11093)

東姬匜：宣王之孫雍王之子東姬自作會匜。(《近出》1021)

8. 中山王

中山王鼎：中山王譻作鼎于銘。(《集成》2840)

中山王方壺：中山王譻命相邦賙擇燕吉金，鑄爲彝壺。(《集成》9735)

9. 中賙王

中賙王鼎：中賙王鼎。(《集成》1933)

10. 合昜王

合昜王鼎：合昜王鼎。(《近出》314)

11. 巨荁王

巨荁王鼎：巨荁王。(《集成》2301)

五、結　　語

我們較全面地排列了各個時期金文中記録王稱的情況，對其中一些有條件考證的銘文作了初步的檢討。得出結論如下：商代的王稱十分簡單，僅發現四祀𠨘其卣有"王曰：尊文武帝乙宜"一條，在追述先王時，對商王稱"帝"的，其餘大量晚商銘文中的商王一律只稱"王"。《殷本紀》："於是周武王爲天子。其後世貶帝號，號爲王。"太史公以爲殷稱帝，周貶帝號改稱王。其實這是一種誤解，從甲骨、金文内容看，稱殷王爲"帝某"，並不普遍，殷人對殷王的實際稱謂仍是"王"。西周時代金文中的王稱則比較複雜，我把它歸納爲"時王生稱""時王美稱""時王别稱""在野王稱"等四種不同類型。其中"時王生稱"爲王國維先生所發現，郭沫若先生加以推廣運用，後來成爲金文斷代的基本方法。見於金文的"時王生稱"有文王、武王、成王、康王、昭王、穆王、共王、懿王、孝王、夷王、厲王共十一王，史墻盤一銘連叙六王，逨盤更一銘連叙十王，可見周人對祖先譜系的重視。"時王美稱"的内容，前人已有述及，但尚未形成理論概念，本文則給予了適當的概括。見於金文的"時王美稱"有休王、昭王、穆王三種，其中昭王、穆王與生稱的時王王稱全同，須仔細考索，方能辨别出來。"在野王稱"已有王國維、張政烺兩位前輩學者作了較全面的論述，本文只是做了部分補充和修改。見於西周時期金文的"在野王稱"計有買王、夨王、𥂴王、師眉贏王、幾王、吕王、昆疕王、遅王等，見於春秋戰國金文的有吴王、越王、楚王、徐王、吕王、鄁王、申王、塞王、索魚王、燕王、周王、秦王、雍王、中山王、中賙王、合昜王、巨荁王等。這些東周在野王稱有不少是未見於文獻記載的，它們豐富了我們對東周歷史的認識。當然，時至東周已不能按"時王"和"在野"來區分王稱，這裏只是沿用上文的稱呼而已。

本文的重點在於對"時王别稱"的提出及考證，經過梳理，筆者推測早期金文中的"周王""成周王""豐王"有可能是文王、成王和西周早期某王的别稱，西周中期金文中的"畢王""㒸王"有可能是"懿王"和"孝王"的別稱。其中"豐王"和"鬲王"尚有同時代的"豐公"和"鬲公"銅器存在,可能說明諸王在稱某王之前,皆有先稱某公的可能。"時王別稱"中的周、成周、豐、畢、鬲等都是西周的都城或重要駐地之名,說明當時的周王或因曾居住成長於某地,或以開發或守成某一城都爲榮,於是即以該城都或駐地名稱爲別號。西周王朝算上文王共有十三王,本文已考出五王可能有別稱,加之文獻別稱厲王爲汾王,這樣就已知半數左右周王有別稱。說明在西周王室,這是一種較普遍的現象。"時王別稱"的概念是筆者在考釋鬲公盨時悟出的,因爲該盨銘文的内容太奇特,鬲公的身份也十分神秘,不作如此推測,幾乎無法理解銘文内容。當然,對這個概念而言,目前我的分析還停留在十分初步的階段,文獻論據很薄弱,金文論據也不能說很堅强。這個概念提出的優點在於可以打開思路,從一個新的角度去認識金文王稱的含義,進而較好地讀通幾篇銘文的内容,但距成熟的結論還有很長的距離,希望它能起到抛磚引玉的作用。

(原載《故宫博物院院刊》2006 年第 4 期,第 6—29 頁;又載《金文論集》,第 445—472 頁,紫禁城出版社,2008 年 5 月)

金文研究中的三個難題

從某種意義上說,古文字學應該是考古學的一個分支,二者關係十分密切。19 世紀初,由法國學者商博良破譯古代埃及羅塞塔(Rosetta)石碑銘刻而形成的"埃及學"是近代考古學的開始。在考古發掘中,出土的文字資料是最爲寶貴的,它所傳達的歷史和文化信息的重要性,是任何其他資料所無法比擬的。

各地區人類社會生産力的發展,大都經歷了石器時代和青銅時代。我國青銅文化有別於世界其他民族青銅文化的特徵有兩個:一是有成組合的青銅禮器體系;二是在青銅器上鑄刻銘文。中國文字的起源,目前還找不到石器時代的有力根據。成體系的文字有金文和甲骨文,都出現在青銅時代。最早的金文資料出現在二里崗時期,早於商代晚期殷墟出現的甲骨文。早期金文的字體構形和詞語組合也都較甲骨文更原始。

早在漢代,就有學者開始對金文進行整理和考釋。許慎的《說文解字·叙》云:"郡國往往於山川得鼎彝,其銘即前代古文。"至宋代,有一批著名的學者注意對金文進行研究,他們的學術成果爲這一學科打下了基礎。清代晚期以來,特別是到 20 世紀二三十年代之後,銘刻資料出土增多,一批學貫中西的學者出現,他們汲取了現代考古學的方法和經驗,對青銅器和金文的研究有了長足的進步,金文中的許多問題都已得到基本解決。存留至今仍没有解決的一些問題,都是難度較大的問題,現就其中較重要者試舉三例加以說明。

一、特 殊 銘 刻

現已知著有金文的青銅器約一萬三千件,其中有半數以上的銅器,僅銘有一兩個象形性很强的字。郭沫若稱其爲"族徽""族氏"(《殷周青銅器銘文研究》),陳夢家稱其爲"族名"(《西周銅器斷代》),張振林有"家族標記説"(《對族氏符號和短銘的理解》,中國古文字年會論文,1990 年),吳其昌有"私名説"(《金文氏族譜》),日人白川静有"特殊集團説"(《金文通釋》),林巳奈夫有"旗上之物説"(《殷周時代的圖像記號》)等等,諸説皆能言之成理,各從一個側面説明了部分器物上銘刻的內容,但終難以偏概全。因爲這部分材料內容比較複雜,我們不妨暫稱其爲金文中的"特殊銘刻"。

其實,早在宋代對金文中的"特殊銘刻"就有一定認識。如《考古圖》4.36 木父己卣,釋文云:"木者,恐氏族也。"這類銘文雖少有文例比附,但多數可以在甲骨文中找到同形的字,而分析甲骨文中這些同形字的性質,則多是一些方國名、地名和人名。因此有理由推測,這些"特殊銘刻"中應該有一大部分是古代方國(地區)、家族以及個人的名號。殷周金文"特殊銘刻"中的古代方國名,被成功解讀的有三個例證:第一,郭沫若釋"🐾"爲"須句"(《金文餘釋之餘·釋須句》,後收入《金文叢考》)。第二,裘錫圭釋"🦴"爲"無終"(中國古文字學會年會論文,1990年)。第三,遼寧喀左曾出土一罍,上有銘文"父丁、🔣🔣、亞🔣"六字,唐蘭考其出土地爲古"孤竹國",其後李學勤考出其中"🔣🔣"就是"孤竹"兩字。上述三位學者將古代方國名與金文特殊銘刻聯繫起來的做法,爲我們提示了一個研究的方向,即在研究金文特殊銘刻時,首先應全力找出古代方國的名稱,然後再分析銘文中的其他內容。依此類推,古方國名如"息""斟尋""房子""北子"等,也可以在銅器中找到相應的銘刻。

"特殊銘刻"中還有一些可以肯定爲某貴族的家族名者,如"木羊册"是微史家族的族名等。因此我們推測在"父丁、🔣🔣、亞🔣"罍中,"亞🔣"應是孤竹國的一家族名。在"亞🔣孤竹"方罍(《集成》9793)中,"亞🔣"應是孤竹國的另一個家族名。而在"亞🔣孤竹𠦪"鼎(《集成》2033)中,已知"孤竹"是方國名,"亞🔣"可能是孤竹國中某家族的族名,"𠦪"就可能是"亞🔣"家族的一個成員的私名。而"亞🔣孤竹父丁宐"卣(《集成》5271)的"宐"有可能是"亞🔣"家族中另一成員的私名。上述情況説明,金文特殊銘刻記録古代方國、家族以及個人私名時,用詞簡短,且只用名詞。就是這些名詞也經常省略一部分,如"亞🔣竹宐"鼎(《集成》2362)將"孤竹"省爲"竹","亞🔣宐"鼎(《集成》2427)將"孤竹"全省略,而《集成》386、1423、6986、7793、7794、11444六件器,只有家族名"亞🔣"兩字,其餘內容則全部省略。

根據上述分析,在一件銅器上字數較多的族名金文,一般是可以分出方國、家族、私名等幾個層次的,其構成特點有三:一是只羅列名詞,不夾雜其他詞類和語法成分;二是某些方國名常以拼合得十分巧妙的合文形式出現;三是經常省減某些成分。這些特徵的形成,一方面因爲國或族名稱是一種特殊的詞語組合;另一方面也反映了該文字體系當時尚處於較爲原始階段的狀況。這些族名銅器的時代,有的可以早到二里崗期,如1981年內蒙敖包村出土的🔣🔣甗(《內蒙古文物與考古》第2期)。但多數屬商代晚期到西周早期這段時間,西周中晚期至春秋時期也還有少數殘存。

此外,也有一小部分特殊銘刻,其內容經考證,表示該銅器的方位、功能,或八卦符號等,並不屬於上述範圍。所以,對待特殊銘刻應持謹慎的態度,要作具體分析,不能一見到銅器上有字,就斷定是某族的族名(劉雨《殷周青銅器上的特殊銘刻》,《故宮博物院院刊》1999年第4期)。

因爲這類銘文沒有上下文例可以比附,多數傳世品又沒有明確的伴出資料可以查考,加之大家的認識和注意力還沒有集中。因此,至今得以確切考證的古國名,爲數尚少。對家族名和私名的認識,也只有些零星的考釋成果。我認爲對族名金文的研究,若想深入下去,首先應將非族名金文除外,然後,盡可能找到器物的出土記錄,弄清它和其他同出器物的關係,判定時代,以出土地點爲綫索,結合甲骨文和文獻記載,搞清該族名與出土地的歷史淵源關係。族名金文反映了商周時期社會組織結構的真實狀況,對商周史的研究有十分重要的意義。同時,這部分資料也是探索我國文字起源和文明起源的重要綫索。

二、月 相 詞 語

西周金文中有"初吉""既生霸""既望""既死霸"等記時詞語,其中"既生霸""既望""既死霸"是西周時期特有的記時詞語,商代和春秋以後都基本上不見這類記時詞語。"初吉"一詞,商代銅器銘文中不見,主要出現在西周金文中,但在春秋、戰國時期的金文裏,仍有少量記録。上述記時銘文是我們考察西周曆法和年代的珍貴資料。王國維作《生霸死霸考》(《觀堂集林》卷一),認爲西周金文記時,是由上述四個月相詞語四分一月的。這個説法影響很大,近世研究金文的著名學者如郭沫若、容庚、唐蘭等都信從他的説法,稱其爲月相"四分説"。後來又有學者根據《尚書》《詩經》等部分篇章的記時詞語分析,提出"定點説",即將上述四個記時詞語安排爲每月四個時間段的四個固定日子。其實"定點説"只是比"四分説"縮小了時間的範圍,二者並無根本的不同。兩説有一個共同的困難,即一旦將金文中年、月、月相、干支日四要素俱全的銘文(算上初吉共 63 件)放入他們擬訂的曆譜中,都有 10 件左右不合。例外的銘文如此之多,其理論的可靠性,即令人懷疑。再後,有的學者意識到問題可能出在對"初吉"的認識上,"初吉"雖然經常與其他三個月相詞語同時出現,但無法證明它也是月相詞語。於是有人提出初吉不是月相,而是"初干吉日",即指每月的第一個"十日"。《夏商周斷代工程結論》就基本采納了這個意見,但《結論》本身顯示,將依此作出的金文曆譜與上述四要素俱全的 63 件銘文對勘,有 8 件銘文不合。這個結果並不比"四分説"和"定點説"好多少,也很難令人信服。

我在 80 年代初提出金文"初吉"既不是月相,也不是"初干吉日",而可能是古人通過卜或筮占諏吉日的結果(劉雨《金文"初吉"辨析》,《文物》1982 年第 11 期)。用以證明這一想法的材料主要是穆王時的靜簋(《集成》4273):

> 惟六月初吉,王在莽京,丁卯,王令靜司射學宫。小子眔服、眔小臣、眔夷僕學射。雩八月初吉庚寅,王以吴來、呂剛卿豳、莽師、邦周射于大池。靜學(教)無斁,王賜靜鞞剡。靜敢拜,稽首,對揚天子不顯休,用作文母外姞尊簋,子子孫孫其萬年用。

在一件器中記兩個初吉,這是唯一的一篇銘文。一在六月,一在八月,兩干支日丁卯與庚寅相距僅 84 天,如果連續計算,靜簋所記兩初吉必然是一在月初,一在月尾,也就是説該器證明初吉也可以出現在月尾。還有人看到静簋的"六月初吉"和"丁卯"之間插有記地詞語"王在莽京",就將"丁卯"指屬七月,然金文通例是,在記時詞語間插入記地詞語,並不影響記時詞語的連屬性。比如:叔專父盨(《集成》4454)"惟王元年,王在成周,六月初吉丁亥,叔專父作鄭季寶鐘六……",師晨鼎(《集成》2817)"惟三年三月初吉甲戌,王在周師彔宮,旦,王格大室"。上述盨銘是在記時詞語年和月之間插入記地詞語,鼎銘是在記時詞語干支日和時刻之間插入記地詞語。没有人會認爲盨銘的六月不連屬於元年,也没有人會認爲鼎銘的平旦時刻不發生在甲戌日。依此成例,静簋的記時詞語"六月初吉"和"丁卯"間插入記地詞語也没有理由把"丁卯"變成屬於銘文中並没有的七月(劉雨《金文"初吉"辨析》,《文物》1982年第 11 期)。

當然,該年如果出現閏六月或閏七月,情況就可能不一樣。因此,我又對西周的置閏情況作了考察,在 1993 年寫成《西周金文中的閏月》一文,通過對金文材料的分析查明,西周在穆王前後是年終置閏,六、七月份不可能有閏月(《香港第二屆國際中國古文字學研討會論文集》,第 193 頁)。

能説明初吉性質的還有兩件師兑簋:

元年師兑簋(《集成》4274):

惟元年五月初吉甲寅,王在周。格康廟,即位。同仲佑師兑入門立中廷。王呼内史尹册命:師兑,足師和父司左右走馬、五邑走馬。賜汝乃祖市、五黄、赤舄……

三年師兑簋(《集成》4318):

惟三年二月初吉丁亥,王在周,格大廟,即位。眔伯佑師兑入門,立中廷。王呼内史尹册命:師兑,余既命汝足師和父司左右走馬,今余惟申京乃命。命汝鞶司走馬。賜汝秬鬯一卣,金車:韓軛、朱虢、虢靳、虎冟、熏里、右軛、畫轉、畫輔、金甬,馬四匹,攸勒……

兩簋爲同一人所作,内容連貫,相距僅一年多,連續計算,兩初吉相距 14 日,必有一初吉出現在月中,這説明初吉不是月相也不是初干吉日。目前,我們在找到新的證據前,只能把它理解爲"每個月的第一個吉日"。這樣的吉日,當然多數發生在每月的月初,但也不排除有少數可能發生在月中或月尾,如静簋和兩件師兑簋所證明的那樣(劉雨《再論金文"初吉"》,《中國文物報》1997 年 4 月 20 日第 3 版)。

通過上述論證,我認爲"初吉"的性質已經清楚。而且,金文曆譜排譜的實踐也説明,只要你把記録年月日和初吉的 29 件銅器銘文排入譜中,必然導致約有 10 件器不合譜,夏商周斷代工程已組織人力作了多次試驗,無法擺脱這個怪圈,這無論如何也難於用"金文寫錯了"

來解釋。初吉除外之後，王國維的"四分説"以及後來的"定點説""初干吉日説"等建立在初吉必限定在月初的理論，就失去了存在的基礎。

"既生霸""既望""既死霸"是描寫月相的詞語，大家都没有異議。"霸"爲月之光亮部分，"望"爲日月相望，這樣的理解，也基本可以爲衆人認同。但它們各占據每月的哪一段時間，却仍有幾種不同的看法，目前還都缺乏充分的論證。

西周有記年金文九十餘件，如果王世可以考定，用這些資料可以推出西周各王的最低金文王年。又有年、月、月相（指"既生霸""既望""既死霸"）、干支日四項俱全的金文 34 件，這些資料可以檢驗按銅器銘文所安排的王年和絶對時間是否恰當。陳夢家《西周年代考》指出："《竹書紀年》和金文記年是復原西周年代的主要材料。"據《竹書紀年》所載武王伐紂應在公元前 1027 年，西周積年爲 257 年。根據現代天文學觀察，《竹書紀年》所記"懿王元年天再旦"是一次正確的古代日食觀測，這樣懿王元年即可定在公元前 899 年。而且，以上幾個年代定點，都與相應的考古地層標本碳 14 測定的年代接近。又據《史記》載共和元年爲公元前 841 年，此後宣王、幽王的年代都是已知王年。根據以上各定點，利用現代古天文學史知識推算，可以排出一個合理的《西周金文曆譜》，使 34 件有銘銅器成爲標準器，再附以銘文的内部聯繫和以考古類型學原理分析科學發掘品在器形、紋飾等方面的經驗，將可能基本解决西周金文的斷代問題。一個與所擬《西周金文曆譜》相容的《西周王年表》，也將得到大家承認。

三、越 國 金 文

進入春秋以來，諸侯力政，金文字體在各國呈現出地方特色。楚、蔡、吴、越等南方諸國開始流行一種鳥蟲書，將畫作鳥或蟲的筆畫插入字體中，有時作實畫，有時作羡畫，撲朔迷離，在豐富的藝術想像中，爲後世識别這些文字製造了很大的麻煩。早年容庚先生作《鳥書考》，開始注意對這類文字的研究，大部分楚、蔡、吴、宋等國鳥蟲書文字已得到正確的釋讀，唯獨對越國的這類美術字，毫無辦法，遂被稱爲"奇字"。這類字主要銘刻在越國的兵器和樂器上，兵器上的字多較爲簡短，有時在劍柄端一周文字中，還每隔一字插入一個類似於字的符號，叫人琢磨不透。樂器上的文字則較長，有的還記録一些歷史事件。比如"能原鎛"，傳世兩件，一在北京故宫，一在臺北故宫，長期以來被稱爲"奇字鐘"。因係故宫藏品，我們在1999 年第 4 期《故宫博物院院刊》上曾組織討論，其中曹錦炎細心分析銘文筆畫的虚實及走向，釋出了鎛銘的大部分文字，認爲其内容是記述邾、莒兩國發生糾紛，越國出面調停，在越國的主持下，三國訂立盟誓的過程。這是對這類文字釋讀首次取得的突破。可是，李學勤却認爲，儘管可以釋出這些文字，但它們只起注音的作用，像《吴越春秋》所記"越人歌"那樣，並不能用它字面上的意義來釋讀銘文篇章的文意（《論"能原鎛"》，《故宫博物院院刊》1999 年第 4 期）。

　　類似的銘文還有現藏故宮的"之利殘片"等,目前尚未得到很好的考釋。一些劍柄上的文字,形體也十分奇怪,考釋者往往用聲音上的近似揣測其所代表的王名字,但依通常的筆畫分析所釋出的王名字與文獻所記王名字,出入較大,這種現象是否即如李學勤所説,當時有的越國文字只起注音作用呢? 當然,説這些越國文字是注音字,只是一種揣測,也很難加以證明。總之,越國文字的釋讀,難點尚多。到目前爲止,成篇的可資對比參照的銘文僅有少數幾篇。因此,越國文字問題的最後解決,仍有待地下更多資料的出土。

　　我國宋代以來的傳統金石學,是中國現代考古學的前身,他們對古代器物和銘刻所做的大量考據工作,是一筆重要的文化遺産。金文研究在本世紀之前,就從屬於傳統金石學。現代考古學傳入中國之後,它在釋讀考古發掘出土的銘刻資料,進而解釋考古遺迹的歷史内涵方面,發揮了巨大作用,已成爲現代考古工作的有力手段。因此,它本身存在的諸多問題,如本文所提到的三個難題,也要依賴考古學的不斷進步來求得解決。反過來,古文字學的進步,如金文族名等的研究,也將促進考古學諸如文明起源等問題的解決。

　　(本文係劉雨先生參加中國考古學會第十届年會提交的論文,原載《古文字研究》第二十三輯,第73—77頁,中華書局,2002年6月;又載《金文論集》,第392—397頁,紫禁城出版社,2008年5月)

學術史、書評、序跋及其他

"乾隆四鑑"的作者、版本及其學術價值

《西清古鑑》《寧壽鑑古》《西清續鑑甲編》《西清續鑑乙編》(以下簡稱《西清》《寧壽》《西甲》《西乙》)四部收録青銅器的專書是由乾隆皇帝主持編纂的,都作於乾隆年間,四書各自獨立,書名都有一"鑑"字,所以我們簡稱其爲"乾隆四鑑"。[1] 對這四部書,已故古文字學家容庚先生早在20世紀二三十年代就作了很深入的研究,1929年寫出了《西清金文真僞存佚表》,後又發表了《清代吉金書籍述評》,[2]全面細緻地整理了四書中的銅器和銘文。《存佚表》發表後,1941年容先生在《商周彝器通考》中對表中所列43件器的真、疑、僞作了改正。到60年代先生又準備進一步修定《存佚表》。他説:"1929年我曾撰《西清金文真僞存佚表》一文登於《燕京學報》第5期,以後復有所修正。關於《古鑑》《鑑古》《續鑑》等四種書的真僞問題,將另撰文論之。"隨着科學考古工作的進展,出土的青銅器日益增多,人們的認識也逐步深入,容先生也在這種形勢下不斷修正過去的認識。但重修《存佚表》牽涉到對千餘件有銘銅器的重新研究,費時費工,先生在世時一直未能抽出時間完成。近年來,中國社會科學院考古研究所爲編輯《殷周金文集成》,對傳世金文資料作了全面的清理。筆者在參加編寫工作期間,在容先生研究的基礎上,對"四鑑"再次作了全面的分析和整理,[3]現將其中的幾個問題簡述如下:

宋徐鉉奉御札賦《茱萸詩》云:"長和菊花酒,高宴奉西清。"《史記·司馬相如傳》云:"青蚪蚴蟉於東箱,象輿婉蟬於西清。"《集解》引郭璞注:"西清,西箱清净地也。"[4]後因以稱宫禁燕閒之地爲"西清",清宫南書房亦稱"西清"。

乾隆皇帝説:"惟尊彝鼎鼒歷世恒遠,……可見三代以上規模氣象,故嗜古之士亟有取焉。"又説:"以遊藝之餘功,寄鑑古之遠思,亦足稱昇平雅尚云。"[5]這就是《西清古鑑》和《續鑑》書名的由來。"寧壽"是乾隆晚年擴建的一套宫殿區的總稱,用以備歸政尊養之用,乾

[1] 過去一般稱其爲"西清四鑑",而"西清"二字在這裏並非"清代"的别稱,故我們改稱"乾隆四鑑"。
[2] 容庚:《清代吉金書籍述評》,《學術研究》1962年第2期。
[3] 筆者應中華書局之約,編寫了《乾隆四鑑金文綜理表》一書,對"四鑑"中千餘件銅器逐個作了辨僞、斷代、釋文、檢索著録等項工作,本文即據上書的前言部分改寫而成。
[4] 見《史記·司馬相如傳》,即昭明太子《文選》《上林賦》中句。
[5] 《西清古鑑》前引乾隆皇帝諭旨。

隆六十年歸政於嘉慶後,成爲他作太上皇的譙居之地。《寧壽鑑古》之"寧壽"即取義於此。

一、成書的時間

《西清》一書乾隆十四年(1749 年)十一月七日發布上諭,十六年(1751 年)夏五月編成,奉旨由內府刻版,至二十年(1755 年)刊印成書。乾隆四十九年(1784 年)十一月收入《四庫全書》。[1]

《西甲》一書的成書時間載在其跋語中,跋語云:"《西清古鑑》書成越三十年,諭纂内府續得諸器爲《西清續鑑》未藏事,載越十三年,命臣等校補繕續全帙既具。……是編成於乾隆癸丑(1793 年)小春。"據此可知,《西甲》始編於乾隆十六年後三十年,即乾隆四十六年(1781年),完成於乾隆四十六年後十三年,即乾隆五十八年。

《西乙》全書無序跋,其成書時間在《西甲》跋語中有交代,云:"其藏之盛京者釐爲乙編。"兩書的"説解考釋"中没有發現互相徵引的語句,因此可以認爲《西乙》與《西甲》是同時編輯的,同是《西清古鑑》的續編,只是因爲所收銅器藏地不同,分成甲乙兩書而已。《西乙》的成書時間也應是乾隆四十六年至乾隆五十八年。

《寧壽》一書亦無序跋,其成書時間可由《寧壽》和上述"二鑑"的"説解考釋"語詞推知其上下限。《寧壽》一書多次徵引《西清》,如周獸環鍑(12.38)云:"考《博古圖》及《西清古鑑》所載皆似釜而口斂。"可知《寧壽》編寫過程中《西清》已成書,《寧壽》成書的上限是《西清》成書的乾隆十六年。《西甲》《西乙》的説解考釋中多處徵引《寧壽》,如《西甲》伯和鼎(1.9)、執物壺(8.44)、大吉洗(15.24),《西乙》周伯鼎(1.37)、周公作文王鼎(1.4),均云:"説見《寧壽鑑古》。"《西乙》周召仲尊(5.7)云:"與《寧壽鑑古》召仲壺同。"由上述徵引例證看,《寧壽》一書編輯的時間下限是在《西甲》《西乙》開始編寫之前,即乾隆四十六年之前。這樣從《寧壽》及《西甲》《西乙》的内證考察,可以斷定《寧壽》是在乾隆十六年至四十六年這三十年間編成的。

再考慮到此書既名之曰《寧壽鑑古》,極有可能其取名與寧壽宮的擴建工程有關。寧壽宮的擴建工程很大,占地約當内廷宮殿的四分之一,規模俱仿内廷各正宮正殿,自乾隆三十五年燙樣,三十七年興工,至四十一年完工。是乾隆着意經營的一件大事,用以備歸政後永定此地譙居,因以《寧壽鑑古》一書記志此事。這樣看來,《寧壽》一書的上限還可以下延到寧壽宮竣工之時,即乾隆四十一年。也就是説此書編纂是在乾隆四十一至四十六這五六年之間。[2]

---

[1] 見文津閣《四庫全書》《西清古鑑》紀昀等校記。
[2] 乾隆御筆寧壽宮銘云:"小子踐祚,兹歷冊載……歸政理得,逿新是宮。"

　　容庚先生曾據《耆獻類徵》105∶1 的記載，推斷《寧壽》的編輯時間，他説∶“阮元《積古齋鐘鼎彝器款識》常據趙秉沖摹本或拓本編入，而其摹本或拓本又常見於《鑑古》和《續鑑甲乙編》三書，可知趙氏曾參加三書摹篆的工作。乾隆四十四年，奉旨繕寫篆字監生趙秉沖著照從前陳孝泳、楊瑞蓮之例，在懋勤殿行走。此書的編纂，約在此時。”[1] 陳、楊爲《西清》的摹篆者，此時已死去或老邁不能用，[2] 故在乾隆四十一年換上趙秉沖承續其事，此事亦可從另一側面證實我們上面的推論。

二、作　　者

　　這四部書是由乾隆皇帝直接主持編纂的，從乾隆十四年發布的“上諭”看，該書的宗旨、編輯方法、人事安排均由皇帝欽定。而且“每一卷書成，輒恭呈點定”，“是編告竣，奉旨付剞劂氏”，[3] 從編輯到出版都是奉旨行事，諸編纂官要對皇帝負責。爲監督此事的進行，特派兩親王作“監理”∶允禄是聖祖十六子，精數學通樂律，曾掌管樂部；[4] 弘曕是世宗第六子，善詩詞，雅好藏書。[5] 由這樣兩位親王監理其事，當然就更加重了此書欽定官辦的色彩。“四鑑”的編纂前後延續數十年，動用宫中數千件國寶重器，從繪圖摹篆到釋文、説解、考證，僅書前列名者就有三十五人之多，工程可謂浩大。這些都決定了“四鑑”的編成，只能是一個集體勞動的成果，而不同於一般的學術著作；加之在那個時代，該書既名之曰《欽定西清古鑑》，當然一切功勞得歸於皇帝。諸編纂官是爲皇帝辦事，何人敢承當這“主編”的頭銜。因此我們對作者的考訂，也只能就其列名諸大臣的情況作些籠統的分析而已，也無法確指誰是某鑑的作者。

　　《西清》一書共設編纂官十一名。三名尚書∶梁詩正、蔣溥、汪由敦。八名侍郎∶嵇璜、裘曰修、金德英、觀保、于敏中、董邦達、王際華、錢維城。查《清史稿》各傳無一言及編輯《西清古鑑》者。《汪由敦傳》言其曾“纂修明史”“撰擬諭旨”，並爲書家，“上賦懷舊詩列五詞臣中，稱其書比張照云”。[6] 《于敏中傳》言其曾撰《西清硯譜》、任四庫書館正總裁，國史館、三通館正總裁等。[7] 《董邦達傳》言其“工山水，蒼逸古厚”。[8] 《錢維城傳》言其“工文翰，畫

---

［１］　容庚：《清代吉金書籍述評》。

［２］　陳孝泳，康熙五十四年（1715 年）生，乾隆四十四年卒（1779 年），見嘉慶《松江府志》60∶2。楊瑞蓮，見《翼駉稗編》2∶43（轉引自容庚《清代吉金書籍述評》注文）。

［３］　《西清古鑑》序・跋。

［４］　《清史稿》卷二一九列傳六《允禄傳》。

［５］　《清史稿》卷二二〇列傳七《弘曕傳》。

［６］　《清史稿》卷三〇二列傳八九《汪由敦傳》。

［７］　《清史稿》卷三一九列傳一〇六《于敏中傳》。

［８］　《清史稿》卷三〇五列傳九二《董邦達傳》。

山水幽深沈厚"。[1] 從以上情況看,有善編纂者,善繪畫者,善書法者,皆爲纂輯此類書所需之學問,故知《西清》編纂諸官的選定是考慮了各人的特長的,並非全是掛名虛領其事。查方志中載此事者有裘曰修、董邦達傳。裘氏傳云:"與纂《西清古鑑》《秘殿珠林》《石渠寶笈》《錢録》諸書。"[2] 董氏傳云:"時方修《石渠寶笈》《秘殿珠林》《西清古鑑》諸書,以邦達博學嗜古,命入内廷襄事。""及通藉供奉南齋,得縱覽内廷秘庫皮藏,更契神妙,直逼宋元人之室。又善篆隸書,雖寸縑尺楮經進,必邀睿題。"[3] 有可能裘曰修、董邦達二人在編纂諸官中是起作用較大者。

《西甲》跋語中列名大臣有七人:王杰、董誥、彭元瑞、金士松、玉保、瑚圖禮、那彦成。《西乙》爲《續鑑》之"乙編",與《西甲》爲同時之書,故其編纂者應同爲上述七人。上述七人《清史稿》、各地方志皆有傳,然各傳皆無談及編纂《續鑑》者。《董誥傳》言其乃董邦達子,曾纂修《皇朝禮器圖》《滿洲源流考》,充國史三通館協修,《四庫全書》副總裁,實録館正總裁,大清會典館正總裁,曾接辦《四庫全書薈要》,並曾入懋勤殿寫金字經。[4]《金士松傳》言其曾校勘石經。[5] 唯《彭元瑞傳》言其事最詳,云:"元瑞以文學被知遇,内廷著録藏書及書畫彝鼎,輯《秘殿珠林》《石渠寶笈》《西清古鑑》《寧壽鑑古》《天禄琳琅》諸書,元瑞無役不與。"[6] 玉保與那彦成二傳言其一生征戰,没有談及編書事,[7] 估計可能是掛名不作實事的。

彭元瑞出於董邦達的門下,董邦達卒,"其門下士彭元瑞爲撰行狀子"。[8] 而其傳言其曾參與《西清古鑑》和《寧壽鑑古》的編寫工作,估計《西甲》《西乙》和《寧壽》三書的編輯過程中他始終參與其事,是七人中較主要的。

《寧壽》一書的作者,《清史稿》及各地方志中絶少提及此事,該書無序跋、無撰人姓名。唯彭元瑞傳提及曾參與編纂此書,這是今天可以見到的唯一的有關《寧壽》作者的材料。彭氏爲《西甲》跋中列名七人之一,《寧壽》與《西甲》《西乙》編纂時間相距不遠,估計《寧壽》一書也是由上述七人負責編纂,而彭氏是其中較主要者。

綜上所述,《乾隆四鑑》已知共設編纂官十八名,《西清》十一名,《寧壽》《西甲》《西乙》七名。《西清》以董邦達、裘曰修起主要作用,其他"三鑑"以董誥、彭元瑞起主要作用。董誥是

[1]《清史稿》卷三〇五列傳九二《錢維城傳》。
[2] 光緒六年刊本《江西通志》卷一四一,同治十二年刊本《南昌府志》卷三九《裘曰修傳》。
[3] 光緒二十八年刊本《富陽縣志》卷一九《董邦達傳》。
[4]《清史稿》卷三四〇列傳一二七《董誥傳》,光緒二十八年刊本《富陽縣志》卷一九《董誥傳》。
[5]《清史稿》卷三五一列傳一三八《金士松傳》。
[6]《清史稿》卷三二〇列傳一〇七《彭元瑞傳》。
[7]《清史稿》卷三六七列傳一五四《那彦成傳》,《清史稿》卷三一四列傳一〇一《玉保傳》。
[8] 光緒二十八年刊本《富陽縣志》卷一九《董邦達傳》。

邦達子,元瑞亦爲邦達之門下士,"四鑑"的編纂者是有其連續性的。

三、版　　本

(一)《西清》一書所知有七種本子,其中五種刊本,兩種抄本。簡介如下。

1. 内府武英殿刊本,又稱"内府本"或"殿本"

乾隆二十年(1755 年)木刻印刷,[1]版框高 29.5 釐米,"上諭"後鈐印爲紅色。此本最大,開花紙初印,寬大乾净,最存原著之真,是諸刊本中之最佳者。

2. 邁宋書館在日本銅鎸本,又稱"日本銅版本"

光緒十四年(1888 年)銅版影印,銘文周圍可見清晰之銅網紋。版框高 29.3 釐米,銘文、圖像皆略小於殿本,印刷極精,其圖像之清晰度往往優於殿本,然其銘文則有走失精神處。如戈且辛鼎(商祖辛鼎)(1.13)之"戈"字經改版發生錯誤。銘文普遍較殿本之筆畫細,個別印刷不精之處銘文則呈雙鈎狀。

3. 鴻文書局本

光緒十四年(1888 年)刻石縮小影印,版框高 18.2 釐米。據殿本影印,然銘、圖多處改版,改動處多有錯誤,如周般匜(32.11)將"父己"改成"父巳"。是諸本中之較差者。

4. 集成圖書公司本

光緒三十四年(1908 年)刻石縮小影印,自稱"仿殿本",經細校知其爲縮印日本銅版本,其優劣均與日本銅版本等。此書首四頁上諭套紅色,序與跋相接,跋之後多出"《西清古鑑》恭校姓氏:慈谿孫雷、吳縣馬鉞、元和王肇鋐、慈谿凌志"二十五字。版框高 18.5 釐米。

5. 雲華居廬本

1926 年石刻影印,縮得更小。

以上五種爲刊本。

6.《四庫全書》本

乾隆四十九年(1784 年)十一月仿殿本摹寫謄録而成。由於參與摹寫謄録諸書胥缺乏專門知識,書中多有錯誤,如周司寇匜(32.1—2)誤將"匜"寫作"盤",釋文的"永作祜"誤寫成"永作祐"。[2] 諸如此類錯誤比比皆是,遠不如殿本之規正,爲諸本中之最差者。

7. 中國社會科學院考古研究所藏彩繪殘本

考古所圖書室 1956 年由上海古舊書店購進。經折裝四册,版框高 17.8 釐米,無版心,無

[1]《故宫所藏殿板書目》,1933 年 3 月故宫博物院圖書館排印。
[2] 見北京圖書館善本部藏文津閣《四庫全書》本《西清古鑑》三十二卷。

頁數。經與殿本校核,知爲《西清》第三十二卷的全部(缺目録),各器次序、楷書筆畫、摹篆均與殿本小有出入。圖像用工筆彩繪,有兩器用描金,是對照實物臨寫而成,銅器之色彩、銹斑、質地均能如實表現出來,立體感極强。與殿本之圖視角不同,形制、花紋與殿本之綫圖比較亦小有出入。

在各册首尾分別鈐有"重華宫寶""五福五代堂古稀天子寶"大寶方印各一,"八徵耄念之寶"大小方印各一,"古希天子""乾隆御覽之寶"小印各一。經故宫博物院專家鑒定,"重華宫"及"五福五代堂"兩方大寶均爲故宫博物院現藏之印,一爲白玉,一爲青玉。因此,此本爲原乾隆年間宫中之物是没有問題的。[1] 從我們實地對校看,雖此本與殿本之圖視角不同,畫面小異。但花紋、形制基本相同,是對照實物再次臨寫而成,器藏内府,非外人所能見,此本之圖只能出自宫中畫院供奉之手是不容置疑的。

從此殘本可推知,乾隆年間除刊印了殿本《西清》而外,還專門另外手寫彩繪了相同的一部《西清》,這是以前人們所不知道的。因爲此本無題跋,查各種史料均無記載,此本與殿本哪個成書在先,恐已難作出明確答復。上述六印中的"古希天子"印作於乾隆七十歲時,即乾隆四十五年(1780年),而"八徵耄念之寶"則作於其八十歲前夕,即乾隆五十四年(1789年)十二月時。[2] 我們推想既加了這麽晚的印,極有可能此本出在殿本之後。

以上兩種爲寫本。綜合上述七種本子看,當以考古所彩繪本爲最佳,惜只殘存一卷,無法睹其全貌。通常使用只能以"殿本"爲最理想的版本了。

(二)《寧壽》一書,存世有兩種本子

一爲清寧壽宫内府寫本,一爲1913年縮印本。"寧壽宫寫本"現藏北京圖書館善本部,十六册兩函,版框高29.5釐米,每卷首頁鈐"寧壽宫寶"大寶方印一,"乾隆御覽之寶""古希天子"小印各一,每卷末頁鈐"養性殿寶""古希天子"印各一。1913年縮印本即據此寫本由商務印書館石刻縮小影印,版框高17.3釐米,影印精良。

(三)《西甲》有兩個本子

一爲清寧壽宫内府寫本,一爲宣統三年(1911年)縮印本。寧壽宫寫本現已不知下落,其詳不可得知,估計版框尺寸約與《寧壽》寫本同。估計用印與《寧壽》寫本可能全同。

---

[1] 楊伯達先生於1985年1月鑒定。

[2] 《十朝東華録》乾隆一一〇云:"乾隆五十四年(1789年)十二月辛未,上以來年八旬萬壽,命鑄八徵耄念之寶。"《御制記》曰:"予年七十時用杜甫句鑄古稀天子之寶,而繼之日猶日孜孜不敢怠於政也。蒙天眷佑,幸無大隕越於兹,又浹旬矣,思有以付八旬開袞之慶,鑄爲璽,以殿諸御筆,蓋莫若《洪範》八徵之念……萬民恒在懷庶徵之八可不念乎!"

宣統三年縮印本,即據此寫本由商務印書館石刻縮小影印,版框高 17.3 釐米,影印精良。

(四)《西乙》有兩個本子

一爲清寧壽宮内府寫本,一爲 1931 年縮印本。寧壽宮寫本現已下落不明,其詳亦不可知。此寫本用印與上三書不同,只在每卷首頁與末頁鈐“乾隆御覽之寶”方印一。版框估計與《寧壽》寫本同。

1931 年縮印本即據此本由原北平古物陳列所刻石縮小影印,版框高 17.3 釐米,影印精良。

四、學 術 價 值

《西清》收銅器 1 529 件,其中有銘銅器 585 件;《寧壽》收銅器 701 件,其中有銘者 144 件;《西甲》收銅器 944 件(另附録唐以後雜器 31 件),其中有銘銅器 257 件;《西乙》收銅器 900 件,其中有銘銅器 192 件。“四鑑”共收録銅器 4 074 件(另附録 31 件),其中有銘銅器没有發現重出者,共計 1 178 件(有銘銅鏡 114 件未計算在内)。

青銅器和金文的研究在宋代曾有過很大的發展,出版了如《考古圖》《博古圖》《歷代鐘鼎彝器款識》等資料書,也出現了如吕大臨、薛尚功、王厚之、王俅、趙明誠等一批著名的金石學家。可是元明兩代這一學科幾乎處於停滯狀態,寂寞無聞。至“乾隆四鑑”出,才打破了這種沉悶的局面。“四鑑”以皇室之力,將宫中所藏的大部分銅器著録於書,公之於世,這在當時極大地推動了這一領域的研究工作。嘉慶年間有錢坫,阮元;道光、咸豐以後有劉喜海、曹載奎、吳榮光、吳雲、潘祖蔭、張廷濟、吳大澂、徐同柏、劉心源、吳式芬、方濬益等私家著述,一時間形成了新的高潮。

“四鑑”不僅在當時推動了金石學的發展,其中保存的珍貴資料,時至今日仍是十分難得、無可替代的,現擇其重要者揭之於次:

第一,乾隆二十六年(1761 年)臨江出土一組者減編鐘,同出十一件,大小相次,除最小一件無銘外,餘十件記“攻䥨王皮難之子者減”事,是一組吳國銅樂器,《西甲》17.1—18 收録了全部十二件銅器。乾隆皇帝對此事十分重視,特令補鑄一件,並勒銘於器云:“考其制爲周鑄鐘,應十二律而缺其一,爰命内府褒成此鐘,用備全律。”這組編鐘流傳至今者尚有四件:故宫博物院、上海博物館、臺北故宫和“中央博物院”各存其一。而其餘七件則不知下落,只有《西甲》爲我們保存了這批完整的資料。

第二,《西清》和《西乙》還收録了四件宋代的大晟編鎛:大和黄鐘清鎛(《西清》36.1)、大和應鐘鎛(《西清》36.3)、大和夷則鎛(《西乙》17.19)、□□蕤賓鎛(《西乙》17.17)。四鎛原爲宋徽宗所製“大晟樂”裏的樂器。器上之“大和”原刻乃“大晟”二字,後靖康之亂這批樂器落入金人之手,皇統元年(1141 年)再次利用時則刮去"大晟"改刻"大和",《西乙》17.17 那件是刮去"大晟"而尚未補刻"大和"二字者。傳世已經著録的"大晟"編鐘有十餘件,這四件未見他書著録。這些樂器對研究宋代的樂制和音樂史都是十分重要的資料。[1]

第三,《西清》3.39 收録一件庚嬴鼎(周丁子鼎),首記"惟廿又二年四月既望己酉",年、月、日、月相俱全,是研究西周曆法的重要資料。庚嬴似爲西周早期一位很有地位的女性,尚有一庚嬴卣(《三代》13.45),記王在庚嬴宮賜庚嬴貝及丹之事,作器者與此殆爲一人。此鼎銘文及圖像未見他書著録(《兩周金文辭大系》襲用了《西清》的銘文摹本及綫圖,《雙劍誃吉金文選》據《西清》對此鼎作了釋文)。

第四,《西清》2.19 著録一件大鼎(周己伯鼎二),81 字,銘文十分重要。傳世大鼎有三件,此其一。傳世尚有大簋蓋兩件(《三代》9.25.2、9.26.1),大簋一件(《三代》8.44.3),與此爲同人所作之器。此鼎未見他書收録。

第五,《西甲》14.2 收録一件虢□子組鬲(周子縣鬲),此與傳世的虢季氏子組壺(《三代》12.16.3)、虢季子組簠(《三代》8.7.2、8.8.1、8.8.2)可能是同組之器,此鬲未見他書收録。

第六,《西甲》12.44 收録一件走簋(周徒敦),爲他書所未録(《大系》及《斷代》皆據此而作),此簋銘記年、月、日、月相俱全,且出現司馬井伯等人物,是件十分重要的銅器。銘中所記之作器者"走",與宋代著録的五件走鐘(周寶和鐘)之"走"可能是一個人(《歷代鐘鼎彝器款識法帖》49)。

第七,《西清》13.12 收録一件班簋(毛伯彝),銘文長達 195 字,內容記王令毛伯伐東國事。此簋的器形從未見於他書著録,1972 年在北京收集到其殘片,在修復此器的過程中得力於《西清》保留的器形作爲參照。

第八,《西甲》13.1 收録一件吳王御士尹氏叔綵簋(周叔綏簋),此簋未見他書著録。1957年 5 月北京海淀區東北旺村也收集到一件銅簋,銘文與此全同(見《文物參考資料》1958 年第5 期),應爲一器。

第九,《西清》8.43 著録一件小子生尊(周內事尊),記王南征事,銘 40 字,器已不知去向,唯《西清》保存了此尊的銘文及器形。

第十,《西清》8.33 著録一件麥尊(周邢侯尊),銘文長達 163 字,詳記王在辟雍乘舟射大龔禽舉行"大豐"典禮之事,此器銘文及圖像均未見他書著録(《大系》據此翻製,《雙劍誃吉金文選》《吉金文録》皆據此而作釋文)。同人所作之器尚有鼎(《録遺》91)、盉(《三代》14.11.4)、方彝(《西清》13.10)。其中麥方彝(周邢侯方彝)亦爲《西清》單獨著録者。

第十一,《西清》19.8 著録一件吕行壺(周伯恭壺),記伯懋父北征事,未見他書著録。

---

[1] 李文信:《上京款大晟南吕編鐘》,《文物》1963 年第 5 期;陳夢家:《宋大晟編鐘考述》,《文物》1964 年第 2 期;鄭紹宗:《大和南吕中聲鐘》,《文物》1983 年第 11 期。

　　第十二，《西甲》16.9 收録一件庫壺(周齊侯鍾)，銘文長達二百餘字，十分重要。後《商周金文録遺》公布了拓片，但器形只有依靠《西甲》的記載，別無他書著録。

　　第十三，《西清》23.45 收録一件貝佳易瓿(周貝瓿)，銘文十字，是瓿中銘文較長者，未見他書著録其器形。

　　第十四，《西清》32.16 著録一件奄甕(周子孫匜)，這件器形制類似龍山文化的陶鬶，因之被引用爲早期銅器的代表。[1]　對這件器的真僞是有爭議的。筆者認爲此器本身不僞，因爲作僞者總要仿照不僞的來造，特別是乾隆年間的僞器多水平不高，往往可一眼看出其作僞的痕迹。此器形制特異，銅器中未見有第二件與此相類者，估計此器不會是僞作的。但其銘文却十分可疑，查帶奄族氏銘文的銅器多達百件左右，絶大多數爲西周早期或殷墟晚期的銅器，尚未發現一件可以早到殷墟中期以前者，而這件銅鬶顯然早於殷墟時期，所以我們認爲這件銅鬶上的銘文極有可能是僞刻的。若抛開銘文，這件《西清》記録下的銅禮器無疑是今天我們能見到的最早的一件，這是十分有意義的。

　　上述十餘件器是就其銘文較重要者，類似的尚有許多。在 1 178 件有銘銅器中，器已不存，各家均未著録，而銘文、形制賴“四鑑”得以保存至今者，總計有 780 件，約占總數的三分之二，因此“四鑑”保存資料之功是不可低估的。

　　“四鑑”在體例上基本上繼承了宋以來銅器圖録的優良傳統，諸如詳記器物尺寸、重量、容量、器形由畫院供奉精描細繪，尤其是從考古所殘本看，銹斑、顔色均畢肖原物，較準確地保存了這批數量可觀的銅器的真實面貌。“四鑑”銘文的摹本基本是可靠的，比如班簋的摹本與新收集到的班簋拓片對照，就出入不大。這些摹本雖不如拓本之準確可靠，但比之宋代的《考古圖》《博古圖》等書幾經後世翻刻的摹本還是要準確得多。

　　“四鑑”存在的最大問題是收録僞器過多，經我們初步整理僅 1 178 件有銘銅器中僞器就有 320 件，疑僞之器 73 件，合計 393 件，占總數的三分之一左右。其中仿宋代著録之器而僞作者有 113 件，如仿録旁仲駒父簋(《博古圖》16.33)而作的僞器就有 20 多件，仿周公作文王鼎(《博古圖》2.3)而僞作的器有十餘件，看來仿宋代著録之器而作僞是此一時期作僞的一大特色，因此，“四鑑”中凡與宋代已著録之器相合者，基本上都是僞器。另外“四鑑”中凡言“錯金銀”者多屬僞器，在有銘銅器中約有二十多件這類僞器。還有許多銅器的銘文内容與器形之時代有顯著差別，有的銘文内容生編硬造，多數僞器僞銘並不難辨别。這樣看來，“四鑑”在編輯過程中，只是將宫中之器逐個取出照摹照畫而已，没有作辨僞的工作。

　　“四鑑”存在的第二個問題是斷代籠統而多錯誤。其斷代意見冠於每器名之首，只有“商”“周”“漢”等字，十分籠統而模糊，而且錯誤很多。據我們統計，“四鑑”1 178 器中將殷

---

[1]　安志敏：《中國早期銅器的幾個問題》，《考古學報》1981 年第 3 期；高廣仁、邵望平：《史前陶鬶初探》，《考古學報》1981 年第 4 期。

器誤斷爲“周”的有 259 件,誤將周器斷爲“商”的有 36 件。四件大晟編鎛及帝尊(周犧尊一,《西清》9.27)等五件器是宋代銅器,“四鑑”統斷爲“周”器。易兒鼎(《西清》7.3)、之左鼎(《西乙》4.23)、廿七年寧鉝(《西乙》16.35)等五件戰國器被斷爲“漢器”。上述“僞”及“疑僞”器 393 件自然其斷代也一律是錯的。這樣,“四鑑”1 178 件有銘銅器中,斷代錯誤者達698 件之多,接近總數的五分之三。可以看出,“四鑑”的作者們還不具備銅器斷代的知識,所定時代基本是不可信的。

“四鑑”存在的第三個問題是釋文及考證水平很低。由於未做辨僞工作,以及斷代存在嚴重的錯誤,加上編纂諸官中沒有古文字學的專家,稍難辨認的古文字一概不識,這樣作出的釋文必然錯誤甚多,據此釋文再作考證,牽強附會,就更加錯誤了。其釋文及考證以今天的水準看,簡直沒有什麼可取之處。因此,我們讀“四鑑”,不理會其釋文及考證是完全可以的。

總的看起來,在辨僞、斷代、釋文、考證四個方面,“四鑑”尚未達到宋代人的水平。[1] 這是因爲宋代是我國歷史上古器物學、古文字學十分發達的時期,參與編纂各圖錄者多是當代著名的學者。而“四鑑”所選用的十八位編纂官,多數是當朝宰輔,學問一道在他們已是末節。

清王朝經過了順治、康熙、雍正幾代經營之後,國力鼎盛。乾隆是位好大喜功的皇帝,他在八旬大壽時曾得意地說“夫漢唐以來古稀天子才得六,六之中至八旬者才得三,而三帝之中惟元世祖可稱賢,其二則余所鄙也,即元世祖亦未如余之五代同堂……”云云,[2] 他要炫耀其文治武功,要作中國歷史第一人,因此凡前代有的盛事他都要做。宋徽宗敕撰《宣和博古圖》,極一時之勝。乾隆皇帝思仿效之,且欲過之,因而大興是役。但是,在我們看來,一部好的資料書,是要在較高的研究水平指導下,才能編得好,而這正是“四鑑”的作者們所缺少的。然而乾隆皇帝組織編纂“四鑑”,假朝廷之威力,萃天府之吉金,爲後世留下如此珍貴的資料,其維系祖國文化之功是應該充分肯定的。對這四部金文書歷史地加以整理研究,作出公允的評價,這對古器物學和古文字學的研究也是十分重要的。

注:考古所彩繪本《西清古鑑》(殘本)上的六方鈐印承故宫博物院楊伯達先生鑒定,特致謝意。

(原載《中國考古研究》,第 200—209 頁,中國社會科學院考古所編輯,文物出版社,1986年 8 月;又載《金文論集》,第 357—367 頁,紫禁城出版社,2008 年 5 月;2018 年 2 月,芝加哥

[1] 容庚先生在《清代吉金書籍述評》中,將《西清古鑑》與《博古圖》在繪圖、銘文、考釋、鑑別、排比五個方面作了詳細對比,讀者可參看,此不贅言。
[2] 《十朝東華錄》乾隆一一〇,鑴八徵耄念之寶《御制記》。

藝術博物館舉辦展覽“吉金鑒古：皇室與文人的青銅器收藏”（MIRRORING CHINA'S PAST：Emperors and Their Bronzes），並出版同名圖録。在圖録編輯階段，芝加哥藝術博物館的汪濤先生約劉雨先生撰寫相關文章，劉雨先生命楊安執筆，由他審定，提交了《乾隆四鑑簡述》一文，翻譯爲“Emperor Qianlong's Four Catalogues on Bronzes”發表在圖録中，内容脱胎於本文，故不再另收）

跋考古研究所藏彩繪本《西清古鑑》

《西清古鑑》一書是清乾隆年間敕編的一部銅器圖録書。乾隆十四年(1749 年)十一月七日發布上諭,十六年(1751 年)夏五月編成,奉旨由内府刻版,至二十年(1755 年)刊印成書,四十九年(1784 年)十一月收入《四庫全書》。[1]

該書由乾隆皇帝主持編纂,欽定梁詩正等十一名編纂官具體經辦。全書四十卷,收銅器 1 529 件,其中有銘文的銅器 585 件。書前有序,書後有跋,每件器首列器名,器名的第一字爲“商”“周”“漢”等時代稱呼,然後是器形圖像,再列銘文及釋文,最後是説解和考證。

《西清古鑑》已知有五種刊本,依其出版先後介紹如下:

第一,武英殿刊本,又稱“内府本”或“殿本”,乾隆二十年木刻本,版框高 29.5 釐米,“上諭”後鈐印爲紅色。此本最大,開花紙初印,寬大乾净,最存原著之真,是諸刊本中之最佳者。

第二,邁宋書館在日本銅鎸本,又稱“日本銅版本”。光緒十四年(1888 年)在日本銅版影印,銘文周圍可見清晰的銅網紋。版框高 29.3 釐米,銘文、圖像皆略小於“殿本”。印刷極精,其圖像往往優於“殿本”。然其銘文則多有改版及走失精神處,銘文較“殿本”筆畫細,有印刷不清者則銘文呈雙鈎狀。

第三,鴻文書局本,光緒十四年刻石縮小影印,版框高 18.2 釐米,據“殿本”影印,然銘、圖多處改版,改動處多發生錯誤。是諸本中之較差者。

第四,集成圖書公司本,光緒三十四年(1908 年)刻石縮小影印,自稱“仿殿本”,經細校知其爲縮印日本銅版本。首四頁套紅色,序與跋相接,跋後多出“《西清古鑑》恭校姓氏:慈谿孫雷、吳縣馬鉞、元和王肇鉉、慈谿凌志”二十五字。版框高 18.5 釐米。

第五,雲華居廬本,1926 年石刻影印,縮得更小。

《西清古鑑》還有一《四庫全書》本,乾隆四十九年十一月仿殿本摹寫謄録而成。由於參加摹寫謄録諸書胥缺乏專門知識,書中多有錯誤,爲諸本中之最差者。[2]

中國社會科學院考古研究所圖書室 1956 年在上海古舊書店購進一部《西清古鑑》彩繪本

---

[1] 見《西清古鑑》序、跋。見文津閣《四庫全書》《西清古鑑》紀昀等校記(現藏北京圖書館善本部)。
[2] 見北京圖書館善本部藏文津閣本《四庫全書》。

（殘本），[1]該書經折裝，四册，版框高 17.8 釐米，無版心、無頁數，亦無題跋。經與殿本校核，知其爲《西清古鑑》三十二卷的全部（缺目録），各器次序與殿本比較亦略有不同，兹列表如下：

兩本頁數對照表

頁數	殿　　本	彩　繪　本
目録一	西清古鑑卷三十二目録匜 周司寇匜——馬匜	缺
目録二	獸匜——齊姬盤	缺
目録三	貫魚盤——素銷	缺
		第一册　首頁"五福五代堂古稀天子"印
一	周司寇匜圖銘	周司寇匜圖銘、鈐"古希天子"印
二	周司寇匜考證	周司寇匜考證
三	周祖匜	周姜伯匜
四	周姜伯匜	周祖匜
五	周陳伯匜	周陳伯匜
六	周伯匜	周伯匜
七	周伯和匜圖銘	周女匜
八	周伯和匜説解	周伯和匜圖銘
九	周女匜	周伯和匜説解
十	周山匜	周舉匜一
十一	周般匜	周利匜
十二	周利匜	周般匜
十三	周舉匜一	周山匜
	缺	第二册　首頁鈐"八徵耄念之寶"印
十四	周舉匜二	周舉匜二
十五	周子匜	周子匜
十六	周子孫匜	周子孫匜

<hr>

[1]　該書可能是由當時考古所研究員陳夢家先生從上海購回。

頁數	殿　　本	彩　繪　本
十七	周犧匜一	周犧匜一
十八	周犧匜二	周犧匜二
十九	周馬匜	周馬匜
二十	周獸匜	周獸匜
二十一	周雲雷匜	周雲雷匜
二十二	周饕餮匜	周饕餮匜
二十三	周夔龍匜	周夔龍匜
二十四	周蟠虬匜	周蟠虬匜
二十五	周蟠夔匜一	周蟠夔匜一
二十六	周蟠夔匜二	周蟠夔匜二
	缺	第三册　首頁鈐"重華宮寶"印
二十七	周夔首匜	周貫魚盤
二十八	周螭首匜	周齊姬盤
二十九	周雲紋匜	周癸亥盤圖銘
三十	周環紋匜一	周癸亥盤説解
三十一	周環紋匜二	周丁亥盤圖銘
三十二	周環紋匜三	周丁亥盤説解
三十三	漢注水匜	漢注水匜
三十四	周丁亥盤圖銘	周環紋匜三
三十五	周丁亥盤説解	周環紋匜二
三十六	周癸亥盤	周環紋匜一
三十七	周齊姬盤	周雲紋匜
三十八	周貫魚盤	周夔首匜
三十九	周蟠夔盤	周螭首匜
四十	周夔紋盤	第四册　周蟠夔盤

續　表

頁數	殿　　本	彩　繪　本
四十一	周環紋盤	周夔紋盤
四十二	漢蟠夔盤一	周環紋盤
四十三	漢蟠夔盤二	漢蟠夔盤一
四十四	漢夔耳盤	漢蟠夔盤二
四十五	漢粟紋盤	漢夔耳盤
四十六	漢環紋盤一	漢粟紋盤
四十七	漢環紋盤二	漢環紋盤一
四十八	漢素盤一	漢環紋盤二
四十九	漢素盤二	漢素盤一
五十	漢素盤三	漢素盤二
五十一	漢素盤四	漢素盤三
五十二	周素銷	漢素盤四
		周素銷
		鈐"八徵耄念之寶""乾隆御覽之寶"印

下面我們將彩繪本與殿本作一仔細的校讀,並把彩繪本異於殿本之處筆記如下:

卷三十二

第一　周司寇匜

圖　彩繪、描金、有銹斑。蓋之視角小異。

楷書　蓋銘釋文第三行少一"〇"

　　　蓋、寇、祐、釋、徑、圖、僚、亂等字筆畫小異。

第二　周祖匜

圖　彩繪、銹斑、蓋器接近合攏,蓋之兩獸角與殿本前後相反。鋬部多出一珤。

楷書　徑、流、觶等字筆畫小異。

第三　周姜伯匜

圖　彩繪、銹斑、瓦楞紋多出一道。

銘　"季姜"二字較殿本傳真。

楷書　徑、流、侯等字筆畫小異。

第四　周陳伯匜

圖　彩繪、銹斑、視角不同,四足前後位置與殿本相反。

楷書　壽、徑、分、疑、異、無、微等字筆畫小異。

第五　周伯匜

圖　彩繪、銹斑、花紋小異。

楷書　分、徑、流等字筆畫小異。

第六　周伯和匜

圖　彩繪、銹斑、描金、視角不同,蓋器間距離較殿本接近。

楷書　稽、釋、分、徑、尊等字筆畫小異。

第七　周女匜

圖　彩繪、銹斑、蓋上獸目及鋬上獸耳與殿本小異。

銘　器銘"女"字小異。

楷書　釋、徑、分、肇等字筆畫小異。

第八　周山匜

圖　彩繪、銹斑、殿本器斜置,此橫置。細部花紋小異。

楷書　分、徑、流、收、鼎、國等字筆畫小異。

第九　周般匜

圖　彩繪、銹斑、視角不同,突出表現在流部不同。殿本器身斜置,此橫置。口沿下之象紋較殿本逼真。

楷書　般、分、徑、流、賓等字筆畫小異。

第十　周利匜

圖　彩繪、銹斑。

楷書　蓋、分、徑等字筆畫小異。

第十一　周舉匜一

圖　彩繪、銹斑、蓋上獸頭之耳、角與殿本小異。

銘　較殿本傳真。

楷書　徑、分、流等字筆畫小異。

第十二　周舉匜二

圖　彩繪、銹斑、鋬上小獸頭較存真。

銘　較殿本存真。

楷書　尊、彝、分、徑等字筆畫小異。

第十三　周子匜

圖　彩繪、鋬及流視角小異。

楷書　分、徑等字筆畫小異。

第十四　周子孫匜

圖　彩繪、銹斑。

楷書　分,徑、流等字筆畫小異。

第十五　周犧匜一

圖　彩繪、銹斑、蓋開口大。

楷書　犧、蓋、分、徑等字筆畫小異。

第十六　周犧匜二

圖　彩繪、銹斑、蓋上牛角、牛耳與殿本小異。

楷書　犧、分、徑等字筆畫小異。

第十七　周馬匜

圖　彩繪、銹斑、蓋獸首小異。

楷書　分、徑等字筆畫小異。

第十八　周獸匜

圖　彩繪、銹斑,蓋上小獸頭耳部小異。

楷書　分、徑等字筆畫小異。

第十九　周雲雷匜

圖　彩繪、銹斑,腹部花紋不同,且寬於殿本。

楷書　分、徑、流等字筆畫小異。

第二十　周饕餮匜

圖　彩繪、銹斑,蓋與器距離遠,花紋細部小異。

楷書　分、徑等字筆畫小異。

第二十一　周夔龍匜

圖　彩繪、視角小異、花紋小異。

楷書　夔、龍、分、徑、流等字筆畫小異。

第二十二　周蟠虬匜

圖　彩繪、銹斑。

楷書　蟠、分、徑等字筆畫小異。

第二十三　周蟠夔匜一

圖　彩繪、銹斑、鋬上獸頭之角不同、四足不同。

楷書　蟠、夔、分、徑等字筆畫小異。

第二十四　周蟠夔匜二

圖　彩繪、銹斑、瓦楞紋多出一道，四足位置與殿本小異。

楷書　蟠、夔、分、徑、流等字筆畫小異。

第二十五　周夔首匜

圖　彩繪、瓦楞紋多出一道，鋬不同。

楷書　夔、分、徑、流等字筆畫小異。

第二十六　周螭首匜

圖　彩繪、銹斑、流部獸頭不同，足小異。

楷書　分、徑等字筆畫小異。

第二十七　周雲紋匜

圖　彩繪、銹斑、鋬、流不同，口沿下一周花紋不同。

楷書　分、徑等字筆畫小異。

第三十　周環紋匜一

圖　彩繪。

楷書　分、徑、流等字筆畫小異。

第三十一　周環紋匜二

圖　彩繪、視角不同，四足位置不同。

楷書　分、徑、流等字筆畫小異。

第三十二　周環紋匜三

圖　彩繪、鋬及口沿下一周的花紋不同，流短而上翹。

楷書　分、徑等字筆畫小異。

第三十三　漢注水匜

圖　彩繪、流短、圈足小。

楷書　分、徑、類等字筆畫小異。

第三十四　周丁亥盤

圖　彩繪。

銘　較殿本存真。

楷書　分、徑、盤、篇、於、疑、處、鑄、鼎等字筆畫小異。"鑄父般"，彩繪本作"鑄簠般"。

第三十五　周癸亥盤

圖　彩繪、銹斑、視角不同，可見底部。

銘　較殿本存真。

楷書　鬲、分、徑、盤、據等字筆畫小異。楷書較殿本多出一頁。

第三十六　周齊姬盤

圖　彩繪、銹斑。

銘　較殿本存真。

楷書　壽、分、徑、據、盤、屬等字筆畫小異。楷書第二行彩繪本最後一字爲"曰"，殿本爲"下"。

第三十七　周貫魚盤

圖　彩繪、視角不同，殿本可見內底，彩繪本則不能。

楷書　盤、分、徑等字筆畫小異。

第三十八　周蟠虁盤

圖　彩繪、視角不同，殿本內底顯露較多。

楷書　蟠、虁、盤、分、徑等字筆畫小異。

第三十九　周虁紋盤

圖　彩繪、銹斑、圈足花紋不同。

楷書　虁、盤、分、徑等字筆畫小異。

第四十　周環紋盤

圖　彩繪、腹及圈足之重環紋數較殿本多。

楷書　盤、分、徑等字筆畫小異。

第四十一　漢蟠虁盤一

圖　彩繪、銹斑、視角小異，三足小異。

楷書　漢、蟠、虁、盤、分、徑等字筆畫小異，殿本"一百一十兩"，彩繪本作"一百十兩"。

第四十二　漢蟠虁盤二

圖　彩繪、銹斑、圈足花紋不同。

楷書　漢、蟠、虁、盤、分、徑等字筆畫小異。

第四十三　漢虁耳盤

圖　彩繪、銹斑、腹部花紋不同，視角小異。

楷書　漢、甕、盤、分、徑等字筆畫小異。

第四十四　漢粟紋盤

圖　彩繪、銹斑。

楷書　漢、盤、分、徑等字筆畫小異。

第四十五　漢環紋盤一

圖　彩繪、圈足花紋小異。

楷書　漢、盤、分、經等字筆畫小異。

第四十六　漢環紋盤二

圖　彩繪、視角不同,殿本平而寬,彩繪本立而窄,腹部重環紋之重環數不同。

楷書　漢、盤、分、經等字筆畫小異。

第四十七　漢素盤一

圖　彩繪、銹斑、視角不同,殿本内底顯露多。

楷書　漢、盤、分、經等字筆畫小異。

第四十八　漢素盤二

圖　彩繪、銹斑。

楷書　漢、盤、高、分、徑等字筆畫小異。

第四十九　漢素盤三

圖　彩繪、銹斑。

楷書　漢、盤、分、經等字筆畫小異。

殿本"重一十一兩"彩繪本作"重十一兩"。

第五十　漢素盤四

圖　彩繪、銹斑。

楷書　漢、盤、分、經等字筆畫小異。

殿本　"重一十二兩"彩繪本作"重十二兩"。

第五十一　周素銷

圖　彩繪、銹斑、器底多出一足。

楷書　分、經、説、銷、僅、器等字筆畫小異。

從校核情況看,彩繪本第一册首頁鈐印"五福五代堂古稀天子寶"、周司寇匜鈐印"古希天子",第二册首頁鈐印"八徵耄念之寶",第三册首頁鈐印"重華宮寶",第四册末頁鈐"八徵毫念之寶""乾隆御覽之寶"。而殿本没有這些印,這六方印都是乾隆年間宫中之物,其中"重華宫寶"爲青玉大寶,"五福五代堂古稀天子寶"爲白玉大寶,經故宫楊伯達先生鑒定,二印現仍藏故宫博物院,與此校核完全相符,且印泥質料亦爲宫中之物。

從兩本圖像看,絶大多數器的形制花紋基本相同,只是在視角上和少數器的細部稍有差别。銘文摹篆的差别就更小些,只是彩繪本筆畫略細而已。彩繪本與殿本之最大不同是用色彩表現實物的質地和銹斑,這説明彩繪本之圖是據實物再次臨寫而成,不可能是仿殿本而作。器藏内府,非外間人所能見,因此,彩繪本之圖出自宫中畫院供奉之手是不容置疑的。

從此殘本可以推知,乾隆年間除刊印了殿《西清古鑑》外,還專門手寫了一部彩繪本的《西清古鑑》,這是以前人們所不知道的。從用印情況看,"古希天子"印作於乾隆七十歲時,即乾隆四十五年(1780 年),而"八徵毫念之寶"印作於其八十歲之前夕,即乾隆五十四年(1789 年)十二月。[1] 這些印都晚於《西清古鑑》殿本刊印成書的時間(乾隆二十年),所以我們估計彩繪本晚於殿本。

若論兩本的優劣,則彩繪本顯然優於殿本。首先殿本之圖用綫描,只給人以平面的印象。而彩繪本是按照銅器本來的色彩臨寫,有很強的立體感,而且把銅器銹斑、質地都力圖顯示出來,錯金之處用描金,極其真實,大大優於殿本。

銘文摹篆彩繪本較殿本存真,殿本由於多出刻版一道工序,有些字已走失精神。彩繪本還將銘文上的銅銹色表現出來,更顯得逼真。

通過校讀,可以清楚地看到,考古所藏彩繪本大大優於殿本,而殿本是已知五種刊本和一種寫本六種本子中最好的一種,因此可以説考古所藏彩繪本是《西清古鑑》諸本中的最佳本,可惜僅殘存一卷,不知其餘三十九卷現在是否還在人間,望海内外同人多加留意,若有朝一日能集成數卷甚或全書,那該是何等令人興奮的事啊!

[考古所彩繪本《西清古鑑》(殘本)上的六方鈐印承故宫博物院楊伯達先生鑒定,特致謝意]

(劉雨先生早年間曾用光學相機對彩繪本《西清古鑑》進行過逐頁拍照,但效果並不理想,書前所附彩圖便來源於此。據了解,彩繪本《西清古鑑》目前可能藏於新落成的中國考古博物館中。原文末附有"一九八五年一月十五日"字樣,爲寫作時間,原載《古文字研究》第十六輯,第 239—253 頁,中華書局 1989 年 9 月;又載《金文論集》,第 485—494 頁,紫禁城出版社,2008 年 5 月)

---

[1]《十朝東華録》乾隆一一〇云:"乾隆五十四年(1789 年)十二月辛未,上以來年八旬萬壽,命鎸八徵毫念之寶。"《御制記》曰:"予年七十時用杜甫句鎸古稀天子之寶。而繼之日猶日孜孜不敢怠於政也。蒙天眷祐,幸無大隕越於兹,又浹旬矣,思有以付八旬開裘之慶,鎸爲璽,以殿諸御筆……"

一九八八年甲骨金文研究

1988 年,甲骨、金文方面新發表的重要資料不多,學者們研究的重點傾向於歷史的回顧、探討一些懸而未決的問題和系統地整理舊有資料。

曾憲通對三十多年來甲骨文金文研究的成果作了扼要的概括(《中國語文》第 1 期)。唐鈺明則從語法角度總結了這方面的狀況(《中山大學學報》第 4 期)。

一

本年度共出版甲骨學專著四部,報導和論文三十餘篇。

姚孝遂、肖丁主編的《殷墟甲骨刻辭摹釋總集》(中華書局),是一部大型甲骨文資料匯編。該書收錄《甲骨文合集》《小屯南地甲骨》《英國所藏甲骨集》《東京大學東洋文化研究所藏甲骨文字》《懷特氏等收藏甲骨文集》等書中的甲骨 52 486 片,去掉重出者實收約五萬片,是目前最完整的甲骨文資料匯編。書分上下兩册,計 1 162 頁。書的體例是將卜辭分條摹寫列上,釋文對應於下。釋文除刪節號外不加標點,也不作注釋。該書的執筆者是何琳儀、吳振武、黃錫全、曹錦炎、湯餘惠、劉釗六位青年學者,他們曾就學於著名古文字學家于省吾門下,受過系統的甲骨學訓練,因而釋文水平較高,能反映出甲骨學已有的研究成果,並能注意辨僞工作。本書的另一特點是力求通俗化,釋文用字盡量采用文獻中的對應字。這就爲歷史、語言、考古以及其他領域的學者提供了方便,使即使並不深通甲骨學的人也可以利用這批資料,大大擴展了這批資料的社會效益。

趙誠編著的《甲骨文簡明詞典——卜辭分類讀本》(中華書局),是一部具有可讀性的甲骨文詞典,體例新穎,頗便於初學者閱讀使用。該書共選甲骨文詞目兩千餘條,按內容分爲二十六類,逐詞解釋每字的形、音、義,字詞的解釋能注意吸取前人和當代學者的研究成果,是一部學術性和通俗性兼備的詞典。

劉一曼、郭振禄、徐自强編著的《甲骨文書籍提要》(書目文獻出版社),共收書 237 部,按著錄、考釋、研究、匯集、其他五項分類,每類中的書目按出版先後爲序排列。除對每書的作者、版本、內容等加以介紹外,還附以簡短的評述,書後附編年簡目、著者索引、通用簡稱等,是一部切合實用的甲骨學工具書。

胡厚宣編集的《蘇德美日所見甲骨集》（四川辭書出版社），收錄了蘇聯國立愛米塔什博物館、聯邦德國西柏林民俗博物館、日本天理大學參考館三單位所藏及美國所見甲骨 582 片，用摹本 576 幅。

胡厚宣《國内四個文物商店所見甲骨》一文（《殷都學刊》第 3 期），選擇介紹了北京（3 片）、天津（4 片）、廣東（3 片）、雲南（50 片）四家文物商店新收集的 60 片甲骨，並附以照片和摹本。這批甲骨多係私人收藏，寄售於上述文物商店，有的隨後又流散。該文保存了這批寶貴的資料。

運用甲骨文資料考察商史和商代典章制度，楊昇南提出商代統治者大量殺人祭祖是爲了獻人牲於祖先，以擴充其在另一個世界中的奴隸隊伍；根據卜辭記載和考古發掘所見人牲，他們的身份應是奴隸而不是俘虜（《歷史研究》第 1 期）。徐喜辰對殷代的兵源和軍隊編制，田獵與軍事訓練的關係，以及戰時的後勤補給等問題，進行了論述（《吉林大學學報》第 1 期）。再有黎虎討論了殷代的外交制度（《歷史研究》第 5 期），鄭慧討論了殷代的婚姻制度（《史學月刊》第 6 期）。

有一些文章利用甲骨文資料討論商代的方國地理問題。其中，張亞初提出甲骨文中的"叟"即蜀，蜀叟與商王朝之間曾有過十分密切的關係，並以此來解釋四川廣漢三星堆遺物中表現出的兩種文化特徵（《文博》第 4 期）。連劭名（《文物》第 11 期）、葉文寬（《殷都學刊》第 4 期）二文，分別對殷人的方土觀念進行了探討，連文認爲甲骨文中的四方風名與八卦的四仲神名相合。

又有一些文章利用甲骨文資料討論商代的農業問題。趙錫元指出，我國是水稻原產地之一，考古發掘和古文獻都證實我國黃河流域早有水稻的種植。他認爲過去學者們將甲骨文中的"糜"誤認爲稻，將"秜"誤認爲野生旱稻是錯誤的。商代已大量種植水稻，過去被釋作"黍"的"沃"實爲稻字初文（《吉林大學學報》第 1 期）。

周原甲骨出土後，圍繞商王宗廟名、受祭商王名和周方伯名等，學者們展開了熱烈討論，引起爭議的主要問題是這批甲骨的族屬問題，即這批甲骨是周人的還是殷人的？王宇信重申在《西周甲骨探論》一書的觀點，認爲周原甲骨是商人的廟祭甲骨，並根據古代禮制和宗法制度分析周人不可能在周原爲商王立廟祭祀商先王，周文王也不可能進入殷都對商王祭卜。但是這些甲骨爲什麼在周原出土呢？文章認爲是周人克商之後把商朝檔案庫中有關伐周的廟祭甲骨作爲戰利品劫回周原（《中國史研究》第 1 期）。爲了申述同一論點，王宇信還寫有三文（《史學月刊》第 1 期、《考古與文物》第 2 期、《文物》第 6 期）。李學勤認爲從周原卜辭看，這幾片卜甲是周人的，不是商人所卜。參照文獻，這很可能就是記錄命文王爲西伯之事，因而周人卜官也參預其禮，並將所卜之龜携回周原（《人文雜誌》第 2 期）。

<h1 style="text-align:center">二</h1>

本年度新公布的有銘銅器共 70 餘件，以江蘇丹徒北山頂土墩墓出土的銅器爲最重要。《東南文化》第 3、4 期合刊發表了該墓的發掘簡報，墓中出土 15 件有銘春秋銅器。其中 12 件編鐘具有相同的銘文 72 字，人名字皆用國名，十分奇特。一些銘文透露出春秋時代江南諸國間錯綜複雜的關係。

新發表的殷代金文資料，有安陽大司空村殷墓中出土的一批銅器（《考古》第 10 期），屬殷墟二期。安陽郭家莊殷墓中出有簋銘與鼎銘（《考古》第 10 期）。殷代的弄器除流散美國的王作□弄卣外（《美集録》R188），極爲少見，此簋自銘“弄彝”更屬僅見。《中原文物》第 1 期報導了河南信陽羅山縣蟒張殷代晚期墓中出土的四件“息”字銅器，加上該墓地前兩次出土的 23 件息字族名銅器，共計 27 件。這對古息國地望的確定又增加了新的證據。《文博》第 3 期介紹了河南新鄉市博物館收藏的幾件銅器，其中一件安陽出土的鼎銘文爲族名，此鼎口部下方紋飾是一陽文，通常被稱作簡化饕餮紋，有同類紋飾的銅器多出於陝西部分地區和安陽，但極少有帶銘文者，此器銘文值得重視。

新發表的西周早期金文有山西省博物館收集的康生豆（《考古》第 7 期），此豆有鋬，盤底有繫鈴殘鈕，銘爲“康生作文考癸公寶尊彝”，這種西周早期有銘文的豆是極爲少見的，值得注意。寶雞紙坊頭西周墓出土的弭伯和矢伯銅器（《文物》第 3 期），銘文字體工整，是弭伯最早一代，據發掘者稱此地與隔渭水對岸的茹家莊、竹園溝同爲弭伯家族墓地。此外還有《中國文物報》9 月 23 日報導河北遷安縣小山東莊村墓中出土的燕侯簋等。

西周晚期金文新發表的資料，有河南商水縣練集鄉出土的一件簋，其銘云：“原氏仲作淪母、□母、家母媵簋。”（《考古》第 8 期）記録了原仲爲其三個女兒所作媵器，三女同媵一簋，這在金文中尚屬罕見。另外，《中國文物報》1 月 1 日報導湖北襄樊宜城縣朱市鄉出土蔡大善夫趄簋，作器者職官爲“大膳夫”，在金文中也是首次出現。《中原文物》第 3 期報導了河南禹縣吳灣西周墓出土諫簋、諫盨各一件，銘皆八字。

春秋戰國金文新資料除北山土墩墓銅器外，《文物》第 9 期報導江蘇盱眙出土一匜，銘云“工盧季生作其□會匜”，應是春秋晚期吳國銅器。陳萬千介紹湖北榖城春秋墓出土的一罍，銘有“惟正月初冬吉”一句，“初冬吉”爲首次出現，它與金文中習見的“初吉”是什麼關係？待考（《考古與文物》第 3 期）。《考古學報》第 4 期報導湖北當陽縣河溶鎮春秋晚期楚墓中出土王孫霝簋。《文物》第 3 期報導山西侯馬上馬村墓中出土吳叔徒戈，《中國文物報》4 月 22 日報導湖北荊門市子陵崗墓中出土越王州句劍等，也都是春秋時代的銅器。

新出戰國金文多是刻在兵器上的，如《考古》第 7 期報導山西太原電解銅廠揀選出的武陽左戈和二十七年安陽令戈，《文物》第 3 期報導河北臨城縣東柏暢村窖藏的戰國兵器有燕王喜矛、二年邢令戈和柏人戈等。《中原文物》第 3 期報導河南宜陽縣韓城鄉宜陽故城出土口陽戈。此外,還有《湖南考古輯刊》第 4 輯報導湖南桃源縣三叉港鄉三元村出土的戰國鼎和鳥書劍、湘潭縣易俗河墓葬出土的鳥書劍等。

　　本年度出版金文研究專著 6 部,較重要的論文 20 多篇。由中國社會科學院考古研究所編纂的大型金文集録《殷周金文集成》(中華書局),本年出版了第 2、6、8 三册。第 2 册的内容爲鐘鎛類銘文之二,主要收録曾侯乙墓所出 65 件編鐘(鎛)銘文的原大照片、拓片和摹本,以及第 1 册未及收録的若干新近出土的鐘鎛銘文。另外,還收録了鐃、鈴、鐸、鉦鉞、句鑃等共70 件,其中 11 件是過去不曾見於著録的。第 6 册至 8 册的内容爲簋類銅器的銘文,第 6 册收録 1—10 字的銘文,第 7 册收録 11—29 字的銘文,第 8 册收録 30 字以上的銘文,三册共收簋銘 1 430 件,其中 206 件是首次公布的新資料。

　　馬承源主編《商周青銅器銘文選》(文物出版社),全書 5 册。前已出版的第 1、2 兩册,爲925 件商周時期重要銅器銘文的原大拓本,新出版的第 3 册爲 533 件商代和西周銅器銘文的釋文和注釋。所作釋文和注釋,能廣採各家所長並參以己見。爲便於翻檢,又將所釋銅器銘文的拓本,全部縮小製版插入本册。書末另附根據天文學研究成果和青銅器銘文内容重新推定的《西周青銅器銘文年曆表》,以供參考。此書收録了商周時期銅器銘文中比較重要的資料,是一部重要的金文著作。金文選編之書,還有洪家義編寫的《金文選注釋》(江蘇省教育出版社),收録重要銘文 60 篇。

　　新出研究金文的論文有的是綜論性的,如吴鎮烽爲紀念陝西省考古研究所成立三十週年,全面介紹了陝西青銅器的出土收藏情況,並論述了陝西地區銅器的特點、銘文内容和研究狀況(《考古與文物》第 5、6 期)。文中還附有解放後窖藏統計表和解放後銅器墓統計表,文章指出解放後陝西境内出土有銘商周銅器一千餘件,占全國總數的百分之四十三以上,而且歷來長銘重器多出於此,百字以上銅器有 72 件,五十字以上銅器 154 件。作者詳盡佔有陝西出土銅器資料,因而能全面總結陝西銅器研究的狀況,是瞭解陝西金文研究的一篇重要文章。

　　何幼琦批評了金文學界曆法斷代的方法,對吴其昌、張汝舟、榮孟源、劉啓益、馬承源、謝元震諸家的工作持全盤否定的態度,認爲是“有失無得”(《江漢論壇》第 10 期)。該文是作者全面批評金文傳統斷代方法的第四篇文章。前此還發表了三篇(《西北大學學報》1984 年第2 期、《西北大學學報》1985 年第 2 期、《江漢論壇》1987 年第 4 期)。其中,1984 年一篇是正面闡述作者的觀點;1985 年一篇是批駁唐蘭的“康宫原則”,認爲此種斷代法不能成立;1987年一篇認爲王國維、郭沫若的標準器斷代法是“失多於得”。這幾篇文章有一定代表性,值得有關研究者注意。

　　綜論性的論文有:曹淑琴探討商代中期有銘銅器一文(《考古》第 3 期),認爲可判定爲二里崗期的銘文銅器有 14 件,殷墟一期的銘文銅器有 7 件,逐件討論,提出自己的看法。朱鳳瀚從周原出土青銅器看西周貴族家族一文(《南開學報》第 4 期),分析了陝西周原出土的十四批窖藏和墓葬銅器銘文,指出銘文中表現出的世族制度是西周社會貴族家族的普遍存在形式,而這種世族制度與族長世官制度又是密不可分的,並運用周原出土窖藏銅器資料結合其他考古資料對西周貴族聚居形態進行了探討,指出貴族家族居址通常選在宗周王畿範圍以內,而與其封土不在一處,這就是金文中"邦"與"家"的具體所指不同之處。馮卓慧、胡留元對西周金文中的司寇的建置、職掌、官司組織、侯國司寇等作了分析,並圖示了金文中的司法機構(《考古與文物》第 2 期)。

張志康、謝介民認爲金文中卿事寮、大史寮之寮是僚友而非官署機構,卿事寮指武王時的"亂臣十人",大史寮即《尚書·酒誥》中的"太史友"(《學術月刊》第 2 期)。何光岳考證曾國(《長沙水電師院學報》第 1 期)、應國(《江漢考古》第 2 期)的論文,前者認爲曾有姒、姬兩姓,兩曾國在歷史上都有遷徙的記載,山東新出土的上曾大子般殷鼎應是姒姓,隨縣曾侯乙墓的曾侯應是姬姓,但由於兩曾國交替更遷,傳世曾國銅器多數尚難以區分其姓別。後者歷述了應國從周初分封立國,後移封河南葉縣,又遷移到平頂山市郊,各個時期都有相應的銅器佐證。顧頡剛遺著(《文史》第 29 輯)以金文爲基本資料,而且信從唐蘭的"康宮"之説,將原屬周公時代的幾件銅器歸入康昭時代,認爲在康王後期東夷曾經大反,康王命伯懋父東征北伐。楊善群把周公東征分爲奔楚、克殷、南伐、東進、北征幾個階段。奔楚是周公爲東征作準備,克殷是平定武庚與管蔡的叛亂,南伐主要是伐虎方、楚、彔。東進是討伐奄、薄姑,北征是征"方"。共歷時兩年半。文章沿用舊有的銅器斷代,而沒有採納唐蘭的新説(《中國史研究》第 3 期)。

討論西周早期金文的論文,蔡運章推測金文中的"褱師"即今之"偃師"(《中原文物》第 4 期)。朱楨、王健認爲康侯簋中的沐司土迶不是文王子霍叔,也不是陶叔或季戴,周初三監没有霍叔在內,是管蔡和武庚,限於材料,沐司土的身份尚無法確指(《殷都學刊》第 3 期)。劉建國認爲宜侯夨簋是中原銅器流於南方者(《東南文化》第 3 期)。

討論春秋金文的論文,劉彬徽認爲上鄀府簠不是鄀器,而應是楚器(《中原文物》第 3 期)。黃盛璋從新出鄖國銅器銘知其國族爲嬴姓,該國春秋早期猶存,後爲楚滅,地入爲楚,成爲楚貴族。曾侯乙墓遣册中記有鄖國師助贈車馬,則説明至戰國中期楚仍封被滅鄖君後代承襲君位(《江漢考古》第 1 期)。劉翔注意到黃君孟銅器記自作器時稱"黃君",而爲其夫人作器時稱"黃子",前者是其身份,後者是其爵稱(《江漢考古》第 4 期)。

討論戰國金文的文章,黃盛璋注意到《殷周金文集成》第 5 册廿三年桌朝鼎是一件新發表的資料,銘中有"享陵"出現,此鼎銘的出現爲楊寬、楊鴻勛反復爭論的享陵問題提供了有利於楊鴻勛的證據(《文物》第 11 期)。黃盛璋的另一篇論文對解放後新出秦兵器若干考究不明者提出看法,對秦兵器的分國、斷代、制度、歷史、地理等作了有規律的闡述(《文博》第 6 期)。

　　《江漢考古》第 4 期發表的何琳儀、李零的兩篇文章,是深入討論湖南省博物館近年所獲銅量器銘文的論文。何文重點考釋銘中關鍵字詞如郊郢、羅、享月、七月等,並將銅量所載職官隸屬關係列表説明。李文釋量銘首字爲燕,首句是以客使聘問楚王於紀郢之歲來紀年。並認爲此器對楚國度量衡制度研究很有意義,過去發現兩種楚量,一種相當其半,自名爲"筲"。一種相當其十分之一。此銅量自名爲"剤",與上兩種可配合使用,形成一組十進位升斗系列。李學勤考釋桃源三元村鼎銘爲"中陽,王鼎",從鼎式看,此王可能是楚王,墓主或即在中陽爲王服役之人(《江漢考古》第 2 期)。

　　(原載《中國考古學年鑒 1989 年》,第 93—99 頁,中國考古學會編輯,文物出版社,1990 年;又載《金文論集》,第 368—373 頁,紫禁城出版社,2008 年 5 月)

一九九○年金文研究

　　本年度新發表的殷周有銘青銅器共 100 件左右，其中殷代 10 餘件，西周 70 餘件，東周 10 餘件，多數是字數較少的銅器。

　　西安市文物中心公布了他們收藏的 63 件有銘文的青銅器，是最大的一宗，其中西安東郊老牛坡商代遺址出土的父癸豆，是殷代銅豆，爲目前所見有銘文的銅豆中較早的一件（《考古與文物》第 5 期）。陝西麟游縣九成宮鎮出土一坑窖藏銅器，附近有早周遺址和西周墓葬，8 件有銘文銅器屬殷末或周初，銘文都是族名加日干父名，而且 8 件器上的族名無一相同，可以肯定不是一個家族的窖藏，這些不同家族間的關係應該怎樣理解？是個值得研究的問題（《考古》第 10 期）。寶鷄市打擊走私文物收繳上來的一個銅爵有銘文 5 字，鋬内族名爲"𡚸"，鋬左側有"作祖丁" 3 字，柱上有一奇字，爲一個由數字構成的符號，應讀爲"八六一七六一七"，由七個數組成。若"𣥂"可釋爲六，那就是"八六七六七"，由 5 個數組成（《考古與文物》第 4 期）。張政烺曾考證這類由數字組成的符號是占筮符號，通常由 3 個數或 6 個數組成，即相當於《周易》的單卦和重卦，偶爾也見由 4 個數組成的。像這件爵上由 7 個數或 5 個數組成的却是第一次出現。這件爵上已有族名，那個由數字組成的符號就不應該再理解爲族名，這件器名的出現爲"占筮符號族名説"提出了反證，與此類似的中方鼎（《博古圖》2.17）、董伯簋（《三代吉金文存》6.39）、史游父鼎（《三代吉金文存》3.18）、召仲卣（《西清古鑑》15.33）等銅器上的數字符號都應該理解爲占筮記録，而不是用作族名或人名。過去没有族名和占筮符號同在一件器物上出現的先例，故人們疑心占筮符號就是族名。現在，這件爵銘的出現，提示我們應該重新認識銅器上標出占筮符號的含義。

　　西安文物商店收購的一件僕卣是銘文較長的一件西周早期銅器："壬寅，州子曰：僕，余賜帛、囊貝，蔑曆女王休二朋，用作父辛尊。北單戈册册。"（《考古與文物》第 5 期）州子受到王賞賜的帛和一囊貝，他將其中二朋貝轉賜給僕。"北單"爲殷都附近地名。僕的族名"北單戈册册"，"北單戈"爲殷代晚期盛行的族名，説明僕家族入西周後仕於周爲作册。該銘文僕字寫法與甲骨文相同，而異於西周金文，這也説明作器者還保留着殷人的書寫習慣。陝西淳化縣鐵王鄉西周墓中出土一鬲，銘爲"☐事正作寶彝"（《考古與文物》第 1 期）。"☐事正"是一新出現的西周早期官名。陝西禮泉縣徵集到一件尊，銘爲"臣辰☐父乙"（《考古與文物》第 5 期），作者以爲商器，同銘之器成組出於洛陽馬坡（見《美帝國主義劫掠我國殷周青銅器集録》A331），皆爲西周早期器，估計此尊也應是西周早期器。

西周中期銅器新發表的有陝西長安縣張家坡出土的井叔方彝（《考古》第 6 期）、岐山縣丁童村出土的矢叔簋（《考古與文物》第 1 期）、西安徵集的鄧公鼎和庸伯鼎蓋（《考古與文物》第 5 期）等，反映出西周中期邢、矢、鄧、庸諸國在陝西活動的情況。

西周晚期新發表的銅器有河南永城出土的鄭伯作宋孟姬匜（《中原文物》第 1 期），永城原爲宋地，該匜對我們瞭解西周晚期宋鄭兩國的關係將會有所幫助。陝西長安張家坡出土一壺，銘爲“▨父丙”，馬王村出土一坑窖藏，有三鼎一壺，銘中皆有一相同的族名（《考古與文物》第 5 期），在銅器上標寫族名的習俗盛行於殷末周初，西周中期銅器上已不多見，這幾件西周晚期器銘中的族名，對研究金文族名演變的歷史將是有意義的。

春秋時期較重要的銅器有陝西隴縣邊家莊 13 號墓出土的戈，戈銘有“宜”字標記（《考古與文物》第 3 期），附近發現春秋早期陶片，地層明確，是目前發現最早的有銘秦戈，比傳世的秦子戈、矛都要早。山西榆社出土有吳王劍（《文物》第 2 期），山東新泰縣發表了淳于公戈（《中國文物報》3 月 1 日），李學勤介紹了在紐約克里斯蒂拍賣行看到的楚共王盦審所作的盞盂（《中國文物報》5 月 31 日）。安徽壽縣發現一件春秋早期的簋，蓋上刻有一符號，難以斷定是否文字（《文物》第 11 期）。

戰國銅器較重要者有山東莒縣出土於原齊國故地的十年洱陽令戟（《文物》第 7 期）、內蒙伊克昭盟出土的秦昭王十五年上郡守壽戟等。

本年度共發表金文研究論文 50 餘篇，較重要的研究殷或西周金文的論文有：張長壽根據 1983—1986 年中國社會科學院考古研究所在長安灃西的發掘資料撰寫了一組論文，其一發表在《文物》第 7 期，介紹了井叔家族墓地出土的井叔鐘、鼎、方彝、杯，達盨蓋等，結合傳世井叔銅器，排出井叔家族世系，並指出因爲這批銅器有確切的出土坑位和伴出器物，所以在西周中期銅器斷代上有重要意義。他的另一篇論文發表在中國古文字研究會第八屆年會（太倉）上，該文根據達盨蓋銘文的年、月、月相、日的記載以及考古發掘大體擬定的王世，與傳世同時代的曶鼎、趞鐉等所記年月相比勘，再用得出的結論與現有的諸家擬定的西周金文曆譜對比，發現無一相合，而將馬承源曆譜中孝王元年移後一或二年則可相合。大家知道，現有諸家擬定的西周金文曆譜都處於假說階段，張長壽用考古發掘的新材料修正某種假說，使之趨於完善，應該説是使以往的研究擺脱困境的一種嘗試，值得研究金文曆法學者們的重視。

殷瑋璋對京郊琉璃河 1193 號大墓出土器物進行了分析，認爲“燕侯舞錫”之舞就是文獻所説的召公之名奭，因而提出新出罍、盉的器主和墓主都是召公奭（《考古》第 1 期）。殷瑋璋、曹淑琴還合寫了兩篇研究金文族名的文章，認爲金文中的“光”“丙”爲殷代兩國族名，後成爲西周的諸侯國（《考古》第 5、7 期）。劉雨認爲長安張家坡新出的伯唐父鼎銘文記錄了西周王室的一次襟禮，對該禮儀注作了擬測，並結合銘中所記饗禮，定此器爲穆王初年之器(《考古》第 8 期)。陝西社科院歷史所王雷生寫了研究師同鼎的文章,對該鼎的斷代、列鼎及疑難辭語作了解釋,提出了與李學勤不同的看法(《考古與文物》第 2 期)。曹錦炎對宜侯夨簋進行了討論,他同意日本學者白川静的意見,認爲過去稱作器者爲虞侯是錯誤的,應爲虎侯,即甲骨文中的虎方。該器不是吳器,與虞侯周章無關(《東南文化》第 5 期)。原著錄於巴納、張光裕《中日歐美澳紐所見所拓所摹金文匯編》156 號的鮮簋(該書誤作盤)銘文很重要,李學勤、艾蘭在《中國文物報》2 月 22 日公布了該器的照片,並交代其現藏英國倫敦斯肯納齊商行,考證其作於穆王三十四年,該器王年、月、月相、日齊全,對研究西周曆法意義重大。此外,尚有張頷考釋山西曲沃所出帯孶方鼎(《文物季刊》第 1 期)、張玉春考釋周初的天亡簋(《東北師範大學學報》第 4 期)、張震澤考釋區侯盂(《遼海文物學刊》第 1 期)以及馬承源討論的西周金文中有關貯字辭語的文章(《上海博物館集刊》第 5 輯)等等。

　　研究春秋戰國銅器的論文有甌燕的懷疑欒書缶的文章,作者認爲從形制看,該器應是戰國時楚國的奠缶,不是晉器。又認爲錯金長銘只能產生在戰國時期,而不應出現在春秋中期。因此,這件器不可能是晉國著名執政欒書所作,不排除是古董商人僞造的可能性。按該器爲容庚先生早年收藏,後捐獻給國家,一直陳列於中國歷史博物館,甌燕的懷疑值得討論。鎮江博物館劉興著文討論江蘇六合程橋出土的編鐘,認爲鐘銘之“攻敔中終歲”應是吳王闔廬太子終纍(《東南文化》第 4 期)。曹錦炎考釋了 1985 年山西榆社新出劍銘,認爲此劍是吳王諸樊之弟吳季子之劍。因吳季子掛劍的故事饒有趣味,後世多事之人每附會其事。自清代以來,有多件僞造的吳季子劍傳世。這次出土了真劍,堪稱出土文物中一段佳話(《東南文化》第 4 期)。王輝和陳平發表了討論秦子戈矛銘文的論文,二人針對器主和宜地所指展開了爭論(《考古與文物》第 1 期)。

　　陳平和楊震合寫了内蒙伊盟出土的十五年上郡守壽戈的考釋文章,他們排列已著錄的 12 件上郡守戈銘,指出秦戈有“冶工”出現,黃盛璋區分三晉與秦兵器的標準有修正的必要(《考古》第 6 期)。王貽樑考釋燕國兵器中的“作某萃鋸”之某爲“七”字,與《穆天子傳》中的“七萃之士”互證,認爲“七萃”應是燕王近衛部隊的名稱(《考古》第 2 期)。

　　本年度新出金文專著有吳鎮烽編纂的《陝西金文匯編》上下册,該書拓本分 1949—1985 年出土和徵集品、傳世品和補遺三部分,共收錄陝西出土的殷周有銘青銅器 1 037 件,後附釋文和作者寫的兩篇研究陝西銅器的論文,其一《陝西西周銅器分期與斷代研究》、其二《陝西商周青銅器的出土與研究》。作者多年從事陝西金文研究,因而此書雖屬資料匯編性質,但也體現了作者的研究水平。另外本年度還出版了侯志義的《西周金文選編》和曹錦炎的《商周金文選》,是兩部從不同角度選編的金文資料。

　　中國社會科學院考古研究所編纂的《殷周金文集成》本年度又出版 3 册,前此已出版的有鐘鎛等樂器(1、2 册),3 字以上的鼎(4、5 册)和簋(6—8 册),新出版的第 3 册爲鬲、甗和

1、2 字的鼎,第 9 册爲盨、簠、敦、豆,第 10 册爲卣,至此 1—10 册已出齊。該書共 18 册,尚有 8 册正在印製中。上海博物館馬承源主編的《商周青銅器銘文選》又出版了第 4 册,内容爲東周青銅器銘文釋文及注釋。

(原載《中國考古學年鑒 1991 年》,第 103—107 頁,中國考古學會編輯,文物出版社,1992 年 8 月;又載《金文論集》,第 374—377 頁,紫禁城出版社,2008 年 5 月)

《唐蘭全集》前言

　　唐蘭 1901 年 1 月 9 日出生於浙江嘉興府秀水縣(今嘉興市),又名佩蘭、景蘭、號立庵(立厂、立盦、立菴),曾用筆名"楚囚""曾鳴",齋號"亡斁"。1979 年 1 月 11 日病逝於北京。

　　唐蘭幼年家境貧寒,父親唐熊徵先以挑擔售賣,後來開小水果店爲生。少年時期他曾受父命學商,於 1912 至 1915 年在著名學者范古農創立並擔任校長的嘉興縣乙種商業學校學習。1915 至 1920 年又從嘉興國醫館館長陳仲南學中醫,並在城内項家漾開設景蘭醫院行醫。這期間還曾受當時革命潮流影響,隻身赴上海尋找過孫中山,未果。其後在上海著名作家陳栩(字壽嵩,號蝶仙)主辦的栩園編譯社學習詩詞。學商、行醫、學詩詞、參加革命等,雖都增進了他的人生閱歷,却無法成爲他終生嚮往的事業。從 1919 年開始,他逐漸對傳統"小學"和古文字的研究産生了濃厚的興趣。[1]　1920 年,著名教育家唐文治創辦無錫國學專修館,[2]在上海、南京、無錫三地招生,唐蘭是經嚴格選拔録取的考生之一。唐文治是黄以周、王先謙的門生,早年又曾赴歐、美、日本作過考察,是那個時代少數可稱學貫中西的學者,他所創立的是一所專門研習中國古代經典文獻的高等學府,他親自授課,注重培育學生自主研究的能力;還常以經典内容命題作文,考察學生的認知和表述的能力。該校保存了十餘篇唐蘭在校的論文作業,從各篇後所記評語看,如

　　　　發揮精詳,學者之文。

　　　　識解既高,行文古雅絶倫,亦復秩然有序,此才固未易得也!

　　　　志大學博,充而學之,他日之經師也。

　　　　元元本本,殫見洽聞,非學有根柢者,無此淹貫。

---

[1]　見《殷虚文字記·自序》"余治古文字學,始於民國八年"。

[2]　無錫國學專修館,1920 年冬創建於惠山之麓,1928 年改名爲無錫國學專門學院,1929 年再改名爲無錫國學專修學校,1949 年改名爲中國文學院,1950 年併入蘇南文化教育學院。1952 年,蘇南文化教育學院和東吴大學、江南大學數理學院合併,在東吴大學舊址建立蘇南師範學院,同年改名爲江蘇師範學院,1982 年改名爲蘇州大學。該校一直保持着注重我國傳統文化的教學和研究的優良傳統,堪稱我國 20 世紀培養國學精英的搖籃。

唐文治等授課老師對他寫的論文評價冠蓋群生,皆視其爲難得的人才。求學三年,唐蘭對傳統小學典籍和傳世經典文獻作了大量閱讀和深入的研究,並開始走上將古文字資料與傳統文獻對照研究的治學道路。他在所著《天壤閣甲骨文存並考釋・自序》中寫道:

> 余由是發憤治小學,漸及群經。居錫三年,成《説文注》四卷,《卦變發微》《禮經注箋》《孝經鄭注正義》《棟宇考》《闈閾考》各一卷。嚴可均、王筠之治《説文》多援引彝銘,余作注亦頗采用吳氏之《古籀補》,因漸留意於款識之學。及讀孫詒讓之《古籀拾遺》及《名原》,見其分析偏旁,精密過於前人,大好之,爲《古籀通釋》二卷,《款識文字考》一卷……

序中所説的早年著述大都沒有保存下來,僅《説文注》四卷中殘存的兩卷保存至今,是《説文解字》第一卷全部和第二卷一部分的注釋。唐氏《説文注》分校勘、集解、音韻、轉音、附錄、發明等項,"校勘"利用《説文》各本和經傳、字書、韻書等進行比勘;"集解"是依訓釋、字形分析、引書等内容作綜合研究;"音韻"和"轉音"主要收集韻文和音訓資料;"附錄"是收集排比古文字字形;"發明"則專收新見與需要重點討論的内容。該書原擬寫三十卷,現僅殘存這一卷半,就有十八萬字,可見其全書設計規模之大和用心之深。

求學期間,初識甲骨文,遂集羅振玉的考釋,依《説文》體例編次,並有所訂正,寄書羅氏,獲得稱許,並推介給王國維。於是唐蘭從 1922 年始,每次到上海,必訪教於王氏,得到王國維的悉心指導和幫助。王國維去世後,他在《將來月刊》上公布了王氏 1922 年至 1925 年寫給他的八通書信,信中討論的内容以音韻、彝銘、金文曆法和古籍爲主,王氏對青年唐蘭的治學志向和古文字學識多有肯定,曾云:

> 今世弱冠治古文字學者,余所見得四人焉,曰嘉興唐立庵友蘭……立庵孤學,於書無所不窺,嘗據古書古器以校《説文解字》。[1]

1923 年,他以第一名的成績在無錫國學專修館畢業。修業三年來,刻苦攻讀,潛心鑽研,並先後得到唐文治、羅振玉、王國維等大家的獎掖、指導和幫助,爲其一生的學術發展打下了堅實的基礎。

1924 年初,他曾短時間在羊腰灣無錫中學作國文教員。於當年春,羅振玉將他薦至天津周學淵公館開席授教其二子,[2]這期間還應羅氏之囑託,以其提供之原件影照摹寫唐人寫

---

[1] 見商承祚《殷虚文字類編・王序》,1923 年。

[2] 周學淵字立之,晚號息翁、息庵,安徽東至人。光緒二十九年(1903 年)進士,任廣東候補道,後改山東奏調候補道,欽任憲政編查館二等諮議官。光緒三十二年(1906 年)任山東大學堂第六任總監督(校長)。1908 年任山東調查局總辦。喜詩,曾和同好辜鴻銘等人結詩社。周家是清末及民國年間著名的官紳世家,其父周馥曾作兩廣總督,其兄周學熙是當時著名北洋實業家。

本《切韻》，該項跋本《切韻》原藏清宮，外間難以見到，學界無法利用，經唐蘭行款字體一依原本仿寫，於 1925 年 9 月由延光室影印出版，成爲至今音韻學研究不可或缺的重要文獻。

王國維 1925 年 8 月 1 日致唐蘭信中云：

> 王仁煦《切韻》聞已寫就大半，尚有少許未就，弟嘔盼此書之出，幾於望眼欲穿，祈早藏此事，實爲功德。[1]

1929 年至 1930 年，受周家委託，唐蘭出任天津《商報·文學週刊》和《將來月刊》主編，有了這兩塊陣地，遂在兩刊上連續發表研究敦煌文獻的論文，寫了《敦煌所出漢人書太史公記殘簡跋》《敦煌石室本唐人選唐詩跋》《唐寫本食療本草殘卷跋》《敦煌所出唐人雜曲》《敦煌石室本唐寫鄭注〈論語〉顏淵子路兩篇本殘卷跋》等；研究諸子的論文寫了《孔子傳》《孔夫子的生日》《孔子學説和進化論》《孔子學説和進化論（答函）》《關於〈孔子學説和進化論〉一文的迴響》《關於林語堂先生底〈關於子見南子〉的話》和《老聃的姓名和時代考》等；研究彝銘的論文有《書羅叔蘊先生所著〈矢彝考釋〉後》《跋〈矢彝考釋質疑〉》等，這幾篇研究金文的文章，是討論 1929 年洛陽馬坡新出土矢令方尊、方彝的一組論文，在這裏，他初次接觸銘文，就敏鋭地提出銘文中“京宮”和“康宮”實是西周諸王宗廟的論題，這是他晚年全面闡述的西周金文斷代“康宮原則”的濫觴。在《商報·文學週刊》第十期後，他還多期連載《關於塔爾海瑪論古代中國哲學的討論》長文。他寫的這一批論文，鋒芒畢露，展示了他治學的才華。他能對新出現的資料深入地進行探討，這得之於他求學期間對中國古代文獻廣泛涉獵和刻苦鑽研的積累，同時也植根於他學術抱負遠大和對自己治學能力的自信。他作研究，不迷信古人，也不迷信前輩學者，包括他敬重的、指導和幫助過他的羅、王。他對權威學者王國維的名文《生霸死霸考》的批評，他對敦煌文獻的獨立考證，對德國大哲學家塔爾海瑪《辯證唯物論》中的兩章《古代中國哲學》論述的批評，都體現了這一點。在他青年時代形成的這種以學術爲天下公器、視野高遠、稔熟文獻、文字雄辯等鮮明風格，始終堅持，貫穿一生。

1931 年 5 月唐蘭應金毓黻邀請赴瀋陽編輯《遼海叢書》，同時，應高亨之邀於東北大學講授《尚書》。9 月 18 日，日軍發動侵占瀋陽以及東北三省的戰爭。其時唐蘭不懼時艱，潛留瀋陽，以親眼所見日軍的暴行，用悲憤的“楚囚”爲筆名，於 10 月在《北洋畫報》上發表文章《嗚呼！土肥原的仁政》，公開點名揭露關東軍頭目本莊繁中將和土肥原大佐假仁義真侵略的面孔，稱他們是“這班種遠東戰爭禍根的寶貨”，文中也批判了麻木不仁的國人知識分子，對國

［1］ 見《唐蘭全集·書信》之《王靜安先生遺札》。又《北京大學文史叢刊》第五種《十韻彙編》所用“王二”中的文字即出自此本。

家危亡漠然視之的行爲。[1]

返回北平後,於次年春,应顧頡剛邀请,在燕京大學、北京大學代顧頡剛講《尚書》。秋後,入北京大學中文系任教,講金文和“古籍新證”,又代董作賓講甲骨文。隨着影響的擴大,陸續接到清華大學、師範大學、輔仁大學、中國大學等校邀請,講授古文字及《詩》《書》“三禮”。甫届而立之年,即連續接獲時爲古史研究與古文字研究重鎮一流學者的授課、代課邀請,在當時是很大的榮譽,也足見學術界對青年唐蘭學識的肯定。

他以在各校授課的講義爲底本,在 1934 年編著了《古文字學導論》(下文簡稱《導論》)和《殷虛文字記》兩部著作。《導論》是現代中國文字學理論的開山之作,20 世紀 30 年代,商周古文字資料大量聚集,與其密切相關的現代考古學、語言學、先秦史學等,由於引入西方先進的學術思想,有了很大的進步。古文字研究隊伍中,出現了嚴可均、王筠、吳大澂、孫詒讓、王國維、羅振玉、郭沫若、于省吾、容庚、商承祚、徐中舒、董作賓等一批卓有成就的學者,在古文字考釋和研究方法上積累了許多經驗。但他們的研究却各自爲政,其經驗缺乏提升到理論高度的綜合與概括。中國文字學的理論研究,總體上還停留在 1800 年前《説文解字》體系的水準上,社會上充斥着射覆猜謎、穿鑿附會的研究。《説文解字》曾經是中國文字學史上一部偉大著作,但是在新材料、新研究方法不斷進步的時代,這部建立在小篆基礎上的文字學體系已經落後,對這部書的迷信當時已經成爲阻礙學術前行的羈絆。中國文字學和相鄰學科的發展在呼唤一部敢於衝破這一沉悶局面的著作,並建立起現代意義上的文字學理論體系,以糾正亂象叢出、聲譽日下的古文字研究。唐蘭和他的《導論》以巨大的學術勇氣,擔負起這個艱巨的使命。他對以《説文》爲代表的文字學理論從不同角度作了深入全面的檢討,吸收了其中合理的部分,批判了其落後的和僞科學的部分,對當時社會上種種建立在《説文》基礎上的似是而非的文字學理論,進行了有力地分析和批判。該書論述了文字與語言的關係,明確了中國古文字學的學科研究範圍應是古文字字形,論述了文字的起源及其演變規律。他批判了許慎的“六書説”,將古文字構成歸納爲“象形、象意、形聲”三種,即認爲漢字是由形符字、意符字、聲符字三種文字構成,提出象意文字聲音化,轉變爲聲化字,是形聲字生成的主要途徑,進而第一次提出古文字整理的“自然分類法”。

漢字結構分類研究,唐蘭之後,成了一項學界十分關注的課題,陸續有人提出各種不同方案,其實這個課題,從不同角度出發往往可以得出不同的結論,時至今日,還沒有一個方案可以説已經圓滿無遺漏地涵蓋了全部漢字,因而學術界目前尚無公認的結論。唐蘭的“三書説”儘管從今天的角度看可能並不完善,但在當時,它爲破除對《説文》混沌“六書説”的迷信,

---

[1] 見吴秋塵《唐立厂拒金謝酒》:“吾友唐立厂從政講學于瀋,東北事變起後,獨留城中,未即西來,輒以所得供報章發表,蓋有心有識人也。本報前刊瀋陽消息以楚囚爲筆名者,即出唐氏手筆。”(載《北洋畫報》1931 年 10 月 29 日)

却是具有顛覆性的,此後研究的進步,應該説是在他開闢的這條道路上,不斷調整改進的探索而已。

在研究古文字的方法上,他繼承了從許慎《説文》就開始使用,到孫詒讓加以發揮的注重偏旁分析的傳統,第一次明確提出古文字研究應以偏旁分析爲核心,同時加以歷史地考證。這一論述精闢地概括了此前古文字研究學者考釋古文字的經驗,是研究中國古文字正確的途徑和方法,至今仍是中國古文字研究必須遵循的核心理論。他論述的理論體系範疇概念明確,結構嚴謹,使中國古文字學屹然成爲現代學術園地裏一門獨立的學科。古文字學是中國文字學的中心,唐蘭的《導論》應該説是現代中國文字學史上第一部成功的理論著作。

著名古文字學家張政烺評價這部著作時説:

> 中國古文字研究已有一兩千年的歷史,但很少理論性的著作,唐蘭同志這部書是空前的,在今天仍很有用。[1]

當代傑出的古文字學家裘錫圭在評價這部著作時指出:

> 這本書奠定了現代意義的文字學的基礎,同時也使古文字的研究開始走上科學的道路。
>
> 其書第二部分闡明研究古文字,主要是考釋古文字的方法,特別强調了偏旁分析法和歷史考證法的重要性,此書標誌着現代意義上的古文字學的建立。[2]

他的另一部力作《殷虛文字記》是對他早期甲骨文字研究成果的彙集,該書精選出三十三個字(或字組),先摹出字形,舉出其在卜辭中的辭例,然後分析字形和偏旁,注意區別字形相近的字,考證增附不同偏旁後的字與本字的字音、字義聯繫。對一些有典型意義的字,該書描述了從甲骨、金文一直到小篆字形變化的歷史軌迹,最後再把考釋出的文字放回上下文環境中去檢驗,以考察所下結論是否可以成立。對於那些在卜辭中出現頻率高,對全文理解起關鍵作用的字,他的論證周密嚴謹,對有一些字的考證,經過數十年新出資料的檢驗,時至今日仍是不移之論。由於他不斷成批次拿出考釋古文字的成果,在學術界影響很大,以至於連他考證古文字的論證方法和形式也受到當時學者們的推崇和模仿。該書與《導論》相輔相成,以實踐印證了《導論》中所列諸條例的正確性。

20世紀30年代是唐蘭一生學術事業和聲望達到頂峰的時期,兩個標誌性的事件見證了這個成就。一個是在1934年3月郭沫若發表《兩周金文辭大系圖録》,特徵序於唐蘭;另一

---

[1]　見《古文字學導論》,1981年,齊魯書社增訂本,張政烺所作《出版附記》。
[2]　見《二十世紀的漢語文字學》,北京大學出版社,1998年。

個則是 1934 年 11 月北平來薰閣影印王國維生前在清華大學最後兩年的講義《古史新證》，整理此書的王氏助教趙萬里出面請唐蘭作序。兩位近代中國古史、古文字領域最有成就的學者的著作連番請唐蘭作序，顯示了其學術成就在學術界地位之高。

在 1936 年至 1937 年間，唐蘭又寫了《說文解字箋正》一書，現存遺稿是《說文》卷一上篇的三萬四千餘字，這是唐蘭擬定撰寫"古文字學七書"的最後一種。與其早年所寫《說文注》不同，此書是用甲骨、金文、璽印、陶文、碑版、木簡以及古書、字書、韻書等相互參證，針對《說文》，是者證成之，非者糾正之，檢討《說文》的得失。寫此書時，距寫《說文注》已經過去了十五年，作者已對甲骨、金文等各種古文字資料作了全面梳理和考察，並建立了以《古文字學導論》爲核心的古文字學理論體系，這時再回過頭來審視《說文》，站得更高，看得更透徹。此書的撰述，雖只開了個頭，但已展示了作者利用新的古文字資料全面整理研究《說文》的具體步驟和作法。[1]

唐蘭曾得王懿榮後人甲骨拓本兩册及輔仁大學圖書館舊藏甲骨拓本一册，三册資料去其重複，有當時未見著録之甲骨 108 片。於 1939 年 3 月，編成《天壤閣甲骨文存並考釋》一書。全書甲骨文字均經逐片考釋，所記見解亦多異於時賢，記録了他考釋古文字的許多案例。書前檢字有 251 字，以自然分類法次之，初現其甲骨文自然分類法面貌端倪。早在《古文字學導論》下編《應用古文字學》中就有"古文字學的分類——自然分類法和古文字字彙的編輯"一章，這種分類方法，突破了《說文》"始一終亥"不合理的體系，而是根據古文字自身構形特點對漢字進行分類排比所作的探索。近世日本學者島邦男的《殷墟卜辭綜類》（1967年），吉林大學的《殷墟甲骨刻辭摹釋總集》（1988 年）、《殷墟甲骨刻辭類纂》（1989 年），李宗焜的《甲骨文字編》（2012 年）等甲骨文工具書，顯然都受到了唐蘭發明的這種分類法的啓發和影響。

從 1931 年在各高校任教起，到 1949 年新中國成立止，這是唐蘭一生創作力最旺盛的一段時期，這期間他除撰寫了上述三部專著之外，還發表了一大批膾炙人口的論文：如《鷹羌鐘考釋》《晉公𥂖𥂖考釋》《作册令尊及作册令彝銘考釋》《商鞅量和商鞅量尺》《再跋趙孟庎壺》等考釋青銅器及其銘文的文章。他的考釋從不泛泛而談，總是圍繞作器者、器物時代等關鍵問題展開。1933 年故宮博物院院長馬衡邀請他出任故宮專門委員，遂開始留意故宮藏品，1936 年 7 月，他針對清宮舊藏宗周鐘，在《故宮年刊》上發表了《周王𪒠鐘考》一文，當時正值王國維、郭沫若新發現金文"時王生稱"理論，因之歸納出的著名的"標準器斷代法"正值大行其道之時，各金文大家，都因爲鐘上有"昭王"銘文，遂定此器爲西周早期昭王所作器。唐蘭

---

[1]　見《唐蘭全集·遺稿集·說文學》。在《古文字學導論·自叙》中唐蘭說："這書本是唐氏'古文字學七書'裏的一種，七書的名稱是：一、古文字學導論；二、殷虛甲骨文字研究；三、殷周古器文字研究；四、六國文字研究；五、秦漢篆研究；六、名始；七、《說文解字》箋正。"

則從形制特徵和銘文内容分析,力排衆議,認爲該鐘是西周晚期周厲王所作器,作器者獣即厲王之名胡。當時學界對他的觀點並不以爲然,但是,隨着後世帶銘文鐘出土多起來,人們看到在西周早期不見長篇鐘銘,而宗周鐘銘文達 122 字之多,顯然時代不可能在西周早期,遂開始意識到唐蘭當年的分析是有道理的。1978 年,在該文發表 42 年後,陝西扶風齊家出土獣簋,1981 年扶風莊白又出土五祀獣鐘,這些經過科學發掘的銅器資料,證實了唐蘭學術研究的預見性確非常人可及,其對此銘的解讀遂成爲學界的共識。

董作賓是卜辭研究的大家,唐蘭批評其《獲白麟解》和"典册即龜版説"釋字有誤,寫了《獲白兕考》《關於尾右甲卜辭》兩文,指出其白麟實爲白兕之誤,典册亦與龜版無關。《卜辭時代的文學和卜辭文學》一文是與郭沫若商榷商代是"亞血族群婚制""是由牧畜進展到農業的時期"等觀點的,他指出商代的卜辭和卜辭文學與西周接近,卜辭時代應是父系家長制的青銅時代。

唐蘭在上世紀 30 年代,寫有五萬多字研究石鼓文的手稿,並未發表,[1]他爲中華書局《北宋拓周石鼓文》一書所作的跋文,他寫的《石鼓文刻於秦靈公三年考》,以及其後他與童書業論辯的三篇論文:《關於石鼓文的時代》《論石鼓文用"避"不用"朕"》《關於石鼓文"避"字問題》等,都是在這個資料準備的基礎上寫成的,這組論文的特點是以石鼓文中人稱代詞字的使用時代立論,在衆多石鼓論文中,其文最爲客觀有據,自成一家之言。《尚書新證》是唐蘭的北大講義《古籍新證》之一,專講《尚書》諸篇中關鍵的字句,以文獻資料結合金文、甲骨文,疏通文意、辨别真僞、確定篇章時代。

1937 年 7 月 7 日,日軍在北平盧溝橋挑釁,隨後占領北平,發動了侵占我國華北的戰爭。一日,在北平的漢奸錢相突然發布唐蘭爲古學院理事,唐蘭見報後,是理事中第一個站出來,登報聲明,表示自己早已不研究甚麼金石古物了,以示與侵略者不合作的立場。[2]其後又有過去的學生日本人武田熙(維持會顧問)找上門來,企圖拉唐蘭參加日本人主持重建的僞北京大學的教學工作,他看到此時的北大雖盜用了老北大的設備圖書和校址,但各系都有日本教授把持,實爲日軍實施高等奴化教育的工具,自己絶不甘充當這亡國奴式僞職。在祖國橫遭日軍蹂躪的危難形勢下,爲保持民族操節,他決意冒險隻身逃離北平。經過精密策劃,於 1939 年 4 月,在沈兼士、儲皖峰等友人的幫助下,抛家舍業,歷盡艱辛,先到上海,又輾轉香港,再到越南河内,繞道至昆明。

到達昆明後,他與一大批著名的愛國學者一道,堅守在祖國西南邊陲,教書育人,創造了一段舉世聞名的傳奇式的中國學術繁榮與輝煌。1939 年始,他應聘西南聯大副教授、教授,再兼任北京大學文科研究所導師。先後在西南聯大課堂上講授古文字學、甲骨文字、六國銅

---

[1]　見《唐蘭全集・遺稿集・銘刻學》之《汧陽刻石考》。

[2]　《唐蘭全集・論文集》之《唐蘭啓事》,載《新民報》1938 年 3 月 15 日第一版。

器、《説文解字》《爾雅》《戰國策》、宋詞選讀等課程。他講的文字學課程很受歡迎,除中文系學生外,連清華大學物理系教授王竹溪[1]和哲學系的教授沈有鼎[2]等都趕來聽他的課。受他的影響,四十多年後王竹溪編纂了 250 萬言的《新部首大字典》,收録 51100 個漢字,以自然科學家的精準,每字皆標有漢語拼音,而且做到每字一碼,没有重碼,對我國漢字數字化進程作出了重要的貢獻。

在西南聯大時期,於日軍飛機轟炸的警報聲中,唐蘭除授課外,還發表了一批重要的學術論文,他的論文不局限於考釋文字本身,往往通過對銘文、器物的研究,引申開來,解決考古學和古史研究中的難題。他寫的《王命傳考》《洛陽金村古墓爲東周墓非韓墓考》等,考釋王命傳銘,闡述戰國時期的傳遽及符節制度;研究東周左師壺、鳳羌鐘銘,考察洛陽金村古墓國别等。《古代飲酒器五種》則釐清了宋代以來習稱"五爵"酒器的名實關係。古人有死後以天干易名的制度,其實爲何,頗有爭議,之前有主"生日"和"死日"兩説,然其論皆有與文獻記載明顯不合的硬傷,唐蘭發表《未有謚法以前的易名制度》一文,首倡"祭日説",較好地解釋了這一干支易名現象。1941 年發表的《蘇秦考》是唐蘭對《戰國策》《史記》等古籍全面整理研究後的用心之作,他指出兩書所記蘇秦張儀故事,多有違背史實之處,這一論述爲三十年後他對長沙馬王堆漢墓帛書的研究作了很好的鋪墊,該文的一些觀點也爲 70 年代馬王堆帛書《戰國縱横家書》所證實。

唐蘭一生没有出國留洋的經歷,他在學術研究中却十分注重吸取西方先進的學術理念,並無保守習氣,因而在西南聯大衆多海歸學者叢中,作爲純本土學者,他獨樹一幟,成爲公認的中國文字學領域最優秀的教授。

《鄭庠的古韻學説》《論古無複輔音凡來母古讀如泥母》《唐寫本刊謬補缺切韻跋》《韻英考》《守温韻學殘卷所題南梁考》《論唐末以前韻學家所謂輕重與清濁》《與陸志韋先生論切韻複書》等一組論文展示了他對古音韻學的研究和考據的成績。在唐蘭的遺稿中,有一篇寫於 1946 年至 1947 年期間致陳寅恪信的底稿,未曾發表,是與陳寅恪切磋其《從史實論切韻》一文中的某些觀點,唐蘭認爲"周以降,載籍所録,漢語史皆有方音之不同。而漢語通語'雅言'的基礎方言經歷了北方(秦以前)→南方(楚語,漢初)→北京洛、南金陵(六朝至唐初)→北方(唐初以後)的變遷過程。《切韻》是一個折中南北古今音,且所采以南方音爲多的綜合

---

[1] 王竹溪(1911—1983),1938 年獲英國劍橋大學博士學位。1938—1946 年期間任西南聯大清華大學物理系教授。1946—1952 年任清華大學教授,物理系主任。1952—1962 年任北京大學教授、副校長。1978 年當選中國物理學會副理事長。在熱力學、理論物理、統計物理和數學物理領域具有很深的造詣,諾貝爾物理獎得主楊振寧、李政道皆師從過他,同時他潛心研究漢字四十餘年,編纂《新部首大字典》,上海翻譯出版公司 1988 年出版。

[2] 沈有鼎(1908—1989)是現代中國邏輯學的開拓者,擅長數理邏輯和中西邏輯史。他曾任清華大學、西南聯合大學、北京大學教授,中國科學院、中國社會科學院哲學研究所研究員。

音系"。該信還從政治因素(定都)和文化心理因素探討了基礎方言變遷的原因和表現,是一篇從社會語言學的角度考察漢語音韻的重要作品。唐蘭遺稿中,還有一包與李榮的通信,未曾發表。唐蘭是西南聯大時期李榮的導師之一,通信是針對李榮 1946 年北京大學研究院文科研究所語學部的畢業論文《切韻音繫中的幾個問題》所發,就"《切韻》增加字""繫聯反切十六公式""繫聯又音""j 化聲母"等問題提出意見,並從校勘、方言、假借、異文等不同角度進行了論證,從後來李榮所寫《切韻音系》一書來看,他對唐蘭的意見多有采納。在唐蘭的遺稿中還有一部作於 1945 年的《讀〈説文〉記》兩卷,殘存約 75 000 字。該書是從音韻學的角度研究《説文》,講古音的演變及與所附反切的關係,從音韻的角度講文字的孳乳。體例是先引諸家之説於前,再以按語點評諸説得失,並發表自己的見解。這實際是一部語言學的著作。[1]

唐蘭曾在《古文字學導論・自叙》中説:

現有的古音韻系統是由周以後古書裏的用韻,和《説文》裏的諧聲湊合起來的,要拿來做上古音的準繩是不够的。

他在《殷虚文字記》中説:

……壴、皷、喜、䶌四字,今所謂古音系統分屬各部,而卜辭時代猶相通用。

他在《殷虚文字二記——釋且、凪、泪、叡、藪、則、則》一文中,詳細地考證了且、宜、俎等字的古音、古意在漫長的歷史時期中不斷演變的曲折過程,不但有力地否定了郭沫若著名的"祖妣生殖崇拜象徵説",[2]而且論定這組字古音本屬舌頭,與"多"相近,其後才變爲齒頭正齒之音,並批評了王國維"俎、宜不能合爲一字,以聲決不同也"的説法,認爲這種只要韻部相隔,聲即不同的觀點是錯誤的。他曾多次根據古文字研究實踐中遇到的古音韻"特例",提出音韻學研究應該重視古文字動態分析得出的結論。唐蘭曾撰有《高本漢音韻學批判》《上古音韻學研究》兩部手稿,惜失於"文革"抄家之災。[3]

他曾痛心地對老友容庚説:

---

[1] 見《唐蘭全集・遺稿集・説文學》。
[2] 見郭沫若《甲骨文字研究・釋祖妣》。
[3] 見高明《唐立庵先生與中國文字學》:"據先生講,在'文革'抄家時,有《中國文字學》下册、《六國銅器》《上古音韻學研究》三本專著稿本丢失在那艱難的歲月。"見《學林往事》中册,第 701 頁,朝華出版社,2000 年。

弟對身外之物,無所留戀。未發表的手稿近百萬言,據說已送造紙廠,有些已無法重作,如《切韻》校定本,沒有幾年時間是搞不出來的。[1]

　　他一生對音韻學的研究,因其精通甲骨文字,往往依據當時一般音韻學家並未深入鑽研過的資料立論,具有獨特的價值。唐蘭數十年前,對現存上古音韻體系的局限性所作的批評,至今並未得到徹底的解決,應該引起音韻學界充分關注。

　　唐蘭的遺稿中有《讀李孝定〈甲骨文字集釋〉》一文,當年李孝定借讀"中研院"歷史語言研究所期間,做過一篇北京大學文科研究所碩士論文,唐蘭是其導師之一,該文是審讀論文時隨手作的筆記,遺稿三萬餘字,卷首注"三十三年四月廿二日起閱",筆記順次摘錄李文,間有調整。或在所引某家詮釋後,評其是非,或以"蘭按""按"等按語間下己意。[2]

　　唐蘭一生撰述最完整、影響最大的一部文字學理論著作是《中國文字學》,該書1949年3月由上海開明書店出版,書分前論、文字的發生、構成、演化、變革五章。該書認爲現在的中國文字是"在一切進化的民族都用拼音文字的時期,她却獨自應用一種本來含有意符的注音文字",這是由中國語言的特質所決定的,那種認爲繁難的中國文字仍停留在原始落後階段,是中國文化發展障礙的觀察是完全錯誤的。他説:

　　　　一個字既然是一個音節,有一千多個聲音符號(其中大部分就是意義符號)就可以把這個民族的語言通統寫出來,又何須另外一套拼音的方式呢?

　　而這種記載中華民族文化的可以貫穿古今殊語、跨越東西南北方音的文字體系,那是任何一種拼音文字所無法做到的。他還提出,研究這種特殊文字的中國文字學,既不能像傳統"小學"那樣,把形音義混雜一起來進行,其研究範疇和研究方法也絕不同於近代語言學,它應該是去除音韻訓詁,專門研究文字形體的學問。而世界其他民族的拼音文字,其形體多只有幾十個字母而已,並不複雜,沒有必要建立類似的專門研究學科,因此中國文字學是一門中國獨有的學科。本書在《導論》的基礎上,進一步把漢字的構成、演化、流變等動態分析納入論述範圍,並擴大視野,將古文字、近代文字、新文字、世界其他種類文字等,放到一起觀察,形成了一個完整的、全面的中國文字學學科體系。該書僅用了十二萬字,深入淺出,簡單扼要,口語風格,不論專家學者或普通學人都可以從不同層級上理解它的內容。它的問世,

─────────────

[1]　見《唐蘭全集·附錄》致容庚信七。
[2]　李孝定該論文已佚,後於1959年至1965年按原稿體例增訂重編了《甲骨文字集釋》一書。詳參李孝定著《逝者如斯》第49至54頁,98至100頁,臺北東大圖書公司,1966年4月;《新學術之路》("中研院"歷史所七十周年紀念文集)第914至918頁,中研院史語所,1998年10月(以上承臺北"中研院"史語所陳昭容研究員提供)。

標誌着唐蘭對中國文字學理論體系的規劃與建設基本完成。該書出版後,臺灣開明書店和天樂出版社翻印了十餘版,香港太平書局也多次重印過,但在中國大陸却因其內容與當時中央政府文字改革的方針政策相矛盾,没有再版。唐蘭在送給鄧廣銘的一部書的封面上寫道:"此書於 1948 年開明出版。因對中國文字拉丁化有不同意見被逼作處理,後致國内成爲絶版書,此爲香港重印。請廣銘同志教正。作者七八·六·廿二。"香港 1975 年版《再版説明》云:"這是唐蘭教授在二十六年前的著作,其中的觀點,特別是關於中國文字的改革部分,已過時了,但從全書來看,至今還有參考價值,故予重印。"唐蘭去世的 1979 年初,正值中國大陸開始糾正"文革"左傾思潮,一些文化禁區被衝破,《中國文字學》迅即成爲各高等院校中文、歷史、考古等專業的重要教材。上海古籍出版社的編輯們得風氣之先,把握了這部書的學術價值,意識到當時的社會需求,於 1979 年 9 月再印此書時,第一次就印行了 26 000 册,在其後半個多世紀裏,該書在"兩岸三地"再版重印了二三十次,總印數大概早已超過十餘萬册。[1]　在世界範圍内,古代埃及和蘇美爾、埃蘭、赫梯等古國都曾創建過以象形文字爲特徵的文字體系,但他們的民族文字都没有逃脱死亡的命運,相繼被廢棄,爲字母拼音文字所代替。而中華民族數千年歷史文化傳承不斷,記載維繫這個民族歷史文化的漢字,適應所有歷史時期的經濟政治文化需求,適應所有不同地域的方音,也曾經適應記録鄰邦日本、安南、高麗等民族語言的需求,這個凝聚了中華民族先人智慧的奇異文字,似乎可以在無限的時間、空間裏,記録各種語言,記録各地區各時代人們所要表達的細緻的民族情感和心理活動。甚至書寫漢字本身的方法和過程,所謂書法,也在很早以前就變成了中華民族藝術的一部分。在當代,它更被證實也可以適應電腦、網絡等所有最新科學技術的進步與發展,不僅如此,電腦技術的發展進步,反而在一定程度上,幫助解決了部分漢字認、讀、寫固有的困難,使學習和使用漢字變得容易了許多。隨着中華民族的復興,世人都迫切需要瞭解漢字何以能具有如此頑強的生命? 何以能對一個古老民族的融合凝聚產生如此巨大的作用? 唐蘭的《中國文字學》系統性地解答了這個問題,這部博大精深而又生動活潑的著作,能如此長盛不衰廣泛傳播的原因即在於此。該書已成爲闡述偉大漢字最權威的著作,基於此,許多學者稱譽唐蘭是現代中國文字學理論的奠基人,他當之無愧。但是,由於種種原因,唐蘭的這些重要著作,很少有外文翻譯出版。近年來,北京故宫博物院組織二十餘位院内外學者,歷時八年多,進行《唐蘭全集》的整理編輯工作,隨着工作的進展,影響已擴及海外。美國芝加哥大學著名漢學家夏含夷、韓國全南道大學漢學家吳萬鍾、日本學者崎川隆等,已在着手《中國文字學》的翻譯工作,相信這部書英日韓本的出版,將極大地推動世界範圍内對漢字的接納和瞭解,唐蘭研究舉世獨步的中國文字學的卓越成就,必將在 20 世紀世界學術史上留下深刻印記。

---

[1]　關於《中國文字學》出版的版次印數,得自上海古籍出版社吳長青等幫助查閱。

新中國成立之初,唐蘭看到文字改革運動中出現了全面否定漢字的錯誤傾向,他立即投身於保衛漢字的鬥爭中,1949 年 10 月 9 日他發表了《中國文字改革的基本問題和推進文盲教育、兒童教育兩問題的聯繫》一文,指出"文字改革的主要目的是使文字易於學習,但改革文字必須注意到中國具體環境。中國語言同音字眾多,改用純粹的拼音文字是不可能的,考慮到漢字承載着過去的歷史文化,完全廢除漢字更是行不通的"。他的文字改革觀點曾遭到《中國語文》編輯部"反對文字改革""要提出階級立場的問題"的指責,1956 年他在該刊上發表了《論馬克思主義理論與中國文字改革的基本問題》進行反駁,提出"史達林的'語言沒有階級性''不是上層建築'等理論,同樣適用於文字,是中國文字改革應該遵循的馬克思主義基本理論"。"考慮到中國近代史上歷次文字改革和周邊漢字圈諸國漢字改革的經驗教訓,那種主張廢除舊有的漢字體系,重新創造新的拼音漢字體系的做法是不現實和錯誤的"。在重壓之下,1957 年 4 月,他先後在《人民日報》和《光明日報》上發表了《行政命令不能解決學術問題》和《要説服不要壓服》兩文,提出"中國文字有很大優點,而其繁複難學的缺點是可以逐漸克服的",他呼籲"在研究文字改革等科學問題時要徹底貫徹'雙百'方針,讓大家暢所欲言,而不應只靠會議決定和簡單行政命令"。20 世紀中葉,在中國大地上,那場由中央政府發動和領導的文字改革運動,最終目標本來是欲使漢字"要走世界各國共同的拼音方向",但在走過了"推廣普通話""漢字簡化方案""漢語拼音方案"等步驟後,中途停頓下來,而沒有繼續向"漢字拼音化"方向強行推進,這與唐蘭等眾多有識之士的建言、抵制、鬥爭不無關係。

1952 年,高校院系調整,唐蘭奉調至故宮博物院工作,1956 年在他的領導下故宮組織"五省市出土文物展覽",他親自撰寫《五省出土重要文物展覽圖錄序言》。1959 年,他又領導組織"歷代藝術館"陳列展覽,在紫禁城中心地帶保和殿及其東西兩廡展出 3368 件藏品,這是故宮博物院歷史上規模最大的一次古代藝術藏品的展示,他親自撰寫"陳列大綱"和"總説明",展覽主題明確,並通過藏品的展示對古代藝術史中的許多具體問題提出了科學的解釋。經過此次展覽,他還爲故宮立下"展出必有大綱和説明"的規定,使故宮此後的展出陳列逐步建立在學術研究的基礎上,大幅度提高了故宮陳列工作的學術水準。

他不斷研究新發現的殷周時期的金文資料,先後寫了《郟縣出土的青銅器》《宜夨㲃考釋》《朕簋》《永盂銘文解釋》《史頵簋銘考釋》《𠁩尊銘文解釋》《西周時代最早的一件銅器——利簋銘文解釋》《關於大克鐘》等,其中考釋永盂銘文時,利用銘文中出現的益公、邢伯、榮伯、尹氏、師俗父、遣仲等重要人物,串聯起一批時代事件相關聯的人物,列出關聯人物表,用來研究西周中期的歷史。他寫的《陝西省博物館陝西省文物管理委員會藏青銅器圖釋叙言》《陝西省岐山縣董家村新出西周重要銅器銘辭的譯文和注釋》《用青銅器銘文研究西周史——綜論寶雞市近年發現的一批青銅器的重要價值》《略論西周微史家族窖藏銅器群的重要意義——陝西扶風新出牆盤銘文解釋》等,綜合研究新出土銅器資料,經過銘文與文獻互證,認爲屬王初期有雄心大志,並進行過南征,因而判定禹鼎、毛公鼎等應爲屬王時器。噩侯馭方鼎中的"噩"即"鄂",應是現在河南省鄧縣的"鄂"。函皇父諸器從銘文内容看應是宣、幽時器;對董家村出土的裘衛四器、儮簋、公臣簋和此鼎、此簋共八件銅器七篇銘文作了白話翻譯和注釋;何尊記成王初遷宅於成周,駒父盨蓋記宣王十八年向南淮夷索取貢賦,裘衛四器銘文記載了西周時期的租田易地的細節。當時田地屬王有,貴族只有使用權,九年衛鼎記矩向裘衛取了一輛車和車馬飾,把林𥐻里給他,事實已構成以物易地。儮簋則記載了一紙西周後期的判決書,是我國法律史上一件極其重要的文獻;伯戔諸器中則保存了珍貴的民族史資料,器銘中的灘戎即後來的獫狁。陝西扶風窖藏出土牆盤等 103 件西周青銅器,這批銅器銘文有昭王伐楚的記載,微史家族則是武王伐紂時曾率領的八族之一,成王立政也有微和盧的君長,可見周王朝對當時異族的接納。其中西周中期的銘文有些記録了奴隸主經營農業的情況;牆盤對每一個王和祖先,都冠以兩個字的形容詞,這是謚法的濫觴等等。他對許多銘文所做的現代漢語翻譯,是普及古代歷史知識的有效辦法,現已成爲各博物館中國青銅器先秦陳列中的重要模式。

　　早在 1929 年唐蘭在研究矢令方尊時,就實質性地提出了"康宮"斷代問題,1934 年他又發表了《作册令尊及作册令彝銘文考釋》一文,進一步論述了這一問題。後來郭沫若、陳夢家等不同意這一結論,從不同角度對這一論題提出質疑。針對這一情況,1962 年,唐蘭終於把這個縈繞腦中三十餘年的懸案寫成《西周銅器斷代中的"康宮"問題》長文發表。該文通過深入考證西周的宗法制度和祭祀制度,具體針對郭沫若、陳夢家等提出的不同意見,從各個方面,逐條作了詳盡的答疑解釋。論定金文中的"京宮"是太王、王季、文王、武王、成王的宗廟,"康宮"是康王的宗廟,康宮中的昭、穆、夷、厲,應爲昭王、穆王、夷王、厲王之廟,金文中凡記有諸王宮廟之銅器皆應爲諸王身後之器。再一次論定"康宮原則"是繼王國維、郭沫若"標準器斷代法"之後,金文斷代的又一重要標準。此標準提出後,不斷驗證其後新出土銅器銘文,屢試不爽,至今未見與其衝突而不可解釋者,這個斷代標準逐漸爲多數金文研究學者認同。這不僅解決了一批銅器銘文的斷代問題,也影響到對西周史一些問題的分析。1973 年在此文基礎上,他又寫了《論周昭王時代的青銅器銘刻》長文,重點解決昭王銅器,上篇彙集昭王時代有南征記載的五十三篇銘文,逐篇作了考證;下篇以事件、人物、器形花紋、出土等項列表排比,找出各器之間的聯繫,再結合有關文獻,從銘文的專名、慣語、文法、文字結構、書法等方面分析此期銘文的特點。利用"康宮原則"把一批過去認爲是成康時期的金文資料重新定位,從而用昭王銘文歸納出昭王兩次南征的大概歷史輪廓,爲利用金文資料重新全面研究西周史解除了認識上的部分障礙。在唐蘭去世前的三年(1976 年至 1978 年),他帶病竭盡全力撰寫《西周青銅器銘文分代史徵》一書,原計劃要寫三卷二百萬字,但是他生前只寫了五十萬字。[1]　現有該書,

---

[1]　見王玉哲《甲骨文自然分類簡編序》。

是唐蘭次子唐復年據遺稿加工編輯而成的。書稿寫到穆王,收入的 36 件穆王世銘文已寫就,但總論尚未及撰寫。全書以王世爲綱,前有總論,後有對該王世諸銘文的詳盡訓釋,每篇銘文有釋文、意譯、注解、説明等項。書稿裏還有一篇四十八頁紙的銅器銘文釋文集録,共收入武王到夷王的銅器 269 件,寫於 1976 年,按唐蘭寫書的習慣,知道這是他全書撰寫之前初擬的寫作提綱,這個提綱尚缺屬、宣、幽三王時期的内容,從中可以瞭解唐蘭對夷王以前諸器的釋文和斷代的初步想法。20 世紀系統地研究西周金文的作品,30 年代曾有郭沫若的《兩周金文辭大系》,50 年代有陳夢家的《西周銅器斷代》,郭書創通體例,首倡標準器斷代法繫聯西周銅器;陳書沿襲郭書體例,並注重結合考古實踐的成果。唐書的未完稿發表於 70 年代末,繼承上兩書的框架,輔之以用康宫原則斷代,緊密而系統地結合西周文獻,增加了大量新出金文資料,明確地提出了用西周金文重寫西周史的任務。這部凝聚他一生心血和學識的作品,是一部我國金文研究史上極具創造性和總結性的著作。

與《史徵》並行,唐蘭曾醖釀撰寫一部系統總結一生甲骨文研究的著作《殷墟文字綜述》,作爲計劃的一部分,他準備先行編一部有文字考釋和辭例通讀的甲骨文字典,現存的近四十萬字的遺稿,就是其爲編輯這部字典所做的資料考證準備。1999 年唐復年據此整理編輯成《甲骨文自然分類簡編》,由山西教育出版社出版。唐蘭遺稿原件分三部分:第一部分把孫海波《甲骨文編》的字頭打散,分别歸入像物、像人、像工、待問四部分,編 4291 號;第二部分從第一部分中選取“象形字”作爲部首,像物分 87 部,像人分 56 部、像工分 55 部、像用分 71 部,共設 269 個部首;第三部分把第一部分中四千多字頭再分别編入二百多個部首之下。第三部分完成時,唐蘭寫道:

初稿寫成四册:① 像萬物:估計爲 887 字;② 像人身:初步估計爲 1113 字;③ 像工具:粗略估計爲 673 字;④ 像器用:約爲 809 字。共約三四四六字,剔除重複、錯誤,大約不到 3 000 字。寫二稿時,首先得將底稿全部與《甲骨文編》核對一過,然後先編“像物”,即須先用此初稿與“像物”底稿再核對一過。其次根據《文編》查核原書。至於直接讀各原書,則目的在通文義,定辭例。編“甲骨文全集自然分類簡編”,兩者必須相輔而行,不應只研文字,脱離卜辭;也不應只搞卜辭,不通文字。

1976 年 9 月 27 日晚

這部字典雖未完成,但這部遺稿却第一次展示了他的“自然分類法”全貌。在《古文字學導論》《中國文字學》中,唐蘭從理論上論述了他構思的這個古文字整理方案,在《天壤閣甲骨文存》中,他依法試作了一個檢字目録,而此遺稿則全面鋪叙了他對全部甲骨文字的分析與歸納的具體内容。我們看到他最後的“自然分類法”概念,是以純象形文字爲綱領統率全部文字的,所分像萬物、像人身、像工具、像器用,較之《中國文字學》的像身、像物、像工、像事,將"像事"改爲"像器用",又進一步純化了象形的概念。書中對三千餘甲骨文字的具體考釋,則全面記録了他晚年最後的釋字意見,其中有許多意見是他生前未發表過的。裘錫圭在《回憶唐蘭先生》一文中説:

> 我爲了在陳列中表示商代的田獵方法,需要用甲骨文中象"隹"在"網"下之形的一個字,問先生這個字應該怎樣釋。先生説,你就釋作从"网"从"隹"的"羅"(zhào)好了,這個字是見於《説文》的。這個意見,唐先生在此前所發表的書和文章裏没有講過,只見於山西教育出版社 1999 年出版的遺稿《甲骨文自然分類簡編》(見 134 頁)……我想在《簡編》中,類似"羅"字的例子一定不少。[1]

《史徵》《簡編》兩部未完稿,記載了他對中國古文字學最後的研究成果。

唐蘭一生對中國學術事業最大的貢獻就在於他對中國文字學理論與實踐的建樹,張政烺曾評價説:

> 唐蘭開始考釋金文在三十年代,初極認真,曾自謂以孫詒讓爲榜樣,檢查成績,實過之而無不及。[2]

顧頡剛在 1945 年總結中國近代史學的發展時指出:

> 甲骨文字的考釋,以唐蘭先生的貢獻爲最大。他有《古文字學導論》《殷虚文字記》《天壤閣甲骨文存考釋》。唐先生在古文字學上,所用的有兩個方法,一個是自然分類法,一是偏旁分析法。這兩個方法是由唐先生所發現,前者打破了許慎《説文解字》所用的分類方法,後者對於文字的認識是一個很大的進步。由這一個方法,許多不認識的字都可以認識,而其準確性亦極大。[3]

除文字學取得巨大成就之外,唐蘭在考古學和歷史學兩個學術領域也作出很大貢獻。

60 年代以後,他被任命爲故宫副院長,主持故宫業務領導工作。他一生的最後二十來年,再没有離開故宫,這期間各地重要的考古發現常請他指導,特别是新發現的銘刻資料,多

---

［1］　見《裘錫圭學術文集》第六卷第 191 頁,《回憶唐蘭先生——爲紀念唐先生百年誕辰而作》。
［2］　見張政烺《唐蘭先生金文論集》序,紫禁城出版社,1995 年。
［3］　見顧頡剛 1945 年著《當代中國史學》下編《近百年中國史學的後期》,第二章"甲骨文字與金文的研究"第三節"甲骨文斷代研究的發現與文字考釋"。本文引自上海古籍出版社"蓬萊閣叢書"《當代中國史學》,2002 年。

請他幫助釋讀,他的作品反映出在這一時期裏,對國内各考古工地上幾乎所有重要的發現,他都作出過深入的觀察與研究。如遼寧喀左的窖藏青銅器,陝西周原發現的窖藏青銅器與西周甲骨,考古工作者都在第一時間來請教他。對喀左銅器,唐蘭一見就指出這是古代孤竹國銅器(後來李學勤循此考證出器上銘文即有"孤竹"兩字)。湖北江陵望山楚墓發掘後,唐蘭率先考釋出越王勾踐劍的銘文。1958 年湖南出土有鞘銅劍,唐蘭當即寫了《說劍》一文,結合出土實物及傳世藏品,詳細論證了《考工記》等文獻中有關劍的各部位及其附屬物名稱的來歷,並提出劍的出現與發展是由於我國春秋以後步戰的需要,應是從戎狄部族傳過來的。[1]　1977 年夏天,在陝西考察鳳翔秦都雍城地下建築,唐蘭當場指出其地即《詩經·七月》之"淩陰",後終被考古學者確認爲秦公的冰窖。

唐蘭以深厚的古文獻知識積累,結合其對中國古文字精準的釋讀,在認識考古新發現的出土資料中發揮過重大作用。20 世紀 60 年代,山西侯馬出土大批載書,唐蘭於 1972 年從干校返京後,立即撰寫了《侯馬出土晉國趙嘉之盟載書新釋》一文,將已清理公布的載書分爲三類:提出前兩類所記盟誓,是由於趙襄子軼死後,趙獻子尼繼位,趙桓子嘉將尼逐出晉國而自立,爲防範其復辟,由趙桓子嘉主盟而舉行的。第三類是因有人策劃使趙尼復辟未遂而舉行的又一次盟誓,由少數人自己作誓。由趙嘉主盟的時間是周威烈王二年的正月乙丑日,當趙桓子元年,即晉幽公十年(公元前 424 年)。第二次的自誓,是在同年較晚的時候。盟誓都是向皇君晉公(晉武公)的神明作的。

20 世紀 70 年代長沙馬王堆漢墓的出土是我國考古學史上一次重大發現,唐蘭在多次座談會上對墓葬年代、墓主、隨葬品等作出了重要的分析。特別是對三號墓出土帛書的内容、性質作了很精闢的解讀。他於 1974 年開始進入馬王堆整理小組工作,有機會接觸原始資料,據參加小組工作的張政烺說:

> 其《老子》甲本釋文出先生手,《老子》乙本卷前古佚書先生貢獻亦不少,1976 年春討論《春秋事語》《戰國縱橫家書》,費時一個半月,先生曾多次出席發言。[2]

他還陸續發表了《〈黃帝四經〉初探》《馬王堆出土〈老子〉乙本卷前古逸書的研究》《關於帛書〈戰國策〉中蘇秦書信若干年代問題的商榷》《司馬遷所没有見過的珍貴史料——長沙馬王堆帛書〈戰國縱橫家書〉》《馬王堆帛書〈却穀食氣篇〉考》《試論馬王堆三號墓出土導引圖》《長沙馬王堆漢軑侯妻辛追墓出土隨葬遣册考釋》等。考證三號墓帛書《經法》《十大經》《稱》《道原》等四篇,確定它們正是抄寫於漢文帝初期的《黃帝四經》,這部書流行於戰國後期,漢初

---

[1]　見《唐蘭全集·遺稿集·青銅器學》,《說劍》。
[2]　見張政烺《唐蘭先生金文論集》序。

重新被推崇,於南北朝後期失傳。帛書《戰國縱橫家書》可能是漢高祖或惠帝時的寫本,也可能就是零陵守信所編輯的,它保存了埋沒兩千多年的蘇秦書信和談話的第一手資料。唐蘭在1941年就寫過《蘇秦考》,此次結合出土帛書,得以進一步詳細地考證分析了蘇秦其人和這段歷史。唐蘭早年學過中醫,對帛書《導引圖》中導引行氣、按摩牽引、却穀食氣等古代醫學專有名詞術語,考證起來得心應手。唐蘭還對一號墓出土遣册內容,參照《既夕禮》明器的陳列次序,重新作了合理的編排。總之,唐蘭爲馬王堆漢墓的全面解讀作出過重要貢獻。

新中國成立以後,唐蘭閱讀了大量史學理論著作,接受了馬克思主義史學觀;他青年時代刻苦鑽研傳統古籍經典,後又多年在各大學講授這些經典課程,六經皆史,傳統史料,爛熟於胸;他精通中國古文字,善於利用這些地下出土的第一手史料立論,因而在研究古史問題時,他的立論和對論據的使用,往往是深刻而有說服力的。1953年他發表了《從金屬工具的發明過渡到手工業脫離農業而分立的問題》,文中批評了教條地套用恩格斯根據歐洲歷史進程歸納出的"鐵器工具是手工業和農業分離標誌"的觀點,他認爲中國手工業和農業分工遠在鐵器出現以前,從商代就已經發生了,這種公式不符合中國歷史的實際情況。1959年他又寫了《中國古代社會使用青銅農器問題的初步研究》,考察中國歷史上金屬工具的使用與生產力發展的關係,查驗古文獻記載、考古發掘和古文字資料,對九種四十余件傳世及出土的青銅農具的名物制度進行了詳細的考證和說明,證實我國早在商周時期曾經廣泛使用過青銅農具。這兩篇論文,清除了中國先秦史生產力研究領域中的一個重要理論障礙,是唐蘭在歷史研究中自覺地運用馬克思主義基本理論作指導,根據第一手史料,實事求是地研究中國歷史的重要成果。

年代是歷史的脊梁,唐蘭寫過《西周紀年考》《中國古代歷史上的年代問題》兩文,經過比較各種資料,他認爲《竹書紀年》與《殷曆》是比較可靠的,二者很可能是同一系統的。《殷曆》所缺夏代紀年,可以《竹書紀年》補足;《竹書紀年》的西周年代有錯字,可以《殷曆》補改,二者互補得出的夏商周年代,應該是較爲可信的。至於孰爲真正之曆年,則有需於西周所用原曆,與地下、紙上新史料的發現,並說"苟赴以躁心,而期以必得,雖可假構一系統,真象終於難明矣"。唐蘭的意見並不過時,對我們今天開展的夏商周歷史年代學研究仍有重要的參考價值。

關於古史分期問題,唐蘭不同意"商代是原始氏族社會的後期,即父權制的發展期——軍事民主主義時期"的觀點,他寫了《關於商代社會性質的討論》一文,認爲商王朝是一個很強大的國家,有很多被殘酷壓迫的奴隸,有商人階級,有刑法,有流傳已久的文字和典册,青銅器和其他手工業都十分發達。這些相互聯繫着的事實表明,當時肯定已經是奴隸社會。唐蘭還不同意郭沫若把奴隸社會與封建社會的分界劃在春秋戰國之際,他寫了《春秋戰國是封建割據時代》一文,認爲由西周時期到春秋時期的最大變化是農業奴隸的解放,庶人工商的新身份,與士、農、工、商的列爲"四民",這是奴隸社會崩潰、進入封建社會的標誌。這些現象出現於平王、桓王之際,即公元前720年左右。夏、商、西周三代是奴隸社會,秦滅六國建立起專制的統一的封建社會國家,而整個春秋戰國時代是過渡時期,是封建割據時代,不宜分割開來。

晚年,他應中國社會科學院顧問、世界歷史研究所名譽所長陳翰笙的邀約,曾五易其稿,準備撰寫《中國古代的奴隸制國家》一書。這部約十萬字的書最終未能完成發表,但全書的構思和基本史料運用在他發表的幾篇論文中有所體現:如《關於"夏鼎"》《從大汶口文化的陶器文字看我國最早文化的年代》《再論大汶口文化的社會性質和大汶口陶器文字》《論大汶口文化中的陶溫器——寫在〈從陶鬹談起〉一文後》《中國有六千多年的文明史——論大汶口文化是少昊文化》等,他認爲大汶口陶器上的文字不是符號,而是我國最早的意符文字,是商周時代文字的直系遠祖。這種文字首先出現於黃河、淮河之間,在相距數百里的地方出現筆畫結構相同的文字,説明這一地區有通行的民族語言,這只有存在統一國家的情況下才有可能,它是奴隸制國家業已建立的重要證據。從大汶口墓葬隨葬物品的放置情況可以看出,當時社會處於以父權制爲主的家長制家庭階段,農業與手工業的分工已經出現,貧富分化的現象十分突出,禮制也已經取得相當的發展。與傳統文獻結合起來考察,中國的奴隸制時代是十分漫長的,大約有三四千年,可分爲三期:太昊、炎帝、黃帝、少昊時期爲初期,帝顓頊到帝舜時代爲中期,夏、商、周三代爲後期。大汶口文化是少昊文化,是初期奴隸制社會的文化,中國應有六千多年的文明史。唐蘭的論斷,因到目前爲止,大汶口資料的發現内容尚嫌單薄,還無法證明這些陶器上發現的記號已經可以記録當時的語言,因此難以得出大汶口記號是文字的定論,但是他對大汶口記號的重視,是值得學術界關注的,他對中國奴隸社會格外漫長的論述,少見有人提到,是他獨立提出的觀點,亦值得史學界認真注意。

唐蘭學識淵博,才華橫溢,在不少學術領域裏,稍加涉獵,便作出不少成績。如青年時期對古詞譜的研究,1931 年發表的《白石道人歌曲旁譜考》,考證宋代姜夔詞旁標的俗字譜。1932 年 12 月他又在《燕京學報》上發表《瞿禪先生〈白石歌曲旁譜辨〉跋》一文,與夏承燾深入討論此譜,這是 20 世紀較早開始對此重要古代音樂文獻進行研究的論文,對弄清該譜的讀法與用法起到了"篳路藍縷,以啓山林"的作用。1933 年底他發表的《古樂器小記》研究了古代樂器的形制、緣起、演變及其各部位名稱、懸置制度等,也是中國古音樂史研究中的重要著作。

在文學方面,青年唐蘭曾在周公館任教,有機會結識上流社會的士紳文人騷客,又因在上海栩園編譯社系統研習過詩詞格律,也由於他長期對古音韻及曲譜有過很深入的鑽研,在嚴謹的學術研究之餘,他也頗能填詞賦詩,發表在民國時期報刊雜誌上的舊體詩詞現已收集有五六十首,其詩風浪漫艷麗,韻律工整,因而年紀雖輕,却名列須社,其作品還被多次輯入民國時期詩詞選集。[1] 其詩詞中也不乏反映祖國山河破碎,詩人憂國憂民情懷的作品。

---

[1] 須社,成員多是客居津門,社會地位高而年長的南方籍人,須者鬚也,故名。其成員有管洛聲、周學淵、徐芷升、查濟猛等,其詩集有《煙沽漁唱》等。

　　1925 年,民國執政段祺瑞突然心血來潮,欲附庸風雅,親自命題閱卷,以《聖賢與英雄異同論》爲題,向天下士子徵文。青年唐蘭在無錫國學專修館讀書時,就曾撰文《裁兵議》,文中對連年軍閥混戰,武夫統兵,禍國殃民,十分憎惡。此次應徵著文,便借題發揮,對"亂世英雄"大加撻伐,文筆酣暢淋漓,頗富文采。可憐命題閱卷者不以爲忤,竟評其爲甲等第一名,尚頒賞銀四百以嘉獎。1926 年 2 月該文被章士釗登載於《甲寅周刊》第一卷第二十六號。章士釗篇末附語曰:"右爲執政徵文命題,自行校閱各卷。忽饒興趣,爰擬斯篇,以示多士。孤桐謹識。"唐蘭同學王蘧常在其所編《國學年刊》第一期上亦載此文,文末案云"……合肥某公見之大激賞,壽以四百金,唐君倪手豪遊數日而盡,已而,敝車羸馬泊如也。余聞而大歎其落拓自熹如此,以告同學欲審唐君近狀者",一時傳爲佳話。

　　1930 年他寫過一短篇小説《乞漿記》,以第一人稱口吻講述與豆漿店姊妹偶遇、結識的故事,全篇用文言叙述,人物性格和故事環境被描寫得栩栩如生,這是他平生唯一保留下來的展示其純熟駕馭文學語言的能力和才華的作品。[1]

　　1936 年他寫的《讀古詩〈明月皎夜光〉》,從研究古詩十九首入手,提出"五言詩産生於西漢武帝與成帝之間"的觀點;1942 年,西南聯大中文系浦江清教授赴上海休假,請唐蘭代課,唐蘭遂開"宋詞選讀"課,唐蘭的遺稿中有毛筆書寫的《宋詞》一部,抄錄宋詞 111 閺,每詞均標注韻讀,並做簡單解釋,其中選柳永詞七十四閺、蘇軾詞十五閺、晏幾道九閺、王詵四閺、王觀三閺,其餘歐陽修、蘇舜欽、王安石、王安禮、韓縝、舒亶各一閺,足見其對柳詞的偏愛。據説唐蘭授課方法主要是在課堂上抑揚頓挫地朗讀原作,與同學們一起欣賞,並不過多講解,這份遺稿可能即當時課堂上朗讀所用的。

　　1962 年郭沫若在《光明日報》發表《擬〈盤中詩〉的原狀》一文,唐蘭隨即寫了《關於〈盤中詩〉的復原》短文,提出異議,認爲原詩没有缺字,不必補字也可以復原,並公布自作的復原圖。現存遺稿還有《論〈盤中詩〉的作者》,提出據《玉臺新詠》所記,該詩應爲晉初人傅玄所作等。

　　在法書研究方面,唐蘭 1963 年寫了《〈神龍蘭亭〉辨僞》一文,指出故宫藏馮承素摹《蘭亭序》帖卷,書風過於流美甜潤,王羲之書法特有的雄强奇宕的骨力蕩然無存。其筆法毫無頓挫,缺少《奉橘》《喪亂》等唐摹右軍諸帖當中極似隸意的方筆。右軍原稿二十八行,每紙各十四行,而此帖前幅十三行,後幅十五行,過於緊促,是移易行款縮短行間寬度造成的,且疏忽了徐僧權押縫是在十四行"欣"字左側。據唐代張彦遠《法書要録》記載,唐前期内府收藏印記除唐太宗的"貞觀"和唐玄宗的"開元"二璽之外,並無唐中宗"神龍"璽。因此"神龍"小璽是僞造的,此帖的宋元人題跋也是拼湊起來的。《神龍蘭亭》出現於南宋末年宋理宗的駙馬

[1]《乞漿記》載《一爐半月刊》第一卷第一號,1930 年 4 月 1 日,該刊的主編是唐蘭的朋友吳秋塵。

楊鎮家裏,共兩本,都是僞造的,此帖是根據僞本再次作僞。

唐蘭雖不以書家自居,但其酷愛書法藝術,1945 年抗戰勝利,他帶着欣喜的心情,創作了很多書法作品,並在昆明舉辦過一次個人書法展覽。展品從甲骨文、金文到篆隸行楷,各種書體都有。他的字不拘程式,興之所至,隨性揮灑,將深邃的學養融於筆端,其強烈的個人書風,獨具一格,廣受人們稱譽。1946 年 5 月 4 日西南聯大北歸前夕,建"國立西南聯合大學紀念碑",公舉北大、清華、南開三校馮友蘭等五教授撰寫碑文,唐蘭爲與書教授之一,執筆書寫碑陰篆額"國立西南聯合大學抗戰以來從軍學生題名",與書此碑體現了西南聯大師生對唐蘭在抗日戰爭時期忠於祖國的崇高民族氣節的肯定和贊譽。

在古天文方面,唐蘭在 1939 年寫了《關於歲星》一文,他以甲骨文爲證,認爲我國早在商代就開始注意歲星的運行了。《左傳》《國語》裏關於歲星的記載共有十二處,從中可以發現188 年裏歲星所在的"辰"幾乎沒有變動過,之所以會有這種奇怪的現象,是因爲這些關於歲星的故事,大抵是根據戰國初占星家的傳說而來的有關歲星所在的辰次,也是根據當時的現象來附和的,並非真實記録,亦和用歲星紀年不同。

唐蘭於學問,平生服膺者四人而已:孫詒讓、王國維,師事之;郭沫若、陳寅恪,友事之。討論學術從不顧及情面,與等而下之者難有爭議發生,而界内名流大家,却少有不受其批評者,雖常有"恃才傲物"之譏,然秉性豁達樂觀,亦不見其因之結私怨於人。

唐蘭大半生是在大學講壇上度過的,奉調故宫後,20 世紀 60 年代他還兩次被北京大學歷史系和中文系邀請去講過古文字學課程。他桃李滿天下,我國文字、語言、文學、歷史、考古各個領域的著名學者如胡厚宣、陳夢家、李埏、汪曾祺、朱德熙、張政烺、鄧廣銘、楊向奎、殷焕先、王玉哲、李孝定、李榮、高明、裘錫圭、郝本性等,有的出其門下,有的與他有過密切學術交往,都曾受過他的教益,其學術活動影響了數代學者。終其一生,唐蘭是一位卓越的愛國主義學者,其學術成就在 20 世紀中國和世界學術史上應該占有重要地位。

[本文定稿於 2015 年 1 月 19 日。原載《唐蘭全集》第一册,第 1—24 頁,上海古籍出版社,2015 年 11 月。劉雨先生入職故宫博物院後,更多地關注唐蘭先生的學術貢獻,從 2009年起,先生又受命主編《唐蘭全集》,故這十數年間,先生撰寫了多篇有關唐蘭先生的文章,如《一代大師——紀念唐蘭先生誕辰百年》(《中國文物報》2001 年 2 月 14 日第 5 版)、《唐蘭先生著述繫年》(與丁孟合作,《古文字研究》第 29 輯,中華書局,2012 年)、《唐蘭先生的治學之路》(《故宫博物院院刊》2015 年第 5 期)等,這些文章在《唐蘭全集》出版時,先生基本上都融合進了《前言》中,故不再單獨收入,存目於此]

走進學術大師的思想

——《唐蘭全集》整理編輯出版紀實

唐蘭先生(1901—1979 年)浙江嘉興市人,中國文字學理論奠基人,一位在 20 世紀中國和世界學術史上留下重要足迹的學者。他青少年時代飽覽經史子集,尤精於傳統"小學",並注重以其所學與當時新出的甲骨金文和敦煌文獻資料相結合做研究,走出了一條正確的治學之路。在他成長的道路上,又得到王國維、羅振玉等近代優秀學者的指導幫助,從上世紀 30 年代中期起,他在北平的北大、清華、燕京、輔仁等著名高等學府所做聲名卓著的教學工作,及同時期以課堂講義爲底本所寫出的著述,使其成爲學術界頗負盛名的學者。抗日戰争時期,他不甘做亡國奴,由北平只身逃奔昆明西南聯合大學,教書育人,表現了一位愛國學者的崇高民族氣節,同時也保持了他學術研究的連續性。建國之後,他奉調故宫博物院工作,出任故宫學術委員會主任、副院長等職,規劃指導故宫的學術研究,還不斷應邀指導全國各地文博單位的科研工作,爲我國的考古文博事業作出了重要貢獻。他一生對於中國文字學學科體系的構建、甲骨文字整理考釋及自然分類法的提出、西周金文青銅器及東周古文字資料的研究,對長沙馬王堆漢墓出土簡牘帛書的整理研究等均作出杰出貢獻。他先後被推選爲中國科學院歷史研究所學術委員、北京歷史學會理事、第一屆中國古文字研究會理事等。1959 年起被推舉爲北京市第二屆、第三屆政協委員,1978 年被推舉爲第五屆全國政協委員。

著名史學家、古文字學家張政烺先生在 1995 年曾提出編輯《唐蘭全集》的設想,但因當時缺少唐先生早期作品資料而未能成行。2006 年,故宫博物院正式科研立項,成立《唐蘭全集》整理編輯小組,指派劉雨、丁孟任正副組長主持其事,聘請裘錫圭、高明、曾憲通、吳振武、郝本性、吳鎮烽、(美)夏含夷、(英)汪濤八位先生爲學術顧問,組織院内外二十餘位專家學者,歷經九個春秋,終於在 2015 年故宫博物院九十周年院慶時節,由上海古籍出版社出版。

此次將唐先生一生保留下來的 400 萬字作品匯編爲《唐蘭全集》,成書文字用繁體豎排新式標點,16 開本,紫紅布面燙金,精裝出版。其中《論文集》共輯 4 册,收錄已刊作品 232 篇,各篇以寫作時間先後排序;專著 6 種:《古文字學導論》1 册、《殷虛文字記》《天壤閣甲骨文存並考釋》《中國文字學》3 種合輯 1 册、《西周青銅器銘文分代史徵》1 册、《甲骨文自然分類簡編稿本》1 册,各書依出版時間先後排序;《遺稿集》則按内容分《説文》、甲骨、青銅、石刻等 11 類,各篇以類相從排序,輯 3 册,收錄未刊手稿 59 篇、部;另收詩詞 74 篇、信札 54 件、附録 3 種等合輯成最後 1 册,全書總計 12 册。

　　《唐蘭全集》的整理編輯工作開始前,制定了"存真、求全、時間服從質量"的運作宗旨,唐先生家屬把家中收藏的著述及手稿悉數捐獻故宫,乃爲整理編輯工作打下了基礎。整理小組一方面認真核查校勘已到手的文稿,一方面重點搜集唐先生早年發表的作品,上世紀二、三十年代唐先生曾在天津主編《商報文學週刊》和《將來月刊》,在兩刊上發表了多篇文章,但兩刊現存世極少,整理小組在全國各大圖書館及文博機構拉網查找,最終在國家圖書館、北大圖書館、北京師大圖書館、天津圖書館等處基本找全了唐先生在兩刊中發表的文章,同時還找到了唐先生在無錫國學專修館求學時期所寫的課業論文十餘篇,在遍查數十種民國時期報刊雜誌後,找到了論文、雜文、詩詞百餘篇,可以說唐先生一生創作的已刊發的作品基本罄集於此了。

　　此次整理編輯工作對以前整理過的《西周青銅器銘文分代史徵》和《甲骨文自然分類簡編》兩書重新做了整理,《史徵》檢出並修正了原書各類錯誤數千條,並把原整理者以己意附加的内容除掉,還把手鈔本改爲排印本。《簡編》則首次公布了經過重新排列整理的唐先生全部手稿 400 多頁,將已刊原書列附於後,前後對照作了比較分析,具體指出原整理本存在的問題,寫了長篇的《整理説明》,使兩書恢復了唐先生作品的原貌。《古文字學導論》《殷虚文字記》《天壤閣甲骨文存並考釋》《中國文字學》四書原刊本字體過小,本次重新編輯,適當擴大了版面和字體,以方便讀者閱讀。全書還藉助現代技術與資料,增補和更新圖版 1 500 餘幅。

　　《唐蘭全集》整理編輯中遇到最大的困難是對《遺稿集》中百餘萬字未刊未寫就的手稿的處理,這部分資料除少數篇章接近完稿,狀況較好外,大部分内容十分龐雜,頁碼散亂甚至没有,字迹潦草模糊,有不少寫在大幅草紙上的文稿,字很小,又有大量古文字字形,字難辨認,次序、内容難以理解,整理者皆以驚人的毅力,幾年如一日地爬梳分析,克服重重困難,才得以整理成爲一般讀者可以閱讀的程度。鑑於以前整理工作的教訓,編輯小組特立内規:我們的工作是復原作者手稿,而不是企圖代作者改定成稿,整理中不得改動原稿字句,也不得添加整理者的字句。整理的任務只是辨識草字、模糊字,歸納散亂字句的邏輯次序,增加標點,個別篇章表格化等。這百餘萬字第一次面世的文稿,其中許多篇章記載了唐先生撰述學術課題和考證具體文字尚未發表的成果,從中透露了不少他多年積累的治學方法和經驗,對後來學者很有啓發作用,是此次整理工作最有價值的部分。

　　《唐蘭全集》的出版發行,得到了學術界和社會各界的廣泛關注,大家都希望《全集》的出版能使人們走近唐蘭先生的學術道路,瞭解他一生成長的歷程和他珍貴的學術經驗。我們相信,《唐蘭全集》不但能够爲專業人士帶去如甘霖般的學術滋養,同樣也會讓普通讀者領略到一代學術大師的風采,引領廣大中國文字學愛好者走進學術的殿堂。此次整理出版工作也引起了衆多海外漢學家的注意,現知已有美國、韓國、日本的學者受此影響開始着手進行唐蘭著作的翻譯介紹工作。

　　唐蘭先生作品學術範圍廣,內容艱深,並有四分之一的作品是未完成的文稿,整理難度十分大,整理者學識水平有限,理解不到位和錯誤之處一定不少,我們懇請業界學者和廣大讀者不吝批評指正。

　　（本文與楊安共同執筆。原載《中國文物報》2016 年 1 月 26 日第 6 版,屬名爲故宫博物院《唐蘭全集》整理編輯小組）

介紹《金文著録簡目》

　　《金文著録簡目》編者孫稚雛（中山大學古文字研究室），中華書局 1981 年 10 月出版。十六開本，平裝，412 頁。

　　凡欲治一種學問，必先盡可能詳盡地占有該領域的資料，治金文的學者也不能例外。因此一部翔實準確的金文工具書，是開展學術研究所不可缺少的。郭沫若同志在叙述其早年從事金文研究時曾説："處理資料之方法，則以得力於王國維氏之著書者爲最多；其《金文著録表》與《説文諧聲譜》二書，余於述作時實未嘗須臾離也。"（《殷周青銅器銘文研究》序）孫編《金文著録簡目》（下稱《簡目》）就是在郭沫若同志所説的王國維於 1914 年編纂的《國朝金文著録表》的基礎上，經過幾代人的努力而編成的。王表初編引書 16 種，收器 4 295 件（其中先秦器 3 569 件）。與此同時，王氏還編纂了《宋代金文著録表》，引書 11 種，收器 643 件。1928 年容庚先生重編《宋代金文著録表》，在體例上作了較大的改進。1933 年羅福頤增補王表成《三代秦漢金文著録表》，引書 35 種，收器 5 780 件（其中包括漢至宋元銅器 1 169 件，實際收入秦以前器 4 611 件）。1939 年美國人福開森邀請一批中國學者，編纂《歷代著録吉金目》一書，囊括了前此著録的全部金文資料。

　　容庚先生從 1934 年開始即着手對羅表進行校補，60 年代初孫稚雛同志就讀於容先生門下，在容先生指導下繼續此項工作。二十年後，終於將這部凝聚着幾代人心血的重要金文工具書公之於世了。

　　該書首列"例言""引用書目""分類目録"，然後按器類逐件標出著録情況。引書截至 1979 年，收器時代限於秦統一前。引書中文部分 149 種，日文部分 31 種，西文部分 36 種，共計 216 種。引書條目達三萬五千餘條，收銅器 7 312 件（按該書體例，同銘之器未發表者則於該器下注明尚有器數。如加上這部分器，收器總數八千件左右）。該書收録未著録器 58 件，對宋、清以來著録的没有墨拓流傳於世的金文材料，則揀選了重要的加以收入。應該説古今中外已著録的有價值的金文材料，十之八九已被作者較準確地收入《簡目》。因此它是一部到目前爲止我們能見到的較全面的金文著録表。

　　編纂金文著録表，王氏首創之功是不可磨滅的，其後各家在前人工作的基礎上皆有增補。60 年代初，陳夢家先生編輯《美帝國主義劫掠我國殷周青銅器集録》一書，對流散在美國的銅器收藏著録情況作了一次全面的清理；1962 年至 1973 年日本學者白川静在所著《金文通釋》一書中,對兩周較重要的銅器著錄情況作了整理;1967 年日本另一位學者林巳奈夫編輯了《三代吉金文存器影參照目錄》(附小校經閣金文拓本目錄);1977 年香港周法高等編輯了《三代吉金文存著錄表》;近年來,中國社會科學院考古研究所《金文集成》編寫組編輯了《三十年來出土的殷周有銘銅器簡目》(油印本,按地域分類,收器 1 211 件)。上述諸書都收進了不少新的材料,對此前的著錄情況進行了一定程度的校補。從積累資料的角度説,各書都作出了自己的貢獻。然而解放以來,出版的這些書都只收錄了部分金文資料,未能反映金文著錄的全貌。《簡目》最後出,吸收了各書的精華,收器及引用書目數皆倍於前人,特別是將 1979 年以前的《考古》《文物》等刊物發表的新資料包括進去,其内容可以説概括了金文學家幾代人積累的成果。它是一部比較好的金文工具書。

《簡目》編者師承容庚先生嚴謹的治學作風,其中每件器、每種著錄書大都經過較嚴格的審核。比如羅振玉所著《三代吉金文存》一書,是一部 30 年代出版的十分重要的金文資料匯編,該書收羅之富、辨析之精,冠蓋群書,廣爲中外學者所稱譽。孫同志初治金文即首先用力於此。在容先生指導下,曾兩度校讀此書,所撰《三代吉金文存辨正》一文(未發表,曾在中國古文字研究會第四次年會上提出),辨析該書各種問題達 208 例之多。這些研究成果都注入了《簡目》,這就大大增强了《簡目》的科學性。

《簡目》的體例,吸取了前此諸表的長處,以器爲單位,編排次序先以類從,緯以字數,使用起來十分方便。在體例上《簡目》也不乏創新之處,如編者對族氏銘文的處理就十分得當,全部族氏銘文皆加注於器名之首,原贅於銘末的則以“/”綫隔開,以示區別。這是以前諸表不曾做到的。目前在金文研究中,族氏銘文的研究是一個薄弱環節,而載有族氏銘文的銅器約占全部有銘銅器半數左右。如何將這部分資料利用起來,將是今後金文研究取得突破性進展的十分重要的一環。編者將這類銘文特意標出,將對族氏銘文的研究提供極大的方便。

《簡目》的不足之處有三:一是尚未盡收有價值的金文資料,比如新出《中日歐美澳紐所見所拓所摹金文匯編》一書,收集流傳海外的有銘銅器數量頗多,亦有部分國内長期未見的資料。由於《簡目》完稿於 1979 年,因此編者尚未來得及引用。再有宋、清兩代摹本行世的銅器,如能放寬尺度多收一些,只要注明情況,將會爲讀者帶來更多的方便。二是在體例上《簡目》沿用了以前各表的做法,“同人所作之器,文相同而字數有出入者亦以類從”。這實際上破壞了“以字數多少排列先後”的總原則,使讀者無所適從,不便使用。如能用“重出”的辦法彌補此缺陷,可能使用起來就方便了。三是所引著錄情況,個別尚有錯漏。

儘管如此,編者以一人之力,用近二十年時間,不斷增補校改,其中艱苦,不爲此事者很難有深刻的體會。本世紀初王國維在敘述其編纂著錄表的情形時曾説:“長夏酷暑,墨本堆案,或一器而數名,或一文而數器,其間比勘一器往往檢書至十餘種,閲拓本至若干冊。窮日之力,不過盡數十器而已。……文字同異不過毫厘之間;摹拓先後又有工拙之別,雖再三覆勘,期於無誤,然復重遺漏,固自不免。”(《國朝金文著錄表》序)可見著錄表的編纂是一件細緻而煩瑣的工作,往往費日良多而不爲世人所重。唐蘭先生當年曾很有感慨地説:"此類工具書,非專家不能爲,即爲之亦不能適於用。然專家不暇爲此,或且不屑。我人治學,每感工具書之缺乏,職是故也。"(《理想中之商周古器物著録表》,《考古社刊》第一期,第 31 頁)著録表雖以目録的形式出現,却包含着銅器研究許多方面的知識,如銅器分類、定名、辨僞以及拓本的選擇與審定等,是一種打基礎的工作。如今《簡目》問世,爲研讀金文的同志們提供了方便。孫同志爲學術界作了一件十分有益的工作,書是很有用的,我們特向大家推薦這部書。

(原載《考古》1983 年第 6 期,第 575—576 頁,署名文霏;又載《金文論集》,第 475—477 頁,紫禁城出版社,2008 年 5 月)

《北京圖書館藏青銅器銘文拓本選編》序

　　我國是世界四大文明古國之一，以悠久歷史和高度文明著稱於世。我國古代有着極爲發達的青銅冶鑄業。大量的燦若群星的青銅藝術珍品，正是我國古代文化高度發展的體現和見證。

　　我國用青銅製作小件銅器的歷史，根據考古發掘的情況看，已經可以追溯到龍山文化時期。但是，青銅容器和禮器，目前僅見於相當於夏代的二里頭文化。

　　青銅冶鑄業的蓬勃興起，應該是商代和西周時期的事情。從漢代開始，就已經有出土商周銅器的文獻記載和實物例證。漢武帝（公元前 126 年）因爲在山西省境内得到鼎而改元（《漢書·武帝紀》應劭注），解放後在漢墓中我們曾經發現了商代的青銅錯等器。宋代以後開始對銅器和銘文有所著録（《考古圖》著録了 224 器，《博古圖》收録了 839 器，《歷代鐘鼎彝器款識法帖》收集了 511 器，《集古録》和《金石録》收有 132 器）。有清一代儲器更有所增加，著録銅器銘文之風盛極一時，當時録有銅器圖像和銘文的書籍達二十四種之多，所著録器上千件。據不完全統計，我國歷代出土的傳世的和解放以來出土的有銘文的青銅器，見於著録者，約一萬件。這是研究我國古代歷史的極其重要的第一手材料。

　　北京圖書館自京師圖書館以來，通過幾十年的工作，從公私藏家手中收集了數量十分可觀的銘文拓本。其中僅商周至戰國時期的青銅器和銘文拓本就達兩千餘紙（戰國以後的尚不計在内）。這次我們僅整理了其中的一部分。這些拓本包括了原屬公藏的：故宮博物院藏器拓本，寶蘊樓藏器拓本。原屬私藏的：濰縣陳介祺（簠齋）拓本，盧江劉體智（善齋）拓本，涉陽端方（陶齋）拓本，北平孫壯（雪園）拓本，閩侯陳寶琛（澂秋館）拓本，上虞羅振玉（雪堂）拓本，以及黄濬（伯川）、王辰（鐵庵）、吳士芬（子苾）、陳淮生、張致和、張瑋等人所藏拓片。其中數量較多的首推簠齋、善齋、陶齋、雪園、雪堂、澂秋館和故宮博物院等幾批。

　　在這些拓本中，有不少是海内罕與其匹的精拓、佳拓。例如十鐘山房所傳拓的楚公豪鐘（鈐"十鐘山房藏鐘""海濱病史""簠齋"等印）、紀侯鐘、者沪鐘、叔鐘等幾件鐘；陳介甫所藏，上有羅振玉爲陳淮生寫了題跋的毛公鼎拓本；從古堂徐同柏考釋，尤晉珊傳拓的晉公盨（鈐"尤晉珊手拓"印）等，都是知名的國寶重器和難得的精良佳拓。其中晉公盨由於拓本比較清晰，比《三代》所録（《三代》亦是尤氏所拓，但不精）爲佳。根據這個拓本可以糾正舊有釋文的若干錯誤，豐王銅泡（鈐"善齋所得彝器"印）銘文中的豐王，曾見之於文獻記載。此器雖曾經有過著録,但本館所藏拓本遠比《三代》等書清晰。我們可以清楚地看出,"豐王"二字,一行正書,一行倒書。豐王過去釋爲一字。但在我們所見的傳世的拓本中,有一件豐王銅泡,"豐王"二字上下分開書寫,顯然是二字。所以,釋爲"豐王"應該是可信的。

這些拓本,有 88 件是屬於未見著録的新拓本,或僅見摹本未見原拓的真拓本。例如,良季鼎銘文,過去就没有著録過。在武丁時期的卜辭中,曾記有良子向商王納貢之事。良還與商王室通婚(甲骨文稱"婦娘")。良應是郎。該國族在其後數百年間淹没無聞。由此銘文及器形可以知道,這一國族到西周中期還是存在的。傳世品中著録過一件"戊"字斝。這一次在整理拓本的過程中,我們又發現了一件(鈐"燕畲審定""慈庵"等印),與傳世的已著録的器形、紋飾和銘文完全相同,很顯然這是同人同時所鑄作的一對。從其時代看,這是武丁晚期到祖庚祖甲時的銅器。這一對斝與婦好墓所出的斝可以相媲美。由於它器形高大,製作精美絶倫,我們完全有理由説:它很可能是當時王室的重器。如果此説可信,那麽這個"戊"就很可能是武丁的配偶"母戊"的省稱。宗婦簋傳世著録了六件,我們又從這批拓本中發現了兩件,可知宗婦簋製作時應在八件以上。遹鼎(鈐"器之手拓"印)是太保諸器之一,過去也未見著録。

總觀這 88 件未見著録的或只見摹本的拓本,可以概括爲四種情況。

第一,銘文和圖像都未見過著録者有 12 種:

亞乩鼎、良季鼎、戊斝、史觚、亞醜鼎、作父乙彝爵(一)、作尊彝器座、𠂤戈、何斧、羞鉞、豙刀、七年矛等。

第二,僅銘文未見著録者有 26 種:

天鼎、未父乙鼎、遹鼎、仲義父鼎(一)(二)、華季益鼎、子妻簋、獄父癸簋、宗婦簋(一)(二)、𦥑尊、凷貝尊、祖癸尊,作寶彝尊、祖辛父丁尊、戈罍、𦥑父己方彝、眔父丁壺、𠀉觚、子𠂤觚、父丁史觚、大爵、史册戈、廿三年戈、戔斧(一)(二)。

第三,僅圖像未見著録者有 25 種:

齊侯鐘、戔鼎、魚父乙鼎、大師人𩵚鼎、鳥父癸鼎、屯鼎(一)、奄作婦姑甗、父丁鬲、妥人守鬲、毛𦥑簋、虞司寇伯吹壺(一)(二)、何父乙卣、辛亞隻丁斝、伯𪧛盉、𠃌觚、鼓庸作父辛觶、戈爵、戔爵、魚爵、亞過爵、父乙戈爵、𠂤父丁爵、叔戊狄爵(二)、𩵚祖癸角等。

第四,過去雖已著録,但主要是摹本,此爲原器傳拓本者,有 25 種:

籃婦方鼎、戒鬲、牢犬簋、交君子壺、𠂤乙卣、遺卣、螫司土幽卣、父戊觶、𠂤父甲觶、戜父乙觶、𠂤父戊觶、子癸疊觶、辛爵、狄爵(一)(二)、𠂤𠁁爵、𠂤天爵、𠂤父丁爵、𠃑父己爵、父辛爵、𠀉辛父爵、丱册父丁爵、父乙臣辰光爵(二)、𪊽盤、取盧子商盤等。

更爲重要和難得的是,在本館所藏拓片中,保存了大量的全形拓,如本集所選的 359 件拓片中,全形拓有 331 件,占總數的百分之九十以上。這些拓片的發表可以補充過去只見綫圖(器物輪廓)未見全形的器物 100 餘件,尤其是其中的 37 件還是過去所没有見到過器形的。

例如冟鼎、冟爵、魚父乙鼎、鳥父癸鼎、鼓橐作父辛觶（鈐"岑仁手拓"印）等器，過去都是僅見銘文而未見圖像。其中，比較重要的是齊侯鐘，此器過去僅見方氏《綴遺》一書著錄，但那是摹本，而且沒有器形。本館所藏此器的銘文拓本和全形拓片，無疑是十分珍貴的。另外，冟即𣂈之省，文獻作潞，潞屬鬼方支系，地在山西境内。傳世的三晉器並不多，本館所藏的全形拓對我們瞭解鬼方和三晉地區青銅冶鑄器的情況，是十分有價值的。此外，還有不少器形過去雖曾見於著錄，但只是摹本，器形和紋飾往往失真，遠遠不及全形拓真實可靠。本館所藏的這一類全形拓爲數甚多，它們在某種程度上都可彌補摹寫本的不足，二者可以互相補正。

我們知道，器物紋飾是古文字研究和青銅器研究不可或缺的重要環節。我們見到了"戊"罍的全形拓，才可判定它是武丁晚期至庚甲時期的銅器，戊可能是母戊之省。我們見到了全形拓，才可以確定亞乣鼎（鈐"北平莊氏藏記""松夢盦"等印記）是先周時期周人所鑄作的銅器。應該指出，亞乣鼎是周人滅商以前頗具民族特色的形制。這種形制的鼎，傳世的極爲罕見。解放後，在陝西各地，特別是周原一代，出土了不少這樣的鼎，它們都是研究先周時期周人青銅業的重要材料。亞乣鼎銘文的真僞問題尚需作進一步的研究。如果銘文可靠，那麼，這就是我們目前所知的周人的最早的一件有銘銅器。此器年代約當於殷墟文化三四期，比天亡簋、何尊要早得多。如果銘文是僞刻，那麼器形在當時的歷史條件下是絕對僞作不了的，至少可以説明，陝西地區在解放以前已經出土過先周銅器。䣄原鐘（鈐"善齋所得彝器"印）銘文分鑄在鐘體兩面的鉦間和左右鼓這個部位。《三代》《善齋》由於沒有見到全形拓，把這六個部位的銘文位置顛倒了；《小校》和《善彝》雖曾按銘文内容先後順序放置，但由於過去所著錄的圖像模糊不清，對這六段銘文究竟應該怎樣讀法，是不易判別的。現在，本館所藏的全形拓，就使這個問題迎刃而解了。此外，像吳王夫差鑑那樣的龐然大物，像嬴靈德小鼎那樣的玲瓏小器，沒有看到器形，是很難取得深刻的印象的。如果不明器形，對這些器物的用途也就不可能有一個正確的認識。

總之，較多的數量、較精的拓本、較多的全形拓和一定數量的未見著錄的銘文，這是本館藏拓的四個主要的特點和優點。

我們爲了把這批珍貴的拓本公布於世，以供各方面的研究，先從 1 262 張拓本中挑選出359 件器，按照器類和其字數整理編排成册，其餘的仍在繼續整理之中。我們選擇拓本的原則：一是選用鈐有名家收藏印鑑和有名家題跋的精拓；二是盡量收錄銘文和圖像皆全的全形拓，除未見著錄的銘文外，只有銘文而無圖像者不收錄；三是收錄未見著錄的新拓，但有些銘文或器形，只見摹本而未見原拓者也盡量收錄。疑僞者不錄。重複者選用其中較好的拓本。例如毛公鼎拓本，本館藏有五張拓本和印本，我們只選用了其中一張。有些器雖已見著錄，但不如本館藏拓清晰的，亦加錄用。對於我館收藏的影印本，其中雖有不少是名家所藏（如上海博物館、陶齋等），有些價值也很高，例如，鼄山奢簠（鈐"上海博物館所藏青銅器銘文"印）印本，不但比《三代》等書著錄的拓本清楚，而且還可以糾正《三代》之誤。《三代》以爲是二器,實爲一器一蓋。虞司寇壺,過去僅見銘文,本館所藏的全形拓印本是目前僅見的圖像,也一併收録。

我們在每一器後面,對器物時代,銘文字數、拓本來源、著録和器物收藏情況等,一一作了簡要的説明。

由於我們水平有限,在編輯和説明中,肯定會有不當和錯誤的地方,請大家批評指正。

(本文與張亞初、徐自强合寫,原文末標注寫作時間"一九八一年五月",原載《古文字研究》第九輯,第 439—444 頁,中華書局,1985 年;後收入《金文論集》,第 478—481 頁,紫禁城出版社,2008 年 5 月。

北京圖書館金石組編《北京圖書館藏青銅器銘文拓本選編》1985 年 10 月由文物出版社出版,其《前言》與本文幾乎相同,但《前言》署名爲"北京圖書館金石組",寫作時間亦是"一九八一年五月",應是一篇文章不同用途的兩個版本,但兩文最大的區别在於討論"未見著録的新拓本"的數量,本文記"88 件",《前言》記"92 件",其差異皆在文中所説第四種情況,即"過去雖已著録,但主要是摹本,此爲原器傳拓本者",本文記"25 件",《前言》多出"⿱宀正父丙觶""⿰父辛觶""戈父己爵""父己⿴囗佣爵"四器。其次,本文較《前言》銅器定名略有不同,本文相對更爲嚴謹。

另,《前言》最後説明了《北京圖書館藏青銅器銘文拓本選編》編輯過程,本文删去,現有必要補録於此:"本書在編選過程中,承中國社會科學院考古研究所《殷周金文集成》編集組的大力協助,該組的張亞初、劉雨和本館的徐自强參加了拓本的整理和本書的編選工作,在此特向考古研究所的同志們表示感謝。")

《西周金文官制研究》前言

　　從馬克思主義的觀點來講,考察人類社會,總不外乎要從經濟基礎及與之相適應的上層建築兩個方面入手。研究古代史,自不能例外。就上層建築講,職官的研究是其中的一個重要課題,因爲通過職官的考察,可以瞭解當時政治機構的一般情況。

　　《周禮》是記載我國古代官制的唯一的一部古代文獻,這是先秦史研究者不可或離的基本要籍。在清季以前,人們認識、研究古代官制,大都是以此書作爲基本依據的。但是,由於該書成書的年代較晚,而且它又是戰國以後古代政治家理想化的政治藍圖,因此,它不是也不可能是西周職官情況的真實記錄。它只是在一定程度上保留和相當曲折地反映西周職官的情況。從而,就決定了這樣一種事實,完全信從和依據《周禮》來談論和研究西周職官,其基礎是不牢靠的,因此結論也就往往難以成立,或者難免帶有相當大的片面性。自古以來,研究《周禮》的著述不可勝數,但都擺脫不了上面所講的這種局限性。

　　從 20 世紀 20 年代開始,人們開始摸索研究西周職官的新路子。例如 1928 年 3 月,楊筠如先生寫了《周代官名略考》一文。他談到自己寫作這篇文章的宗旨時説:"言周代官制,率以《周禮》爲本,然《周禮》一書,世人多攻其僞。余疑《周禮》出自春秋以後,乃雜采春秋各國官制爲之;其中雖大致與周制猶相近,而謂全爲周制,則殆不可信。故就古籍金石所見周代之官名,略爲輯釋,以存其真"(《國立中山大學語言歷史學研究所週刊》第二集第二十期,第201 頁)。他匯集了《周禮》以外各種古代文獻中所記載的各類職官的資料,而且還開闢了利用西周銘文中的職官材料以研究西周職官的新途徑。但是,在今天看來,楊氏的研究從廣度、深度講,都是很不够的。

　　1932 年 5 月,郭沫若先生更加系統地大量地利用西周的銘文來研究西周職官,寫成了《周官質疑》一文。他談到寫作此文的宗旨時説:"《周官》一書,其自身本多矛盾,與先秦著述中所言典制亦多不相符。然信之者每好曲爲皮傅,而教人以多聞闕疑,不則即以前代異制或傳聞異辭爲解。因之疑者自疑,信者自信,紛然聚訟者千有餘年,而是非終未能決。良以舊有典籍傳世過久,嚴格言之,實無一可以作爲究極之標準者,故論者亦各持其自由而互不相下也。余今於前人之所已聚訟者不再牽涉以資紛擾,僅就彝銘中所見之周代官制揭櫫於次而加以考覈,則其真僞純駁與其時代之早晚,可以瞭然矣。"(《金文叢考》1952 年改編本,第52—53 頁)。郭先生對《周禮》持過分的否定態度,未免有偏激之嫌,但他敢於向傳統的信古好古的舊思想猛烈挑戰,指出必須用最可靠的西周銘文材料作爲評判《周禮》是非曲直的標準,這無疑是十分正確的,至今仍然值得我們稱道和效法。

在郭沫若先生利用西周金文系統地研究西周職官的基礎上,1947 年 9 月,斯維至先生寫了《西周金文所見職官考》(《中國文化研究彙刊》第七卷,第 1 頁)。1957 年 7 月,徐宗元先生寫了《金文中所見官名考》(《福建師範學院學報(社會科學版)》1957 年第 2 期)。1956 年陳夢家先生在《西周銅器斷代》中寫有《成康及其後的史官》等章節(《考古學報》1956 年第 1 期,第 98 頁),日本學者白川靜在 1955 年寫了《釋史》《作冊考》《釋師》(《甲骨金文學論叢》一至三集)。其後,在《金文通釋》中也有論及關於職官問題的章節(《西周史略》第四章《政治的秩序的成立》等;《金文通釋》第 47 頁等)。1980 年,華裔澳籍學者黃然偉先生寫了《利簋及其時代》,其中也有一些關於西周職官的論述(《甲骨學》第十二號,第 74 頁)。1981 年左言東同志寫了《西周官制概述》一文,也利用了一些金文材料(《人文雜誌》1981 年第 3 期)。類似的文章還有不少,就不一一在這裏羅列了。

此外,在《觀堂集林》(卷六《釋史》)、《中國國家與法的歷史參考書》《歷代官制概略》《歷代官制兵制科舉制表釋》等專著中,也有一些論及西周職官的章節與文字。

這些論文和專著,在不同程度上,對西周官制的研究都作出了自己的貢獻。

但是,以往的學者在研究西周職官的時候,都或多或少地存在這樣兩種情況。

第一,他們沒有對西周職官方面的銘文做過徹底的清理和通盤的研究,只是做一些個別的舉例式的局部的研究,基本上是談論職官,而未能全面研究當時的職官制度,因此,難以揭示出西周銘文中所反映出來的西周職官的完整的全貌。

第二,他們沒有對西周職官方面的銘文進行斷代研究,往往是籠而統之地歸結爲西周職官如何如何,甚至有的學者把商代和東周的銘文誤認爲西周材料,混淆了不同時代的職官。我們知道,區分資料的不同時代是進行科學研究的重要前提,只有區別清楚銘文的年代,才能看清不同時代不同職官的興替盛衰,考察出西周職官演變發展的脈絡。

我們在前人研究的基礎上,對西周職官方面的銘文做了比較徹底的清理,收集了有關職官銘文的銅器近五百件,整理出了不同的職官材料近九百條(包括同銘之器在內),歸納出西周職官 213 種。我們盡量在全面占有資料的基礎上,進行分類排比,做一些通盤性的考慮和研究。由於我們占有了較爲齊備的第一手材料,我們就比前人有了較多的收穫,其中僅新發現的職官就有 57 種之多。

同時,由於我們對西周有關職官的銘文注意進行斷代研究,從而就增強了職官研究的科學性。通過斷代研究,我們比較清楚地揭示出了西周職官組織和職官地位,名稱升降變化的一般情況。在這個基礎上,我們進行了西周官制系統的構擬,初步揭示出西周官制的基本面貌。無疑,這樣的總體性的研究,是一項很有意義的工作。

我們在全面清理西周銘文中職官材料之後,以西周當時的第一手材料爲依據,重新對

《周禮》做了一分爲二的研究。我們認爲,完全肯定和基本否定《周禮》,是兩個極端,都是不妥當的。《周禮》在主要内容上,與西周銘文所反映的西周官制,頗多一致或相近的地方,正確認識和充分利用《周禮》,是西周職官問題研究中不容忽視的問題。

當然,我們對西周職官問題的探索,只是做了一點初步的工作,不但研究的深度不够,有些問題的處理和提法,也可能有應做進一步考慮的地方。比如説,在金文中出現某人掌管某事的記載,僅僅根據這一點,我們似乎還不足以充分肯定在西周就設有這一類職官。這裏,我們暫且把這些材料列入此項職官内,以待將來材料積累起來後再下結論。

本書的總論部分所論及的各點,我們立論的依據主要是以經文材料所能説明的爲限。然而,我們知道,由於受到傳世的和出土材料的限制,目前我們所能見到的金文材料應該説是有很大的局限性的。因此,在這個基礎上,我們所揭示出來的官制體系,據西周當時的真實存在的職官體制,必然會有一定的距離。所以,本書對西周官制體系只能説是做了一種構擬的嘗試而已。隨着今後出土材料的增加,肯定要做若干的修正和補充。

我們相信,我們在本書中所收集整理的十分豐富的西周職官的第一手的銘文資料,爲學術界進一步深入系統地研究提供了方便條件,應該是有益的。我們所采用的斷代研究的方法和若干認識,也可能有可取之處。但是,由於我們對西周職官問題的考慮和研究還很不深入而且實際上有一些問題我們是解決不了和處理不好的。我們在這裏提出來,懇切地向專家和同志們請教,不當之處,請大家批評指正。

（本文與張亞初合寫。原載《西周金文官制研究》,第 1—4 頁,中華書局,1986 年 5 月。原文文末僅有時間"一九八三年四月",但在留存的手稿中,本文落款爲"作者 一九八三年四月"）

新版《金文編》評介

　　《金文編》是研究金文字形的專著，是容庚先生花費了畢生心血的力作。[1]　1925 年，青年時代的容庚編著了《金文編》一書，此書以其扎實的功力、嚴謹的學風、科學的體例，沖破舊金石學的束縛，脱穎而出，得到學術界的一致好評，被公認爲金文研究的一部重要著作。其後隨着金文資料的不斷豐富，在 1939 年和 1959 年先生又兩次重編此書，二版和三版《金文編》内容逐步充實，體例更趨完善，成爲國内外學術界頗負盛名的權威著作。又是二十年過去了，粉碎"四人幫"後，先生又着手重編四版《金文編》。1978 年以前，由他的學生馬國權協助工作；1979 年開始由他的另一個學生張振林接手工作，1983 年 3 月先生去世，張振林繼承先生遺志，奮力工作，終於在 1984 年將這一巨著完成，交付出版，這部凝聚着兩代學者心血的著作就這樣問世了。

　　新版《金文編》較三版引用銅器增加 737 件，所收字數正編增加 526 字，附録增加 153 字，正附重文共增加 5 554 字，基本上將二十年來新增加的金文資料大體收入本書。

　　三版《金文編》問世以來的二十年，金文新資料大量涌現，如陝西周原地區成群的窖藏銅器、河北平山的中山王墓銅器、湖北隨縣曾侯乙墓銅器等等，使學者們的眼界大爲開闊，學術水平有了很大提高。特別是粉碎"四人幫"之後，成立了中國古文字研究會，並連年召開全國性學術討論會，使古文字研究出現了從未有過的高潮。新版《金文編》反映了學術界這種興旺的景象，對學者們的大量研究成果，作者都審慎地全面加以消化吸收，可以説它是二十年來金文研究的一次很好的總結。新版《金文編》的精彩見解，隨處可見。如 0115"番"字下收入字體變化很大的一批"番"字，其中也包括一些三版收入附録的"番"字，0119"牡"字下收入蚉壺的"駐"字，0166"單"字下收入毚鼎的"𡃓"字，將"歲"與"𢦏"合爲歲字，改"鳶"爲"鳶"，將散氏盤的"爰千罰千"改爲"鞭千罰千"，將戜者鼎的"眉録"改爲"髪録"，將"貘"字改爲"獏"字，將三版附録中的"橝""次""妻""蠆""壼""遺"等字移入正編等等，都較三版有了明顯的提高。

　　新版較三版在字義解説上增加了很大分量，大量引用原銘文句，摘引文獻例句，使每個

[1]《金文編》第四版，容庚先生編著，張振林、馬國權摹補，1985 年 7 月中華書局影印出版，16 開本 1505 頁。

字的歸屬更具説服力。作者還在不少字頭之下各器銘的排列次序上按時代先後作了調整，使讀者從中可以看出字形的時代變化，如0106"分"字、0108"曾"字，三版各銘文次序比較隨意，經新版調整後，商、周、春秋、戰國的字形一目瞭然。粗看起來這只是幾個字位置互相調動了一下，而這種改動卻是作者逐器經過斷代研究後才能做到的，張振林同志在1979年冬廣州古文字研究會上發表的《試論銅器銘文形式上的時代標記》一文，就説明他在字體斷代研究方面是下了很大工夫的。

新版《金文編》增加了羅振玉爲本書第一版作的序言，文中考證吳大澂《説文古籀補》五事，指出《金文編》與其承繼與改進的關係，這是早期金文研究的一篇很重要的文字。

這次重版《金文編》，篆書字頭，銘文摹本，楷書説解由張振林全部重摹、重寫，這就保證了新增銘文與舊收銘文在字體風格上的一致，重摹的篆文、金文字體秀麗細膩，十分準確，功力是很深的。容庚先生原書楷書説解中保留許多他自己創造的簡體字，這些字後來並未被社會公認，增加了閲讀此書的困難，這次由張振林按現行字體全部改寫過，這就解除了讀者閲讀上的困難。

另外，新編《金文編》將附錄的字也作了編號，而且附錄每字下都録出原銘文句，這些較三版改進之處給讀者帶來很大方便。

作爲這樣大型字書的編著，涉及數千字的考釋，數千件銅器的辨僞、斷代等，要做到絕對沒有失誤是很困難的。我們在讀後也提出幾點不足之處，供作者參考。

首先，本書雖稱謹慎，但正編仍收入一些尚有爭議的字，比如多友鼎中的地名"𥼊"，本書列入"郬"字，實際此字並未識出，釋爲郬字是很難成立的。又比如0252將"𧗟"收入"逪"字，0434將"禺""𥄎"合併入"禼"字，0678將"𢽳""𣂈"合爲"散"字，1182將"圂"字收入"家"字等都缺乏必要的説明。人們在使用字書時，都有一種查找成説的心理，因此字書的編著，一般地説，保守些就更好。

其次，本書個別器類稱呼有錯，如玄婦壺並不是壺，而是一個方彝，此器現藏日本黑川古文化研究所，《日本蒐儲支那古銅精華》（1.20）有器形照片。軌簋現藏洛陽市博物館，實際是甬。史孔盉現藏中國歷史博物館，也不是盉，而是一個小橢杯，等等。

另外，0815"丨"字三版有缺文，新版稿本已補上，可製版時又被修掉了。1590"矛"字下所收之器名不全，應爲"亞中矛父丁觚"。0200"是"字下最後一器漏寫器名"中山王䢋鼎"。2145"蠱"下所收亞蚊鼎，實際是亞矣鼎之誤。衛盉的"趄"字在正編和附錄重出等等，這些手民之誤也希望再版時改過。

這部重要著作的出版，我們應該特別提到張振林同志。進入20世紀80年代以來，容先生年事已高，身體已逐漸難以支持工作，這部書主要完成於張振林之手。只要看一下那兩萬多字的銘文摹本，人們就不難估算出他爲此書付出了多麽巨大的勞動。一個正當中年的學者，放下自己的研究課題，用五年多的時間去完成屬於老師的著作，這種以學術事業爲公的品德,是十分難能可貴的。在學術事業上有一些重要的、份量大的著作,往往需要幾代人前赴後繼的努力才能完成。從事這一事業的人,可能許多年都看不到個人的勞動成果,但能否堅守初衷,不顧一切地去完成這項工作,這是對一個學者的品德和修養的考驗。張振林同志在這方面的表現,是值得我們稱道的。

　　(原載《考古》1986 年第 11 期,第 1055—1056 頁;又載《金文論集》,第 482—484 頁,紫禁城出版社,2008 年 5 月)

《殷周金文集成》述評

　　收録金文資料最齊全的《殷周金文集成》一書已全部完稿,全書爲八開本,十八册,前十册已出版發行,後八册也即將問世。該書由中國社會科學院考古研究所編纂,中華書局出版,上海印刷七廠珂璵版印刷。書的内容依樂器、炊器、食器、酒器、水器、雜器、兵器的順序安排。一、二册爲鐘、鎛、鐃、鐸、鈴,三、四、五册爲鬲、甗、鼎,六、七、八册爲簋,九册爲盨、簠、敦、豆,十册爲卣,十一、十二册爲尊、觶、瓠,十三、十四册爲爵、角,十五册爲斝、觥、盉、壺、罍,十六册爲方彝、盤、匜、雜器等,十七、十八册爲戈、戟、矛、劍、刀、斧等兵器。各類器銘均按字數由少到多排列。所收銅器的時代斷在秦統一前,每器附有字數、時代、著録、出土、流傳、現藏、拓片來源及備注等項説明,所收資料一般以各個分册交付出版時掌握的爲限,全書新收器大體截止在 1985 年。第一册有夏鼐先生所寫前言。每册首列目録,然後是拓本,書後列文字説明、引用書目簡稱表、器物所在簡目、協助單位等。

　　據"出版説明"介紹,該書由郭沫若院長 50 年代首倡,1963 年考古研究所籌辦,當時由著名考古學家和古文字學家陳夢家先生主持其事,"文革"期間中斷十餘年,1979 年在夏鼐先生的指導下恢復工作,由陳公柔、王世民、劉雨、張亞初、曹淑琴分别擔任各册編纂。先後被列入"六五""七五"兩個五年計劃期間全國哲學、社會科學的重點研究項目,並被列入經國務院批準的 1982—1990 年古籍整理出版規劃。它的編成出版,是中國考古學和古文字學研究中的一件大事,也是建國以來社會科學領域的一項重要的基礎工程建設。該書的編纂有以下幾項工作值得稱道。

一、詳 備 資 料

　　全書銘文編號 12113,去掉空號,實有近一萬二千號,其中包括宋代著録的銘文摹本、清代以來傳世的銘文拓本和摹本、海外流散銅器銘文的拓本、解放前後經科學發掘銅器銘文的拓本、全國各文博單位所藏銅器的銘文拓本。羅振玉編的《三代吉金文存》和于省吾編的《商周金文録遺》合計收器銘 5 447 件,本書增多一倍以上,新近臺灣出版的兩部同類性質金文彙編《商周金文集成》《金文總集》,收器總數均不足九千件,也僅及該書的三分之二强。特別應當提出的是,該書共收録國内各博物館收藏的 2 107 件從未見於著録的器銘。如現藏中國歷史博物館的酓比簋蓋（4278 號、97 字），現藏故宮博物院的緐簋殘底（4146 號、存 36 字）、復公仲簋蓋（4128 號、30 字）、章叔簋（4038 號、22 字）、寓鼎（2718 號、30 字），現藏上海博物館的兄仲鐘（36 號、12 字）、伯顗父鬲（725 號、17 字）、伯交父甗（923 號、10 字）等。有的成組銅器過去只著録了其中的一兩件，這次由該書盡可能將資料補齊。如梁其鐘傳世共六件（187—192 號），三件在上海博物館，一件在南京市博物館，一件在法國巴黎吉美博物館，過去只著録了上海和巴黎各一件，其餘四件則是此次由該書補齊。又如陝西長安縣張家坡出土的伯庸父鬲一組八件（616—623 號），原報告只發表了一件，這次由該書全部補齊發表，這些重要銘文的初次公布，無疑是最引人注目的地方。

　　該書對每件器物的出土地、流傳經過、現藏地點都作了盡可能詳細的考察。作者不僅大量查閱了有關文獻資料，還對國内外各文博單位作了深入的調查。如利鼎（2804 號）現藏北京師範學院歷史系。傳世的三件頌鼎（2827—2829 號），一在上博，一在臺北故宮，一在北京故宮。七件小克鼎（2796—2802 號）國内存四件：一在上博，一在天津市藝術博物館，一在南京大學歷史系，一在故宮。日本存三件：一在東京書道博物館，一在京都藤井有鄰館，一在兵庫縣黑川古文化研究所。對經過科學發掘的銅器都記録了詳細的出土地點，墓葬或遺址的情況。對一些傳世銅器還作了流傳經過的記録。如天亡簋（大豐簋）除記録原收藏於陳介祺外，還記録了故宮博物院於 1956 年在北京琉璃廠收購的情況。毛公鼎則記録先後由陳介祺、端方、葉恭綽、陳詠仁等收藏，現歸臺北“中央博物院”的情況。上述僅是隨便舉出的幾個例子，全書萬餘件器物，每件都詳記出土、流傳、現藏的情況，可以想見作者爲此是付出了十分艱苦的勞動的。這些珍貴的記録爲科學地利用這批資料提供了可靠的依據。因此，可以毫不誇張地説，該書所收古今中外銅器銘文拓本摹本及有關資料是目前所見最爲完備的一部。

二、精 選 拓 本

　　據瞭解，考古所爲編纂此書作了多年的資料準備，他們曾先後收集了許多名家的拓本原集，如丁麟年的《柲林館吉金圖識》、陳介祺的《十鐘山房金石拓本》、陳承修的《犄文閣集金》、羅振玉的《雪堂集金拓本》、劉體智的《善齋吉金拓本》。另有吴大澂、張叔未、素夢蟾、劉喜海、鮑子年、于省吾、孫壯和六舟和尚的拓本散頁。在編輯過程中，還借到唐蘭、商承祚和陳邦懷先生珍藏的拓本，再有由陳夢家先生收集和海外友人贈送的流散各國銅器銘文拓本，合計共收集傳世銘文拓本兩萬多張，這就保證了在編輯傳世銘文時有充分的選擇餘地。像毛公鼎、散氏盤、宗周鐘、沈子簋等著名銘文所用拓本都是十裹挑一的精拓，有的本身就是珍貴的文物精品，而製版時所用都是精拓的原件。故宮收藏的兩千餘件銘文是由考古所逐件拓回的，上海博物館的千餘件銘文拓本則是借用的，其餘全國數十家文博單位或借或拓都全力支持了該書的出版工作。所以，全書能收集原拓本 8 603 件之多，占到總數 12 000 件的百分之七十以上。

所收宋代著録金文摹本約六百件,多數采自《嘯堂集古録》一書。過去學術界對這部書評價不如其他幾部宋代金文書籍高,其實宋代流傳至今的幾部金文書,只有《嘯堂》是宋版本,其餘各書均爲後世輾轉翻刻的,若從銘文存真程度而論優劣的話,當以《嘯堂》爲最優,作者選用此書的摹本是有見地的。

該書選用的拓本,一律原大製版,拓本過大則用折頁。在報刊上發表的拓本,多數縮小,此書恢復原大,則便於觀察利用。對有些重器作者還不惜公布數件拓本(以 ABC 分記),以便於對比研究。如班簋收有考古所拓已剔本、傅大卣未剔本和《西清古鑑》摹本。鄘簋(4296號)和蔡簋(4340 號)除用薛氏本外,還列有宋石刻殘本,有的編鐘銘過大,如兩件能原鎛(155—156 號)則用縮小的全形拓以見概貌,又用分部原大拓本以見銘文細部。又比如毛公鼎全銘過大,用兩張折頁録其全銘,又用四張拓本録其細部,最後用董作賓氏摹本概其全貌。對一些不清晰或刻痕較淺的銘文則盡可能附摹本,如中山王墓銅器銘文全部使用張守中同志重新作的摹本。曾侯乙編鐘銘文,不僅用全部銘文原大照片,而且附有全部原大摹本。十七、十八兩册有的兵器也附有摹本。經過這樣精心的挑選和安排,提供給讀者的自然是完整、清晰、詳盡的資料。

三、剔 除 僞 銘

清代以來,古董商人爲營利而僞造銘文的事屢有發生,陝西有蘇氏兄弟,山東有著名的"濰坊造",北京琉璃廠也有專司其業的高級匠師。所以,傳世銅器中真僞雜糅,成爲金文研究中一大病害。老一輩金石學家如潘祖蔭、羅振玉、容庚、商承祚、于省吾等都有獨到的辨僞能力,該書作者在繼承前人的基礎上,由於大量目驗原器,也積累了一定辨僞經驗,使所收僞器已降到很少的程度。僅以簋類銘文爲例,作者對傳世銘文著録情況清理後,剔除了 260 多件僞或疑僞的銘文。《三代吉金文存》一書公認收器十分審慎,但《集成》仍剔除簋類僞銘十一件之多。如《三代》的令簋(6.1.4)、魚父癸簋(6.27.6)、伯魚簋(6.35.3)、向父癸簋(6.42.3)、鄭饔原父簋(6.42.6)、戈册父辛簋(6.44.5)、🜍簋(7.1.7)、季楚簋蓋(7.10.5)、害叔簋(7.33.3)、窒叔簋(8.51.1)、仲虩父簋(17.10.2)等皆爲僞銘。可見該書收録傳世銘文是很嚴格的,讀者盡可放心使用其拓本。

四、辨 正 器 類

前代金文書籍每不重視器類的辨别,多數書所收器類没有統一標準,自相矛盾。即以《三代吉金文存》爲例,所設彝、尊兩類内容就十分混雜,其原因有的屬於作者分類概念不清而誤收,有的則是作者不知器形,籠統用尊、彝這樣的共名來名器而造成的。近年來出版的金文書籍和著録表都是簡單地將《三代》"彝"歸入簋類,"尊"歸入尊類。《集成》對《三代》彝類作了較徹底的清理,將其中 291 件查有實據的歸入簋、鼎、方彝、卣、尊、壺、罍等類,其餘 104 件不知器形的,則列入十六册"類别不明之器"中。對《三代》尊類仍大部分留在尊類,少部分查出器形不同者,列入其他器類。對其餘各類器也盡可能作了辨正的工作,如《三代》4.33.2 趞鼎,依日本書道博物館藏器訂正爲簋。宰甫簋(8.19.1),依山東菏澤縣文化館藏器訂正爲卣。剌休簋(7.26.1),依上海博物館藏器訂正爲鬲等。器類的辨正有利於使用者從考古學角度觀察器物組合情況,從而增加了這部分資料的科學價值。

五、覆核著録

據瞭解,考古所收藏國内外金文書籍十分齊全,他們對每件收入的銘文曾著録於哪部書都作了認真的覆核。這是一件十分費力的工作,比如一組簋若干件,銘文相同,每件簋又器與蓋同銘,這樣就可能有十數件同銘文的拓本一起置於作者案前,而這些銘文又都零散地分布在十幾部書中,若把每件器的著録情況弄清楚,實在是一件煩難而不容易做好的事情。以往的著録表多陳陳相因,誰也無力進行如此浩繁的覆核工作。《集成》的作者用了十餘年時間,逐一覆核了全部著録,對出了大量重出的銘文,糾正了大量張冠李戴的錯誤,使一部更爲翔實準確的金文著録表的重新編製成爲可能。

六、考究版本

流傳至今的宋清兩代金文書籍,多數存有若干種版本,如宋代的《博古圖録》流傳有八種版本,最早的元至大重修本國内僅北京圖書館和浙江省圖書館等少數幾個地方可以見到,明版本也爲數不多了,考古所圖書室藏明版兩部、清版四部,《集成》使用的就是考古所藏明嘉靖七年蔣暘翻刻至大本。《考古圖》存世有六種本子,元刻本甚劣,不能用。以明程士莊泊如齋刻本爲最好,現知僅北圖曾收藏一部,《集成》所用即其複製件。《歷代鐘鼎彝器款識法帖》傳世有十餘個版本,《集成》所用除"中研院"史語所影印宋石刻殘本外,多采自于省吾影印明朱謀垔刻本。《嘯堂集古録》傳世有六個本子,《集成》所用爲宋淳熙本(《續古逸叢書》影印本)。《鐘鼎款識》有四種版本,以清阮元嘉慶七年刻本爲最好,《集成》即用此本。清代乾隆年間的《西清古鑑》已知有七種本子,其中刊本五種、抄本兩種。考古所藏有四種刊本和一種彩繪手抄本(殘),《集成》用的是武英殿刊本,是諸本中最好的本子。從每册書後的"引用書目"中還可以看出,清代的其他金文書籍,《集成》多用"自刻本"。這都説明作者對宋清兩代金文書籍的版本作了很慎重的選擇,所用多爲存世善本。

七、精 心 印 製

據云該書在付印時確定的原則是"保證質量,不惜工本"。因此,爲保持拓本的清晰和墨色的層次,中華書局毅然決定用珂瓚版印製,用道林紙精裝,重要圖章套紅,大張拓本折頁。這些都是以往金石書籍印製中没有先例的,應該說這是一部製作十分認真的書籍。

綜上所述,這部書確實堪稱質量上乘,但也不是完美無缺的,存在的問題歸納起來有以下幾個方面:

第一,有個别重出的器,特别是尊類銘文中仍混入一些其他器類的銘文。如 5696 尊與 9790 罍重出,以罍爲是。5846 尊與 9568 壺重出,以壺爲是。再如 9839 方彝與 10490(不知名器)重出,9289.2 觥與 5209 卣重出等。

第二,此書成於衆手,出版時間又延續多年,因而諸如器名隸定不一,時代標準不一的情况也時有發現。另外,全書編號不能完全連貫,也容易造成器數上的誤解。

第三,由於校對的疏忽,印刷上也時有錯漏現象。此書裝訂質量較差,函套與書往往不能相合。

該書成本高,售價昂貴,難以爲一般讀者所承受。據瞭解,編輯組準備在出版釋文時縮小開本,附縮小的拓本,改用膠版,以降低成本,便於多數讀者購買使用。

《集成》一書確實是一部巨著,由幾代專家積數十年之功,兢兢業業,爲學術界默默地做了重要的基礎性資料工作,爲廣大學者的研究作了無私的奉獻,這種精神是令人蕭然起敬的。《集成》中所表現的學風是一絲不苟,嚴肅認真的,十餘年如一日,尤其難能可貴。我作爲一個讀者,除對書的内容作了如上的評論之外,對《集成》一書所表現的學術道德和風格,也是十分有感觸的。另外,對中華書局不惜工本毅然出版學術巨著的精神,也表示敬意,希望他們繼續發揚這個優良傳統,與我國的學術界共同爲弘揚中華民族文化而努力。

(原載《書品》1991 年第 2 期,第 13—19 頁;又載《金文論集》,第 495—500 頁,紫禁城出版社,2008 年 5 月)

《戰國楚簡匯編》評介

　　《戰國楚簡匯編》,商承祚教授遺作,1995 年齊魯書社出版。全書 372 頁,266000 字,八開本。售價 280 元。

　　該書所收爲:(1)湖南長沙五里牌 M406,(2)湖南長沙仰天湖 M25,(3)湖南長沙楊家灣 M6,(4)(5)河南信陽長臺關 M1,(6)湖北江陵望山 M1,(7)湖北江陵望山 M2 出土竹簡。這七批竹簡時代均屬戰國中晚期,地域和文字風格均屬楚國,故稱其爲"戰國楚簡"。作者在《前言》中詳細考證了戰國楚簡的編聯制度,並對簡文内容和文字作了概括説明。

　　該書正文首先列出每批竹簡的照片,然後録出摹本,旁附釋文,最後寫出考證。書後附有《字表》和《後記》。

　　該書是一部集我國五六十年代戰國楚簡大成之作,它凝聚着中山大學兩代學者數十年的心血。商承祚教授是我國著名的老一輩考古學家、古文字學家,早在 1938 年發表的《長沙古物聞見記》中,他已經注意到對楚文化的研究。上述幾批竹簡出土後,他受國家文物局王冶秋局長的委托,承擔了整理和研究的任務。其後,他又組建了"戰國楚簡整理小組",有當時還年輕的曾憲通、張振林、陳煒湛、孫稚雛、馬國權、張維持、曾畏等幾位學者參加。竹簡出土時大多殘碎得很厲害,有的一條幾十釐米長的簡竟斷成 6、7 段。他們細心地將 800 餘條殘簡拼復成 500 餘條。又逐條對照實物摹寫了簡文。商先生爲此多次帶領小組成員深入竹簡藏地,核對原文。對待這樣一件繁難的工作,他們的態度是極度認真和負責的。爲了保證質量,他們還先將簡文摹本作成"曬蘭本",將"戰國楚簡整理小組"編寫的釋文和考釋油印成 5 冊稿本,在學術界公布,徵求意見。稿本的考釋水平是很高的,比如對信陽長臺關簡《竹書》的性質,就是由張振林首先找出與簡文類似的文獻中的文字。李學勤先生説:"中山大學學者論文取得一項突破性的收獲,便是在傳世文獻中找到同簡文相當的文字。論文説:《太平御覽》卷 802 中有一段儒墨對話形式的《墨子》佚文,'周公見申徒狄曰:賤人强氣則罰至',内容語氣與竹書如出一轍。這一發現爲解開竹書性質之謎提供了鑰匙。"(《簡帛佚籍與學術史》,臺北時報出版社,1994 年,第 342 頁)又商先生及其多數學生都是當代著名的書法家,因此他們所作的摹本,除準確無誤外,也真實地再現了戰國時代楚簡的書法藝術。可以説本書的出版,集中了我國五六十年代戰國楚簡的全部資料,體現了那個時代很高的整理和研究水平。

　　商志馥秉承父志,對全書遺稿作了認真的整理,並對《字表》作了補充。張守中工楷謄寫了全書的文字。

　　中山大學古文字研究室是我國古代銘刻研究的重要基地,幾十年來,在容庚、商承祚兩位前輩學者的帶領下,對我國的古文字學和考古學研究作出了很大貢獻,培養了一批又一批年輕學者,形成了獨立的優良學術傳統。本書的出版是該校對學術界的又一貢獻。本書所收資料結集之後,又先後有隨縣曾侯乙墓、江陵天星觀一號墓和荆門包山二號墓等更大規模的戰國楚簡出土,我們寄希望於中山大學古文字研究室能在商先生開創的體例下,繼續對戰國楚簡的集成工作作出貢獻。

(本文原載《考古》1997 年第 7 期,第 96 頁)

《故宮青銅器》前言

一

　　考古學者將早期人類文化的發展過程，根據生產工具的材質區分爲石器時代、青銅時代和鐵器時代。在我國，較大件的青銅器最早出現在河南二里頭文化晚期，約當夏代（公元前21—前16世紀）後期。此前的仰韶文化、馬家窑文化、齊家文化時期等雖有小件紅銅或青銅製品發現，但數量少、物件小，還不能説那個時期已脱離了銅石並用時代。有的二里頭時期銅爵，從鑄痕看，内外範多達四塊，器壁薄而均匀，其工藝水平已脱離最原始狀態，不排除我國在夏代前期已掌握冶煉青銅技術的可能。所以，古史所記“夏鑄九鼎”或有所本。青銅器伴隨着早期國家的確立而出現，自然就成爲王權的象徵。傳説夏鼎歷商至周，每當王朝改易，鼎則移於新主。春秋時期，王室衰弱，楚子過周境，問鼎之輕重，則其覬覦王權之心，路人皆知。

　　商代盤庚遷殷之後，國力漸强，特別在武丁時期，達到頂峰。爲適應其神權統治，需要進行大量繁複的祭祀活動，在這些活動中，青銅祭器是神壇上的重要道具，因而此期青銅器鑄造工藝有了長足的進步，體積厚重，紋飾神秘的青銅器大量涌現，形成了我國青銅文化最繁榮的時期。

　　西周建國以後，特別重視禮制建設。從金文記載的内容看，大概在穆王前後，一系列祭祀、軍事、饗宴、相見等禮儀制度逐漸形成，並成爲當時貴族等級制度的嚴格規範，即後世所謂的“周禮”。由於青銅器在西周諸禮儀中的標示作用，周人形成“藏禮於器”的制度。因而，此時組合有序的青銅容器又名之爲“禮器”。孔子曰：“唯器與名，不可以假人。”（《左傳·成公二年》）青銅器被賦予“銘貴賤，別等列”的作用，其占有狀況已成爲貴族身份和地位的象徵。

　　早在商代前期，青銅器上就開始有僅幾個字的、以象形爲特徵的族名銘文出現，到商代晚期開始有長達數十字的記事銘文出現，進入西周以後，更出現了許多百字以上的長篇記事銘文。在青銅器上鑄刻銘文，“銘其功烈以示子孫”（《左傳·襄公十九年》），爲後世留下許多珍貴的史料。

　　隨着城市經濟的發展，自春秋中期始，青銅器的地域特徵突顯，中原、楚、秦、吴、越等地的青銅器各自呈現出獨特的發展軌迹,一些小國的青銅器也成規模地出現。

戰國時代的青銅器逐漸向實用方向發展,新的形制不斷出現,紋飾趨於圖案化,還出現了一些描繪攻戰、狩獵、禮樂、桑植的寫實圖畫。

鐵質生產工具的大量出現和使用,標誌着鐵器時代的到來。我國大約在春秋早期開始出現鐵器,春秋戰國之交(即公元前 5 世紀前後)鐵兵器和工具逐漸增多,至戰國中期,鐵器在農業及手工業中占據主導地位,楚、燕等國軍隊也基本以鐵兵器裝備。

在其後相當長的時間裏,青銅器流入民間,脱去神秘的外衣,以日常生活用品和工藝品的身份,留存在社會生活裏。但是,隨着禮制傳統的延續,作爲藏禮工具的青銅禮器,在其後歷代禮儀制度中,仍保留着它不可替代的地位。

二

成組合的具有"藏禮"作用的青銅禮器體系,是中國青銅文化有別於其他民族青銅文化的突出特徵。這是由於"以禮治國"是中國古代政治所獨創的統治藝術,以"周禮"爲代表的禮儀體系,貫徹到政治、經濟、軍事、文化等社會生活的各個方面,影響了其後數千年中華文明史,帶有鮮明禮儀特色的中國文化,在古代世界文化發展史上具有獨特的地位。

在大量青銅器上鑄刻銘文,是中國青銅文化有別於世界其他民族青銅文化的另一突出特徵。中國社會科學院考古研究所編輯的《殷周金文集成》一書,是目前收録古今中外金文資料較爲詳備的著作,它著録先秦有銘青銅器近 12 000 件,加上該書出版後公布的同類資料,共計約 13 000 件。據 1985 年版《金文編》統計,先秦金文單字有 3 772 個,已識字 2 420個,未識字 1 352 個。

金文的内容就其大者而言,可分爲以下幾項:

第一,祭奠父祖,許多器銘僅記父祖日名,表示該器爲紀念其父祖而做。

第二,銘功紀賞,作器者記述自己對王室(或某大貴族)在祭祀、戰争、外交、政務等方面所做出的貢獻,因而受到嘉獎、賞賜和册命的榮寵。

第三,要盟約劑,"凡大約劑書於宗彝"(《周禮・秋官・司約》),記録貴族間發生的土地、人事等糾紛,經王室派員調解、裁斷、訂立盟誓的經過,以傳示子孫後代。

第四,媵女陪嫁,記述作器者以該銅器作爲嫁妝,送女出嫁。

第五,祈介祝嘏,西周中期後的樂器、禮器上多記載一些祈求祖考降賜福禄長壽的"嘏辭"。

第六,物勒工名,戰國兵器上多記督造銜府及工官工匠之名,容器上則多記容積重量。

金文成爲史料的關鍵,首要在明確其時代。對於西周金文的斷代問題,王國維在考釋遹簋時曾指出:"此敦稱穆王者三,余謂即周昭王之子穆王滿也。何以生稱穆王? 曰:周初諸王,若文武成康昭穆皆號而非謚也。"(《觀堂集林》卷十八)學者稱其斷代原則爲"時王生稱説"。郭沫若用此原則先定出若干"標準器",然後將與其人名、事件有關,形制、紋飾相近諸器串聯起來,構成一個時代相近的器組,此法被稱爲"標準器斷代法"。在《兩周金文辭大系圖録考釋》中串聯西周銘文 250 件,取得很大成功。陳夢家又根據新出土的考古資料,提出銘文的八種内聯條件:同作器者、同時代人、同父祖關係、同族名、同官名、同一事件、同一地名、同一時間等,並將此法加以進一步完善(《西周銅器斷代》)。

唐蘭先生著名的《西周銅器斷代中的"康宫"問題》(《考古學報》1962 年第 1 期)和《周昭王時期的青銅器銘刻》(《古文字研究》第二輯,中華書局,1980 年),討論了西周金文斷代問題,他指出金文中的"康宫"即康王之廟,凡記有"康宫"的銅器應定爲康王身後之器。這樣就把過去定在成王時期的一批器改定於昭王時期,並與昭王南巡的記載聯繫起來。根據這一原則,金文中所記"康宫"中的"夷宫""厲宫",應爲夷王、厲王之廟,金文中凡記有夷、厲二宫之器,自應是夷王、厲王身後之器。他的這些分析,到目前爲止,尚未發現與考古發掘的器物相矛盾者,並不斷被新出土的銅器銘文所肯定。因而,他的"康宫原則"也逐漸爲多數學者所接受。近年國家進行的"夏商周斷代工程",在討論西周銅器斷代時,就使用了"康宫"原則。這一原則對銅器斷代之學做出了新的貢獻。

從銘文内容來區别商代與西周銅器,宋代吕大臨的《考古圖》已有論述,近年來有的學者做出了更好的歸納,提出:殷人特有的稱謂、殷人特有的祭名、殷人的標時習慣、殷人的歷史大事件(陳世輝、湯餘惠:《古文字學概要》,吉林大學出版社,1988 年)。這些原則對區分商周銅器是有一定作用的。當然,必須與銅器的類型學研究相並而行,方能得到較理想的結果。

西周金文中有"初吉""既生霸""既望""既死霸"等記時詞語,王國維的《生霸死霸考》(《觀堂集林》卷一),認爲西周金文記時,是由上述四個月相詞語四分一月的。近時學者根據已知的古代天文學史知識推算,金文"初吉"的曆日往往超出月初若干天的範圍,有的甚至可以晚到月的下旬,顯然與其他三個詞語屬不同記時體系。"既生霸""既死霸""既望"是月相記時詞語,學者間曾無異詞,然其所指具體時日,至今尚難以取得一致意見。

西周有紀年金文 90 餘件,用這些資料可以推出西周各王的最低金文王年。又有年、月、月相、干支日四項俱全的金文 30 餘件,這些資料可以檢驗按銅器銘文所安排的王年和絶對時間是否恰當。陳夢家《西周年代考》指出:"《竹書紀年》和金文紀年是復原西周年代的主要材料。"據《竹書紀年》所載武王伐紂應在公元前 1027 年,西周積年爲 257 年。根據現代天文學觀察,《竹書紀年》所記"懿王元年天再旦"是一次正確的古代日食觀測,這樣,懿王元年即可定在公元前 899 年。以上幾個年代定點,都與相應的考古地層標本碳 14 測定的年代接近。又據《史記》載共和元年爲公元前 841 年,此後宣王、幽王的年代都是已知王年。根據以上定點,利用現代古天文學史知識推算,可以排出一個合理的《西周金文曆譜》,使數十件有銘銅器成爲標準器,再附以器形、紋飾、銘文的内部聯繫等,將基本解決西周金文的斷代問題。一個與所擬《金文曆譜》相容的《西周王年表》,也將得到最終的承認。

商周有銘銅器的半數左右,銘文都極爲簡短,有的僅有一個象形性很強的字,有的由幾個象形的字構成一個短語。郭沫若稱其爲“族徽”“族氏”(《殷周青銅器銘文研究》),陳夢家稱其爲“族名”(《西周銅器斷代》),張振林有“家族標記説”(《對族氏符號和短銘的理解》,中國古文字研究會年會論文,1990 年),吳其昌有“私名説”(《金文氏族譜》),日人白川静有“特殊集團説”(《金文通釋》),林巳奈夫有“旗上之物説”(《殷周時代的圖象記號》)等,諸説皆能言之成理,各從一個側面説明了部分器物上銘刻的内容,但終難以偏概全。

其實,早在宋代對金文中的“特殊銘刻”就有一定認識。如《考古圖》4.36 木父己卣,釋文云:“木者,恐氏族也。”我們認爲,這類銘文雖少有文例比附,但多數可以在甲骨文中找到同形的字,而分析甲骨文中這些同形字的性質,則多是一些方國名、地名和人名。因此有理由推測,這些金文“特殊銘刻”中應該有一大部分是古代方國(地區)、家族以及個人的名號。殷周金文“特殊銘刻”中的古代方國名,被成功解讀的有三個例證:郭沫若釋“ ”爲“須句”(《金文餘釋之餘·釋須句》,後收入《金文叢考》);裘錫圭釋“ ”爲“無終”(中國古文字研究會年會論文,1990 年);遼寧喀左曾出土“ ”罍,唐蘭考其出土地爲古“孤竹國”,李學勤循此考出其文字亦爲“孤竹”。依此類推,相似的古方國名如“息”“斟尋”“房子”“北子”等,也可以在銅器中找到相應的銘刻。

“特殊銘刻”中還有一些可以肯定爲某貴族的家族名者,如“木羊册”是微史家族的族名等。又比如“亞䇦孤竹迺鼎”,在這一組銘文中,已知“孤竹”是方國名,“亞䇦”因爲在其他器中經常出現,可能是孤竹國中某家族的族名。在這裏“迺”就可能是“亞䇦”家族的一個成員的私名。根據上述分析,金文中字數較多的族名,一般可以分出方國、家族、私名等幾個層次。此外,也有一小部分特殊銘刻是表示該銅器的方位、功能,或是八卦符號等,並不屬於上述内容範圍。

這些族名銅器的時代,有的個別可以早到商代前期,如 1981 年内蒙古敖包村出土的 甗(《内蒙古文物與考古》第 2 期),但多數屬商代後期到西周早期,西周中晚期至春秋時期仍有零星出現的,則屬於族名制度的少數殘存了。它從一個側面反映了商周時期社會組織結構的真實狀況,對商周社會史的研究有十分重要的意義(劉雨:《殷周青銅器中的特殊銘刻》,《故宫博物院院刊》1999 年第 4 期)。

三

早在漢代就把青銅器的出土視爲祥瑞,開始注意對青銅器及其銘文的研究。西漢宣帝時的張敞考釋夷臣鼎,被稱爲“好古文字”(《漢書·郊祀志》),東漢古文派巨子許慎作《説文》,其序云:“郡國往往於山川得鼎彝,其銘即前代古文。”

《商周金文總著録表》前言

　　我國是世界青銅文化最發達的地區之一，我國青銅文化一個突出特點就是在青銅器上大量鑄刻銘文（通稱“金文”），到目前爲止，已知先秦有銘文的青銅器有一萬餘件，無銘文的青銅器大概十倍於這個數字。

　　學術研究當以目録爲先，金文研究也不例外，王國維治金文，先作《宋代金文著録表》（後簡稱“宋表”）和《國朝金文著録表》（後簡稱“國朝表”），兩表作於 1914 年 5 月和 8 月，後皆收入《王忠愨公遺書》。在《宋表·序言》中，他爲《著録表》所定原則是“器以類聚，名從主人”，“惟《博古》所圖錢鏡，《嘯堂》所集古印”不取。這些原則規定了《著録表》的排列次序、有銘銅器的定名辦法以及收器的範圍。《國朝表》的《略例》云“此表所據諸家之書，以摹原器拓本者爲限，其僅録釋文或雖摹原文而變其行款大小者，皆不采録”，“其偽器及疑似之器則別附於後”，進一步規定了收器取捨的原則。《國朝表》收器 4 295 件，除去漢以後器 726 件和偽器及疑偽之器 402 件，實得先秦有銘青銅器 3 167 件。王氏的兩《表》爲金文著録表開創了體例，積累了基礎數據，得到研讀金文諸學者的認可，郭沫若在《殷周青銅器銘文研究·序》中説：“處理資料之方法，則以得力於王國維氏之著書者爲最多；其金文著録表與説文諧聲譜二書，余於述作時實未嘗須臾離也。”

　　在《國朝表》成書後十七年（1931 年），羅振玉命其子羅福頤增補修訂該表，於 1933 年編成《三代秦漢金文著録表》（墨緣堂石印本），收集的先秦有銘青銅器增至 4 279 件。後羅振玉得鬱華閣全套拓本，加上自家所藏，於 1937 年編輯出版了《三代吉金文存》一書，收器增至 4 835件。其後，羅福頤又整理清宮藏器，編輯了《內府藏器著録表》（墨緣堂石印本，1933 年），對乾隆年間皇室編輯的《西清古鑑》《寧壽鑑古》《西清續鑑甲編》《西清續鑑乙編》四書作了初步清理。

　　容庚於 1928 年對王國維《宋表》逐器加以審定，重編了《宋代金文著録表》（《北平北海圖書館月刊》第一卷第五號）。1929 年他又對乾隆年間的四種銅器書所收諸器的真偽存佚加以審定，編成《西清金文真偽存佚表》（《燕京學報》第五期）。容庚多年來校補案頭的《三代秦漢金文著録表》，並將該《校補稿》傳於其弟子孫稚雛，孫以容庚的《校補稿》爲基礎，收集了後世出土的金文資料，國外部分參考了陳夢家的《美帝國主義劫掠的我國殷周青銅器集録》等書，於 1981 年編輯了《金文著録簡目》一書，收器編 7312 號。

　　説到金文的《著録表》,還應該提到兩本書,一本是 1939 年美國人福開森主持編輯的《歷代著録吉金目》,該書收集了 1935 年以前出版的宋代、清代和民國以來的青銅器書籍八十種,由唐蘭作了器物分類:分樂器、酒器(盛器、飲器、三和器)、水器、食器、烹飪器、兵器、農器、度量衡、車馬飾、雜器、鏡、造像等十二大類,馬叙倫、容庚、齊思和、劉節等著名學者也都參與協助。該書收器十分廣泛,既不限於有銘文者,也不限於秦以前的銅器,凡是當時見到著録的青銅器(不包括錢幣),幾乎全部收入該書。書首列器名,其次列字數、釋文、著録等項,遇有時代可考者或有分歧的器類等,則加按語依次説明。收器齊全,體例嚴謹,使該表在學術界產生了較大影響,至今仍無可替代。另一本書是 1977 年由周法高主編的《三代吉金文存著録表》,該書綜合了多個著録表的研究成果,對《三代吉金文存》一書各器的著録作了系統的整理,是一部很有用的參考書。

　　中國社會科學院考古研究所根據當年郭沫若的倡議,由夏鼐親自指導,於 1978 年重新組建"《殷周金文集成》編輯小組",小組利用了陳夢家當年爲籌備編輯本書購置的大批善本金文書籍和大量的金文拓本集子,也利用了陳夢家在海外收集的大量資料和遺稿。在編書過程中,張亞初全面整理了宋代的金文資料,編成《宋代所見商周金文著録表》(收入《古文字研究》第十二輯,1985 年),收先秦資料 589 件,其中僞器 23 件,無拓本、摹本的 93 件,得出宋代實際可以利用的金文資料有 473 件。劉雨全面清理了乾隆年間皇室的四部銅器資料書,編成《乾隆四鑑綜理表》,四書收先秦有銘青銅器 1 142 件,其中僞器及疑僞之器 388 件,得實際可利用資料 754 件。小組還收集了當時可能見到的出土先秦有銘銅器數千件,總計用時十餘年,編成《殷周金文集成》一書,該書十八冊由中華書局於 1984—1994 年間陸續出版,收器達 11 983 件。

　　其後,《集成》原作者之一劉雨與盧岩編輯了《近出殷周金文集録》一書,收集《集成》各冊截稿以後新出的同類器 1 354 件,《集録》收器截止到 1999 年 5 月底,《集成》與《集録》兩書合計收器 13 337 件,可以説這個數字是到 20 世紀末爲止,古今中外全部先秦金文資料的統計數字,本書就是集中了全部這些資料彙編而成的,應該説這是一部較爲齊備的殷周金文著録總表。

　　(本文先收録於《金文論集》,第 510—511 頁,紫禁城出版社,2008 年 5 月;劉雨、沈丁、盧巖、王文亮編著《商周金文總著録表》由中華書局於 2008 年 11 月出版,本文即爲其《前言》)

近出殷周金文綜述

　　《殷周金文集成》一書是收集古今中外殷周金文資料較爲齊備的一部大型資料匯編,全書 18 册,收器 11 983 件(已除去中間空號)。第 1 册 1984 年出版,收器截止於 1983 年;第 16 册 1994 年出版,收器截止於 1988 年。該書各册收器截止時間距今都已十餘年,這期間又出土和發現同類資料千餘件,現已由筆者和盧岩女士編輯成《近出殷周金文集錄》,該書正編收殷代金文 416 件、西周金文 500 件、東周金文 342 件,合計 1 258 件。這部分新資料中有許多是非常重要的,現按器物時代先後擇要綜述如下:

　　1973 年 6 月,山東兗州縣李官村出土剺氏卣、爵各一件,[1]卣銘"剺册父癸",爵銘"剺父癸"。器物出土於山東兗州地區,位於周初魯國封地之内。因此,發掘報告作者據《左傳·定公四年》"分魯公……殷民六族:條氏、徐氏、蕭氏、索氏、長勺氏、尾勺氏"分析,銘文所反映的可能即周初分給魯國的殷民索氏。河南羅山縣天湖地區多次成批出土帶"息"字銘文的鼎、尊、爵、觚、戈等 20 餘件,[2]羅山地區距古代的息國所在地不遠,該文作者分析銅器上的"息"字應指古息國。這兩批銅器的出土再一次證明,金文中大量出現的"族名銘文",像"須句""無終""孤竹"一樣,其中有一些記録的是古國名。

　　1991 年 11 月,陝西岐山縣北郭鄉農民取土時發現銅罍一件,鋬内銘"亞切其"[3]三字,"切其"是帝辛時貴族,3 件長銘文的卣現藏故宮。該罍形制爲商代晚期,"切其"二字又與 3 件卣銘中之人名一致,應爲同人所作。這説明故宮所藏 3 件切其卣,作器者確有其人,該器的出現爲辨别故宮藏切其卣之真偽問題增添了一正面證據。

　　陝西寶鷄收集到一件西周早期的爵,鋬内銘"奴",柱上銘"𡘋",口内銘"作祖丁"三字(《考古與文物》1990 年第 4 期,《近出》905)。"奴"是作器者的族名。柱上的銘文是一組數字,即後來由張政烺先生考證出來的八卦符號,可讀爲"八六七六七"。其中"六"寫作"Λ",

---

[1] 郭克煜、孫華鐸、梁方建、楊朝明:《索氏器的發現及其重要意義》,《文物》1990 年第 7 期;《近出殷周金文集錄》(以下簡稱《集録》)581、889。

[2] 河南省信陽地區文管會、羅山縣文化館:《羅山天湖商周墓地》,《考古學報》1986 年第 2 期;《集録》173、174、175、230、235、613、614、639、735、736、737、742、784、785、786、822、823、824、825、890、1067 等。

[3] 龐文龍、劉少敏:《岐山縣北郭鄉樊村新出土青銅器等文物》,《文物》1992 年第 6 期;《集録》925。

爲它處所未見,且共五位數字,亦不合"三""六"之常數,可能是一種特殊的占筮術記録。

1994 年 12 月,陝西扶風縣法門鎮出土一件西周早期大型盂的殘底,[1]有銘文"王作莽京中寝浸盂"。據羅西章先生稱,該盂圈足直徑達 44.6 釐米,重 17 公斤。有如此巨大之底部,估計盂全器可能重達百公斤左右,實爲罕見。銘文稱周王自作,可見該盂必爲周初王室宮寝之物。西周以來,出土器物雖多,但能確定爲王室之器者,除晚期屬王胡的鐘、簋之外,並不多見。羅先生指出,此盂的出土對揭開莽京之謎並瞭解西周早期王室的氣度風格大有裨益。

1964 年 10 月,山東龍口市(黄縣)蘆頭鎮出土一件西周早期鼎,[2]上有"句監作寶尊彝"六字。"句監"應是指稱句地之監國者,猶應地之監國者稱"應監"(應監甗,《集成》883),榮地之監國者稱"榮監"(叔趙父爯,《考古與文物》1982 年第 4 期)。蓋西周初年在各諸侯國都設了監國者。仲幾父簋(《集成》3754)銘云:"仲幾父使幾使於諸侯、諸監。"可見,凡封諸侯之地,同時也設監國者。西周初年,周王分封諸侯,用以藩屏宗周。這種政治統治制度很容易造成諸侯割據的局面,爲保證中央政令在諸侯國得以貫徹執行,周初在實行分封制度的同時,也普遍建立了嚴格的監國制度。山東句地可能就在菏澤北面的"句瀆"一帶。《左傳·桓公十二年》稱"公及宋公盟於句瀆之丘",杜注:"即穀丘也。"句國地並不大,連這樣規模的小國都要設監,可見周初監國制度之嚴。文獻記載西周史迹過於簡略,好像爲了對付殷遺,只是在朝歌地區周圍設了管、蔡、衛"三監",而西周早期建立普遍的嚴格監國制度這樣重大的政治措施,史書却付闕如,是西周金文記載爲後世留下了這一珍貴的史料。

北京琉璃河 1193 號大型墓葬出土燕侯克罍、盉(《考古》1990 年第 1 期,《近出》987、942),銘記周初召公之子第二代燕侯克受封的大封典禮以及克赴封上任、殺牲祖祭道神事。[3] 周初封建諸侯,"大封禮"的儀注典籍失傳,賴此銘得以部分保存下來。

1993 年初,平頂山應國墓地出土一件柞伯簋,[4]釋文如下:

惟八月辰在庚申,王大射,
在周。王命南宮率王多
士,師𨟸父率小臣。王夷
赤金十版,王曰:"小子、小臣,

---

[1] 羅西章:《西周王盂考》,《考古與文物》1998 年第 1 期;《集録》1024。

[2] 李步青、林仙庭:《山東龍口市出土西周銅鼎》,《文物》1991 年第 5 期;《集録》297。

[3] 劉雨:《燕侯克罍盉銘考》,《遠望集》(上),第 302 頁,陝西人民美術出版社,1998 年。

[4] 王龍正、姜濤、袁俊杰:《新發現的柞伯簋及其銘文考釋》;李學勤:《柞伯簋銘考釋》,《文物》1998 年第 9 期;《集録》486。

敬有佑,獲則取。"柞伯十

稱弓,無廢矢。王則畀柞

伯赤金十版,誕賜祝見。

柞伯用作周公寶尊彝。

　　本銘是繼義盉蓋銘記録了"大射儀"之後又一次明確記録大射儀的銅器,説明《儀禮》所記"大射儀"確爲西周曾實行過的"周禮"之一。此銘也是周王舉行的射禮,與義盉蓋銘所記相同,可能只有周王舉行的射禮方可以稱爲"大射儀"。柞伯是銘中多士小子的一員,參加周王舉行"大射儀"的"比耦而射"。他十發矢皆中靶的,"唱獲"最多,得第一名,因而被賜以十版金餅。周王在射前懸賞赤金十版,且獨畀柞伯一人,這些有關大射儀的具體儀節都是文獻中所未見的。

　　陝西長安縣張家坡西周洞室墓出土的伯唐父鼎,[1]應爲西周穆王時器,銘文稱:

乙卯,王饗莽京,王

莱,辟舟臨舟龍。咸

莱,伯唐父告備。王格,

乘辟舟,臨莱白旗。

用射絲、鳖虎、貉、白

鹿、白狼于辟池。咸

莱,王蔑曆,賜秬鬯一卣、

貝廿朋。對揚王休,用

作□公寶尊彝。

　　大意是説,在莽京,王行饗祭那一年的乙卯日,王將舉行莱祭禮,辟雍之舟靠臨船塢。莱祭禮準備好後,伯唐父向周王報告準備完畢。王到達,乘上辟雍之舟,在白旗下舉行莱祭。在辟雍的池水裏行射牲禮,所射有牛牲、帶斑紋的虎、貉和白鹿、白狼。莱祭禮舉行完畢,周王勉勵伯唐父,賞賜他一卣浸過香草的酒和十串貝。爲宣揚周王的美意,作了這件紀念先輩□公置於宗廟的寶貴彝器。

　　《史記·周本紀》和《國語·周語》都有穆王征犬戎,"得四白狼四白鹿以歸"的記載,蓋彼時白狼白鹿爲名貴的野牲,爲穆王所鍾愛。伯唐父鼎是穆王早期器,果然也有王射白狼白

[1]　中國社會科學院考古研究所灃西發掘隊:《長安張家坡 M183 西周洞室墓發掘簡報》,《考古》1989 年第 6 期;《集録》356。

鹿的記載,這也許並非巧合。[1]

《文物》1998 年第 5 期公布了收藏於日本出光美術館的静方鼎,[2]綜合諸家考釋,釋文如下:

> 惟十月甲子,王在宗周,命
> 師中眔静省南國相,
> 藝应。八月初吉庚申至,告
> 于成周。月既望丁丑,王在成
> 周大室,命静曰:"司汝采,司
> 在曾、鄂師。"王曰:"静,賜汝㣈、
> 市、采霖。曰用事。"静
> 揚天子休,用作父丁
> 寶尊彝。

該鼎有師中奉命省南國藝应的記載,學者將其與昭王時的中方鼎、中甒等記昭王南巡的器聯繫起來。該銘記賞賜銘文中有賜"采霖"的記載,殷末銅器有小子霖簋(《集成》4318),銘云"命伐人方霖"。"霖"是地名,此處所賜采地可能即殷之霖地。

1996 年 8 月,陝西丹鳳縣西河鄉出土一件西周中期的虎簋蓋,[3]有銘文 161 字,綜合各家考釋,釋文如下:

> 惟卅年四月初吉甲戌,王在周
> 新宮,格于大室。密叔入佑虎即
> 位,王呼内史曰:"册命虎。"曰:龖乃
> 祖考事先王,司虎臣。今命汝,曰:
> "更厥祖考足師戲,司走馬御人
> 眔五邑走馬御人,汝毋敢不善
> 于乃政。賜汝赤市、幽黃、玄衣、滰
> 純、鑾、旗五日,用事。"虎敢拜,稽首,
> 對揚天子不杯魯休。虎曰:"丕顯

---

[1] 劉雨:《伯唐父鼎的銘文與時代》,《考古》1990 年第 8 期。

[2] 徐天進:《日本出光美術館收藏的静方鼎》;張懋鎔:《静方鼎小考》;王占奎:《關於静方鼎的幾點看法》;《集錄》357。

[3] 王翰章、陳良和、李保林:《虎簋蓋銘簡釋》,《考古與文物》編輯部:《虎簋蓋銘座談紀要》,《考古與文物》1997 年第 3 期;《集錄》491。

朕烈祖考嚭明,克事先王。肆天

子弗忘厥孫子,付厥尚官,天子

其萬年申茲命。"虎用作文考日庚

尊簋,子孫其永寶,用凤夕享於宗。

該簋蓋作器者虎之文考爲日庚,元年師虎簋中師虎的烈考也是日庚,二簋銘中之作器者皆名虎,應爲同一個人。其祖考所司"虎臣"與"左右戲繁荆"亦當同爲王之近衛部隊。師虎所司爲左右戲繁荆,虎之所司除"更厥祖考足師戲"外,又增加"司走馬御人眔五邑走馬御人"的任命。可見虎簋所記册命較之師虎簋所記册命有所增加,按理説虎簋應晚作於師虎簋。因此,如果元年師虎簋是恭王元年的話,虎簋就應爲恭王三十年。然而,茲事體大,西周中期恭、懿、孝三王若有一王在位 30 年以上的話,整個"夏商周斷代工程"的《西周年表》就需要重新安排。

1986 年陝西安康縣出土史密簋,[1]器屬西周中期,銘文 90 字,綜合各家意見,釋文如下:

惟十又二月,王命師俗、史密

曰:"東征。敆南夷:盧、虎、會、杞

夷、舟夷,觀,不陟,廣伐東國。"

齊師族徒乃執嗇、寬、

亞,師俗率齊師遂人左□

伐長必,史密右率族人、釐

伯、棫眉、周伐長必,獲百人。

對揚天子休,用作朕文考

乙伯尊簋,子子孫孫其永寶用。

銘文大意是説:周王命師俗和史密東征,會合南夷盧、虎、會的武裝以及杞夷、舟夷的部族武裝,炫耀武力,進行"觀兵",然後大踏步前進,攻伐東部敵人。當地駐軍齊師族徒以及遂人的隊伍已先期俘獲了敵方的嗇、寬、亞三個酋首。師俗率齊師遂人部隊從左路進攻敵軍長必,史密率領家族武裝以及釐伯、棫眉、周的隊伍從右路進攻長必,俘獲百人,取得勝利。

銘中的"觀"是西周金文中的特殊軍事術語,指"觀兵"。效卣"王觀於嘗"也是指觀兵於嘗地(《集成》5433)。《周本紀》記武王伐紂,有"上祭於畢,東觀兵,至於盟津"。《左傳·宣

---

[1]　張懋鎔、趙榮、鄒東濤:《安康出土的史密簋及其意義》,《文物》1989 年第 7 期;《集録》489。

公三年》：“楚子伐陸渾之戎，遂至於洛，觀兵於周疆。定王使王孫滿勞楚子，楚子問鼎之大小輕重焉。”古之“觀兵”是進行軍事威脅的一種戰爭手段，企圖以不戰而屈敵人之兵。“不陟”即班簋“否畀屯陟”之省，意指“大踏步地前進”。[1]

該銘中兩次提到齊師中有“遂人”部隊，值得注意。過去有的學者認爲，西周有一套完整的鄉遂制度，軍隊的編制完全是和鄉黨組織結合起來的，六軍就是由六鄉的居民編制而成，鄉之居民又稱士和國人，只有他們在戰爭時才有資格參加軍隊。而遂野之氓没有資格當戰士，在戰時只是充當糧草輜重的供應者而已。[2] 這種觀點顯然是用希臘古代曾實行過的“軍事民主制”來套合《周禮》的鄉遂制度而得出的結論。根據史密簋所記述的情況看，這並不符合我國西周時代的歷史實際，起碼從西周中期開始，“遂野之氓”也在遂人的帶領下組成主力部隊參加戰鬥。

1984 年 11 月，陝西耀縣丁家溝出土兩件殷簋，[3]屬西周中期，兩器同銘，各 80 字，釋文如下：

> 惟王二月既生霸丁丑，王
> 在周新宫，王格大室，即位。
> 士戍佑殷立中廷，北向。王
> 呼内史言命殷，賜市、朱黄。
> 王若曰：“殷，命汝更乃祖考
> 友，司東鄙五邑。”殷拜，稽首。
> 敢對揚天子休，用作寶簋。
> 其萬年寶用，孫孫子子其永寶。

此銘中周王命殷所司“東鄙五邑”。金文中曾多次出現以“五邑”爲名的職官。[4] “五邑”是一個特殊行政單位，金文中有走馬、佃人、祝等職官，但同時設有以“五邑”爲單位的同名官職。從殷簋銘的“東鄙五邑”看，此五邑應在東土某地，其餘内容則不可得知。

1997 年 8 月陝西扶風縣大同村出土宰獸簋，[5]銘文 129 字，釋文如下：

［1］ 劉雨：《西周金文中的軍事》，載《容庚先生百年誕辰紀念文集》，廣東人民出版社，1998 年。
［2］ 楊寬：《論西周金文中的“六𠂤”“八𠂤”和鄉遂制度的關係》，《考古》1964 年第 8 期。
［3］ 呼林貴、薛東星：《耀縣丁家溝出土西周窖藏青銅器》，《考古與文物》1986 年第 4 期；《集録》487、488。
［4］ 如虎簋蓋“五邑走馬御人”，《考古與文物》1997 年第 3 期；元年師兌簋“五邑走馬”，《集成》4275；柞鐘“五邑佃人”，《集成》133—139；救簋“五邑守堰”，《文物》1979 年第 2 期；鄭簋“五邑祝”，《集成》4297。
［5］ 羅西章：《宰獸簋銘略考》，《文物》1998 年第 8 期；《集録》490。

惟六年二月初吉甲戌，王

在周師汞宮。旦，王格大室，

即位。司土榮伯佑宰獸入

門立中廷，北向。王呼内史

尹仲册命宰獸曰：“昔先王

既命汝，今余唯或申京乃命，

更乃祖考事。飄司康宮王

家臣妾僕傭，外内毋敢無

聞知。賜汝赤市、幽亢、攸勒，用事。”獸

拜，稽首，敢對揚天子丕顯魯休

命，用作朕烈祖幽仲益姜寶

簠簋。獸其萬年子子孫孫永寶用。

銘有榮伯、師汞宮等，皆西周中期人名地名，器應屬西周中期。王之宰官爲王室的大管家，於此銘得以進一步證實。銘文記録一次隆重的周王室的册命典禮，在典禮上，王對宰獸增加任命，除繼續其父祖的職務外，另要求他管理康宮裏王家臣妾僕傭的出入事宜。

1992 年，陝西長安縣里河引水工地出土吴虎鼎，[1]有銘文 164 字，綜合各家意見，釋文如下：

惟十又八年十又三月既

生霸丙戌，王在周康宮夷

宮，道入佑吴虎，王命膳夫

豐生、司工雍毅申屬王命：

取吴𧶽舊疆付吴虎。厥北疆

𡩋人罘疆，厥東疆官人罘

疆，厥南疆畢人罘疆，厥西

疆荅姜罘疆。厥俱履封：豐

生、雍毅、伯道、内司土寺萊。

吴虎拜，稽首，天子休。賓膳

夫豐生璋、馬匹；賓司工雍

毅璋、馬匹；賓内司土寺萊

---

［1］穆曉軍：《陝西長安縣出土西周吴虎鼎》；李學勤：《吴虎鼎考釋》；張培瑜、周曉陸：《吴虎鼎銘記時討論》，《考古與文物》編輯部：《吴虎鼎銘座談紀要》，《考古與文物》1998 年第 3 期；《集録》364。

復、瑗。書尹：友守、史西。賓史

萊韋兩。虎拜，稽首，敢對

揚天子丕顯魯休，用作朕皇

祖考庚孟尊鼎，其子孫永寶。

這是一篇轉賜土地的銘文。周王將原屬吳蓋的土地轉賜給吳虎，重申屬王之成命，標出四至，派員踏查封地，吳虎按有關禮節賓送有關官員皮幣。該銘有"王在周康宮夷宮"句，限定此器時代的上限不得超過夷王，又有"王命膳夫豐生、司工雍毅申屬王命"句，可判定此器施命於膳夫、司工之王必爲屬王后之宣王、幽王中之一，而幽王在位不足 18 年，因而此王只能是宣王。這再一次證明由唐蘭先生於上個世紀 60 年代加以論證的"康宮原則"是西周銅器斷代的一個重要的原則問題。

這一階段公布的一批長銘文編鐘資料值得重視。晉侯蘇編鐘是山西曲沃北趙村晉侯墓地出土的一組編鐘，其中 14 枚流散香港，1992 年 12 月由上海博物館搶救回來，另 2 枚出土於北京大學考古系與山西省博物館聯合發掘的 8 號墓。編鐘分兩組，各 8 枚。銘文爲刻款，共計 339 字，另有重文 9 字，合文 7 字。[1] 綜合各家意見，釋文如下：

惟王卅又三年，王親遹

省東國、南國。正月既生

霸戊午，王步自宗周。二

月既望癸卯，王入格成周。二月

既死霸壬寅，王徝往東。

三月方死霸，王至于革，

分行。王親命晉侯蘇：率

乃師，左復，觀。

北復，□，伐夙夷。晉

侯蘇折首百又廿，執

訊廿又三夫，王至于

勳城，王親遠省師。王

至晉侯蘇師，王降自車，立南向。

親命晉侯蘇：自西北

敦伐勳城。晉侯率

---

[1]　馬承源：《晉侯穌編鐘》，《上海博物館集刊》1996 年第 7 期；《集録》35—50。

厥亞旅、小子、或人先陷

入,折首百,執訊

十又一夫。王至,

淖淖烈烈,夷出奔。

王命晉侯蘇

率大室小臣

車僕從

遹逐之。晉侯折首百又

一十,執訊廿夫;大室小臣

車僕折首百又五十,執訊

六十夫。王唯返,歸在成周。公族整師,

宮。六月初吉戊寅,旦,王

格大室,即位。王呼膳夫

曰：召晉侯蘇。入門,立中

廷。王親賜駒四匹。蘇拜,稽首,受駒以

出。返入,拜,稽首。丁亥,旦,

王鄜於邑伐宮。庚寅,旦,

王格大室,司工揚父入

佑晉侯蘇,王親賞晉侯蘇秬鬯、

弓、矢百、馬四匹。蘇敢揚

天子丕顯魯休,用作

元和錫鐘,用邵格

前文人,前文人其嚴在

上,翼在下,

龖龖異異,降余多

福。蘇其萬

年無疆,子子孫孫

永寶茲鐘。

銘文記載了在西周晚期某王三十三年,晉侯蘇奉王命討伐山東的夙夷,折首執訊,大獲全勝,周王勞師,並兩次嘉獎賞賜晉侯的史實。銘文除記載了這次重要的史書無載的戰爭之外,還爲我們留下了兩項難得的記録：一是記録了"初吉""既生霸""既望""既死霸""方死霸"五個記時詞語。在一件器上有這麼完整的時間記録,前所未有,是我們探討西周曆法的重要材料。二是全篇銘文用利器刻出,且筆畫流暢規正,爲我們研究西周晚期的冶金工藝提供了一份新材料。

　　近年山西侯馬地區出土大批十分重要的青銅器,部分銅器被盜出境外,令人十分痛心。所幸經過各方努力,有的已被搶救並得到妥善保護。子犯編鐘就是其中一例。子犯編鐘一套兩組共計 16 枚,有關資料已在臺北《故宮文物月刊》[1]上發表,本文不再贅述。銘文記錄了春秋時期晉文公在其舅父子犯的輔佐下出亡、復國,並經過城濮之戰大敗楚國、稱霸諸侯的歷程,印證了《左傳》所記"晉公子重耳出亡"的故事。

　　此外,陝西周原地區新出土的楚公豪鐘(《集録》3)、北京保利藝術博物館收集的戎生編鐘(《集録》27—34)、三門峽出土的虢季編鐘(《集録》86—93)、陝西眉縣出土的逨編鐘(《集録》106—109)、江蘇丹徒出土的遱邸編鐘、編鎛(《集録》94—96)、河南淅川下寺出土的 26 件一套的王孫誥編鐘(《集録》60—85)和䣄編鐘(《集録》51—59)、編鎛(《集録》98—105)等,除了其銘文十分重要外,它們對音樂史研究的價值也不容低估。

　　在新發現的春秋時期青銅器中還陸續出現了一些新的記時資料。如湖北穀城出土的蘇兒𧊒記有"唯正月初、冬吉",[2]可證明此時記時詞語中,在正月裏有"初吉"和"終吉"兩個"吉日"。張政烺先生早在數年前就對筆者指出該器對研究"初吉"的重要性。另外,湖北襄樊出土的鄭臧公之孫鼎(《集録》355)記有"唯正六月吉日唯巳",河南南陽出土的應侯之孫丁兒鼎蓋(《集録》351)記有"唯正七月壬午"等等。筆者曾撰《殷周金文中的閏月》一文,收集了 10 件帶有"正某月"的金文資料,考慮到"閏"字是戰國晚期才出現的新字,故推測"正某月"就是後世的"閏某月"。上述材料正是對該文的補充。該文發表後,有人提出反駁意見,並提出"正某月"也可能是"周王曆法的某月"的看法。此次本書收進的材料裏有山東臨淄出土的梁伯可忌豆,[3]銘記有"唯王正九月,辰在丁亥"一句,"王正九月"似不宜還講作"周王曆法的九月",因爲在衆多的載有記時詞語的銅器中,唯此一器記"王正"九月,無疑應該理解爲"周王曆法的閏九月"。上述材料說明,從西周晚期開始,周王室的曆法中曾實行過帶有過渡性的"二月置閏"的"閏法",大概進入東周以後,人們就掌握了"無中氣置閏"的規律,一律在年中"無中氣的月份"置閏了。這些新的資料爲我們進一步探討兩周時代的曆法,特別是閏法,提供了十分有用的資料。

　　總之,《近出殷周金文集録》一書收進了《殷周金文集成》編成以後截止到 1999 年 5 月底出土和發現的全部殷周金文資料。正編收器 1 258 件,附録收器 92 件,合計 1 350 件。該書體例,每器除銘文拓本及其說明外,還列有供學者參考的器形圖片和銘文釋文,書後附人名、

---

[1]　張光遠:《春秋晉文稱霸"子犯和鐘"初釋》;裘錫圭:《也談子犯編鐘》,《故宮文物月刊》1995 年第145、149 期和 2000 年第 206 期;《集録》10—25。

[2]　陳萬千:《蘇兒𧊒及都國地望問題》,《考古與文物》1988 年第 3 期;《集録》986。

[3]　張龍海:《山東臨淄出土一件有銘銅豆》,《考古》1990 年第 11 期;《集録》543。

官名、地名、族名索引和時代分期、著録、出土地、現藏地等列表。這些資料的公布將對先秦史的研究起到積極的促進作用。

[原載《故宮博物院院刊》2002 年第 3 期,第 7—13 頁;又載《金文論集》,第 381—391 頁,紫禁城出版社,2008 年 5 月。本文與《近出殷周金文集録·前言》(中華書局,2002 年)的第二部分大致相同]

《近出殷周金文集録二編》前言

　　《近出殷周金文集録》(下簡稱《近出》)收器與《殷周金文集成》銜接,始於《集成》各册截稿之日,止於 1999 年 5 月底。本書(下簡稱《近出二》)編輯大體依照《集成》和《近出》的體例,器物始收時間與《近出》銜接,截止時間大體到 2007 年底,編 1346 號(中間缺 1142 號、1202 號,實收 1 344 器)。

　　《近出二》收録的資料中有一些對先秦青銅器及其銘文的研究以及各相關學科的研究具有重要意義,下面擇要舉例加以說明:

　　《近出二》收器中有五件商代前期器,分别是 127 眉鼎、128 甘鼎、804 亘斝、826 武父乙盉、837 甲壺。特别是 1995 年河南安陽小屯村出土的武父乙盉,該器出土於一商代建築基址中,器物時代明確,早於殷墟時期。器有管狀流,款足分襠,有鋬,腹飾∧形紋。此器與一般盉類器明顯不同,應屬鬹類。通常商代前期的有銘銅器,皆僅存一至二字,該器多至"武父乙"三字,亦很少見。"武"字應該理解爲族徽名號,"父乙"是作器者父輩的日名。近年來形制與其類似的無銘青銅鬹有多處出土,包括河南二里頭文化也出土過類似的無銘青銅鬹,這些器的形制及其功用與龍山文化陶鬹有着明顯的承續關係,差别較大的部分是流,龍山文化陶鬹的流是開放式的,二里頭晚期及商代前期銅鬹的流是管狀的,這種形制上的差别,應視爲過渡和進步,如果按時代先後把龍山文化陶鬹——二里頭晚期無銘青銅鬹——商代前期武父乙鬹排列起來,陶鬹與銅鬹之間顯然尚有缺環。這使我們想起《集成》編輯時被有意去掉的一件器——《西清古鑑》32.16 著録的青銅鬹(原名周子孫匜),乾隆年間此器曾收藏在清宮,係仿龍山文化陶鬹而作的青銅器,其腹部及流與龍山文化陶鬹近似,其腹部所飾∧形紋,與武父乙鬹近似,其上有族徽銘文"奄",該器形制恰好處於陶、銅之間,可以填補這個空白。容庚先生 1929 年寫《西清金文真僞存佚表》時,將其列爲"真者",並未表示懷疑。我在 1989 年編《乾隆四鑑綜理表》時,囿於當時所見不廣,提出"容表定真,現改爲疑。器是銅器中最早者,不僞,銘可疑"。《集成》編輯小組爲慎重計,采納我的意見,未收此器。現在據二里頭晚期無銘青銅鬹及商前期武父乙鬹等一批早期青銅器的出現,我已改變看法,認爲既然商代前期的青銅鬹上可以有"武父乙"族徽名及其父的日名三字出現,那麼,較之再早一些的,可能是夏代晚期的青銅鬹上出現"奄"一字族徽名也不是不可能的。《西清古鑑》著録的奄鬹,可能是目前已知的唯一可以早到夏代的有銘青銅器,值得重視,本書已重新收録了此器(列入《補遺》編號 1346)。遺憾的是,經查故宮銅器庫房,此器早已流出宮外,不知去向,已無法考覈原器,因此,以上意見是分析所得,並不足以作爲定論。值得慶幸的是中國社會科學院考古所圖書室收藏一部《西清古鑑》第 32 卷殘本,是從清宮流出的當年專供乾隆御覽的彩繪本《西清古鑑》,較真實地保存了該器的圖像,現將其與通行的殿本《西清古鑑》圖像一併公布,供學界同仁參考。

目前已知的早於殷墟的有銘青銅器,總數不過十件左右,此次《近出二》公布一批新發現的商代前期有銘青銅器就達五件,再加上一件可能早到夏代的有銘青銅器,這無疑對早期青銅器銘文的研究,以至對中國古文字起源的研究,都是十分有意義的。

《近出二》8 號收録了一件師害鐘,該鐘 1992 年 9 月出土於陝西扶風縣行公鄉巨良海家村,已殘,鉦間存銘文 40 餘字:"師害自作朕皇祖太公、埠公、封公魯、仲叔、宮伯、孝公、朕烈考静□(公)寶龢鐘,用喜侃前□□(文人),□(縮)綽永命,義孫子⋯⋯"師害在銘文中縷叙其先人七代祖考名號世系。其銘文恰與宋代吕大臨所著《考古圖》卷 5.15(《集成》4693)收録的姬寏母豆銘文相似,二者除作器者不同外,所祀七代先祖考名號世系幾乎完全一樣。此豆"熙寧中(宋神宗 1068—1077 年)得於扶風",與師害鐘所出地相同。吕大臨引蔡博士言,據《齊世家》考其銘文所記爲"齊世系",1936 年吴其昌先生著《金文世族譜》,據《陳杞世家》考其銘文所記爲"陳世系"。因豆銘器者"姬寏母"可以證明該豆必爲姬姓後人所作,而齊爲姜姓、陳爲嬀姓,所以看來蔡博士、吴其昌所考皆不得要領。我據《史記·管蔡世家》所附"曹國世系",指出鐘、豆銘文所述諸公、伯名與"曹世系"所記諸伯名基本相同,應爲姬姓的"曹國世系",爲解讀兩篇銘文開闢了一條新思路,爲史學界找到一個經過出土文字記載驗證的早期曹國世系。另外,姬寏母豆銘文内容的釋讀,還提供了在西周時期女性可以自主祭祀歷代先人的重要例證,這對我們認識西周女權的實際狀況提供了一個難得的例證(《師害鐘與姬寏母豆》,《古文字研究》第 26 輯)。

1989 年 5 月河南平頂山市滍陽鎮北滍村滍陽嶺出土了一件應公鼎(《近出二》292),器屬西周晚期,銘爲"應公作尊彝。簟鼎斌帝丁丁,子=孫=永寶"。據文獻記載應公爲周初武王之後裔,西周金文中"斌"字是周初武王的專稱用字,故此篇銘文爲"應公祭奠先人武王"之意是明確的。這裏出現了"武王日名爲丁"的記載,説明在周初,西周諸王有可能早有與商人用日名記先人一樣的習俗。一般地説,這種牽涉祖宗禮法的稱名制度,不太可能輕易產生和改變,很難理解爲是周人推翻商王朝後,向商人學習的結果,或認爲周初過後周人又實行了"不用日名"的新制度,應該視爲是周人故有的制度。甲骨文、金文中有商周兩代使用日名的記載,文獻中還有夏代王室使用日名的記載,日名制度肯定與先人的某種禮制有着密切關係,但是日名的確切含義,學術界尚没有考察清楚。看來,這種制度可能終西周一代都在實行,而且是夏商周三代一貫的一種制度。這種看法與丁山先生以來以至今日一些金文學者所持有的"周人不用日名"的觀點是相左的。周人是否使用日名? 這關係到商、周銅器分期和一系列金文人物、事件的族屬定性問題,是值得學術界認真對待的。

《近出二》318、319 收入山東出土的一對子方鼎,兩器銘文相同,其記時銘文爲:"在十月又二月,生霸,吉,庚寅。""生霸,吉"應讀爲"生霸"和"吉"兩個詞語,"生霸"爲月相,不會有歧義。"吉"字下面緊接着記日干支"庚寅",這就限定"吉"字只能是一個記時詞語。因而可以判斷此銘中的"吉"與西周金文中經常出現的"初吉"應該有關聯。

關於金文中的記時詞語,學者們爲了計算彼此之間的日距,有的專門設計了電腦軟件進行測算,結果表明,若把"既生霸""既死霸""既望"等看成定點的某一天,會與大部分計算結果相衝突。因而多數金文曆法的研究者似乎已有共識,金文中的這幾個記時詞語,一定是指某一段時間,不會僅指某一天。有鑑於此,子方鼎銘中的"生霸"不太可能是一個定點日,而應該和其他金文月相詞語一樣,指一段時間,即可能是"既生霸"的初期表達形式或"既生霸"的省稱。

與這段記時詞語最相似的是 1955 年安徽壽縣蔡侯墓出土的一對吳王光鑑銘(《集成》10298、10299):"唯王五月,既子白期,吉日初庚。"當年郭沫若先生考證云(《由壽縣蔡器論到蔡墓的年代》,《考古學報》1956 年第 1 期):"子同孳或滋,生也。白乃古伯字,與霸通。""'既子白期'當即既生霸。"他的這一大膽釋讀,得到著名古文字學家于省吾先生的支持,于老説:"'既子白期'之'子'本應作'字',吳王光鑑兩器,其中一器'字'較爲清楚。《山海經·中山經》'服之不字'郭注:'字,生也。'《廣雅·釋詁》:'字,生也。'按:'字'訓生育之生,與生長之生義本相因……總之,'既子白期'解作'既生霸期'就文字訓詁和通假來説,就上下文義來説,都是通順無阻的。"(《壽縣蔡侯墓銅器銘文考釋》,《古文字研究》第一輯,1979 年)當時郭老和于老的意見沒有得到學術界的認可,著名的古文字學家唐蘭、陳夢家等先生持反對意見,唐先生認爲這段銘文是"吳王光爲他的兒子舉行了冠禮,字爲白(伯)期"(《五省出土重要文物展覽圖録·序言》,1958 年),陳先生以"子白"爲王僚之字,釋"既子白期"爲"吳王光盡子白爲期之喪"(《壽縣蔡侯墓銅器》,《考古學報》1956 年第 2 期)。但唐、陳等先生的意見也沒有被學術界所采納,於是鑑銘"既字白期"的釋讀遂成懸案至今。

當時參與辯論的諸大家幾乎都是贊成王國維"四分月相説"的,包括郭、于二老在内,他們雖主"既字白期"是"既生霸",但仍對"吉日初庚"作了迂回曲折的解釋,以附會"四分月相説"。因爲各家都泥於"四分月相説",所以道理總是無法講通講透,也就難以得出令人信服的結論。另一個反對"既生霸説"的意見是郭若愚先生提出的,他認爲"似乎在春秋戰國之間,已經不見'生霸''死霸'的使用,以吳王光鐘、鑑比較,不是記時之詞,而是記事的"(《從有關蔡侯的若干資料論蔡侯墓蔡器的年代》,《上海博物館館刊》總二期,1982 年)。

現在,子方鼎銘文出現了,我們對吳王光鑑銘"既字白期"的釋讀有了很好的參照物。兩件器物雖一在西周早期,一在春秋晚期,時代相距較遠,但記時銘文的内容卻驚人地相似。試看:

子方鼎：生霸，吉，庚寅

吴王光鑑：既字白期，吉日，初庚

　　兩件銅器記時銘文的最大共同點是都把"初吉"放到了"既生霸"時間段内，方鼎銘"生霸"相當於鑑銘的"既字白期"，"吉"相當於"吉日"，"庚寅"相當於"初庚"，這是金文中第二次出現"既生霸"時日内包含有"初吉"的記載，兩件記時銘文的内容可以互爲注解，證明當年郭老、于老將吴王光鑑記時詞語"既字白期"釋爲"既生霸"是對的，同時也説明我們現在把"生霸"釋爲"既生霸"的代稱或省稱也是正確的。在春秋戰國時期，"初吉"與"吉日"是並存的，看不出二者所記時日有甚麼不同，兩銘中的"吉"和"吉日"都可能是"初吉"的意思。"初庚"應該是指某月的第一個庚日，恰好子方鼎記有"庚寅"。這説明只要我們不拘泥於王國維的"四分月相説"，兩篇銘文都可以得到通解。至於説到春秋晚期的吴王光鑑上出現了通常在西周才會出現的"既生霸"，那只能認爲是一種復古的記時詞語的殘存，就像民國時有人不用通行的公元紀年，却用"中華民國紀年"，甚至用"黄帝紀年"一樣。吴國姬姓，乃周之先人所建，後世吴人在銘文中殘存有復古的西周記時詞語，並稍作變通，稱"既生霸"爲"既字白期"，似乎也是可能的。郭若愚將鐘、鑑銘文比較，用以説明"既字白期""不是記時之詞，而是記事的"。其實，鐘銘爲"……□□□歲，初庚吉日……"，較之鑑銘只是少了月份和"既字白期"，金文中同人所作之器，記時詞語有所不同是常有的現象，這並不足以説明"既字白期"一定是記事之詞。

　　唐蘭、陳夢家先生將"既字白期"講成吴王光的兩件大事，顯然是想用"大事記時"來解釋這個詞語，吴王光鑑記時詞語"既字白期"在月份與干支日之間。在金文中，通用"大事記年"，少見"大事記時"的例證，因此把"既字白期"講成"大事記時"也是不恰當的。

　　進入春秋以後，"既生霸""既死霸""既望"等月相記時詞語，除個别復古性質的使用之外，基本消失，月相觀察在新的曆法體系中已不再重要。原本在西周時代盛行的"初吉"，出現了"既吉""初冬吉""吉日"等新的稱呼法，它們透露出"初吉"的一些原來我們不瞭解的内容。可能"初吉"就是一個"每月初次出現的吉利日子"，所以也可以簡稱爲"吉日"或"吉"，它應該是指一段時間，故又有"既吉"和"終吉"的稱呼，"吉日"或"初吉"之後的日子可稱"既吉"，"吉日"或"初吉"之日結束則可稱"終吉"。當然，這些認識只是據詞語本身所作猜測，對幾千年前的記時專門術語，其確切含義也許並不像我們從字面上所理解的那麼簡單。

　　將新出子方鼎記時銘文和早年出土的吴王光鑑記時銘文作對比，在金文記時詞語中，有時"既生霸"時段裏可以包括"初吉"，二者所記録的時日，部分是重疊的。按我們的理解，"初吉"既是一個"每月初次出現的吉利日子"，這樣的日子多數應該出現在每月的前端，但也不排除少數可能出現在月中或月末，那麼從邏輯上説"既望"和"既死霸"時段中也可能包括"初吉"，只是這類記時詞語尚未出現罷了。"初吉"與"既生霸"等記時詞語性質是不同的，"初吉”不可能也是月相詞語,如果都是月相詞語,就無法解釋二者可以重疊記時這一現象。另外我們也無法證明它是“初干吉日”,起碼在字面上沒有留下“初干”(即初旬)的痕迹。在這種情況下,硬要說“初吉”就是“初干吉日”,也只能説是一種無法證明的猜測而已,而且這種猜測還要面對不少在西周金文裏超出初旬的“初吉”記載,難以解釋。

山西天馬—曲村遺址北趙晉侯墓地第六次發掘(2000 年 10 月—2001 年 1 月),清理了 M113、M114 兩座大型西周墓葬,其中 M114 出土了一件有 49 字銘文的叔夨方鼎(《近出二》320)。銘文開頭記時詞稱“唯十又四月”,與西周早中期的鄧公簋(《集成》3858)、西周晚期的雍公緘鼎(《集成》2753)記時詞語相同,證明整個西周時代曆法中不但存在“年終置閏”,還存在“年終再閏”的“閏法”。

我 1993 年在香港中文大學第二屆古文字研討會上發表了《殷周金文中的閏月》一文,文章的結論原文如下:

> 通過分析殷周金文材料,對殷周時代曆法中閏法的認識,可歸納爲如下幾點:
>
> (一)殷代晚期曆法中實行的仍然是年終置閏,閏月稱“十月又三”,年終再閏稱“十月四”,可能整個殷代實行的都是年終置閏。
>
> (二)西周早期實行的也是年終置閏,閏月稱“十又三月”。
>
> (三)西周中晚期有年終置閏的記載,稱“十又三月”,再閏稱“十又四月”。同時也有“正二月”的記載。金文中“正某月”就是“閏某月”,“閏二月”是一種年中固定置閏法,但不是“無中置閏”,此期曆法呈過渡狀態。靜簋是穆王時器,這一時期的曆法中,在六月與八月間不可能出現閏七月,因此它仍然是“初吉月相説”難以逾越的障礙。
>
> (四)春秋時期各國仍通行周曆,廢止了年終置閏法,閏月一律安排在年中,稱“閏某月”爲“正某月”。

叔夨方鼎的出現,證明應當在上文的結論(二)中增加“年終再閏稱十又四月”一句。西周曆法中特有的藉助於用“既生霸”“既死霸”“既望”等月相詞語來限定干支日的做法,説明當時的曆法尚處在需依賴觀測天相記錄適時修正原擬定曆法的階段。西周金文中不見春夏秋冬四季的記載,《尚書》和《詩經》裏也不見二十八宿的痕迹,説明西周人不明瞭全部二十四節氣的安排,用周天二十八宿來描述星空的辦法尚未發明,不可能執行“無中氣置閏”,更不可能有《國語》“伶州鳩語”的所謂“分野説”,也不可能執行十九年七閏的閏法。這時年終僅置一閏,往往無法全部協調陰陽曆之間的誤差,有時需在年終十三月之後安排十四月來進一步協調誤差。

該銘有“王彤,大禰,秦在成周”句,記錄了連續進行的彤、禰、秦三禮。

唐蘭先生認爲“彤”即“肜”(《西周青銅器銘文分代史徵》第 251 頁),“彤祭”就應該是文獻中的“繹祭”。《春秋·宣公八年》:“六月辛巳,有事於大廟,仲遂卒於垂。壬午,猶繹。”辛巳的第二天是壬午,所以《公羊傳》説“祭之明日也”。《爾雅·釋天》:“繹,又祭也。周曰繹,商曰肜,夏曰復胙。”這種祭祀的内容夏商周應該是一脈相承的,其名雖不同,其實爲“復胙”則是一致的。“復胙”可能是把前一天祭禮上的胙肉,在第二天舉行一個儀式,然後頒賜衆人,以免腐爛在廟裏。《左傳·僖公九年》:“夏,會於葵邱,王使宰孔賜齊侯胙。曰:天子有事於文武,使孔賜伯舅胙。”《孟子·告子下》云:“孔子爲魯司寇,不用。從而祭,膰肉不至,不税冕而行。”祭神的胙肉被大家分吃掉,就表示被神享用了,因爲牲肉易腐敗變質,所以儀式必需趕早,就規定要在祭禮的次日。

“大䙴”,疑即“大册”,亦即盛行於西周中晚期的“册命”。周原甲骨(H11:84):“貞,王其桒佑太甲,典周方伯?思廼正,不左,於受有佑。”卜辭大意是,貞問:周王祭商王太甲,祈求太甲佑助,是否可以册命周王爲方伯?驗辭記録這一貞問得到神“有佑”的肯定答復。方鼎所記的册命既然稱“大䙴”,應是指周初對唐叔夨的一次重大的册命。西周中晚期的金文中多記録册命典禮,有一套完整的儀注,如頌鼎“……尹氏授王命書,王呼史虢生册命頌。王曰:‘頌,命汝官司成周貯廿家,監司新造貯用宫御。賜汝玄衣黹純、赤市朱黄、鑾旗、攸勒,用事。’頌拜,稽首。受命册,佩以出。返入覲璋……”(《集成》2827—2829)。膳夫山鼎“王呼史桒册命山。王曰:‘山,命汝官司飲獻人於㒼,用作憲司貯,毋敢不善。賜汝玄衣黹純、赤市朱衡、鑾旗。’山拜,稽首。受册,佩以出。返入覲……”(《集成》2825)等。西周早期的册命典禮儀注尚不完備,但賞賜命服、車馬、貨貝等儀注却與中晚期的銘文相似。

已發現的記桒禮的器有御鬲(《集成》741),圉甗、簋、卣(《集成》935、3824、3825、5374),獻侯鼎(《集成》2626、2627),不栺方鼎(《集成》2735、2736),叔簋(《集成》4132、4133),盂爵(《集成》9104),夨令方尊、方彝(《集成》6016、9901),歸𫲨進方鼎(《集成》2725、2726),伯唐父鼎(《近出》356),周原甲骨 H11∶112 等十餘件。

綜觀上述銘文,桒祭禮是周王室較重要的大禮之一,多由周王於都城舉行。先周的周原甲骨中即記有此禮,其他銘文也都是西周中期以前的,未見西周晚期的記録。記此禮最詳細的要屬伯唐父鼎,其所記王之桒祭禮舉行於辟雍大池的船上,儀注有:

1. 船靠船塱。2. 告備。3. 王登辟舟。4. 王建白旗行桒祭。5. 澤射犧牲。6. 賞賜等。

從周原甲骨“王其桒佑太甲,典周方伯?”的内容看,桒禮是祈求佑助的祭禮。多數學者認爲該墓是晉叔虞之子晉侯燮父墓,方鼎銘文中的彡與桒似乎都是圍繞“大䙴”進行的,下文有周王殷見諸士的記載,説明在舉行大册命之後,例應召見莅禮諸士。

上海博物館於 1998 年在香港購得一件亢鼎,《近出二》收録,編爲 321 號,是一件西周早期器,銘文記“公太保買大珫於美亞,財五十朋”。這是金文中再一次出現玉器具體價值的記載,殷末銅器六祀𠨍其卣記有“𠨍其賜作册孯瑞一、珫一”句,“珫”爲賞賜品玉器,“大珫”即珫之大者,據亢鼎銘所記,在西周早期其價值“五十朋貝”。

1975年陝西岐山縣董家村一號窖藏出土的裘衛盉銘文中(《集成》9456)也有玉與貝交换的記載,該器屬西周中期,銘記"矩伯庶人取覲璋於裘衛,財八十朋,厥貯其舍田十田。矩或取赤琥兩、麀賁兩、賁韐一,財二十朋,其舍田三田"。矩伯與裘衛交换一件覲見用的玉璋,價值是八十朋貝,折合成田是十田。矩伯又與裘衛交换了一對紅色玉琥、一對皮披肩和一件皮圍裙,價值一共是二十朋貝,折合成田是三田。田是指經過開墾的土地,一田大約相當一夫所種的土地,如以一田百畝計,十田即千畝。交换的程式是先用等價物貨貝的數目來表示玉器的價值,然後把貨貝折合成田地的數目,再進行實物交换。

兩次交换記載相比,亢鼎銘所記交换程序缺少"以田换玉"的過程,蓋當時的交换可能有"實物交换"和"貨幣購買"兩種形式。

《近出二》587、588號收録一對陝西扶風縣窖藏出土的五年琱生大口尊,作器者琱生也出現在傳世的五年、六年琱生簋(《集成》4292、4293)銘文中,所述内容亦爲同一事件,遂引起衆多金文學者的關注。過去對兩件簋銘中人物及整篇銘文的含義都没有搞得很清楚,經過與新出大口尊銘的對照研究,學者們開始從人物之間的宗族關係入手理解銘文,把人物之間的關係逐步理順,因而整篇銘文的内容得到了進一步的闡釋,一些學者認爲三篇銘文講述的是一次宗族土田僕庸糾紛的調解過程。

關於器物及銘文内容所屬時代,過去學者因爲簋的銘文中有"召伯虎"這個文獻中十分顯赫的人物,厲王末年他以自己的兒子替换太子,躲過國人的追殺,又一手扶持太子静即位稱宣王,故多定其爲厲、宣時代器。近時學者則據器物紋飾特徵的新研究,改定其爲西周中期器。但是,兩件琱生簋和兩件琱生大口尊的形制都十分獨特,難以找到排比的資料,大口尊肩部飾一周重環紋,却是西周晚期較典型的紋飾。1993年7月河南洛陽市東郊出土一件召伯虎盨(《近出》497),蓋上和腹飾瓦紋,也是較典型的西周晚期風格。師嫠簋(《集成》4324)銘中師嫠的右者爲"宰琱生",該簋亦爲典型的厲宣時代的器物。若把幾件器物都改定在西周中期,關鍵人物召伯虎、琱生等又難以與文獻和金文記載的内容相協調,看來兩對簋、尊的時代還有進一步研究的必要。

中國國家博物館2003年徵集一件作册般黿,《近出二》收録爲967號,銘文爲:"丙申,王弋於洹,獲。王一射,収射三,率無廢矢。王命寢馗貺于作册般。曰:'奏于庸,作汝寶。'"記商王在洹水捕獲一隻黿,遂在水中舉行大射儀,其中王"一射"可能指"習射","収射三"可能指"三番射",四射全部命中。射後,王命寢馗將王射之黿贈予作册般,命其做成器用,保存起來。銘記水中"大射儀"的還有伯唐父鼎(《近出》356),銘曰:"伯唐父告備,王格,乘辟舟,臨乘白旂。[用]射兕、犛虎、貉、白鹿、白狼於辟池。"器屬西周中期,記周王在辟雍大池裏"澤射"捕獲的野牲。

作册般是帝辛時代當朝重臣,金文中尚有作册般甗(《集成》944)和作册般鼎(《集成》2711)記載此人的活動。甗銘云:"王宜人方,無敄,咸,王賞作册般貝,用作父己尊。來册。"

鼎銘云："癸亥，王述于作册般新宗，王賞作册豐貝，大子賜東大貝，用作父己寶餗。"銘中"王賞作册"後缺鑄一"般"字，有人遂認爲作器者是"作册豐"，稱其爲"作册豐鼎"。其實"豐貝""東大貝"是指不同的貝名，兩器銘中所記亡父的日名皆爲父己，説明兩器皆爲一人所作，銘記王與太子都親臨作册般的"新宗"，並同時對其行賞賜，該器即爲記此榮寵之事而作。

周人社會實行宗法制度，王、公、貴族都十分重視家族譜系的傳承，有一些金文銘辭的内容就以記載這種家族譜系爲主，在以前著録的金文中，像北宋神宗年間陝西扶風出土的姬寏母豆銘（《集成》4693），記録了曹國公族的皇祖太公、墉公、封公魯、仲叔、宫伯、孝公、烈考静公七代家族的譜系。

1976 年陝西扶風縣法門鎮莊白村窖藏出土銅器史牆盤（西周中期器，《集成》10175）記載了西周王室世系和微史家族的家譜，銘文先叙周王室六代先王世系：曰古文王、䵼圉武王、憲聖成王、淵哲康王、宏魯昭王、祗覬穆王。史牆對每位先王的業績有一個簡要的叙述，並配用兩個字的稱號（這種稱號可能就是後世謚號的濫觴），再將自己家族的五世先祖考：高祖、烈祖、乙祖、亞祖祖辛、文考乙公配叙於後。盤銘記周王到穆王，故有學者據此推測史牆應是恭王時人。

與史牆盤同窖藏出土的癲鐘（《集成》246）記有癲的先祖世系爲：高祖辛公、文祖乙公、皇考丁公。另一組癲鐘（《集成》247、248、249、250）記癲的先祖世系爲：高祖、亞祖、文考，與上組相同。癲鐘銘的高祖辛公相當於史牆盤銘的亞祖祖辛，癲鐘銘的文祖乙公相當於史牆盤銘的文考乙公，史牆即癲鐘銘的皇考丁公。

與上述銘文類似，《近出二》也收録了幾件纘叙先祖世系的銘文：

《近出二》8 號收録的師寏鐘銘叙其七代先祖考名號，其先祖考世系與宋代出土的姬寏母豆全同（考證如前所述，此不贅述）。

《近出二》324 號收録了陝西咸陽出土的𩅦鼎（西周晚期）：

> 𩅦曰：不顯天尹，廙保王身，諫辭四方。在朕皇高祖師婁、亞祖師夆、亞祖師寏、亞祖師僕、王父師彪與朕皇考師孝……

這裏記述了𩅦的高祖、亞祖、亞祖、亞祖、王父、皇考等六世先祖。

《近出二》939 號收録的逨盤，2003 年 1 月陝西眉縣馬家鎮楊家村窖藏出土，銘文將單氏家族的世系與周王世系結合在一起叙述，皇高祖單公對應文王、武王，皇高祖公叔對應成王，皇高祖新室仲對應康王，皇高祖惠仲盨父對應昭王、穆王，皇高祖零伯對應恭王、懿王，皇亞祖懿仲對應孝王、夷王，皇考恭叔對應厲王。學者們據此推測作器者逨應是宣王時人，其銘文所記録的西周王室世系和單氏家族世系的信息，幾乎涵蓋了整個西周時期，是到目前爲止所見最完整齊全的金文世系記録，證實了太史公司馬遷《周本紀》所記述的周王世系確鑿無誤。

在宗法制度下,祖先、宗廟是周人社會的核心關注所在,祖先的神主在宗廟中的排列位置左昭右穆,是井然有序的。在頻繁的祭祀、喪葬活動中,在各種政治活動中,貴族們是要嚴格按照各自在家族中的宗法地位參與的,昭穆次序位置的排列,體現了貴族間血緣的親疏遠近,從而也就規定了貴族們在社會活動中地位上尊卑貴賤的差異。

關於西周社會盛行的昭穆制度是如何發生發展的,學者間曾有過不同的見解,有的學者認爲昭穆制度就是始於西周的昭、穆二王時期。可以説,王室的世系、家族的譜系是宗法制度的核心。因此,周人十分注重王室世系及家族譜系的傳承,將其銘刻於青銅禮器,子子孫孫永世保存不忘。

《近出・附録》中所收 96 件器,皆因當時找不到合適的資料而缺圖、拓,僅有説明文字。《近出二》補進了其中 21 件的圖、拓,不另編號,仍作爲《附録》綴於書後。本書還補進若干件《集成》編輯時疑僞未收的器,如小臣靜卣、燓組器等(關於燓組器,參見《古文字研究》第 24 輯第 172 頁,裘錫圭老師的意見)。

《殷周金文集成》出版十餘年後,我們編輯出版了《近出殷周金文集録》,《近出》出版後又近十年,我們再次編輯了《近出殷周金文集録二編》,看來金文新資料的出土與發現似乎有一個大概的規律,就是十年左右就會新出現千餘件先秦青銅器銘文。一個學科科學研究的發展,離不開基礎資料的纍積和整理,希望我們所做的工作會給學術界帶來方便和益處。

(本文定稿於 2009 年 6 月 10 日。原載《近出殷周金文集録二編》,第 1—8 頁,中華書局,2010 年 2 月)

寫在《殷周金文集成釋文》出版前夕

　　20 世紀 50 年代初期,郭沫若先生向當時的科學院考古所提出編輯兩部銘刻學集成性著作——《甲骨文集成》和《殷周金文集成》的建議,考古所決定由著名的古文字學家陳夢家先生主持其事。陳先生接受任務後,做了精心的準備工作,收集了大量的甲骨和金文拓本,並購進了一系列甲骨、金文書籍,使考古所成爲海內外銘刻資料和文獻最爲齊備的研究基地。1957 年的那場政治運動把陳先生打成"右派",十年後一場更大的政治風潮,才華橫溢的陳先生被迫害致死,使這兩項研究工作完全停頓了下來。70 年代以來,考古所集中精力整理金文資料,在夏鼐所長的直接指導下,1978 年初正式組建了"金文集成編輯組",該小組用了十一年的時間,於 1989 年完成了拓本部分的編寫工作,由中華書局以《殷周金文集成》爲書名出版發行。該書出版以後,由於學術含量高,編撰製作精審,得到學術界的一致肯定,先後獲得國家出版總署頒發的"全國首屆古籍整理圖書一等獎"(1992)、"第二屆國家圖書獎榮譽獎"(1995)和中國社會科學院頒發的"中國社會科學院 1977—1991 年優秀科研成果獎"(1993)、"夏鼐考古學研究成果獎一等獎"(1995)等獎項。

　　爲了繼續完成殷周金文的整理計劃,1989 年 12 月由當時的考古所所長徐蘋芳先生主持組建了"殷周金文集成釋文編輯組",小組由陳公柔、張亞初、劉雨三位銘刻學專家組成。其中陳公柔是當年陳夢家先生的助手,該書的體例規模主要由他擬訂。張亞初是吉林大學著名古文字學家于省吾先生的研究生,劉雨是中山大學著名的古文字學家容庚先生和商承祚先生的研究生,三人認真地參考了近年來古文字學界在金文文字辨識和篇章解讀方面取得的進展,又融會貫通,參以己意,在 90 年代初,完成了該書的初稿。書稿完成後,經考古所研究決定由劉雨通看、通校全書。劉雨校讀三遍,於 1997 年終審定稿。應該説,這部書的編寫是認真嚴肅的,其內容體現了當今金文研究的較高水平,它的出版無疑會對考古學、古文字學、先秦史學以及一切與我國先秦文化研究有關的學科帶來莫大的益處。

　　早在《殷周金文集成》一書編成後不久,劉雨就開始對該書進行全面的校對,先後檢核出重複器 74 件,僞器和巴蜀符號器若干件,圖版存在的問題若干,比如:《殷周金文集成》第五冊 2775 號小臣夌鼎,在編輯時漏掉了後半部 11 個字;第八冊 4272 號塑簋,在排版時整個器底的銘文被漏掉了;著名的小盂鼎使用了《攈古録金文》的摹本,行款與拓本不一致。另有説明中的"器號""器名""字數""時代"的錯、訛、誤、漏多處等。這些校核出的問題,有的以注解的形式加以説明,有的對圖版作了增補,小盂鼎的摹本則對其作了改造處理等等,這些校對的成果,現已全部納入《殷周金文集成釋文》一書中,這説明該書是在更爲準確的資料基礎上編寫完成的。

作爲一部學術性的資料著作,作者在版式上認真考慮了讀者的需要,一是將銘文圖版與釋文、器物説明文字置於一頁之内,釋文行款與銘文行款完全對應一致,讀者可即時對照,一目瞭然,不煩它求。二是銘文圖版雖經縮小,但縮小比例以保持其清晰度爲原則,達到基本上可以代替《殷周金文集成》圖版使用的程度。三是全書編爲大十六開本,壓縮在六册之内,最大限度地減少了書的體積和重量,便於讀者案頭檢索,同時也減輕了讀者購買的經濟負擔。

考慮到本書排版製作的難度較大,經費投入較多,經考古所所長劉慶柱、副所長王巍等研究,決定請香港中文大學中國文化研究所協助出版。中國文化研究所在陳方正所長的領導下,由饒宗頤教授悉心指導,多年來一直從事中國出土文獻的研究和整理工作,在簡牘和甲骨整理方面已取得了很好的成績。陳所長毅然決定支持該書的出版,他首先確定由該所古文字學者沈建華副研究員出任責任編輯,沈建華是香港地區少數的幾個中國古文字專家之一,她有在中國文化研究所進行甲骨文電腦數據庫建設的經驗,早年又有在中華書局從事編輯工作的經歷,在該書整個編輯過程中,她忘我工作,校出了作者手稿中和釋文録入中的大量缺陷,由於她作責任編輯,使該書出版工作的學術質量得到可靠的保證。陳所長還聘請了北京的電腦專家主持電腦排版工作,他們首先針對金文的特點做了詳細的調研工作,然後帶領多人和中國文化研究所工作人員、在香港招聘的録入員等十餘人投入緊張的工作,較全面地實現了作者的寫作意圖。比如他們精心地設計了逐件器安排縮小比例的程序,保證了絕大多數圖版的高清晰度。他們夜以繼日地工作,克服了種種困難,僅用八個月的時間就完成了該書的全部掃描、排版工作。

陳所長還與香港中文大學出版社協商,決定使用輕、薄而不透光的高質量粉紙印製該書,這大大地提高了書的印刷質量。爲支持《殷周金文集成釋文》的出版,香港中文大學中國文化研究所先後投資大量資金,這充分體現了該所以研究中國文化爲己任的寬闊胸懷。

出於慎重和便於界内學者使用,本次公布的釋文未加標點。相信不久的將來,應有標點本和一系列《索引》問世,以便提供給更廣大的一般讀者群使用。

大家盼望已久的《殷周金文集成釋文》一書即將問世了,這是學術界值得慶幸的一件喜訊。

(《殷周金文集成釋文》2001 年 10 月由香港中文大學中國文化研究所出版。本文原載《金文論集》,第 512—514 頁,紫禁城出版社,2008 年 5 月)

《流散歐美殷周有銘青銅器集録》前言

　　《殷周金文集成》一書是目前所知收集古今中外殷周金文資料最爲齊備的一部學術資料總集,其海外資料部分主要是使用了陳夢家先生在 20 世紀 40 年代訪問美國、歐洲時所收集的資料,同時也參考了林巳奈夫先生的《殷周青銅器綜覽》(1984 年)、巴納與張光裕先生合著的《中日歐美澳紐所見所拓所摹金文彙編》(1978 年)等書。編輯該書時"文革"結束不久,中國與海外的學術交流還没有充分展開,因此對海外資料的收集仍不是十分完全。

　　中國文物大量流散海外,是因爲其具有的巨大藝術價值和學術價值所帶來的商業利益,因而有許多珍貴的青銅器經常出入於國際藝術品市場,富士比(又名索思比)、佳士得(又名克里斯蒂)兩拍賣行曾經手過大量中國古代青銅器,並作了較完整的記録,兩拍賣行的這部分檔案,無疑是觀察流散於歐美藝術品市場的我國青銅器的重要窗口。作者查閱了兩拍賣行自創建以來到 20 世紀末的全部檔案資料,辨僞存真,考證年代,從大量資料中,選取了 350件有銘文的先秦青銅器,編成此書。著録的銅器銘文未收入《殷周金文集成》一書的就有 232件之多,其中銘文及圖像均未見於著録的有 209 件。本書收入的銅器全部有彩色或黑白的圖形照片,其中包括銘文雖見於著録,但器形未見著録或僅見線圖、全形拓著録的銅器 61 件。所以本書實際向學術界共計提供了近三百件新的青銅器資料,這樣一批從未正式發表過的資料得以公布,是該書主要的價值所在,也是《殷周金文集成》一書編成以後獲得的最大的一批新資料。如耳伯陪簋(87)、斁毁卣(147)、庚建尊(161)、馬豕觶(174)、史召觶(188)、叀觶(191)等銅器銘文和圖像都是第一次見於著録,銘文所記録的"耳伯陪"和"斁毁出使丁侯"有一定史料價值;庚建尊(161)銘文"庚建在帝食"十分罕見,如果銘文不僞,其"帝食"之含義頗耐人尋味;"馬豕"(174)是商代一重要族徽,一般所描摹的馬和豕都非常象形,延及西周早期此觶上的馬和豕則寫得十分草率,這説明族徽的字體也是在逐步演變的;西周中期有一件十分重要的長銘重器曶鼎,殘存 376 字,記曶出任司卜及與效父和匡閧法律糾紛事,《集成》2838 著録,可惜器形早已不存,無法考察其確切紋飾形制,本書收進的史召觶(188),與其所任官職相似,時代也接近,可能是一人,可藉以考察曶所作器的形制紋飾特點;叀觶(191)記録了一次"御祭",對研究西周時期的祭祀制度有一定參考價值。

　　有一些器,此次補充了圖像,像著名的邐方鼎(64)是一件記録商王征邢方的重要銅器,過去只有線圖著録,此次公布了其照片,而且講清了其流傳的經過,是通過富士比拍賣的途徑入藏大英博物館的。師器父鼎(65)是一件西周中期的重要銅器,過去只有線圖著錄,此次公布了其圖像照片。罍方尊(164)記録了罍跟隨大將禹出征南方的故事,該器過去從未見圖像著録,此次公布了其彩圖。呂王壺(329)是少有的幾件記録特殊王稱的銅器之一,金文中記録呂王的銅器還有一件呂王鬲,此外記録特殊王稱的尚有矢王(矢王方鼎、矢王簋、散氏盤)、昆疨王(昆疨王鐘)、買王(買王瓶、買王卣)和楀王(楀王盉、兩件楀王鬲)等。《今本竹書紀年》載西周屬王因其居於汾地,又稱“汾王”,據劉雨考證(論文待刊),入藏保利藝術博物館的新出楀公盨之楀公可能是孝王奪取王位之前的稱號,其後有可能因其曾居於楀地,又別稱“楀王”。因此,上述特殊王稱中,哪些是如王國維所説的諸侯國內自稱(《古諸侯稱王説》,《觀堂集林》別集),哪些是西周十二王之一的別稱,就得作具體分析,此次公布的呂王壺彩圖爲這一討論增加了新的資料。

楚王酓肯盤(340)是1933年安徽壽縣朱家集出土的一大批銅器群中散失的一件,銘文雖曾見於著録,但圖像是首次公布;楚王酓審盉(338)銘文及其圖像則都是首次公布,戰國銅器中記録楚王名者,計有酓璋、酓肯、酓忎等,此次公布的酓審當爲另一新的楚王名。

匽侯盂(337)是研究燕國早期歷史的重要資料,該盂的圖像也是首次公布。史頌簋(113)是一件很有名的銅器,《集成》4232在著録時説:“器在上博,蓋不知現藏何處。”此次富士比記録者,即《集成》所説的簋蓋。

另外像王子聖鼎(54)的龍紋、亞獏母辛簋(90)頸下與圈足上的一圈蠶紋、作旅彝尊(156)腹部附加的鏊等,在青銅器形制紋飾上都屬有創意的傑作,值得重視。歐美收藏家比較注重中國古代青銅器的造型和裝飾,研究也以美術史與器型學爲長。在這本書裏,器物類型學與銘文並重,目的之一就是要結合中西方學術的特長,在中國古代青銅器的研究領域裏開創新途。

傳世戰國虎符計有枀虎符(《集成》12087)、辟大夫虎符(《集成》12107)、新棲虎符(《集成》12108)、杜虎符(《集成》12109)等,另有“王命車馳”虎符是西漢南越王墓中保存下來的戰國晚期虎符(見《西漢南越王墓》彩版20,現藏廣州南越王墓博物館);秦代虎符有陽陵虎符(《中國文物精華大辭典·青銅卷》第294頁,1055,現藏中國歷史博物館)、東郡虎符(見王輝《周秦銘考釋五篇》,《考古與文物》1991年第6期)等。本書附録了一件櫟陽虎符(350),是秦代用兵的信物,形制與陽陵虎符全同。銘文除地名外,也與其相同。因本書收器截至秦代之前,故將其列爲附録。當年吳大澂曾收藏過這件虎符,後流出海外多年,現已不知下落,難得倫敦富士比拍賣行的檔案材料裏保留了它的照片和在20世紀40年代曾公開拍賣過這件銅器的記録(《富士比》1941.4.24),雖然照片只能看見半個虎身,僅可以讀出銘文“皇帝,左在櫟陽”錯金六字,但據陽陵虎符的銘文,補足全銘應是“甲兵之符,右在皇帝,左在櫟陽”十二字。劉雨早年參觀河南省博物館時,曾筆記過一件“南郡虎符”展品,錯金銘十二字,除地名外與上述諸秦虎符亦完全相同。史載東郡、南郡、陽陵、櫟陽等皆秦置郡縣,蓋秦始皇二十六年之後，曾由中央製造統一形制的虎符，一律錯金銘"甲兵之符，右在皇帝，左在某某"十二字，中剖後分置於中央與各郡縣，欲調動某地兵馬時，需合二半符爲一整符方可。櫟陽虎符的發現，對研究秦代兵符制度提供了重要的參考資料。

　　資料的完整詳備，是任何一種科學研究所必要的前提條件。因此，摸清流散海外重要文物的底數，盡可能廣泛地公布現藏於世界各地的中國古代文物資料，對於中國學術研究而言，是一個不容忽視的重要基礎工作，編輯本書，作者的用意即在於此。最後，應該説明的是，由於資料來源的限制，拍賣目録對器物的描述記載時有出入，我們又不可能件件目驗原物，書中存在的錯漏一定不少，敬祈讀者不吝指正。

　　（本文與汪濤合寫。文後有落款時間"2005 年 4 月"，原載《流散歐美殷周有銘青銅器集録》，第 2—4 頁，上海辭書出版社，2007 年 10 月）

一部金文研究史上的優秀著作

　　吳鎮烽編著的《商周青銅器銘文暨圖像集成》於 2012 年 9 月由上海古籍出版社出版,於 10 月 26 日召開了新書發布會。該書精裝,每卷一冊,共 35 卷,收錄了迄今爲止的古今中外出土與傳世先秦有銘青銅器 16 703 件,其中銘文拓本、摹本等 20 554 幅,器形照片、綫圖等 11 426幅,收器下限截至 2012 年 2 月。

　　我國有系統的金文研究及圖錄著述始於金石學盛行的宋代,以《考古圖》《博古圖》爲代表的宋代著錄中,共收錄先秦有銘青銅器 589 件,去掉無拓本摹本之器 93 件和僞器 23 件,實際流傳後世的重要資料有 473 件(見張亞初《宋代所見商周金文著錄表》,《古文字研究》第 12 輯,1985 年)。王國維 1914 年編《國朝金文著錄表》,收器 4 295 件,除去漢以後器 726 件,僞及疑僞之器 402 件,實收錄清代著錄的先秦有銘青銅器 3 167 件。其後,羅振玉得鬱華閣全部拓本加上自家所藏,於 1937 年編輯了拓本集《三代吉金文存》,收錄先秦有銘青銅器 4 835件。容庚多年以來校補羅福頤 1933 年編成的《三代秦漢金文著錄表》,並將校稿傳於其研究生孫稚雛,在此基礎上,增加大陸出土資料和海外資料,孫氏於 1981 年編成《金文著錄簡目》,收錄先秦有銘青銅器 7312 號(按該書體例,成組同銘器未發表者,一律不列編號,該書實收器 8 000 件左右)。

　　中國社會科學院考古所在夏鼐所長指導下,1978 年建立金文研究小組,用時 16 年,於 1984 年至 1994 年陸續編輯出版了《殷周金文集成》拓本集 18 卷,收器 11 983 件。他們主要做了兩項大的工作:一是詳盡收集了當時國内各考古文博單位收藏的出土及傳世資料,收器時間截至各冊出版之前,收進數千件從未公布過的資料;二是查核鑑校了全部古今中外已著錄資料的真僞佚存流傳狀況。1989 年 12 月又組建《殷周金文集成釋文》編輯小組,由陳公柔、張亞初、劉雨分別執筆,後由劉雨統編成書(釋文無標點本),於 2001 年在香港出版。與《釋文集》編輯的同時,也組織了《圖像集》編輯小組,此前由集體收集拍照整理的大量圖像資料,當時即已移交該組,由有關人員負責編輯,但至今尚未見出版的消息。

　　此後有劉雨分別與盧岩、嚴志斌編撰的《近出殷周金文集錄》一編(2001 年出版)二編(2010 年出版),是接續《集成》各冊截止收器時間而作。臺北“中研院”史語所鍾柏生、陳昭容、黃銘崇、袁國華編撰的《新收殷周青銅器銘文暨器影匯編》(2006 年出版),亦爲收錄《集成》成書之後新發現的資料。

　　吳氏早在 20 世紀 90 年代末即已着手編制《商周金文資料通鑑》數據庫,於 2004 年完成,此後陸續修訂增補,並在學界内部傳布使用,其設計的檢索功能,給不少金文學者的研究工作帶來很大方便。去年末,他終於把日益成熟的數據庫資料定名爲《商周青銅器銘文暨圖像集成》一書,出版問世。

　　作者此書的資料收集,除繼承了上述宋代以來至今的全部已著録的金文資料以外,他把《集成》中已有圖像著録之器,悉數掃描製作了圖版,彌補了《集成》始終未發《圖像集》的缺憾。《集成》各册出版之後,迄至今日,新增加之器有三千餘件,其中有三分之一以上的新資料是吳氏在《商周金文資料通鑑》中首先披露的,吳氏是國家青銅器鑒定委員會委員,與各收藏單位及私人藏家有較普遍的交往,其中有數百件新資料,是他憑藉私人關係獨立手拓攝影收集的,因此這是一部目前可能做到的最全的金文資料結集。

　　該書采用了拓本、圖像、釋文集合排列的編輯體例,便於圖像與銘文對照研究,也可以同時利用作者綜合諸家意見參以己意所作的釋文,這是自有金文資料匯編以來,最合理科學的體系。

　　此書的另一特色是斷代細密,大家知道,以前的金文著録書籍和各博物館青銅器展出,一般對所涉及銅器時代的斷定都比較粗疏,近年來最細密的分期也不過分出九期,即商代和春秋戰國各分早晚兩期,西周分三期。而作者把商代分爲早中晚三期,西周除分出早中晚三期之外,早期中期又各分出前後段,春秋和戰國也各分出早中晚三期,共分出十四期之多,其細密程度超出前此所有同類著述(當然,對一些只有銘文著録、不見器形的資料,作者也實事求是地作了較寬泛的斷代)。作者多年在考古第一綫工作,有豐富的器物斷代經驗,也十分熟悉金文斷代的理論和實踐,因此才敢於作出如此準確的斷代,是他第一次將考古學的青銅器斷代成果較全面地應用到大型金文資料匯編之中。

　　此書尚有兩點不足:

　　一、該書不見圖像的金文資料尚有四千餘種,其中大部分因銅器已不復存在,而其圖像又從未有過著録,但有些尚可補救,如北京故宮博物院藏先秦有銘青銅器 1 600 件,銘文資料都已在《集成》裏公布,圖像資料已公布的不足 600 件,還有千餘件可以增補,是遺漏資料中最大的一批(當然,這部分缺憾,責任並不在本書作者)。

　　二、該書在附録裏所收的玉石、漆、木、骨、陶、繒等器物共 165 件,其器物質地已超出青銅金屬範圍,應單獨立項收集,因爲這裏所收集的總還是各類器中的很少一部分,無法替代各類器的系統收集,且這些資料也與書名立意不符。《集成》收器原則是收金、銀、鉛器(因其尚符合"金"文的含義),而不收其他器,如《三代》20.49.1 有行氣玉銘,《集成》就棄而未用。

　　吳氏常年生活工作在陝西這片周人發祥發展的腹地,他深深地熱愛這片哺育他成長的土地,痴迷於這裏不斷出土的長銘文青銅器所記載的歷史故事,他用退休以後的十餘年時間,夜以繼日,忍受多種病痛,每天工作在十小時以上,從完全不懂電腦,經刻苦學習達到熟練使用,以至編製數據庫程序,先後用壞了五部掃描儀,換了四臺電腦,幾乎以一人之力,完成了這部金文研究史上集傳統與創新爲一體的優秀作品。在學風浮躁的今日,一個年過七旬的人,不計報酬,不顧得失,認準目標,堅忍不拔地奮鬥,他所體現的人格精神,實在令人肅然起敬!

這部重要著作的面世過程,還應該注意到上海古籍出版社出色的編輯出版工作,本書以古文字資料爲中心,製版難度大,學術性强,書的體量又龐大,這樣一部著作,從交稿到高質量出版面世,他們竟然僅用了半年左右的時間,使學術界可在最短的時間內看到最新鮮的資料,上海古籍出版人以此書空前的出版效率所體現的敬業精神,爲本企業創出了古文字學出版物的品牌效應。

考古學者將早期人類文明的發展歷程根據生產工具的材質分爲石器時代、青銅時代和鐵器時代,中華民族先人們所創造的青銅文明是人類文明史中最輝煌的成就之一,成組合的具有"藏禮"效用的青銅禮器體系和在大量青銅器上鑄刻銘文記載重大歷史信息,是其有別於其他民族青銅文明的兩個突出特徵,《商周青銅器銘文暨圖像集成》爲研究這一寶貴民族遺產作出了重要貢獻,它的出版必將促進這一學術領域的發展。

(原載《中國文物報》2013 年 5 月 24 日第 4 版)

信陽楚簡釋文與考釋

　　信陽楚簡出土迄今已二十餘年。其間，中山大學古文字研究室商承祚教授和其他同志，中國社會科學院歷史研究所李學勤同志，北京大學中文系朱德熙、裘錫圭、李家浩同志，中國歷史博物館史樹青同志曾先後作過全部或部分簡文的考釋，提出過許多寶貴意見。現在，我們參照了上述諸家的研究成果，[1]間以己見，撰成此篇。釋文中有些字是諸家並未論及的，或與我們的説法稍有出入，故另以考釋附記於後，以便查覈。

　　兹篇分爲一、釋文凡例；二、釋文；三、考釋三部分。

　　因受版面限制，長簡只能分段接排，互接處或有重出字，務請讀者注意。

一、釋 文 凡 例

　　（一）釋文依照竹簡編號的次序，逐簡逐字釋録。凡字迹模糊不清，無法辨認者，以"□"表示；字迹已不存在，依文義推斷出來的字，標以"〔　〕"號。假借字及形體訛變太甚的字，標以"（　）"號，但只在首見時注出，重出者，不再一一注明。

　　（二）暫時不能釋讀的字，僅依筆劃隸定。

　　（三）簡文上原有的符號，依次照録。

　　（四）常見字如："丌"即"其"、"止"即"之"、"又"即"有"、"也""乚"即"也"字，在此一併説明，釋文中不再另注。

---

[1]　中山大學古文字研究室：《戰國楚簡研究》，1977 年。中山大學古文字研究室楚簡整理小組：《一篇浸透着奴隸主思想的反面教材——談信陽長臺關出土的竹書》，《文物》1976 年第 6 期。商承祚：《信陽出土楚竹簡摹本》，1959 年曬藍本。李學勤：《信陽楚墓中發現最早的戰國竹書》，《光明日報》1957 年11 月 27 日。李學勤：《戰國題銘概述》，《文物》1959 年第 9 期。朱德熙、裘錫圭：《信陽楚簡考釋五篇》，《考古學報》1973 年第 1 期。史樹青：《信陽長臺關出土竹書考》，《北京師範大學學報》1963 年第4 期。李家浩：《釋弁》，《古文字研究》第一輯，1979 年。

二、釋　文

（一）1 組竹簡（竹書，編號 1−01 至 1−0120，圖版一一三至一二〇）

1−01　□□□周公戓然𢀳（作）色曰：烏夫！戔人叴（格）上則型（刑）戮至。剛

1−02　曰：烏夫！戔人剛愭，天迖於刑壹（者），有圥（堂）罌（賢）

1−03　□教箮（箸）晶戗（歲）━，教言三歲━，教辪异（舉）□

1−04　附如盇，相保如笧。毋伲（它），桲□

1−05　君子之道，亦若五浴之淖。三

1−06　久則⿺，皆三代之孨＝（子孫）。夫□

1−07　烏之。聅（聞）之於先王之法也。

1−08　章异（舉）即戋（哉），⿺不難。女果

1−09　天下爲之，女可冐（答）曰：□

1−010　立日。贛賜布也，請□

1−011　不㒼虐（乎）━，歔（愷）弟君子□

1−012　天君天下虘聞周公

1−013　不乴□□□□子可行

1−014　虘哉，不暜（智）也。夫周

1−015　□□於久利乎━。答曰：

1−016　有首━，行有道，厇（度）有

1−017　□𣢾。以成其明者，

1−018　其谷（欲）能有棄也，能

1−019　□與□是之也。□

1−020　□□毋□━，答□

1−021　□□□□。烏夫！□□

1−022　□爲□爲者，□□

1−023　州昊昊杲杲有胥日

1−024　猶芑蘭罌（歔）━。播者

1−025　天下有哉，久□

1−026　□□罌（歔），天欲貞（貞）

1−027　□□天𣃦（夏）首橐

1−028　箸是胃（謂）□□□

1－029　□不知其戩(敗)━・三

1－030　□聞之也,武有

1－031　監於此,以□

1－032　乃歆(教)━,含(令)卿夫＝(大夫)

1－033　□金玉久乃

1－034　之。以吏嚣(治)牒

1－035　□天子天卿

1－036　也━。子是聞於

1－037　二盂一子寺

1－038　母教之七歲━,

1－039　也,貳言憂也。

1－040　帝天事之

1－041　□龕(宮)良民

1－042　導誓叟(恭)言

1－043　□韋是謂

1－044　行□天道□

1－045　毋睹善

1－046　一言歎

1－047　天可謂

1－048　若洀﹂

1－049　言以爲

1－050　□義□

1－051　君子□

1－052　結之心□

1－053　呂(神)以監

1－054　四曰咸

1－055　三□□

1－056　生□□

1－057　□□□

1－058　之也。□

1－059　粪之━,□

1－060　□三□□□

1－061　□心毋

1－062　可□乎

1－063　此也□

1－064　戔可

1－065　令爲

1－066　縈爲

1－067　退□

1－068　歟。夫

1－069　也歟。

1－070　述（逐）之

1－071　□一。夫

1－072　君天

1－073　□□

1－074　哉。周公曰

1－075　天下

1－076　□□

1－077　遠

1－078　□

1－079　□

1－080　天

1－081　□

1－082　同

1－083　□

1－084　□者

1－085　□

1－086　□□□

1－087　□君子古昔

1－088　□□□□□

1－089　□□□□

1－090　天

1－091　□

1－092　□□

1－093　□□□□□□

1－094　□

1－095　　□□□□

1－096　　□

1－097　　□□□

1－098　　□烏□

1－099　　天

1－0100　□□□

1－0101　□

1－0102　□□

1－0103　□

1－0104　□□□□□

1－0105　□□□

1－0106　□乎，□

1－0107　□天

1－0108　天

1－0109　□

1－0110　□

1－0111　二

1－0112　□□

1－0113　□□□

1－0114　□□

1－0115　□□

1－0116　行□

1－0117　□

1－0118　□戔

1－0119　□

（二）2 組竹簡（遣策，編號 2－01 至 2－029，圖版一二一至一二八）

2－01　　□□□器：二莘甌（匕）▬、二圓缶、二青方（鈁）▬、二方監（鑑）▬、四剌（團）匕、二
　　　　圓鑑、屯（純）青黄之豪（緣）▬。一釜（盌）▬、一□、一□、一畾（罍）▬。其木器二

2－02　　□一司翿珥▬、一司齒珥▬。一組繡▬、一▪革皆有鈎▬。一兩緣繹縷（屨）▬、一兩
　　　　絲紅屨▬、一兩卻（漆）緹屨▬、一兩詛（短）屨、一兩緅屨

2－03　　二笙▬、一簀（壎）等、皆有纂（條）、一□□、一雕鼓、二橐、四視▬、一威盟之柸，邊

土盡,漆青黃之緣￣、三漆☒(本)栚￣、一良䙈、一䙈

2－04　□□□,一良圓觧截紡劕(厚)綏良🐴(馬)㲃翻褔￣、一良心羹￣、一羹良斬￣、二
羹緣短斬。

2－05　□純四鈌(鋪)首,有鐶￣。竹器:十笑(簠),純赤綿之帚(幂)￣。

2－06　□□□□箕四十又四￣、少(小)箕十又二￣、四糐箕￣、二豆箕￣、二籫箕￣、四十
籫,純紫緻之幂￣、紫緻之□

2－07　□一䌛緻衣、絵(錦)緅之夾、純褆￣、組緣一、弁(辮)續￣、一索(素)緙綵,有玉
鈎,黃金與白金之馬￣。其蹵

2－08　□人之器:一鈔筎,羊綿之純￣。一房榕,四🍵=(有羹)之臺￣。二涂盌￣、一沃
盌￣、一鉈(匜)￣、一敏(鐘)□

2－09　□□之器:一笄箕賏(鼏)￣、一沃幂￣、一涂幂￣、一䄄邊之幂￣。二方濫(鑑),純
雕裏￣。一齒🦷(綾)￣,□□錦之綾囊￣,緇綿之裏。

2－010　□□￣、一□□□□□□其□、一小鐶🐛(桯)￣。二□一□□□長六奉￣、泊組之
金￣。一青□□之琤桯、四奉□缶。

2－011　匕￣。二漆□、二彫絡、二雕楃、一有羹之㫃￣、三雕㫃￣。一筬(橾)￣、一□、二
□、一□□□、二遜￣、一白￣、二牆(醬)、白虜、純雜=(絳維)之條紃￣。

2－012　□豆之器:十甌垪(瓶),純有蓋￣。緻與素錦之飯(鞶)囊二十又一￣、緻與青
錦之鞶囊七☒。其木器:八方琦,二十豆,純

2－013　緣。二紡絹,帛裏,組緣￣。一草齊緅之斂,帛裏,組緣￣。七見㿝之衣,純有常
(裳)￣。二綾￣。一墮笄。緙絍￣。一小墮笄￣。一紅介之留衣,帛裏,綵𦇡

2－014　籫￣。一津瓶￣、一迅缶、一湯鼎,純有蓋￣。二淺缶、二膚(鑪)￣、一涂之餔
鼎￣、二銅,純有蓋￣。二銒￣、一涂盌￣、一㯠然之盌￣、三

2－015　笄一奉小奉￣。辛鈇奉。一青緻緩(纓)組￣。一綾裳壽緰之純,帛㮚￣。一丹
緅之表,□裏,組㮚,錦緣。七布幂￣。一絲袍￣、一紡裙,與絹,紫裏,組

2－016　□□□□□□□　　　鈎□、八益(鎰)□、鎰一朱(銖)

2－017　二餐(盛)杲(臭)￣。☒其木器:一漆案、□鋪首,純有鐶￣、一楃￣。

2－018　樂人之器:一槃🐛(桯)首鐘,小大十又三￣,柜㮚,漆緣,金玖￣。一槃桯〔首〕
〔磬〕,小大十又九￣,柜㮚,漆緣,絳維￣。二□□、一鼓□、一笠□。

2－019　金□□□□□綿之緣、袺若、皆緻翠￣、綿裏￣、剾綿之緣￣。一草罷虜￣,錦條
￣,有蓋￣。一長羽翣￣、一翟翣￣、二竹箋、一□□。

2－020　……雕者二十二足桱(桯),純□彫八金足。☒其木器:杯豆三十、杯三十、一
楃。五笑￣。

2－021　鉆,一□□□之以錦￣。一瓶食醬、一瓶某(梅)醬￣。一篙箕￣、一篅(尋)￣、一

柜覓因━、一白━、一繒紫之寢祤、繒緑之裏。一錦俉祤繒

2‑022　□番芋之□、一□番□□□緅之槖、一圓□、二竹答。小囊糇四十又八━。一大
囊糇━，十又二。□□━。

2‑023　□□□錦以綵。一錦素槢、一寢莞━、一寢簍━，純結芒之純━。六簡筻，純錦純
━。一柿肝，錦純，組績，有觽。綵槢肝。皆

2‑024　集糈之器：二小隨、一集朼━、一□□、二□□，純緅幂。二□━、……　二革□，
純有蓋━。四亯□━、一蒦匜，純有蓋。

2‑025　□□□□□□鼎十金，純有鍬。四素□。其木器：十皇豆，純漆彤有業之臺
━。二鐘豆，一梪━。二虘，純

2‑026　□□□之臺━，皇脛二十又五━、□脛二十又五、純□緣。一□脛━、一桊椓

2‑027　□□□□□□二兔几簍、二革□、一□□、一鑪亯━、一鋏柹━、一脛、一荏、一
綝（鸞）刀━、二鼎━、一鈎━、一餡━、一□□□。其木器：一□脛━、二結□
━、綿

2‑028　□□一□竹□━、一兩□屨、紫絳之納、紛純、紛會━。八罌屋、四戈━、一皇
□□□，漆青黄之緣━。……　━。苔旅（炭）盬

2‑029　糈之器：□□□━、二簠、朼□□、一鐑、有鉡━。首善米，紫緅百囊━，米純緅幂
━。其木器：一梪，漆彤

三、考　　釋

一號墓出土竹簡可分成兩部分，1 組爲“竹書”，2 組爲“遣册”。現考釋如下：

（一）竹書（即 1 組竹簡）

1.“虖”

“竹書”中“虖”字凡四見。

1‑011：“……不□虖━”；

1‑015：“□□於久利虖━”；

1‑062：“……可□虖”；

1‑0106：“……□虖，□……”。

1‑011、1‑015 兩簡在“虖”字後都有符號“━”，且這批簡中凡遇此字處皆很少點斷，故
此字應爲句末用字。金文中有“虖”字，與此字相似。善鼎“唯用妥福，虖前文人”，郭沫若同
志謂“虖”當讀如“乎”。文獻中“乎”“呼”“虖”“嘑”“謼”等字互通。餘義編鐘銘有“於虖！
敬哉”，“乎”作“虖”，將“口”移至左偏旁就可寫成“嘑”，而“虖”字省略“乎”，即成“虖”形。

從文義上看,"虖"與句末助詞"乎"的用例十分相似。所以,我們認爲"虖"應即"乎"。准此,"乎""呼""虖""唬""虏""嘑""謼"諸字皆可通,並從中可以看出其間繁簡變化的痕迹。

2."欨"

"欨"字凡四見。

1-026:"□□欨,天欲貞……";

1-046:"……一享欨,……";

1-068:"……欨。夫……";

1-069:"……也欨,……"。

從四簡文義推斷,"欨"亦應爲一置於句末而表示語氣的虛字。特別是 1-068 號簡,"欨"和"夫"相連。"夫"往往用作句首的發語詞,那麼"欨"當然也就應該在句末了。

從字形上看,"与"即"與"字。如 1-019 號簡的"與"作"𤔔",1-024 號簡的"歔"字作"𣢉"。其中"与"皆已隸定爲"与"。此字也應如上,隸定爲"欨"。而"欨"和"欤"是可以通的。在古文字偏旁中,有時從"口"與從"欠"互通無別:例如"呦"字,《説文》謂或從"欠"作"欨";"嘯"字,《説文》謂籀文從"欠"作"歗"。所以,我們推斷這個字可能就是"欤"字。

1-024 號簡"猶芑蘭欨(歔)"。"欨"也從"口",是"欨"字的繁體。這説明此字的繁體與簡體在簡文中是並行不悖的。

3."壹"

"壹"字凡五見。

1-02:"戔人剛恃,天这於刑壹,有上賢……";

1-017:"以成其明壹,……";

1-022:"□爲□爲壹,□□……";

1-024:"……播壹,……";

1-084:"……壹,……"。

朱德熙同志在《戰國匋文和璽印文字的"者"字》一文中,對此字應釋爲"者"字有十分精闢的論述(見《古文字研究》第一輯,1979 年,中華書局)。此不復贅言,謹從之。

4."烖"

"烖"字凡四見。

1-08:"章犖即烖,□不難。女果……";

1-014:"虔烖,不智也。夫周……";

1-025:"天下有烖,久□……";

1-074:"……烖。周公曰……"。

從文義上看,這幾條簡文都應該在"烖"字後斷句,亦當爲表示語氣的句末虛字。我們認爲就是"哉"字。

在金文中"哉"通常作"戈",如禹鼎"烏乎哀戈"、魚鼎匕"欽戈"等。西漢末年王莽時一件"大泉五十"錢範上有"好戈"二字,"戈"即"哉"字,爲我們十分珍貴地保存了戰國時期"哉"字作"戈"的形體(見《金文續編》卷二,五頁)。

上述四個虛字在"竹書"中出現次數較多,把它們釋讀清楚,對通讀這批殘簡會有一定作用。

5. "箮"

1-03:"□教箮晶歲,教言三歲"。

如果"壹"釋爲"者"能够成立,那麽,"箮"釋爲"箸"當不成問題。詛楚文有"箸諸石章"。簡文"教壹晶歲"可能是指用"晶歲"的時間教小孩子寫字記事。"教言三歲"可能是指用三年的時間教小孩子言辭、文采。

6. "走睯"

1-02:"曰:'烏夫!戋人剛恃,天迖於刑者,有走睯……'"。

"走"即"赹"。《説文》:"赹,距也,从止尚聲。"

"睯"即"賢"。河北平山中山王墓銅器上有"舉賢使能"、"賢才良佐"等句,"賢"均作"睯",與此相近,實乃一字。

所以,"走睯"即"赹賢",亦即"拒賢"。此簡文意謂"戋人"因其"剛恃"而受到"刑"罰,究其根源乃在於"拒賢"。

7. "淖"

1-05:"君子之道,亦若五浴之淖"。

此字或釋爲"專"、"溥",與字形不類;當釋"淖"爲是。《説文》:"淖,泥也。"此簡内容似爲論説君子修身養性的道理。大意是:作爲君子之道,應該是時時檢查自己身上的污點,就好像人"五浴"之後,猶恐身上有泥淖一樣。也就是孔子所謂的"吾日三省吾身",《荀子·修身》:"行而供(恭)冀(翼),非漬淖也。"也是講的這個意思。

8. "含"

1-032:"……乃教一,含卿大夫……";

1-065:"含爲……"。

"含"字或釋"均",恐不確,當釋爲"今"。河北平山新出土中山王鼎有"今余方壯"、"至於今"等語。其"今"字皆作"含";"余"字下亦从"口"作"舍"。上揭鼎銘"今"字作"含",與簡文"今"字所从相似。在有些字下加"口",可能是這一時期文字繁化的一種時尚。

9. "嚣"

1-034:"以吏嚣牒"。

長沙楚帛書"亂"字作"嚚",與簡文"嚣"字形體相近,故釋"亂"可從。《爾雅·釋詁下》:"亂,治也。"《古文尚書·泰誓》:"余有亂臣十人"即訓爲"余有治臣十人"。

“亂”又可通“辭”。《楚辭》每每言“亂曰”，實即“辭曰”。“辭”又可通“䶅”，“䶅”亦“治也”。將此簡釋爲“以吏治牒”，則文從字順，比較妥帖。

（二）遣册（即 2 組竹簡）

1. “靭”

2–01：“四靭匕”。

“靭”即“剸”字。古時“叀”與“專”通，而“專”又通“剸”。如春秋時，刺殺吳王僚的“專諸”又稱“剸諸”（見《史記·刺客列傳》）。所以説“叀”“專”“剸”皆通。此“靭”即“剸”之省，字在此讀爲“團”。“團”者圜也、圓也，楚人謂“圜”“圓”爲“槫”。如《楚辭·九章》：“曾枝剡棘，圜果槫兮。”“剸匕”就是“團匕”，即其前部爲“圓”或“圜”形的“匕”。傳世的匕如“魚鼎匕”等前端即呈圓形。《河南信陽楚墓出土文物圖録》（以下簡稱《信陽圖録》）圖六四所示四只木柄銅勺（銅匕）（按：釋“匕”誤甚，實爲“匕”），其數正好與簡文相合，而且匕之前端正呈圓形。所以，2–01 號簡所載之“四靭匕”可能就是圖六四所示的四只圓形銅勺（銅匕）。長沙馬王堆一號漢墓出土雲紋漆匕六件，其形狀與《信陽圖録》圖六四也十分相似。馬王堆一號漢墓簡 166“膝畫鈚（匕）六”，簡 167“‖右爲膝畫鼎七、鈚（匕）六”（見《長沙馬王堆一號漢墓》上集 143 頁、下集 157 頁，圖版 165），簡文與實物亦相合。可見這類“勺”，至西漢時仍稱爲“匕”。

由這個字的釋讀，可解決“龍節”銘中的疑難問題。“龍節”有多個，其一爲解放前長沙黄泥坑出土，銘爲：“王命二𧷏債，一擔飤之。”“𧷏”字，諸家不一其説：劉心源釋“寔”（見《奇觚室吉金文述》11.7），阮元釋“惠”，還有釋“道”、釋“敦”的。又有釋“傳”者，人多從之。“債”字有釋“傈”，謂“寶也”者；有釋“賃”，謂“庸也”者。若按以上諸説去釋讀節銘，均不可通，我們認爲應作新解。簡文“靭”與節銘“𧷏”中間部分全同，只是後者多一“辵”偏旁，實爲一字之或體。“債”字，舊釋均誤，實應爲“任”字，當訓爲“使”。中山王方壺“余知其忠信也，而謽債之邦”；“受債佐邦”。中山王鼎“使知社稷之債，臣宗之義”；“是以寡人委債之邦”。妤蚉壺“而冡賣之邦”。以上數器銘文中之“任”字，皆寫作“債”或“賣”，“專任”寫作“謽債”。此“專任”適可作爲龍節“𧷏債”二字的絶好注脚，“謽債”就是“𧷏債”，亦即“專任”。這樣，節銘的文義和斷句即可冰釋，應讀爲“王命，命專任一擔飤之”。其含義是：王發布命令，命持節者以獨自擔當的使命，所到之處要供給一擔飲食。鄂君啓節又有“大攻尹脽以王命﹦集尹恕糈”之句，其文義當與之相近。

“專任”“專命”於文獻有徵。《荀子·仲尼》“主信愛之，則謹慎而嗛。主專任之，則拘守而詳”；“任重而不敢專”。又《左傳·閔公二年》：“晉侯使太子申生伐東山皋落氏。里克諫曰：‘師在制命而已。秉命則不威，專命則不孝。故君之嗣適，不可以帥師。’”均其用例。

2. "郗"

此字在"遣册"中凡十見。有"郗緹屨""郗青黄之緣""郗本杸""郗彫辟""郗案""郗緣"等。此"郗"即"漆"字的假借。《説文》:"郗,脛頭卩也,从卩、桼聲。"徐注:"今俗作膝,人之節也。"又《説文》:"郗,齊地也。從邑桼聲。"在古文中"郗"可寫作"漆"。《春秋·襄公二十一年》"邾庶其以漆閭邱來奔",此"漆"即齊地之"郗"的假借字。"漆""郗"同音,可以互假,且與"郗"同音,當亦可通假。故簡文中凡"郗"字皆可釋爲"漆"。墓中出土物多漆器,可以爲證。

3. "坙"

2-010"一小鐶坙";"一青□□之珒坙"。

"坙"可隸定作"坙",實即《説文》之"巠"字。《説文》"巠"之古文作"坙",即簡文"坙"之訛變。而"巠"在簡文中又爲"經"之省。《説文》"經,梘也",又"梘,牀前几";《廣雅·釋器》:"梘,几也。"這説明"巠""經""梘"都是"几"一類的東西。"小鐶坙"即裝有小鐶的"几"。"珒坙"即鑲有珒飾的"几"。出土物中有各種各樣的"几",可證。

4. "梘"

2-020"……彫者二十二足梘"。

"梘"即"經",亦即"梘"字。《説文》訓爲"牀前几",《廣雅·釋器》訓爲"几也"。故可知此簡的含義是:……有花紋的二十二只几。

5. "呈"

2-018"樂人之器:一槃呈首鐘,小大十又三";"一槃呈〔首磬〕,小大十又九一"。

"呈"應隸定作"呈",即"梘"之省。《廣雅·釋器》"虡,梘,几也",是知"梘"與"虡"皆指"几"類之物。《説文》"虡,鐘鼓之柎也",又謂"梘,篆文虡省",是可知"虡"與"梘"實爲一字。《方言》第四"几,其高者謂之虡",《注》云"即簡虡也,音巨"。綜上所訓,知"呈""梘""梘""虡"均可解釋爲懸掛鐘、磬的架子。《詩·大雅·靈台》"虡業維樅",《孔疏》云:"懸鐘磬之木,植者爲虡。"即其證。

"槃"者,大也;"首"者,端也。故"一槃呈首"即指一部大的懸掛鐘、磬的架子。《信陽圖録》圖十有"一槃呈首鐘"復原後的彩色照片,可以爲證。

6. "釣""盆""朱"

2-016號簡有此三字。"釣"殆即"鈞"字。金文"鈞"作"釣",例如守箕"金十鈞",陶子盤"金一鈞"等皆是。《汗簡》"鈞"作"釣",《説文》古文作"釣",均與簡文之"釣"近似。此字在遣册中表示重量。

"盆"即"益"字。金文"益"字通作"盆",與簡文同。"益"在此假爲"鎰",用來表示重量。

"朱"即"朱"字。《汗簡》"朱"作"朱",金文亦如是。"朱"在此假爲"銖",亦用來表示重量。由上述情況看,這條簡是講某種東西的重量的。

7.“爐”

2-028“……荼尜爐”。

此簡所載之物,可能就是《信陽圖錄》圖五四之“銅爐”,爐中尚有木炭,可證“尜”就是“炭”字(此從中山大學楚簡小組之説)。此爐與1923年新鄭出土之《王子嬰次盧》形制類似。彼爐或釋爲“庶盤”,不確。郭沫若同志釋爲“炒(燎)盧(鑪)”,謂“爲燎炭之鑪”(見《兩周金文辭大系圖録考釋》)。除“炭”字外,餘皆得之。

《左傳·定公三年》:“邾莊公廢於鑪炭。”

《周禮·天官·宮人》:“共(供)鑪炭。”

可見春秋戰國之際,使用炭鑪是很普遍的。此鑪較之王子嬰次盧,兩耳上多出兩短鍊。至於其用法,我們推想既然有足,當是坐地而用,並非懸掛。短鍊的功用大概是在鑪點燃後作挪動用。

“爐”字,字書所無,不能確釋。其下部形旁從“皿”,與“盧”所從相同。參照王子嬰次盧銘文,其義當爲“鑪”“爐”一類的東西。

8.“珥”

2-02“一司翾珥,一司齒珥”。

“珥”即《説文》訓爲“瑱”之“珥”。《徐注》:“瑱之狀,首直而末鋭,以塞耳。”金文虢季子白盤和盂鼎之“聝”字,左旁所從之“耳”亦寫作“𦣞”,與此相似。

金文中玉可稱“備”、稱“䚱”,如齊庆壺銘“于南宫子用璧二備、玉二䚱”,庫壺銘“商之以玉䚱”。因知,“一司翾珥、一司齒珥”是兩付塞耳玉,即一付爲“翾珥”,一付爲“齒珥”。

9.“敆”

2-025“二敆豆”;

2-08“一敆□”;

2-013“一草齊緅之敆”;

“敆”即金文的“鐱”,亦即文獻之“會”。容庚先生首倡此説,陳眡簋蓋銘,“用追孝于我皇殷鐱”,容庚指出:“末一字似爲鐱,讀爲會。《儀禮·公食大夫禮》‘宰夫東面坐,啓簋會’,《鄭注》‘簋蓋也’”(《善齋彝器圖録》考釋23頁)。陳夢家先生亦謂:“段之蓋曰會,《士虞禮》‘啓會’注:‘會謂敦蓋也。’羅振玉藏一軍氏鐱,形如段蓋,而自銘曰鐱”(《海外中國銅器圖録·中國銅器概述》第17—18頁)。

今按:會,合也,兩物相合之謂也。故凡相合者即可名會,不必僅指簋也。2-025號簡所述即爲有蓋之豆,徵之出土物,正有帶蓋木豆若干件。

有蓋的豆形銅器其自名見於著録者,有魯元豆,其自名爲“善𤮟”(《三代》10,48—50);信陽光山縣新出的黃子豆,自名爲“行器”,乃共名(《考古》1984年第4期)。此簡可爲戰國時代此類銅器的定名提供一個新的綫索。

　　2‑08 號簡的"一斂□"與"盌"、"匜"並記,當亦爲有蓋的某種容器。至於 2‑013 號簡的"斂",可能爲一絲織品之專名,因其並記者多爲絲織品之故。

　　10.	"屯"

　　此字在遣册中凡二十二見。朱德熙、裘錫圭同志在《戰國文字研究六種》(《考古學報》1972 年第 1 期)一文中,對此作了詳細而正確的考證,釋"屯"爲"純",訓爲"皆",基本上解決了這個字的釋讀問題,這裏我們再作一點補充,遣册中有四簡涉及"皆"字:

　　2‑02"一組縟、一、革皆有鈎";

　　2‑03"二笙、一簹(壎)竽,皆有條";

　　2‑019"金□□□□□綿之緣、裯若、皆緅翠";

　　2‑023"一錦素樏、一寢莞、一寢箑、屯結芒之純。六簡箑,屯錦純。一柿肝,錦純,組績,有骱。緑樏肝,皆……"。

　　其中 2‑023 號簡尤其值得注意,"屯""皆"同見一簡。所以,我們推想這兩個字除有相同情況外,在具體使用時還應當有所區別。仔細分析二十二條有"屯"之簡文就會發現,"屯"字前的物品數量較多(二十二條簡文中有三條物品數量不明,其餘十九條簡文中:有十條物品數量在十件以上,其中 2‑06 號簡"屯"前有物品八十四件;2‑029 號簡"屯"前有物品一百件;剩餘九條中,七件的兩簡、六件的三簡、五件的兩簡、三件的兩簡)。而"皆"字前的物品數量却較少(2‑02 號簡兩件、2‑03 號簡三件、2‑019 號簡一件、2‑023 號簡一件)。因此,我們以爲是否可以把兩個字作這樣的區分,即"皆"相當於現代漢語的"都""都是";而"屯"相當於現代漢語的"全都""全都是"。當然,這種分別,僅限於這批楚簡。至於它們在其他地方能否作這種區別,尚待進一步探討。

　　　　　　(原載《信陽楚墓》,第 125—136 頁,文物出版社,1986 年 3 月)

活字印術創始於先秦時代

《三代吉金文存》一卷 35—39 頁著録兩件銅鐘銘文,羅振玉稱其爲"能原鐘"。這是一組編鐘中的兩件。一件六十字,現藏臺北故宫博物院。一件四十八字,現在故宫博物院。細察其銘文,每字周圍都有一個方框。我們知道,古人鑄造有銘文的銅器需要先製陶範,一般是令範上先形成陽文的範文,然後翻鑄出陰文的銘文。範上的陽文一般采用刻字法形成,因此周圍不留痕迹,而能原鐘上的銘文,每字都有一陰文的方框。這顯然是印模留下的痕迹。這說明製造該鐘的工匠是在陶範作成尚未燒烤時,用事先烤制好的單字陰文陶印,逐字印在陶範上,形成一篇陽文的範文,在翻鑄成陰文的銘文時周圍留下了陶印的框痕。能原鐘是春秋時代越國的銅器,這說明"活字印刷術"早在春秋時代就已在我國南方出現。這種活字印術有許多優越性,因此後來戰國時代的銅兵器上的銘文和陶器上的陶文也多采用此法,推廣到全國各地。盛行於戰國以後的璽印刻字,也很可能受過這種作法的啓發和影響。

這種"活字印模術"與後世宋代畢昇發明的"活字印刷術"除"製版""排印"不同外,其造字模之法當有許多相似之處。可惜春秋戰國時代沒有發明紙張,無法將其先進技術施於印刷而只能印在青銅禮器的陶範上。這都是中華名族古代科技史上值得一書的重大發明,可是對這樣重要的發明,過去却不見有人提及。在注重總結古代文明的今天,我們認爲金文中的這一寶貴資料,應引起研究古代科技史同志們的注意。

(本文存手稿,未發表,文末有寫作時間:1982 年 2 月)

另一個世界的面孔

——古代墓葬出土的玉面罩

用玉器隨葬是中國考古的一個常見現象,漢代(公元前 206 年—公元 220 年)葬玉主要有四種類型:(1) 琀——把玉器放入嘴裏;(2) 塞——把玉器塞進鼻、耳等九竅之中;(3) 握——把玉器握在手裏;(4) 衣——用玉片製作成玉衣。判定是否葬玉的狹義標準是,它是否專門爲屍體而製作。[1] 河北滿城出土劉勝及妻竇綰的墓中(還有其他幾座漢墓)發現的隨葬金縷玉衣讓考古學家驚訝不已,並引起了極大的研究興趣。[2] 盧兆蔭和夏鼐最早提出,漢代金縷玉衣的前身是更早的隨葬玉面罩;在東周時期就已經十分流行隨葬用玉片組成玉面罩,以及簡單的覆蓋上半身的玉衣。[3] 本文要討論的是公元 3 世紀以前,墓葬中發現的玉面罩。根據最新的考古發現,我們將追溯早期隨葬中玉面罩使用的發展過程,以及這一特定習俗的復原和闡釋的有關問題。

大多數古代玉器都發現於墓葬中,可是,要在隨葬品裏把葬玉與其他的玉裝飾品區分開來,並不是一件容易的事;所謂葬玉是指特爲死者屍體制作的玉器。早在新石器時代已出現用玉器隨葬。一些玉器可能與隨葬禮制相關,許多玉器出土於商代(公元前 1800—前 1027 年),或商以前的墓葬;例如,1976 年小屯發現的婦好墓,出土 755 件玉器,有一些特別小的刻有動物形狀的玉墜飾,可能用作屍體裝飾。但是,考古發掘中直到西周早期前段沒有出現玉衣和玉面罩。[4] 到了西周中期,玉面罩似乎變成隨葬體制的一個重要部分。下面,將簡要

---

[1] 那志良在《古玉論文集》(臺北,1983 年)中把發現在棺椁和墓葬中的玉圭、玉璋、玉璧、玉琥、玉璜、玉飾品和玉册都列爲葬玉。有關文獻和討論,參見劉銘恕:《中國古代葬玉的研究——注重珠衣玉匣方面》,收入《古玉論文集》,第 520—533 頁。

[2] 參見盧兆蔭:《試論兩漢的玉衣》,《考古》1981 年第 1 期,第 31—58 頁;《再論兩漢的玉衣》,《文物》1989 年第 10 期,第 60—67 頁。

[3] 見上注。夏鼐:《漢代玉器——漢代玉器中傳統的延續和變化》,《考古學報》1983 年第 2 期,第 133—137 頁。盧兆蔭當時認爲最早的玉面罩是東周時期,但最近的考古發掘將其追溯到西周晚期。

[4] Deydier, Christian:*XVIe Biennale des antiquaries*, Paris, 1992, 14‑17, 發表了一件玉面具,由塊 16 玉片組成,雕刻出眼睛、眉毛、鼻子、嘴五官特徵,玉片的背面鑽有斜孔,表明可以用綫連綴起來。作者根據風格(有點類似出土的青銅面具)把它定爲商代晚期/西周早期銅面具的風格,但是,由於缺乏考古出土背景資料,我們不能判斷商代是否使用玉面具隨葬。

地介紹一下有關資料。

1983—1986 年中國社會科學院考古研究所在陝西省長安縣張家坡發掘了 400 座墓葬，一些是西周時期井叔氏族墓。[1] M157 在發掘前已被嚴重破壞，出土 5 塊緑色玉片，被考古學家識别爲玉面罩的部分組件：一片爲眼睛形狀，一片爲眉毛形狀，一片爲鼻子形狀，一片爲耳朵形狀，一塊爲嘴形狀；這些玉片表面都刻有人面部特徵，都很寫實。玉片背面邊緣鑽有斜孔，表示這些部件原來是跟織物縫在一起的，也許是縫在一塊絲綢上，蓋在死者面部。通過對墓葬中其他文物的研究，尤其是有銘文的青銅器，該墓定爲西周中期（公元前 975—前 875 年）大約懿王時期。這座墓有兩條墓道并且形制巨大，死者應屬於井叔家族高級貴族。[2]

張家坡 M303 中出土的面罩有 19 塊玉片，比 M157 那件要完整得多。這些玉片是發青或黄色的蛇紋石，製作成眼睛和鼻子的形狀，但有 4 片上面刻龍紋和雲紋；還有 7 片較小三角形玉片，可能用作面罩邊緣的墜飾（圖一）。因爲這座墓曾經被盗，原始狀態已被毁壞，想完全復原玉面罩的具體位置證明很困難。[3] 這座墓時代屬於西周晚期。

1990 年河南省文物局和三門峽考古隊在上村嶺發掘了一組西周晚期虢國墓葬。M2001 未經擾亂，出土了一套完整的玉面罩；這讓我們可以較容易地將面罩復原（圖二），玉片包括眼睛、眉毛、額頭、鼻子、耳朵、嘴、臉頰、下巴和胡子。[4] M2006 也發現有玉面罩，但是考古報告没有詳細説明，只是初步介紹有一部分動物形狀（龍、虎、小鳥、兔子）的面罩組件。[5] 上村嶺的兩座墓葬都屬於西周晚期。

最重要的發現是，1992—1994 年，北京大學考古系和山西省考古研究所在北趙和天馬曲村發掘了西周晚期晉國諸侯墓葬，出土了 7 套玉面罩。M8 出土玉面罩由 52 玉片組成（圖三），據發掘者觀察，[6] 這面罩應該是兩層（甚至可能是兩套玉面罩重叠在一起），上面的一層有 19 片，代表臉上各部分，8 片小三角形，還有一些是周圍的掛飾；下面的一層，玉片的形狀類似眼睛、鼻子、嘴，另外還有刻成虎形和人形的玉件。上面那層玉面罩，鼻子是用柄形器改製。

---

[1]　中國社會科學院考古研究所：《長安張家坡西周井叔墓發掘簡報》，《考古》1986 年第 1 期，第 22—27 頁。

[2]　張長壽：《西周的葬玉》，《文物》1993 年第 9 期，第 55—59 頁。

[3]　見上注。張長壽認爲三角形玉片是牙齒，不是邊緣上的綴件；他的復原漏掉了原來作爲眉毛和臉頰的 4 片。

[4]　河南省文物研究所、三門峽文物工作隊：《三門峽上村嶺虢國墓地 M2001 發掘簡報》，《華夏考古》1992 年第 3 期，第 104—113 頁。可是，考古報告中的復原跟《中國玉器全集》（楊伯達主編，第二卷，河北美術出版社，1993 年，圖版 296）中發表的圖片不一致，原來一塊半圓形玉片被認爲是下巴，在此圖中重新拼爲綴飾。

[5]　河南文物考古研究所、三門峽文物工作隊：《上村嶺虢國墓地 M2006 的清理》，《文物》1995 年第 1 期，第 4—31 頁。

[6]　北京大學考古系、山西省考古研究所：《天馬-曲村遺址北趙晉侯墓地第二次發掘》，《文物》1994 年第 1 期，第 4—28 頁。

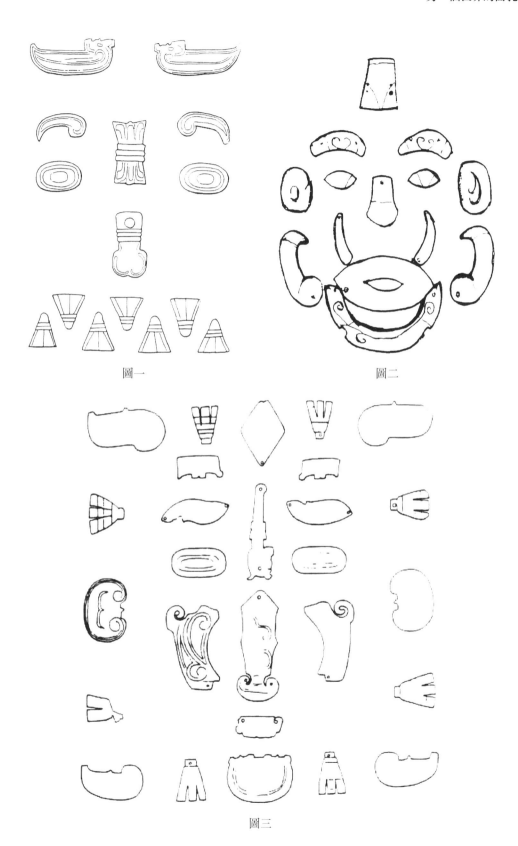

圖一　　　　　　　　　　　圖二

圖三

M31墓主應該是M8墓主的夫人墓,[1]墓中出土的玉面罩由79片組成(圖四),用了許多小玉片和舊玉片改製。M64是曲村墓地中最大的墓葬,應是晉國諸侯墓,墓中也出土一套玉面罩,但目前只是初步介紹,未作詳細説明。[2]

圖四

第4套玉面罩由48片組成,出土於M62(圖五),這套面罩的玉片,從玉質到雕刻都比前面提到的那兩套精美許多,每片都由青玉製作,上面刻有虎、龍、熊、雲形象的圖案。考古學家認爲這座墓埋的是諸侯邦父的第一個夫人。

[1]　北京大學考古系、山西省考古研究所:《天馬-曲村遺址北趙晉侯墓地第三次發掘》,《文物》1994年第8期,第22—33頁。

[2]　北京大學考古系、山西省考古研究所:《天馬-曲村遺址北趙晉侯墓地第四次發掘》,《文物》1994年第8期,第4—21頁。

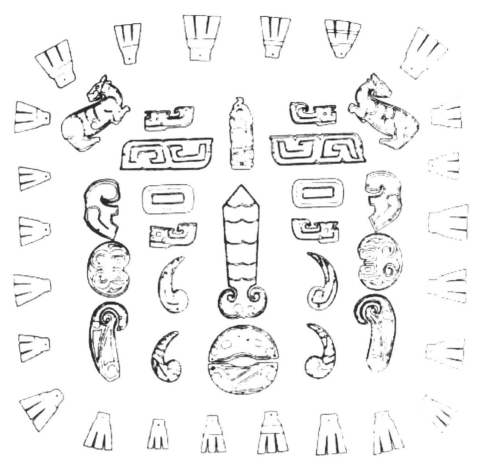

圖五

　　近期發掘的三座墓葬中也出土了玉面罩。M91（圖六）的玉面罩有 24 片,其中只有眼睛和墜飾是專門製作的,其他部件是死者生前使用過的玉器再利用。墓主是男性,應該是地位較高的貴族。M92 墓主是女性,可能是 M91 墓主的夫人。M92 出土的玉面罩有 23 片,可能跟 M8 出土的那件一樣,分爲兩層(或兩套),埋葬是將一層壓在另一層的上面;玉片的設計和雕刻比起 M91 那套,更加精緻和用心。有趣的是,出土時,上面那層的玉片正面是朝下放置的,表示不是像通常理解的那樣,將玉片放在上面,布或絲綢裏子貼在臉上。M93 與 M91、92M 沒有關係,墓主爲男性;此墓出土玉面罩有 31 片(圖八),出土時,玉片雕刻面也是向下的。[1]

[1]　北京大學考古系、山西省考古研究所:《天馬-曲村遺址北趙晉侯墓地第五次發掘》,《文物》1995 年第
　　　　7 期,第 4—39 頁。

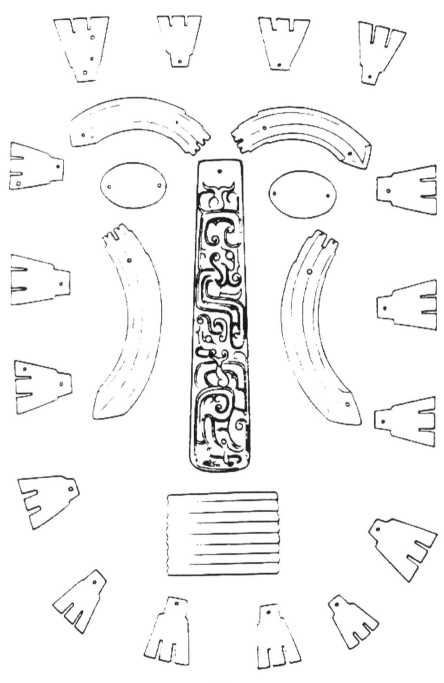

圖六

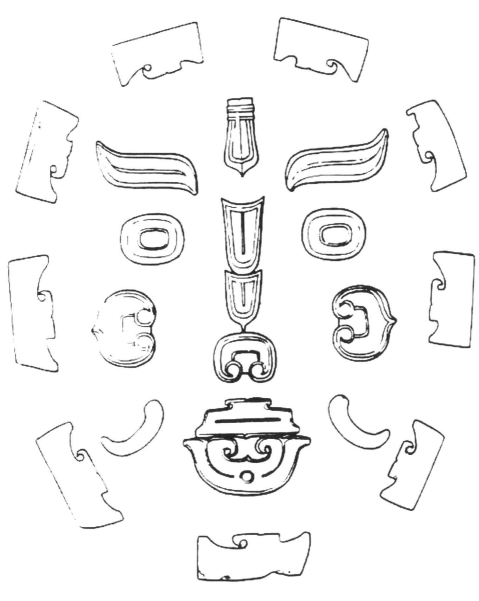

圖七

圖八

　　這些例子的年代屬於從西周中期後段到東周早期,顯示當時隨葬玉器已成爲喪葬習俗,
而玉面罩是貴族埋葬的一種重要的成分。除了使用玉面罩和玉配飾外,還將碎玉放入死者
嘴裏。隨葬玉器的風尚一定是隨着當時祭祀習俗的改變而變化,反映在祭祀用品的製作和
使用方式上。羅森(Jessica Rawson)觀察到,[1]西周中期玉器和青銅器出現了新的裝飾風
格;玉器的風格更複雜化和多樣化,青銅器變化相對滯後。

　　東周時期物質文化發生極大變化,隨葬玉面罩這一時期也經歷了一些改變。有一件不
是由考古發掘獲得的玉面罩很重要,它是 1994 年由一位海外華裔捐贈給國家博物館的(圖

[1]　Rawson, Jessica (assisted by C. Michaelson): *Chinese Jade*, *from the Neolithic to the Qing*, London, 1995, pp.45－53.

九）。這套玉面罩共有 32 片,雕刻有龍、蟬、雲、睪面紋等,雕工精美,略顯抽象,都是當時流行的紋飾圖案,代表了春秋時期典型的裝飾風格。[1]

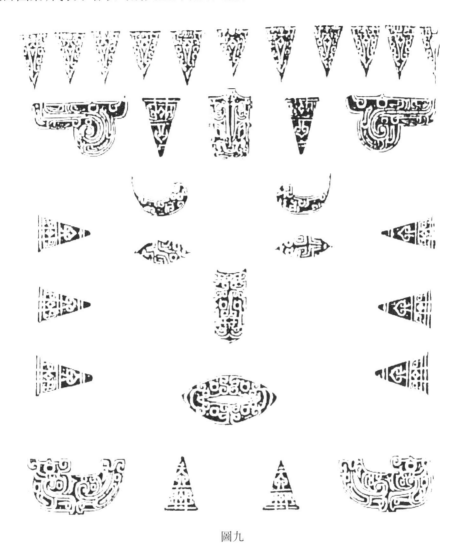

圖九

1950 年代,當時的中國科學院(現社會科學院)考古研究所在河南省洛陽市中州路發掘了大量東周戰國時代的墓葬,其中不少出土了玉片和石片(考古報告中普遍描述爲石,而不是玉),出土時覆蓋在死者的臉部和身體上。[2]　例如,M1316 出土了一套面罩的組件(圖十),有眼睛、眉毛、鼻子、嘴形狀;這樣組合具有一定的意義。除了兩個橢圓形的玉片代表眼睛,應該是專門製作的以外,沒有模仿具有面部特徵的玉器,而是用其他形狀的玉器組成:眉

［1］ 易蘇昊:《春秋綴玉覆面人記》,《收藏家》1994 年第 7 期,第 48—49 頁。
［2］ 中國科學院考古研究所:《洛陽中州路(西工段)》,第 116—123 頁,科學出版社,1959 年。

毛、臉頰和下巴是 8 片動物形狀的玉片，嘴和鼻子也用不規則的玉片，周圍 10 片矩形玉片，邊緣鑽有小孔。使用矩形或不規則玉片很值得注意。例如，M1 和 M467 出土的玉面罩只是由邊緣有小孔的玉片組成（圖十一）。類似的玉片在死者頸部和胸部也有，這意味着，它們像面罩一樣用來覆蓋死者身體的其他部位。

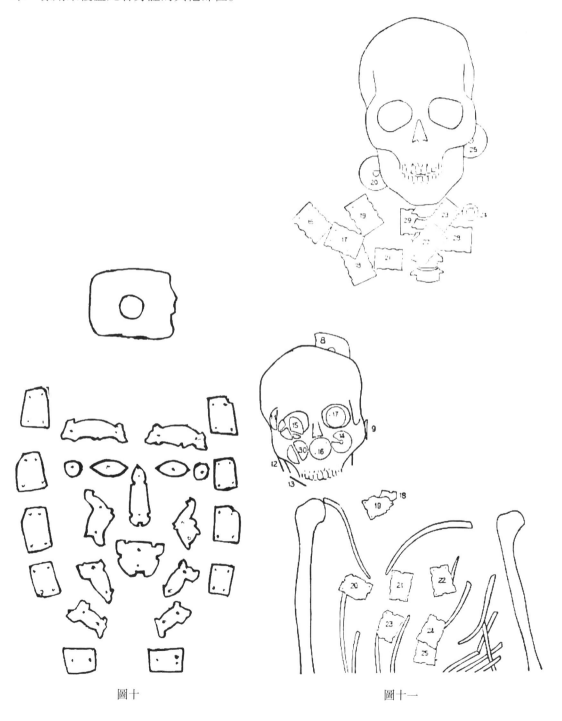

圖十　　　　　　　　　　　　圖十一

　　用玉面罩隨葬一直延續到西漢早期。江蘇徐州發現的兩個例子代表了東周後期的兩種典型風格,它們都是從先前的形制演化而來的:第一件是子房山出土(圖十二),面罩使用玉片製成的眼睛、鼻子、嘴等五官特徵,頗具古風。另一件是後樓山出土(圖十三),薄玉片用綫串聯起來蓋在臉上,和玉衣的製作技術一樣。到了公元前 2 世紀後半期,覆蓋整個身體的玉衣開始流行,玉面罩逐漸減少,甚至退出主流。這與墓葬中其他變化有一定關係,反映了漢代墓葬制度的轉型。[1] 隨葬玉面罩漢代之後還延續了很長一段時間才消失,不一定用玉,其他常見的材料包括漆器和紡織品等。[2]

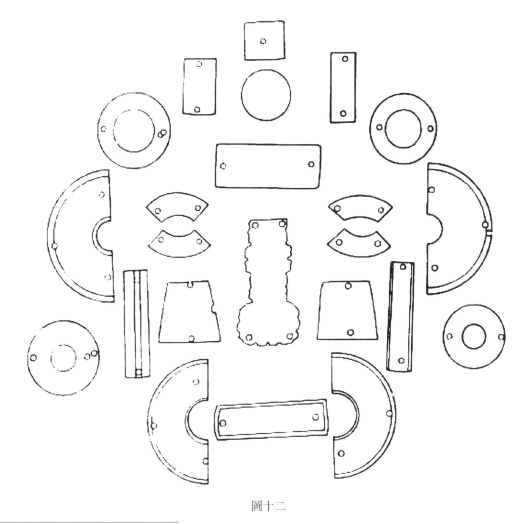

圖十二

[1] 盧兆蔭:《試論兩漢的玉衣》(第 57 頁)已經指出了這點。

[2] 1950 年代,中國考古學家在新疆發掘了一組 6—7 世紀的墓葬,在墓葬中發現了 32 套絲綢面罩。有學者認爲面罩是從寒冷氣候下保護頭部的"面衣"演變而來。它們的復原跟古代墓葬裏出土的面罩很不一樣。參見見王炳華:《覆面眼罩及其他》,《新疆考古三十年》,第 662—665 頁,新疆人民出版社,1983年;武伯倫:《關於"覆面"》,《新疆考古三十年》,第 660—661 頁。

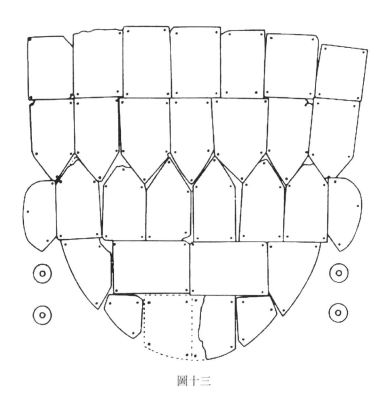

圖十三

如果能復原埋葬儀式和活動,葬玉面罩的習俗就更加容易理解。一些同時代的文獻有助於這方面的研究。《周禮》中有大量隨葬玉器的資料,[1]例如有專門負責管理宮廷玉器的官員,稱爲"典瑞";各種各樣的玉器用於隆重的葬禮上,碎玉放入死者嘴裏,而且,把傳統的禮玉,如玉璧、玉圭、玉琮等穿起來,放在死者身上。[2] 這些文獻記録的時代似乎要早於隨葬玉面罩的使用。

另一部禮書《儀禮》中有關於隨葬玉面罩的直接記載。[3] 書中在描述葬禮和隨葬衣物時,提及布巾和瞑目(眼罩):

> (士喪禮)陳襲事於房中,西領,南上,不綪。明衣裳,用布。鬠笄用桑,長四寸,緩中。布巾,環幅,不鑿。掩,練帛廣終幅,長五尺,析其末。瑱,用白纊。幎目,用緇,方尺二寸,赬裏,著,組繫。握手,用玄,纁裏,長尺二寸,廣五寸,牢中旁寸,著,組繫。決,用正王棘,若檡棘,組

[1]《周禮》的年代有爭議;傳統認爲是漢代劉向編撰,但包含了許多早期的材料。關於《周禮》的介紹,參見 Loewe, M. ed, *Early Chinese Texts: A Bibliographical Guide*, Berkeley, 1993, pp.24-32.
[2] 參見孫詒讓:《周禮正義》卷39,第1597頁,中華書局,1987年。
[3]《儀禮》成書的年代大約在公元前5—前4世紀,由孔子的門生所著。關於《儀禮》的進一步研究,參見沈文倬:《略論禮典的實行和儀禮書本的撰作》,《文史》第15輯,1982年,第27—41頁;《文史》第16輯,第1—19頁。

緊,纓極二。冒,緇質,長與手齊,经殺,掩足。爵弁服、純衣、皮弁服、褖衣、緇带、韎韐、竹笏。夏葛屨,冬白屨,皆繶緇絇純,組綦係於踵。庶襚繼陳,不用。

　　……商祝掩,瑱,設幎目,乃屨,綦結於跗,連絇。乃襲,三稱。明衣不在算。設韐、帶,搢笏。設決,麗於腕,自飯持之,設握,乃連腕。設冒,橐之,幠用衾。巾、柶、鬠、蚤埋於坎。[1]

這段文字中描述了社會上有身份的人的葬禮:死者的隨葬衣物包括有掩蓋屍體和裹頭的布料,白色棉花做成的耳塞,還有絲綢眼罩,外層黑,裏子赤色,以及絲織品握手和手套等。入棺前必須一步步裹好死者的頭、填塞耳朵、放置眼罩等程序。

　　《士喪禮》不厭其煩地描述了隨葬品和屍體的處理方式,值得注意的是覆蓋死者頭部或眼部的兩個地方,它對應了我們前面介紹過的考古資料,例如曲村墓葬中發掘的兩套玉面罩。文字描述中沒有提到使用玉器,因為《士喪禮》是關於社會身份較低的士級而不是諸侯和高級貴族,貴族使用的玉面罩沒有被記錄下來。當時嚴格規定並實施喪葬儀式,例如,《禮記·喪大記》中寫明瞭埋葬儀禮,棺椁的數目及棺飾必須符合死者的身份地位。[2] 這種情況下死者的待遇和生前一樣,隨葬品的材質顯示死者的財富和社會地位。

　　我們需要解決的主要問題是:為什麼古代中國人用玉面罩隨葬? 其他古文化中也有類似情況:古埃及人用黃金為已故的國王做面罩,南美洲也有用玉面罩隨葬的傳統,但不能由此推論,所有的傳統和習俗都遵循一個普遍原則,每個地方都有獨特之處和自己的答案。古老的近東風俗中製作具有代表性的面具是模仿真人;墨西哥早期隨葬面具多用寶石和陶制成,早期特徵明顯單一,但造型越來越仿真化。對比之下,雖然古代中國墓葬中的玉面具形制不一,卻並非模仿真人形象。[3]

　　中國人深信玉是一種有靈性的石頭,能保護屍體不腐爛。這種觀念在漢代很流行。班固的《漢書》中記載了楊王孫的話:"口含玉石,欲化不得,鬱為枯臘,千載之後,棺椁朽腐,乃得歸土,就其真宅。"[4]他是對用玉隨葬不滿,認為玉放在嘴裏屍體不能化解而變得乾燥,只有千年之後,棺材腐爛,身體最終回到土壤才定居在真正的家。許多歷史記載都是關於因隨葬玉器,死者屍體保存完好的例子。例如,史料提到西漢末年,赤眉軍起義,攻陷咸陽,"發掘諸陵,取其寶貨,遂污辱呂后屍。凡賊所發,有玉匣斂者率皆如生,故赤眉得多行淫穢"。[5]

---

[1]　胡培翬:《儀禮正義》卷 26,第 1702—1708 頁,江蘇古籍出版社,1993 年。

[2]　孫希旦:《禮記集解》卷 44,第 1179—1191 頁,中華書局,1989 年。

[3]　關於中國早期藝術中人物形象再現性的研究,參見 Kesner, L.: "Likeness of no one: (re)presenting the First Emperor's army", *The Art Bulletin* 77: 1 (March 1995), 115 - 132.他認爲跟其他古代社會的藝術形成鮮明的對比,中國古代藝術中缺乏關於人神形象和活動的再現。

[4]　班固:《漢書》,第 2908—2909 頁,中華書局,1962 年。

[5]　范曄:《後漢書》,第 483—484 頁,中華書局,1965 年。

　　一些古代哲人更關注玉器的社會功能。選擇不同質地的材料、設計、雕刻等因素顯示了死者的社會地位。荀子(公元前313—前238年)寫道:

　　　　喪禮者,以生者飾死者也,大象其生以送其死也。故如死如生,如亡如存,終始一也。始卒,沐浴、鬠體、飯唅,象生執也。不沐則濡櫛三律而止,不浴則濡巾三式而止。充耳而設瑱,飯以生稻,唅以槁骨,反生術矣。設褻衣,襲三稱,縉紳而無鉤帶矣。設掩面儇目,鬠而不冠笄矣。書其名,置於其重,則名不見而柩獨明矣。薦器:則冠有鍪而毋縰,甕廡虛而不實,有簟席而無床笫,木器不成斲,陶器不成物,薄器不成內,笙竽具而不和,琴瑟張而不均,輿藏而馬反,告不用也。具生器以適墓,象徙道也。略而不盡,貌而不功,趨輿而藏之,金革轡靷而不入,明不用也。象徙道,又明不用也,是皆所以重哀也。故生器文而不功,明器貌而不用。凡禮,事生,飾歡也;送死,飾哀也;祭祀,飾敬也;師旅,飾威也。是百王之所同,古今之所一也,未有知其所由來者也。故壙壠,其貌象室屋也;棺椁,其貌象版蓋斯象拂也;無帾絲歶縷翣,其貌以象菲帷幬尉也。抗折,其貌以象槾茨番閼也。故喪禮者,無他焉,明死生之義,送以哀敬,而終周藏也。故葬埋,敬藏其形也;祭祀,敬事其神也;其銘誄繫世,敬傳其名也。事生,飾始也;送死,飾終也;終始具,而孝子之事畢,聖人之道備矣。刻死而附生謂之墨,刻生而附死謂之惑,殺生而送死謂之賊。大象其生以送其死,使死生終始莫不稱宜而好善,是禮義之法式也,儒者是矣。[1]

　　荀子認爲,隨葬儀禮中使用隨葬品應該與生前是一樣的,"如死如生",對待死者和對待活者是一樣的。這段文字中描述墓葬情況與《儀禮》十分近似。羅森(Rawson Jessica)認爲,玉器是個人財富,反映自己的社會階層地位,玉器在墓葬中象徵着他們的權利,玉面罩和玉衣在另一個世界裏有着相同的功能,保護墓主免受惡魔侵害。[2]

　　然而,不同的人出發的角度會有所不同。這裏可以舉一個有趣的唐代墓誌銘中的例子,唐朝時,朝廷重臣劉濟的夫人李氏,出生名門望族,知書達理,臨終前對她的家人說:"古有失行者恥見亡靈,所以用物覆面,後人相習,莫能悟之,吾內省無違,念革斯弊。"[3]可見唐朝時仍然流行死者隨葬用面罩的習俗,但是,並不是所有的人都遵從。李夫人可謂是具有獨立思想的反潮流者。

　　對玉面罩的闡釋可以從社會學、心理學、經濟學,或象徵理論的角度入手。如果我們想進一步瞭解它的深層意義,必須盡可能地復原玉器在中國思想中概念化的具體過程,由此分

---

[1]　《荀子·禮論篇》。英文翻譯見 Knoblock, John：*Xunzi: A Translation and Study of the Complete Works*, vol. 3, Stanford, 1994, p.67.

[2]　Rawson, *Chinese Jade*, *from the Neolithic to the Qing*, p.52.

[3]　《劉濟墓誌銘》,見周紹良、趙超:《唐代墓誌彙編》,第 1365—1366 頁,上海古籍出版社,1992 年。

析它隱含的象徵性結構。

牟永抗提出中國歷史上使用玉器分爲三個階段,它與人們思想觀念變化有關。第一個階段是新石器時期,玉器是神秘和神聖的;第二階段是商周時期,玉器個人化了,與禮制和行爲道德有關;第三階段是唐宋時期,玉器已世俗化。牟永抗還指出,玉器隨葬的繁盛時期主要是第二階段後期,玉器的裝飾和隨葬功能取代了它用作祭祀禮器的功能,尤其是玉器成爲專門保護屍體不腐朽的工具。[1]　學者還觀察到,這一時期玉器普遍與聖賢的美德聯繫起來,或是扮演重要哲理的隱喻。[2]　巫鴻(Wu Hung)在一篇論文裏提出,有名的劉勝金縷玉衣標誌着人們觀念的轉變,漢代人似乎認爲通過用玉,人的身體也能轉化爲玉。[3]

在觀念轉變過程中有兩方面因素起到關鍵作用,玉器的最大價值在祭祀和禮制中,因爲它含有"精氣",能够幫助人與神靈界的溝通。關於隱藏在玉器中的"精氣"的討論,裘錫圭先生將中國人認爲的"精"與波西米亞宗教中的"mana"做了有趣的比較;[4]"mana"是一種看不見的力量,存在於各種形式的物質中,尤其是珍貴的石器中。這些石器不僅是裝飾品,而且是獲得財富、長壽、生育的工具,而且有保存屍體的功效。

漢代喪葬儀禮透露出,人們渴望死後保存屍體,漢代的靈魂不滅觀念起着顯著的作用。古代中國信仰裏,靈魂由"魂""魄"兩部分組成。《左傳》昭公七年(公元前 535 年)記載,趙景子問子産,人死了會不會變成鬼? 子産曰:"能。人生始化曰魄,既生魄,陽曰魂,用物精多,則魂魄强,是以有精爽至於神明。匹夫匹婦强死,其魂魄猶能馮依於人,以爲淫厲,況良霄。我先君穆公之胄,子良之孫,子耳之子,敝邑之卿,從政三世矣。鄭雖無腆,抑諺曰'蕞爾國',而三世執其政柄,其用物也弘矣,其取精也多矣,其族又大,所馮厚矣,而强死,能爲鬼,不亦宜乎!"[5]這就是說,一個人用物(包括玉器)多,取得的"精"也多,魂魄也就强大。但是,如果死者的靈魂沒有得到很好的處理,它們就會傷害活着的人。所以,嚴格遵循葬禮變得十分重要。

羅伯特·哈瑪茵(Robert Hamayon)在研究西伯利亞薩滿教中,注意到葬禮中受雇傭的薩滿教祭司做法事,確保收回死者靈魂;那些異常死亡者的靈魂,比如說,婦女難産而死,很難

---

[1]　參見牟永抗:《古玉考古學研究的自我認識》,在倫敦大學亞非學院中國玉器研討會提交論文,1993 年 11 月 17 日,第 114—134 頁。顧森:《悟性、靈性、品性、情性——中國石文化的認識演進》,《文藝研究》1994 年第 3 期,第 114—134 頁。

[2]　Allan, Sarah:"The meaning of jade in early Chinese philosophy and ritual",(unpublished manuscript, 1995).

[3]　Wu Hung:"Princes of jade revisited:Han material symbolism as observed in Mancheng tombs", in Rosemary E. Scott, ed.:*Chinese Jades*, London, 1997, pp.147–170.

[4]　裘錫圭:《稷下道家精氣説的研究》,《道家文化研究》第 2 輯,1992 年,第 180—185 頁。

[5]　楊伯峻:《春秋左傳注》,第 1292 頁,中華書局,1990 年。

重生再世。哈瑪茵還觀察到,西伯利亞獵人相信獵物的骨頭和死人骨骼一樣,内含精氣,必須進行祭祀,讓骨頭裏的靈魂出來,再次輪回投生。[1]

葬禮中使用玉面罩或面具可能跟這種意識觀念有關係。亨利・貝納特(Henry Pernat)研究世界各地面具儀禮中,發現爲死者製作隨葬面具的基本動機是:一方面防止死者鬼魂繼續徘徊游盪在活人中(祭祀是提供一種新的支持、鼓勵或强制死者離開生活人的地方,讓他們看到精靈的世界);另一方面確保死者到達人世之外的另一個合適的地方。[2]

這種念頭似乎在中國古代隨葬玉面罩的製作過程中顯現出來。儘管重複使用許多舊玉,但玉面罩的眼部一般還是專門製作的,而且眼睛總是睜開的,暗示死者可以看見,而且還活着。玉器内含精氣,能幫助靈魂輪回;而且,玉面罩用玉上常常雕刻虎、龍、蟬等動物,它們似乎有神奇力量確保死者順利過渡到另一個世界。我們可以把中國古代隨葬的玉面罩與愛斯基摩薩滿人的面具進行比較;薩滿教祭司舉行儀禮時戴着有動物裝飾的面具,面具之下,他能訪問神靈,而動物裝飾加强他與神靈世界溝通的能力。[3] 當然,古代中國墓葬中的死者不是薩滿教祭司,但他們比起普通民衆有較高的社會地位,以及相伴的强大的精神力量,使他們更好地進入另一個世界。換句話説,他們的財富提供了優越的機會。

總而言之,闡釋隨葬玉面罩的第一步工作是把葬玉跟其他玉器區分開來,比如説墓葬中的祭祀禮器和裝飾品。首先,死者的玉面罩不是在生前使用的。第二,中國玉器發展觀念決定了日常生活和其他各種宗教活動中玉器的使用方式,這裏靈魂不滅的信仰起了重要作用。第三,喪葬制度往往隨着禮制制度改變而發生變化,於是,只有將文獻資料和考古資料結合,仔細分析,才能合理解釋隨葬玉面罩的意義。

補記:本文首次宣讀之後,又有許多重要著作和新資料出現。今後的研究必須把這些考慮進去。最重要的是,1995—1996 年,考古學家搶救性發掘了山東長青縣發掘的漢墓 M1 (《考古》1997 年第 7 期,第 1—9 頁),墓主是漢武帝時期的一位大臣,出土的玉面罩由 18 片玉組成,表示鼻子的玉片爲荸薺形,雕鏤空旋紋;其他的玉片表面打磨光滑,邊沿上有小鑽洞,表明原來是用綫串連起來的。這個玉面罩是過渡形態的代表,與子房山和後樓山漢墓出土的玉面罩相比較,形態上,它比較接近子房山的古代風格,但它的製作技術和後樓山相似,都是用綫將玉片串起來。

我們還要感謝榮新江教授告之中亞遊牧民族隨葬面具研究的新狀況,特別是本柯

---

[1] Hamayon, R.:"An essay on 'playing' as a basic type of ritual behavior",倫敦大學亞非學院比較宗教學 (The Louis H. Jordan Lectures in Comparative Religion)1995 年度演講。

[2] Pernat, H.: *Ritual Masks: Deceptions and Revelations*, L. Grillo trans., South Carolina, 1992, esp. 102.

[3] 參見 Layton, Robert: *The Anthropology of Art*, Cambridge, 2nd Edition, 1991, pp.193 – 198.

（M. Benko）關於大遷徙時期（公元 1 世紀）歐亞遊牧民族隨葬面具的論文［*Acta Orientalia Academine Scientiarum Hung Tomus* XLVI（2—3）1992－3，113—131］。本柯認爲中亞隨葬的面具多使用貴金屬（金、銀、銅）製作，縫到絲綢面罩上，這種傳統是從地中海，通過絲綢之路傳到歐亞草原地區的。我們的看法有些不同，正如他已經觀察到的，這一地區隨葬面具是縫在絲綢面罩上，這跟中國古代通常將玉件縫到絲綢面罩的做法如出一轍；歐亞草原的那些面具可能是受到中國傳來的影響，是中國古代禮制遺風和當地文化的結合的産物。

［本文與汪濤合寫，英文稿"The face of the other world：jade face-covers from ancient tombs"，發表於《中國玉器》第 18 輯（Rosemary E. Scott，ed.：*Chinese Jades*，Colloquies on Art and Archaeology in Asia no.18，Percival David Foundation of Chinese Art，University of London，1997），英文稿由單月英翻譯，汪濤校訂，中文稿由汪濤提供。劉雨先生本人在統計自己的著作時，稱本文爲《玉覆面研究》］

夫燧取明火於日

一

　　傳説我國銅鏡爲黄帝所發明,但考古出土最早的兩面銅鏡是齊家文化的,距今約四千年。此外發現商代銅鏡五面,西周銅鏡十餘面。春秋以後,特別是戰國以後銅鏡數量就多起來了。

　　用以取火的陽燧始於何時?《詩》《書》均無明確記載,《周禮·司烜氏》有"掌以夫燧取明火於日"的記載。夫者,陽也,故又稱"陽燧"。《周禮·考工記》云"金錫半謂之鑑燧之劑",《左傳·定公二年》云"王使執燧象以奔吳師",是説用燧點火,燒象尾,令象群去衝擊吳師。陽燧取火較快,適於軍戰,可能此處所用即陽燧。又《左傳·文公十年》云"命夙駕載燧",這裏所説可能兼及金和木兩種燧,《禮記·内則》云"左佩金燧……,右佩木燧……",蓋當時金木兩燧爲一般隨身携帶之取火用具,陽光充足時用陽燧,陰天則用木燧。

　　《墨子》一書對凹面鏡的光學原理作過很好的描述,書中説:"景,一小而易,一大而正。説在中之外、内。""中之外,鑑者近中,則所鑑大,景亦大;遠中,則所見小,景亦小,而必易。"該書明確區分了焦點和球心,並直接把焦點稱作"中燧"。

　　以上文獻多成書於戰國時代,其所反映的内容則有可能早到春秋或更早的時代。漢晉以後的文獻如《淮南子》《抱朴子》,以及更後的《續漢書·禮儀志》《舊唐書·禮儀志》等,都對陽燧有過記載和描述,宋代沈括的《夢溪筆談》也對陽燧有較系統的描述。

二

　　陽燧和銅鏡都是青銅製品,外形相似,只是燧之光面微凹,鏡之光面微凸而已,過去人們往往把二者都看成銅鏡。最早將其區分開來的是商承祚先生,他在《長沙古物聞見記》卷下提到一枚漢代銅陽燧。其後,錢臨照先生在他的《陽燧》一文(發表在《文物參考資料》1958年第 7 期)裏提到上海文物倉庫收藏的兩件宋代有柄青銅陽燧。再後,汪寧生先生提到中國歷史博物館曾陳列過兩件陽燧,一件可能即長沙那件,另一件方形中凹,從銘文内容看,可能是禮書上所説取明水的"方諸"(《我國古代取火方法的研究》,《考古與文物》1980 年第

4 期）。

故宮歷代藝術館（現已撤陳）曾陳列一件戰國青銅牛首紋鏡，直徑僅 4.4 釐米，光面有較大凹度，應爲隨身携帶的陽燧。同館還陳列一件稱爲唐代陽燧的銅鏡，正方形，邊長 9.8 釐米，中間有一突起的圓形凹面鏡，估計也可能是取月之明水的“方諸”。不過，這種所謂“方諸”，中間既有一圓形凹面鏡，肯定也可以起到“陽燧”取火的作用。

晉都新田鑄銅遺址曾發現陽燧的陶模 1 件，陶範 3 套，均爲春秋時期遺物，説明此時已有陽燧的鑄造。

三

1969 年山東煙臺上夼村曾出土一件弟遺鼎（見《考古》1983 年第 4 期），銘文如下：

> 異侯賜弟遺
> 司燹，弟遺作
> 寶鼎。其萬年
> 子孫永寶用。

銘中異侯賞賜他的弟弟一種叫“司燹”的東西。燹，音拂，《集韻》：“燽燹，火不時出而滅也。”所描述的很像是陽燧點火的情景。此器爲西周晚期的青銅鼎，如此説不誤，則説明西周晚期已有陽燧問世。

1996 年 12 月 29 日《中國文物報》報導：陝西扶風縣黄堆村 60 號墓人骨架下壓着一件陽燧。經測量直徑 8.8 釐米，曲率半徑爲 198—200 毫米，焦距 10—11 釐米。負責發掘工作的羅西章先生認爲該墓屬西周中期，他還對該鏡做了考古復原實驗，證明該陽燧在當年確可嚮日取火（1998 年 9 月我到扶風縣訪問，恰巧那日正值驕陽高照，羅先生用他們復原的“陽燧”，親自爲我作了試驗，只幾秒鐘就點火成功）。這説明我國早在西周中期就已經具備了以凹面鏡利用太陽能取火的經驗。

（原載《考古文物與現代科技》，第 115—116 頁，人民出版社，2001 年 1 月）

西亞、北非和中國的三體文字石刻

由於文字可以跨越時空傳遞,因而古代文字的創造是古代文明的重要標誌之一,也是某種文明得以被理解和流傳後世的重要手段。近代考古學的發展每每和某種古文字的解讀密切相關,比如 19 世紀西方學者破譯了楔形文字,誕生了研究西亞文明的"亞述學";破譯了埃及的"象形文字",誕生了研究北非文明的"埃及學"。中國自北宋以來的金石學對金文及石刻銘文等資料的釋讀,近現代古文字學者對甲骨文、金文、簡帛文字等銘刻資料的釋讀,都爲中國"夏商周考古學"的建立和發展作出了重要貢獻。

與中華文明源遠流長一脈相承的歷史過程不同,古代的西亞、北非地區的文明,隨着社會的動盪變遷、交替輪換,沒有哪個文明能獨立延續發展。所以,它們的古代文字也一樣隨着文明的變遷而消失,大體上到公元紀年前後,那幾個地區的大部分古文字都已變成了"死文字",在其後很長時間裏,無人可以釋讀和理解。

智慧的古人創制的三體文字石刻,是破解古代文字久遠流傳的依據。據目前已知的資料,最早發明這一做法的是波斯人。公元前 520 年 9 月,波斯皇帝大流士從巴比倫到哈馬丹的途中,於克爾曼沙以東 32 公里的貝希斯頓村旁的懸崖峭壁上刻石記功,石刻距地面百米,銘文刻於高 8.6 米、寬 15 米的崖石上,銘記他十八次征戰,平定叛亂、重建波斯帝國的豐功偉績,爲後世留下了著名的《貝希斯頓石刻》(圖一)。該銘文用阿卡德楔形文字、埃蘭楔形文字和古波斯楔形文字三種文字分別刻於懸崖上。

楔形文字最早是蘇美爾人在公元前 4000 年開發兩河流域時創造的,巴比倫人和亞述人先後繼承了這份寶貴的文化遺產,並把它傳播到西亞其他地方。阿卡德人和埃蘭人先後對蘇美爾楔形文字加以繼承和改造,形成阿卡德楔形文字和埃蘭楔形文字,伊朗高原的波斯人也按自己語言的特點,對楔形文字進行了較大的改造,形成古波斯楔形文字。貝希斯頓石刻就是由這三種內容相同的不同時代的楔形文字銘刻的。

大流士顯然已經預感到,單憑一種文字,很難確保這份銘文所記述的內容永久流傳,因此試用三種不同時代的文字,記述同一事件,以期後人只要還可以讀懂其中一種文字,就可以將這一歷史事件流傳下去。

楔形文字到公元 1 世紀以後就變成了"死文字",直到 19 世紀中葉,隨着歐洲學者的到來,才得以重見天日。英國駐波斯外交官羅林森是破譯楔形文字的著名學者,他不畏艱險,

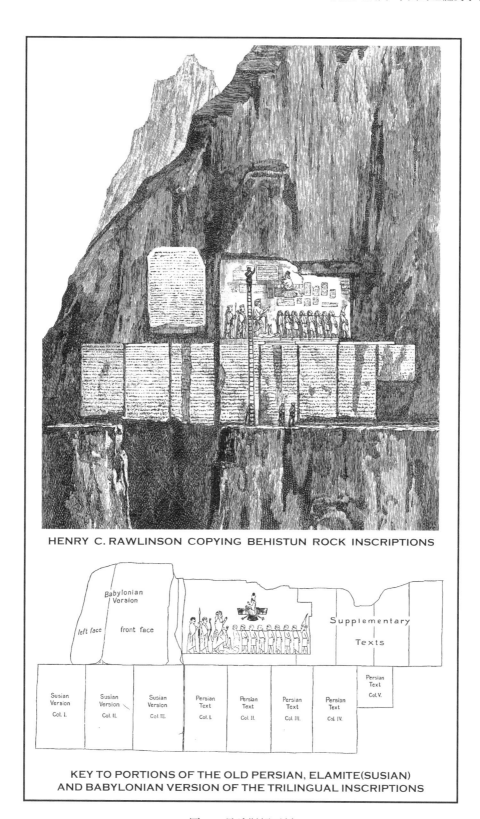

HENRY C. RAWLINSON COPYING BEHISTUN ROCK INSCRIPTIONS

KEY TO PORTIONS OF THE OLD PERSIAN, ELAMITE(SUSIAN)
AND BABYLONIAN VERSION OF THE TRILINGUAL INSCRIPTIONS

圖一　貝希斯頓石刻

多次爬上百米高的貝希斯頓石刻,對全部銘文做了複製,並首先釋讀了石刻中的古波斯楔形文字,其後又與其他學者一道,成功地釋讀了阿卡德楔形文字和埃蘭楔形文字,弄懂了石刻的全部内容。他們利用解讀貝希斯頓石刻的經驗,對大量散布在西亞各地的各個時期的數以百萬計的楔形文字泥版文書逐步進行解讀,釋讀了包括用楔形文字銘刻的著名的《漢謨拉比法典石柱》在内的大量出土文獻。

圖二　羅塞塔石碑(現藏
　　　大英博物館)

其後,利用三體古文字石刻來記載歷史事迹的是古代埃及的僧侶們,這就是著名的埃及《羅塞塔石碑》上銘刻的文字(圖二),石碑是 18 世紀末,在尼羅河口的羅塞塔城附近,被拿破侖的士兵修築工事時偶然發現的。石碑的銘文刻在一塊黑色玄武岩上,長 115 釐米,寬 73 釐米,厚 28 釐米。19 世紀初,法國天才的語言學家商博良向學術界公布了他解讀《羅塞塔石碑》銘文的成果。

石碑上部銘刻的是古埃及的象形文字,中間刻的是古埃及後期的一種草書文字,下部刻的是古希臘文字。三種銘文的内容是完全相同的,記述的是同一個事件。商博良首先考釋了石刻中的古希臘文,弄清了碑文的内容。石碑是公元前 196 年埃及僧侶們刻的,内容是爲了感謝法老給神廟的賞賜,他們決定將法老的生日作爲節日來慶祝。經過艱苦的鑽研,商博良藉助碑中已知古希臘文的文意,弄清了埃及象形文字的基本結構和語法規則。商博良的研究成果,使得大量埃及石棺和法老墓壁上的石刻銘文以及遍布北非各地大量的紙草文書等銘刻資料得以解讀,於是埃及的古代歷史面貌開始呈現於世人面前。

在世界古代史上發現的第三個利用三體古文字石刻記録歷史的個案,就要屬中國曹魏時期的《正始石經》了(圖三)。東漢末年戰亂之後,魏文帝曹丕黄初年間開始恢復太學,並着手整理《漢石經》碑石,到齊王曹芳正始二年(241 年)時開始重新用三體文字刻制古代經書,以期可以形成"官修定本",使當時經常發生爭議的學術界有所遵循。自此先後完成了《尚書》和《春秋》兩部經書的刻制工程。其作法是將經文逐字用古文、篆文、隸書三種字體書寫,其中"古文"與東漢許慎《説文解字》中的"古文"相近,多屬戰國文字。篆文即秦代的小篆字體,隸書則是當時通用的漢字字體。刻法有兩種,一種是三體文字竪排各一行,一種是古文在上,篆右隸左在下,呈"品"字形。銘文由左向右行,於碑石正反兩面刻寫。碑石平頂,高192 釐米,寬 96 釐米,原碑數目經馬衡先生考定爲 28 石。後世名爲《魏石經》《正始石經》或《三體石經》《三字石經》。

《三體石經》刊刻後四十年,西晉太康二年(281 年)河南汲縣古墓出土了一批戰國竹簡,

图三　正始石經殘石拓本

共十餘萬字,有《竹書紀年》和《穆天子傳》等,後被編次爲十六部,七十五卷,統稱爲《汲冢竹書》。其時《三體石經》尚完好無損,立於洛陽太學,石經的戰國古文與小篆、隸書並列的形式,等於是一部古文字形體字典,非常便於竹書整理者參考利用,所以竹書的釋讀和隸書寫定工作進展很快,史載荀勖等得以在太康八年(287年)僅用六年時間將《汲冢竹書》全部用隸書寫定,並"列入中經,副在三閣",完成了這一浩大的史無前例的出土文獻整理工作。

　　從北朝時期(420年)開始,《三體石經》多次遷移,並屢遭毀損。清末以來陸續出土了一些殘石。1922年在洛陽太學遺址出土一塊至今最大的殘石,正面存《尚書》的《無逸》《君奭》

兩篇 34 行,背面存《春秋·僖公》等部分 32 行,共得 1 800 餘字。此石後被人截爲兩段,現一段存國家博物館,另一段存河南省博物院。此外小塊殘石尚有很多,馬衡先生曾統計總字數爲 2 576 字。近年在考古工作中,在河南省偃師一帶又不斷有新的殘石發現,中國社會科學院考古所洛陽工作站許景元先生等曾做過零星的發掘整理工作,頗有收穫。

《貝希斯頓石刻》和《羅塞塔石碑》是波斯人和埃及人把内容相同的銘文分三部分,每部分以一種字體書寫。利用這種做法,後世人只要弄懂其中一種,即可能理解其全部内容。我國的《正始石經》,採用了三體銘文逐字對應的做法,比上述西方石刻的做法更直觀,同樣達到增加文字歷史流傳後世機會的目的。

我國自漢代以後,"罷黜百家,獨尊儒術",儒家思想已成爲佔據社會統治地位的思想,因此對儒家的經典著作全社會都十分關注。但當時的經學界由於不同的師承關係,形成許多流派,彼此爭議很大,這就給儒家思想的傳播製造了障礙。因此統一經典文本就成爲統治者統一思想的先決手段。用國家的力量把重要的儒家經典按官修的文本刻石,以期成爲官定的權威文本,傳之久遠。先有東漢靈帝嘉平年間用隸書刻寫有多部經典的《熹平石經》問世,繼之又有三國魏正始年間用三體文字刻寫的《尚書》《春秋》石經問世,這些石刻工程就是在這種歷史背景下進行的。

中國與西亞、北非的交流源遠流長,早在張騫出使西域之前這種交流就已經開始。1979 年山東臨淄西漢齊王墓出土的銀盤和瓣形銀碗,1983 年廣東南越王墓出土的銀盒等,皆爲早年波斯遺物。[1] 饒宗頤先生根據齊王墓出土的銀盤上刻有"三十三年"推測:"秦漢帝王年號有三十三年之數者,只有秦始皇一人,故可推斷這一銀盤必是始皇三十三年以前外國所制,傳入山東。"他還認爲:"秦改稱人民爲黔首,好像是取名於 Darkheaded,似乎受到波斯流傳西亞史詩中 Salmat qaqqadi 的影響……秦分天下爲三十六郡,這樣的行政區劃,好像借鑑於波斯大流士一世滅巴比倫後,創立二十行省……波斯喜歡刻石紀功,始皇亦屢屢出巡,立石以頌功德……我的看法,周秦之世,國際活動,中外必有互相影響的地方。波斯器物,已經海路入華,加工製造,並刻上'三十三年'(前 214 年)字樣,此時波斯正進入 Parthian(安息)的 Antahanus 時代。"[2] 也有的學者推測上述波斯銀器,可能早到秦以前的戰國時代。

文獻記載早在公元前 11 世紀,中國西周的絲綢就經中亞、西亞、輾轉運抵埃及。埃及的亞歷山大港史稱"黎軒""烏遲散"等,埃及人利用西南季風從紅海起錨,直航印度,運回珍貴的中國貨物。據西方古代史料記載,公元前 1 世紀,羅馬有名的愷撒和埃及女王克利奧帕拉都曾穿過豪華的中國絲織品製作的衣袍。3 世紀中葉的《魏略》介紹到歐洲去的海上絲綢

[1] 見北京大學考古學系編:《迎接二十一世紀的中國考古學國際學術討論會論文集》,科學出版社,1998 年。

[2] 饒宗頤:《由出土銀器論中國與波斯、大秦早期之交通》,《華學》第 5 輯,中山大學出版社,2001 年。

之路就是經紅海到尼羅河轉進地中海的。《史記·大宛列傳》中記載漢武帝曾經派人到“黎軒”，《後漢書》則記載“海西”（亞歷山大城）的雜技演員到中國進行雜技表演等等。

因此，我國三體石經的構思，曾受到西亞、北非三體石刻流傳的啓發，在此基礎上，創制了具有中國風格的三體文字石刻。

在世界古代史上這三種“三體石刻”的銘刻者，原本意圖不過是希求所銘記的故事和文獻能够久遠地流傳而已。但是，石刻給了後世人打破蒙昧、解開古代文字的一把鑰匙，進而給了後世人進入通向遠古文明的一條通道，這種巨大作用却是他們没有想到的。波斯人發明的用三體古文字石刻保存歷史記載的辦法，傳入中國後，成爲我國保存古代經書定本的有效手段，也爲後世中國學者釋讀戰國古文字提供了幫助。這一發現，是中西文化交流史上值得重視的事件。

（原載《徐蘋芳先生紀念文集》，第 617—622 頁，上海古籍出版社，2012 年 5 月）

悼念著名考古學家和古文字學家容庚先生

　　容庚先生字希白,號頌齋。1894 年生於廣東東莞,於 1983 年 3 月 6 日逝世,終年九十歲。

　　先生少年時代受舅父和叔父的影響酷愛金石書畫,立志爲整理研究祖國文化遺産而奮鬥。1916 年東莞中學畢業後,不復昇學,潛心鑽研《説文解字》和金石之學,有感於清代學者奉《説文》爲科律,以金石爲《説文》附庸的研究方法爲本末倒置,遂將多年積累之資料匯集,着手編寫《金文編》。1922 年《金文編》初稿得到羅振玉、王國維的肯定,隨即考入北京大學研究所國學門作研究生。求學期間除出版了《金文編》外,還寫了《甲骨文發現及其考釋》《樂浪遺迹出土之漆器銘文考》《論説文誼例》等文章。1926 年研究生畢業後,在北京大學、燕京大學任襄教授、教授,曾主編《燕京學報》。1927 年出任北平古物陳列所鑒定委員,始得目驗故宮和熱河行宮銅器。經驗的積累、學問的鋭進,使先生在 30 年代前後著述日增,繼兩版《金文編》後,又完成了《秦漢金文録》和《續金文編》。又系統地整理了宋清兩代的金文資料和著述,寫成《宋代吉金書籍述評》《西清金文真僞存佚表》,校補了《宋代金文著録表》《宋代金石書考目》《宋代金石佚書目》。又先後編集了《寶蘊樓彝器圖録》《頌齋吉金圖録》及《續録》《武英殿彝器圖録》《海外吉金圖録》《善齋彝器圖録》《西清彝器拾遺》等,這些圖録所收銅器是在衆多真僞雜出的銅器中沙裏淘金揀選出來的,而且圖、拓皆爲上乘,有的還在每器下附花紋拓片,印刷亦極爲考究,先生的幾部圖録堪稱青銅器資料集的最精良著作。與此同時,應教學之需,先生還編寫了《卜辭研究》《中國文字學形篇》及《義篇》《金石學》等。此一時期先生在石刻、書畫方面也作了深入探討,寫出《古石刻拾零》《秦始皇刻石考》《二王墨影》《漢武梁祠畫像録》《頌齋書畫録》《伏廬書畫録》等。

　　1934 年先生倡導成立考古學社,出版考古社刊,社内集中了當代許多知名的學者,成爲我國 30 年代學術界一個重要的學術團體,對推動文物考古事業的發展起了一定作用。

　　40 年代初,先生用八年時間完成了著名的《商周彝器通考》,該書綜合了先生對我國古代青銅器全面深入的研究成果,從青銅器的源起、發現到分類、斷代以及銘文、花紋、鑄法、去銹、拓墨、辨僞、收藏、著録等皆有專論,共著三十餘萬言,插圖三百,附圖版逾千幅。它不但吸收了前此青銅器研究的主要成果,而且在斷代、分類、花紋形制、鑄法等研究中超出了舊金石學的框框,使青銅器的研究具備了考古學標型學研究的水平。比如他在該書中對青銅器的分類,至今仍被田野考古和文物工作者們所采用。

抗戰勝利後,先生南下到廣州任嶺南大學中文系主任,解放後院系調整任中山大學中文系教授至逝世。先生後期興趣轉向書畫碑帖,先後寫有《記竹譜十四種》《倪瓚畫之著録及其偽作》《飛白考》《頌齋書畫小記》《淳化秘閣法帖考》《澄清堂帖考》《歷代名畫著録自序》《略評書畫書録解題》《叢帖目》(一)(二)。在金文方面除第三次校補重版《金文編》外,還發表了《殷周青銅器通論》(與張維持合作)、《清代吉金書籍述評》《鳥書考》(舊稿重訂)等。

先生六十多年來爲整理研究我國古代文化遺產辛勤勞動,爲後人留下專著近三十部,學術論文數十篇,總計在八百萬字以上。先生治學謹嚴,學識淵博,在古銅器、古文字、石刻、書畫、篆刻等領域都有相當高的造詣。晚年先生以"發憤忘食,樂以忘憂,不知老之將至"自勉,並身體力行,境遇雖幾經坎坷而學術研究不曾稍輟。

先生的學術生涯是以系統地整理資料爲主要特色的,然而却能視資料爲天下之大公,對師友學生從不封鎖。30年代開始,他大力支持流亡日本的郭沫若先生從事古文字研究已傳爲學林佳話。先生的長者風度贏得了衆多朋友和學生的愛戴和崇敬。

先生是一個強烈的愛國者。抗日戰爭初期,他曾在《秦金文録》自序中悲憤地寫道"島夷肆虐,再入國門",奮起擔當燕京大學教職員工抗日委員會主席,積極宣傳抗日,發起十大教授募捐,集資創辦抗日刊物,在當時師生中造成很大影響。

先生熱愛黨熱愛社會主義。三年自然灾害時期,他高度讚揚我黨領導干部與人民群衆同甘共苦的革命精神,對社會主義祖國充滿信心。十年動亂時期,先生身處逆境,慘遭迫害,但在"四人幫"的淫威面前,言不違心,行不悖理,剛正不屈,表現了一個正直的學者高貴的品格。

先生爲祖國的學術事業忘我奮鬥了一生,作出了卓越的貢獻。在國內外都得到了很高的榮譽。他先後被選舉爲五屆全國政協委員、四屆省政協常委,國務院古籍整理出版規劃小組顧問、中國考古學會名譽理事、中國語言學會理事、中國古文學學會理事、中國書法學會理事。

我於1963年考取先生的研究生,先生的處事爲人和道德文章,使我受到深刻的教益,留下難忘的印象。先生畢生以整理中國古代青銅器資料爲己任,而今中國社會科學院考古研究所組織編纂的大型資料集成《殷周金文集成》即將開始出版,學生有幸能以跟隨先生所學知識參與其事,謹以此告慰先生於九泉之下。

(原載《考古》1983年第8期,第757—758頁)

想 念 馬 館 長

　　認識老馬是在上個世紀的 70 年代,當時我在中國社科院考古所工作,由於編輯《殷周金文集成》要用上博的資料,他是青銅部主任,常去麻煩他。後來《集成》在上海印書,每册書付印之前要去印刷七廠簽字,爲找住處等小事也常去求他幫忙。

　　爲了支持《集成》的編纂,他先是毫無保留地把上博全部先秦有銘青銅器資料的清單給了我們一份,經過查對,凡是《集成》需要的資料,包括每件器的拓片和照相,他都無償提供,而且所提供的資料件件是精品。《集成》編輯的十餘年間,耗費了他許多寶貴的時間和精力,《集成》編輯組的同仁們都對他十分感激!

　　80 年代的一天,我去上博看望他,他對我説,我記得你好像没有全面看過上博的青銅器庫藏,我領你去看看。於是,他用整個上午陪我仔細觀察了庫藏排架的青銅器。這過程中,我們不時討論一些銘文的讀法,一些器的年代和真僞問題。對於我來説,這不啻是一頓學術盛宴,這一天過得非常愉快,令人難忘!

　　90 年代末,我調到故宮工作,適逢故宮進行大規模的改革,譚斌書記響亮地提出"學上博"的口號,帶隊南下,去上博"取經",我也隨隊前往,又一次見到老馬。長年艱苦的建館、行政、學術研究工作已把他的身體累垮,但他還是秉持一貫的作風,帶着病,毫無保留地把管理上博的經驗和教訓,告訴了我們,並組織各部與我們對口交流。回來討論收獲時,許多同志認爲故宮最應該學習上博的,就是他們有一個堅强的領導核心,有一個能凝聚全體的馬館長。

　　老馬把全部的心血貢獻給了上博,使上博成爲全國文博事業的一面光輝的旗幟,他的爲人和做事堪稱楷模,也是一筆寶貴的遺產,相信上博的同志們一定會珍視它,使之發揚光大。

　　老馬逝世一年了,朋友們都想念他!

　　　　　　　　　　　　　　(原載《馬承源紀念集》,第 156 頁,上海博物館,2005 年 9 月)

我所認識的“饒公”

選堂先生是中國學術史上一位傑出的學者,學貫中外古今。在“西學東漸”的年代,他把西方文化介紹到中國和東方;而今世界上許多文化衝突擰成死結,西方學者群起而從中國古老文化爲代表的東方文化中尋找解決的方案,世界範圍内開始了“東學西漸”的時代,饒先生以其卓越的對東西方文化的理解和研究的成就,當然成爲這個時代最有影響的學者之一。

下面就我所接觸的學術領域,談一下他的學術貢獻及對我的教益。

香港中文大學中國文化研究所在饒先生的指導下,開展了多項人文科學領域的系統研究工程,其中包括還在持續進行的“古籍數據庫”工程,和已經完成的“甲骨文資料庫”“簡帛數據庫”工程。2000 年前後,該所準備上馬“金文數據庫”的研究,經饒先生首肯,邀請我參與協助此工程的運作。

在參與此工程的籌備工作中,我提出請中文大學協助出版《殷周金文集成釋文》的要求,這是我離開考古所調到故宫之前,兩單位約定由我繼續完成的一部重要的金文研究基礎著作,書是由我和陳公柔、張亞初兩先生共同撰寫,最後由我統一寫定的。因爲每篇釋文要求附縮小的拓本,電腦製版難度和資金投入都很大,中文大學決定協助出版該書。饒先生十分重視這部書的出版工作,親派他的助手沈建華女士擔任責任編輯。大家齊心協力,終於在2001 年順利出版了這部重要著作。該書現已再版,已在海内外學術界產生較大影響。香港中文大學中國文化研究所進行的古籍和出土文獻數字化工程,是目前已知多個類似研究項目中,比較注重學術質量的,特别在海外學者中有很高的評價,對增進西方學術界瞭解中國古代文化發揮了重要作用。

饒先生十分重視出土文獻的研究,20 世紀 50 年代,他寫了《戰國楚簡箋證》《長沙出土戰國繒書新釋》《殷代貞卜人物通考》等著作。70 年代,他編輯了《歐美亞所見甲骨録存》,並對長沙馬王堆出土西漢帛書《周易》抄本進行研究,寫了《略論馬王堆〈易經〉寫本》等。80 年代,寫了《雲夢秦簡日書研究》《隨縣曾侯乙墓鐘磬銘辭研究》,開始主編《甲骨文通檢》。90年代,寫出《楚地出土文獻三種研究》《馬王堆〈刑德〉乙本九宫圖諸神釋——兼論出土文獻中的顓頊與攝提》。進入 21 世紀,他的新作近三十篇,編入《饒宗頤新出土文獻論證》一書,此書收進了他對殷周史的考證,包括對盠公盨的考證。還有他對楚簡、上博竹書、里耶秦簡、敦煌簡的考證等。大陸地區每個新的重要考古發現,幾乎都經過他認真的考索。由於他知識淵博,能融匯古今中外,觸類旁通,所站學術高度非常人能及,因而對每一項考古新發現,都能提出深刻的與衆不同的見解。

2000 年,我應邀訪問香港中文大學中國文化研究所時,饒先生親自主持我的演講會,向香港的學者們報告了我研究新發現的《秦小子觶玉版》的心得體會。饒先生會後還多次與我一起探討銘文的意義,對我教益很大。

2003 年,饒先生發表了考證《豳公盨》的《燹公盨與夏書〈禹之總德〉》一文(《華學》第 6 輯)。2002 年,我曾應美國達穆思大學艾蘭教授的邀請,在該校召開的"豳公盨國際研討會"上作了《豳公考》的主題發言,後來發言稿在香港中文大學《第四屆中國古文字研討會論文集》上發表。看了我的發言稿後,饒先生在他文章的《補記》中寫道:"近時劉雨有專文《豳公考》討論,謂當釋燹公盨的燹字爲豳,與余説相吻合,文中所舉郿縣出土兩件豳王鬲文,云'豳王作姜氏齊'可與《殷周金文集成》15.9411'豳王作姬姊盃'參證。"我學習饒先生的那篇文章時,也頗有收穫。饒先生在考釋《豳公盨》時指出:"《詩·豳風》疏:陸德明曰:……周公遭流言之難,居東都,思公劉、太王爲豳公憂勞民事。以此(阮校)叙己志而作(詩)……此記公劉、太王被稱爲豳公之事實。"我在《豳公考》中曾根據銘文的語氣,推測盨銘中的"豳公"可能就是後來奪權篡位的"西周孝王",但當時對西周諸王在稱王之前可稱"豳公",因苦無文獻例證,並無把握。讀了饒先生的文章,看了先生引用的這段文獻例證,則增強了我立論的信心。

饒先生的學問博大精深,其研究領域涵蓋人文科學的方方面面,幾乎無所不在。早年我在中國社會科學院考古研究所給研究生講古文字課,在講到《正始石經》時,常説到 19 世紀英國學者羅林森破譯伊朗貝希斯頓石刻三體楔形文字銘文,開創了研究西亞文明的"亞述學";法國天才學者商博良破譯埃及羅塞塔石碑的象形文字等三體銘文,開創了研究北非文明的"埃及學"。世界近代考古學就是從讀懂這兩塊石刻開始的。我國曹魏時期的《正始石經》是由戰國古文、小篆和隸書三體文字寫成的,又叫《三體石經》《三字石經》,其做法與西亞、北非的三體石刻如出一轍,但是,我沒有涉獵過中西交通史的研究,不敢深入引申。近日因爲要寫這個題目,就試着翻看一下饒先生的有關論述中西交通的文章。《華學》第 5 輯發表了饒先生的《由出土銀器論中國與波斯、大秦早期之交通》一文,饒先生從考證 1979 年山東臨淄西漢齊王墓出土"三十三年銀盤"入手,指出"考秦、漢帝王年號有三十三年之數者,只有秦始皇一人,故可推斷這一銀盤必是始皇三十三年以前外國所製,傳於山東"。由此先生引申其説:"以前我在《中國古代脅生神話》一文中,曾指出秦改稱人民爲黔首,好像是取名於 Darkheaded,似乎受到波斯流傳西亞史詩中 Salmat qaqqadi 的影響……秦分天下爲三十六郡,這樣的行政區劃,好像借鑑於波斯大流士一世滅巴比倫後,創立二十行省……波斯喜歡刻石記功,始皇亦屢屢出巡,立石以紀功德。我的看法,在周秦之世,國際活動,中外必有互相影響的地方。"

讀先生這段論述,得到很大啓發。貝希斯頓石刻銘刻於公元前 520 年 9 月波斯大流士一世時代(相當於我國春秋時期),記載他經十八戰而平定叛亂,重建波斯帝國的豐功偉績。埃及羅塞塔石碑是公元前 196 年(相當於我國西漢初年)當地僧侶們刻製的,内容是爲了感謝法老給神廟的賞賜。我國《正始石經》刻於曹魏時期(241 年),晚於上述石刻,其間又經過漢武帝時的"張騫出使西域",如饒先生所考,彼時國際間交通頻繁,在文化上互相借鑑的事時有發生。雖然《正始石經》與西亞、北非的三體古文字石刻在三體形式上有所不同,但是銘刻者意識到文字的變遷有可能使歷史記載歸於湮滅,采取補救的意圖則是一致的。有可能我國《正始石經》的銘刻曾受到西亞、北非三體石刻的影響和啓發,應視爲中西交通史上值得一書的重要事件。

　　饒先生爲人平和,故能長壽。香港中大同仁們都稱他爲"饒公"。余撰此小文,記我所認識的"饒公",以表達我對他的敬佩與感謝。

(原載《陶鑄古今——饒宗頤學術藝術展暨研討會紀實》,第 298—301 頁,故宫出版社,2012 年 6 月)

引書簡稱表

（以文獻首字拼音順序排列）

	文獻名稱	作　者	書中簡稱	版本信息
B	卜辭通纂	郭沫若著	通	日本文求堂石印，1933 年
C	長安獲古編	（清）劉喜海著	長安	清道光（1821—1850 年）末年初版（本書引用劉鶚補刻器名本，光緒三十一年）
	楚文物展覽圖録	楚文物展覽會	楚展	1954 年
F	灃西發掘報告	中國社會科學院考古所編輯	灃西	文物出版社，1962 年
	簠室殷契徵文	王襄著	簠	天津博物館石印，1925 年
G	冠斝樓吉金圖	榮厚著	冠斝	1947 年
J	積古齋鐘鼎彝器款識	（清）阮元著	積古	清嘉慶九年（1804 年）家刻本
	積微居金文説	楊樹達著	積微	中國科學院，1952 年
	甲骨文合集	郭沫若主編，中國社會科學院歷史所編輯	合集	中華書局，1978—1983 年
	甲骨文録	孫海波著	文	河南通志館，1937 年
	甲骨文字集釋	李孝定著	集釋	臺北“中研院”歷史語言研究所，1965 年
	甲骨文字釋林	于省吾著	釋林	中華書局，1979 年
	甲骨續存	胡厚宣著	存	群聯出版社，1955 年
	戩壽堂所藏殷虚文字	王國維著	戩	藝術叢編第三集，1917 年
	金文通釋	［日］白川静		
	金文叢考	郭沫若著	叢考	1932 年初版（本書引用人民出版社改編本，1954 年）

	文獻名稱	作　者	書中簡稱	版 本 信 息
J	金文分域編	柯昌濟著	分域	1934 年
	金文詁林附録	周法高、李孝定、張日昇著	詁林附録	香港中文大學,1977 年
	金文曆朔疏證	吴其昌著	疏證	1936 年石印
	金文著録簡目	孫稚雛著	簡目	中華書局,1981 年
	近出殷周金文集録	劉雨、盧岩著	近出	中華書局,2002 年
	京都大學人文科學研究所藏甲骨文字	〔日〕貝塚茂樹著	人	京都大學人文科學研究所,1959 年
	攈古録金文	（清）吴式芬著	攈古	吴氏家刻本,清光緒二十一年（1895 年）
K	考古學報	中國社會科學院考古所編	學報	1953 年創刊
	愙齋集古録	（清）吴大澂著	愙齋	涵芬樓石印,1919 年
	庫方二氏藏甲骨卜辭	〔美〕方法斂摹	庫	商務印書館石印,1935 年
L	歷代鐘鼎彝器款識法帖	（宋）薛尚功著	法帖	紹興十四年（1144 年）初版（本書引用于省吾影印明崇禎六年朱謀垔刻本,1935 年）
	兩周金文辭大系圖録考釋	郭沫若著	大系	日本文求堂印,1932 年（本書引用科學出版社增訂合印本,1958 年）
M	美帝國主義劫掠我國商周青銅器集録	陳夢家著	美集録	科學出版社,1962 年
	夢郼草堂吉金圖	羅振玉著	夢郼	1917 年
N	寧壽鑑古	（清）王杰、董誥、彭元瑞等著	寧壽	乾隆四十一年至四十六年間（1776—1781 年）（本書引用涵芬樓石印寧壽宫寫本,1913 年）
P	攀古樓彝器款識	（清）潘祖蔭著	攀古	滂喜齋自刻王懿榮手寫本,清同治十一年（1872 年）
Q	奇觚室吉金文述	（清）劉心源著	奇觚	光緒二十八年（1902 年）石印
R	日本收儲支那古銅精華	〔日〕梅原末治著	日精華	京都出版,1959—1962 年

	文獻名稱	作　者	書中簡稱	版本信息
S	三代吉金文存	羅振玉著	三代	日本珂瓓版影印,1937 年
	陝西青銅器	陝西考古所、文管會、博物館編輯	陝青	文物出版社,1979 年
	善齋吉金録	劉體智著	善齋	1934 年
	善齋彝器圖録	容庚著	善彝	1936 年
	商周金文録遺	于省吾著	録遺	1957 年
	商周彝器通考	容庚著	通考	1941 年
	上海博物館藏青銅器	上海博物館編	上海	1964 年
	雙玉璽齋吉金圖録	鄒安編	雙玉	1916 年
	雙劍誃殷契駢枝（初編）	于省吾著	駢枝	1940 年石印
	頌齋吉金續録	容庚編	頌續	1938 年
T	天馬-曲村	北京大學考古系、山西省考古所編	曲村	科學出版社,2000 年
	鐵雲藏龜	劉鶚著	鐵	1903 年
	鐵雲藏龜拾遺	葉玉森著	拾	1925 年
W	韡華閣集古録跋尾	柯昌濟著	韡華	1935 年
	文物參考資料	文物出版社編輯	文參	1954—1958 年
	武英殿彝器圖録	容庚著	武英	1934 年
X	西清古鑑	（清）梁詩正等編	西清	内府刻本,清乾隆二十年(1755 年)
	西清續鑑甲編	（清）王杰、董誥、彭元瑞等編	西甲	清乾隆五十八年(1793 年)（本書引用涵芬樓影印甯壽宫寫本,宣統二年）
	西清續鑑乙編	（清）王杰、董誥、彭元瑞等編	西乙	清乾隆五十八年(1793 年)（本書引用北平古物陳列所石印清宫寫本,1931 年）
	西周青銅器銘文分代史徵（唐復年整理本）	唐蘭著	史徵	中華書局,1986 年

續　表

文獻名稱	作　者	書中簡稱	版本信息
西周銅器斷代	陳夢家著	斷代	考古學報9—14冊，1955—1956年
小校經閣金文拓本	劉體智著	小校	1935年
嘯堂集古録	（宋）王俅著	嘯堂	淳熙三年（1176）初版（本書引用續古佚叢書石印淳熙本，1922年）
續殷文存	王辰著	續殷	1935年石印
宣和博古圖録	（宋）王黼等著	博古	宣和五年（1123年）初版（本書引用蔣暘翻刻元至大重修本，明嘉靖七年）
巌窟吉金圖録	梁上椿著	巌窟	1944年
鄴中片羽初集	黃濬編	鄴初	1935年
鄴中片羽二集	黃濬編	鄴二	1937年
鄴中片羽三集	黃濬編	鄴三	1942年
殷契粹編	郭沫若著	粹	1937年
殷契遺珠	金祖同著	遺	上海中法文化出版委員會，1939年
殷契佚存	商承祚著	佚	1933年
殷虚書契	羅振玉著	前	國學叢刊石印本，1911年
殷虚書契前編	羅振玉著	前	1913年
殷虚書契後編	羅振玉著	後	藝術叢編第一輯，1916年
殷虚書契續編	羅振玉著	續	1933年
殷虚文字丙編	張秉權著	丙	臺北"中研院"歷史語言所，1957—1972年
殷虚文字甲編	董作賓著	甲	臺北"中研院"歷史語言研究所，1948年
殷虚文字外編	董作賓著	外	臺北藝文印書館，1956年
殷虚文字乙編	董作賓等著	乙	臺北"中研院"歷史語言研究所，1948—1953年
殷墟卜辭綜述	陳夢家著	綜述	科學出版社，1956年
殷周金文集成	中國社會科學院考古所編纂	集成	中華書局，1984—1994年

注：第一列標示字母X對應前六行，Y對應其餘各行。

	文獻名稱	作　者	書中簡稱	版本信息
Y	殷周金文集成釋文	中國社會科學院考古所編纂	集成釋文	香港中文大學出版社,2001 年
	筠清館金文	(清)吳榮光著	筠清	宜都楊氏重刻本,道光二十二年(1779 年)
Z	戰後京津新獲甲骨集	胡厚宣著	京津	成都齊魯大學國學研究所專刊,1946 年
	戰後寧滬新獲甲骨集	胡厚宣著	寧	來薰閣書店,1951 年
	中國文物報	文物出版社編輯	文物報	1987 年創刊
	中日歐美澳紐所見所拓所摹金文彙編	〔澳〕巴納、張光裕著	彙編	1978 年
	周金文存	鄒安著	周金	1916 年
	綴遺齋彝器款識考釋	(清)方濬益著	綴遺	涵芬樓石印,1935 年
	貞松堂集古遺文	(清)羅振玉撰	貞松	1930 年

本書使用的西周王年概念

分期(一)	分期(二)	西周王世系	在位年代(公元前)	在位年數
早期	前期	武王	1027—1025 年	2
		成王	1025—1010 年	15
		康王	1010—985 年	25
		昭王	985—966 年	19
中期	後期	穆王	966—929 年	37
		恭王	929—899 年	30
		懿王	899—886 年	13
		孝王	886—874 年	12
		夷王	874—865 年	9
晚期		厲王	865—841 年	24
		共和	841—827 年	14
		宣王	827—781 年	46
		幽王	781—771 年	10

附録

憶劉雨先生

盧 岩

　　劉雨,字忠誠,1938 年生於吉林省集安市,1958 年畢業於北京 101 中學,1963 年畢業於北京大學中文系,同年入中山大學古文字研究室,師從容庚、商承祚兩位先生攻讀研究生。文革後,進入中國社會科學院考古所從事研究工作,1997 年調故宮博物院,2001 年退休。2020 年 2 月 26 日,劉雨先生因病醫治無效,不幸在北京逝世,享年 82 歲。

　　劉雨先生的學術活動始終圍繞我國殷周青銅器及其銘文爲主要研究内容展開。他特別注重資料的科學整理,先後參與編著《殷周金文集成》《北京圖書館藏青銅器銘文拓本選編》《乾隆四鑑綜理表》《故宮青銅器》《殷周金文集成釋文》《近出殷周金文集録》《商周金文總著録表》《流散歐美殷周青銅器》等,作品以嚴謹著稱。

繼續前緣集大成

　　劉雨先生在 1978 年到中國社會科學院考古研究所,參加了大型工具書《殷周金文集成》的編寫工作,用了 20 年的時間,與編輯組的同事們一道,完成了該書的銘文拓本部分,後又與陳公柔、張亞初先生共同完成了該書的銘文釋文部分。這部工具書主要收集古今中外殷周金文資料,所收資料的時間下限不等,第 1 册 1984 年出版,所收器物截止到 1983 年,第 16 册 1994 年最晚出版,所收器物截止到 1988 年。時間漫漫,中國各地也不斷出土和發現新的青銅器資料,而參加這部巨著編寫的專家們要麼老去,要麼故去。1997 年底,劉雨先生應聘到故宮博物院古器物部工作,除了繼續完成了《殷周金文集成釋文》一書的統校和聯繫出版工作,他認爲資料的搜集永遠没有結束的時間,漏網之魚時有發生,更毋論新發現的考古資料也在持續披露中。因此,他一直在默默關注新資料的發布,希望把《殷周金文集成》這套書延續下去。自調入故宮後,劉雨先生不但没有放下這個想法,更因爲調入的是故宮古器物部,有一定的基礎,他的想法更堅定了。

　　1999 年我碩士研究生畢業,入職故宮古器物部金石組。入職後,作爲博物館新人的我和所有新員工一樣,並不能直接接觸實質性工作,要經過實習期磨合、熟悉環境、熟悉同事、熟悉可以做的和不可以做的。就在這個時候，先生找我談話，問我的人生規劃，我惶惶然。作爲一個從新疆考出來的學生，能在故宮找到工作是完全想不到的，每天上下班從故宮東筒子經過的時候，我就像是飄過而不是走過，腦子裏一片糨糊，哪有什麼規劃？ 自家瞭解自家，我惶恐萬分。雖然主修古文字，但我研究生後期的側重點是甲骨文，由於主修古文字學，金文是學過的，算是受過一定的基礎訓練，可青銅器於我也是嶄新的啊！《殷周金文集成》雖沒看過，但聽到過大名，我能行嗎？ 我就這樣戰戰兢兢、自我懷疑、懵懵懂懂的，被劉雨先生領進了門檻。

作爲《殷周金文集成》的延續，新書定名《近出殷周金文集錄》，所搜集資料的時間跨度限定 1988—1999 年，1988 年前漏掉的資料盡量網羅然後校重使用。先生指導我製作卡片，分類卡片，本院查不到的資料就開介紹信去社科院考古所資料室、北大考古系資料室查找。還要複印所有的圖像資料，因爲根本沒有錢買照片，真是因陋就簡。現在回頭再來翻看《近出殷周金文集錄》裏面的圖版，清晰度根本沒有辦法和如今的大型圖錄相比。但那完全是受當時的條件的限制，沒有經費。還好當年我畢業不久，知道北大複印又便宜又好，於是盡量都統一在北大複印。年輕的我完全不了解出版一本書、搜集衆多資料需要多少額外的心血。我只是傻乎乎地忙碌着，劉雨先生在前面擋風擋雨。現在我明白了，干一件事情真不是上下嘴皮子一碰這樣簡單。雖然劉雨先生讓我盡量把複印費用開發票，可我並沒有指望可以報銷，我想是劉先生自掏腰包吧。沒想到在我一日日跑來跑去地查資料、做卡片、對重、複印的過程中，劉雨先生竟然真的把《近出殷周金文集錄》成功申請了"全國文物、博物館系統人文社會科學重點研究課題"資助項目。資金資助，二萬元。是的，現在想來不可思議，二萬元！還分兩次。就這些，劉雨先生説："這錢不能亂花。"《近出殷周金文集錄》出版，資金有限，爲了避免不必要的糾紛，《近出殷周金文集錄》中的資料圖片全部使用複印件，劉雨先生不厭其煩一遍遍地叮囑我務必寫信給地方文管會、文保所，告知他們在期刊上發表的文物照片被我們選中並複印，會支付一定的費用。我一一照辦，先寫信，然後去郵局寄錢。如今想來，錢是小事，尊重作者、尊重所有權、知情權才是正理。而在這套四卷本的後記裏，劉雨先生同樣不厭其煩地把所有涉及的單位和個人全部列明並一一感謝，這在所有的出版著錄中也是極爲少見的。

爲了整理資料的過程盡可能順暢，劉雨先生在他的辦公室給我支起了一個桌子，有問題隨時溝通。一起工作的日子讓我瞭解了老專家的和藹可親，他的不疾不徐，他的干實事的精神，以及他的良好教養。可以説，20 年前的我，雖然也算是讀了一點書，但從本質上，從偏僻遙遠的新疆百般掙扎來到大城市，身上缺乏的東西很多。五湖四海的人匯聚到新疆，組成一個個獨立的家庭，艱苦歲月，對家鄉的思念，匯聚到我們那一代可憐的父母身上，最後他們得到的認知就是自己的後代必須讀書，必須回內地。而爲人子女，接受的粗暴的源動力就是遍布家庭生活中的千方百計考出去離開新疆回到故鄉的各種碎碎念，感情、親情、血緣、大家庭、人際往來、溝通等等一個個社會要素則在生活面前被壓榨到扁平的狀態。我很慶幸跟在劉雨先生這樣一位長輩身邊,我開始意識到自己的欠缺,並開始努力修正,努力補足。

勇於探索新技術

最令我驚訝的是劉雨先生作爲一位老先生,對新技術的接受度卻非常高。慚愧的是,我是一個年輕人,却不是個靈活主動的人,入故宮前對電腦只限於粗略的使用。完全没想到,劉雨先生在使用電腦方面新派得不得了,完全顛覆我的認知。古文字大部分只能依靠紙質,有很多字都不包含在電腦常用的字庫中,不能録入電腦,因此需要使用專門的軟件造字。造字並不難,問題是在一臺電腦上造的字只能在這臺電腦上使用,無法拷貝到别處。所以劉雨先生時常和我討論關於古文字字庫的可行性,並關注古文字字庫是否有人在做。和中華書局簽訂出版合同的時候,他依然與書局編輯們一起討論金文字庫的問題,但受制於當時的環境、技術原因,擱置了。20 年後的今天,古文字字庫有了不少成果可供選擇。在老先生的影響和幫助下,我的電腦操作水平也提高了一大截,可是和先生相比,還是自愧弗如。

忙忙碌碌,時光流轉。有一天我正在電腦前工作,劉雨先生笑眯眯地走進辦公室,把一個物事放在辦公桌上。我起身和他打招呼,無意間看到這物事竟然是一把車鑰匙。我問:"劉先生,您啥時候會開車了?""剛學會。"先生得意地答道。看,劉雨先生就是這樣一個活到老學到老的人!

放眼世界　提携後學

要説學者的思維融會貫通,從劉雨先生的著書系列可以看出。《近出殷周金文集録》出版後,很快就出版了它的衍生品《商周金文總著録表》。同時劉先生還與我一再强調資料搜集的持續性的重要性,中國地下文物不斷出土,海外文物時有披露,拍賣行也不能不重視,和國外學者的溝通不能忽視等等。做這些的事情的目的是力求使搜集青銅器及金文之資料一直可以延續下去,爲後學者鋪平學術之路。

劉雨先生身體力行,我所受的幫助就不説了,《近出殷周金文集録》在署名的時候,先生竟然主動並堅持把我這個剛剛畢業的學生作爲第二主編,現在回想起來,仍愧不敢當。受劉先生學術提携和幫助的後學者們,也是不勝枚舉。北京大學考古文博學院的董珊教授,美國 GETTYSBURG 大學的孫岩教授都對劉先生對他們的無私幫助記憶猶新。

故宮南三所中院最後一進院落靠西的一間偏屋就是劉雨先生的辦公室,門前正對着一個未修復的房屋基址,雜草叢生。爲了保持一點緑意,我們故意從不清除這些雜草,就看着它們肆意生長,好不快活。春去秋來一年年,不知何時起,其中一株雜草格外頑强,它盡力生長,爭奪養分,眼睜睜地把那磚縫越撑越大,從一株雜草長成了一顆有着粗枝大葉的灌木。十年樹木,百年育人,這大概就是天遂人願吧。

先生之風　山高水長

在同一間辦公室工作,免不了觀察老先生。他從考古所這個科研單位調到故宮擔任部門主任,身上自有滿滿的儒雅之氣,穩穩當當,和一般的領導幹部截然不同。每次電話鈴響起,老先生都是緩緩走過去,慢慢拿起電話,沉穩開口:"我是劉雨,您好,您哪位?"每次接電話都是如此,不等對方説話,先自報家門:"我是劉雨,您好,您哪位?"一開始我不明白,爲什麼接個電話這麼麻煩呀? 時光荏苒,見得多了,經歷得多了,不知不覺我接電話也變成了這樣:"我是盧岩,您好,您哪位?"寫下這幾個字,我仿佛看見那個個子不算高却温文爾雅的老人就站在我面前,電話鈴聲響起,他拿起電話説:"我是劉雨,您好,您哪位?"眼泪忍不住流下來。就讓我以范仲淹的詩句來寄托對先生的哀思吧:"雲山蒼蒼,江水泱泱,先生之風,山高水長!"

(本文原載《文物天地》2020 年第 4 期,第 112—113 頁)

整 理 後 記

　　劉雨先生這本文集終於要出版了，心中萬分感慨。我原是没有資格在先生本就厚重的文集中再寫什麽的，但總覺有必要對本書整理編輯的緣起以及在這一過程中發生的事情向讀者做些説明，對幫助及促成本書出版的師友做出感謝，也試圖對劉雨先生的學術貢獻做一個簡單而必要的總結。當然，更想借這寶貴的幾頁紙，去懷念我和恩師劉雨先生交往的那些日子。

一

　　劉雨先生於 2020 年 2 月 26 日因心臟舊疾在北京逝世。我是兩天後才知道消息的。當時，新冠疫情剛剛暴發，故宮院内氣氛十分緊張，大多數同事實行彈性工作制度，而彼時還處在行政崗位上的我，却反而陷入了不斷加班開會異常忙碌的工作中。2 月 28 日午後，在一場會議之前，參會的任萬平副院長突然説了句"器物部退休的劉雨先生去世了"，這句話好像是對其他領導而言，却使我瞬間呆住了。我知道劉先生心臟不好，從 2015 年做了手術後，先生的身體就每況愈下，我幾次想去家中拜訪，他都婉言拒絕，偶爾的視頻通話，却明顯感覺先生較之以前消瘦了許多。再後來，我的工作越發繁忙，更多地也就只是每逢年節的問候了。没想到在這樣的情形下得知噩耗，我一時忘了禮節，急促地追問了一句"您説誰？ 什麽時候的事？"任院長顯然没想到我會接話，她問我是否是認識劉先生，如果認識，那麽訃告等院内治喪的文稿就由我來撰寫。我應了後，匆匆告假走出會議室打了三個電話。

　　第一個電話打給時任器物部副主任的丁孟先生。丁主任和劉雨先生共事多年，交情甚篤，劉先生退休後，許多院裏的工作由丁主任代爲聯絡。我打電話給丁主任，主要是確認消息，瞭解具體情況。丁主任説，劉先生的心臟衰竭已有一段時間，只是每月定時輸血還能勉强支撐，但疫情暴發後，醫院資源調配捉襟見肘，輸血不能保證，如此有一兩個月左右，先生的身體已不能維持，不幸離世。

　　第二個電話打給了先生遺孀袁雪萍老師。我本想除了勸師母節哀外，無論如何也要參加告別儀式見先生最後一面，可師母却説，因爲疫情，殯儀館對悼念的人數有非常苛刻的要求，所以只能家庭成員小範圍告別。因此，我甚至没能見到先生最後一面。

　　第三個電話打給上海古籍出版社的吳長青先生。吳先生是《唐蘭全集》的責編，與劉先生合作一直很愉快，他聽到先生去世的噩耗也非常震驚。我在電話裏請吳先生務必組織出版劉雨先生的文集，而且我反復強調沒有出版經費，當時我的語氣近似命令，而又語無倫次，毫無禮數，而吳先生却想也沒想一口答應下來，並且一直說錢不是問題，要爲老先生做些事情云云。這讓我極爲感動。

　　三個電話打完，接着回去開會，但已頭腦空空，精神恍惚，仿佛早就感染了病毒……

二

　　我和劉雨先生相識是在我入職故宫的第二年。剛剛畢業的我雖然被分配到院辦公室做行政文秘，但總還是希望盡可能多讀些書、做些學術工作，免得落一身“小官僚”的氣息。劉雨先生是金文研究專家，他的文章在上學時便拜讀過不少，又得知他當時在編輯《唐蘭全集》，便非常冒昧地主動聯繫，希望能參與其中，同時也是爲了逼迫自己不要斷了讀書學習。沒想到的是，在和先生談了幾次後，他竟委我以重任，並囑我做《唐蘭全集》的查漏補缺和全書的校對工作。毫無這方面經驗的我只能盡自己所能勉强爲之。由於剛剛入職，工作難以脫身，常常要通宵處理稿件，但直到《全集》出版前自己依然不甚滿意。劉先生和我說：“咱們現在是先要把書出來，一定會有批評的聲音，我們也要有準備。”《唐蘭全集》出版到現在已有近十年的時間，當然也受到了一些質疑和批評，我作爲最後的校對負責人，無論什麼問題和差錯，都是因我沒有經驗和學識不足導致的，無論如何也算不到作爲首席專家的劉雨先生和團隊其他老師的頭上。

　　2015 年，張忠培先生去杭州參加《良渚刻畫符號》新書發布會，張先生認爲講刻畫符號應該有古文字專家到場，於是就請劉雨先生同去。劉先生當時身體已不太好，家人並不想他出遠門，而先生爲了提攜後輩，也爲了能有人照應出行，於是命我一同前往。記得那年在杭州賓館裏，劉先生和我進行了長談，先生讓我關注族氏銘文等特殊銘刻以及金文中地名的研究。同時，他也讓我關注天文學，希望我徹底搞清楚金文王年的問題。這些年來，我雖着意留心相關研究，却並無什麼成果，如今再聽到當時的錄音，先生却已不再，不覺心下慘然，慚愧無地。

　　先生對我很好，他知我當時深陷行政事務的煩惱，總是千方百計地讓我能夠多參與學術工作，有時候院刊請他審閱有關青銅器的投稿文章，他總會讓我先看一遍提出意見，隨後再由他統一回復，而每次都是署以我們兩個人的名字。劉先生總是說，不管在什麼環境下，都要有自己的方向，有拿得出手的東西，那是立身之本。

　　先生甚至還給我買過一部手機，我記得是個長假期，先生早上突然給我打電話說：“我看你手機舊了，我給你買了新的，一會寄到你家。”我震驚得半天說不出話來，急忙推辭，先生却説:"你不要客氣,《唐蘭全集》出版没給你開勞務,這就算給你的報酬了。"現在數年過去,縱使换了多部手機,那部先生給我的依舊被我細心地珍藏着。

2017 年,汪濤先生在芝加哥藝術博物館籌辦"吉金鑒古:皇室與文人的青銅器收藏"展覽,他約請劉雨先生在圖録中撰寫一篇關於"乾隆四鑑"的文章,先生説他精力不濟,讓我執筆。其實,之前他發表的《乾隆四鑑的作者、版本及其學術價值》以及出版的《乾隆四鑑綜理表》中的内容已經非常豐富,我只是用此兩者拼湊整理出了一篇文章,經先生審核,汪濤先生翻譯後發表在圖録中,署名雖還是"劉雨",先生却没要一分錢稿費,全都給了我,那也是我收到過的最豐厚的一筆稿酬。

2019 年,女兒默默出生,初爲人父的我在手忙腳亂的同時,也會經常問候先生,並發些孩子的照片博老人家一樂。先生也每發必回,還總提醒我要注意孩子的飲食,叮囑我注意兒童安全等等。2020 年元宵節,我給先生發了祝福信息並又附上了女兒的照片。2 月 12 日,先生回復:"楊安,看到你一家其樂融融真羨慕,祝全家元宵節快樂!劉雨敬上。"那時元宵節已過去五天,想必他的身體必已非常糟糕,這也是先生回復我的最後一條信息。

三

現在想想,我有什麽資格爲先生編輯文集呢?先生在世時没有授權,去世後没有遺囑,對領導没有報批,對師友没有通知。從學識、能力甚至是相識相熟程度上來講,我也許都不是最合適的人選。可以説,編輯劉先生的文集純粹是我個人的意願,只因我一直稱呼劉雨先生爲"老師"。

其實,如劉先生這樣在文博領域工作的專家,即便是在單位内培養了學生,先不説學生自己如何看待,單就外人看來,兩人關係更多的也是"同事"。如裘先生在本書《序》裏對我的描述是"劉雨先生在故宮博物院的同事",我和裘先生解釋後,裘先生就又加了括弧"楊先生謙稱自己其實應該算劉先生的學生"。這哪裏是"謙稱"?裘先生這種"糾結"的表述讓我甚至懷疑我有没有叫劉雨先生"老師"的資格。但無論如何,即便這個"學生"加了引號,整理先生的文集也是我作爲"學生"當爲之事,如果其中有什麽問題,也是我作爲"學生"應擔之責,僅此而已。

我想爲劉雨先生出版文集緣起於《唐蘭全集》整理完成之時。2014 年秋天,吴長青先生到故宮來拿《唐蘭全集》的書稿,在故宮報告廳的會客室内,劉雨先生、吴先生和我順利完成了 20 箱檔案盒書稿的交接。閒談之際,我和吴先生建議在《全集》出版後,編輯劉雨先生的文集,吴先生當即允諾,但劉先生却擺了擺手説:"我之前出版過《金文論集》了,最近也没寫什麽文章,没有出版的價值。"因當時着急出版《全集》,此事就一帶而過。《全集》出版後,我又一次和劉先生建議出版他的文集,先生却嚴肅地對我説不要把精力用在這些地方,要多做些有價值的學問，此事就又一次擱置。後來，我雖一直留心收集先生成果，却一拖再拖，没想到再啟動時，先生已經作古，怎不叫人唏嘘遺憾。

讓人感動的是，在先生去世後，吳長青先生只因我一個唐突無禮的電話便話復前言，慨然應允，又指定顧莉丹女士作爲本書的責任編輯，這才有了文集的順利出版。這一系列安排體現了吳先生作爲一名優秀編輯、傑出的行業管理者的情懷和格局。責編顧莉丹老師優雅大方，爲學專業嚴謹，她面對原稿質量不高、文稿整體協調困難的情況，展現了極高的職業素養，在整個編輯出版過程中付出了巨大努力，她和我的每一次溝通都能讓我信心倍增。非常感謝兩位大編輯爲本書的辛勤付出。

先生去世的同一年，中宣部等八部委啟動了"古文字與中華文明傳承與發展工程"，故宮博物院作爲建設單位必然有一部分經費支持，但其中出版經費依然十分緊張，在這種情況下，作爲平臺管理者的王子林主任、項目總負責人的王素先生，負責項目資金調控的楊楊、韓宇嬌兩位老師一致同意我動用本已捉襟見肘的出版經費投入劉雨先生文集，這讓我十分感激，雖然資金不多，但聊勝於無，也緩解了我一直存在的"壓榨"出版社的愧疚感，非常感謝他們的支持。

這本書的序言有三篇，一篇是我在劉雨先生留存的舊稿中發現的陳公柔先生多年前所做的序（具體情況書中已寫明），另外兩篇是裘錫圭和王素兩位先生所作的序言。劉雨先生對裘先生一直非常尊重，從來都是以"裘老師"稱呼，所以文集的序言撰寫，第一個我就想到了裘先生，我托裘先生的助手劉嬌老師代爲詢問，不想裘先生當即應允，而序言發給我的當天，正是劉先生的周年忌日，可見裘先生用心之細緻。王素先生是故宮的返聘專家，學界巨擘，也是我們古文獻研究所的創始人和名譽所長，本書的名稱"青銅世界與禮法文明"便是王素先生所定，而對於我邀請做序的請求，王先生也並未猶豫，很快就將文稿發給了我。本書的題簽是李伯謙先生題寫的，李先生與劉雨先生共事過一段時間，書法功力又深厚，由他題寫書名最爲合適，於是我托部門領導徐華烽老師輾轉找到李先生的聯繫方式，當時李先生身有小恙，病體稍愈後便將同名兩聯題簽寄達，本書封面題字正是從兩聯中選字拼合而成。本來，我還與郝本性先生約定請他寫一篇序文，但郝先生因爲身體原因未能寫成。但無論如何，對於以上幾位老先生以及幫助協調的劉嬌老師、徐華烽老師，我作爲本書的整理者，作爲劉雨先生的學生，都銘感五内，牢記於懷。

劉雨先生的文章《玉覆面研究》原只在先生自撰的學術成果表中見到，只有存目，没有全文。多虧合著者汪濤先生將英文發表的原文及中文稿發來，才有了文集中的《另一個世界的面孔——古代墓葬出土的玉面罩》一文。感謝汪濤先生的幫助。

另外，劉雨先生涉及數字卦的文章原文配圖多不準確，幸得賈連翔先生慷慨惠賜他的大作《出土數字卦文獻輯釋》中摹寫的相關圖片，使得劉先生這幾篇重要文章更加完美。感謝賈連翔先生的授權與幫助。

　　盧岩老師曾和劉雨先生一起工作，兩人合作編輯了《商周金文總著錄表》和《近出殷周金文集錄》，在先生去世後，盧岩老師在《文物天地》上發表了《憶劉雨先生》的文章以懷念劉先生以及回憶他們共同工作的那些往事，讀之令人感動。本次編輯文集，在徵詢了盧老師同意後也將此文以"附錄"形式收入，謝謝盧老師。

　　丁孟先生是劉雨先生主持古器物部工作時的搭檔，也是先生編輯《唐蘭全集》的副手。在本書的編輯過程中，每遇重要節點，我都會向丁主任彙報，他也每每會給我鼓勵和幫助，感謝丁主任。

　　當然，最要感謝的是劉雨先生遺孀袁雪萍師母對我這個外人的充分信任。劉雨先生走後，袁師母囑我整理先生藏書，本來這些藏書想要捐贈出去，但因疫情影響，又沒有確定的接收單位，加之諸多因素，只好由我先行保存。後來，袁師母決定將部分專業書籍贈送予我，並說希望劉先生的藏書能夠繼續在我手中發揮作用。袁師母這一決定使我感激萬分，同時也倍感壓力，於是我請紀帥兄刻了"紹衣承澤"印章，遍鈐先生藏書，讀書見印，似可見先生，也能時刻想起袁師母的叮嚀。

　　袁師母舉止極端莊，從來都是客氣地叫我"楊先生"，見面時也總報以微笑，很少將與先生的感情外露。但師母與先生的感情卻極爲深厚，先生齋號"霏雪"，其中"雪"字即指師母。先生的離去，對師母打擊很大，所以在整理文集的過程中，我盡量不去打擾她，但一些必要的手續，如著作的授權、先生照片的整理等則都是通過袁師母完成的。在本書出版之際，我實不知用何種語言可以表達我對袁師母的感恩之情，只能向諸天神佛祈佑她老人家平安健康，福壽延年。

四

　　這本書原只想以《劉雨文集》的名字出版，但出版社覺得書名需要內容指向性更爲明確，便改了現在的名字。2008 年，先生在紫禁城出版社出版了《金文論集》，其中收集了劉先生大多數的重要文章。《金文論集》的出版過程中，先生親自審過稿子，按理說是非常權威的"定本"。但是，由於當時技術的限制，出版社對於古文字類出版物的排版經驗不足，包括又有出版時限的要求，《金文論集》中依然存在很多問題。當然，這些問題其實劉先生也是知道的，但對於出版自己的著作來說，當時已年至古稀的先生認爲，那些都算是小節。

　　本次整理編輯過程中，《金文論集》毫無疑問是最重要的參考，可惜當時並沒有電子稿留存，只好重新進行文字錄入，其中就多了一重校對風險，又因文本如何調整已無法再請示劉先生本人，我只能盡量做好校對，不影響閱讀。當然，其中一定還會存在一些體例不統一、格式不協調的地方，這種問題一部分是原文發表時的差異，也有很大原因是我這個整理者學識譾陋、精力所限而未能周全的，也只能懇請讀者們批評見諒了。

　　本書編輯其實是按照"全集"的標準來收録文章的,對《金文論集》中没有收録的文章進行了廣泛的搜羅。書中有一些看似重複的内容。比如《西周金文中的周禮》和其他幾篇分散的關於"周禮"的文章,我在整理時一度想是否需要删減合併,但最終基本給予保留。一是因爲這些文章在《金文論集》中都有收録,説明劉先生認爲有必要同時存在,既然如此,當然要以先生的意志爲上。二是因爲這些文章其實反映的是不同階段先生對於某一個問題的反復思考。如《西周金文中的射禮》是先生 1986 年發表的文章,而《射禮考》則是由 2002 年先生在哥倫比亞大學的演講稿改寫而成,雖然内容重複,但也有不同,甚至可以反映出先生十六年間對"射禮"這一問題的思考變化。三是在整理時,我們也篩選掉了幾篇文章,如關於唐蘭先生和關於乾隆四鑑的幾篇,這些在書中都有相應的文字説明,此不再贅述。

　　在本書整理過程中,有老先生特意電話囑咐我説:"劉雨先生有時候説話直率,你們整理文章時要適當删減,爲尊者諱,也不要得罪人。"我知道老先生是好意,但是劉先生爲學,對事不對人,討論的範圍也都停留在學術層面,没什麽文字有必要遮遮掩掩,反而恰恰是這些内容能够體現劉先生的學者個性和治學精神。因此,所謂需要"避諱"的内容,我並未删除。

　　關於本書的形式設計,除依賴出版社美編老師的敬業外,封面設計方面我諮詢了袁師母意見,她説"劉雨喜歡藏藍色",因此護封采用了藏藍色爲底色。内封我决定用深紅色,這與《容庚學術文集》(單行本)和《唐蘭全集》的封皮顔色相同,容庚先生是劉先生的老師,《唐蘭全集》是先生主持的最後一項學術工程,所以用兩位前輩學者的著作都用過的深紅色作爲内封,想必劉先生也是認同的。

五

　　劉雨先生雖然不在了,但他對學界的貢獻是有目共睹的。相對於其他學界老先生來説,劉先生的著述實在不算豐富,本書搜羅如此,也不過六十餘篇。而先生治學的一生,却參與編纂了《殷周金文集成》、統稿《殷周金文集成釋文》,主持編纂了《近出殷周金文集録》《近出殷周金文集録二編》《故宫青銅器》《商周金文著録總表》《乾隆四鑑綜理表》等工具書。唐蘭先生曾説:"此類工具書,非專家不能爲,即爲之亦不能適於用。然專家不暇爲此,或且不屑。我人治學,每感工具書之缺乏,職是故也。"劉雨先生既是專家,又甘願耗費巨大精力,爲學術界編輯奉獻如此衆多、實用的工具書,可謂功德無量,而此中艱苦,則非亲爲者所不能體會。

　　如同編纂《四庫全書》的清代大儒紀昀一般,劉雨先生可謂是古文字學界的紀文達公。陸以湉在其《冷廬雜居》中提及紀昀和他的《四庫全書總目提要》曰:"説者謂公才學絶倫,而著書無多,蓋其平生精力,已薈萃於此書矣。"誠哉斯言,劉雨先生和他參與、主持的大型金文集成類工具書似可類比。

　　劉先生是共 18 册《殷周金文集成》中 7 册的主編纂,後來又完成了《釋文》的統稿,可以説,《殷周金文集成》整體工作對先生影響很大,以至於《集成》這種資料收集方式,一直被先生所推崇。他深知,資料的完整詳備是任何一種科學研究所必要的前提條件。以致先生的研究特點,包括對於"初吉"的研究,對於"特殊銘刻"的研究,都采用了窮盡式的檢索整理。這種"笨辦法",如今看來就是電腦中一個按鍵這麼簡單,但即便是現在這個 AI 似乎可以解決一切的時代,學者也不能忽略如先生這種人工檢索對於熟悉材料的重要性,尤其是出土文獻學科的研究,更要時刻警惕對"機心"的依賴以及可能産生的對人類思考能力的取代。

因爲對於材料的重視,使得先生時刻關注青銅器銘文的新發現,以致先生的大部分時間都投入了資料的整理工作中,而單篇論文也都是這些整理工作的副産品。1998 年,先生奉調故宫後,先是整理故宫博物院藏青銅器,次年便出版了《故宫青銅器》圖録。隨後,先生與盧岩老師合作,仿照《殷周金文集成》編輯完成了《近出殷周金文集録》。退休後,先生依然致力於青銅器銘文的收集整理,2010 年他又與嚴志斌先生合作出版了《近出殷周金文集録二編》。後來,先生還想再編輯"三編",但因爲吴鎮烽先生的《商周青銅器銘文暨圖像集成》問世,劉先生在不斷稱讚吴書的同時,曾笑着和我説"我就别再搗亂了"。

當然,相比吴書,《近出》和《二編》也有自己的特色,先生在兩部書的最後皆附有人名、官名、地名、族名的索引,這四方面的内容是一直縈繞在先生腦海中希望通過更多的材料去系統解決的問題,針對這些問題,先生也都有過專文,但他始終認爲還需要更爲系統的梳理。他曾和我説,吴鎮烽先生的《金文人名匯編》是非常優秀的,是具有啓發性的,金文中的地名、族名也應該有這樣一部書,而他和張亞初先生合著的《西周金文官制研究》也應重新加以修訂。他説,搞清楚這些問題是金文研究的基礎。雖然不再編輯"三編",但他從未停止思考,始終關注着金文中這些"大問題"的研究進展。

《近出》和《二編》在出版後,得到了學界的一致認可。但也有學者指出此兩本書的拓片質量不高,清晰度不夠。當然,這是客觀存在的問題。《殷周金文集成》是社科院組織的舉全國之力編纂的大書,多數銘文拓片都是原拓上稿,而《近出》和《二編》則是劉雨先生的個人項目,新出的銘文拓片多複印自期刊,即便是向出土單位索要,得到的也大都是複印件。我在整理劉先生的遺物中,發現了有許多經過剪切、粘貼的拓片複印件,那就是編輯這兩部書留下的。況且,劉先生以及盧岩、嚴志斌兩位老師,在經費短缺,缺少先進設備,沒有技術保障、沒有人員支持的情況下,整理完成如此規模的大書,實屬不易。

1995 年,劉先生去英國做訪問學者,與汪濤先生相識,2007 年,借汪濤先生就職於蘇富比之便,他們共同搜集整理了蘇富比、佳士得兩拍賣行拍賣過的青銅器共 350 件,合作出版了《流散歐美殷周有銘青銅器集録》,此書是較早研究整理海外庋藏青銅器的著作。

對於金文著録情況的整理,劉雨先生也是不遺餘力的。他先後出版了《乾隆四鑑綜理表》和《商周金文著録總表》,對商周金文材料的新舊著録情況進行了全面的梳理。

從《集成》《集録》《二編》《流散》再到《綜理表》《著録總表》,先生對金文材料整理的用力之深,可見一斑。雖然這類書籍逐漸被電子化的檢索工具所替代,但是在相當長的一段時間内,這類基礎性的工具書都有着非常强的實用價值,即便是現在的電子搜索,人工智能,其基礎資料庫也離不開劉先生這幾部書作爲重要參考。

在整理出版工具書的同時,劉雨先生受故宮院内委托於 2005 年開始主持《唐蘭全集》的編輯整理工作,雖然當時院内給予了巨大支持,但畢竟先生已經退休,在職的有古文字學背景的專家少之又少,如何整理,如何協調,項目組内始終得不到統一意見。在這種情況下,劉雨先生從找專家學者搭班子開始,不斷聽取專家意見,修改整理方案,又邀請青年學者和各高校優秀的博士生參與整理。有人臨時退出,先生就自己承擔空下來的工作,這樣一直持續了十年,終於將 12 册《唐蘭全集》出版。到《全集》出版前兩年,整理工作基本已經完成,而負責後續出版校對工作的就只剩下了年逾古稀的先生和我這個剛剛走出學校的毛頭學生了。

《全集》中,唐先生發表的零散文章幾乎全部是由先生整理,有些文章没有標點或是使用老式標點,先生便統一用紅筆直接在原文上進行標注,不清楚的文字再重新描寫。這些文章共百餘篇,百萬餘字,這項工作對於七十多歲的老人來説,異常困難,即便是後期我的加入能够稍稍分擔,但經我手的材料,先生也要一一校改,用心極細。在《全集》開始印刷後,先生還在不斷校對,而發現的問題就只能另附一紙了,這也就是現在《全集》中那張《勘誤表》的來源。《全集》出版前,出版社希望能在合適的位置署上劉雨先生的名字,或增加類似"編輯委員會"的名單,劉先生對此堅決不同意,他説:"這是唐先生的著作,我們的名字出現在明顯位置是不合適的。"

《全集》出版後,先生似乎放下了這個最大的包袱,隨之而來的就是身體出現了問題,2015 年,先生因心臟血管堵塞做了很大的一個手術。不巧的是,當時院裏正要舉辦《唐蘭全集》的新書發布會暨專家座談會,這個會上,先生却没有來。會前我幾次和先生通話,希望他能來和大家見見面,但那時先生因爲手術的原因,心情很是消極,遂終成遺憾。

除了編輯金文工具書和《唐蘭全集》,劉雨先生"副産品"中的學術貢獻,也相當豐富。如,早年間與張亞初先生合著的《西周金文官制研究》,目前依然是研究金文和西周職官制度的重要著作。再如,先生以金文材料對比傳世文獻復原"周禮",有着重要研究。更重要的是,先生對"初吉"的研究非常深入,他三次撰文指出"初吉"並非月相或是"初干吉日",而是通過占卜選定的每月第一個吉日,這一結論雖然還有不同的看法,但是先生是通過大量金文材料近乎窮盡式的檢索從而得出的結論,相對來説已經是這一問題的最優解。另外,先生還對於金文斷代也提出了"餐祭元年"説。凡此種種,都是現在學習研究青銅器銘文及古文字學必須要參考的重要内容。先生的成果並不泥於"點"的考釋,而大都是具有一定"面"的系統性、理論性的研究,我想這是當下學者所更需要關注和學習的方面。

而對於文字的釋讀,先生雖很少特别關注,但他不經意的一些意見却很有分量。如他在與何炳棣先生合著的關於"夏商周斷代工程"的文章中,對一個金文中常見的老大難字形

"糼"的考釋，僅通過語義就將其釋爲了"總"。此之前，在 1992 年發表的《南陽仲再父簋不是宣王標準器》中已將此字譯爲"總攬"，在 1996 年寫定的《再論金文"初吉"》中，也將"糼司走馬"解釋爲"總管理走馬"。這個觀點之前學界認可度並不高，但在十多年後，隨着這個字有了聲符"恖"的出現，很大程度上印證了劉雨先生當年的判斷。有學者曾戲稱，劉先生對於這個字的釋讀，如果日後再有更多材料能够證明，那堪獲古文字學界的諾貝爾獎了。

先生的學術貢獻和創見還有很多，無法展開細説，曾經有天津師範大學的周寶宏先生指導的碩士畢業論文《劉雨先生的青銅器銘文研究》(作者：徐思奇)在結語中寫得很好，我抄錄如下：

> 劉雨先生在研究青銅器銘文方面所取得的成就，爲我國古文字學研究增添了熠熠生輝的一筆。他竭力復原西周禮制，爲我們展現西周禮制的原貌，架起我們與西周文明溝通的橋樑；他致力於金文月相、斷代及年代學的研究，提出了不同於以往學者的別具一格的見解；他傾注精力於金文考釋與研究，對十幾篇銘文的文字考釋以及蘊含的哲理提出了獨到新穎的見解；他投入大量精力和時間於著作的編纂，爲後來學者的學術研究提供了一批品質上層、内容詳實的學術資料。劉雨在青銅器銘文領域所取得的成就，理應獲得相當程度的重視。

感謝周寶宏先生、徐思奇先生對劉先生學術貢獻的研究和總結。

恩師劉雨先生離開了我們，每每想及此，頓有求教無門之感。幸賴故宫的領導、同事和上海古籍出版社的大力幫助，以及對我一再拖延的縱容和寬宥，這本書能得以順利出版，也可稍慰先生的在天之靈。

拉拉雜雜寫了這麼多，但似乎還有很多話沒有説完，很多事没有説到，只能作罷了。我和先生相識不過六載，見面也不過十餘次，然而先生的道德文章、人格魅力却始終感染着我，讓我每每坐在書桌前，見到和先生在西湖邊的合影，都能想起先生的教誨；夜半人靜時，仿佛又總能聽到先生慈祥而敦厚的聲音。文行至此，已不禁淚流滿面。

先生的吉壤選在美麗的懷柔區渤海鎮，等書出版了，我去看您。

駐筆於此，抬頭看看時間，却正是先生五周年忌的凌晨。

楊　安

2025 年 2 月 26 日凌晨